12

世界で一番やさしい
建築基準法

2023-2024

谷村広一＝著

第1章 建築基準法——しくみ

第2章 道路・敷地・用途——たてる

第3章 形態制限——おおきさ

凡例

法：建築基準法
令：建築基準法施行令
規則：建築基準法施行規則
建告：建設省告示
国交告：国土交通省告示
住指発：住宅局建築指導課長通達
都計法：都市計画法

本書は、「115のキーワードで学ぶ 12 世界で一番やさしい建築基準法」を2022年11月11日までの法改正に則り、改訂したものです。

The Standard Law of the building

第1章

建築基準法
しくみ

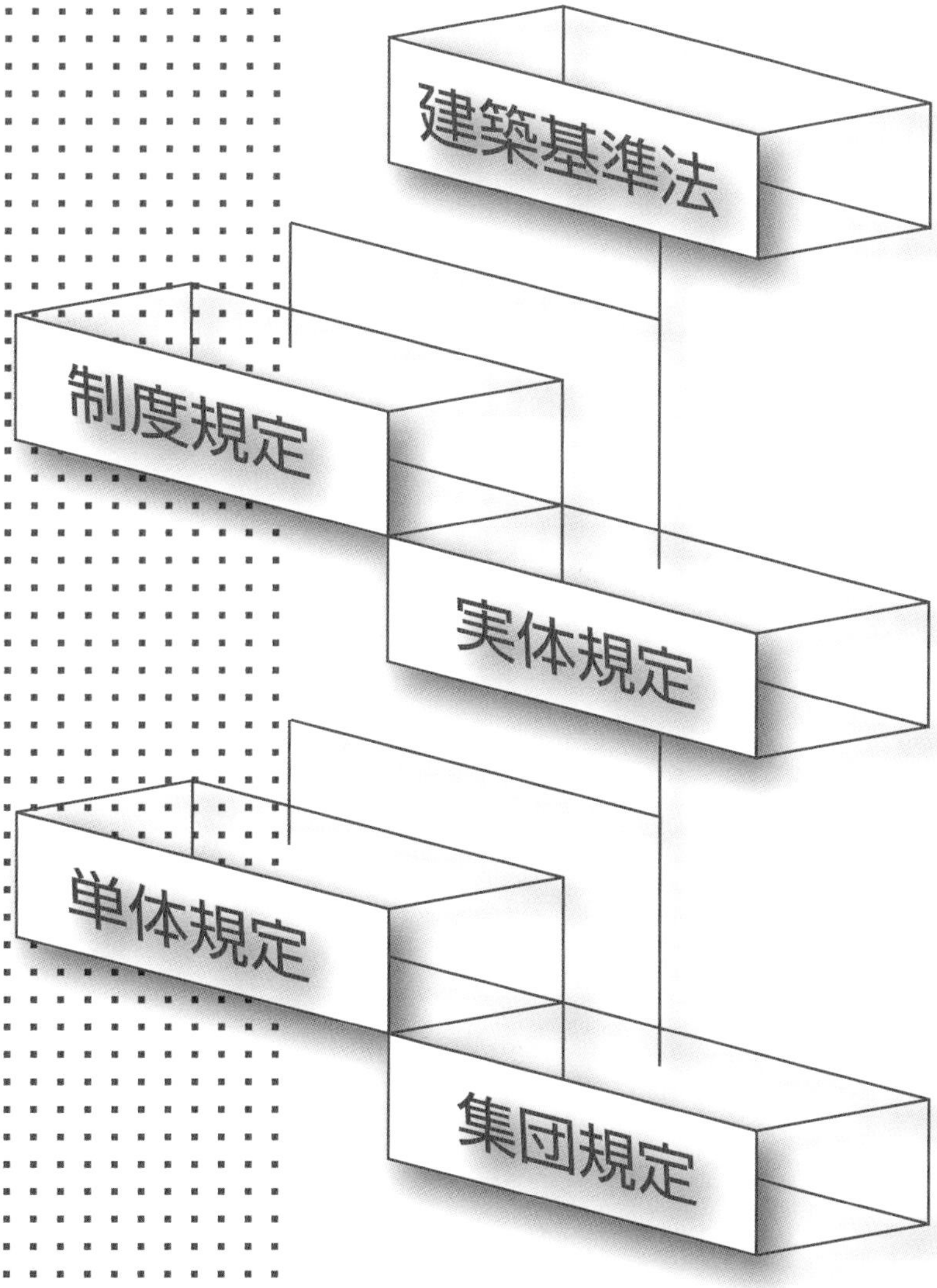

建築基準法とはなにか　001

「単体規定」は全国一律に適用。「集団規定」は都市計画・準都市計画区域内で適用！

建築基準法は、社会資本を整備する観点から、社会情勢の変化を反映して、形態や構造制限などを変化させる

建築基準法のしくみ

建築基準法は、建築物に関して最低限守らなければならない基準である。国民の「**生命・健康・財産の保護**」と「**公共の福祉**」を念頭に置いてつくられており、**法・施行令・施行規則・告示**で構成されている。

法は、建築物を建てようとする際の申請や、審査、検査の義務などについての**手続き規定**、構造強度や防火・避難、衛生など、建築物自体の安全性を確保する**単体規定**、道路幅員や用途地域など周辺の環境条件に応じた高さ制限など周囲の環境と建築物の形態の関係を定めた**集団規定**、そして違反に関する是正や違反者に対する懲役、罰金の**命令・罰則規定**などに分類できる。

また、法の内容を補う4つの別表がある。別表第1は特殊建築物の例示や耐火要求のかかる階数や面積基準、別表第2は用途地域での建築物の制限基準、別表第3は道路斜線制限、別表第4は日影規制の基準である。

施行令（政令）は、法を具体的に規定したものである。一方、施行規則（省令）は、確認申請書に必要な図面や明示する事項、各種書類の様式や軽微変更などを規定している。このほかに、耐火建築物の基準や不燃材料の基準、構造方法、条文に関する事項など、国土交通省告示として追加して建築基準法の具体的部分を補っている。

建築行政のしくみ

建築主事や**指定確認検査機関**は、建築確認などを行う。その内容に不服がある場合は、その地域の建築審査会に異議を申し立て争うことができる。

国土交通省や特定行政庁は、指定確認検査機関に立入検査をしたり、報告の提出を義務付けて、審査や検査が適正に行われているかチェックしたりする権限をもつ。

また、**特定行政庁**は、既存の特殊建築物や一定規模以上の建築物に定期報告の制度を設け、維持管理が適正に行われるようフォローしている（**法12条**）。

建築基準法の目的（法1条）

国民の ― 生命・健康・財産 ― の保護 → 公共の福祉の増進 ＝ 目的

建築基準法の位置付け

日本国憲法

- **公法**：公益のために国・公共団体が市民の行為を規制する
- **私法**：平等な市民として利害関係を調整する

［制定機関］

［制定機関］				［制定機関］
国会	法律	建築基準法	→ 地方公共団体条例	都道府県・市町村の議会
内閣	政令	建築基準法施行令	→ 地方公共団体条例	
国土交通大臣	省令	建築基準法施行規則	→ 地方公共団体施行細則	地方公共団体の長（知事・市長等）
国土交通大臣	告示	国土交通省告示		

民法の相隣関係規定

隣接する土地、建物の所有者の権利を調整する規定

民法に規定のない近隣住民の権利

- 敷地の重複使用
- 違反建築への是正措置請求
- 5号道路（位置指定道路）の通行の自由権
- 日照権
- 眺望権
- プライバシー権
- 隣地を使用した電気、ガス、上水道の設置

建築基準法の体系

建築基準法

- **制度規定**：実体規定の実効性を確保する規定
  - **命令・罰則規定**：違反を正し、違反者に懲役・罰金を課す規定
    - 特定行政庁（知事や市町村長）は違反に是正措置命令を発し、その不履行に対して行政代執行により強制実現が可能
  - **手続き規定**：計画内容を審査し、工事の検査を義務付ける規定
    - 確認申請
    - 完了検査
    - 形式適合認定
    - 建築協定
    - 指定確認検査機関
    - 建築基準適合判定資格者
    - 建築審査会
- **実体規定**：具体的な建築制限を義務付ける規定（→ 制度規定）
  - **集団規定**：都市の機能を確保する規定（主に都市計画区域に適用）
    - 道路
    - 用途
    - 形態規制（容積率、建蔽率、高さ制限、日影規制）
    - 地区計画
    - 誘導制度
  - **単体規定**：建築物の安全性を確保する規定（全国一律に適用）
    - 構造強度
    - 防火
    - 避難
    - 設備

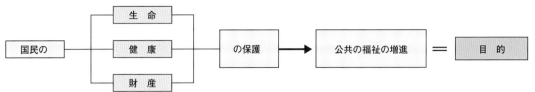

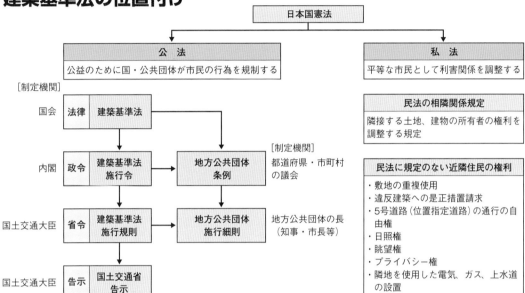

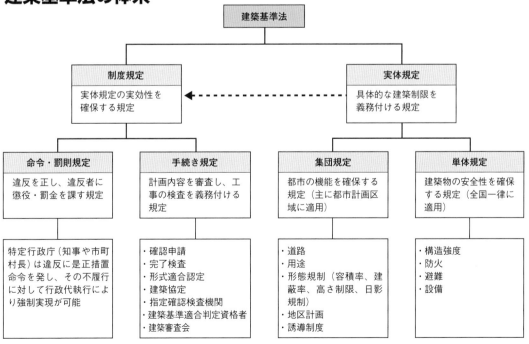

建築確認申請と検査 002

建築前には確認申請の手続き。建築物の使用前には完了検査の手続き

建築確認の検査以外にも、消防、性能評価、融資(フラット35)、緑化、バリアフリーなどさまざまな検査がある

建築確認申請の流れ

確認申請とは、建築前に**建築主事**か**指定確認検査機関**に申請書を提出し、建築内容が建築基準法に適合するか確認審査してもらう手続きのことである。

申請は建築主が行うのが原則だが、申請内容が設計と深く関わるため、設計者が代理で行うのが一般的である。

審査期間は、民間指定確認検査機関の場合、それぞれの契約による。建築主事の場合は建築物の用途、規模で7日か35日以内のいずれかである。構造計算適合性判定を要する場合、その結果は14日以内に建築主事等に通知される(その審査期間は35日に含まれる)。しかし合理的な理由で構造審査期間がさらに35日延長された場合は合計審査期間が最大70日になる(法6条の3)。

実際の審査のフローは、「受付時審査(必要書類・図面が揃っているか、正・副本が整合しているか)－受付(図面に明示事項が記入されているか、申請書の誤記や記入漏れがないか)－消防同意、行政庁への道路、都市計画地域などの照会」－「建築基準法への適合性審査」－「確認済証交付」である。

この過程で申請書類に不備や不整合があれば、「補正等の書面の交付」や「適合するかどうか確認できない旨の通知」が申請者に送られ、軽微な不備の訂正や追加資料を別途提出することで**確認済証**が交付される。

中間・完了検査の流れ

確認済証交付後に着工となる。施工中も行政庁の条例や法で決められた時点で、中間検査申請をし、検査を受けて、**中間検査合格証**の交付を受けなければならない(法7条の3)。

工事完了日から4日以内に建築主事に完了検査申請をする必要がある。建築主事は申請受理日から7日以内に検査をしなければならない。**検査済証**が発行されると建築物が利用できる。なお、都市計画の区域や建築物の用途、規模、工事種別で、手続き上、確認申請が不要となる場合もある。

しくみ
たてる
おおきさ
もえる
にげる
へや
こわれる

建築確認申請・検査のフロー

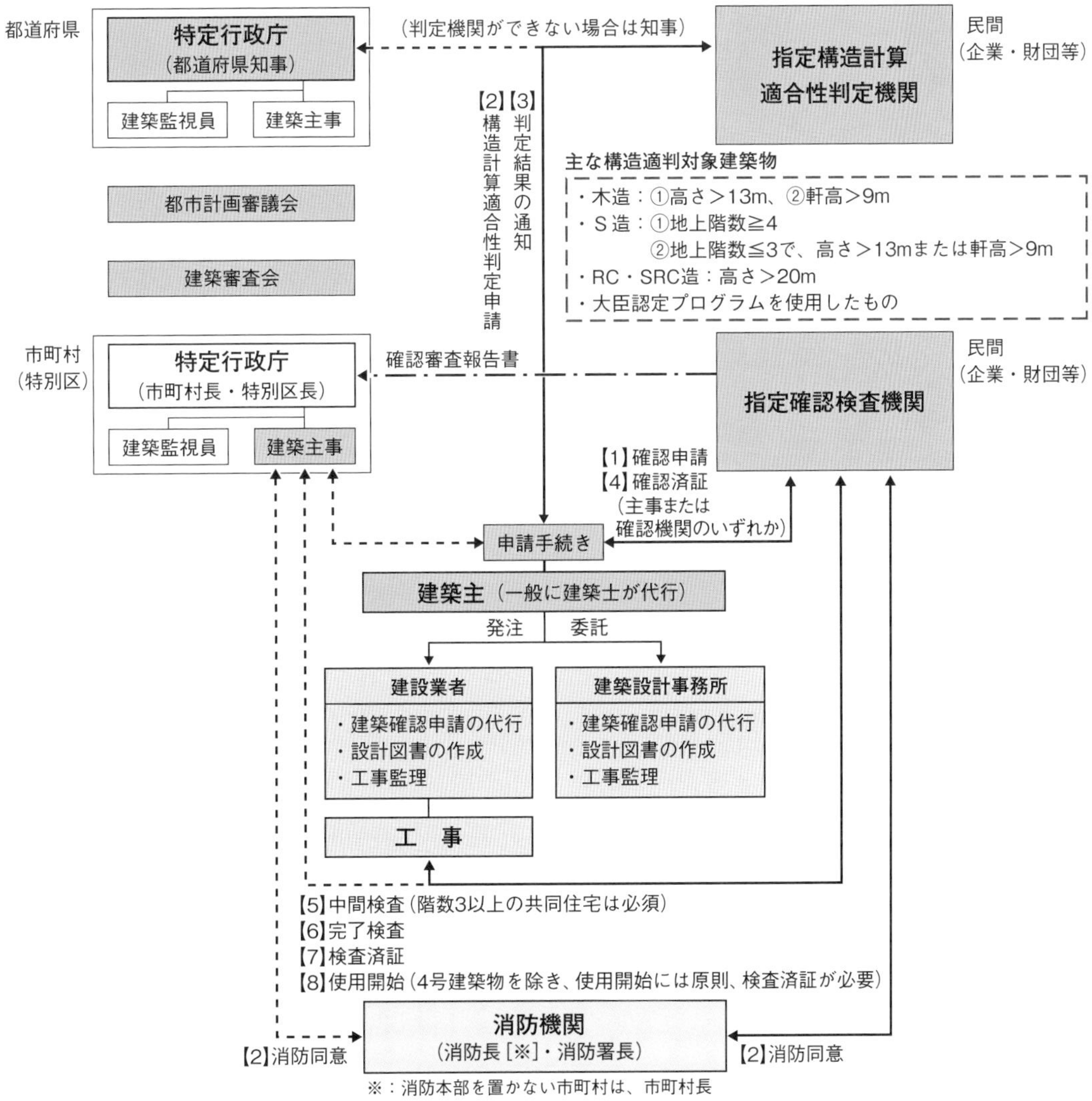

確認申請が必要な建築物(法6条)

適用区域	用途・構造	規 模	工事種別	確認期限
全国	❶特殊建築物[※1] (1号建築物)	用途に供する床面積>200㎡	・建築(新築、増築、改築、移転) ・大規模な修繕 ・大規模な模様替(増築してその規模になる場合を含む) ・❶への用途変更	35日
	❷木造建築物 (2号建築物)	下記のいずれかに該当するもの ・階数≧3 ・延べ面積>500㎡ ・高さ>13m ・軒高>9m		
	❸木造以外の建築物 (3号建築物)	下記のいずれかに該当するもの ・階数≧2 ・延べ面積>200㎡		
都市計画区域 準都市計画区域 準景観地区 知事指定区域[※2]	❹4号建築物	上記❶❷❸以外の建築物	建築(新築、増築、改築、移転)	7日

注1:防火地域・準防火地域以外で、10㎡以内の増築、改築、移転の確認申請は不要
注2:表の区分は令和7年に改正が予定されている[74頁参照]
※1:法別表第1(い)欄の用途の特殊建築物
※2:都市計画区域・準都市計画区域=都道府県知事が都道府県都市計画審議会の意見を聴いて指定する区域を除く
準景観地区=市町村長が指定する区域を除く
知事指定区域=都道府県知事が関係市町村の意見を聴いて指定する区域

消防同意のしくみ

003

原則的に、建築確認と例外許可を受ける場合は消防長か消防署長の同意が必要となる

消防では、主に消火設備、警報設備、避難設備、消防用水、消火活動上必要な施設に関する基準などを審査する

消防同意のしくみ

確認審査には、道路や都市計画、下水道や保健所、文化財保護や警察署など、さまざま行政部門が関係している。そのため、設計時に、各関係機関とも調整する必要がある。

なかでも消防署は、建築基準法の防火・避難の分野で密接に関係する機関である。確認申請や、特定行政庁の許可を受ける際には、その建築物の**建設地の消防長**に、消防法の見地から計画建築物の防火・避難面での安全性に関する意見を聞き、問題ないという**同意**をもらった後でないと、確認や許可が下りない。

同意の期間は、小規模な建築物（法6条1項4号）は3日以内、その他の建築物では7日以内で、審査した結果は建築主事などに連絡される。

防火・準防火地域以外の専用住宅は、法文上、防火・避難の規定が適用されないため、同意ではなく建築確認後の消防長への**通知**でよい。

ただし兼用住宅では、住宅以外の用途部分が住宅部分より大きいか50㎡を超える場合は、同意が必要となる。

また、**昇降機等の確認**（法87条の4）の場合は、消防長などの同意ではなく、通知で足りるとされている（法93条1・4項、令147条の3）。

確認と許可

確認申請とは、申請書類が建築基準法に適合しているかを照合する手続きである。ただし、実際の建築行為のなかには、歴史や環境など、さまざまな事情で例外的に建築が認められる手続きがある。それが**許可**となる。

道路や用途地域、容積率、建蔽率や日影規制等が定められた条文中のただし書の部分が許可手続きとなる。

許可はその建築物に例外的に与えられるものなので、同じような他の事例でも認められるとは限らない。また、許可は、防火・避難の関係で消防長の同意と、建築審査会の同意を必要とすることが多い。

消防同意・消防通知のしくみ

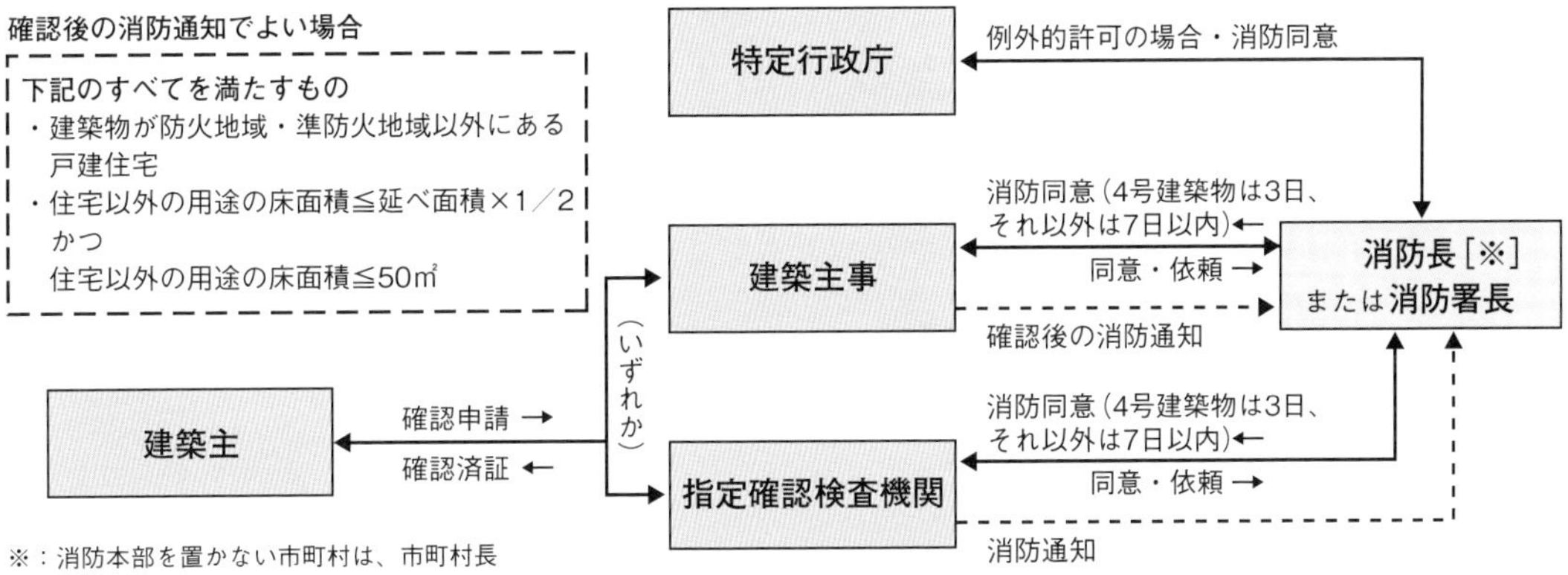

※：消防本部を置かない市町村は、市町村長

特定行政庁による例外的許可（ただし書許可）の例

条　項	緩和項目	例外的許可の条件
法43条1項	敷地の2m接道義務	敷地の周囲に公園、緑地、広場等の広い空地があり、規則10条の2に適合する建築物。建築審査会の同意が必要
法44条1項2・4号	道路内の建築制限	公衆便所、巡査派出所等の公益上必要な建築物および公共用歩廊等。建築審査会の同意が必要
法47条	壁面線を超える柱・門・塀の制限	歩廊の柱等。建築審査会の同意が必要
法48条1～8項	住居系地域の用途規制	（良好な）住居の環境を害するおそれがない建築物か　公益上やむを得ない建築物。建築審査会の同意が必要
法48条9項	近隣商業地域の用途規制	主に近隣の住宅地の住民に日用品を供給する建築物で、住宅地の環境を害するおそれがないもの。または公益上やむを得ない建築物。建築審査会の同意が必要
法48条10項	商業地域の用途規制	商業の利便を害するおそれがない建築物か、公益上やむを得ない建築物。建築審査会の同意が必要
法48条11項	準工業地域の用途規制	安全・防火上の危険性、衛生上の有害性が低い建築物か、公益上やむを得ない建築物。建築審査会の同意が必要
法48条12項	工業地域の用途規制	工業の利便上、または公益上必要な建築物。建築審査会の同意が必要
法48条13項	工業専用地域の用途規制	工業の利便を害するおそれがない建築物か、公益上やむを得ない建築物。建築審査会の同意が必要
法51条	卸売市場等の位置の制限	都道府県（市町村）都市計画審議会の議を経て、その敷地の位置が都市計画上支障がないと認めた場合。建築審査会の同意は不要
法52条10項	計画道路がある場合の容積率	交通・安全・防火・衛生上支障がない建築物。計画道路部分の面積は、敷地面積に不算入。建築審査会の同意が必要
法52条11項	壁面線がある場合の容積率	その街区内の土地利用の状況等から適当で、交通・安全・防火・衛生上支障がないもの。前面道路と壁面線との間部分は敷地面積に不算入。建築審査会の同意が必要
法52条14項	指定容積率を超える場合	同14項1・2号のいずれかに該当し、交通・安全・防火・衛生上支障がないもの。建築審査会の同意が必要
法53条4・5項3号	建蔽率制限の除外	隣地境界線から後退して壁面線の指定のある場合、公園、広場、道路、川等にある建築物で、安全・防火・衛生上支障がないもの。建築審査会の同意が必要
法53条の2第1項3・4号	最低敷地面積の最低限度	周囲に広い公園、その他空地を有する建築物で、用途または構造上やむを得ないもの。建築審査会の同意が必要
法55条3項	第1・2種低層住居地域内の絶対高さ制限	敷地の周囲に広い公園、広場、道路等の空地がある建築物で、低層住宅の良好な住居の環境を害するおそれがないもの。または学校等その用途によってやむを得ないもの。建築審査会の同意が必要
法56条の2第1項	日影規制	土地の状況等により周囲の居住環境を害するおそれがなく、建築審査会の同意を得た場合
法59条1項3号、4項	高度利用地区	学校、駅舎、卸売市場等、公益上必要な建築物で、用途または構造上やむを得ないもの。敷地内に道路に接して有効な空地が確保されているもの。建築審査会の同意が必要

建築士資格と設計・工事監理 004

建築物の設計は建築士が行う。規模によって構造／設備設計１級建築士の設計への関与が必要

条件にもとづきイメージした形態を、模型などで検討して具現化し、適切に工事監理することで建築が誕生する

建築士の資格

一定規模以上の建築物に関しては、建築士だけが設計・工事監理できる。建築士資格は「**１級建築士**」「**２級建築士**」「**木造建築士**」の３種が**建築士法**に定義され、それぞれ設計できる建築物の構造や用途、規模が異なる。

また、建築士が設計をするには建築士事務所の開設が条件となる。事務所は所在地の都道府県知事に登録する必要がある（有効期間５年）。登録事項の変更は、開設者がその２週間以内に都道府県知事に届け出なければならない。

事務所で設計に従事する建築士には講習制度の受講義務がある。所属建築士は定期講習を、事務所を管理する管理建築士は３年以上の実務経験と定期講習以外に、管理建築士講習をそれぞれ受講しなければならない。

建築士の業務内容

建築士が建築物を設計するときは、法の適合性等の設計内容を建築主（委託者）に説明し、設計図書に記名・押印する。別の建築士が設計した図書を変更する場合は、当該建築士の承諾が必要だが、承諾が得られない場合は、建築士の自己責任で変更できる。

また、一定の建築物については、「**構造設計１級建築士**」「**設備設計１級建築士**」による建築物の法適合性の確認が必要である。構造／設備設計１級建築士でない１級建築士が一定規模の設計を行う場合、法適合性の確認をそれぞれの資格者に依頼しなければならない。

建築士が工事監理をする場合、工事が建築関係法規に則って実施されているかを確認し、設計図書などと異なる部分があれば施工者に指摘する。それでも従わない場合は建築主に報告する義務を負う。

なお、設計・工事監理契約締結前に、監理の方法、報酬額、設計または工事監理する建築士の氏名などについて、管理建築士などが書面で重要事項を説明し、開設者はそれらの帳簿や設計図書を15年間保存しなければならない。

建築士でなければ設計・工事監理ができない建築物の規模・構造・用途（建築士法3条〜3条の3）

延べ面積（S）		高さ≦13m　かつ　軒高≦9m					高さ>13m　または　軒高>9m
		木造			木造以外		すべて
		1階	2階	3階以上	2階以下	3階以上	構造・階数に関係なく適用
S≦30㎡		無資格	無資格	2級以上	無資格	2級以上	1級のみ
30㎡< S≦100㎡		無資格	無資格	2級以上	2級以上	2級以上	1級のみ
100㎡< S≦300㎡		木造以上	木造以上	2級以上	2級以上	2級以上	1級のみ
300㎡< S≦500㎡		2級以上	2級以上	2級以上	1級のみ	1級のみ	1級のみ
500㎡< S≦1,000㎡	下記以外の用途	2級以上	2級以上	2級以上	1級のみ	1級のみ	1級のみ
	特定の用途	1級のみ	1級のみ	1級のみ	1級のみ	1級のみ	1級のみ
1,000㎡< S	下記以外の用途	2級以上	1級のみ	1級のみ	1級のみ	1級のみ	1級のみ
	特定の用途	1級のみ	1級のみ	1級のみ	1級のみ	1級のみ	1級のみ

無資格：誰でもできるもの
木造以上：木造建築士、2級建築士、1級建築士ができるもの
2級以上：2級建築士、1級建築士ができるもの
1級のみ：1級建築士ができるもの
特定の用途：学校、病院、劇場、映画館、観覧場、公会堂、集会場（オーデイトリアムのあるもの）、百貨店

注：災害時の応急仮設建築物は誰でもできる

構造設計1級建築士・設備設計1級建築士の認定条件

1級建築士として5年以上の構造設計または設備設計に従事した後に、講習（構造設計または設備設計、法適合確認に関する講義・修了考査）を修了した者

構造設計1級建築士・設備設計1級建築士の関与が義務付けられている建築物

建築士	対象建築物
構造設計1級建築士	❶1級建築士の業務独占に係る建築物［※1］のうち、構造方法について大臣認定が義務付けられている高さ>60mの建築物（法20条1号） ❷ルート2、ルート3、限界耐力計算による構造計算を行うことにより構造計算適合性判定（ピアチェック）が義務付けられている高さ≦60mの建築物（法20条2号［※2］） ❸上記❶❷の規模でも図書省略を受けた建築物と型式適合認定を受けた建築物は対象外
設備設計1級建築士	階数≧3　かつ　床面積>5,000㎡の建築物
※1の建築物 （1級建築士の業務独占に係る建築物）	❶学校、病院、劇場、映画館、百貨店等の用途に供する建築物（延べ面積>500㎡） ❷木造の建築物　または　建築物の部分（高さ>13m　または　軒高>9m） ❸鉄筋コンクリート造、鉄骨造等の建築物・建築物の部分（延べ面積>300㎡、高さ>13m　または　軒高>9m） ❹延べ面積>1,000㎡　かつ　階数≧2の建築物 注：上記のうち、法85条1・2項に定める応急仮設建築物を除く
※2の建築物 （法20条2号に該当する建築物）	高さ≦60mの建築物で以下のもの ❶木造の建築物（高さ>13m　または　軒高>9m） ❷鉄筋コンクリート造の建築物（高さ>20m） ❸鉄骨鉄筋コンクリート造の建築物（高さ>20m） ❹鉄骨造の建築物（階≧4、高さ>13m　または　軒高>9m） ❺積組造の建築物（階≧4） ❻補強コンクリートブロック造の建築物（階≧4） ❼柱間隔が一定以上ある建築物や耐力壁の少ない建築物等これらに準じるものとして国土交通大臣が指定したもの（平19国交告593号） 注：非木造建築物については、上記のうち、階数≧2または延べ面積>200㎡のものに限られる

建築・増築・改築・移転 005

建築には、新築、増築、改築、移転、大規模の修繕、大規模の模様替がある

既存部分
(既存部分は不適格部分の調査が必要になる)
増築部分

建築確認申請の対象となるのは、新築、増築、改築、用途変更、大規模の修繕、大規模の模様替である

意味が異なる「用語の定義」

建築基準法では、建築とは「**建築物を新築し、増築し、改築し、又は移転すること**」と定義されている(法2条13号)。ここでの**新築・増築・改築・移転**は、日常的な使われ方と若干異なるので注意が必要である。

新築・増築・移転は、敷地との関係で定義される。新築は、「何もない敷地に新しく建築物を建てる」ことを指すが、建築基準法では、何もない敷地に別の敷地から古い建物を移動しても、原則新築扱いとなる。

増築とは、一般的には「既存の建物と一体になるように部屋などを増やすこと」だが、建築基準法上は、敷地内に別棟を新しく建てても増築である。

同じ敷地内の移転の場合、その建物は既存不適格の扱いとなる。

一方、他の敷地から建物を移転する場合、原則は現行規定に適合させる改修が必要であるが、特定行政庁の認定を受ければそのまま移転できる。

また改築は、一般に「壊して、つくり直すこと」を指すが、建築基準法上は、用途・構造・規模のいずれかに変更があると改築には当たらない。たとえば、木造2階建て床面積100㎡の専用住宅の場合、構造を鉄骨造、階数を3階、床面積を200㎡、用途を店舗などにすると、改築にはならない。改築と認められるには用途・構造・規模が変更前と著しく変わらないことが条件となる。

修繕と模様替の違い

似たような用語に、「**修繕**」と「**模様替**」がある。法6条では、建築する場合の他に小規模建築物(4号建築物)以外を大規模の修繕・模様替する場合に確認申請を義務付けている。

修繕も模様替もともに屋根や外壁、柱、梁などを部分的に直すときに用いられる用語だが、建築基準法上は修繕は「同種の材料」で、模様替は「違う種類の材料」で直すことをそれぞれ指す。

なお、ここでいう「大規模」とは「**過半**」を意味する。

建築基準法上の「建築」「修繕」「模様替」の定義

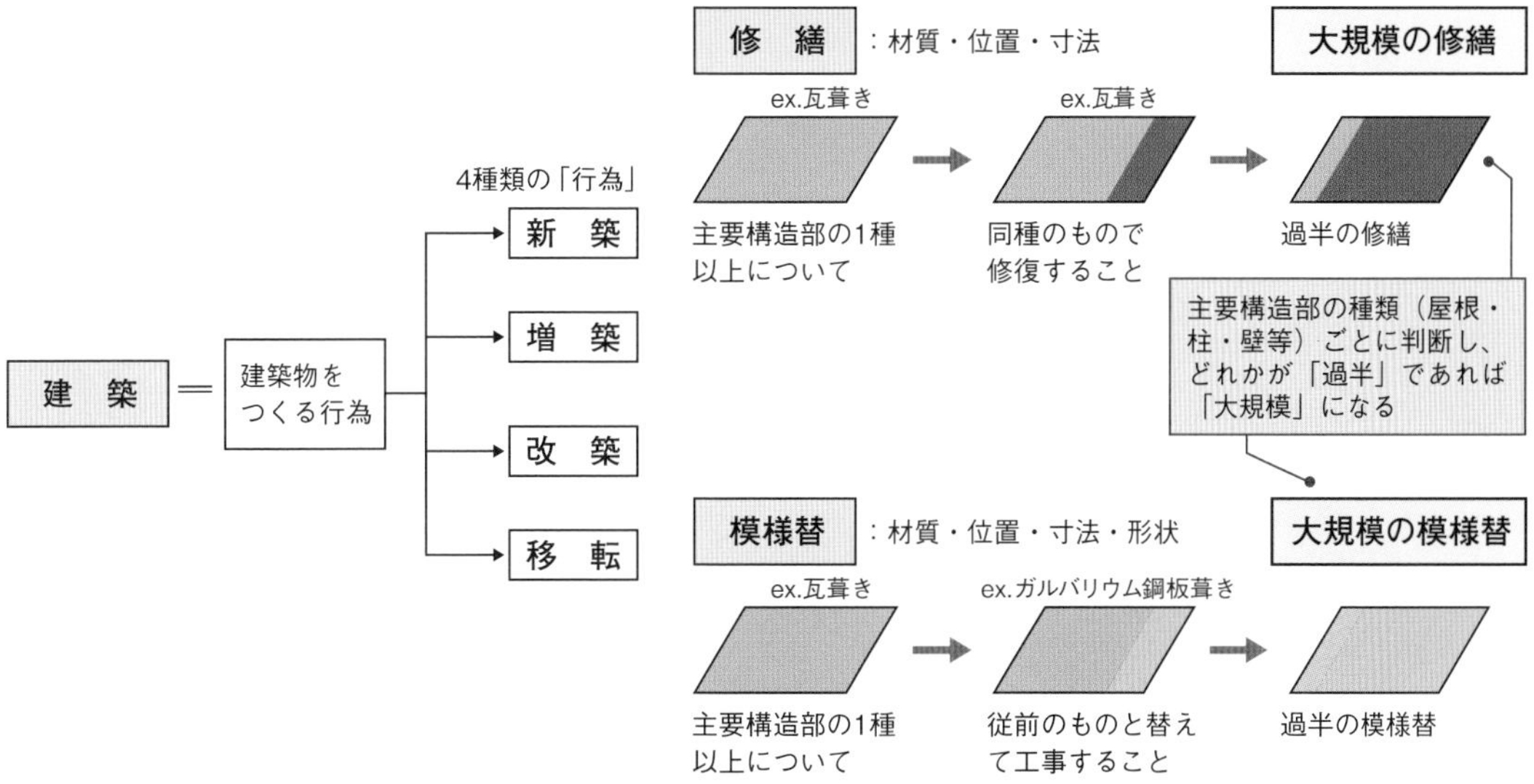

新築・増築・改築・移転とは何か

新　築	建築物のない更地に建築物をつくること

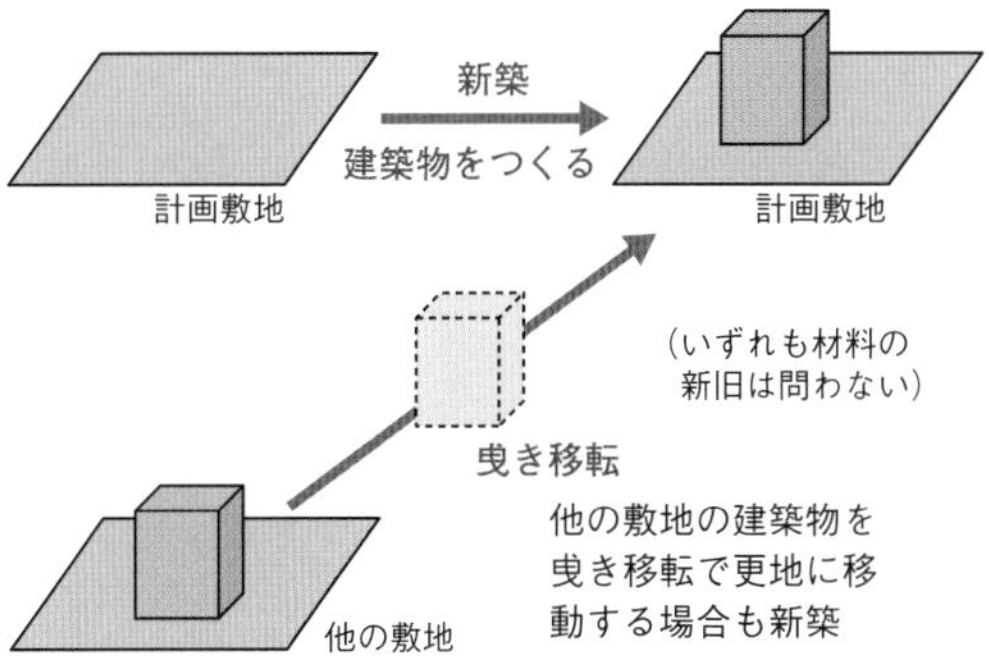

増　築	敷地内の建築物の建築面積や床面積・延べ面積を増加させること

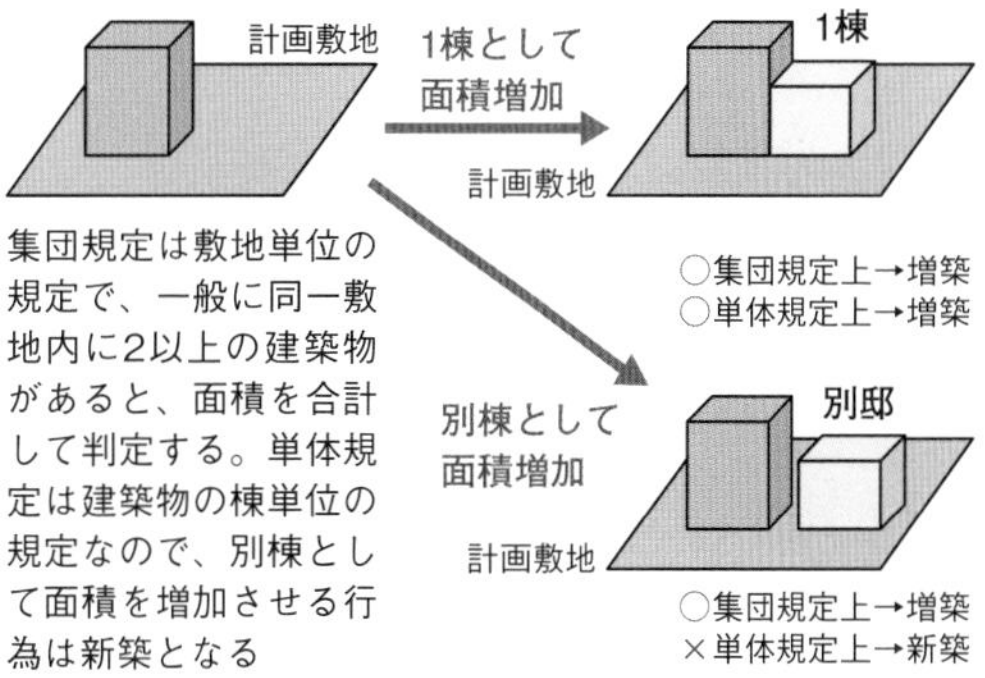

改　築	建築物の一部か全部を除却し（取り壊し）、同一敷地に従前の用途・構造・規模と著しく異ならない建築物をつくること

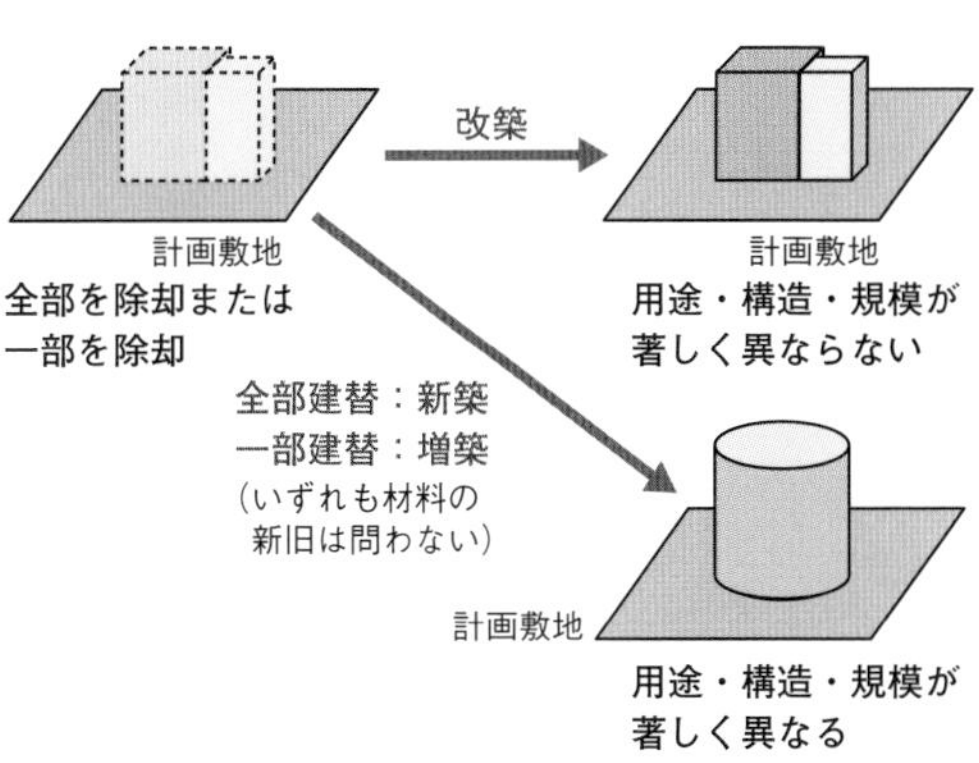

移　転	同一敷地内の移動：既存不適格扱い
	他敷地からの移動：認定により既存不適格扱い

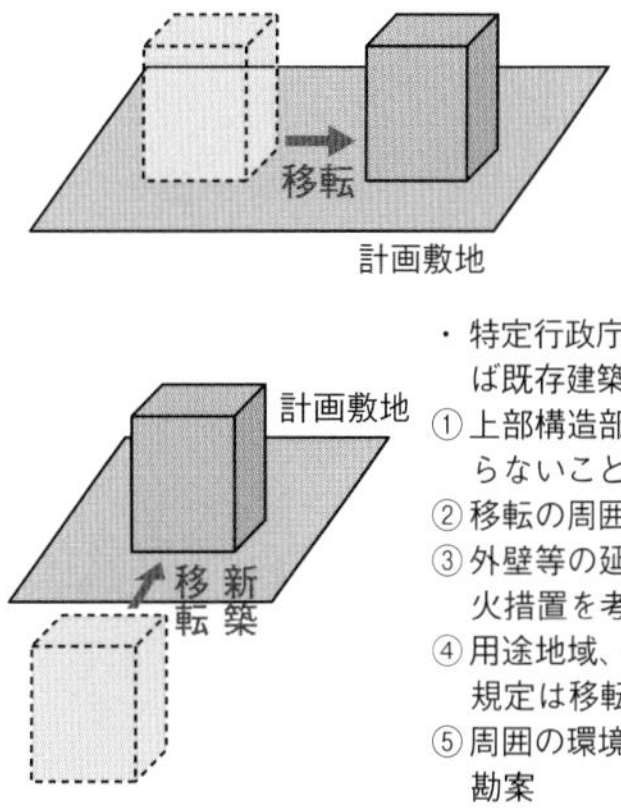

・既存建築物に制限緩和

・特定行政庁の認定①から⑤を受けられれば既存建築物に制限緩和（技術的助言）
① 上部構造部分の移転で前よりも悪くならないこと
② 移転の周囲に与える影響が少ないこと
③ 外壁等の延焼のおそれのある部分の防火措置を考慮
④ 用途地域、容積率、建蔽率などの集団規定は移転敷地に適合させること
⑤ 周囲の環境への影響、許可等の実績を勘案

建築物と工作物 006

建築物とは、土地に定着し屋根を柱か壁で支持している工作物をいう

広義には建築物は工作物の一部である。また、工作物であっても建築基準法の準用工作物にならないものもある

建築物の定義

街中で屋上に広告塔がある建物を見かけるが、建築基準法ではその建物の高さには広告塔の部分を含めない。建築基準法の高さ制限は、**建築物**に適用され、広告塔のような**工作物**には適用されないからである。

建築基準法では、建築物を「土地に定着する工作物のうち、屋根及び柱若しくは壁を有するものであり、建築設備を含む」ものと定義している（法2条1号）。

ただし、この条件を満たさなくても例外的に建築物と認められるものがある。たとえば敷地に建築物がある場合の、門・塀は、屋根をもたないが、「付属建築物」として解釈される。一方、同じ門・塀でも、敷地に建築物がなく、塀が敷地を囲うだけのものであれば、建築物には当たらない。

野球スタンドや競技場なども屋根がなくても建築物と定義され、避難規定が適用される。テレビ塔の展望室や地下街等は工作物に当たる地下道や塔の一部だが建築物と定義される。

一方、建築物の要件を満たす施設でも、他の法令で安全が確保できる鉄道・軌道の線路敷地内の運転保安のための施設や、プラットホームの上屋、ガスタンクなどの貯蔵槽は、建築物から除外される。

工作物の定義

工作物の用語は、建築物以外の広義の構築物に適用される。

工作物には原則、建築基準法は適用されない。ただし工作物であっても、高さや種類などによっては、確認申請が必要になり、構造の安全性や用途地域規制などの法の規定が一部適用される。このように基準法が適用される工作物を**準用工作物**という（法88条）。

準用工作物には、煙突、広告塔、高架水槽、擁壁、昇降機、ウォーターシュート、飛行塔等（同条1項）、製施設、貯蔵施設、遊戯施設等（同条2項）がある。

建築物の定義

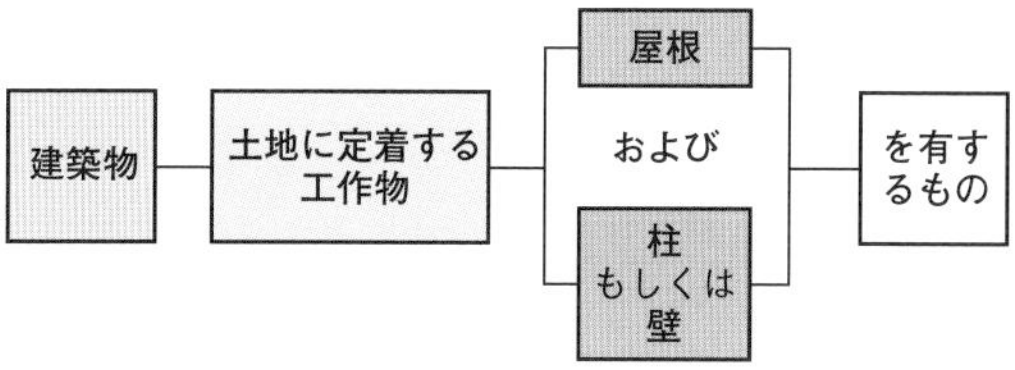

土地に定着する	必ずしも物理的に強固に土地に緊結された状態だけではなく、随時かつ任意に移動できる工作物でない限り、定常的に土地に載置されていれば建築物に該当する
これに類する構造	壁を有しない開放的なものや、屋根を帆布などとした覆いなど、簡易な構造のものも建築物とみなされる。具体的には法84条の2、令136条の9・10で簡易な構造の建築物として定め、防火制限などを緩和している

建築物と工作物の関係

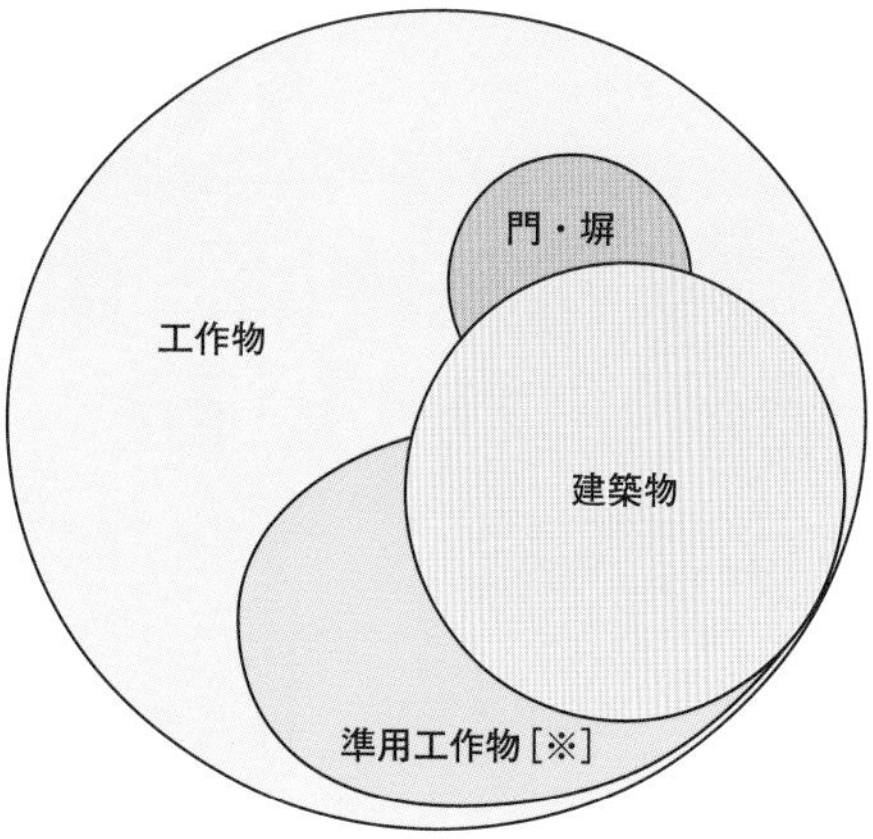

※：準用工作物　建築物以外の工作物で、建築物に準じた法規制の適用を受けるもの

建築物に該当するものと除外されるもの

<table>
<tr><th>建築物に該当するもの</th><th>建築物から除外されるもの</th></tr>
<tr><td>

●建築物に付属する門もしくは塀
建築物のある敷地に築造された門・塀

●観覧のための工作物
野球場の観覧スタンド、競馬場、競技観覧場など、屋根がない観覧施設も安全確保のため建築物に該当する

●地下の工作物内
地下工作物は建築物でないとされるが、地下街（地下施設）にある店舗·事務所などは建築物となる。地下工作物の中に、「地下街の各構え」という「地下工作物中の建築物」が入っている

●高架の工作物内
高架の工作物は建築物でないとされるがテレビ塔（東京タワーの展望室など）、電波塔や高架道路面下内に設けた居室などは建築物に該当

●建築設備
法2条3号に規定する設備。建築物と一体的に取り付けられる設備だけではなく、建築物に設置される器具も含まれる。建築設備の種類は次の❶10の設備と、❷その他の3つの機械と付属施設をいう。
❶10の設備とは、電気、ガス、給水、排水、換気、暖房、冷房、消火、排煙または汚物処理をいう
❷その他の3つの機械と付属施設、煙突、昇降機または避雷針をいう。消防法等その他法令で消防設備等と定義される設備でも、上記❶か❷に該当する設備は、建築設備だが、緩降機などの避難設備や避難誘導灯などで❶や❷に該当しないものは、建築物に設置される設備でも、建築設備ではない

</td><td>

下記の施設は建築物に該当するが、他の法令で安全性の確保が図られているので、建築基準法では建築物から除外されている

●鉄道・軌道の線路敷地内の運転保安に関する施設・跨線橋
鉄道関係法・軌道関係法等による線路敷地・軌道敷地内にある電車・列車・軌道車の運行に必要な信号装置・転てつ装置・運転用通信施設などに関係する施設。駅の待合室・事務室・荷扱所・公衆便所など

●プラットホームの上家

●貯蔵槽
ガスタンク・石油タンクなどの工作物や農業用のサイロ

物置などの小規模な倉庫のうち、内部に入らずに外部から荷物の出し入れを行うものは、法2条の貯蔵槽に類する施設として建築物に該当しないものとする（屋上に設置するものや危険物倉庫は対象外）

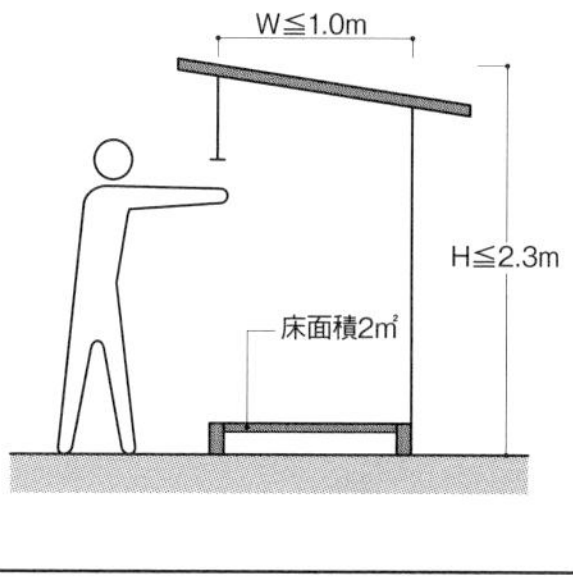

</td></tr>
</table>

特殊建築物

007

特殊建築物は、耐火・防火・避難規定が厳しく制限されている

特殊建築物は避難上、防災上、出火の危険性などで6種に分けられる。都市計画で位置を決めるものもある

特殊建築物の避難規定

用途の特殊性から、防火・避難規定などで一般の建築物より厳しく制限される建築物を**特殊建築物**という。たとえば、劇場、病院、学校、百貨店などの不特定多数の人が集まる施設や、ホテルや共同住宅などの宿泊、就寝を伴う施設、倉庫、自動車車庫などの火災に対し危険度の高い施設などがある。

これらの建築物では、災害時に混乱が予想されるため、規模や階数によって防災上等の構造基準に対して厳しい制限が設けられている。該当するのは、法別表第1に例示されている劇場、観覧場、集会場、病院、旅館、共同住宅、学校、体育館、物販店、展示場、倉庫、自動車車庫などである。

一方、周囲に与える公害やその他の影響が大きいため、事前に都市計画で建築する位置の決定をしなければならない特殊建築物もある。これらに該当する建築物は、と畜場、火葬場、汚物処理場などである(法51条)。

特殊建築物の関係規定

規制内容	条項
定期報告	法12条
耐火建築物等	法27条
階段、出入口、避難施設	法35条
居室から直通階段までの歩行距離	法35条・令120条
用途変更手続き(200㎡超)	法87条
工事中の安全措置等の計画の届出	法90条の3

規制内容	条項
廊下の幅	令119条
屋上広場等	令126条
排煙設備	令126条の2
敷地内の避難通路	令128条
非常用照明	令126条の4
内装制限	令128条の5

特殊建築物に該当する用途

○は各法令の条文で用途名が明記されたもの

興行関係
【避難上の問題が大きい】
一時的に不特定多数が集中する用途等
→ (1)項

就寝室をもつ施設関係
【避難上の問題が起きやすい】
就寝室があるため災害等に迅速に避難しにくい用途等
→ (2)項

教育・文化・スポーツ関係
【防災上の問題は比較的少ない】
一定の管理下に不特定多数が利用する用途等
→ (3)項

商業関係
【防災対策が必要】
商業活動の場に不特定多数が集まる用途等
→ (4)項

倉庫関係
【可燃物対策が必要】
可燃物が大量に保管されやすい用途等
→ (5)項

自動車関係
【防災上の配慮が重要】
出火の危険性が高い用途等
→ (6)項

法別表第1による区分	特殊建築物として法文に示された用途	法2条2号	法別表第1	令115条の3	令19条1号	法51条	令130条の2の2
(1)項	劇場	○	○				
	映画館		○				
	演芸場		○				
	観覧場	○	○				
	公会堂		○				
	集会場	○	○				
(2)項	病院	○	○				
	診療所(有床)		○				
	ホテル		○				
	旅館	○	○				
	下宿	○	○				
	共同住宅	○	○				
	寄宿舎	○	○				
	児童福祉施設等			○			
	児童福祉施設				○		
	助産所				○		
	身体障害者社会参加支援施設[※1]				○		
	保護施設(医療保護施設を除く)				○		
	婦人保護施設				○		
	老人福祉施設				○		
	有料老人ホーム				○		
	母子保健施設				○		
	障害者支援施設				○		
	地域活動支援センター				○		
	福祉ホーム				○		
	障害福祉サービス事業[※2]				○		
(3)項	学校(専修学校･各種学校含む)	○	○				
	体育館	○	○				
	博物館			○			
	美術館			○			
	図書館			○			
	ボウリング場			○			
	スキー場			○			
	スケート場			○			
	水泳場			○			
	スポーツの練習場			○			
(4)項	百貨店	○	○				
	マーケット		○				
	展示場	○	○				
	キャバレー		○				
	カフェー[風俗店]		○				
	ナイトクラブ		○				
	バー		○				
	ダンスホール	○	○				
	遊技場[風俗店]	○	○				
	公衆浴場	○		○			
	待合[風俗店]			○			
	料理店[風俗店]			○			
	飲食店			○			
	物品販売業を営む店舗[※3]			○			
(5)項	倉庫	○	○				
(6)項	自動車車庫	○	○				
	自動車修理工場		○				
	映画スタジオ			○			
	テレビスタジオ			○			
なし	工場	○					
	危険物の貯蔵場	○					
	卸売市場					○	
	と畜場	○				○	
	汚物処理場	○				○	
	火葬場	○				○	
	ごみ焼却場					○	
	ごみ処理施設(ごみ焼却場を除く)						○
	産業廃棄物の処理施設						○
	廃油処理施設						○

※1：補装具製作施設・視聴覚障害者情報提供施設を除く
※2：生活介護、自立訓練、就労移行支援、就労継続支援を行う事業に限る
※3：床面積＞10㎡

違反建築物

008

特定行政庁や建築監視員は、建築主や現場管理者等に緊急性に応じて是正命令が出せる

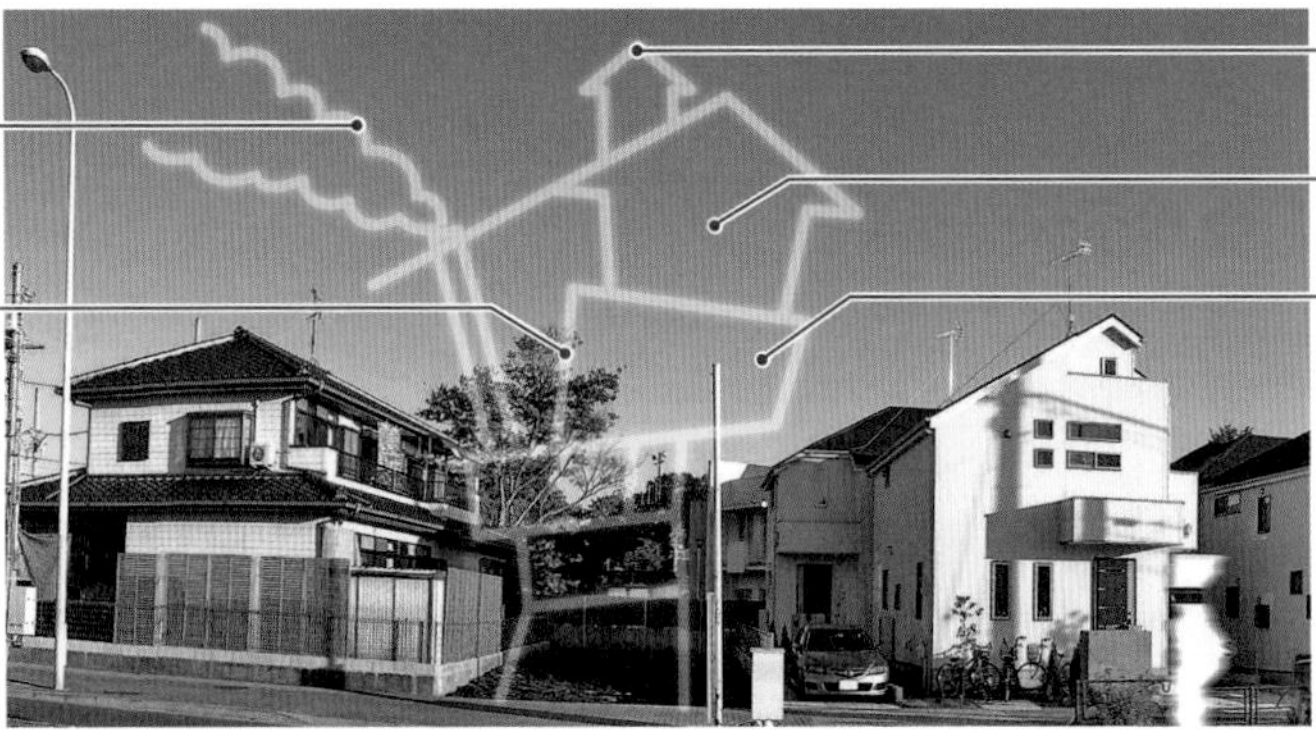

環境を害する用途違反、倒壊のおそれのある構造違反、火災などの災害時に危険な、防火・避難規定の違反がある

特定行政庁の命令は3種類ある

違反建築物とは、手続きや避難、構造規定等、参照すべき建築基準法の規定に適合しないままつくられた建築物のことである。違反建築物に対しては、特定行政庁が**是正命令**を出すことができる。違反建築物に対する措置の命令には3種類ある（法9条）。

1つは、**法9条1項にもとづく是正命令**で、建築主や請負人等に対し、特定行政庁が通知書を交付し、意見書の提出などの一定の手続きを経た後に、工事の施工停止を命じる。相当の猶予期限を付け当該建築物の除却、使用禁止などの措置をとることができる。

2つは、**法9条7項にもとづく命令**で、緊急を要する場合などに出され、一時的な使用禁止や使用制限する。

命令を受けた者は、公開による意見の聴取を請求できる。この場合特定行政庁は、聴取の結果を受けて改めて法9条1項命令を行うか、使用禁止などの命令を取り消さなければならない。

3つは、**法9条10項にもとづく命令**である。建築基準法令またはその許可に付した条件に違反することが明確な工事中の建築物に対してなされる。

法定手続きをとれない場合、特定行政庁は、建築主や工事の請負人等に対し工事の施工停止を命じることができる。

なお、建築監視員は、特定行政庁と同様の違反建築に対する使用禁止や制限の仮命令（7項命令）と緊急工事停止命令（10項命令）の権限を特定行政庁から与えられている（法9条の2）。

命令に従わない場合は行政代執行

命令が出されても是正が行われないか不十分な場合は、特定行政庁は、是正義務を負う建築主等に代わって、違反建築物の実質的な是正（解体・除却等）を行うことができる。これを**行政代執行**（法9条12項）という。

また法違反者に対しては、免許の取り消しなどを含む**行政処分**（法9条の3）か、懲役・罰金などの**行政刑罰**（法98条～106条）が課される。

違反建築物を正す命令・代執行・罰則

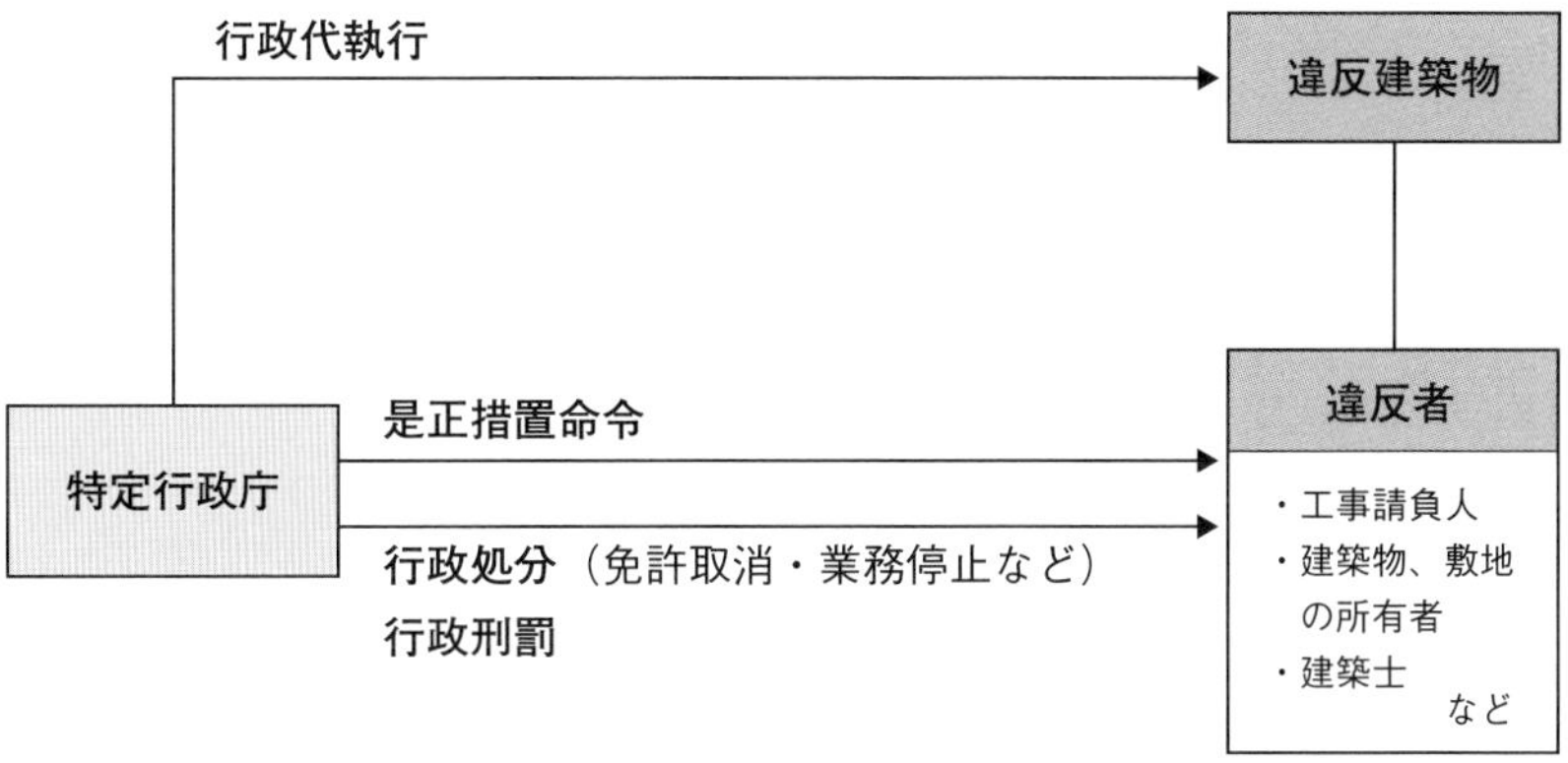

項目	内容	適用条件
違反建築物	建築基準法令等に違反した建築物、または建築物の敷地のこと	法9条1項
是正措置命令	違反建築物の関係者に対する命令。下図のように1項命令、7項命令、10項命令の3種類がある	法9条
行政代執行	国や地方公共団体などの行政機関が、義務を果たさない者の代わりに、自らまたは第三者によって撤去・排除などを行うこと	法9条12項
行政処分	建築士法、建設業法、宅建業法、浄化槽法による免許·許可の取消し、業務停止等	法9条の3
行政刑罰	懲役および罰金。行政庁の告発により、検察官の起訴を受けた裁判所の判決により科される	法98〜106条

是正措置命令のしくみ（法9条・9条の2）

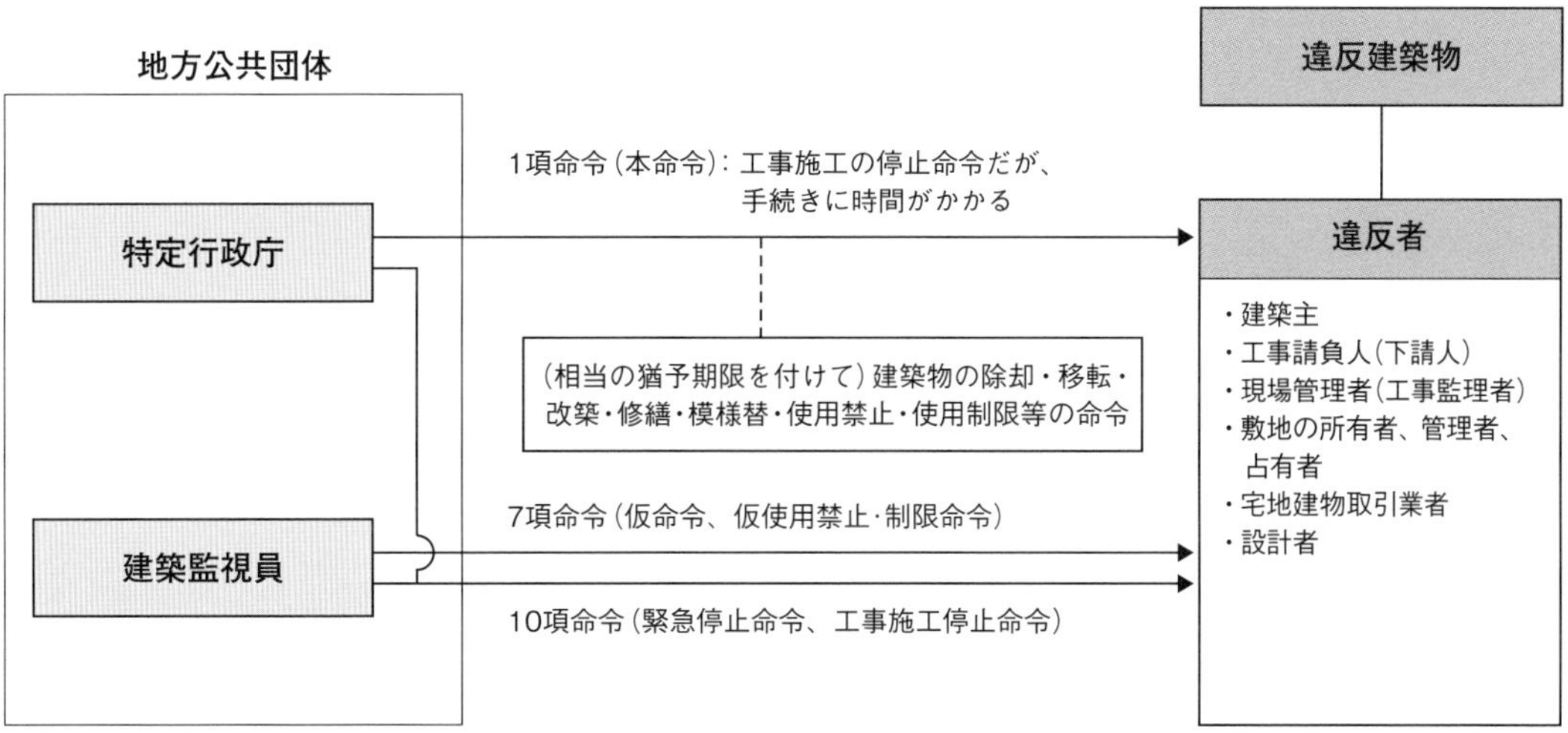

既存不適格建築物 009

既存不適格建築物の増改築等を行う場合、現行規定を適用される部分と緩和される部分がある

既存不適格建築物は手を加えて違法となった建築物ではないので、違反建築物のように改善命令の対象にはならない

既存不適格建築物の緩和規定

建築当時は適法だったが、法改正や都市計画法上の地域・地区の変更などで、現行法規に適合しなくなった建築物を**既存不適格建築物**という。法律は遡って適用されないため、違反建築物とはみなされない（法3条2項）。

一方、既存不適格建築物を増改築する場合、条件に応じて現行法規定が適用される。その際、既存部分は、構造耐力上、耐久性関係規定や特定天井［252・253頁参照］、外装材や昇降機などの脱落・落下防止［218・219頁参照］の基準に適合しなければならない。その他の法規定で防火区画や防火設備など適用される部分と緩和される部分の条件を政令で定めている（令137条の2～137条の11）。また、大規模の修繕・模様替の場合は、増改築で緩和される法規定とは別に緩和される法規定もある（令137条の12）［24～26頁参照］。

また増築時に、増築部分を含む部分とそれ以外の部分を耐火構造の壁や防火設備、渡り廊下などで独立させるように区画した場合も、既存部分には現行法の緩和がある。緩和される規定は、区画の方法や増改築部分の範囲、既存不適格部分の耐震診断の有無等で判断される（法86条の7、令137条の14）。

増改築部分が政令の定める範囲を超える場合は、既存部分を含めた建築物全体に現行法規定が適用される。

なお、検査済証のない建築物の遵法性の確認には建築基準法適合状況調査という方法もある［254・255頁参照］。既存不適格建築物が保安上著しく危険であるか、衛生上著しく有害であると認められる場合は、特定行政庁は相当の猶予期限を設けて所有者などに建築物の除却などを命令できる（法10条）。

全体計画認定による段階的適法化

増改築工事等を2以上の工事に分けて行う場合、特定行政庁の認定を受ければ、20年以内に段階的に法に適合させながら改修工事ができる。これを**全体計画認定制度**という（法86条の8）。

4号木造建築物[※1]を増改築する場合の構造検討(令137条の2)

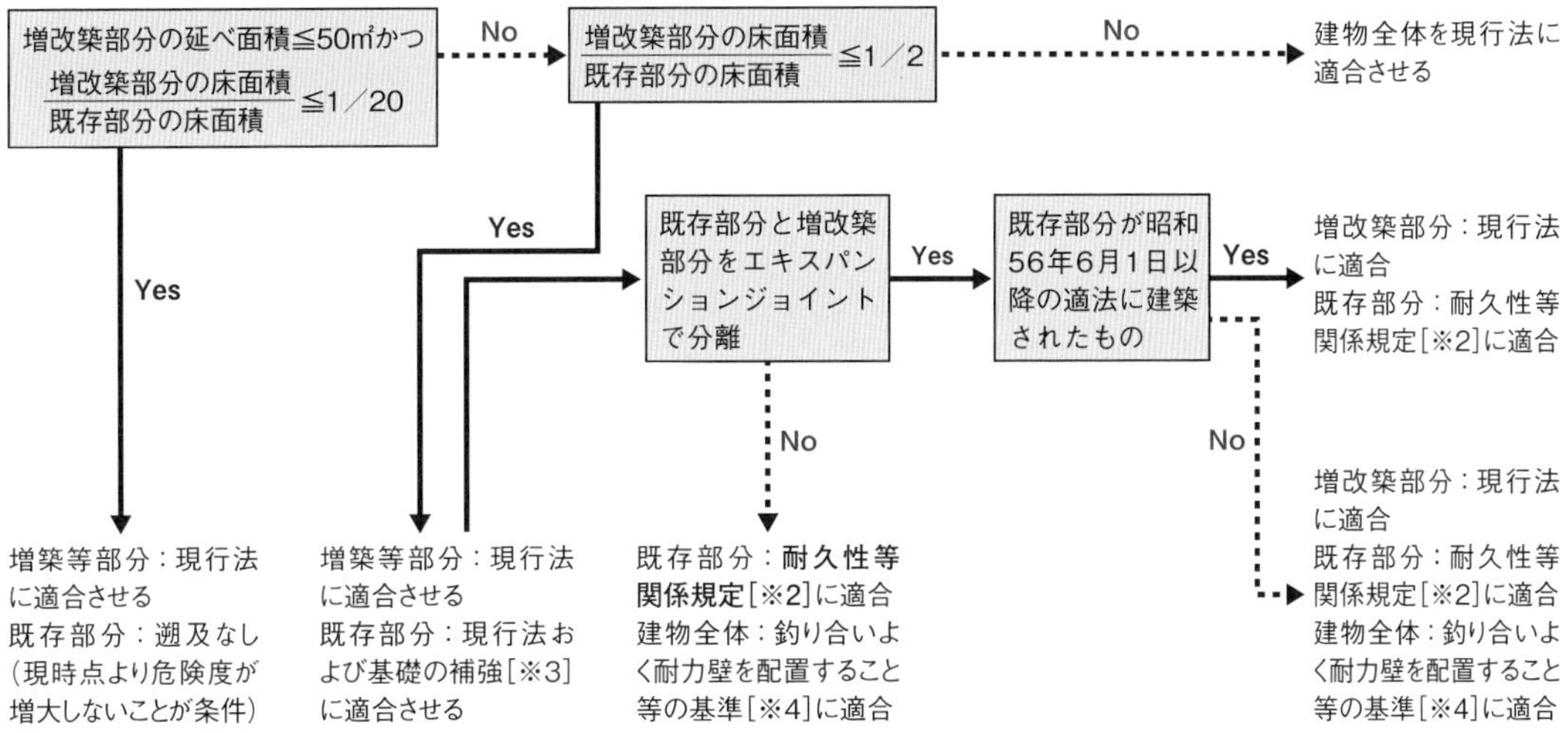

※1:2階以下、かつ延べ面積500㎡以下、かつ高さ13m以下、軒高9m以下
※2:令38条1,5,6項、令39条(屋根ふき材等の緊結)、令41条(木材)、令49条(防腐措置等)
※3:平17国交告566号第2
※4:平17国交告566号第1第1号ロ令42条(土台および基礎)、43条(柱)、46条(構造耐力上必要な軸組等)

増改築部分の規模等の条件に適用される耐震基準

<table>
<tr><th rowspan="2">増改築等の面積</th><th rowspan="2">既存部分と増改築部分の接続方法</th><th colspan="2">耐震基準</th></tr>
<tr><th>既存部分</th><th>増改築部分</th></tr>
<tr><td>増改築部分の床面積≦既存部分の床面積×1/20　かつ
増改築部分の床面積≦50㎡</td><td rowspan="2">エキスパンションジョイント等で分離</td><td>・増改築以前よりも危険性が増さない場合(鉛直荷重の検討など)は、構造の遡求なし
・エレベーターの落下、エスカレーターの脱落防止不要</td><td rowspan="2">現行の基準に適合させる

壁量計算(令46条)</td></tr>
<tr><td rowspan="4">増改築部分の床面積≦既存部分の床面積×1/2</td><td>・耐震改修促進法の基準に適合
・昭56年6月1日以降に適法に建築された建築物
・耐久性関係規定に適合
・屋根葺き材・特定天井・外装材などの脱落、エレベーターのかごの落下およびエスカレーターの脱落防止の基準に適合(平17国交告566号第1)
〈木造四号建築物〉
・土台・基礎(令42条)柱小径(令43条)壁量計算(令46条)</td></tr>
<tr><td rowspan="4">分離しない</td><td colspan="2">・構造計算によって、構造耐力上安全であることを確認</td></tr>
<tr><td colspan="2">・吹抜け部分や階高の高い空間での中間階設置等の小規模な増築は耐震改修促進法の基準に適合を確認(国住指第669号技術的指針)</td></tr>
<tr><td colspan="2">〈木造四号建築物〉
・土台・基礎(令42条)柱小径(令43条)壁量計算(令46条)</td></tr>
<tr><td rowspan="2">増改築部分の床面積
>既存部分の床面積×1/2</td><td colspan="2">・構造計算によって、構造耐力上安全であることを確認
・構造上主要な部分の構造部材の変形、振動による影響の検討</td></tr>
<tr><td>エキスパンションジョイント等で分離</td><td>・耐震改修促進法の基準に適合
・昭56年6月1日以降に適法に建築された建築物
・耐久性関係規定に適合
・屋根葺き材・特定天井・外装材などの脱落、エレベーターのかごの落下およびエスカレーターの脱落防止の基準に適合</td><td>現行の基準に適合させる</td></tr>
</table>

増改築等で遡及・緩和される規定1

増改築等で遡及・緩和される規定		増改築	大規模な修繕・模様替え	工事区分	緩和の範囲および条件	適用条項
構造耐力	法20条	△ 遡及・緩和あり		増改築	・増築部分は現行法を適用。既存部分については増改築部分の規模等の条件で適用 ・耐久性関係規定に適合 ・地震等による倒壊、崩壊防止の国交大臣が定める構造方法に適合 ・積雪荷重等、屋根葺き材・特定天井・外装材等の脱落防止の国交大臣が定める構造方法、エレベーターの籠の落下及びエスカレーターの脱落防止に適合（50㎡以内の増改築で構造耐力上の危険性が増加しない場合は対象外）	令137条の2
				修繕等［※1］	構造耐力上危険性が増大しない場合は緩和	令137条の12
大規模建築物の主要構造部	法21条	◎ 遡及				
屋根	法22条	◎ 遡及				
外壁	法23条	◎ 遡及				
大規模の木造建築物等の外壁等	法25条	◎ 遡及				
防火壁	法26条	△ 遡及・緩和あり	× 遡及なし	増改築	基準時以降の増改築等部分の床面積の合計≦50㎡	令137条の3
特殊建築物の耐火・準耐火	法27条	△ 遡及・緩和あり	× 遡及なし	増改築	基準時以降の増改築等部分の床面積の合計≦50㎡（ただし、劇場の客席、病院の病室、学校の教室等は増築不可）	令137条の4
居室の採光・換気	法28条1項・2項	◎ 遡及			改修しない室部分は緩和	法36条、法86条の7第3項
特殊建築物の居室換気、火気使用室	法28条3項	◎ 遡及			改修しない室部分は緩和	法86条の7第3項
石綿関係	法28条の2	△ 遡及・緩和あり		増改築	増改築等部分の床面積の合計≦基準時の延べ面積×1／2	令137条の4の3
				修繕等	石綿に被覆等の措置をとる	令137条の12第3項
ホルムアルデヒド換気	法28条の2	△ 遡及・緩和あり			換気経路としない計画では既存改修部分は居室単位で緩和適用	令137条の15
地下居室	法29条	◎ 遡及				
長屋・共同住宅の界壁	法30条	△ 遡及・緩和あり	× 遡及なし	増築	増築後の延べ面積の合計≦基準時の延べ面積の合計×1.5	令137条の5
				改築［※2］	改築部分の床面積≦基準時の延べ面積×1／2	
便所	法31条	◎ 遡及		増改築・修繕等	既存の未改修部分の便所は緩和	法36条、法86条の7第3項
電気設備	法32条	◎ 遡及		増改築・修繕等	既存の未改修部分の電気設備は緩和	法36条、法86条の7第3項
避雷設備	法33条	◎ 遡及				
昇降機	法34条1項	◎ 遡及		増改築	既存の未改修部分は昇降機単位で緩和を適用	法36条、法86条の7第3項
				修繕等	エレベーターのかごの落下およびエスカレータの脱落防止の国交大臣が定める構造方法に適合	
非常用昇降機	法34条2項	◎ 遡及		増築・修繕	増築部分の高さ≦31mかつ増築床面積の合計≦基準時の延べ面積×1／2	令137条の6
				改築・修繕等	改築部分の床面積の合計≦基準時の延べ面積×1／5かつ改築部分の高さ≦基準時のその部分の高さ	
無窓検討（採光・排煙）	法35条、令116条の2	◎ 遡及				

※1：修繕等：主要構造部の1種以上の過半にわたる修繕・模様替え
※2：改築：建築物の全部もしくは一部を除去し、用途・規模・構造の著しく異ならない建築物とすること

増改築等で遡及・緩和される規定2

増改築等で遡及・緩和される規定		増改築	大規模な修繕・模様替え	工事区分	緩和の範囲および条件	適用条項
客用出口の戸	法35条、令118条	◎ 遡及		既存の独立部分	開口部のない耐火構造の床、壁で増改築等部分と区画された既存部分は緩和[27頁②・③参照]	法35条、法86条の7第2項、令137条の14第2号
廊下の幅	法35条、令119条	◎ 遡及				
直通階段	法35条、令120条	◎ 遡及				
2以上の直通階段	法35条、令121条	◎ 遡及				
屋外階段の構造（木造階段の禁止）	法35条、令121条の2	◎ 遡及				
避難階段の設置	法35条、令122条	◎ 遡及				
避難階段・特別避難階段の構造	法35条、令123条	◎ 遡及				
物販の避難階段幅	法35条、令124条	◎ 遡及				
特殊建築物の屋外への出口	法35条、令125条	◎ 遡及				
屋外出口の施錠	法35条、令125条の2	◎ 遡及				
屋上広場等	法35条、令126条	◎ 遡及				
敷地内通路	法35条、令128条	◎ 遡及				
大規模木造の敷地内通路	法35条、令128条の2	◎ 遡及				
排煙設備	法35条、令126条の2・3	◎ 遡及		既存の独立部分	開口部のない準耐火構造の床、壁、遮炎性能のある防火設備で増改築部分と区画された既存部分は緩和[27頁④参照]	法35条、法86条の7第2項、令137条の14第2号
非常用照明	法35条、令126条の4・5	◎ 遡及		既存の独立部分	開口部のない耐火構造の床、壁で増改築等部分と区画された既存部分は緩和[27頁②・③参照]	
非常用進入口	法35条、令126条の6・7	◎ 遡及				
特殊建築物等の内装	法35条の2、令128の7	◎ 遡及				
無窓居室の耐火・不燃化	法35条の3、令111条	△ 遡及・緩和あり			既存の未改修の居室単位は緩和を適用	法86条の7第3項
天井高・床高	法36条、令21・22条	△ 遡及・緩和あり				
階段	法36条、令23〜25・27条	△ 遡及・緩和あり			階段を改修する場合は現行法を適用	
防火区画・防火壁	法36条、令112・113条	◎ 遡及				
防火上主要な間仕切	法36条、令114条	◎ 遡及				
設備	法36条、令28〜35・115条	△ 遡及・緩和あり			改修する部分に現行法を適用	法86条の7第3項
建築材料	法37条	◎ 遡及				
災害危険区域	法39条2項	◎ 遡及				
地方公共団体の条例	法40条	◎ 遡及				
接道条例付加	法43条2項、令144条の6	◎ 遡及				
4m未満接道の付加条例	法43条の2	◎ 遡及				
道路内の建築制限	法44条	◎ 遡及				
壁面線・壁面後退	法47条	◎ 遡及	× 遡及なし			令137条の12
用途地域内の用途制限（用途変更を伴わない）	法48条1〜13項	△ 遡及・緩和あり		増築・修繕等	増築が基準時敷地内で、増築後の延べ面積、建築面積は法定制限内（容積率、建蔽率に適合） 増築後の床面積≦基準時の床面積×1.2 増築後の不適格部分の床面積≦基準時不適格部分の床面積×1.2	令137条の7
				改築・修繕等	改築が基準時敷地内のものであり、改築後の延べ面積、建築面積が法定範囲内	
				増設・修繕等	増設後の原動機の出力・台数≦基準時の原動機の出力・台数×1.2	
用途地域条例制限	法49・50条、令130条の2	◎ 遡及				

増改築等で遡及・緩和される規定3

増改築等で遡及・緩和される規定		増改築	大規模な修繕・模様替え	工事区分	緩和の範囲および条件	適用条項
卸売市場等の位置	法51条、令130条の2の2	◎ 遡及	× 遡及なし			
容積率・特定街区の容積率	法52条1・2・7項、法60条1項	△ 遡及・緩和あり	× 遡及なし	増築	増築は自動車車庫等に限る 増築後の自動車車庫等の床面積の合計≦増築後の延べ面積×1／5 増築以前の自動車車庫等以外の床面積の合計≦基準時の自動車車庫等の床面積[※]	令137条の8
				改築	改築は自動車車庫等に限る 改築後の自動車車庫等の床面積の合計≦改築後の延べ面積×1／5または改築後の自動車車庫等の床面積の合計≦基準時の自動車車庫等の床面積	
建蔽率	法53条1・2項	◎ 遡及	× 遡及なし			令137条の12
第1・2種低層住居専用地域内の外壁後退	法54条1項					
第1・2種低層住居専用地域内の高さ	法55条1項					
建築物の高さ	法56条1項					
日影高さ	法56条の2第1項					
特定容積率適用地区内	法57条の4第1項					
高層住居誘導地区	法57条の5第1項					
高度地区	法58条					
高度利用地区内の容積率等	法59条1・2項	△ 遡及・緩和あり	× 遡及なし	増築	増築後の延べ面積と建築面積≦基準時の延べ面積と建築面積×1.5	令137条の9
					増築後の建築面積≦都市計画で地域ごとに定められた建築面積の最低限度×2／3	
					増築後の容積率≦都市計画で地域ごとに定められた容積率の最低限度×2／3	
				改築	改築部分の床面積≦基準時の延べ面積×1／2	
特定街区の容積率・高さ	法60条1・2項	△ 遡及・緩和あり	× 遡及なし	増改築	増改築部分が昇降路の部分の場合	令137条の8
都市再生特別地区の容積率・建蔽率・高さ	法60条 の2第1・2項	△ 遡及・緩和あり	× 遡及なし	増改築	「高度利用地区内の容積率等」の緩和に同じ	令137条の9
防火地域内の構造制限・特定防災街区整備地区	法61条、 法67条の2第1項	△ 遡及・緩和あり	× 遡及なし	増改築・修繕等	基準時以後の増改築部分の床面積合計≦50㎡かつ≦基準時の延べ面積 増改築後の階数≦2かつ延べ面積≦500㎡ 増改築部分の外壁、軒裏が防火構造（木造建築物では外壁、軒裏が防火構造に限る）	令137条の10
準防火地域内の構造制限	法62条1項	△ 遡及・緩和あり	× 遡及なし		基準時以後の増改築部分の床面積合計（2以上ある場合は増改築部分の床面積合計）≦50㎡ 増改築後の階数≦2 増改築部分の外壁、軒裏が防火構造（木造建築物では外壁、軒裏が防火構造に限る）	令137条の11
屋根	法63条	◎ 遡及				
外壁の開口部の防火戸	法64条	◎ 遡及				
景観地区	法68条1・2項	◎ 遡及	× 遡及なし			
条例による用途制限	法68条 の2第1項・5項	◎ 遡及				
沿道地区計画緩和	法68条の3第7項	◎ 遡及				
条例による集団規定制限	法68条の9第1項	◎ 遡及				令136条の2の9

※：専ら自動車または自転車の停車、駐車の施設

区画方法と適用が緩和される法規定（独立部分）（法86条の7第2項）

①令137条の14、令36条の4

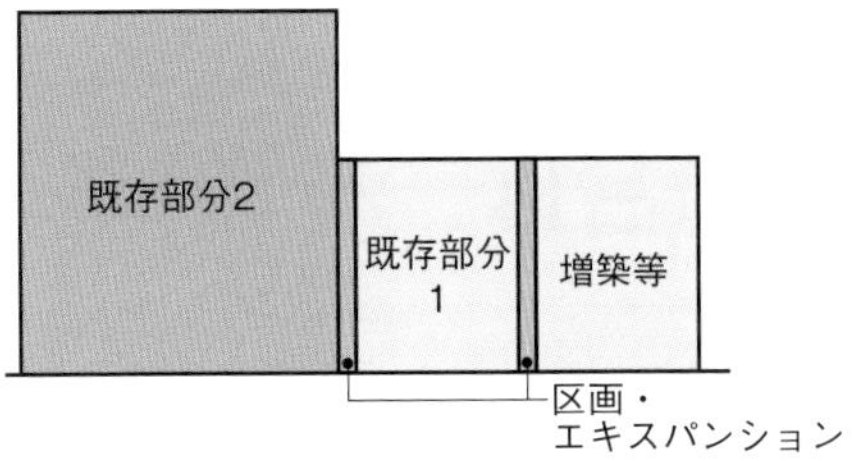

既存部分2では法20条が遡及適用されない。
適用を緩和される規定は区画方法で異なる

区画方法	緩和される規定
建築物をエキスパンションジョイント等、相互に応力を伝えない構造方法のみで区画	構造耐力規定（法20条）

②令117条2項1号、令137条の14第2号

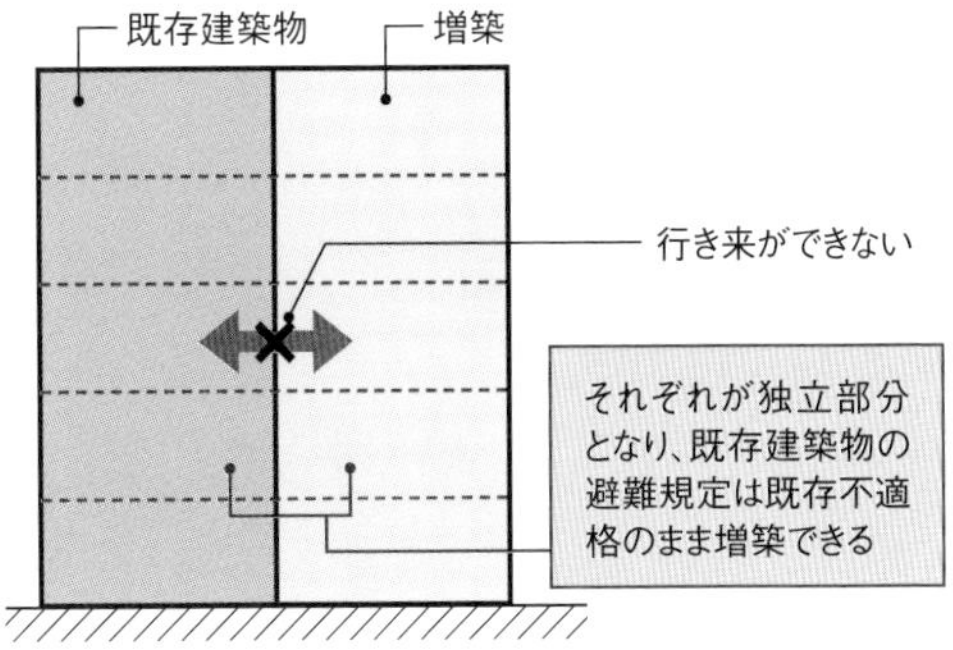

区画方法	緩和される規定
開口部のない耐火構造の床・壁で区画	避難規定（廊下、避難階段、出入口、非常用照明ほか令5章第2節の規定） 避難安全検証

③令117条2項2号、平28国交告695号

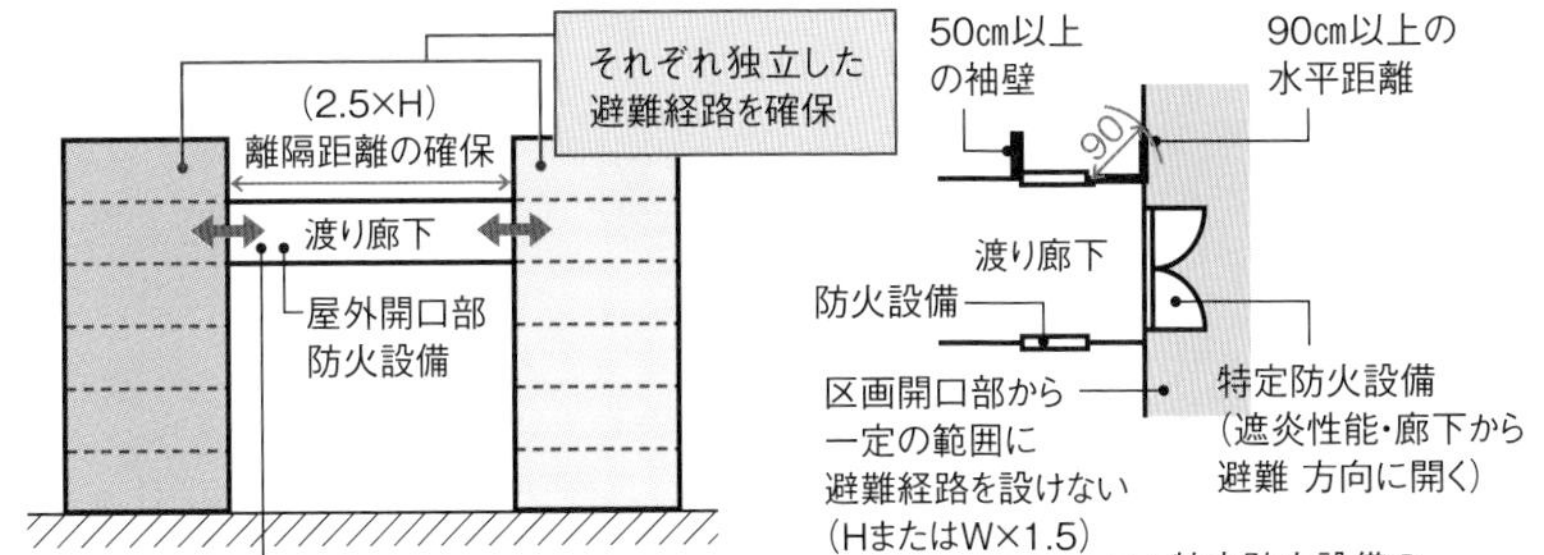

・通行の用のみに供する　・内装不燃化（可燃物設置なし）
・主要構造部が耐火構造　・貫通部の処理

H：特定防火設備の大きい方の高さ
W：特定防火設備の幅

区画方法	緩和される規定
渡り廊下と両側の特定防火設備	避難規定（廊下、避難階段、出入口、非常用照明ほか令5章第2節の規定） 避難安全検証

④令137条の14第3号

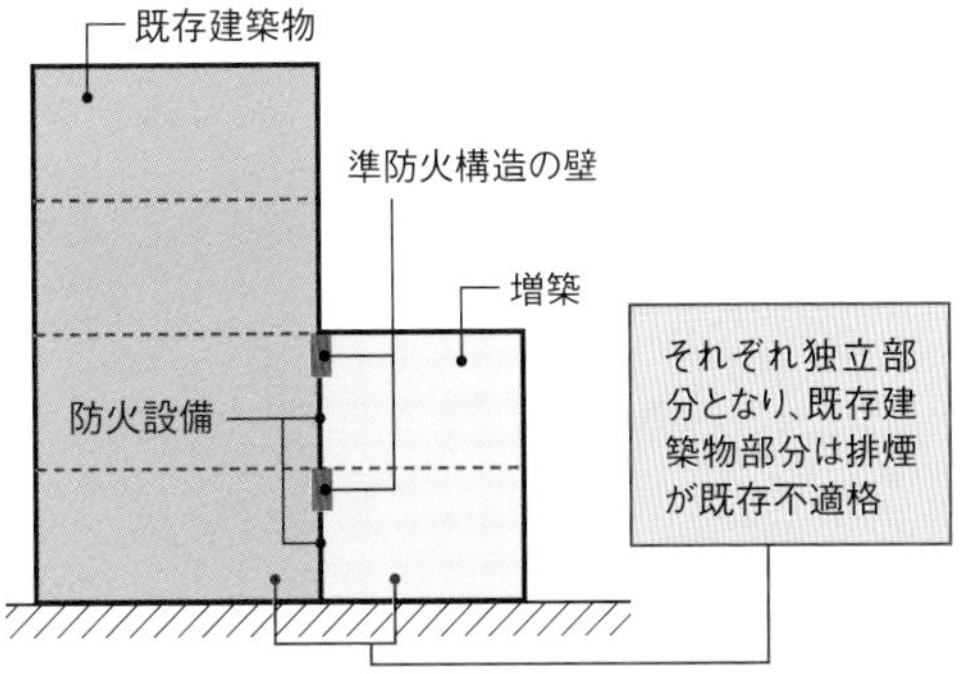

区画方法	緩和される規定
開口部のない準耐火構造の床・壁、常時閉鎖式等の防火設備で区画	排煙設備規定

地盤面と地階 010

地盤面の高低差が3m超の場合は、その建築物には2以上の地盤面ができる

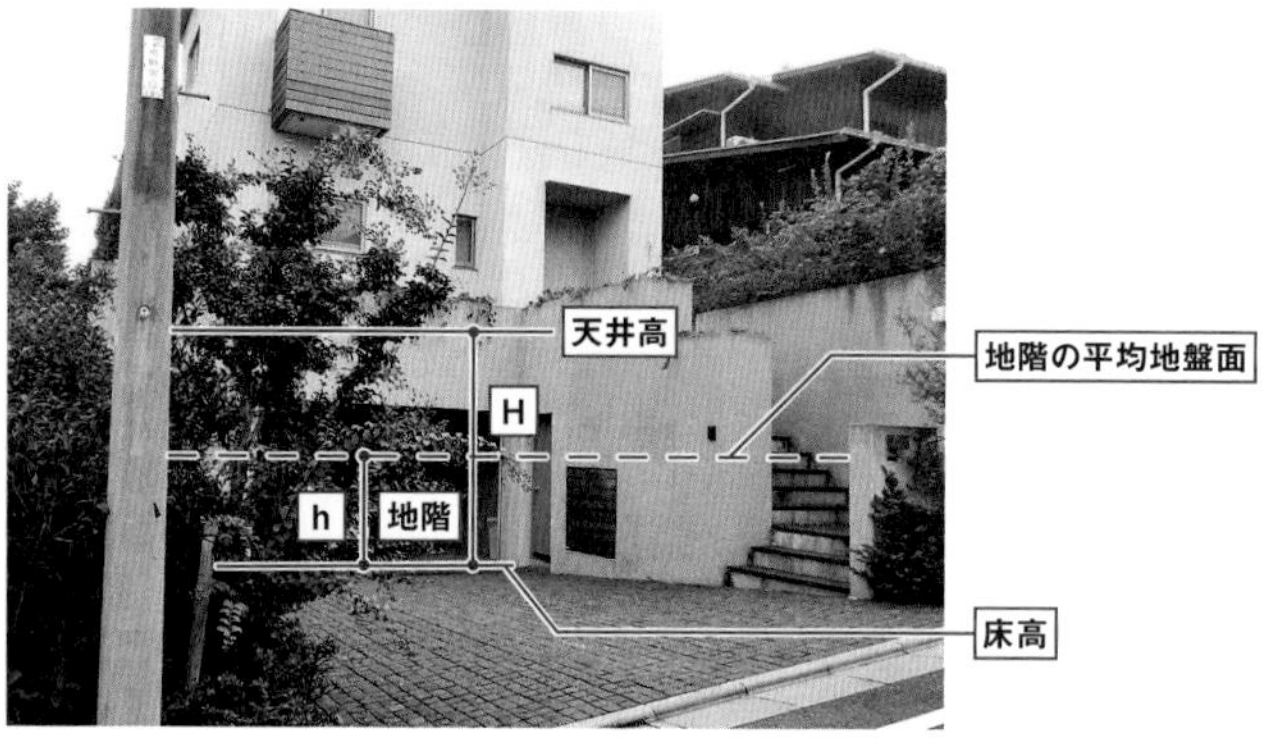

地盤面で高さが決まり、地階の判定で階数が決まる。住宅地下室の容積率緩和にはさらに条件がある[82頁参照]

地盤面は高さの基準点

地盤面は建築物の高さを算定する基点となる。地盤面は原則、建築物の周囲の地面が建築物の壁や柱と接する位置、あるいは、ピロティのような上階の張り出し位置の水平投影線の平均の高さで求めた水平面である。

3m超の高低差がある場合、3m以内ごとに平均地盤面を算定するので、各領域ごとに複数の地盤面が任意に設定される。3mを測定開始する点は、上からでも下からでもよい。各起算点から3m以内ごとに領域を設定し、領域ごとに平均地盤面を算定することになる。

建築物の高さや軒の高さは、領域ごとに算定することになる(令2条2項)。たとえば、建築面積の算定の際、地階で地盤面上1m以下の部分は算定の対象外となるが、各領域ごとの地盤面算定の場合には、その部分の地盤面も算定の対象となる。

建築物のなかに想定される境界線は、端点を結ぶ直線が原則である。しかし、実際に建てられる建築物の平面形状の場合、直線での境界設定が著しく不適当な場合は、他の形状の境界線を設定することもありうる。

地階の判定

地階を算定する場合は、建築物の接する面の高低差が3mを超える場合であっても、建築物全体から算出される、1つの地盤面を基準とする。

地階の判定の基準は以下のとおりである。設定地盤面下に床があり、床面から地盤面までの寸法が、天井高の1／3以上であればその部分は地階となる(令1条2号)。

地階の定義

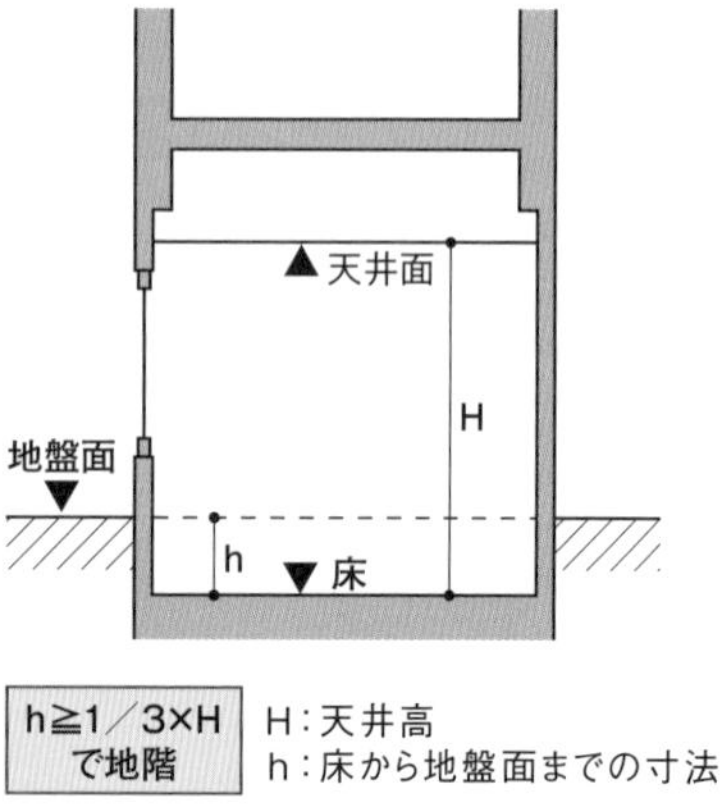

地盤面の算定の基本

❶高低差が3m以内の場合の地盤面の算定

透視図

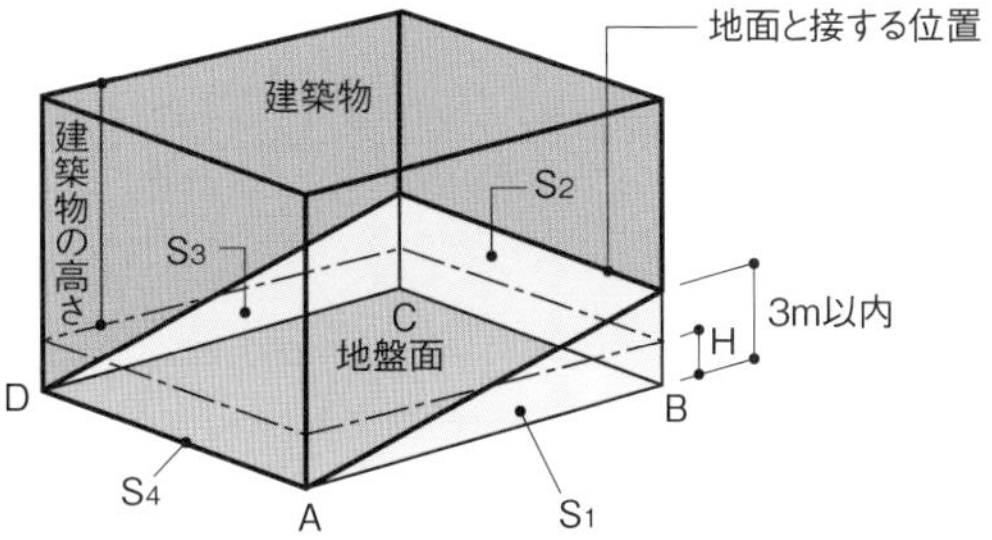

$$H=\frac{S_1+S_2+S_3+S_4}{AB+BC+CD+AD}$$

建築物の周囲が接する地面に高低差がある場合、その高さの平均となる

❷高低差が3mを超える場合の地盤面の算定方法

透視図

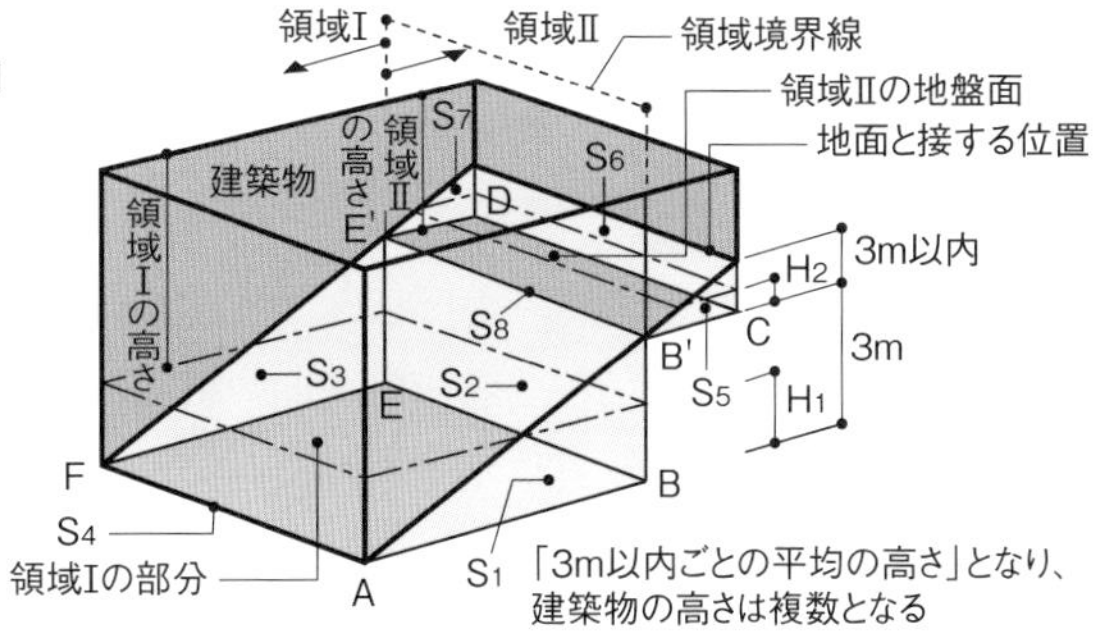

$$H_1=\frac{S_1+S_2+S_3+S_4}{AB+BE+EF+AF}$$

$$H_2=\frac{S_5+S_6+S_7+S_8}{B'C+CD+DE'+B'E'}$$

注 1：高低差3mごとの設定は任意であるが、最低点から3mずつ区分して算定するのが一般的である

注 2：領域Ⅰの部分の地盤面を算定する場合、周長BEと接地面積S_2が仮想部分だということで、除いて計算する方法もある

高低差が3mを超える場合の地盤面

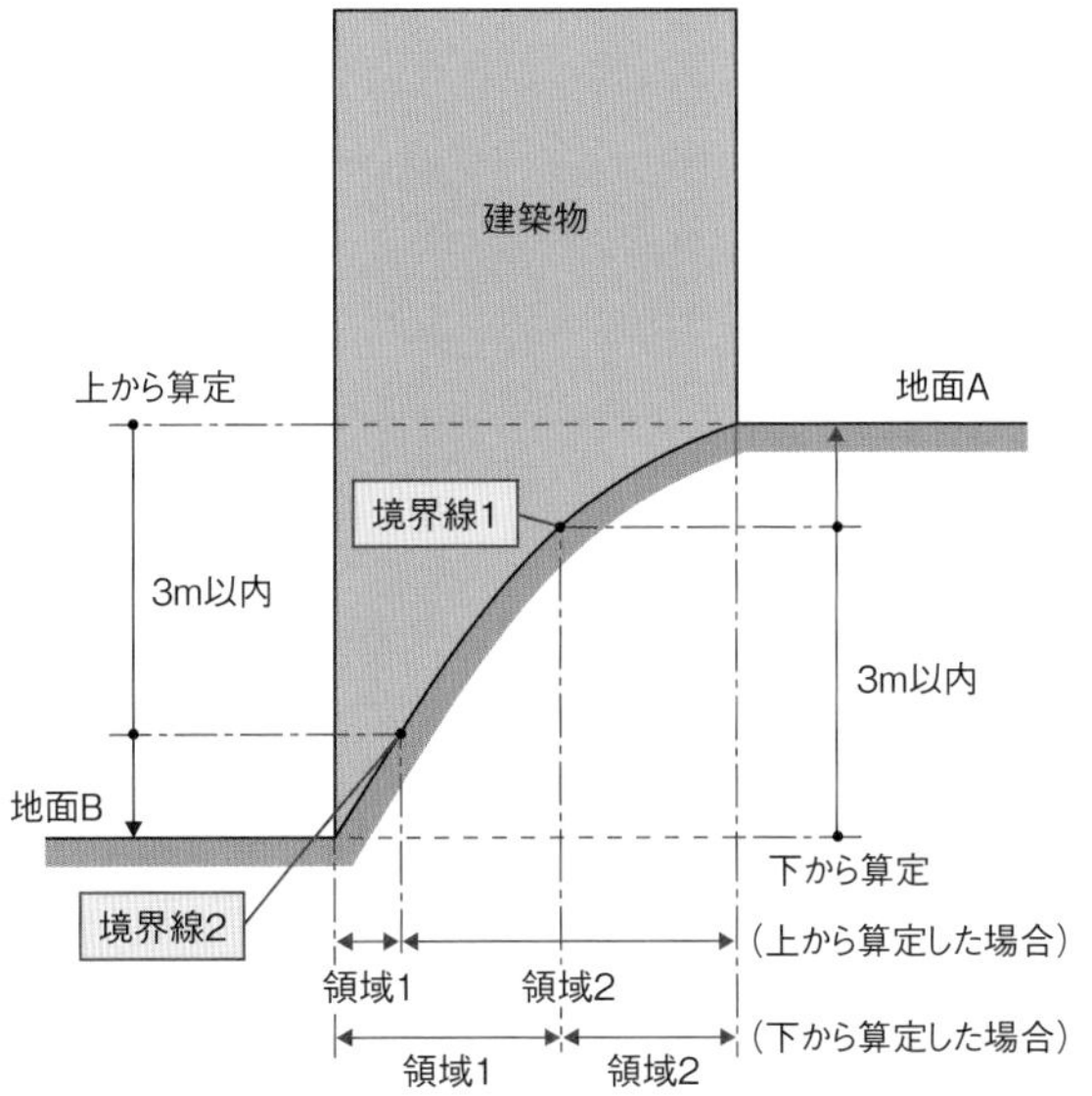

断面図

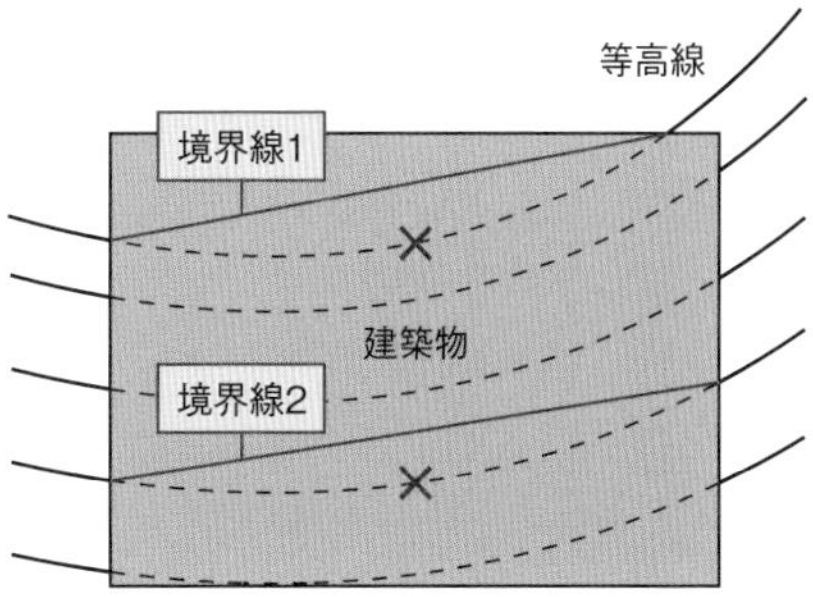

平面図

階数と高さ　011

高さに算入しない屋上部分は、水平投影面積の合計≦建築面積×１／８

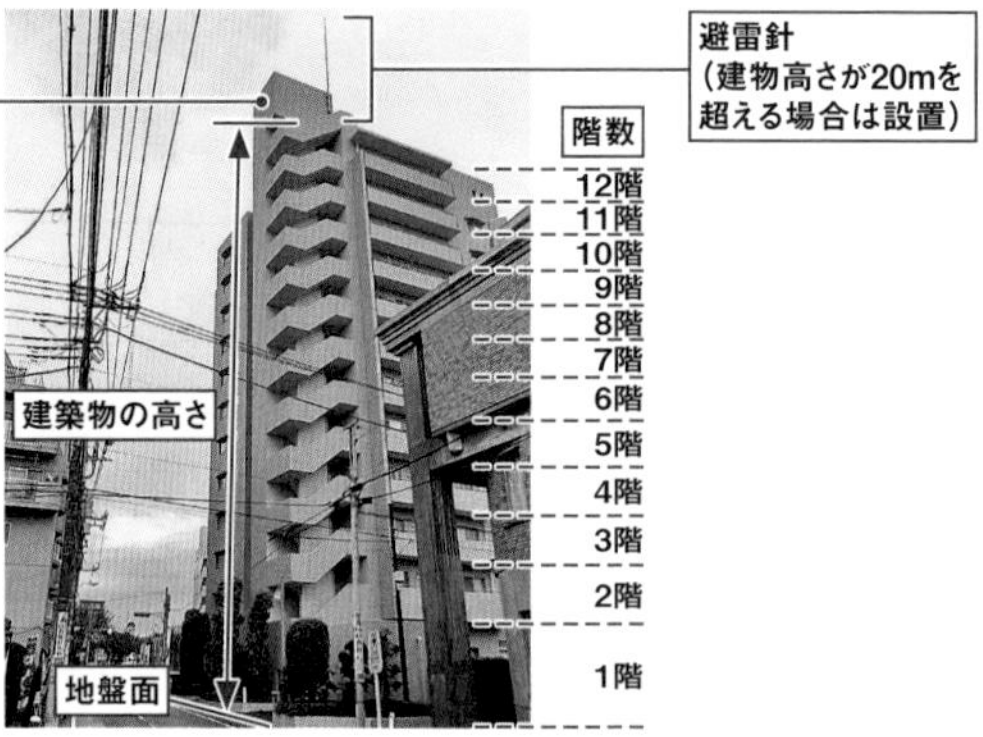
昇降機塔
（水平投影面積が建築面積の1／8以下であれば高さに算入しない）

一定の条件を満たす塔屋や地階の倉庫や機械室は階数には算入しないが、延べ面積の対象になる

階数の数え方

建築物の同一断面にある床の合計を**階数**という。吹抜けやスキップフロア、傾斜地に建つ建築物のように床の数が断面で異なる場合は、最大になる断面で階数を数える（令2条）。

また、階数の算定には、地階や屋上の塔屋部分の床面積等も含まれる。ただし、次の条件を満たす場合は、地階や屋上の塔屋部分などを階に算入しない。

①水平投影面積の合計が、建築物の建築面積の１／８以下である地階の倉庫や機械室などの部分

②水平投影面積の合計が、建築物の建築面積の１／８以下である昇降機塔や装飾塔、物見塔などの部分

高さの算定方法

建築物の高さは、通常、**建築物が周囲の地面と接する位置の平均水平面**（平均地盤面）**から算定**する。ただし、道路斜線の検討の際だけは、前面道路の中心の高さが基準になる。

屋上に階段室、昇降機塔、装飾塔、物見塔、屋窓等があり、その水平投影面積の合計が建築面積の１／８以下の場合は、屋上面から12ｍ（絶対高さ制限地域等では５ｍ）までの部分は、高さに算入しないが、北側斜線制限や避雷針設置の検討の際には、すべての部分が算定対象となる。

棟飾りや開放性の高い手摺、トップライト、避雷針などの屋上突出物などは高さには算入しない。

また建築基準法は、建築物の高さだけでなく、軒の高さ（軒高）でも建築物に制限を設けている。軒高は、地盤面から小屋組かそれに代わる横架材を支持する壁・敷桁か、または柱の上端までの高さである（令2条1項7号）。

軒高が基準となる制限には次のようなものがある。

①木造建築物の構造制限（法21条）
②外壁後退制限緩和（令135条の20）
③道路斜線制限緩和（令130条の12）
④第１・２種低層住居専用地域の日影規制の建築物（法別表第４）

階数の算定方法

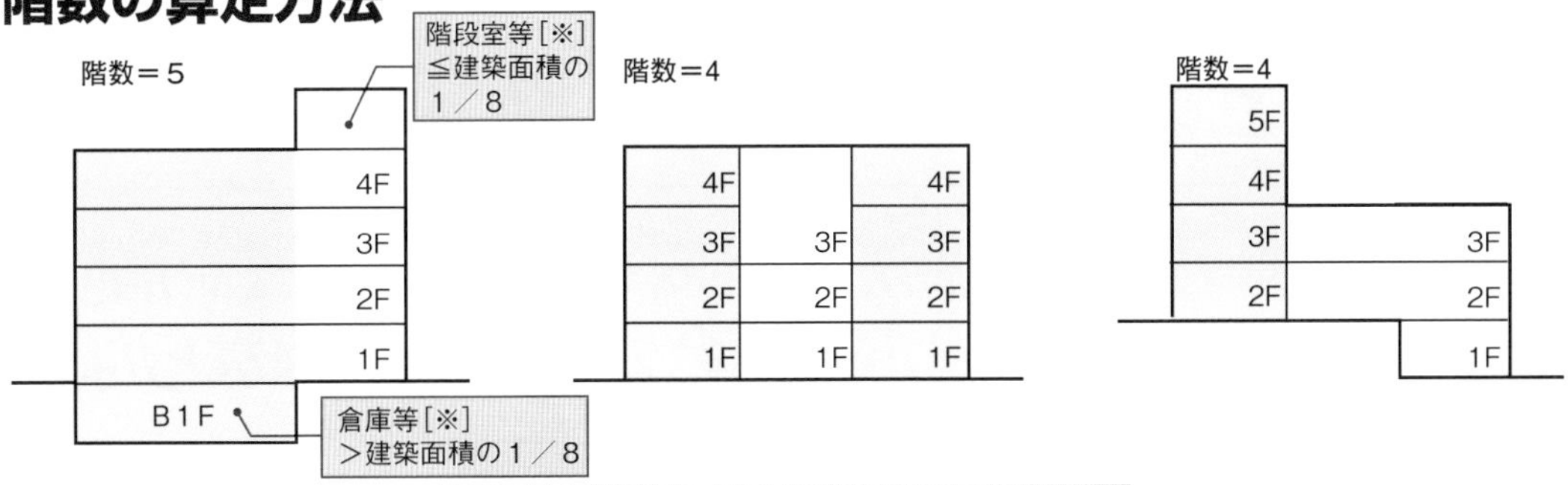

□部分で階数を算定。吹抜けや傾斜地等で部分的に階数が異なる場合、重なる最大の階数を採用

※：下記の水平投影面積の合計が建築面積の1／8以下であれば階数に算入されない
　屋上部分：昇降機塔（EV機械室等）、装飾塔、物見塔など
　地階部分：倉庫、機械室等

高さの算定方法（令2条6号）

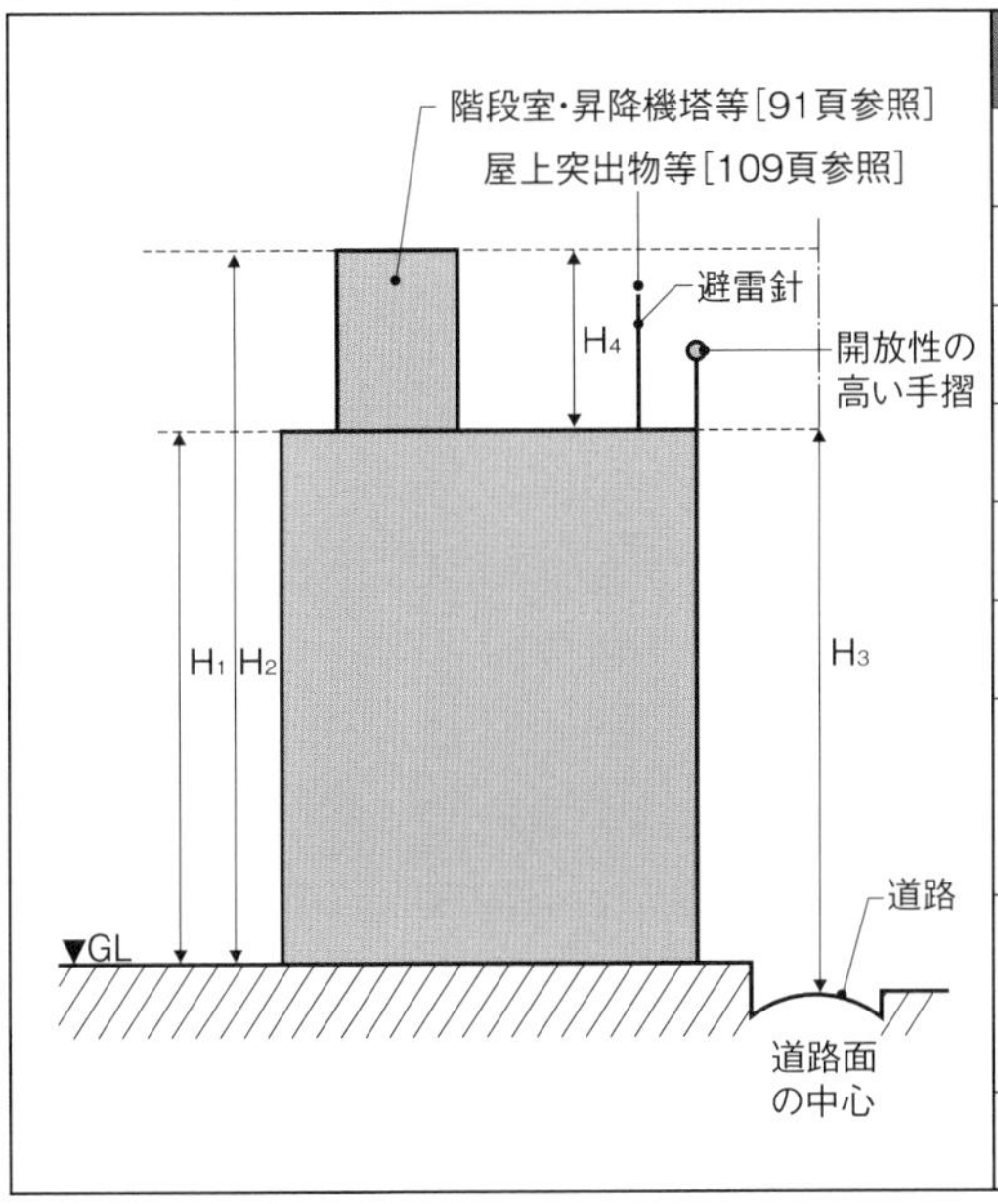

<table>
<tr><th colspan="2">制限内容</th><th>基準点</th><th>高さ</th><th>高さ不算入部分</th><th>適用条項</th></tr>
<tr><td colspan="2">避雷針の設置</td><td>地盤面</td><td>H_2</td><td>—</td><td>法33条</td></tr>
<tr><td colspan="2">低層住居専用地域内の絶対高さ</td><td>地盤面</td><td>H_1</td><td>H_4≦5m</td><td>法55条1・2項</td></tr>
<tr><td colspan="2">道路斜線制限</td><td>前面道路の中心</td><td>H_3</td><td>H_4≦12m</td><td>法56条1項1号</td></tr>
<tr><td colspan="2">隣地斜線制限</td><td>地盤面</td><td>H_1</td><td>H_4≦12m</td><td>法56条1項2号</td></tr>
<tr><td colspan="2">北側斜線制限</td><td>地盤面</td><td>H_2</td><td>—</td><td>法56条1項3号</td></tr>
<tr><td colspan="2">日影規制</td><td>地盤面</td><td>H_1</td><td>H_4≦5m</td><td>法56条の2第4項</td></tr>
<tr><td rowspan="2">高度地区</td><td>北側隣地との関係制限</td><td rowspan="2">地盤面</td><td>H_2</td><td>—</td><td rowspan="2">法58条</td></tr>
<tr><td>その他</td><td>H_1</td><td>H_4≦12m</td></tr>
<tr><td colspan="2">総合設計による緩和建築群の10m超日影区域</td><td>地盤面</td><td>H_1</td><td>H_4≦5m</td><td>法59条の2第1項</td></tr>
<tr><td colspan="2">その他の規定</td><td>地盤面</td><td>H_1</td><td>H_4≦12m</td><td>—</td></tr>
</table>

木造の軒高の測り方は、架構によって異なる

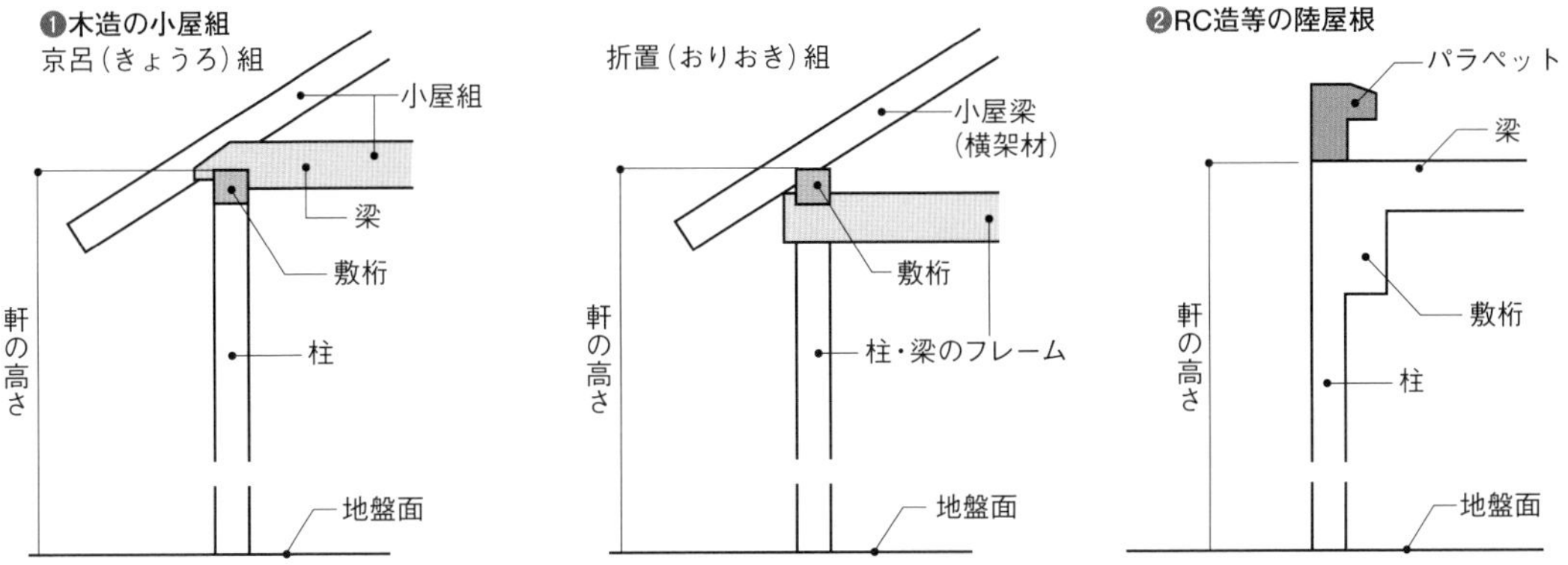

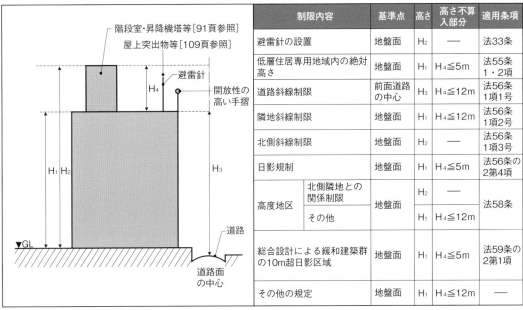

建築基準関係規定 012

建築物は、建築基準法以外にも都市計画法や消防法等の建築基準関係規定に適合させなければならない

病院や集会場など、一定規模以上の特別特定建築物は、階段、便所、駐車場などをバリアフリー仕様とする

建築基準関係規定とは

建築物を建てる際に、建築基準法と同様に対象となる法律がある。建築基準法施行令9条に規定された消防法等の16の法が**建築基準関係規定**といわれ、確認申請や検査の対象となる。

建築基準関係規定以外でも、**都市緑地法**、**バリアフリー法**や**建築物省エネ法**［38・39頁参照］は、各法文のみなし規定で確認申請や検査対象となる。

都市緑地法では、同法にもとづき都市計画で定められた緑化地域で、一定規模以上の敷地で建築物の新築・増築を行う際に緑化地域制度の手続きが必要になる。緑化地域制度とは、敷地面積の一定割合以上の緑化を義務付ける制度である。「住居系用途地域の500㎡以上の敷地には10%の緑化が必要」といった規定を、都市計画と条例で定めることができる。

バリアフリー法では、病院、劇場、ホテルなど不特定多数の人が利用する施設を**特別特定建築物**と定めている。床面積の合計が2千㎡以上の特別特定建築物や、50㎡以上の公衆便所を建築する場合、建築物特定施設（出入口、廊下、階段、傾斜路、昇降機、便所、ホテル・旅館の客室、敷地内通路、駐車場、浴室等）の構造を「**建築物移動等円滑化基準**」に適合させる必要がある。

また、「車イス使用者同士がすれ違える」「車イス使用者のトイレが必要階にある」「共用の浴室等も車イス使用者が利用できる」などの同誘導基準に建築物を適合させ特定行政庁の認定を受けると、容積率や税制上の特例措置、低利融資、整備費の補助制度、シンボルマークの表示制度などを受けられる。

建築物省エネ法では、非住宅の部分の床面積が300㎡以上の建築物を新築、増築もしくは改築（非住宅部分の延べ面積が1／2超）する場合、登録省エネ判定機関で建築物省エネ法の適合性判定通知を受ける必要がある。建築物の省エネ仕様は建築基準法の関係規定のため、対象建築物は完了検査の際に検査の対象となる。

建築基準関係規定（令9条）

法律	適用条項	内容
消防法	9条	火を使用する設備、器具等に関する規則
	9条の2	住宅用防災機器の設置
	15条	映写室の構造および設備の基準
	17条	消防用設備等の設置、維持
屋外広告物法	3～5条	広告物の表示および広告物を掲出する物件の設置の禁止または制限
港湾法	40条1項	分区内の規制
高圧ガス保安法	24条	家庭用設備等設置等
ガス事業法	40条の4	基準適合義務
駐車場法	20条	建築物の新築または増築の場合の駐車施設の付置
水道法	16条	給水装置の構造および材質
下水道法	10条1項	排水設備の設置等
	10条3項	排水設備の設置・構造
	30条1項	都市下水路に接続する特定排水施設の構造
宅地造成等規制法	8条1項12条1項	宅地造成に関する工事の許可および変更の許可
流通業務市街地の整備に関する法律	5条1項	流通業務地区内の規制
液化石油ガスの保安の確保及び取引の適正化に関する法律	38条の2	基準適合義務
都市計画法	29条1・2項	開発の許可
	35条の2第1項	変更許可等
	41条2項	建蔽率等の指定
	42条	開発許可を受けた土地における建築物の制限
	43条1項	開発許可を受けた土地以外における建築物の制限
	53条1項	建築の許可
特定空港周辺航空機騒音対策特別措置法	5条1～3項	航空機騒音障害防止地区および航空機騒音障害防止特別地区内における建築の制限等
自転車の安全利用の促進および自転車等の駐車対策の総合的推進に関する法律	5条4項	自転車等の駐車対策の総合的推進
浄化槽法	3条の2第1項	浄化槽による尿処理等、人槽の算定、排水経路
特定都市河川浸水被害対策法	8条	排水設備の技術上の基準に関する特例

建築基準関係規定とみなす規定例

法律	適用条項	内容
高齢者、障害者等の移動等の円滑化の促進に関する法律（バリアフリー法）	14条	特別特定建築物の建築における基準適合義務等
都市緑地法	41条	敷地面積の一定割合以上の緑化
建築物のエネルギー消費性能の向上に関する法律（建築物省エネ法）	11条	一次エネルギー消費量基準への適合確認
	12条	確認済証発行の3日前までに適合判定通知書を提出

関連法

013

建築基準法や建築基準関係規定以外にも、建築する際に守らなければならない法律が多数ある

耐震改修促進法による耐震改修を行った建築物は、その増築の際、構造上有効な部分として扱われる

さまざまな関連法

建設業法や労働衛生安全法など、建築基準法の関連法令は多い。ここでは最近改正された法令を取り上げる。

(1)耐震改修促進法

都道府県は、国の基本方針にもとづき**耐震改修促進計画**を定める。特定建築物の所有者は、耐震診断を行い、必要に応じて耐震改修に努めなければならない。また、所管行政庁は、特定建築物の所有者に対し、必要な指導・助言を行い、さらに強い措置として、必要な指示をして、これに従わない場合は公表できる。

耐震改修をしようとする者は、所管行政庁に計画認定を申請し、認定を受けると、建築確認済証の交付があったものとみなせる。認定申請は特定建築物でなくても行える。

(2)住宅の品質確保の促進等に関する法律

住宅性能表示基準にもとづき、構造耐力上主要な部分や雨水の浸入を防止する部分に対して、引渡日から10年間の瑕疵担保責任を、新築住宅の請負人と売主に義務付けて、**住宅の品質確保**を目指す法律である。

登録住宅性能評価機関が住宅性能評価書を作成。評価書には、設計図などをもとにした**設計住宅性能評価書**と、実際に検査し作成される**建設住宅性能評価書**とがある。請負人が設計住宅性能評価書を工事請負契約書に添付した場合はその性能の住宅の建設を、売主が売買契約書に建設住宅性能評価書を添付した場合はその性能の住宅の引渡しを契約したものとみなされる。

(3)住宅瑕疵担保履行法

平成21年10月1日以降に引き渡される戸建て、マンション、賃貸などの新築住宅を対象に、**10年の瑕疵担保責任を義務付ける法律**。責任の範囲は品確法と同様、構造耐力上主要な部分と雨水の浸入を防止する部分である。新築住宅の売主または宅地建物取引業者や建設業者等は、引渡しの際、保証金の供託か保険に加入し、瑕疵担保責任を確実に履行しなければならない。

耐震改修促進法の特定建築物

❶	学校、体育館、病院、観覧場、集会場、展示場、百貨店、事務所、老人ホームその他多数のものが利用する建築物で一定規模以上の建築物
❷	火薬類、石油類、その他政令で定める危険物で規定数量以上のものの貯蔵場または処理場の用途に供する建築物
❸	地震によって倒壊した場合に、その敷地に接する道路の進行を妨げ、多数の者の円滑な避難を困難なものにするおそれのあるものとして政令で定めるもので、都道府県の耐震改修促進計画に記載された道路に接する建築物
❹	3階で1,000㎡以上の建築物

住宅性能表示基準の概要

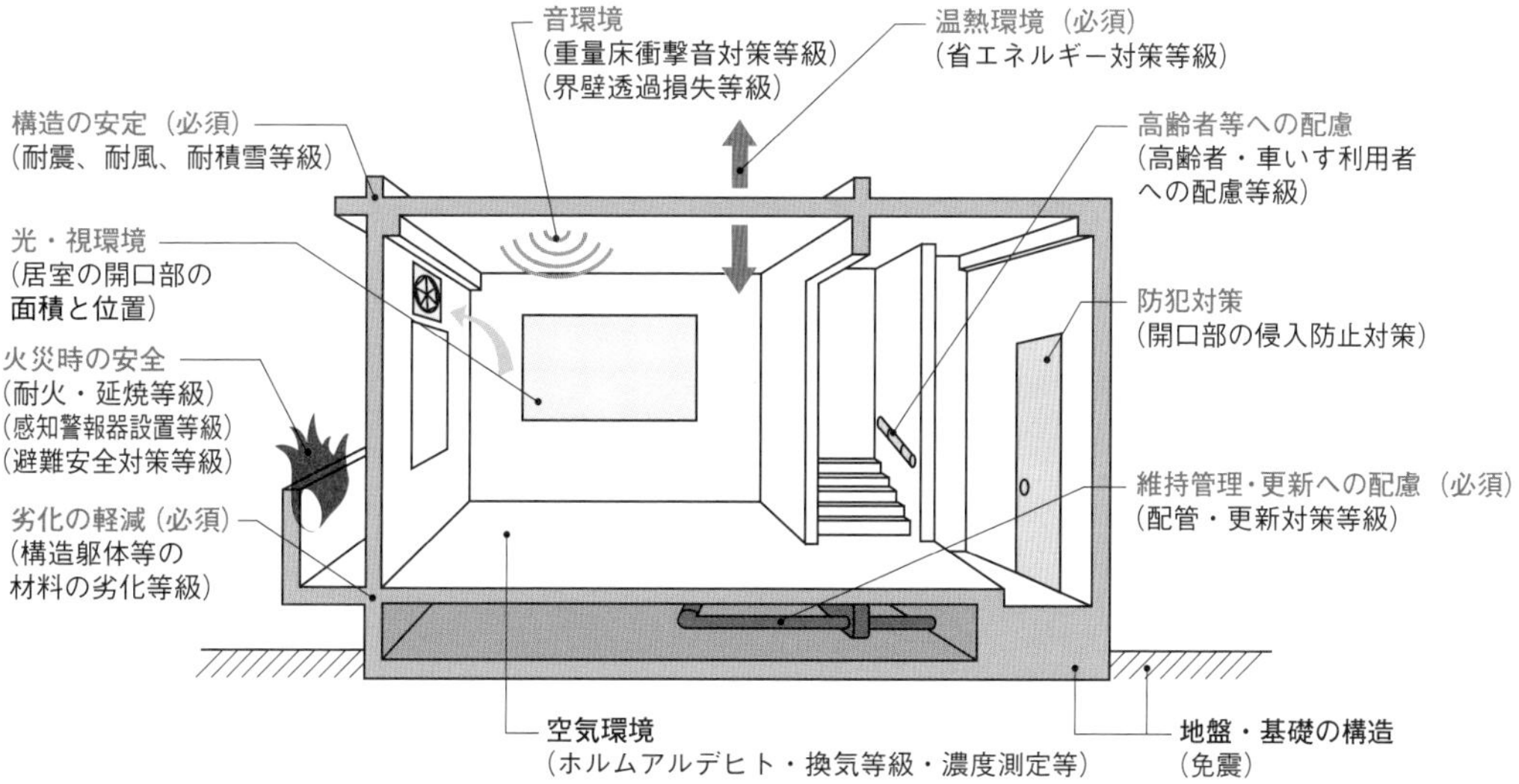

温熱環境に関する評価

断熱等性能等級（外皮性能）
等級4【平成25年基準相当】［※1］
等級3【平成4年基準相当】
等級2【昭和55年基準相当】
その他（等級1）

※1：等級4のみ数値の併記可（例：□W/㎡・K）

一次エネルギー消費量等級（設備や創エネルギーの燃費性能）
等級5【低炭素認定基準相当】［※2］
等級4【平成25年基準相当】
その他（等級1）

※2：等級5のみ数値の併記可（例：□MJ/㎡・年）

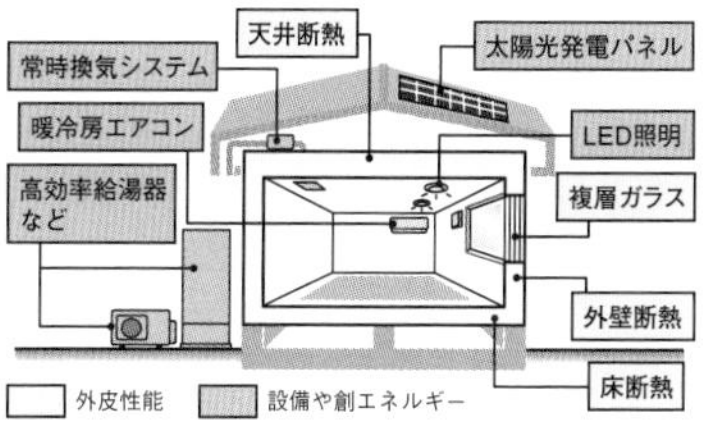

住宅瑕疵担保責任保険のしくみ

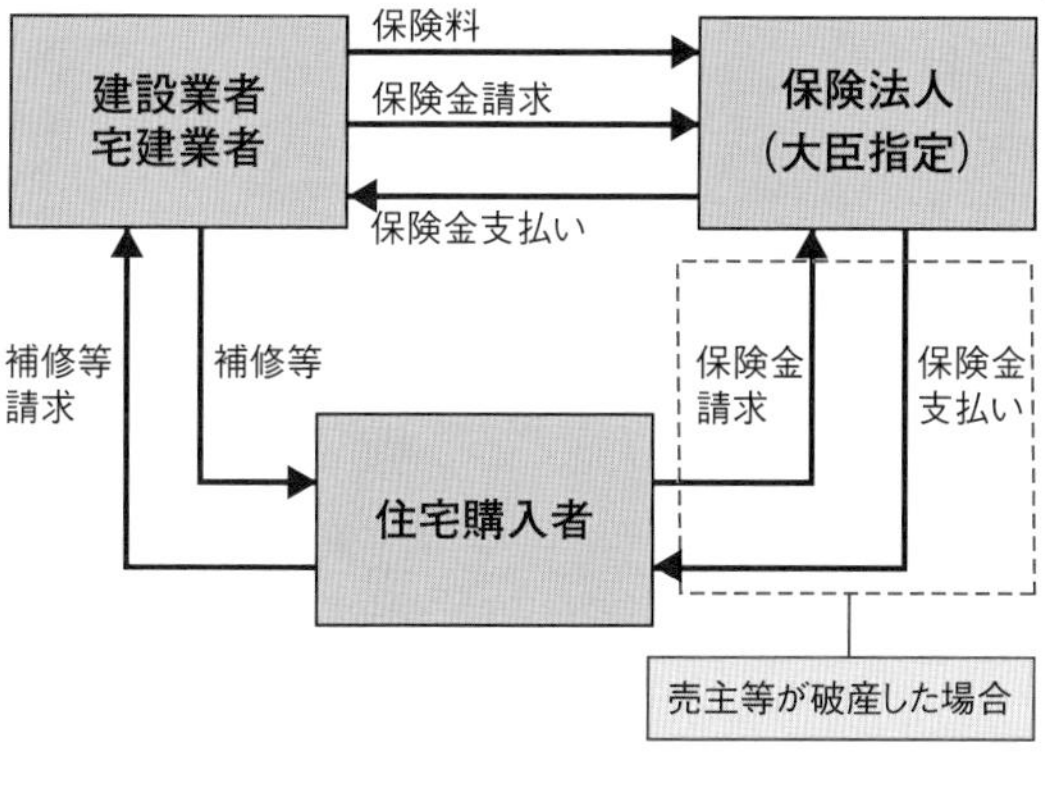

瑕疵の対象

建築物の例	対象
木造（在来軸組構法2階建て）	屋根（屋根板）、小屋組、柱、横架材、斜材、外壁、床（床板）、開口部、基礎、土台、屋根・外壁などからの雨水の浸入
ＲＣ造（壁式工法の2階建て共同住宅）	屋根（屋根板）、内・外壁開口部、床版、基礎、基礎杭、排水管

仮使用認定

014

仮使用の期間は3年以内で、対象となる建築物は法6条1項4号の小規模建築物以外

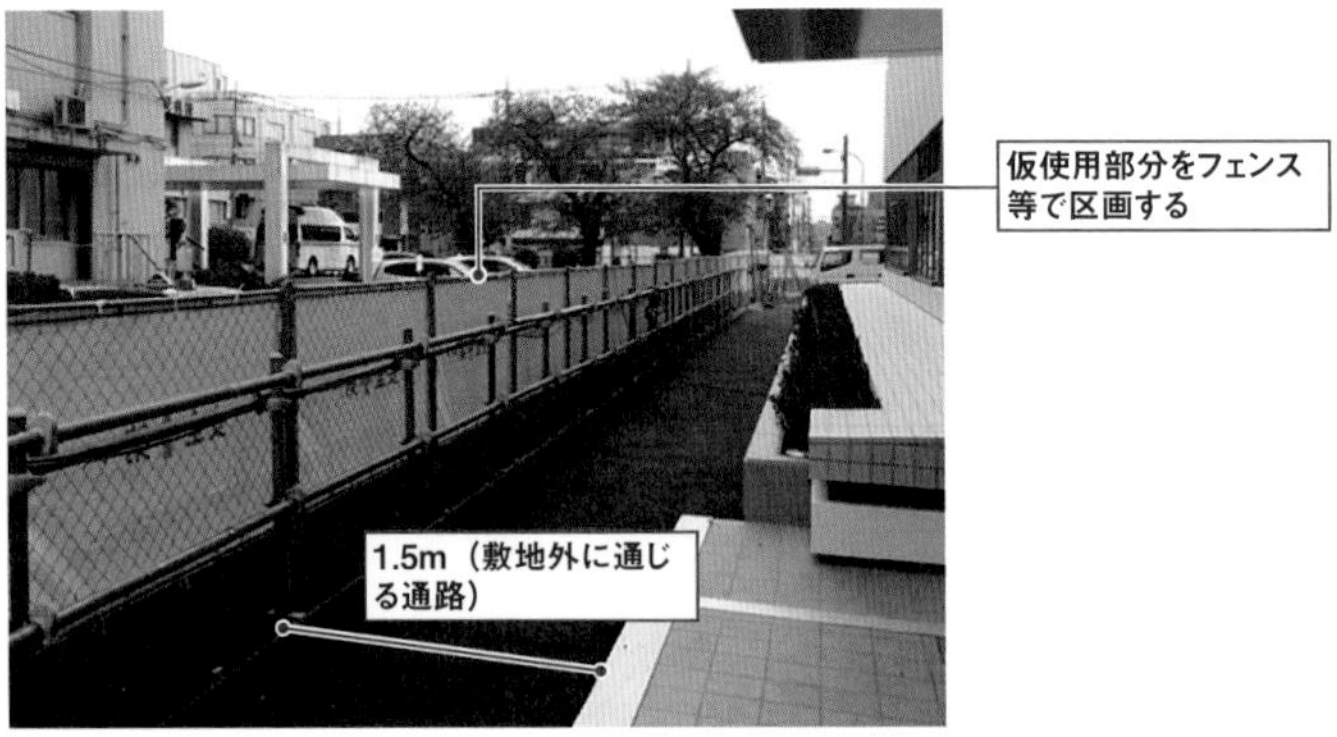

指定確認検査機関の仮使用認定

工事に未完了部分がある建築物を使用するには、仮使用認定を申請し、指定確認検査機関等が、安全上、防火上及び避難上支障がないものとして、認定基準への適合を確認する。対象は、廊下、階段、出入口などの避難施設や消火設備、排煙設備、非常用照明、非常用の昇降機、防火区画を含む以下の工事である（平27国交告247号基準告示3）。

①新築工事
②増築工事（既存部の避難施設に工事がなく、増築部の避難施設の工事は完了済）
③全部改築工事

認定には仮使用部分が以下の基準を満たしている必要がある。

①出口から道路まで（幅1.5m）の避難経路を確保
②工事部分との区画（屋内は1時間準耐火、屋外は3mの鋼板やフェンス）
③構造躯体工事が完了していること
④建築基準法に適合すること

建替え工事で、既存建築物の解体工事が残る場合には以下の緩和がある。

①外壁の防火（法2条9号の2・3、法23～25条）
②居室の採光（法28条）
③容積率・建蔽率（法52・53条）
④無窓の居室による歩行距離と非常用照明（令120条1項、令126条の4）

指定確認検査機関への手続き及び審査

申請は、仮使用認定申請書に安全計画書と関係図面を添えて行う。手続きのフローには消防同意はないが、申請者は消防法や火災予防条例の届出などについて消防と打ち合わせる必要がある。また、書類審査に加えて現場検査が実施される。

工事の進捗に応じて敷地内通路が変更される場合は、あらかじめ変更を含めて認定手続きはできるが、使用時間の制限や人的管理を伴う計画など、認定基準への適合が確認できない計画は特定行政庁に仮使用認定を申請しなければならない。

仮使用の認定申請（法7条の6第1項2号）

必要書類と明示事項

必要書類	明示事項
配置図	①方位・縮尺、建築物の位置及び仮使用部分 ②道路までの避難経路 ③工事用経路と仮使用部分との区画
平面図・断面図	①各室の用途および出口までの避難経路 ②防火設備の位置および構造 ③仮使用部分と工事部分との準耐火1時間以上の区画の仕様
安全計画書	①施工工程 ②工程に応じた避難施設等（通路、階段、排煙設備、非常用照明、防火区画）の確保 ③出火の危険のあるものの防止策 ④防火管理体制（火災予防対策・災害発生時の対策等）

記載事例

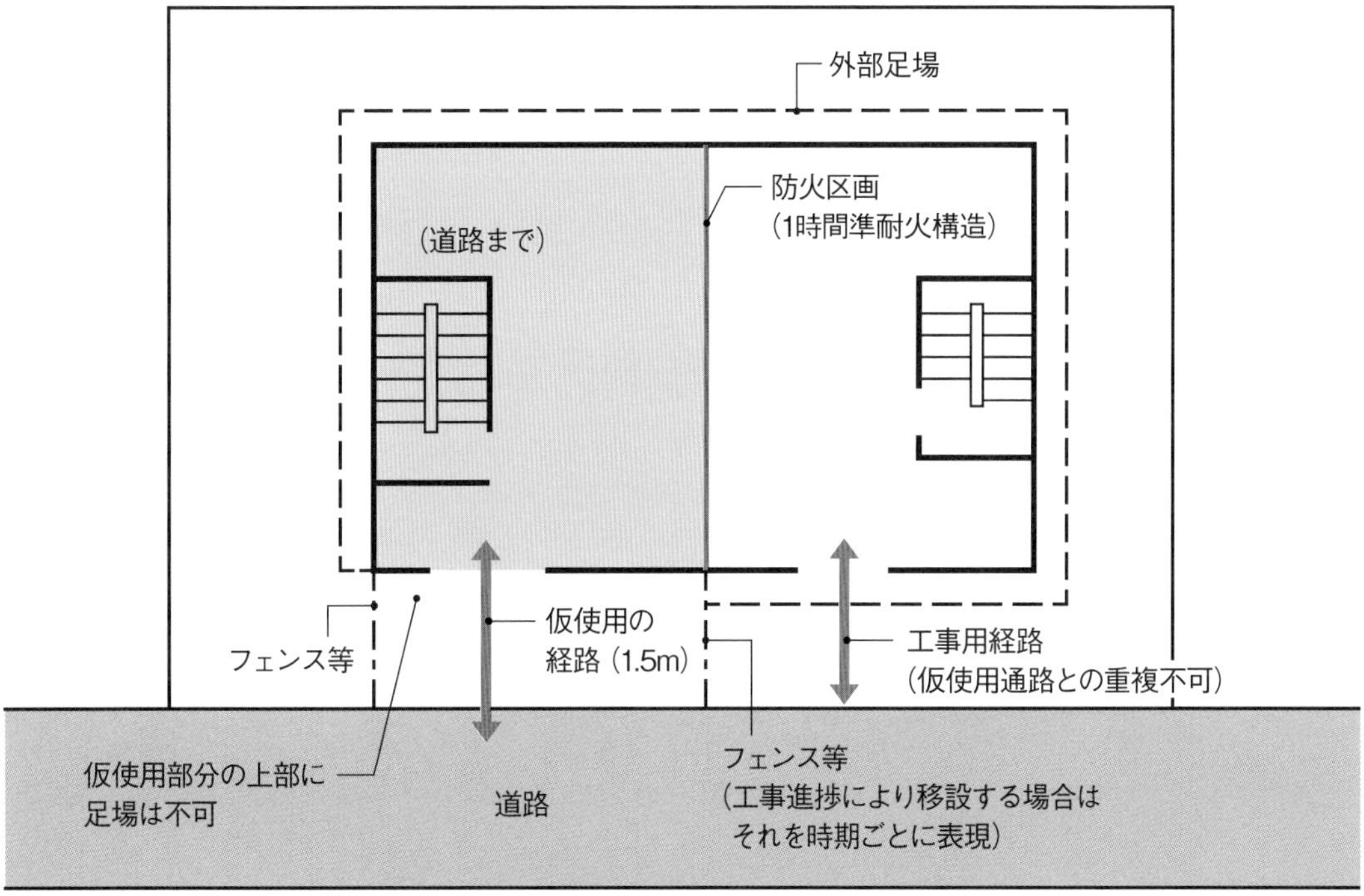

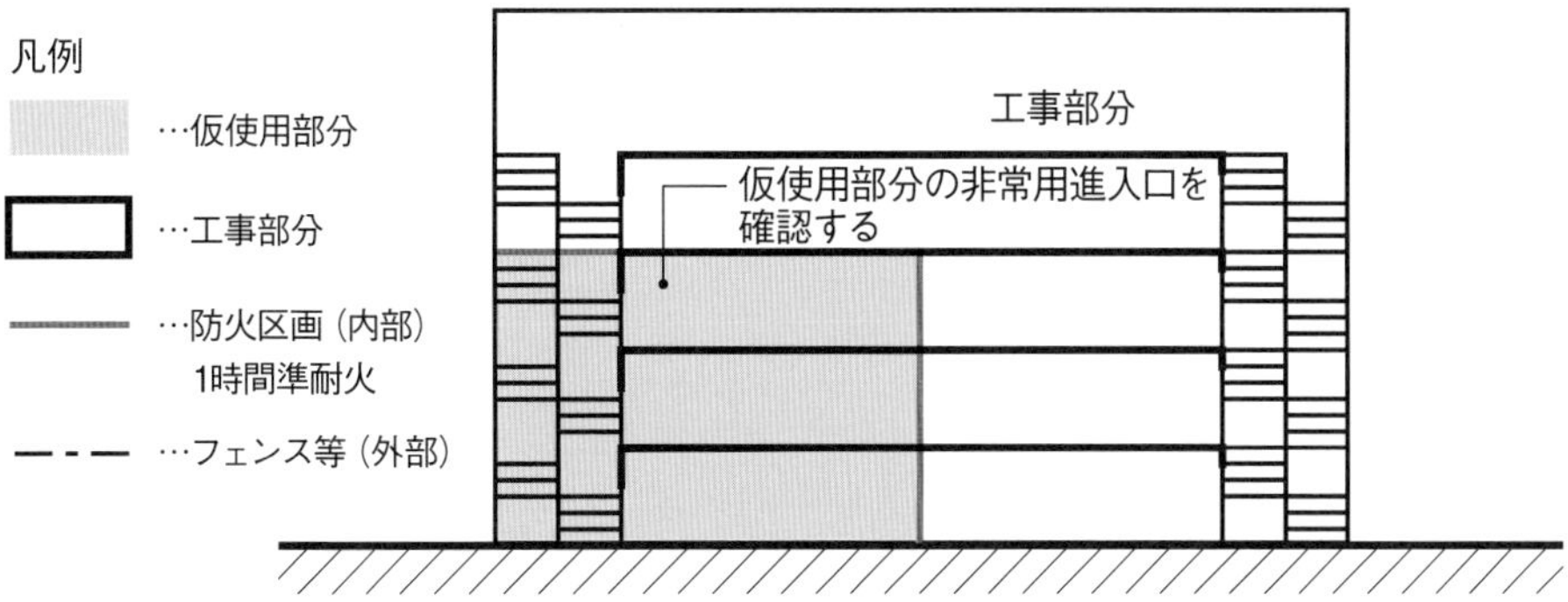

Column

建築物省エネ法

建築物省エネ法の適合義務のある建築物［＊］

・非住宅部分の床面積の合計が300㎡以上の建築物（**特定建築物**）の新築［※1］

・非住宅部分の床面積の合計が300㎡以上かつ延べ面積の1／2超となる非住宅の増改築

＊：300㎡未満の戸建住宅などを含むすべての建築物に対し、適合義務化される予定（令和4年6月17日から3年以内に施行予定）

住宅部分［注］を含む増改築部分の面積	増改築後の延べ面積	増改築の割合	建築物省エネ法での規制措置
300㎡以上［※2］	300㎡以上［注］	1／2超	適合義務
		1／2以下（特定増改築）	届出義務［※3］
	300㎡未満［注］	—	届出義務［※3］
300㎡未満	300㎡未満	—	規制対象外

※1：畜舎や常温倉庫、自動車車庫、文化財、仮設建築物は対象外

※2：外気に対して高い開放性を有する部分を除いた面積

※3：300㎡以上の住宅（長屋、共同住宅、寄宿舎、下宿を含む）は着工の21日前までに行政庁へ届出。300㎡以上の住宅と特定建築物（非住宅部分が300㎡以上）が併存する場合は、特定建築物は省エネ適判の対象となり、住宅部分は行政庁の届出の対象となる

注：「居住のために継続的に使用する室」、「台所、浴槽、廊下、物置で居住者の専用に供する部分」、「集会室、共用の浴室、倉庫、管理人室など、共同住宅の共用部分」

建築確認申請と建築物省エネ適判の手続きフロー

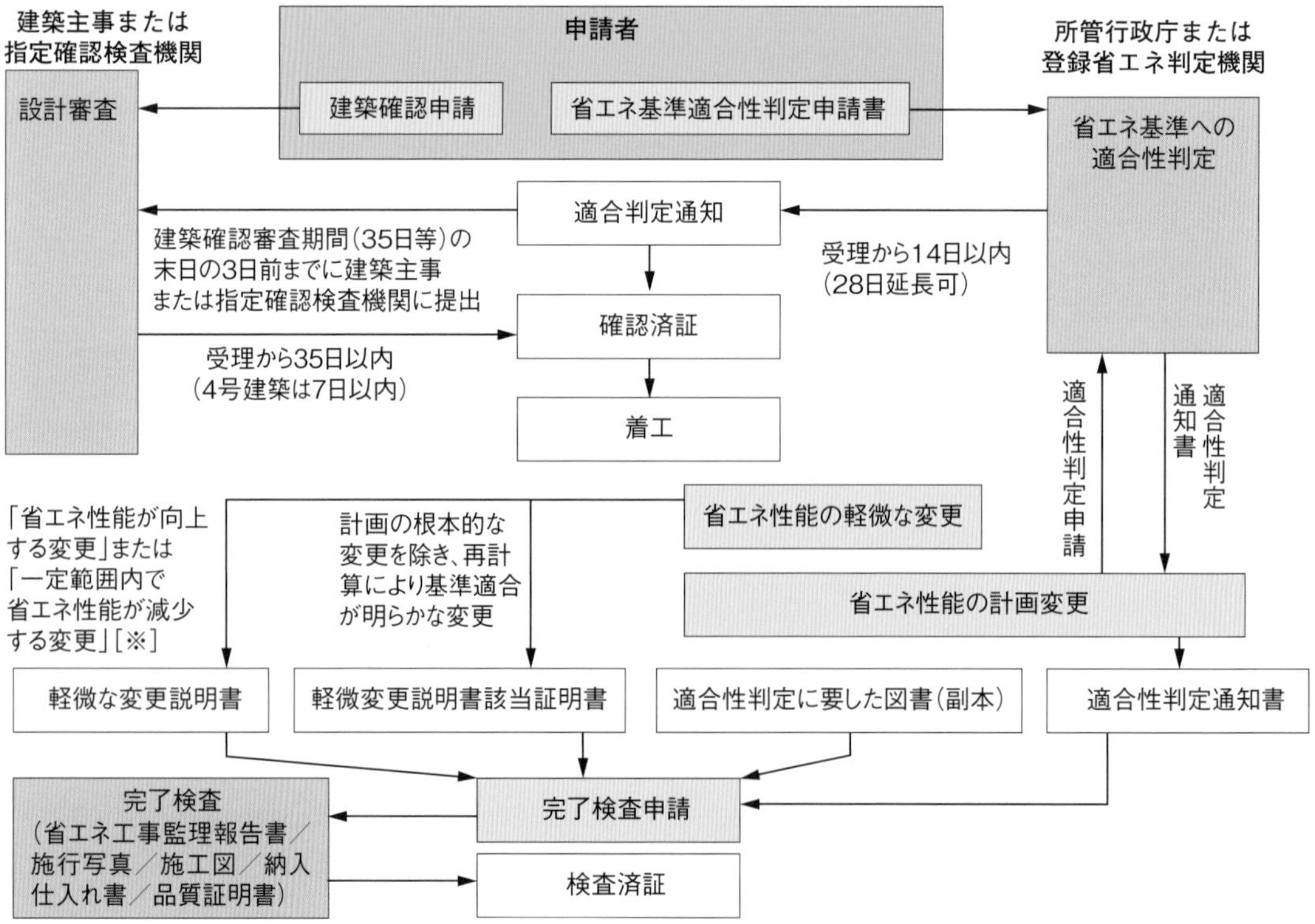

※：「建築物の高さ・外周長の減少、設備機器の効率向上等」「外壁の平均熱貫流率≦5%増かつ窓の平均熱貫流率≦5%増」「送風機の電動機出力≦10%増」「駐車場・厨房の計算対象床面積≦5%増」「照明器具の消費電力≦10%増」「給湯機器の平均効率≦10%増」「太陽光発電の電池アレイの容量≦2%減」「太陽光発電のパネルの方位角≦30°、傾斜角≦10°」など

一次エネルギー消費量基準への適合確認の方法

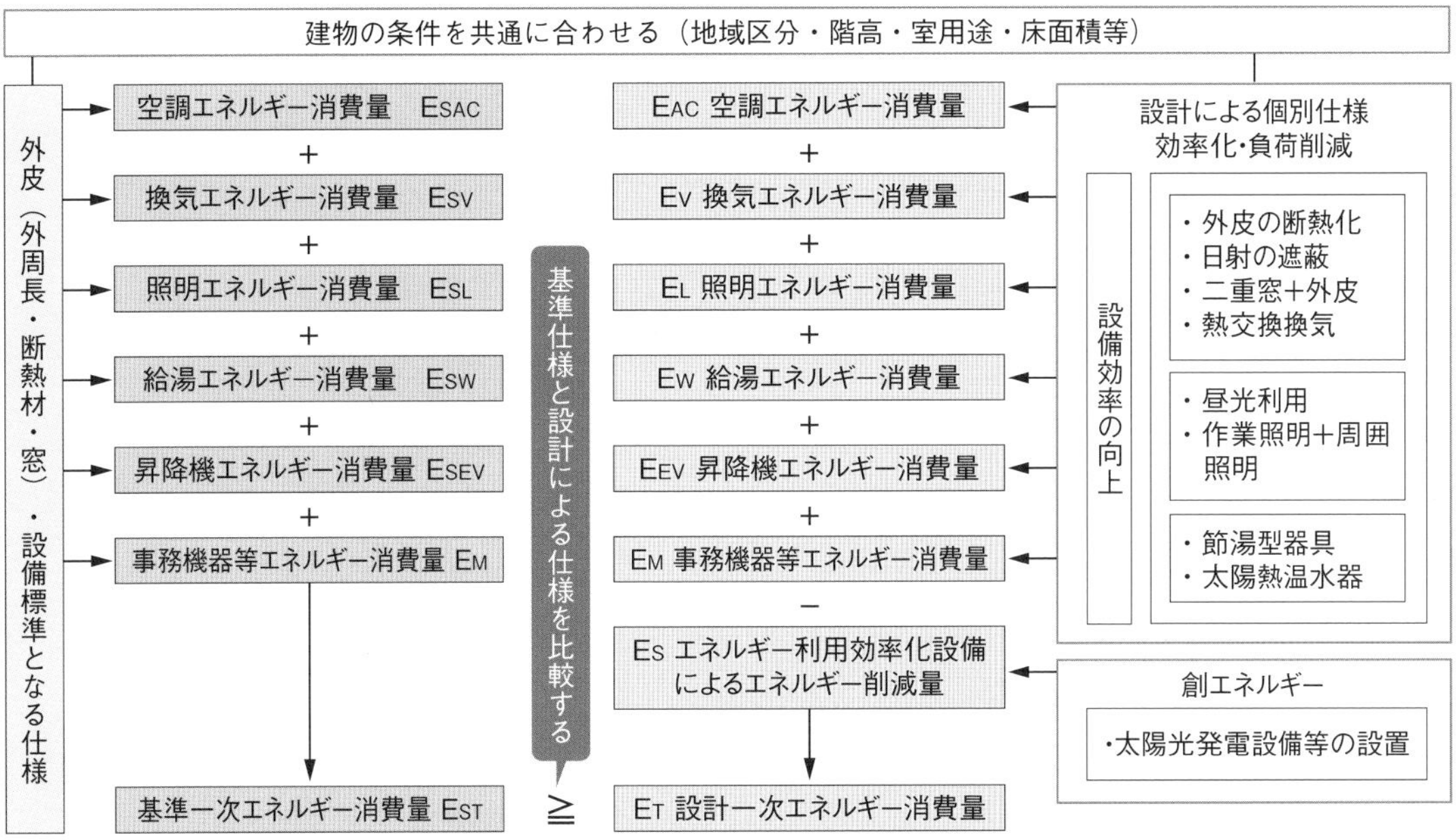

設計した建築物の設計一次エネルギー消費量が基準となる一次エネルギー消費量を下回ることを確認する

BEI（一次エネルギー消費量基準）＝設計一次エネルギー消費量／基準一次エネルギー消費量

BEI≦1.0［※］を確認する

標準入力法
すべての室単位で床面積や設備機器の性能を入力し、エネルギー消費性能計算プログラムで算定

モデル建物法
建築基準法の用途に近似する「モデル建物」を選択し、プログラム算定する

※：延床面積2,000㎡以上の大規模非住宅建築物について、令和6年4月よりBEIが以下の通り用途ごとに強化される予定

・全用途：1.0 ➡ ・工場等：0.75
・事務所、学校、ホテル等、百貨店等：0.8
・病院、飲食店等、集会所等：0.85

既存建築物の増改築時における省エネ性能の考え方

既存建築物の増改築時に置いては、以下のとおり省エネ性能の算定ができることとする。

①既存部分のBEIは、当分の間、デフォルト値として1.2と設定

②建築物全体のBEIは、既存部分のBEI と増改築部分のBEIとの面積按分で算出
（ただし、適合義務対象となる増改築に関し、上記算定方法を用いた場合、完了検査時において既存部分の確認は不要）

$$\text{建築物全体のBEI} = 1.2 \times \frac{\text{既存部の面積}}{\text{建築物全体の面積}} + \text{増改築部分のBEI}_{2} \times \frac{\text{増改築部分の面積}}{\text{建築物全体の面積}}$$

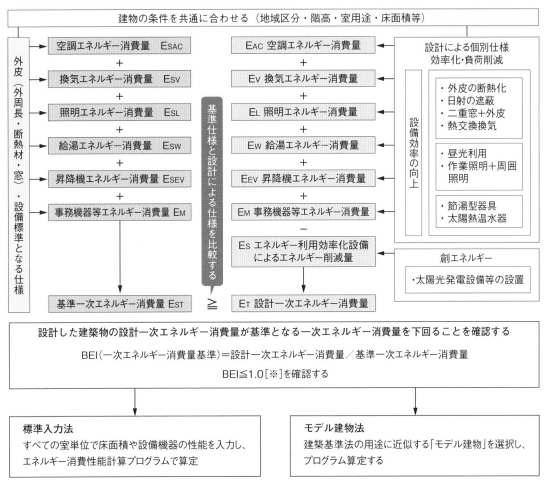

New Topics

CLT を用いた建築物の確認申請

CLT とは

CLTとは、Cross-Laminated-Timberの略で、木材の繊維方向を交互にして3層以上接着してつくられる厚型パネルのことをいう。CLT（直交集成板）を構造体とした建築物の、構造計算方法、防火関係規定が整備された。これにより、通常の住宅等の平面計画であれば、5～7階程度のCLTを用いた木造建築物が大臣認定によらず確認申請で処理できる。また、事務所や共同住宅は3階まではもえしろ設計により、防火被覆なしで建設可能となった。木材の重量は鉄筋コンクリートに比べて1／5程度であり、高層ビルへの利用が期待されている。関係告示は以下のとおり。

内容	告示
CLT材料の品質および強度の基準	・平12建告1446号（令2国交告821号で改正） ・平13国交告1024号（令2国交告821号で改正）
CLT部材等の燃えしろ設計・防火関係	・令2国交告174号で改正 ・平12建告1358号：準耐火構造の構造方法：令2国交告821号で改正）
CLT建築物の構造設計方法	・平28国交告611・612号

CLT 各部の名称

例：5層7プライ

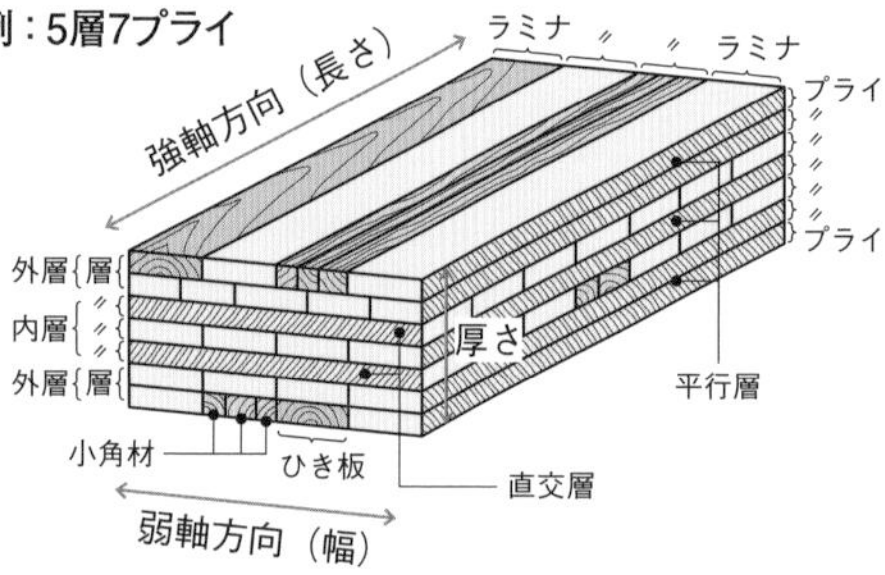

プライ：1段ずつを指す名称
層：直行しない平行なプライは、複数でも1層とみなす

床や屋根の長期荷重に対する構造計算の際に、CLTの「曲げ」や「せん断」の基準強度が、「3層3プライ」「3層4プライ」「5層5プライ」「5層7プライ」「7層7プライ」「9層9プライ」の層構成に対して規定されている

CLT を用いた建物例

写真：COCO CLT つくばCLT実験棟／一般社団法人日本CLT協会

第2章

道路・敷地・用途

たてる

the Road the Site the Use

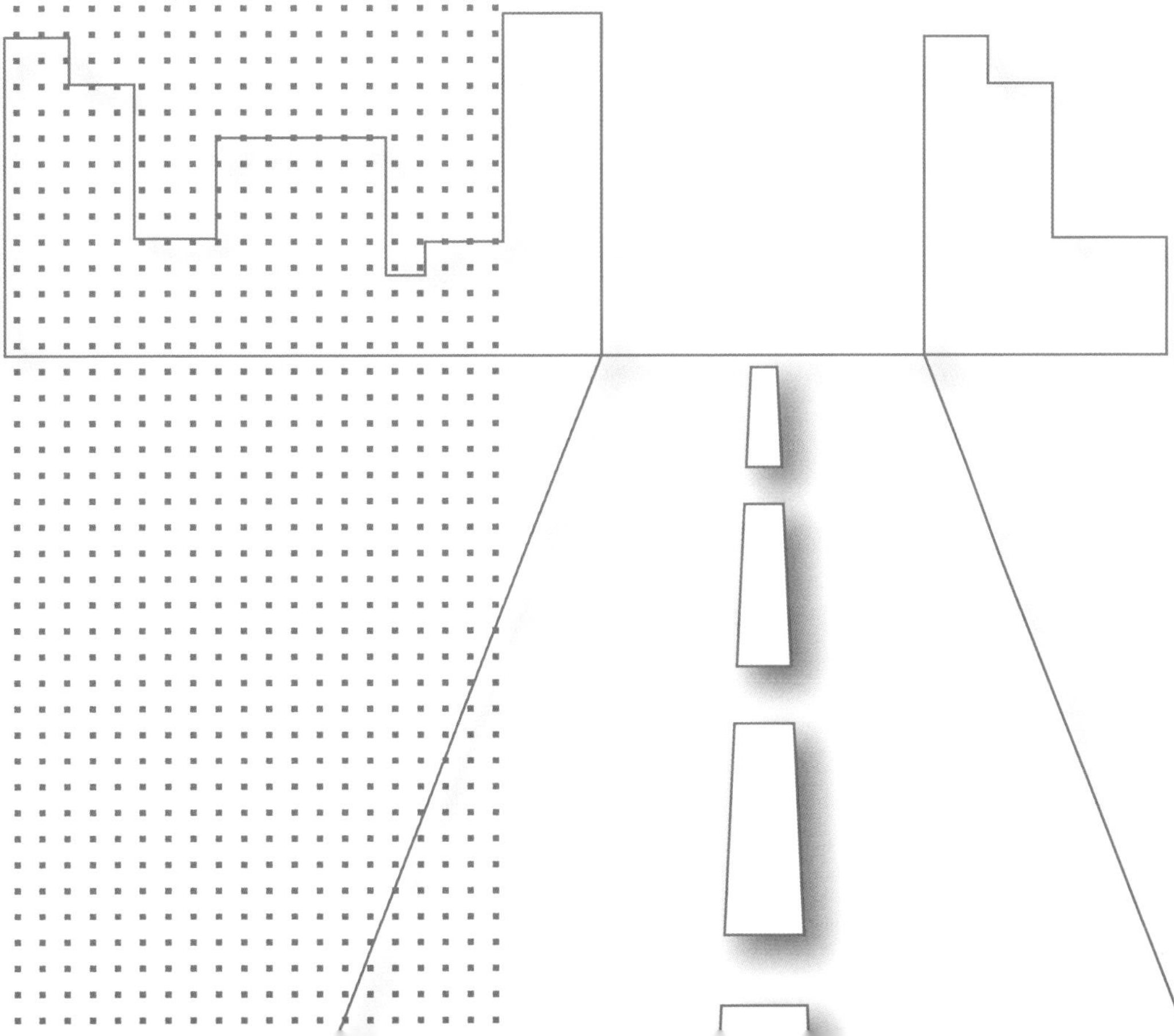

建築基準法の道路

015

建築基準法では、所有権によらず、原則的に幅員4m以上のものは「道路」

道路の境界線や認定幅員は現況を見ただけではわからないことが多い。所管行政庁への調査が必要である

建築基準法の道路は10種類

日常生活で目にする道路のすべてが建築基準法上の**「道路」**とは、限らない。建築基準法上の道路とは、原則、地下にあるもの以外で**幅員4m以上のもの**を指す（法42条等）。また、地方の気候風土の特殊性や土地の状況によって特定行政庁が必要と認め、都市計画審議会の議を経て指定した道路は、幅員が6mの場合もある。

建築基準法上の道路は、地区計画等の予定道路や接道義務の特例許可の通路を含め10種類に整理されている。これらの道路と接していない敷地には、建築物は原則建てられない。

なお、建築基準法では、**「道路」**と**「道」**という表現を使い分けている。

「道路」という用語は、建築基準法3章の都市計画・準都市計画区域内に限り適用される規定で使われる。それ以外の区域にも適用される避難規定（令128条）などでは、「道」（令20条2項かっこ書）と表現される。

道路の定義・道路の指定

建築基準法上の道路の定義は、所有権によらない。そのため、道路管理者が管理している公道だけでなく、私道も道路とすることができる。

ただし、私道を道路とする場合は、道路位置指定（法42条1項5号）や都市計画法の開発などの諸手続きが必要になる。

また、地区計画などに道の配置や規模、区域が定められている場合、特定行政庁は建築審査会の同意を得て、予定道路を指定することができる。予定道路に指定されると、その部分は道路とみなされ、原則、建築物を建てることができない。

一方、予定道路に接した敷地に、特定行政庁が認めて許可した建築物の容積率は、予定道路の幅員で算出した数値も参照する。また、予定道路内に、所有権のある敷地があったとしても、道路部分とみなされるので、敷地面積には算入されない（法68条の7）。

道路の種類

道路：
一般の交通の用に供されている場所または道

- **公　　路**　一般通行の用に供している道路
- **公　　道**　行政主体が建設・管理して一般通行の用に供する道路（公物たる道路）
- **里　　道**　道路法などで管理されていない道路で、国有財産法で管理されているもの（法定外公共物）
- **私　　道**　私人がその所有権にもとづき、維持・管理している道路（私物たる道路）
- **建築基準法上の私道**　建築基準法（法42条1項5号、2項など）の要件を備えた私道
- **通　　路**　法律に通路自体の定義はない。建築基準法では下記のように明記している

建築基準法施行令128条
　敷地内には、（略）屋外に設ける避難階段及び（略）出口から道又は公園、広場その他の空地に通ずる（略）**通路**を設けなければならない

道路法による道路の定義

道路法2条1項 （用語の定義）	この法律において「道路」とは、一般交通の用に供する道で次条各号に掲げるものをいい、トンネル、橋、渡船施設、道路用エレベーター等道路と一体となってその効用を全うする施設または工作物及び道路の附属物で当該道路に附属して設けられているものを含むものとする
道路法3条 （道路の種類）	道路の種類は、下に掲げるものとする。 （一）高速自動車国道　（二）一般国道　（三）都道府県道　（四）市町村道

建築基準法上の道路の種類

道路種別（都市計画区域・準都市計画区域内）	内　容	道路幅員（W）	適用条項	備考
道路法による道路（1号道路）	国道・都道府県道・市町村道（一般の公道）	W≧4m	法42条1項1号	―
都市計画法等による道路（2号道路）	都市計画法・土地区画整理法・都市再開発法等により築造された道路（完成後は一般的に道路法による道路となる）		法42条1項2号	―
既存道路	都市計画区域決定を受けた区域内の幅員4m以上の道路（建築基準法施行時にあった道で、現に一般交通の用に供しているもの）		法42条1項3号	―
事業執行予定道路（計画道路）	道路法・都市計画法等により2年以内に事業執行予定として特定行政庁が指定する道路		法42条1項4号	特定行政庁の指定あり
位置指定道路（5号道路）	敷地が道路に接していない場合に築造する道路で、特定行政庁から位置の指定を受けたもの		法42条1項5号	特定行政庁の指定あり
2項道路（みなし道路）	特定行政庁が指定した道路で幅員4m未満の道（建築基準法施行時に建物が建ち並んでいた場所） ❶道路中心線からの水平距離2mの線を道路境界線とみなす ❷片側ががけ地、川等の場合は、当該境界線から水平距離4mの線を道路境界線とみなす	W＜4m	法42条2項	特定行政庁の指定あり
3項道路	特定行政庁指定道路（2項道路の緩和：土地の状況により将来的に拡幅が困難なもの） ❶道路の中心線から水平距離2m未満1.35m以上の範囲内で水平距離を指定 ❷片側ががけ地等の場合は、当該がけ地等の境界線から水平距離4m未満2.7m以上の範囲で水平距離を指定	2.7m≦W＜4m	法42条3項	―
4項道路	幅員6m未満の道で、特定行政庁が認めて指定したもの	W＜6m	法42条4項	特定行政庁の指定あり
予定道路	地区計画等に定められた道の配置および規模、またはその区域に即して政令で定める基準に従い指定された道路	―	法68条の7第1項	特定行政庁の指定あり
特定道路（規則10条の2）	法43条1項ただし書きの許可に関して、特定行政庁が国の運用指針に従い定型化された許可基準を定めた場合に、当該基準に該当する通路等	―	法43条ただし書	特定行政庁の指定あり 建築審査会の同意あり

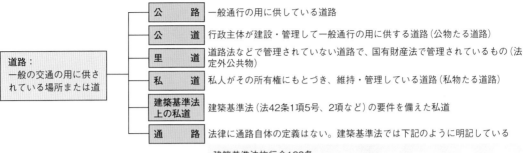

2項道路

016

みなし道路の条件は、基準時に建物が建ち並んでいることと、特定行政庁が指定すること

道路中心線
2項道路（幅員が4m未満）
セットバックした部分
門・塀（準用工作物）も建築できない（法44条）
2項道路と思われる場合、特定行政庁にその指定状況と幅員や中心線の位置を調査、協議しなければならない

4m未満でも接道と認められる？

建築基準法42条では、道路と定義している新設の道路は4m以上の幅員を義務付けている。ただし、法42条を含む法3章が適用された時点では、4m未満の道沿いの敷地には、すでに多くの建築物が建ち並んでいた。

そこで建築基準法では、このような敷地に新しく建築物を建てる場合は、建築確認申請時に敷地の道路に接する部分を、道路の中心線から2m（道路6m区域は3m）敷地側に後退させた位置を道路境界とみなすという規定を設けている。この後退した道路のことを「**2項道路**」あるいは「**みなし道路**」という（法42条2項）。

2項道路とされるためには、次の2点を満たす必要がある。

①基準日にその道に沿って建物が建ち並んでいたこと

②特定行政庁の指定を受けていること

建築基準法施行日（昭和25年11月23日）に既に都市計画区域の指定を受けていた区域は建築基準法の施行日、それ以外は都市計画区域に指定された日が基準日となる。

後退部分は道路の中心からとるのが原則である。ただし、敷地と既存道路を挟んで反対側に水路やがけ地があり、将来的にも後退することが困難な場合は、道路の中心線から両側に後退部分をとるのは不合理である。

したがってこのような場合は、水路やがけ地などと道路との境界線から、水平距離4m（6m）敷地側に一方後退した線を**みなし道路境界線**とする。

後退部分の取扱い

敷地と道路の境界線から後退した部分は、道路管理者である行政庁に寄付するか、所有権はそのままにして使用権を放棄する使用承諾を行う。

後退部分は建築物だけでなく、庇《ひさし》や塀、開閉時の戸がこの部分に突き出すことも認められていない。

また、所有権にかかわらず、後退部分は敷地面積に算入されない。

2項道路の取扱い

❶道路を両側に広げられる場合

平面

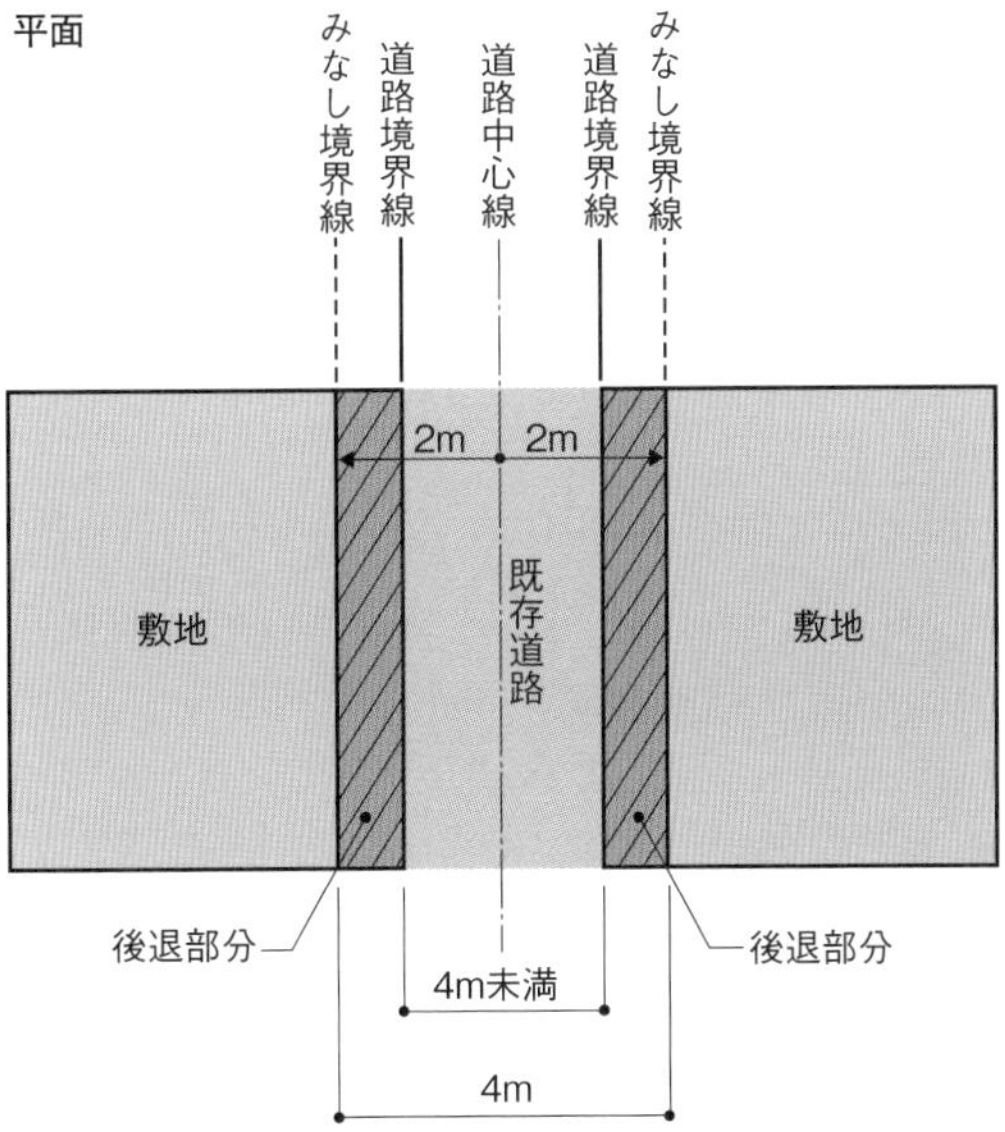

断面

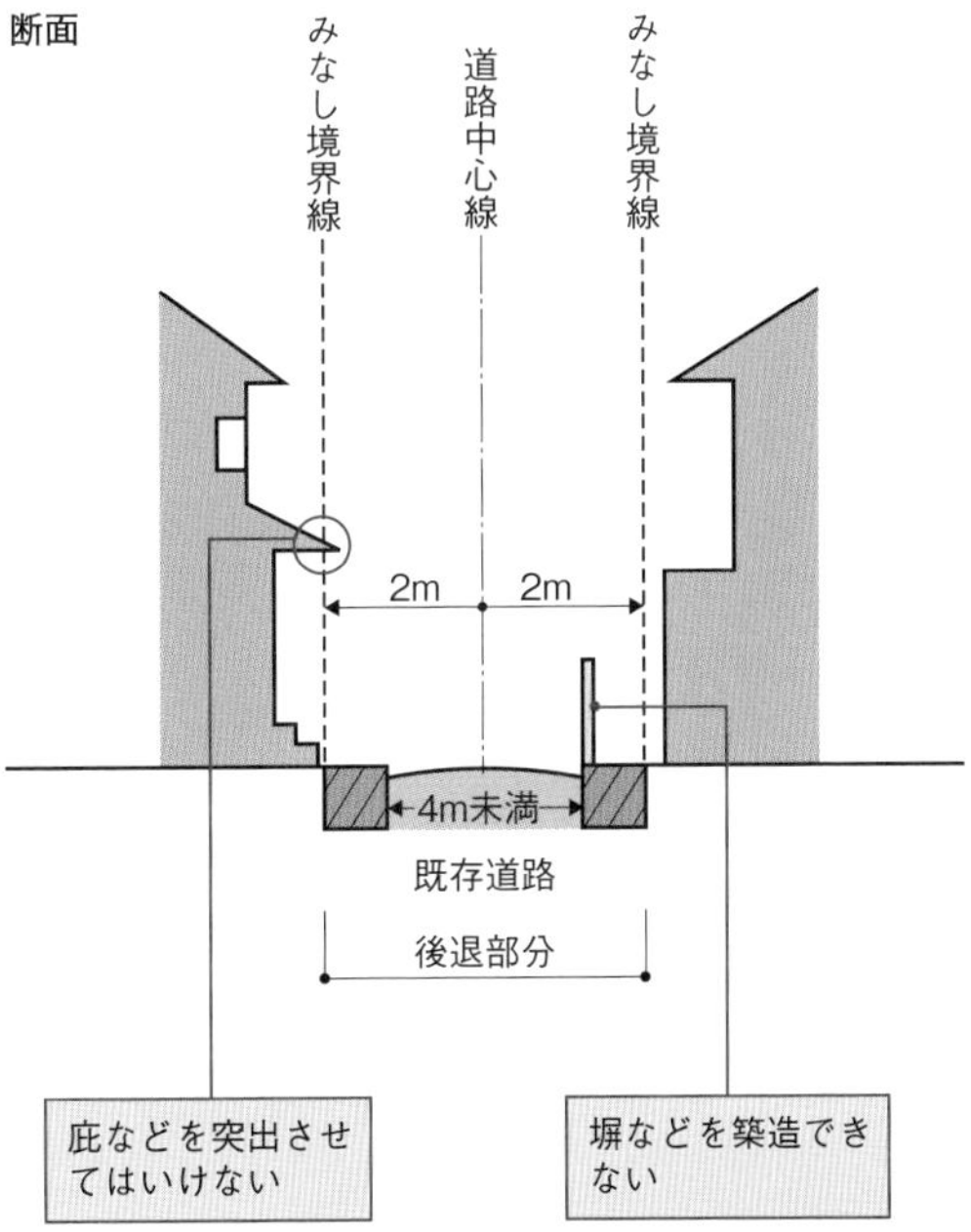

❷道路が一方にしか広げられない場合

平面

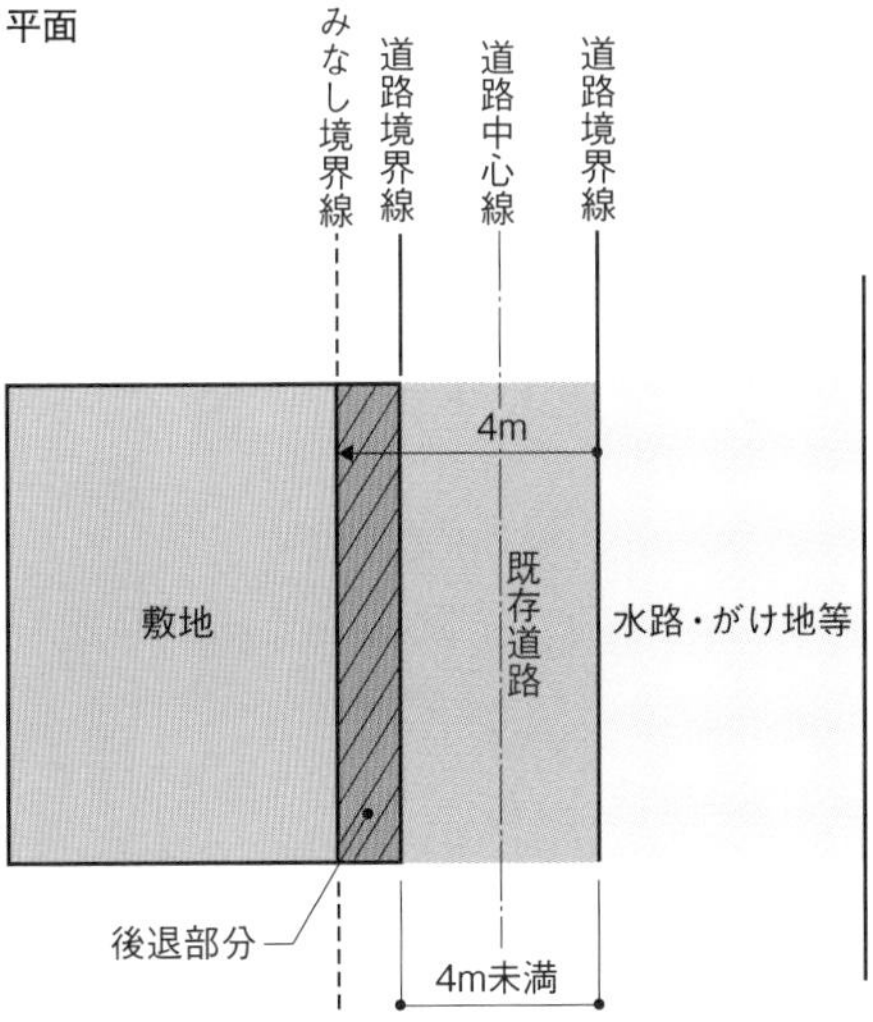

断面

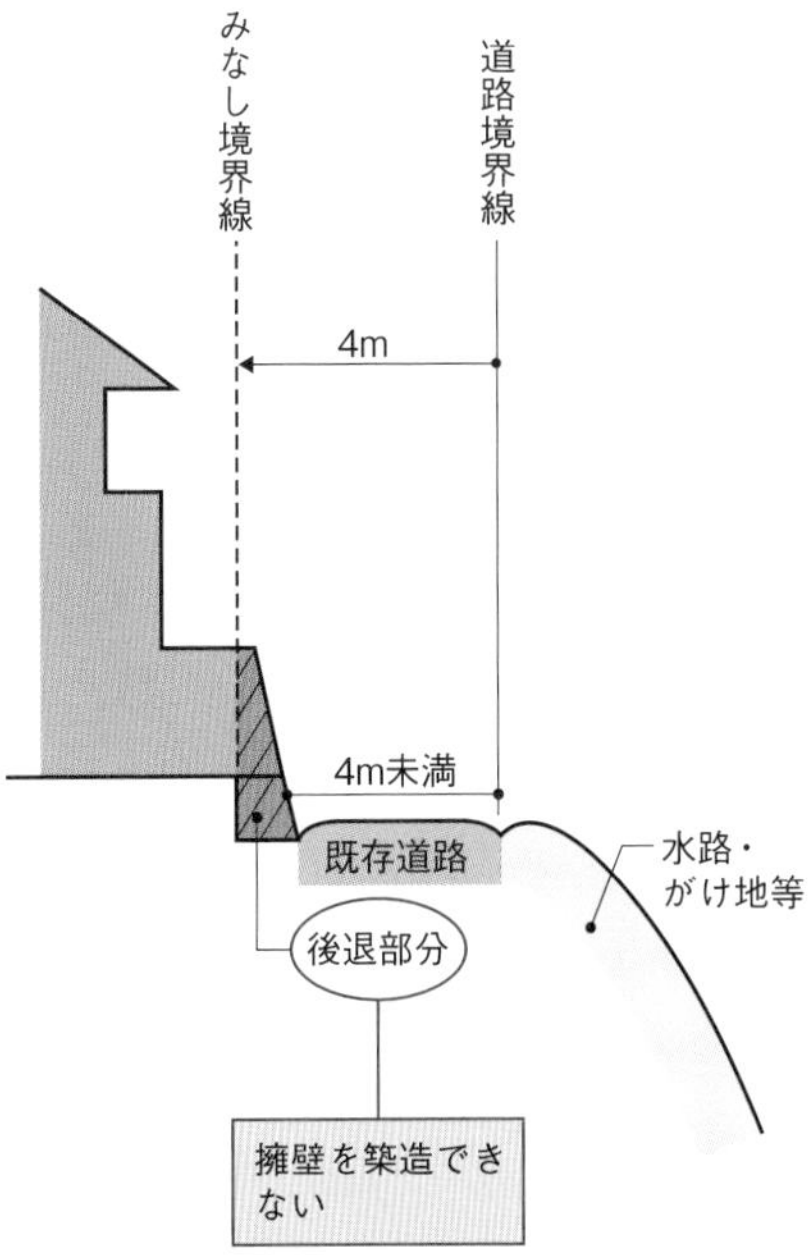

後退部分は建築物や庇、塀などを突出させてはいけない。また敷地面積からは除外する

5号道路

017

5号道路は、政令の築造基準に適合させて特定行政庁から位置の指定を受けた道路のこと

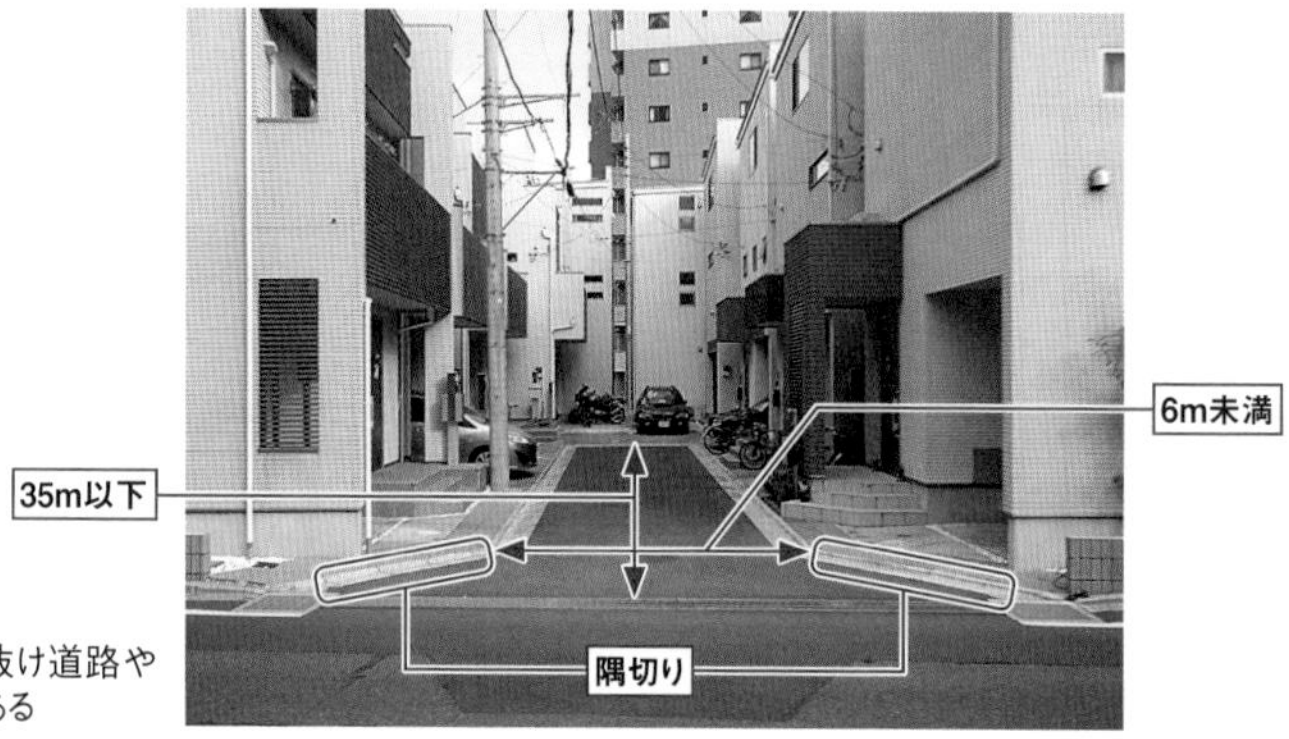

位置指定道路には、通り抜け道路や行止まり道路などの種類がある

特定行政庁が指定する道路

法42条1項5号で規定されている道を**5号道路**という。都市計画法などの規定によらず、政令で示された築造基準に適合する道として、特定行政庁から位置の指定を受けるため、**位置指定道路**とも呼ばれる。大きな敷地を細分化して利用する場合に、新たに道路を築造しなければ建築物の敷地として認められないことがある。このとき、道路部分の土地を共有しながら、特定行政庁に「道路位置の指定」を申請してつくられるのが5号道路である。

指定の流れは次のとおりである。

①指定地の土地所有者など権利関係者の同意を得る

②令144条の4の「道に関する基準」(築造基準)に適合させた道路位置指定申請書を作成する

③特定行政庁に申請のうえ、築造承認を得て工事を行う

④築造後、特定行政庁の検査に合格すると道路として公示される

5号道路の築造基準

5号道路は、**両端がほかの道路に接していること**が原則である。ただし、一端が行止まりの袋《ふくろ》路《じ》状《じょう》道《どう》路《ろ》でも、幅員と延長が一定の基準以内であれば、5号道路として認められる。

また、旧法の市街地建築物法では、建築物を突き出してつくってはならないラインとして建築線が指定されていたが、建築線間距離が4m以上あれば、現在、建築基準法上の「**位置指定を受けた道路**」とみなされる(法附則5項)。

5号道路には、土地所有者の所有権が生じるため、前面道路の使用や管理には、所有者全員の承諾が必要となる。一部の建築敷地が利用されなくなり、所有権が移転したため5号道路を廃止する場合は、廃止によってほかの利用者の敷地が一方的に接道義務(法43条)を満たせなくならないよう、事前にその旨を特定行政庁に届ける必要がある。無届出の場合、違反是正命令(法9条)を受けることもある(法45条)。

5号道路（位置指定道路）の築造基準（令144条の4）

項目	築造要件
通抜け道路の原則	指定道路の両端が既存の建築基準法（42条）の道路に接続（みなし道路でも可）すること（図1）
袋路状道路（行止り道路）でも認められる条件	❶指定道路の終端が公園、広場など自動車の転回が支障なく行える場所に接続すること（図2）
	❷延長が35mを超える場合は、国土交通大臣が定める基準（昭45建告1837号）に適合する自動車転回広場を終端および区間35m以内ごとに設けること（図3）
	❸指定道路の幅員が6m以上（図4）
	❹道路幅員が4m以上6m未満の場合は、延長を35m以下とする（図5）
隅切りの設置	道が同一平面で交差・接続・屈曲する個所（内角＜120°の場合のみ）には一辺2mの二等辺三角形の隅切を設ける（図6、例外規定あり）
路面仕上げの制限	砂利敷などで路面がぬかるみにならないこと
勾配などの制限	縦断勾配が12%以下で、かつ段を設けないこと（例外規定あり）
排水施設の設置	道および周辺敷地の排水に必要な側溝などを設ける

図1　通抜け道路

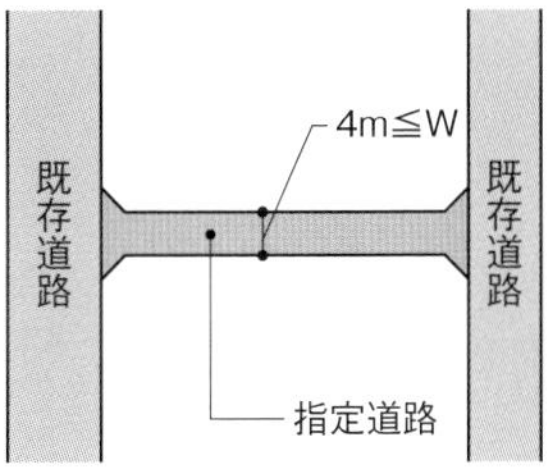

図2　袋路状道路（公園等に接続）

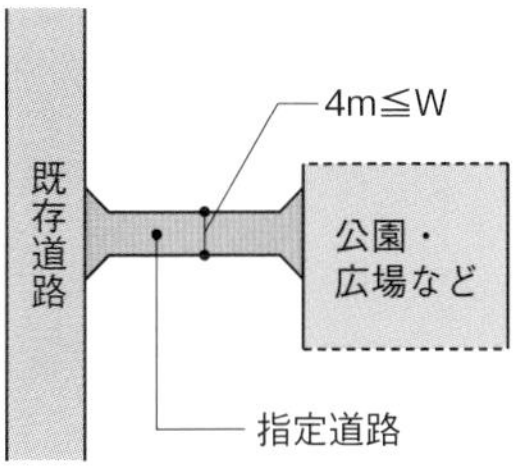

図3　袋路状道路2（自動車転回広場［※］の設置）

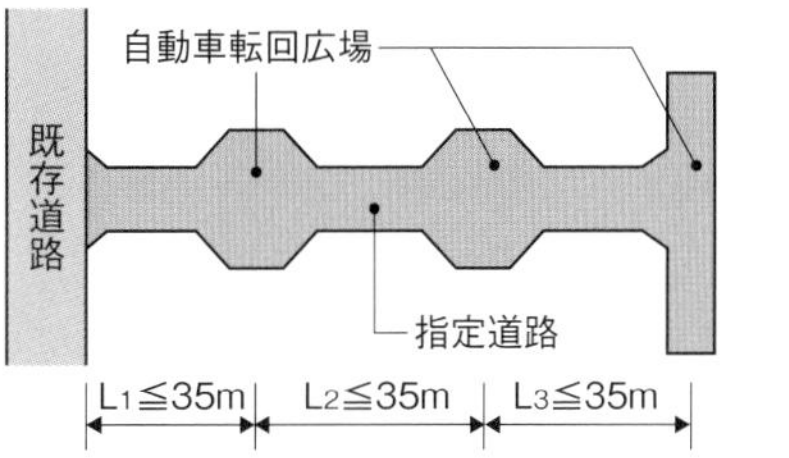

※：転回広場は小型四輪自動車が2台以上、停車・転回できるもの

図4　袋路状道路3（幅員6m以上）

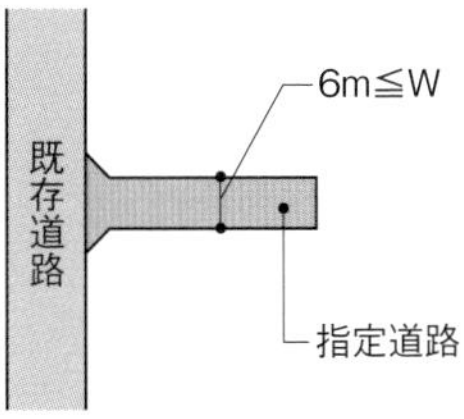

図5　袋路状道路4（幅員4m以上、延長35m以下）

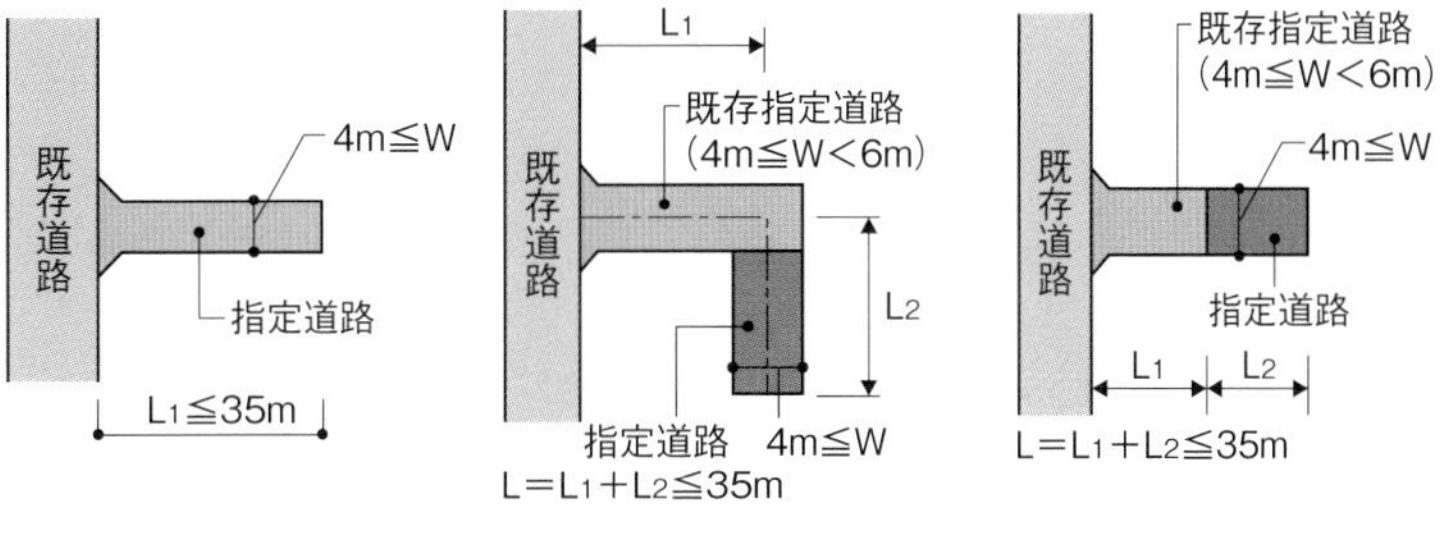

図6　隅切りの設置

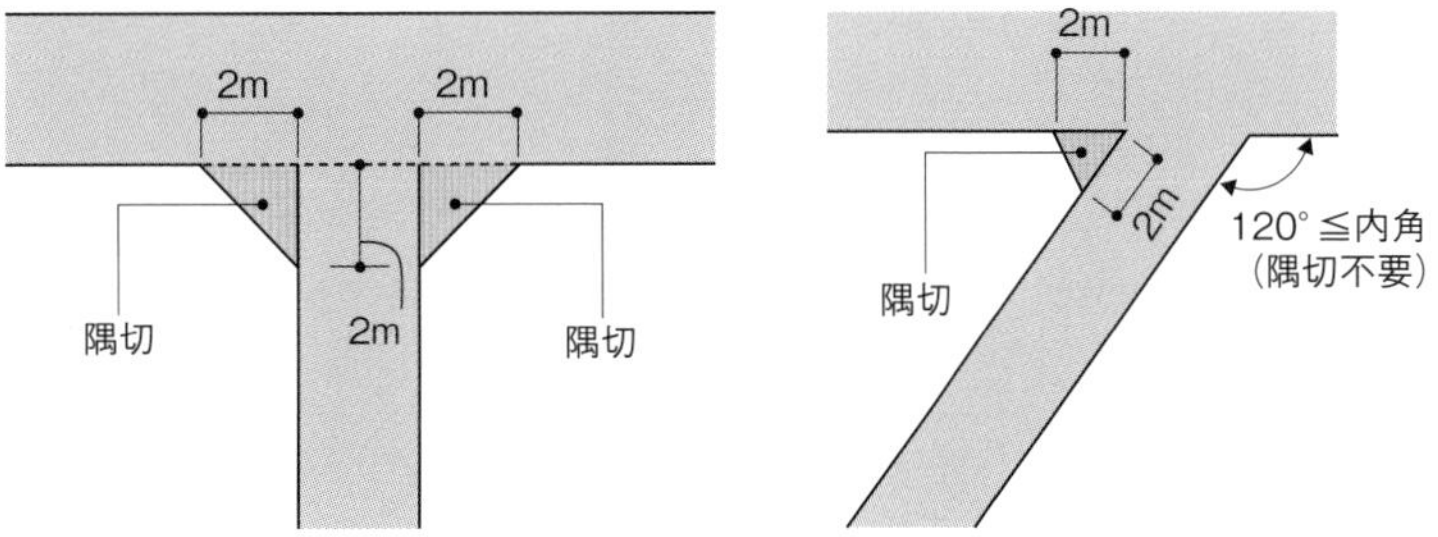

接道と道路幅員

018

延べ面積1,000㎡超、階数3以上の建築物では、条例で道路の幅員と接道長さに制限を加えられる

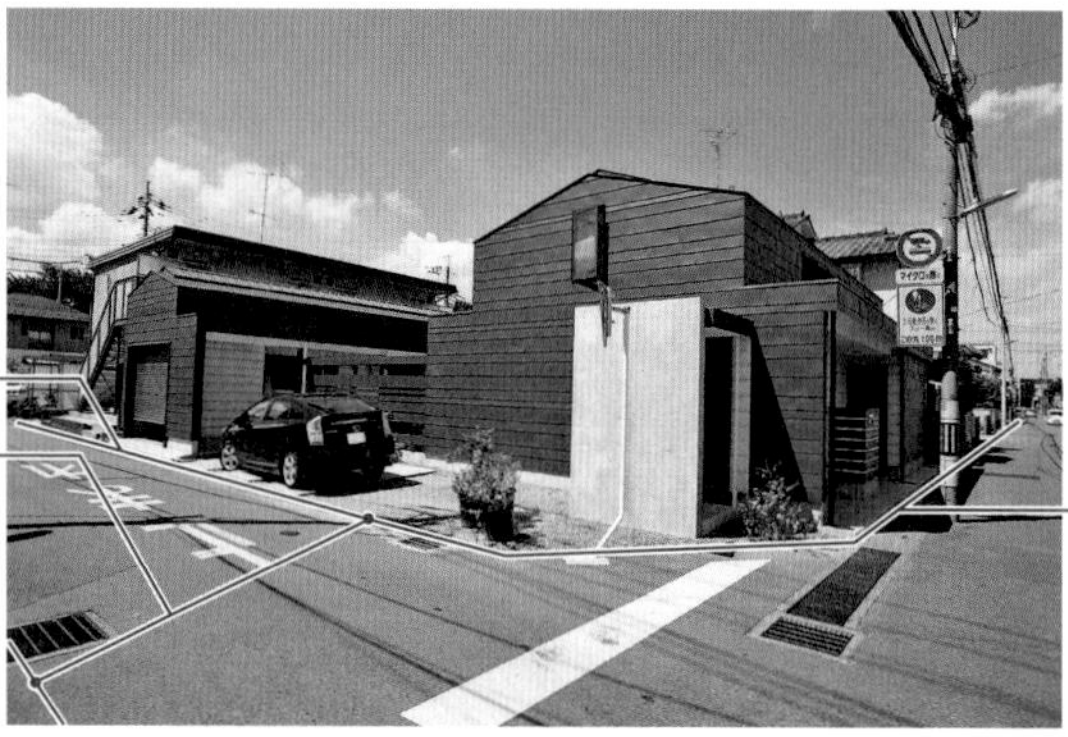

建物の用途と規模により、道路幅員と接道長さの条件が行政庁の条例で決められているので注意する

建築物の敷地には接道義務がある

建築物の敷地には、道路が2m以上接することが義務付けられている（法43条）。これを**接道義務**という。道路法による道路のうち、道路管理者が指定する自動車専用道路や自動車が沿道へ出入りできない特定高架道路等は、接道条件を満たす道路として認められない（令144条の5）。

接道条件が満たされない場合は、原則、その敷地での建築はできない。ただし、延べ面積200㎡以内の住宅が、②の道等に接していると特定行政庁が認める場合や、次の要件を考慮し、建築審査会の同意を得て許可された場合は建築できる（規則10条の3）。

①敷地の周囲に公園、緑地、広場等の広い空地を有すること
②敷地が農道その他これに類する公共の用に供する道（幅員4m以上）に2m以上接していること
③敷地がその建築物の用途、規模、位置、構造に応じて、避難・通行の安全等の目的を達するために十分な幅員を有する道路で、道路に通じるものに有効に接していること

道路幅員の算定方法

道路幅員とは、道路中心線に直交する水平距離で測られる道路幅の最小寸法のことである。境界部分にふたをされた側溝がある場合は、その部分も幅員に含まれる。一方、法敷《のりしき》は、道路幅員には含まない。

また、地方公共団体では、建築物の規模や用途による前面道路の幅員や敷地の接道長さ、路地状部分の延長距離などの規定について、地域性に合わせて条例で制限を付加している場合もある（法43条3項）。制限付加の対象となる建築の条件は以下のものである。

①特殊建築物
②階数が3以上である建築物
③窓等を有しない居室（令116条の2）
④延べ面積が1千㎡超の建築物
⑤その敷地が袋路状道路にのみ接する建築物で延べ面積が150㎡を超える※

※：一戸建ての住宅を除く

接道の基本的な考え方

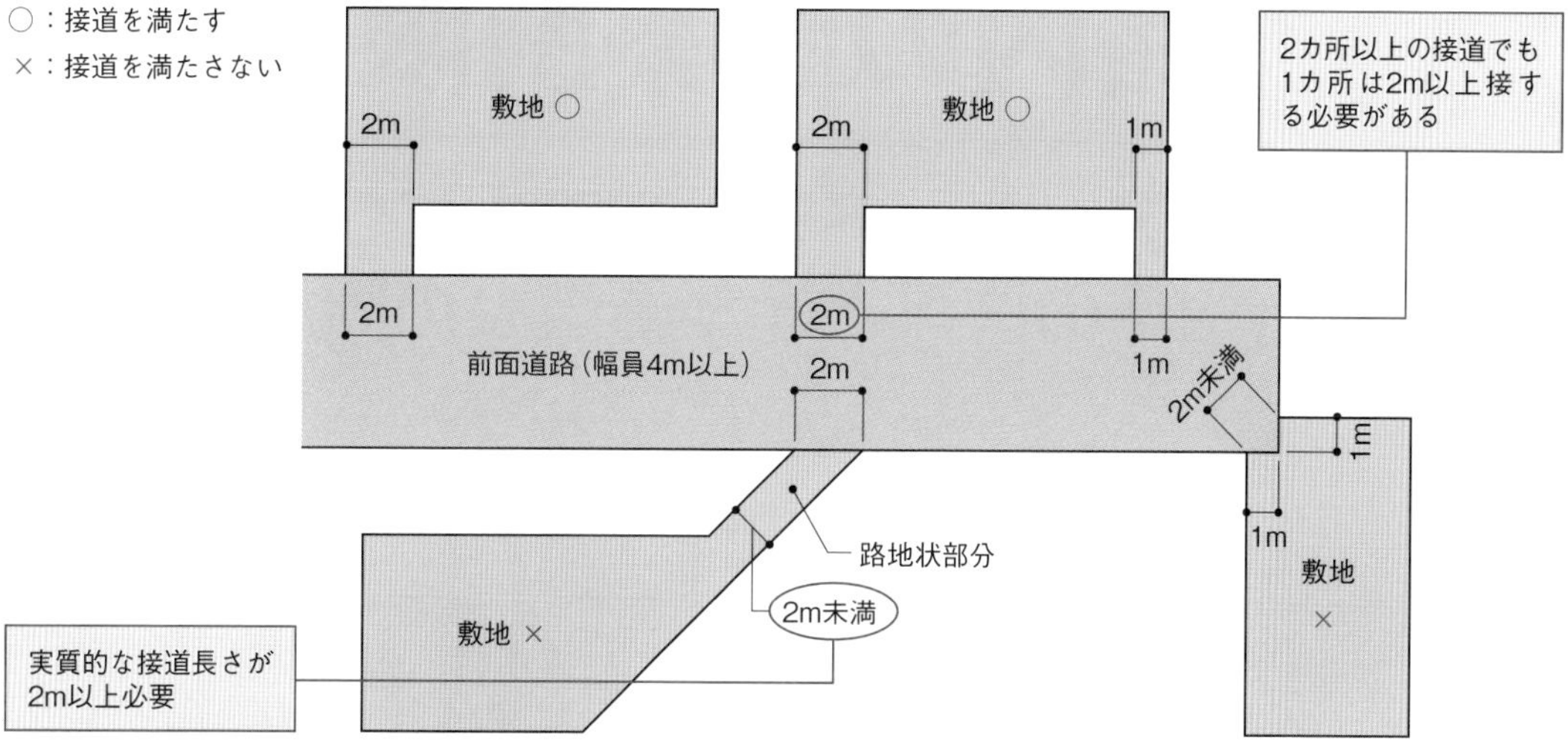

道路幅員の測り方の例

❶法敷がある場合

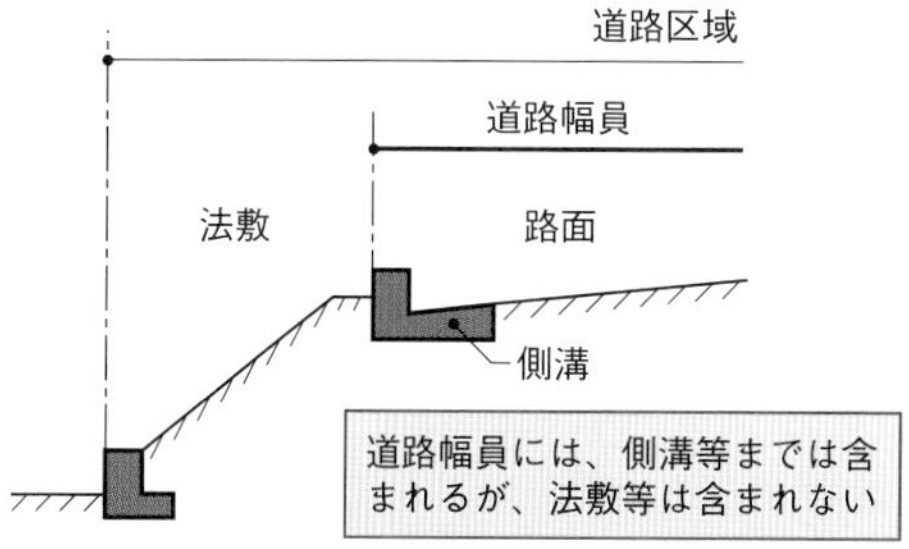

❷歩道がある場合

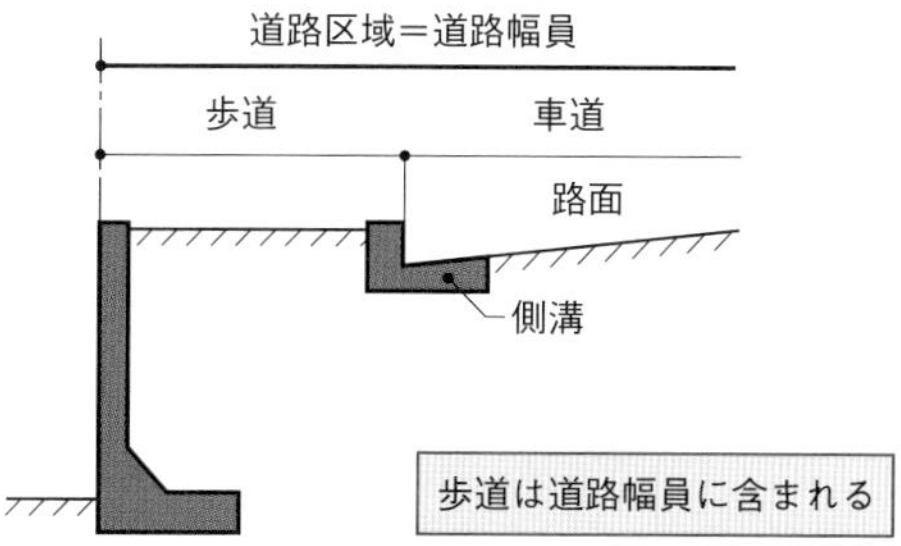

❸側溝の取扱い

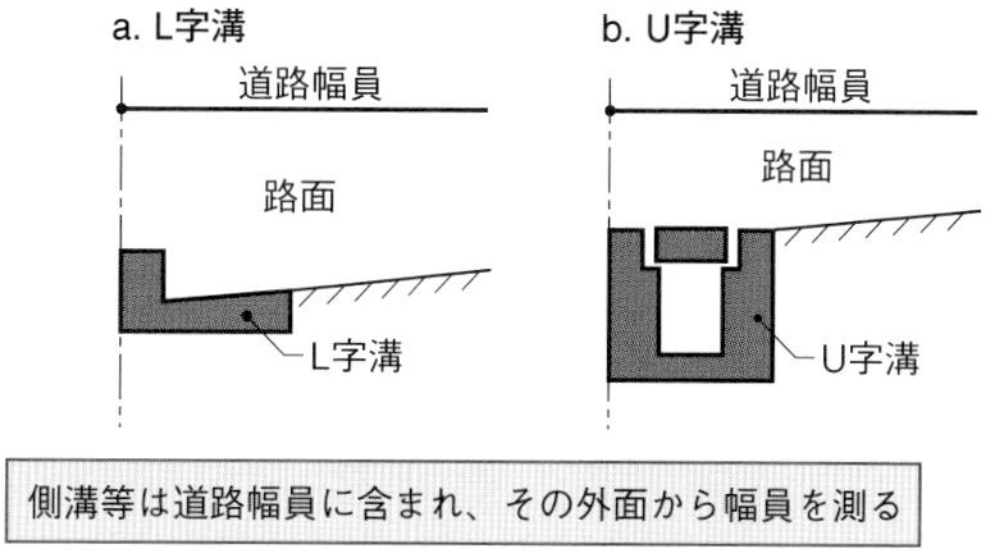

制限が付加される条件（路地状敷地の場合）

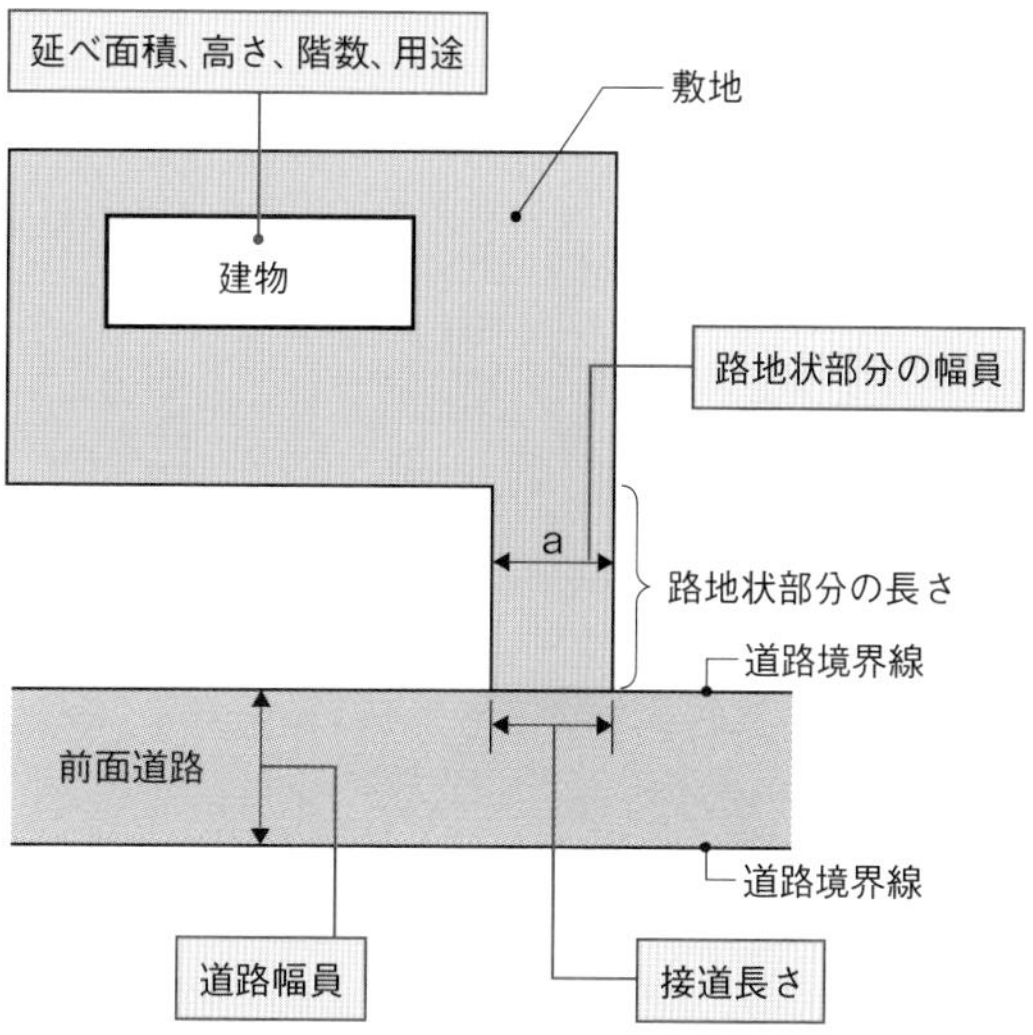

●路地状敷地の形態について条例付加の例

（東京都安全条例の場合）

・路地状部分の幅員は路地状部分の長さに応じた幅員の例

路地状の長さ	幅員
20m以下のもの	2m
20mを超えるもの	3m

・路地状部分の幅員4m未満の敷地には地上3階以上の建築物（耐火・準耐火建築物は地上4階以上）を建築してはならない

道路内の建築制限

019

公衆便所やアーケード等を道路内につくるときは特定行政庁の許可と建築審査会の同意が必要

地下鉄出入口、バス停上屋、公衆便所、アーケード、巡査派出所なども特定行政庁の許可により道路内に建築できる

道路には建築できないのが原則

道路は、公道・私道にかかわらず、通行以外にも、日照や採光、通風などの良好な住環境の確保や避難通路などとしての役割を担う。したがって、それを阻害する**建築行為は原則、認められない**。対象道路には、自動車専用道路や特定高架道路も含まれる（法44条）。

禁止される建築行為には、軒や庇《ひさし》の部分の突出、扉の開閉も含まれる。また、建築物に付属する塀や擁壁などの工作物も築造できない。

道路内で認められる建築物

道路内でも建築行為が認められる場合がある。たとえば、地盤面下に設ける建築物やその部分は、規制対象外である。公衆便所や交番、バス停の上家等の公共性の高いもので、特定行政庁が建築審査会の同意を得て許可した場合は、道路内に建築できる。

一方、道路区域内でも駐輪場の上家は、凹部にあり通行上支障のない場合、一般の建築物の手続きで建てられる。

立体道路制度でつくられた建物で、特定行政庁が安全・防火・衛生上支障ないと認めるものも建築制限の規制対象外である。立体道路制度とは、都市の建築物の密集化と幹線道路整備という、相反する問題を総合的に解決する手段として、道路と建築物を一体的に整備する制度である。自動車専用道路などの上空か、高架道路下の建築物などがこれに当たる（法44条1項3号）。認定基準は、主要構造部を耐火構造とする、耐火構造の床・壁・特定防火設備で道路と区画する、などである（令145条1項）。

また、公共歩廊や、道路上空の渡り廊下で、特定行政庁が建築審査会の同意を得て許可したものも建築できる。許可基準は、学校、病院、老人ホーム等か、建築物の5階以上の階に避難施設として必要なものか、多人数の通行や道路交通の緩和に寄与するもので、主要構造部が不燃材料以上でつくられたものである（令145条2項）。

道路内に建築できるものの例（法44条）

❶平面

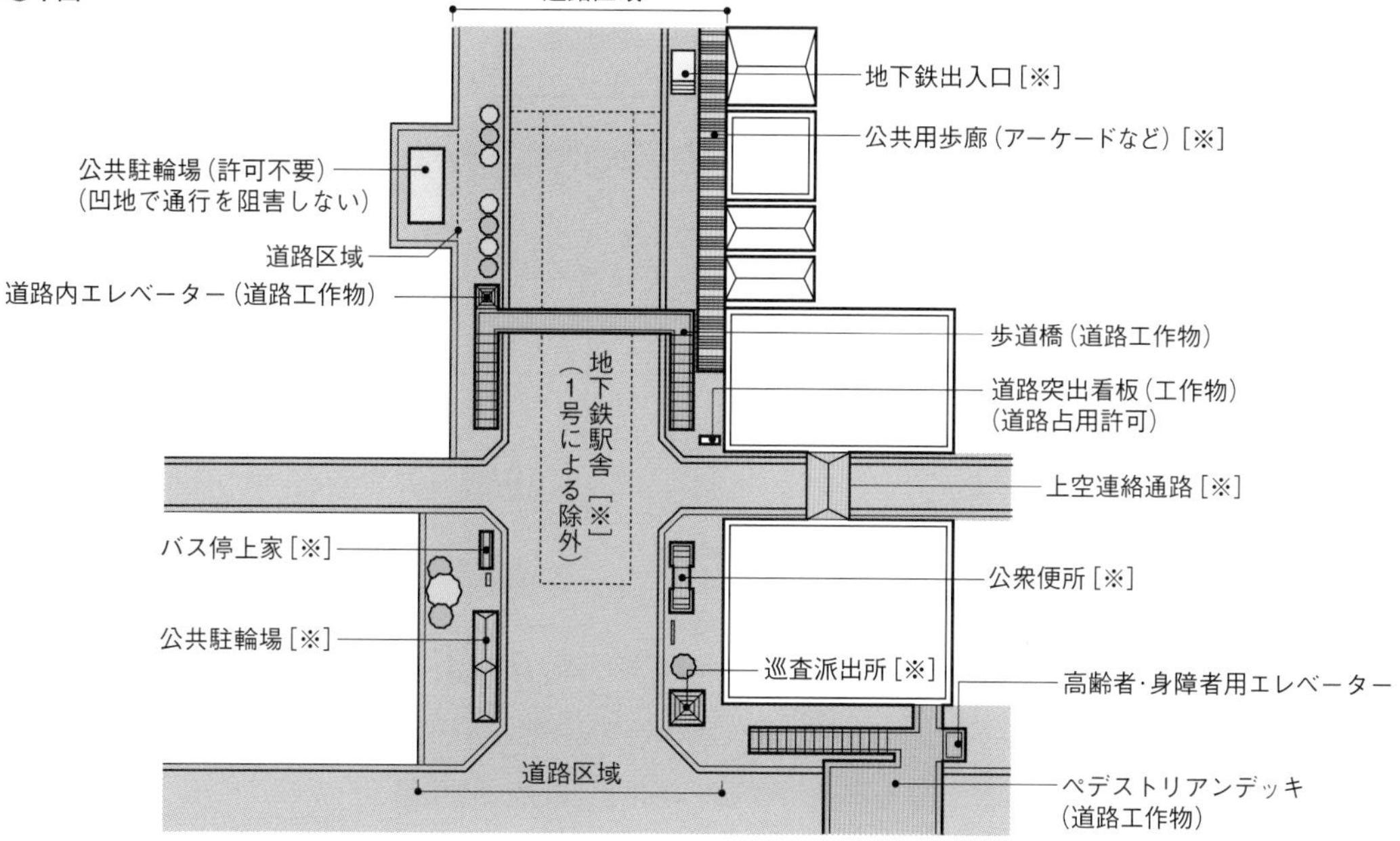

※：「特定行政庁の許可＋建築審査会の同意」が必要

❷断面

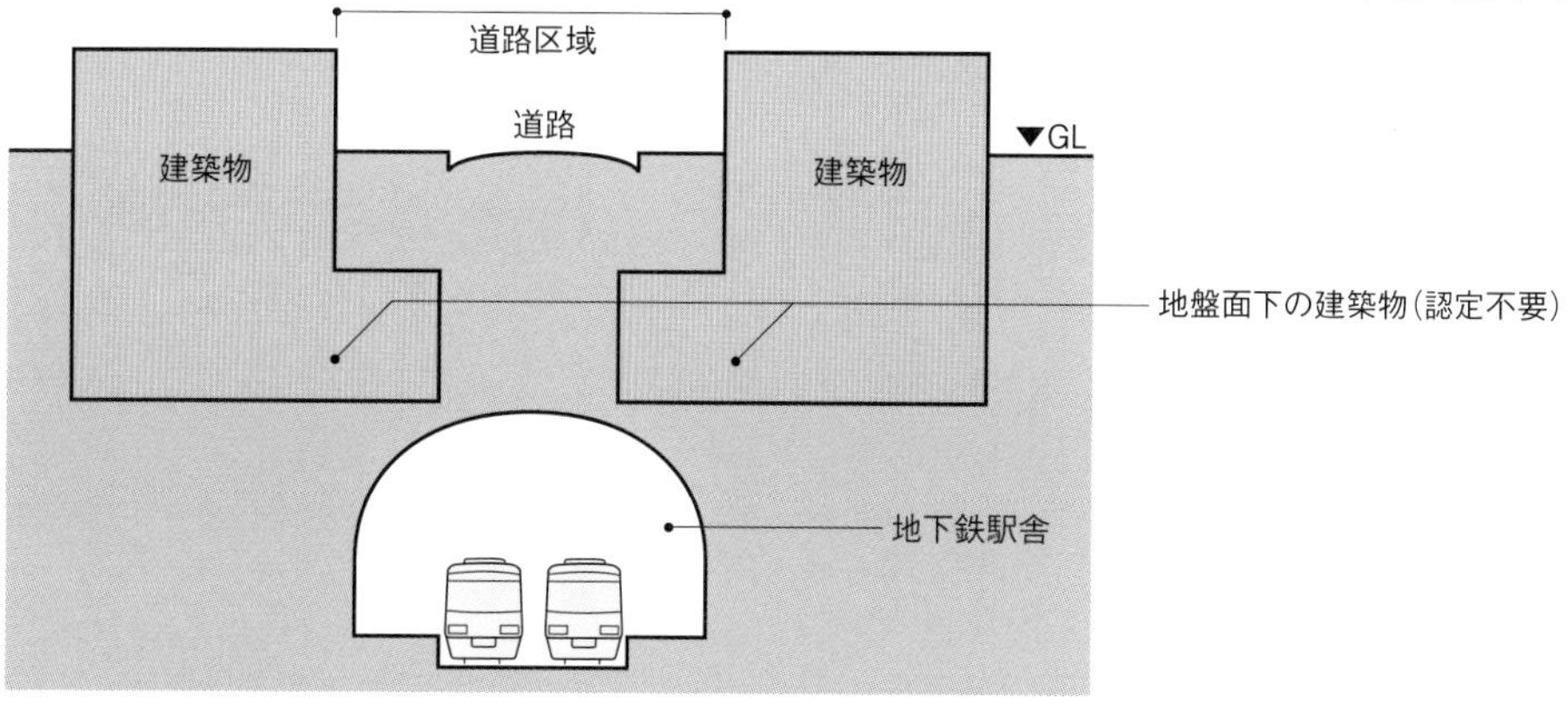

道路内には建築できないものの例（法44条）

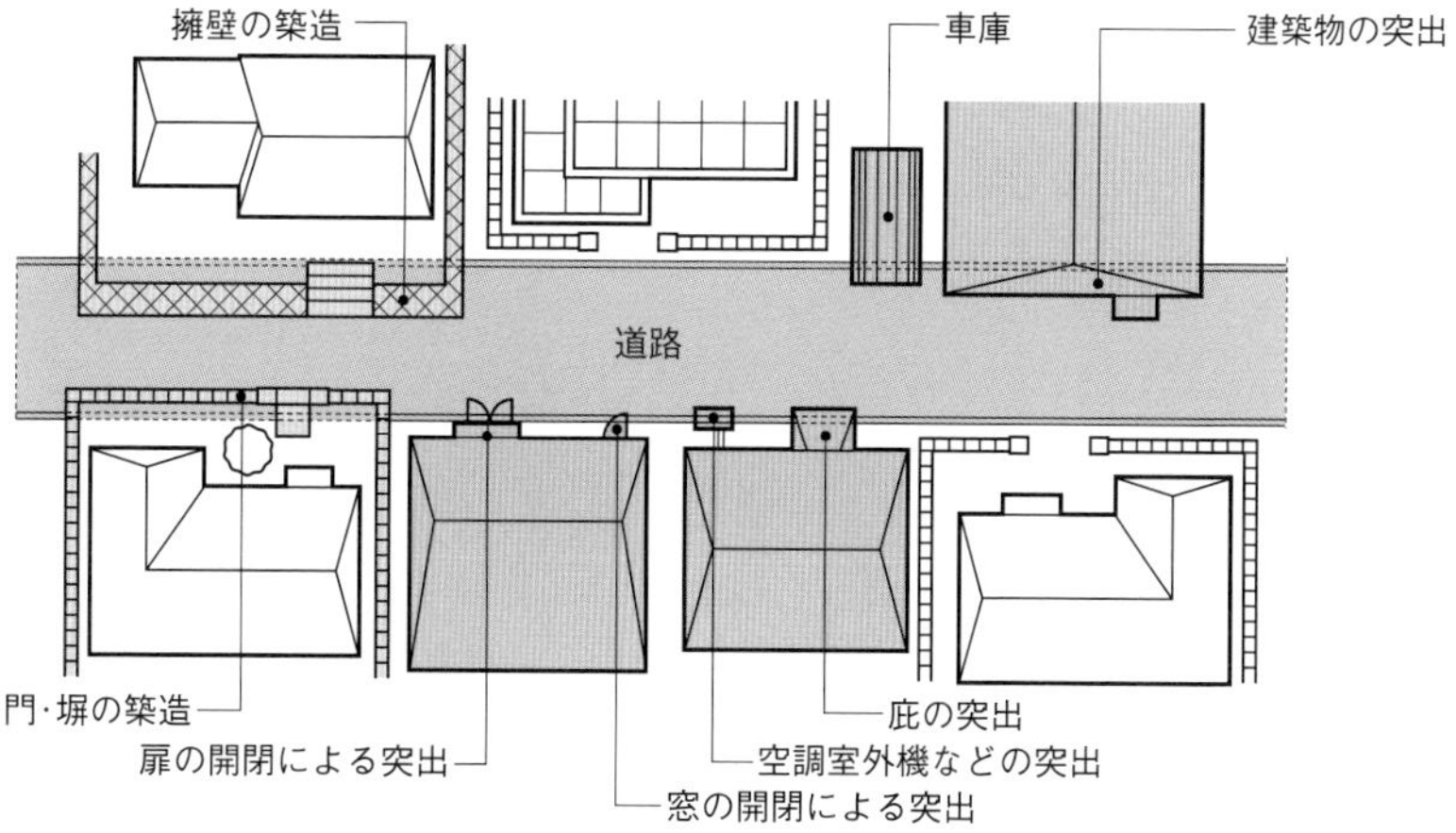

「一建築物一敷地」の原則 020

1つの敷地に2つ以上の建築物が認められるのは、用途上不可分な建築物の場合

複数の建築物が可分の場合、敷地を分け、それぞれに接道、道路斜線、建蔽率、容積率などの規定をかける

一敷地に一建築物が原則

建築基準法では、敷地を「**一の建築物又は用途上不可分の関係にある2以上の建築物のある一団の土地**」と定義している(令1条1項)。つまり、1つの敷地に建てられる建築物は1つが原則である。

ここでいう「用途上不可分の関係にある2以上の建築物」とは、同一敷地内に2棟以上あり、棟ごとに敷地分割すると、それぞれの建築物の用途上の機能を満たさない建築物群である。たとえば学校では、校舎、実習棟、体育館、図書館等の建築物は、一体となって学校として機能するので、用途上不可分の関係といえる。

一方、敷地に1軒の専用住宅が既に建っている場合、家族のものであっても別の専用住宅を同じ敷地に建てることは認められない。ただし、一部屋の離れや物置であれば、既存の専用住宅の「**付属建築物**」と考えられるため、1つの敷地に建築できることになる。

「付属関係」で、強い機能上の関係をもつ生産工場における事務所や倉庫なども、用途上不可分の関係といえる。ただし、工場関係者の寮などの宿泊施設は、工場の機能と不可分の関係とはみなされず、別敷地としなければならない。同様に病院の関連施設と、看護婦の寄宿舎は、用途上可分の関係にあり、同一敷地に建築できない。

一団の土地にならない場合

敷地には、実体的な一体性が求められる。したがって、所有権をもつ土地に用途上不可分の関連施設を建てる場合でも、敷地の状況によっては同一敷地とみなされない場合もある。

たとえば、敷地が道路や水路などの公共物で分断されている場合や、障害物や塀などがあって敷地間で連続性がなく、行き来ができない場合は、2つの敷地は同一敷地とみなされない。

同一敷地とみなされない場合は、敷地ごとに、接道条件や容積率、建蔽率、道路斜線などの規定がかかる。

「一建築物一敷地」の原則

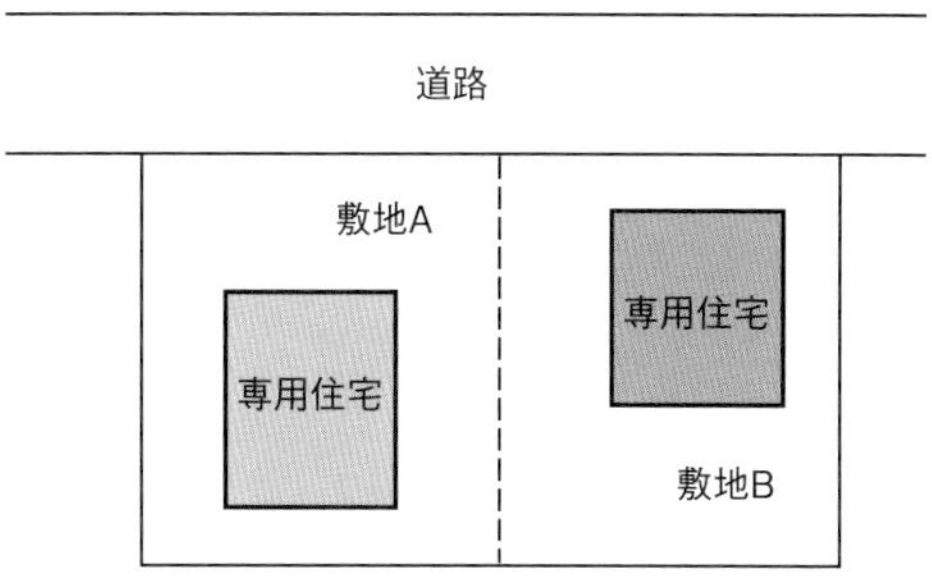

----- 破線は敷地分割線を表す

用途上不可分の関係例

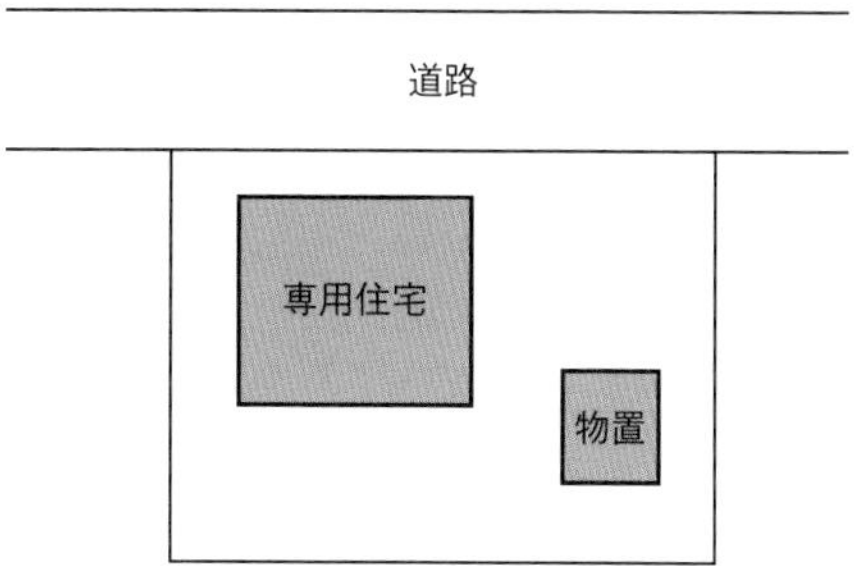

用途上不可分な関係にある2以上の建築物の例

主要用途	主要用途に付属する建築物の例
専用住宅	離れ、車庫、物置、納屋、茶室、東屋、温室、畜舎など
共同住宅	車庫、自動車置場、物置、プロパン置場、都市ガスの減圧場、変電室
旅館・ホテル	離れ（客室）、浴室棟、車庫、東屋、温室、倉庫
工場・作業場	事務棟、倉庫、変電室、危険物貯蔵庫、各種機械室、更衣棟、浴室棟、食堂棟、守衛室
学校・校舎	実習棟、図書館、体育館、更衣室棟、給食作業棟（他校の給食製造を除く）、倉庫

一団の土地にならない例

❶一団の土地の条件

・連続している
・共通の用途で使用している
・境界が明白な土地

❷一団の土地とならない例（公共物［道・水路等］、鉄道、塀などで敷地が分断されている場合）

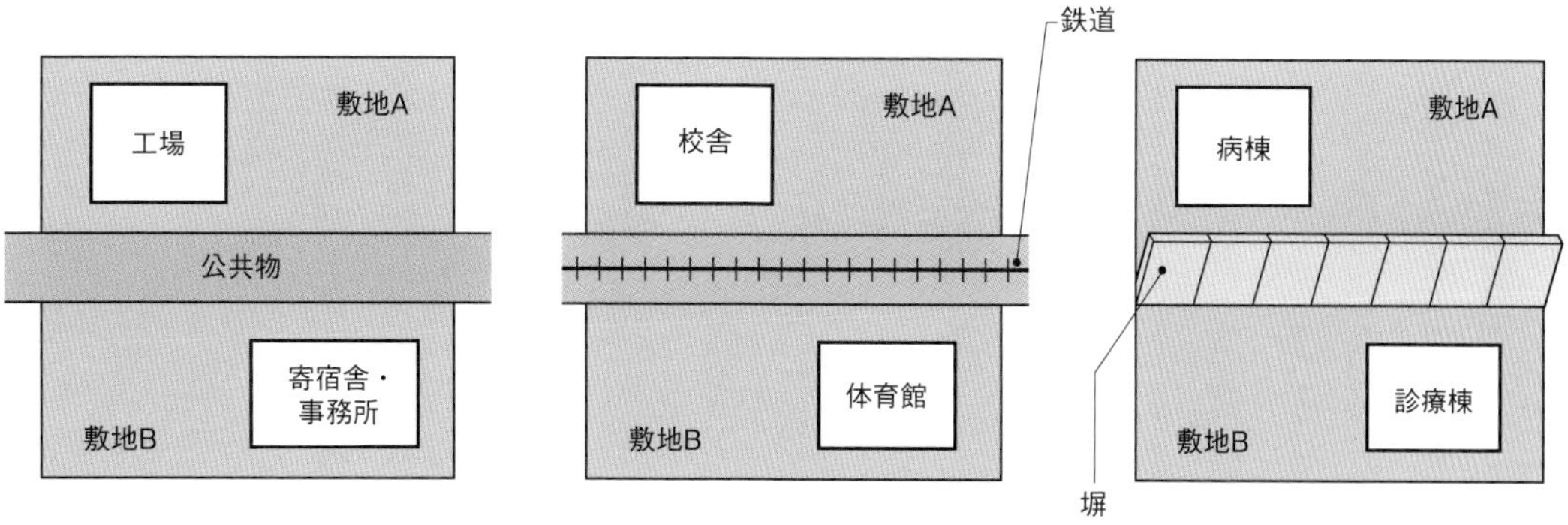

都市計画による建築制限 021

都市計画・準都市計画区域内の建築物は都市計画関連法、それ以外の区域は条例で規制

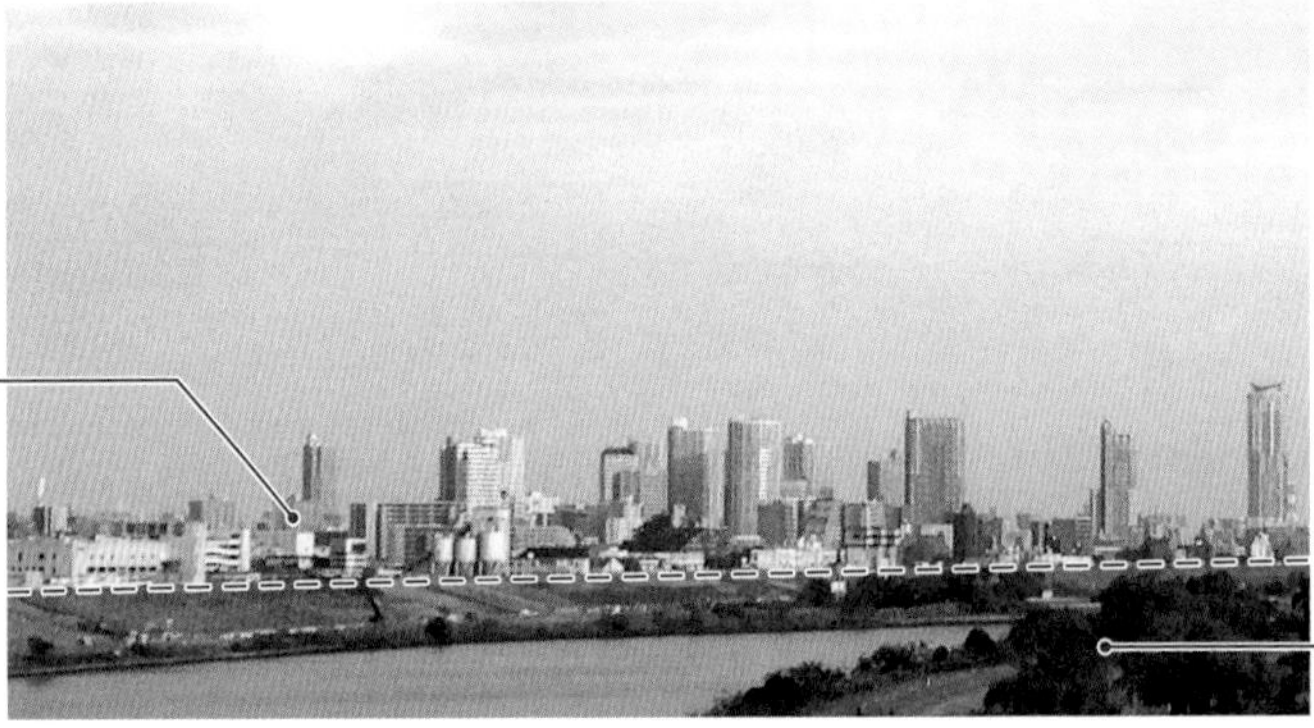

敷地調査で、都市計画区域内かどうか、市街化区域か、原則的に建築行為のできない市街化調整区域かを調査する

都市計画法による規制

国土は、土地利用に関して「**都市計画区域**」「**準都市計画区域**」「**その他の地域**」に分けられる。さらに都市計画区域には、「**市街化区域**」と「**市街化調整区域**」「**区域区分非設定区域**」がある。

都市計画・準都市計画区域では、13種類の用途地域に分かれ、高さや形態制限などの建築基準法の集団規定が適用される。ただしその他の地域でも、地方公共団体が条例で、敷地と道路の関係、容積率、建蔽率や高さの最高限度、日影の制限について、必要な制限を定めることができる（法68条の9第1項、令136条の2の9）。

用途地域の色塗りがないため「**白地地域**」と呼ばれる区域区分非設定区域や、用途地域の指定がなく、原則、建築する際は開発許可などが必要となる市街化調整区域では、特定行政庁が、都市計画審議会の議を経て、形態制限を定められる。

都市の自然美を維持するために都市計画法で定められる**風致地区**（都計法58条）は、建築物の高さや屋根形状、構造、色彩などを行政庁と協議し、許可を得る必要がある。

なお、卸売市場や火葬場、と畜場、汚物処理場、ごみ焼却場などを都市計画区域内に建築する場合は、環境への影響を配慮し、原則、都市計画での敷地位置の決定が必要になる（法51条）。

都市計画法以外の規制

建築物は、都市計画法だけでなく都市計画に関連する景観法、土地区画整理法、道路法、駐車場法、下水道法などのさまざまな法律の規制を受ける。

景観法により準景観地区制度が新設され、市町村は都市計画・準都市計画区域外のリゾート地などでも建築物の高さや構造、壁面の位置、敷地に関して必要な制限を条例で定めることが可能になった（法68条の9第2項）。

この地区に建築する際には、市町村の認定が必要になる（景観法74条1項・75条1項）。

都市計画区域・準都市計画区域等の区分

都市計画で指定された区域によって建築の可否や用途が決まる

都市計画区域、準都市計画区域と他の区域が敷地内にある場合は、過半の属する区域等の制限を受ける（法91条）

都市計画区域・準都市計画区域以外で条例が定める「建築物の制限」（令136条の2の9）

❶**建築物・敷地と道路の関係**：法43～45条の規定による制限よりも厳しいものでないこと　❷**容積率の最高限度**：法52条の規定による制限よりも厳しいものでないこと　❸**建蔽率の最高限度**：法53条の規定による制限よりも厳しいものでないこと　❹**建築物の高さの最高限度**：地階を除く階数２の建築物の通常の高さを下回らないこと　❺**斜線制限**：法56条の規定による制限よりも厳しいものでないこと。すなわち道路斜線制限は法56条1項1号にもとづく法別表第３の５、隣地斜線制限は法56条1項2号ニによる制限が適用される。北側斜線制限は条例で規定できない　❻**日影制限**：法56条の2の規定による制限よりも厳しいものでないこと

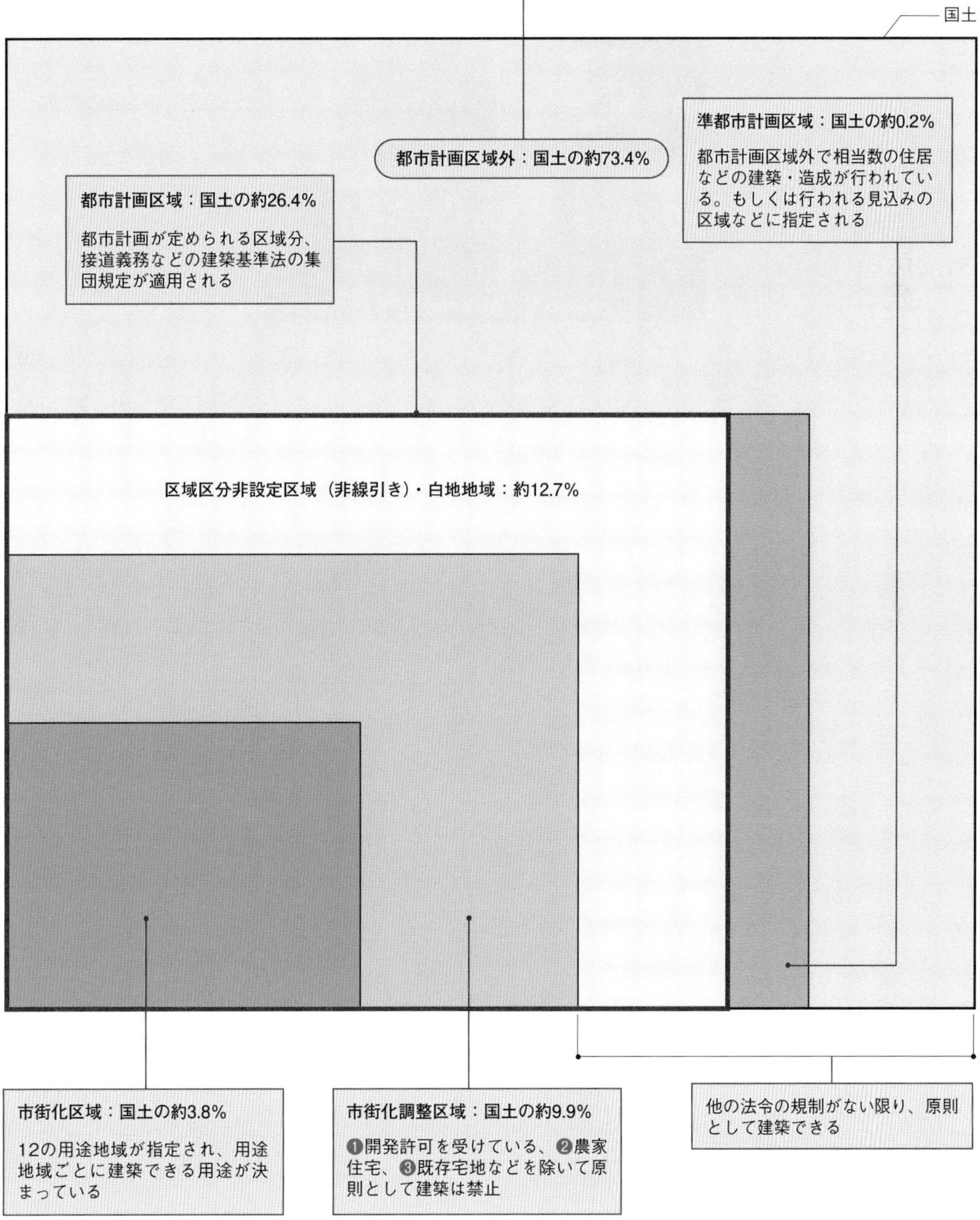
国土
準都市計画区域：国土の約0.2%
都市計画区域外で相当数の住居などの建築・造成が行われている。もしくは行われる見込みの区域などに指定される
都市計画区域外：国土の約73.4%
都市計画区域：国土の約26.4%
都市計画が定められる区域分、接道義務などの建築基準法の集団規定が適用される
区域区分非設定区域（非線引き）・白地地域：約12.7%
市街化区域：国土の約3.8%
12の用途地域が指定され、用途地域ごとに建築できる用途が決まっている
市街化調整区域：国土の約9.9%
❶開発許可を受けている、❷農家住宅、❸既存宅地などを除いて原則として建築は禁止
他の法令の規制がない限り、原則として建築できる

高度利用地区・特定街区 022

都市計画で定められた地区には、建築基準法とは別の形態制限がある

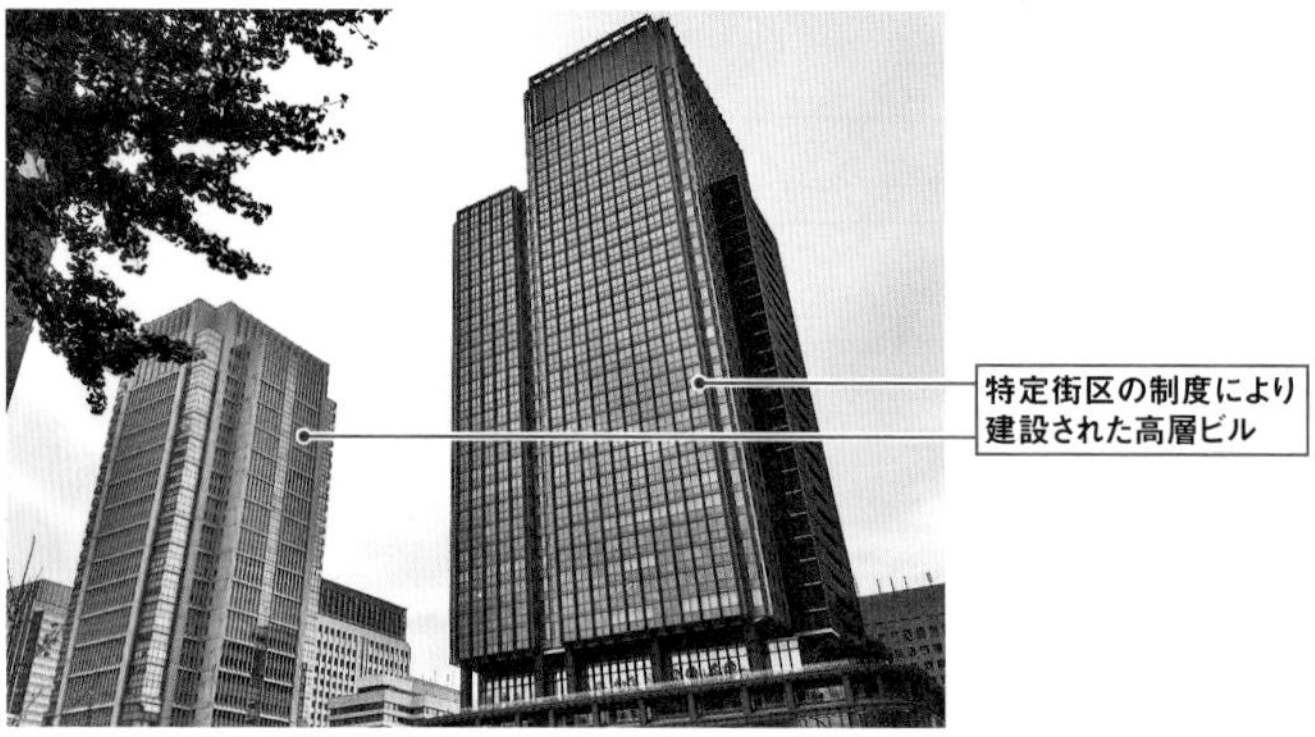

特定街区の指定は、既存街区をまとめることで、都市機能を更新し、有効な空地と大きな建築物を可能にする

都市計画で定められた地区

(1)高層住居誘導地区

高層住居誘導地区は、住居とそれ以外の用途を適正に配分し、利便性の高い高層住宅の建設を誘導するように都市計画で指定した地区をいう（法57条の5）。指定対象は、第1・2種住居地域、準住居地域、近隣商業地域、準工業地域のうち、指定容積率が400～500％の地域である。

この地区内の建築物は、道路、隣地斜線制限や日影規制が緩和される。

(2)高度利用地区

高度利用地区は、市街地の土地の高度な有効利用と細分化した敷地の集約や都市施設の更新などを目的として、用途地域内に指定される（法59条）。この地区では、都市計画で決められた容積率の最高・最低限度、建蔽率の最高限度、建築面積の最低限度、壁面の位置の制限に従わなければならない。

また、敷地内に道路に接して有効な空地がある場合、特定行政庁が建築審査会の同意を得て許可した建築物は、道路斜線制限が緩和される。

(3)特定街区

特定街区は、街区単位で整備される建築プロジェクトに対し行政庁が都市計画で定める地区である（法60条）。

この地区は、建築物の割増容積率と高さの最高限度、壁面の位置の3つの制限を都市計画で定め、建築基準法の容積率や高さ制限、日影規制などの制限を受けない。指定例として新宿副都心や丸の内1・2丁目ビルなどがある。

(4)都市再生特別地区

都市再生特別地区は、都市再生緊急整備地域内に定める（法60条の2）。

その地区内で、自由度の高い計画を実現できるように、行政庁が誘導すべき建築物の用途や容積率の最高・最低限度、建蔽率の最高限度、建築面積の最低限度、高さの最高限度、壁面の位置などの数値を都市計画で定める。

一方、既存の用途地域にもとづく用途、容積率、日影規制、斜線制限などの規制は適用除外とする。

各地区の制限内容

地区	都市計画で定められる内容	建築基準法の緩和・除外事項	適用条項
高層住居誘導地区	❶建蔽率の最高限度 ❷容積率の最高限度 ❸敷地面積の最低限度	❶日影規制では対象区域外に建築物があるとみなす ❷道路、隣地斜線適用の用途地域の読み替え（住宅の用途に供する部分の床面積の合計≧延べ面積×2／3）	法57条の5 法56条 法別表第3 都計法8・9条
高度利用地区	❶容積率の最高限度と最低限度 ❷建蔽率の最高限度 ❸建築面積の最低限度 ❹壁面の位置の制限（地盤面下を除く）	❶次の建築物は適用除外 ・主要構造部が木造等で地上2階建ての建築物など容易に移転、除却できるもの ・公衆便所、巡査派出所など公益上必要な建築物 ・学校、駅舎、卸売市場など公益上必要な建築物で特定行政庁が建築審査会の同意を得て許可した建築物 ❷道路斜線制限の適用除外 道路に接して敷地に有効な空地が確保されていて、特定行政庁が交通上、安全上、防火上、衛生上問題ないと認め許可した建築物	法59条 都計法9条
特定街区	❶容積率の最高限度 ❷高さの最高限度 ❸壁面の位置の制限（地盤面下を除く）	適用除外：法52条～59条の2 ❶容積率 ❷建蔽率 ❸低層住居専用地域内の外壁後退距離 ❹低層住居専用地域内の敷地面積 ❺高さ制限（斜線制限） ❻日影規制 ❼高度地区 ❽高度利用地区 ❾総合設計	法60条 都計法8・9条
都市再生特別地区	❶容積率の最高限度と最低限度 ❷建蔽率の最高限度 ❸建築面積の最低限度 ❹壁面の位置の制限（地盤面下を除く） ❺高さの最高限度 ❻誘導すべき用途	❶次の建築物は適用除外 ・主要構造部が木造等で地上2階建ての建築物など容易に移転、除却できるもの ・公衆便所、巡査派出所 ・学校、駅舎、卸売市場など公益上必要な建築物で特定行政庁が建築審査会の同意を得て許可した建築物 ❷道路斜線制限 ❸用途地域 ❹日影規制では対象区域外に建築物があるとみなす ❺高度地区	法60条の2 都市再生特別措置法36条 都計法8条

地区計画等 023

防災や景観など、地区の環境に併せて、さまざまな規制を設定している

地区レベルの基準で、地区計画が定められると、建築基準法の一部が、地区計画内の基準に置き換えて適用される

防災や景観等の規制地区

(1)特定防災街区整備地区

特定防災街区整備地区は、密集市街地やその周辺に対し、災害時の延焼の防止や避難機能の確保を目的として、行政庁が都市計画で防火地域か準防火地域内に定める地区である(法67条)。

この地区内の建築物は、耐火建築物か準耐火建築物とする。また、敷地面積の最低限度や壁面の位置、建物の高さの最低限度、安全を確保するための空地や道路等に面する建築物の開口率の最低限度なども制限される。

(2)景観地区

景観地区とは各行政庁が都市計画で定める地区で、**「景観地区」「準景観地区」**がある(法68条、法68条の9)。

景観地区では、建築物の高さの最高・最低限度、壁面の位置、敷地面積の最低限度が規定される。都市計画で決められた条件に適合し、かつ敷地内に有効な空地があれば、特定行政庁が認めたものは高さ規定が適用されない。

(3)地区計画等

地区計画、防災街区整備地区計画、歴史的風致維持向上地区計画、沿道地区計画、集落地区計画の5つを**「地区計画等」**という。

地区計画は、行政庁が地域特性を生かしたい一定の区域を設定し、その区域の実状に併せて、建築物の整備と土地に関する事項や道路、公園等の地区施設について進められる。その内容は、地区計画の目標、整備・開発・保全に関する方針と、具体的な地区整備計画からなる(法68条の2〜8)。

防災街区整備地区計画は、密集した市街地の地震や火災に対する防災機能の確保、沿岸地区整備計画は交通量が多いことによる騒音障害の防止、集落地区整備計画は農業と居住環境の調和を、それぞれ目的としている。

地区計画では、建築物の敷地、構造、用途などの事項を、行政庁が条例で制限できる。また、その目的に応じて、制限の緩和や特例を条件付きで設けられる(令136条の2の5〜8)。

条例にもとづく地区計画等の制限と緩和

制限対象	建築物の用途
	建築物の形態、または意匠
	垣または柵の構造
	建築物の壁面の位置
	建築物の容積率の最高限度
	建築物の建蔽率の最高限度
	建築物の敷地面積の最低限度
	建築物の高さの最高限度
	建築物の高さの最低限度、建築物の容積率の最低限度、および建築面積の最低限度
緩和対象	容積率制限、建蔽率制限、高さ制限、斜線制限
	都市部の土地の有効利用を目的とした暫定容積率と目標容積率の適用
	地区整備計画の区域のさらなる細分化と、区域ごとの容積率の適正配分
	容積率制限のうち、前面道路幅員による制限と斜線制限の適用除外
	住宅の用途に供する建築物の容積率割増
	予定道路の幅員での容積率の算定
	道路位置指定の特例
	道路斜線制限の適用除外

地区計画で定められるもの

地区計画	❶地区整備計画 （建築物などの整備と土地の利用に関する計画）	以下のうちから必要な制限を定める ⓐ地区施設の配置・規模 ⓑ建築物の用途制限 ⓒ容積率の最高・最低限度 ⓓ建蔽率の最高限度 ⓔ敷地面積（建築面積）の最低限度 ⓕ壁面の位置の制限 ⓖ建築物の高さの最高・最低限度
	❷地区計画の名称、位置、区域など	
	❸地区の計画の目標、地区の整備・開発・保全に関する方針	
	❹地区施設（街区内の居住者などが利用する道路や公園、緑地、広場などの公共用の空地）	

用途地域

024

用途地域には、住居系(8つ)・商業系(2つ)・工業系(3つ)と、無指定の14種類に分かれる

用途地域では、建築物の規模、用途だけでなく、原動機の出力の合計や危険物の貯蔵、処理量も規制される

用途地域は全部で13種類ある

　都市計画区域では、都市計画法にもとづき、地方公共団体ごとに用途地域が定められている。用途地域は工場や住宅など、環境条件が異なる用途の混在を防ぎ、地域ごとに協調する用途の建築物で環境形成をすることを目的としている。大きく、**住居系**、**商業系**、**工業系**の3つの区分で、無指定区域も含めると計14種類に分類されている。

　用途地域のなかでどんな建築物が建てられるかは、建築基準法の**別表第2**にまとめられている。用途規制に適合しない建築物を建築する際には、特定行政庁による許可を取らなければならない(法48条ただし書)。また、敷地に用途地域の異なる地域がある場合、**過半を占める用途地域**が敷地の用途地域となる(法91条)。

特別用途地区と特定用途制限地域

　風土や歴史、特性は地域ごとに異なるため、行政庁は条例で用途地域による建築制限を強化・緩和できる。このとき制限が強化・緩和された地区を**特別用途地区**という(法49条)。

　たとえば、学校の多い地区を「**文教地区**」に指定したり、旧市街の歴史や文化のある街並みが残る地域では、その賑わいを守るために大規模集客施設の建設を制限する「**大規模集客施設制限地区**」を指定したりする。

　用途地域の制限が緩和される場合は、国土交通大臣の承認が必要となる。なお、特別用途地区は、用途地域による制限を緩和や抑制をして補完するものである。したがって、用途地域の指定がない区域(無指定区域)では、特別用途地区は単独で指定されない。

　一方、用途地域以外の区域(市街化調整区域以外)で、地方公共団体が建築物に対して規制を加えることのできる地域を「**特定用途制限地域**」(法49条の2)という。この地域に指定されると、用途地域以外でも、危険性の高い工場の建設や、風俗産業の建築物などを規制することができる。

用途規制1
—住宅・事務所・物販・飲食・サービス—

○ 建築可　△ 物品販売は禁止　▲農産物直売所、農家レストラン等のみ可能　× 禁止（法別表第2）

分類	建築物の用途	規模制限　用途に供する階	規模制限　用途に供する床面積	1低	2低	田住	1中	2中	1住	2住	準住	近商	商業	準工	工業	工専	無指定
	戸建住宅・共同住宅・長屋・寄宿舎・下宿			○	○	○	○	○	○	○	○	○	○	○	○	×	○
	事務所兼用住宅		事務所部分≦50㎡ 事務所≦住宅	○	○	○	○	○	○	○	○	○	○	○	○	×	○
事務所等	事務所（同一敷地内に令130条の3第1号の駐車施設を設けるものを除く）	≦2階	≦500㎡（銀行の支店、損害保険代理店・宅地建物取引業を営む店舗）	×	×	×	○	○	○	○	○	○	○	○	○	○	○
			≦1,500㎡	×	×	×	×	○	○	○	○	○	○	○	○	○	○
			≦3,000㎡	×	×	×	×	×	○	○	○	○	○	○	○	○	○
			>3,000㎡	×	×	×	×	×	×	○	○	○	○	○	○	○	○
		≧3階	≦3,000㎡	×	×	×	×	×	○	○	○	○	○	○	○	○	○
			>3,000㎡	×	×	×	×	×	×	○	○	○	○	○	○	○	○
物販	物販店兼用住宅（日用品販売店兼用住宅）		店舗部分≦50㎡ 物販店≦住宅	○	○	○	○	○	○	○	○	○	○	○	○	×	○
	物販店	≦2階	≦150㎡（日用品販売店）	×	○	○	○	○	○	○	○	○	○	○	○	×	○
			≦500㎡（風俗店除く）	×	×	▲	○	○	○	○	○	○	○	○	○	×	○
			≦1,500㎡	×	×	×	×	○	○	○	○	○	○	○	○	×	○
			≦3,000㎡	×	×	×	×	×	○	○	○	○	○	○	○	×	○
			>3,000㎡	×	×	×	×	×	×	○[※1]	○[※1]	○	○	○	○[※1]	×	○[※1]
		≧3階	≦3,000㎡	×	×	×	×	×	○	○	○	○	○	○	○	×	○
			>3,000㎡	×	×	×	×	×	×	○[※1]	○[※1]	○	○	○	○[※1]	×	○[※1]
	ポルノショップ（専ら性的好奇心をそそる写真その他の物品の販売店）			×	×	×	×	×	×	×	×	×	○	×	×	×	○
飲食	飲食店兼用住宅[※2]（喫茶店等兼用住宅）		店舗部分≦50㎡ 飲食店等≦住宅	○	○	○	○	○	○	○	○	○	○	○	○	×	○
	飲食店（風俗店除く）	≦2階	≦150㎡（喫茶店・食堂）	×	○	○	○	○	○	○	○	○	○	○	○	×	○
			≦500㎡	×	×	▲	○	○	○	○	○	○	○	○	○	×	○
			≦1,500㎡	×	×	×	×	○	○	○	○	○	○	○	○	×	○
			≦3,000㎡	×	×	×	×	×	○	○	○	○	○	○	○	×	○
			>3,000㎡	×	×	×	×	×	×	○[※1]	○[※1]	○	○	○	○[※1]	×	○[※1]
		≧3階	≦3,000㎡	×	×	×	×	×	○	○	○	○	○	○	○	×	○
			>3,000㎡	×	×	×	×	×	×	○[※1]	○[※1]	○	○	○	○[※1]	×	○[※1]
キャバレー・料理店（風俗店）・ナイトクラブ				×	×	×	×	×	×	×	×	×	○	○	×	×	○
サービス等	サービス店舗[注]兼用住宅[※2]（注：理髪店・美容院・クリーニング取次店・質屋・貸衣装屋等（葬儀屋等）・学習塾・華道教室・囲碁教室等（武道塾・音楽教室等））		≦50㎡ 店舗≦住宅	○	○	○	○	○	○	○	○	○	○	○	○	×	○
	サービス店舗	≦2階	≦150㎡	×	○	○	○	○	○	○	○	○	○	○	○	△	○
			≦500㎡	×	×	▲	○	○	○	○	○	○	○	○	○	△	○
	公衆浴場			○	○	○	○	○	○	○	○	○	○	○	○	○	○
	ソープランド（個室付浴場）			×	×	×	×	×	×	×	×	×	○	×	×	×	○

※1：大規模集客施設（床面積>1万㎡の店舗・映画館・アミューズメント施設・展示場等）は、建築不可。ただし、開発整備促進区で地区整備計画が定められた区域内で、地区整備計画の内容に適合し、特定行政庁が認めたものは可能　※2：長屋を含むが、非住宅用途部分の床面積の合計が長屋全体で50㎡を超えることはできない

用途規制2
―宿泊・医療・福祉―

○ 建築可　× 禁止（法別表第2）

分類	建築物の用途	規模制限		用途地域													
		用途に供する階	用途に供する床面積	1低	2低	田住	1中	2中	1住	2住	準住	近商	商業	準工	工業	工専	無指定
宿泊	ホテル・旅館		≦3,000㎡	×	×	×	×	×	○	○	○	○	○	○	×	×	○
			>3,000㎡	×	×	×	×	×	×	○	○	○	○	○	×	×	○
	ラブホテル（専ら異性を同伴する客の休憩の用に供する施設）			×	×	×	×	×	×	×	×	×	○	×	×	×	○
医療	診療所・医院・助産所・施術所・老人保健施設（≦19床）			○	○	○	○	○	○	○	○	○	○	○	○	○	○
	病院・老人保健施設（≧20床）			×	×	×	○	○	○	○	○	○	○	○	×	×	○
老人福祉	有料老人ホーム			○	○	○	○	○	○	○	○	○	○	○	○	×	○
	老人デイサービスセンター・老人短期入所施設・養護老人ホーム・特別養護老人ホーム・軽費老人ホーム			○	○	○	○	○	○	○	○	○	○	○	○	×	○
	老人福祉センター		≦600㎡	○	○	○	○	○	○	○	○	○	○	○	○	○	○
			>600㎡	×	×	×	○	○	○	○	○	○	○	○	○	○	○
児童福祉	保育所（無認可含む）			○	○	○	○	○	○	○	○	○	○	○	○	○	○
	児童厚生施設（児童館・児童遊園等）		≦600㎡	○	○	○	○	○	○	○	○	○	○	○	○	○	○
			>600㎡	×	×	×	○	○	○	○	○	○	○	○	○	○	○
	乳児院・母子寮・養護施設・精神薄弱児施設・精神薄弱児通園施設・盲ろうあ児施設・虚弱児施設・肢体不自由児施設・重症心身障害児施設・教護院			○	○	○	○	○	○	○	○	○	○	○	○	×	○
生活保護	救護施設・更生施設・宿所提供施設			○	○	○	○	○	○	○	○	○	○	○	○	×	○
	授産施設	継続的入居		○	○	○	○	○	○	○	○	○	○	○	○	×	○
		集会・通園	≦600㎡	○	○	○	○	○	○	○	○	○	○	○	○	○	○
			>600㎡	×	×	×	○	○	○	○	○	○	○	○	○	○	○
身体障害者	身体障害者更生施設・身体障害者療護施設・身体障害者福祉ホーム			○	○	○	○	○	○	○	○	○	○	○	○	×	○
	身体障害者授産施設	継続的入居		○	○	○	○	○	○	○	○	○	○	○	○	×	○
		集会・通園	≦600㎡	○	○	○	○	○	○	○	○	○	○	○	○	○	○
			>600㎡	×	×	×	○	○	○	○	○	○	○	○	○	○	○
	身体障害者福祉センター・補装具製作施設・視聴覚障害者情報提供施設		≦600㎡	○	○	○	○	○	○	○	○	○	○	○	○	○	○
			>600㎡	×	×	×	○	○	○	○	○	○	○	○	○	○	○
精神薄弱者	精神薄弱者更生施設・精神薄弱者福祉ホーム・精神薄弱者通勤寮			○	○	○	○	○	○	○	○	○	○	○	○	×	○
	精神薄弱者授産施設	継続的入居		○	○	○	○	○	○	○	○	○	○	○	○	×	○
		集会・通園	≦600㎡	○	○	○	○	○	○	○	○	○	○	○	○	○	○
			>600㎡	×	×	×	○	○	○	○	○	○	○	○	○	○	○
精神障害者	精神障害者生活訓練施設			○	○	○	○	○	○	○	○	○	○	○	○	×	○
	精神障害者授産施設	継続的入居		○	○	○	○	○	○	○	○	○	○	○	○	×	○
		集会・通園	≦600㎡	○	○	○	○	○	○	○	○	○	○	○	○	○	○
			>600㎡	×	×	×	○	○	○	○	○	○	○	○	○	○	○
	婦人保護施設・更生保護事業に係る施設			○	○	○	○	○	○	○	○	○	○	○	○	×	○

用途規制3
―教育・遊興・運動・公共―

○ 建築可　× 禁止（法別表第2）

分類	建築物の用途	規模制限 用途に供する階	規模制限 用途に供する床面積	1低	2低	田住	1中	2中	1住	2住	準住	近商	商業	準工	工業	工専	無指定
教育	幼稚園・小学校・中学校・中等教育学校・高等学校			○	○	○	○	○	○	○	○	○	○	○	× [※1]	× [※1]	○
教育	大学・高等専門学校・専修学校			×	×	×	○	○	○	○	○	○	○	○	×	×	○
教育	図書館・公民館・集会所・考古資料館			○	○	×	○	○	○	○	○	○	○	○	○	×	○
教育	自動車教習所		≦3,000㎡	×	×	×	×	×	○	○	○	○	○	○	○	○	○
教育	自動車教習所		>3,000㎡	×	×	×	×	×	×	○	○	○	○	○	○	○	○
興行	劇場・演芸場・映画館・観覧場		<200㎡（客席床面積）	×	×	×	×	×	×	×	○	○	○	○	×	×	○
興行	劇場・演芸場・映画館・観覧場		≧200㎡（客席床面積）	×	×	×	×	×	×	×	×	○	○	○	×	×	○ [※2]
興行	博物館・美術館・水族館・植物園	≦2階	≦1,500㎡	×	×	×	×	○	○	○	○	○	○	○	○	×	○
興行	博物館・美術館・水族館・植物園	≦2階	1,500㎡<S［※3］≦3,000㎡	×	×	×	×	×	○	○	○	○	○	○	○	×	○
興行	博物館・美術館・水族館・植物園	≦2階	>3,000㎡	×	×	×	×	×	×	○ [※2]	○ [※2]	○	○	○	○ [※2]	×	○ [※2]
興行	博物館・美術館・水族館・植物園	≧3階	≦3,000㎡	×	×	×	×	×	○	○	○	○	○	○	○	×	○
興行	博物館・美術館・水族館・植物園	≧3階	>3,000㎡	×	×	×	×	×	×	○ [※2]	○ [※2]	○	○	○	○ [※2]	×	○ [※2]
興行	ダンスホール			×	×	×	×	×	×	×	×	×	○	○	×	×	○
興行	ヌードスタジオ・のぞき劇場・ストリップ劇場			×	×	×	×	×	×	×	×	×	○	×	×	×	○
遊技等	カラオケボックス等			×	×	×	×	×	×	○ [※2]	○ [※2]	○	○	○	○ [※2]	○	○ [※2]
遊技等	マージャン屋・ぱちんこ屋・射的場・勝馬投票券発売所・場外車券売場・モーターボート競争の場外車券売場			×	×	×	×	×	×	○ [※2]	○ [※2]	○	○	○	○ [※2]	×	○ [※2]
運動	ゴルフ練習場・ボウリング場・スケート場・水泳場・スキー場・バッティング練習場		≦3,000㎡	×	×	×	×	×	○	○	○	○	○	○	○	×	○
運動	ゴルフ練習場・ボウリング場・スケート場・水泳場・スキー場・バッティング練習場		>3,000㎡［※2］	×	×	×	×	×	×	○	○	○	○	○	○	×	○
	神社・寺院・教会・修道院			○	○	○	○	○	○	○	○	○	○	○	○	○	○
公共	巡査派出所・公衆電話所			○	○	○	○	○	○	○	○	○	○	○	○	○	○
公共	郵便局（面積は延べ面積）		≦500㎡	○	○	○	○	○	○	○	○	○	○	○	○	○	○
公共	郵便局（面積は延べ面積）	≦4階	>500㎡	×	×	×	○	○	○	○	○	○	○	○	○	○	○
公共	郵便局（面積は延べ面積）	≧5階	>500㎡	×	×	×	×	○	○	○	○	○	○	○	○	○	○
公共	税務署・警察署・保健所・消防署	≦4階		×	×	×	○	○	○	○	○	○	○	○	○	○	○
公共	税務署・警察署・保健所・消防署	≧5階		×	×	×	×	○	○	○	○	○	○	○	○	○	○
公共	地方公共団体の支庁・支所（面積は延べ面積）		≦600㎡	○	○	○	○	○	○	○	○	○	○	○	○	○	○
公共	地方公共団体の支庁・支所（面積は延べ面積）	≦4階	>600㎡	×	×	×	○	○	○	○	○	○	○	○	○	○	○
公共	地方公共団体の支庁・支所（面積は延べ面積）	≧5階	>600㎡	×	×	×	×	○	○	○	○	○	○	○	○	○	○
公共	公益上必要な施設（電気・ガス・水道・下水道等の施設）			○	○	○	○	○	○	○	○	○	○	○	○	○	○
公共	路線バスの上屋、近隣居住者用の公園内の公衆便所、休憩所			○	○	○	○	○	○	○	○	○	○	○	○	○	○

※1：幼保連携型認定こども園を除く

※2：大規模集客施設（床面積>1万㎡の店舗・映画館・アミューズメント施設・展示場等）は、原則、建築不可。ただし、開発整備促進区で地区整備計画が定められた区域内で、地区整備計画の内容に適合し、特定行政庁が認めたものは立地可能　※3：S：当該用途部分の床面積の合計

用途規制4
―倉庫・工場・危険物・規模制限―

○ 建築可　▲ 農産物及び農業の生産資材を貯するもので、著しい騒音を発生しないものに限る　× 禁止（法別表第2）

分類	建築物の用途	規模制限		用途地域													
		用途に供する階	用途に供する床面積等	1低	2低	田住	1中	2中	1住	2住	準住	近商	商業	準工	工業	工専	無指定
倉庫	一般倉庫（自己使用・貸倉庫・トランクルーム等）	≦2階	≦1,500㎡	×	×	×	×	○	○	○	○	○	○	○	○	○	○
			≦3,000㎡	×	×	×	×	×	○	○	○	○	○	○	○	○	○
			＞3,000㎡	×	×	×	×	×	×	○	○	○	○	○	○	○	○
		≧3階	≦3,000㎡	×	×	×	×	×	○	○	○	○	○	○	○	○	○
			＞3,000㎡	×	×	×	×	×	×	○	○	○	○	○	○	○	○
	倉庫業を営む倉庫			×	×	×	×	×	×	×	○	○	○	○	○	○	○
工場	自動車修理工場	原動機有	≦50㎡	×	×	×	×	×	①[※1]	①[※1]	○	○	○	○	○	○	○
			≦150㎡	×	×	×	×	×	×	×	○	○	○	○	○	○	○
			≦300㎡	×	×	×	×	×	×	×	×	○	○	○	○	○	○
			＞300㎡	×	×	×	×	×	×	×	×	×	×	○	○	○	○
	一般の工場 （他に業態による制限有）		≦50㎡	×	×	▲	×	×	○	○	○	○	○	○	○	○	○
		原動機無	＞50㎡	×	×	▲	×	×	○	○	○	○	○	○	○	○	○
		原動機有	50㎡＜作業場≦150㎡	×	×	▲	×	×	×	×	×	○	○	○	○	○	○
			＞150㎡	×	×	▲	×	×	×	×	×	×	×	○	○	○	○
	日刊新聞の印刷所		≦300㎡	×	×	×	×	×	×	×	×	○	○	○	○	○	○
	作業場[※2]兼用住宅 〔※2　サービス店：洋服店・畳屋・建具屋・自転車店・家庭電気器具店等 自家販売の食品製造・加工業等：パン屋・米屋・豆腐屋・菓子屋等、美術工芸品の製作アトリエ・工房〕	原動機有≦0.75kW	≦50㎡ 作業場≦住宅	○	○	▲	○	○	○	○	○	○	○	○	○	×	○
	作業場[※2]付店舗	原動機有≦0.75kW	≦50㎡	×	○	▲	○	○	○	○	○	○	○	○	○	△	○
	食品製造・加工業[※3] 〔※3　パン屋・米屋・豆腐屋・菓子屋等〕	原動機有≦0.75kW	≦50㎡	×	×	▲	×	○	○	○	○	○	○	○	○	△	○
危険物施設	火薬類・石油類・ガスなどの危険物の貯蔵または処理量が少ない施設[※4・※5]	≦2階	≦1,500㎡	×	×	×	×	○	○	○	○	○	○	○	○	○	○
		≧3階	1,500㎡＜危険物施設≦3,000㎡	×	×	×	×	×	○	○	○	○	○	○	○	○	○
			＞3,000㎡	×	×	×	×	×	×	○	○	○	○	○	○	○	○
	卸売市場・と畜場・火葬場・ごみ処理場・汚物処理場その他の処理施設（産業廃棄物処理施設）			×	×	×	×	○[※6]	○[※6]	○[※6]	○[※6]	○[※6]	○[※6]	○[※6]	○[※6]	○[※6]	○[※6]
	畜舎	付属建築物	≦15㎡	○	○	○	○	○	○	○	○	○	○	○	○	○	○
			＞15㎡	×	×	×	×	×	○	○	○	○	○	○	○	○	○
		≦15㎡		×	×	×	×	○	○	○	○	○	○	○	○	○	○
		15㎡＜畜舎の面積≦3,000㎡		×	×	×	×	×	○	○	○	○	○	○	○	○	○
		＞3,000㎡		×	×	×	×	×	×	○	○	○	○	○	○	○	○
規模制限	規模制限の建築物（用途で規制されない一定の建築物）	≦2階	≦1,500㎡	×	×	×	×	○	○	○	○	○	○	○	○	○	○
			≦3,000㎡	×	×	×	×	×	○	○	○	○	○	○	○	○	○
			＞3,000㎡	×	×	×	×	×	×	○	○	○	○	○	○	○	○
		≧3階	≦3,000㎡	×	×	×	×	×	○	○	○	○	○	○	○	○	○
			＞3,000㎡	×	×	×	×	×	×	○	○	○	○	○	○	○	○

※1：空気圧縮機（原動機の出力の合計＞1.5kW）を使用しないこと　※4：用途地域において制限される危険物の数量は、令130条の9に従う

※5：燃料電池自転車用の水素スタンドに貯蔵する圧縮ガスを、液化ガスを除く　※6：都市計画によって位置が決定しているもの。ただし、特定行政庁の許可があり、一定範囲内の新築、増築、用途変更については緩和あり（令130条の2の2、130条の2の3）

用途規制5
―車庫―

○ 建築可　× 禁止（法別表第2）

分類	建築物の用途	規模制限		用途地域													
		用途に供する階	用途に供する床面積	1低	2低	田住	1中	2中	1住	2住	準住	近商	商業	準工	工業	工専	無指定
建築物車庫	独立車庫（屋上車庫を含む）	≦2階	A[※]≦300㎡	×	×	×	○	○	○	○	○	○	○	○	○	○	○
			300㎡<A	×	×	×	×	×	×	×	○	○	○	○	○	○	○
		≧3階		×	×	×	×	×	×	×	○	○	○	○	○	○	○
	附属車庫（主たる用途：1低～1中許容用途建築物）［例：共同住宅、学校、病院］	地階1階	A≦300㎡	△1	△1	△1	○	○	○	○	○	○	○	○	○	○	○
			300㎡<A≦600㎡	△1	△1	△1	△2	△2	△3	△3	○	○	○	○	○	○	○
			600㎡<A≦3,000㎡	×	×	×	△2	△2	△3	△3	○	○	○	○	○	○	○
			3,000㎡<A	×	×	×	×	×	△3	△3	○	○	○	○	○	○	○
		2階	A≦300㎡	×	×	×	○	○	○	○	○	○	○	○	○	○	○
			300㎡<A≦3,000㎡	×	×	×	△2	△2	△3	△3	○	○	○	○	○	○	○
			3,000㎡<A	×	×	×	×	×	△3	△3	○	○	○	○	○	○	○
		≧3階		×	×	×	×	×	×	×	○	○	○	○	○	○	○
	附属車庫（主たる用途：1中禁止用途建築物）［例：事務所、倉庫］	≦2階	A≦300㎡	×	×	×	○	○	○	○	○	○	○	○	○	○	○
			300㎡<A≦1,500㎡	×	×	×	×	△2	△3	△3	○	○	○	○	○	○	○
			1,500㎡<A≦3,000㎡	×	×	×	×	×	△3	△3	○	○	○	○	○	○	○
			3,000㎡<A	×	×	×	×	×	×	△3	○	○	○	○	○	○	○
		≧3階		×	×	×	×	×	×	×	○	○	○	○	○	○	○
工作物車庫	独立車庫	B[※]≦50㎡		○	○	○	○	○	○	○	○	○	○	○	○	○	○
		50㎡<B≦300㎡		×	×	×	○	○	○	○	○	○	○	○	○	○	○
		300㎡<B		×	×	×	×	×	×	×	○	○	○	○	○	○	○
	附属車庫（主たる用途：1低～1中許容用途建築物）［例：共同住宅、学校、病院］	B≦50㎡		○	○	○	○	○	○	○	○	○	○	○	○	○	○
		50㎡<B≦300㎡		△1	△1	△1	○	○	○	○	○	○	○	○	○	○	○
		300㎡<B≦600㎡		△1	△1	△1	△2	△2	△3	△3	○	○	○	○	○	○	○
		600㎡<B≦3,000㎡		×	×	×	△2	△2	△3	△3	○	○	○	○	○	○	○
		3,000㎡<B		×	×	×	×	×	△3	△3	○	○	○	○	○	○	○
	附属車庫（主たる用途：1中禁止用途建築物）［例：事務所、倉庫］	B≦300㎡		×	×	×	×	○	○	○	○	○	○	○	○	○	○
		300㎡<B≦1,500㎡		×	×	×	×	△2	△3	△3	○	○	○	○	○	○	○
		1,500㎡<B≦3,000㎡		×	×	×	×	×	△3	△3	○	○	○	○	○	○	○
		3,000㎡<B		×	×	×	×	×	×	△3	○	○	○	○	○	○	○

	附属の条件	車庫以外の床面積	工作物車庫の面積	各床面積の関係	適用条項
△1	1低許容用途建築物の附属 2低許容用途建築物の附属	S[※]≦600㎡	かつB≦50㎡	A≦S	令130条の5第1・3号
			かつB>50㎡	A+B≦S	
		S>600㎡	かつB≦50㎡	A≦600㎡	
			かつB>50㎡	A+B≦600㎡	
△2	1中許容用途建築物の附属 2中許容用途建築物の附属	S≦3,000㎡	かつB≦300㎡	A≦S	令130条の5の5第1・3号
			かつB>300㎡	A+B≦S	
		S>3,000㎡	かつB≦300㎡	A≦3,000㎡	
			かつB>300㎡	A+B≦3,000㎡	
△3	1住居許容用途建築物の附属 2住居許容用途建築物の附属	S	—	A+B≦S	令130条の8第1号

※A：建築物車庫の床面積　B：工作物車庫の築造面積　S：車庫以外の床面積

用途と用途変更

025

建築物の用途は、建築基準法施行規則別紙で67種類に分類されている

用途地域ごとに建築できる用途や規模が決められている。特殊な用途に変更する場合に、一部の規定が準用される

用途で法規定が異なる

建築基準法では、建築物の**用途**を、「一戸建ての住宅」から「その他」まで67種類に分類している（施行規則別紙）。

建築物の用途は、防火構造、耐火・準耐火性能や、避難通路の距離、幅員などの判断基準のひとつであり、階数や規模、構造と併せて、法の対象を規定するのに用いられる。たとえば、学校と共同住宅で必要な廊下幅が違ったり、病院と倉庫で要求される耐火性能が異なったりするのは、建築物の用途によって法規定が適用されるからである。

また、都市計画区域では、**用途地域**ごとに定められた建築制限に適合しているかの判断の際にも、用途区分が使われる（法別表第1・2）。

用途変更

既存の建築物を構造的な変更を加えることなく、特殊建築物の用途に変更することを「**用途変更**」という（法87条）。対象となるのは、変更後の用途が、法別表第1の（い）欄の用途であり、その部分の規模が200㎡を超えるものである。

用途変更する場合は、確認申請が必要となる。その際、変更後の用途がその用途地域で認められている内容でなければならない。ただし、変更する用途が変更前と**類似用途**とみなされる場合は、確認申請は不要である（令137条の18）。

既存不適格建築物の用途変更では、変更後の建築物に準用される規定がある［左頁表1］（法87条3項）。ただし、大規模の修繕模様替を伴わない用途変更で、変更する用途が変更前と類似用途の場合などは、用途変更の際に準用される規定［左頁表1］が適用されない（令137条の19第2項）。このとき参照する類似用途の分類は、確認申請の手続き免除の際に参照する分類とは異なるので注意が必要となる［左頁表2］。

用途変更の場合、工事完了後の完了検査は原則、行われない。工事が完了した日から4日以内に、特定行政庁の建築主事に工事完了届を提出すればよい。

[表1]既存不適格建築物の用途変更時に準用される規定(法87条3項、86条の7第3項)

規定		適用条項
耐火・準耐火としなければならない特殊建築物		法27条
居室の採光および特殊建築物・火気使用室の換気設備(用途変更する居室単位で適用)		法28条1・3項
地階における住宅等の居室の措置(用途変更する居室単位で適用)		法29条
長屋または共同住宅の各戸の界壁(用途変更する居室単位で適用)		法30条
無窓居室の検討/客席からの出口/廊下の幅/直通階段の各規定/屋外への出口/敷地内通路/排煙設備/非常用照明/非常用進入口/消火栓/スプリンクラー等[※]		法35条
特殊建築物の内装(用途変更する居室および地上に通ずる主たる廊下・階段)		法35条の2
無窓の居室等の主要構造部の不燃構造(用途変更する居室単位で適用)		法35条の3
居室の採光/階段の構造(屋外階段・避難・特別避難階段)/消火設備[※]		法36条
用途地域制限		法48条1~14項
卸売市場等の用途に供する特殊建築物の位置		法51条
条例による制限	条例による災害危険区域内の建築制限	法39条2項
	条例による地方公共団体の制限の付加(バリアフリー法など)	法40条
	条例による敷地等と道路との関係の制限の付加	法43条2項
	条例による幅員が狭い道路にのみ接する敷地の制限の付加	法43条の2
	条例による特別用途区域内の制限	法49条
	条例による特定用途制限地域内の用途制限	法49条の2
	条例による用途地域等における建築物の敷地、構造、建築設備に関する制限	法50条
	条例による地区計画等の区域内における市町村の条例にもとづく制限	法68条の2第1項
	条例による都市計画区域および準都市計画区域外の区域内の建築物に係る制限	法68条の9第1項

※:防火区画された用途変更部分はその部分およびその避難ルートのみに適用(平28国住指4718号)

[表2]用途変更対象用途及び類似用途の違い

確認申請が免除となる類似用途は下記の各号間の用途(法87条1項、令137条の18)	用途地域の不適格免除の類似用途	法87条3項2・3号、令137条の19第2項	
		原動機の出力、機械の台数、容器等の容量	不適格用途部分の床面積
❶劇場、映画館、演芸場	法別表2の下記用途間 ①(に)項3~6号の用途間 ②(ほ)項2・3号 (へ)項4・5号 (と)項3号(一)~(十六) の用途間 ③(り)項2号 (ぬ)項3号(一)~(二十) の用途間 ④(る)項1号(一)~(三十一)の用途間[※4] ⑤(を)項5・6号 (わ)2~6号 の用途間	基準時の1.2倍まで	基準時の1.2倍まで
❷公会堂、集会場			
❸診療所(患者の収容施設があるもの)、児童福祉施設等[※1]			
❹ホテル、旅館			
❺下宿、寄宿舎			
❻博物館、美術館、図書館[※1]			
❼体育館、ボウリング場、スケート場、水泳場、スキー場、ゴルフ練習場、バッティング練習場[※2]			
❽百貨店、マーケット、その他の物品販売業を営む店舗			
❾キャバレー、カフェー、ナイトクラブ、バー[※3]			
❿待合、料理店			
⓫映画スタジオ、テレビスタジオ			

※1:第1・2種低層住居専用地域、田園住居地域以外　※2:第1・2種中高層住居専用地域、工業専用地域以外
※3:準住居、近隣商業地域以外　※4:(一)~(三)、(十一)(十二)の「製造」は「製造、貯蔵、処理」とする

住宅の区分

026

住宅は、形態や用途などで戸建住宅、長屋、共同住宅、兼用住宅に分けられる

共同住宅に適用される容積率の緩和基準や、条例による防火避難や道路条件の強化基準があるので注意を要する

住宅の種類

住居部分をもつ建築物は、一般に住宅といわれる。住宅は、機能や形態、用途によって、**戸建住宅**、**長屋**、**共同住宅**、**兼用住宅**に分類される。

居室、台所、浴室、トイレの機能をもつ独立した住宅が**戸建住宅**である。複数の独立した住戸が壁や床を共有してつながるものが**長屋**である。長屋は、住戸境界を共有して横につながる連続建て長屋と、上下に重なる重層長屋に分けられる。

一方、複数戸の住居部分をもち、かつ廊下や階段などの共有部分があると、**共同住宅**と呼ばれる。

長屋や共同住宅の各戸の境界壁を界壁といい、遮音性能(法30条)と小屋裏までの防火性能(令114条)が求められる。また地方公共団体は、長屋や共同住宅の敷地と道路の関係に対し、条例で制限している場合がある(法40条)。

なお、住居と事務所や店舗など、用途が並存するものは**兼用住宅**という。

住宅の主な分類

種類		住居の戸数	用途	共有部分	界壁の設置義務	特殊建築物扱い
戸建住宅		1戸	住居	×	×	×
長屋	連続建て長屋［※1］	複数戸が水平方向に連続	住居	×	○(小屋裏まで区画、または強化石膏ボードで天井をつくる)	×
	重層長屋	複数戸が垂直方向に連続	住居	×	―	×
共同住宅［※2］		複数戸	住居	○	○(小屋裏まで区画、または強化石膏ボードで天井をつくる)	○
兼用住宅		1戸　または　複数戸	住居＋事務所、店舗等	×	×	×

※1：連続建て長屋は「テラスハウス」「タウンハウス」、重層長屋は平屋の上に独立したほかの平屋を載せて、専用階段で地上とつなぐ。なお、二世帯住宅に関しては建築基準法に定義がなく、機能・形態によって上表のいずれかに判断される

※2：特殊建築物になりうるか否かで分類すると、廊下や階段などに共有部分を持つ共同住宅は、特殊建築物扱いとなるが、戸建住宅や長屋は特殊建築物にはならない

自動車車庫

027

住居系用途地域は自動車車庫の規模に厳しい制限がある

自走式駐車場

自動車車庫では、用途地域の規模規制、他部分との異種用途区画、条例による道路と出入口の関係規制などに注意！

自動車車庫の制限

自動車車庫は、自動車のもたらす騒音や振動、燃料の危険性などから、住環境を阻害するおそれがある。そのため、用途規制や前面道路との関係による形態規制、耐火制限がある。

各用途地域で、建築（築造）の可否や、面積、階の制限を受ける。路外の青空駐車場は規制の対象とはならないが、屋上を駐車場に利用している建築物は、屋根がなくても自動車車庫として用途規制される（法別表第2）。

車庫が敷地内の建築物の**付属車庫**か**独立車庫**かで規制内容は違う。建築物車庫と屋根や壁のない機械式工作物車庫でも規制内容は異なる。たとえば、第1・2種低層住居専用地域では、建築物車庫はできないが、独立した工作物車庫なら築造面積50㎡まで建築可能である。また、用途規制は、建築物に付属する**建築物車庫**と、**工作物車庫**が同一敷地内にある場合は、その合算面積で規制される（令130条の5）。

建築基準法の自動車車庫

用途地域内で階や面積により規制を受ける

付属車庫
（建築物の用途に従属する車庫。総合設計による一団地の付属車庫を含む）

建築物車庫
（屋根のある車庫や建築物の一部にある駐車場。自走式、簡易な構造の建築物を含む）
・特殊建築物
・耐火性能の要求
・異種用途区画

工作物車庫
（屋根のないエレベーター、スライド式の機械式車庫で高さが8m以下のもの）

独立車庫（車庫のみの用途）
・前面道路との関係による形態規制を受ける
・都市計画決定

簡易な構造の建築物 028

壁のない開放的な建築物と、屋根と外壁が帆布からなる膜構造建築物がある

簡易な構造の建築物の条件を満たすと、耐火建築物の構造制限や延焼のおそれのある部分の構造基準が緩和される

簡易的な構造の条件とは？

壁のない自動車車庫や、屋根や外壁を帆布としたスポーツ練習場などを、**簡易な構造の建築物**という（法84条の2、令136条の9～令136条の11）。

簡易な構造の建築物に建築基準法の一般規定を適用することは必ずしも合理的でないため、建築物の特徴に応じて、法規定による制限が緩和されている。

簡易な構造の建築物には、壁のない**開放的な簡易建築物**と、屋根や外壁を帆布等の材料でつくった**膜構造建築物**の2種類がある。

簡易な構造の建築物と認められる条件は、間仕切壁がない一体空間をもつ、階数1かつ床面積3千㎡以内の規模であり、自動車車庫やスケート場、水泳場、スポーツ練習場、不燃性の物品の倉庫、畜舎、養殖場等の用途のものに限られる。

ただし、自動車車庫の場合は、必ず開放的な簡易建築物としなければならない。

構造制限と緩和

簡易な構造の建築物の屋根には、不燃材料以上の構造が求められる。柱や梁、外壁の延焼のおそれのある部分にも、不燃材料以上の性能が必要となる。

一方、防火性能などに関しては次のような緩和規定がある。

①法22条区域内の屋根不燃等
②特殊建築物の耐火・準耐火建築物化
③特殊建築物等の内装制限
④防火・準防火地域等の防火性能規定
⑤防火区画・界壁等の設置

1層2段の自動車車庫の規制

1階の屋上を駐車場とする自走式自動車車庫では、火災時の排煙対策として、側面の高い開放性や開放された外壁までの避難距離を制限している。

また、隣地境界線から1m以上離すか、炎や熱を防ぐ防火塀などの延焼防止対策や、床面積1千㎡超のものでは、屋上からの2以上の直通階段などの安全対策を義務付けている。

簡易な構造の建築物（法84条の2、令136条の9）

用途	形態	規模	用途
開放的な簡易建築物	壁を有しない建築物か大臣指定の構造の建築物（間仕切壁を有しないもの）	階数＝1 かつ 床面積≦3,000㎡	❶自動車車庫 ❷スケート場、水泳場、スポーツ練習場等 ❸不燃性物品の保管その他これと同等以上に火災発生のおそれが少ない建築物 ❹畜舎、堆肥舎、水産物の増殖場・養殖場
膜構造建築物	屋根・外壁が帆布その他これに類する材料でつくられた建築物（間仕切壁を有しないもの）		❷～❹の用途の建築物

構造基準（法84条の2、令136条の10）

用途	地域	規模	部位		
			柱・梁	外壁	屋根
自動車車庫	すべての地域	床面積≧150㎡	・準耐火構造 ・不燃材料	・準耐火構造 ・不燃材料 ・大臣指定	・準耐火構造 ・不燃材料 ・大臣指定
	防火地域	床面積＜150㎡			
	・準防火地域（特定防災街区整備地区を除く） ・法22条区域		・延焼のおそれのある部分 ・準耐火構造 ・不燃材料	・延焼のおそれのある部分 ・準耐火構造 ・不燃材料 ・大臣指定	
	上記以外		制限なし		
自動車車庫以外	防火地域	すべての規模	・準耐火構造 ・不燃材料	・準耐火構造 ・不燃材料 ・大臣指定	・準耐火構造 ・不燃材料 ・大臣指定
	準防火地域（特定防災街区整備地区を除く）	床面積＞500㎡			
		床面積≦500㎡	・延焼のおそれのある部分 ・準耐火構造 ・不燃材料	・延焼のおそれのある部分 ・準耐火構造 ・不燃材料 ・大臣指定	
	法22条区域	すべての規模			
	上記以外	床面積＞1,000㎡			
		床面積≦1,000㎡	制限なし		
緩和される規定	❶法22条区域の屋根の不燃制限、木造建築物外壁の構造制限、防火壁の設置（法22～26条） ❷耐火建築物、または準耐火建築物とすべき制限（法27条2項） ❸特殊建築物の内装制限（法35条の2） ❹防火地域・準防火地域内での構造制限（法61・62条） ❺特定防災街区整備地区内での構造制限（法67条第1項） ❻防火区画、界壁、間仕切壁、隔壁の設置（令112・114条）				

1層2段の自動車車庫の規制

規模	内容	
床面積≦1,000㎡	❶開放性を確保する構造	・常時開放された側面等の開口部の合計面積≧建築物の水平投影面積×1／6（令136条の9第1項、平5建告1427号） ・高さ2.1m（天井高がそれ未満の場合は、その高さ）以上の常時開放された開口部幅の合計≧建築物の周長×1／4 ・各部分から外壁の避難上有効な開口部までの距離≦20m
	❷延焼防止対策	・隣地境界線からの水平距離1m以下の部分には大臣の定める基準により防火塀等を設ける（平5建告1434号）
床面積＞1,000㎡	・上記❶❷の規定 ・屋根を大臣が定める規定に適合させる、かつ屋上から地上に通じる2以上の直通階段（誘導車路も含む）の設置	

New Topics

定期報告／幼保連携型認定こども園／田園住居地域

1 定期報告(法12 条1 ～ 4 項)

一定規模の特殊建築物や防火設備、遊技施設、フロアタイプの小荷物専用昇降機が建築基準法で定期点検、報告の対象として規定された。それを踏まえて今まで特定行政庁の条例で指定されていた定期報告等の対象が見直された。報告の時期は建築物が半年から3 年以内、その他の設備等が半年から1 年以内で指定されている。

定期報告の対象となる建築物・昇降機・防火設備（法 12 条、令 16 条、令 138 条の 3）

対象用途	対象用途の位置・規模［※ 1］
劇場、映画館、演芸場	① 3 階以上の階にあるもの②客席の床面積が 200 ㎡以上のもの③主階が 1 階にないもの④地階にあるもの
観覧場（屋外観覧場の除く）、公会堂、集会場	① 3 階以上の階にあるもの②客席の床面積が 200 ㎡以上のもの③地階にあるもの
病院、有床診療所、旅館、ホテル、就寝用福祉施設［※ 2］	① 3 階以上の階にあるもの② 2 階の床面積が 300 ㎡以上のもの③地階にあるもの
体育館、博物館、美術館、図書館、ボーリング場、スキー場、スケート場、水泳場、スポーツの練習場［※ 3］	① 3 階以上の階にあるもの②床面積が 2,000 ㎡以上のもの
百貨店、マーケット、展示場、キャバレー、カフェーナイトクラブ、バーダンスホール、遊技場、公衆浴場、待合、料理店、飲食店、床面積 10 ㎡超の物品販売業を営む店舗	① 3 階以上の階にあるもの② 2 階の床面積が 500 ㎡以上のもの③床面積が 3,000 ㎡以上であるもの④地階にあるもの

	対象	例外
昇降機	エレベーター エスカレーター 小荷物専用昇降機（フロアタイプ）［※ 4］	住戸内のみを昇降する昇降機 工場棟に設置されている専用エレベーター
防火設備（防火扉、防火シャッター）	定期報告対象建築物の防火設備 病院、有床診療所または就寝用福祉施設［※ 5］の防火設備	常時閉鎖式［※ 6］の防火設備 防火ダンパー 外壁開口部の防火設備
建築設備	対象建築物に設けられた機械換気設備、排煙設備、非常用照明、給水タンクのある給排水設備	
準工作物	観光用エレベーター・エスカレーター コースター等の高架の遊技施設 メリーゴーラウンド、観覧者等の原動機による回転運動をする遊技施設	

報告・調査のフロー

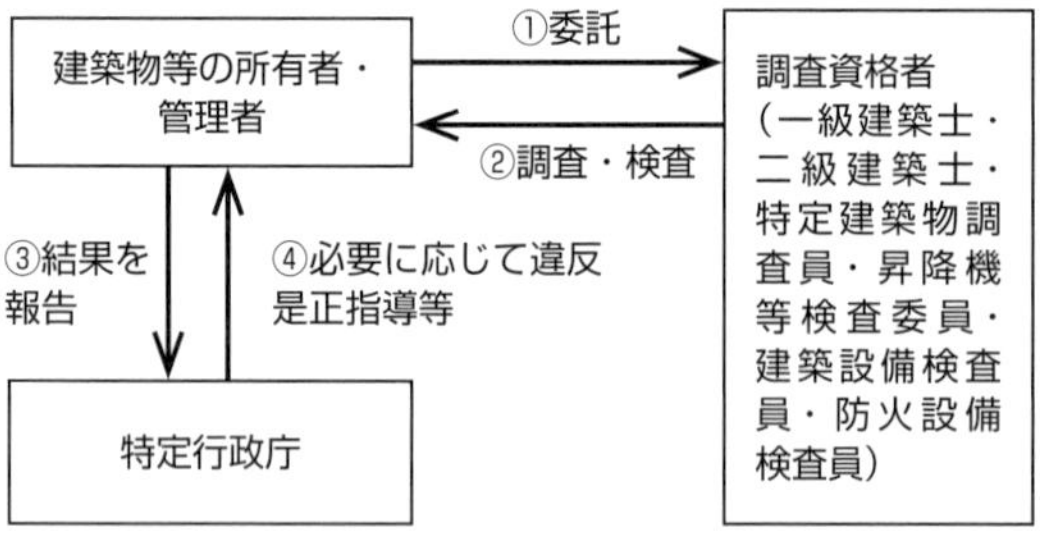

対象	チェック内容（括弧内は例）	チェック方法
建築物の状況建築設備の設置に関する状況	損傷・腐食等の劣化状況（コンクリートのひび割れ、鉄骨の腐食等）	目視・打診等
	不適切な改変行為等による法不適合状況（防火区画の位置変更、避難に支障を来す通路閉塞等）	目視等
建築設備の構造に関する状況	損傷・腐食等の劣化状況（EV の作動不良・給水タンク内部の腐食等）	目視・作動確認・機器測定等
	不適切な改変行為等による法不適合状況（内装変更による換気口閉鎖・ダクトの接続ミス等）	目視等

※1：該当する用途部分が避難階のみにあるものは対象外。病院、有床診療所は2階部分に患者の収容施設があるものに限る
①複合店舗の場合、共用部は専用部分の床面積で按分②複数用途がある場合は、特定用途ごとに加算して算出③複合用途の建築物で報告の間隔が異なる場合、短い用途に応じて報告④一部に報告対象部分があれば、当該建築物の全体で定期報告対象
※2：サービス付き高齢者向け住宅、認知症高齢者グループホーム、障害者グループホーム、助産施設、乳児院、障害児入所施設、助産所、盲導犬訓練施設、救護施設、更正施設、老人短期入所施設、小規模多機能型居宅介護・看護小規模多機能型居宅介護の事業所、老人デイサービスセンター（宿泊サービスを提供するものに限る）、養護老人ホーム、特別養護老人ホーム、軽費老人ホーム、有料老人ホーム、母子保健施設、障害者支援施設、福祉ホーム、障害福祉サービス（自立訓練または就労移行支援を行う事業に限る）の事業所（利用者の就寝の用に供するものに限る）
※3：いずれも学校に附属するものを除く
※4：FL+50㎝>設置床高
※5：該当する用途部分の床面積の合計が200㎡以上のもの
※6：普段は閉鎖された状態となっており、開放してもドアクローザーなどで自動的に閉鎖状態に戻る方式のもの

2 幼保連携型認定こども園の建築基準法上の取り扱い（平27 国住指4185号）

幼保連携型認定こども園は、本来幼稚園に入れない3歳未満のこどもを保育する児童福祉施設と3歳以上のこどもを教育する学校の複合施設である。建築基準法で、学校と保育所に適用する規制が異なる場合、厳しい方を適用することとなる。

関係法令とその取り扱い

基準	幼保連携型認定こども園に適用される基準
法27条（耐火建築物又は準耐火建築物等としなければならない特殊建築物）	・2階に保育室がある場合、300㎡以上で45分準耐火構造以上とする ・2,000㎡以上の幼稚園がある場合、45分準耐火構造以上とする
令120条（居室から直通階段に至る歩行距離）	（保育所） 主要構造部が不燃材料以外の場合、30m以下とする
令121条（二以上の直通階段を設ける場合）	（保育所） 主要構造部が不燃材料以外の場合、居室＞50㎡で2以上の直通階段を設ける
令126条の2（排煙設備の設置）	（保育所） 500㎡超の場合、排煙設備を設置する
令126条の4（非常用の照明装置の設置）	（保育所） 居室及び避難経路に非常用照明を設置する
令128条の4および令128条の5（内装制限）	（保育所） 耐火建築物等［※］で3階以上の床面積の合計≧300㎡または準耐火建築物で2階以上の床面積の合計≧300㎡の場合に内装制限が適用される

注：面積等は、満3歳未満の子どもの保育を行う部分の面積や位置を考慮して算定する
※：1時間準耐火基準含む

3 田園住居地域の目的

住宅と農地が共存する営農型居住環境を形成する地域をつくる。

建築可能な用途は、住宅のほか、農業生産施設、および農産物の販売施設等である。集団規定については、低層住居地域程度の規制が設けられ、外壁後退も指定できる。

建築規則	建築可能なもの	・住宅、老人ホーム、診療所等 ・日用品販売店舗、食堂・喫茶店、サービス業店舗等（150㎡以内） ・農業の利便増進に必要な店舗、飲食店等（500㎡以内） 農産物直売所、農家レストラン、自家販売用の加工所等 ・農産物の生産、集荷、処理又は貯蔵に供するもの ・農産物の生産資材の貯蔵に供するもの 農機具収納施設等
形態規制	・低層住居地域並みの規制 容積率：50～200%、建蔽率30～60%、高さ10又は12m、 外壁後退：都市計画で指定された数値	
開発規制	・市街地環境を大きく改変するおそれがある300㎡以上の開発等は、原則不許可 ・現況農地における①土地の造成、②建築物の建築、③物件の堆積を市町村の許可制とする ・駐車場、資材置き場のための造成や土石等の堆積も規制対象	

4 4号特例の廃止

法6条1項4号の「木造の2階以下、延べ面積500㎡以下で特殊建築物以外の建築物」「木造以外で平屋の200㎡以下の建築物」の区分が見直され、構造審査省略や確認手続き[*]の特例対象建築物が変わる。特例対象は「平屋の200㎡以下の建築物（新3号）」となり、木造の規模的な特別扱い（通称「4号特例」）は令和7年に廃止される予定。加えて、現在木造2階建て建築物の構造の検討に使われる軸組計算や平面的な偏心計算の対象が変わり、省エネ基準への適合による木造住宅の荷重増を考慮した計算方法が導入される予定。

法 6 条 1 項の木造建築物の改正のイメージ

改正前

階数	延べ面積	
	500㎡以下	500㎡超
3以上	2号建築物	
2	4号建築物	
1		

改正後

階数	延べ面積	
	200㎡以下	200㎡超
2以上	新2号建築物	
1	新3号建築物	

＊ 改正前は、4号建築物を都市計画区域・準都市計画区域・準景観地区など以外の区域に建築する場合は確認申請の対象外であるが、改正後は階数2以上または延べ面積200㎡超の建築物は構造によらず確認申請の対象となる。

5 屋外木造階段等の建築確認・検査および維持保全

屋外木造階段の崩落事故をきっかけに、その接合方法や腐食管理などが改めて問題になり、令和4年1月に、建築基準法の手続き等が以下の通り改正された。

・確認申請時に屋外木造階段の構造、防腐措置の資料添付（規則1条の3）

・確認申請書第4面【19.備考】に屋外階段に木造利用の有無を記載（規則別記第2号様式）

・中間検査、完了検査申請書の第4面【19.備考】に木造屋外階段の有無を記載

また、ガイドラインに基づく適切な維持管理を促すため、共同住宅の定期報告の対象となり、建築計画概要書の第2面に「定期報告の調査の要否」が追加された。適用範囲は下図の通り。

ガイドラインの適用範囲（階段部材・接合部）

❶木造の屋外階段の**階段部材**[*]

木造の屋外階段：
仕上げ材などを除くすべての部材が木材により構成される階段

❷建築物の木造部分との接合部を有する鉄骨造の屋外階段の**階段部材**

鉄骨造の屋外階段：
仕上げ材などを除くすべての部材が鋼材により構成される階段

❸木造の屋外階段と鉄骨造の屋外階段を組み合わせた屋外階段の**階段部材**

❹❶、❷および❸の屋外階段と建築物の木造部分との**接合部**

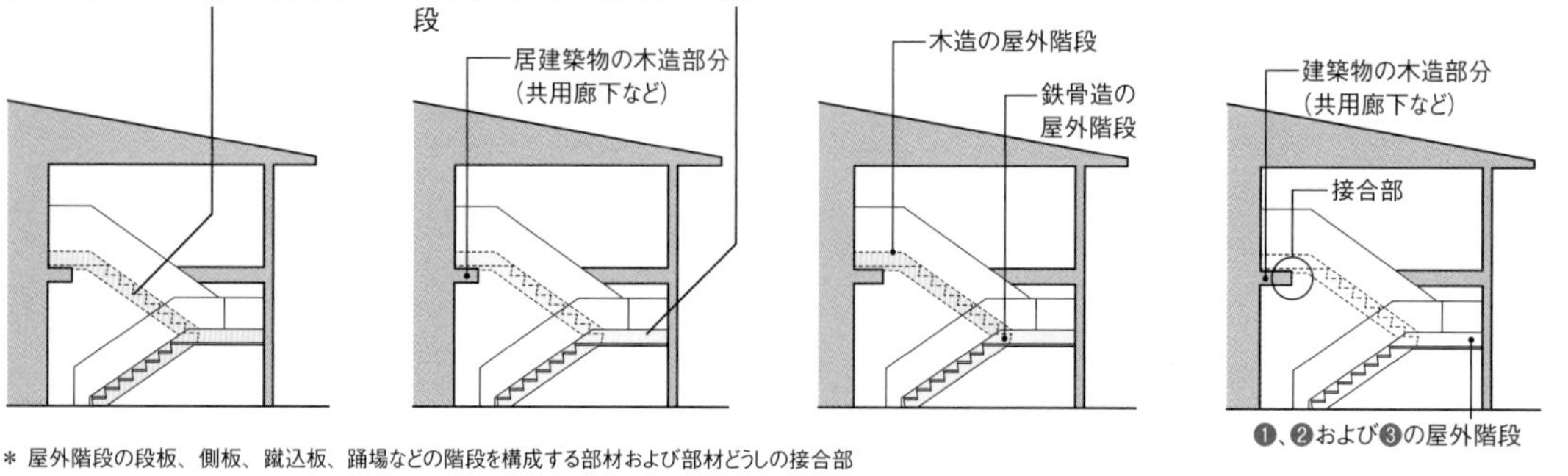

＊ 屋外階段の段板、側板、蹴込板、踊場などの階段を構成する部材および部材どうしの接合部

The Restriction of Forms

第3章

形態制限

おおきさ

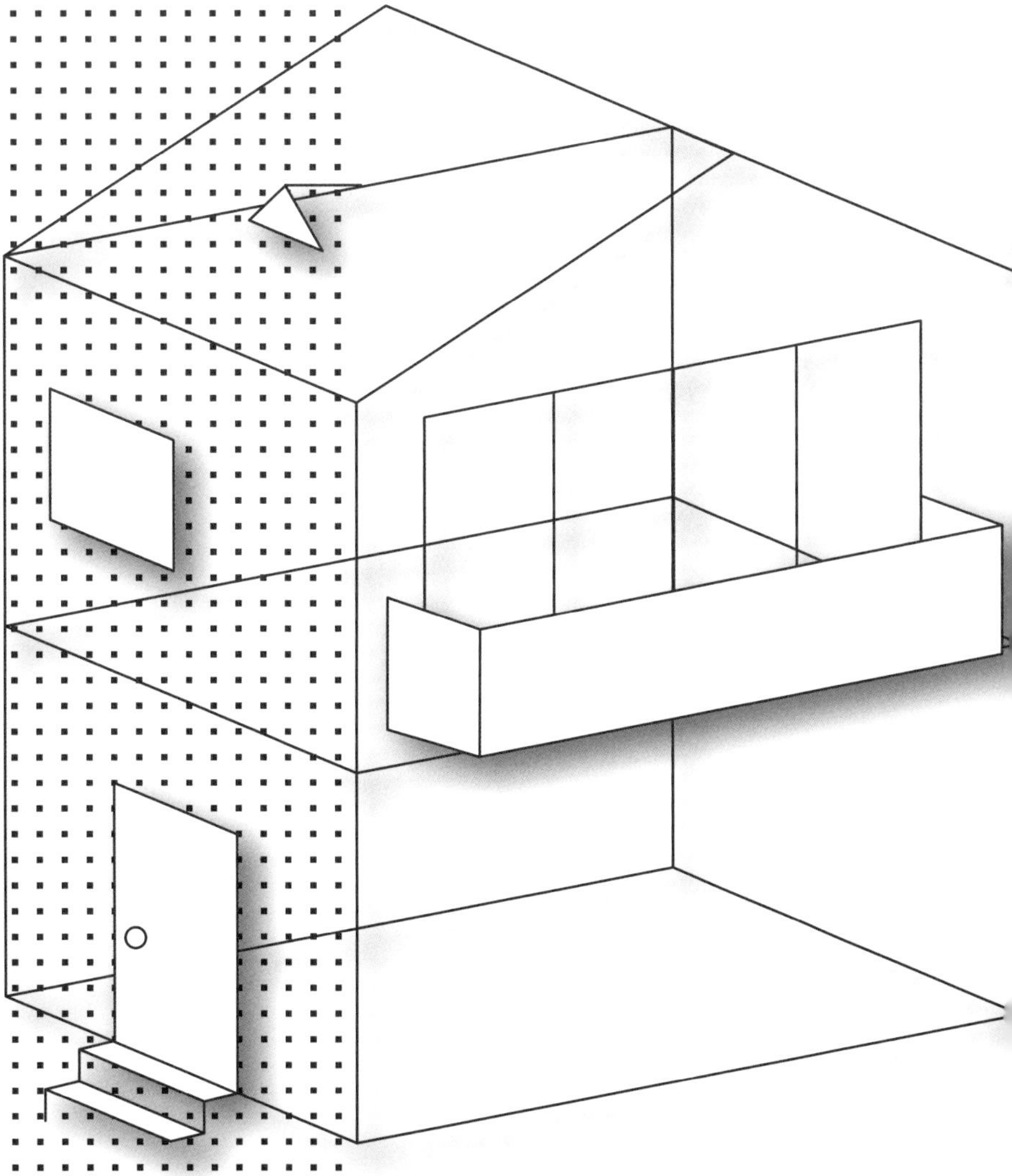

容積率の基本

029

容積率は用途地域の指定容積率と、前面道路から算出した容積率の小さいほうを採用

用途地域に指定された容積率と敷地の接する道路の幅員から、敷地に建てられる建築物の大きさが決まる

容積率の目的と算定の基本

敷地面積に対する建築物の延べ面積の割合を**容積率**という。行政庁の都市計画で、用途地域ごとに容積率の制限割合が定められている。この制限割合を**指定容積率**という(法52条)。

容積率を設定する目的の1つは、地域個別の環境を維持することにある。したがって、指定容積率は低層住居地域では小さく、商業地域では大きく設定されている。

建築物を計画する場合、敷地面積に対する延べ面積の割合(容積率)が、指定容積率を超えないようにしなければならない。注意を要するのは、延べ面積には容積率算定の際に控除できる面積部分がある点である「78・82・84頁参照」。容積率対象延べ面積は、延べ面積から控除面積を差し引いた面積で、建築物の延べ面積とは異なる。

前面道路による容積率制限

建築物の日照や通風などの条件は、前面道路の広さとも関係する。そのため建築基準法では、前面道路幅員が12m未満になる場合に限って、前面道路から制限容積率を算出する(法52条2項)。

道路幅からの制限容積率は、前面道路幅に用途地域による係数(4/10か6/10)を乗じて算出する。その数値と、都市計画の指定容積率を比較して、小さいほうを採用する(法52条2項)。

前面道路の幅員が一定でない場合は、原則、敷地が接する部分の長さが2m以上となる最大の幅員部分を前面道路として算定する。

また、前面道路が2以上ある場合は、2mの接道義務を満たす部分の最大幅員を前面道路幅員とみなす。

さらに、敷地に複数の指定容積率がある場合や、前面道路が15m以上の道路に接続する場合は、容積率の緩和があるので算定に注意が必要である。

なお、容積率は、このほかにも、建築物の階数や用途、床面積、空地や公園、広場等との位置関係などで、さまざまな緩和条件が設けられている。

容積率

指定容積率と前面道路から算出した容積率の小さいほうの値を採用する

用途地域	1低	田住	2低	1中	2中	1住	2住	準住	近商	準工	商業	工業	工専	無指定
都市計画による指定容積率(%)(前面道路幅員≧12mの場合)	50 60 80 100 150 200			100 150 200 300 400 500							200 300 400 500 600 700 800 900 1,000 1,100 1,200 1,300	100 150 200 300 400		(50) (80) (100) (200) (300) (400) [※]
前面道路による容積率(前面道路幅員<12mの場合)	前面道路幅員×4／10			前面道路幅員×4／10(特定行政庁指定区域：6／10)					前面道路幅員×6／10(特定行政庁指定区域：4／10、または8／10)					

※：特定行政庁が都市計画審議会の議を経て定める

前面道路による容積率の算定(前面道路幅員<12m)

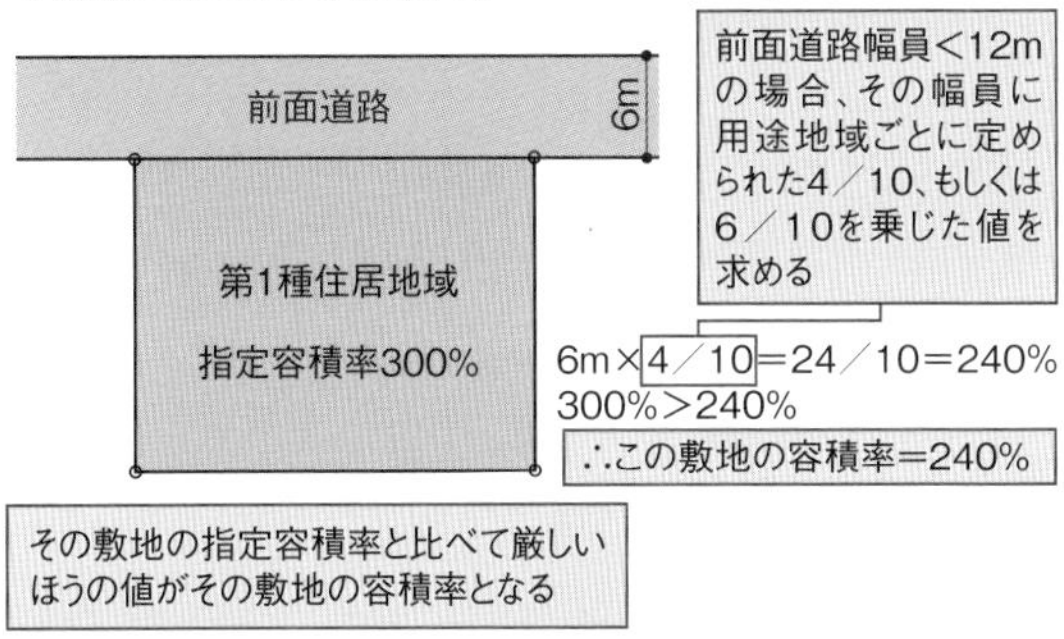

幅員が異なる道路の算定

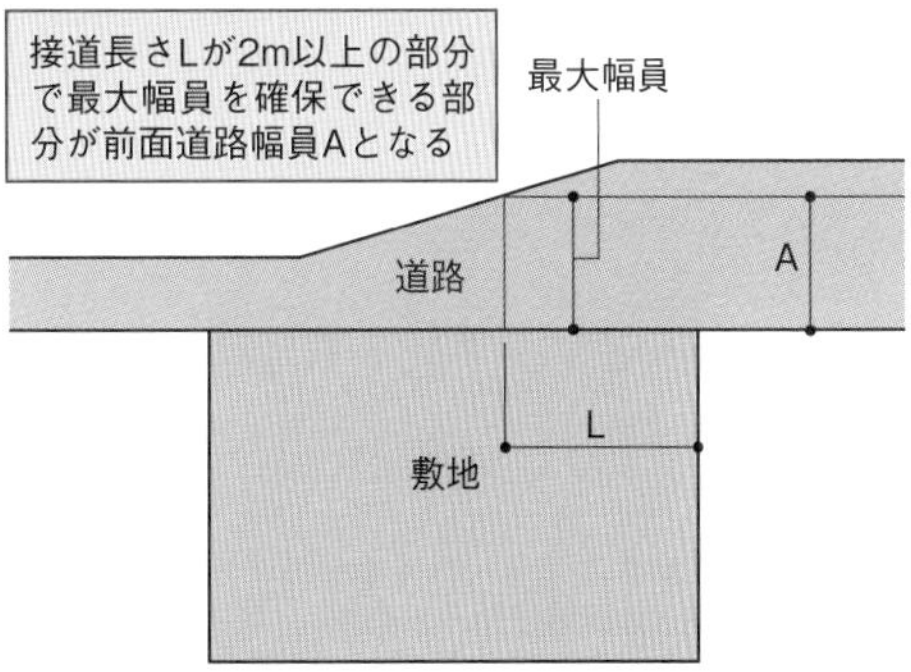

前面道路が2以上ある場合の延べ面積の限度

●道路幅員≧12mの場合

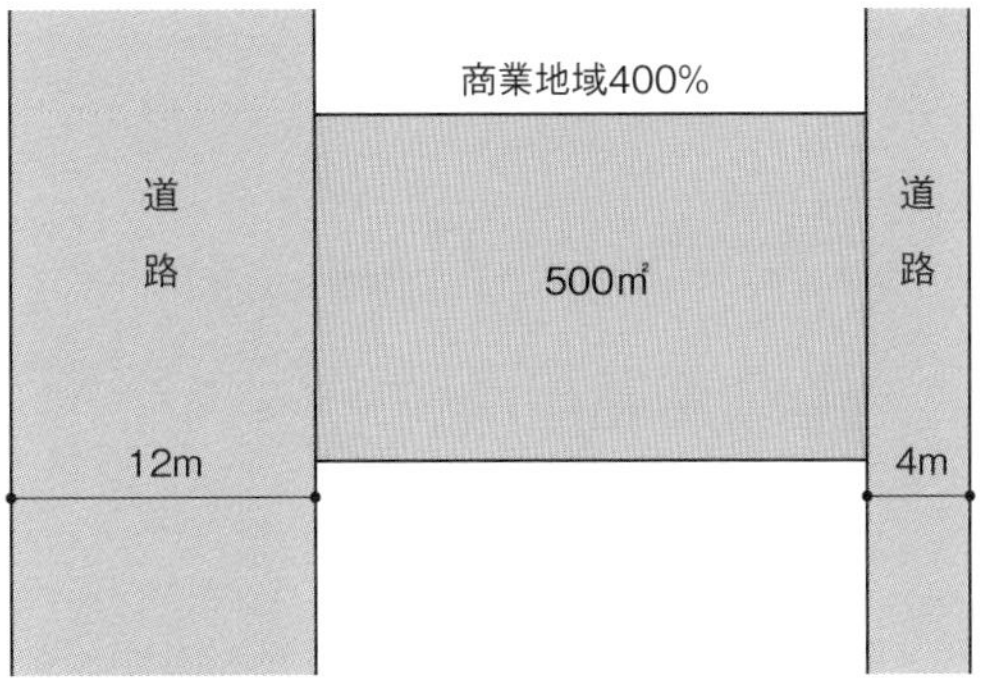

[容積率の限度]
幅員が最大の前面道路が12m以上なので
容積率(道路)=指定容積率=400%

[延べ面積の限度]
最大許容延べ面積=500㎡×400%=2,000㎡

●道路幅員<12mの場合

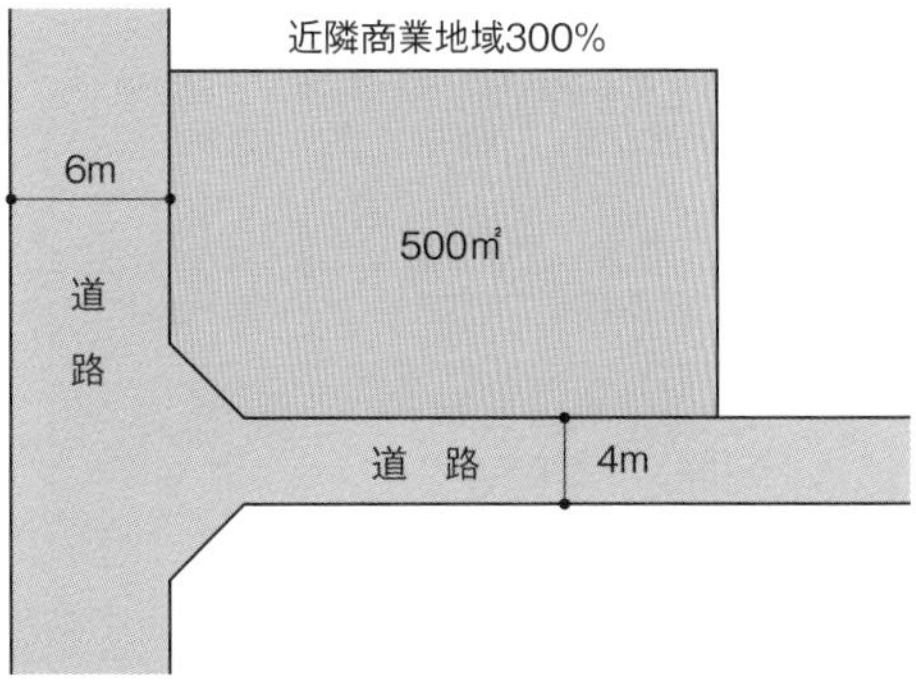

[容積率の限度]
幅員が最大の前面道路が12m未満なので、
前面道路による容積率、かつ指定容積率以下
容積率(道路)=6m×6／10=360%>300%
∴300%を採用
[延べ面積の限度]
最大許容延べ面積=500㎡×300%=1,500㎡

容積率の緩和規定
（法52条・59条の2、令2条、令135条の14、令135条の16、令135条の17）

	緩和内容	適用法文
1	地下の住宅および老人ホーム等［※１］用途部分の床面積は建築物のなかにある住宅部分の合計面積の1／3まで、容積率算定面積に不算入（緩和面積の算定には、共用廊下および昇降路の床面積は含まない）	法52条3項
2	昇降機の昇降路の部分［※２］（小荷物専用昇降機、生産・搬送設備を除く）または、共同住宅の共用の廊下や階段の床面積は容積率算定面積に不算入	法52条6項
3	以下の床面積は容積率算定面積に不算入となる ・駐車場・駐輪場は延べ面積の1／5まで ・備蓄倉庫部分は延べ面積の１／50まで ・蓄電池設置部分は延べ面積の１／50まで ・自家発電設備設置部分は延べ面積の１／100まで ・貯水槽設置部分は延べ面積の１／100まで ・宅配ボックス設置部分は延べ面積の１／100まで	令2条１項4号、3項
4	高層住居誘導地区内で、住宅用途部分の面積が延べ面積の２／３以上の場合、算出した容積率まで緩和（都市計画法の指定容積率の1.5倍以下）	法52条1項5号、 令135条の14
5	一定の空地がある場合の容積率緩和 許可不要で、指定容積率の1.5倍以下で、以下で算出した容積率まで緩和 ・住宅の用途である建築物 ・第１・２種住居地域、準住居地域、近隣商業地域、商業地域または準工業地域内 ・基準敷地面積［※３］や道路に接して有効な空地規模［※４］以上 $Vr = 3Vc / (3 - R)$ Vr ：容積率の上限の数値 Vc：建築物がある用途地域の指定容積率 R ：住宅用途部分の床面積／延べ面積	法52条8項 令135条の14 令135条の17 令135条の17第1・2項
6	計画道路（2年以内の事業執行予定道路以外）に面する敷地で、特定行政庁の許可を受けた容積率の制限緩和。その場合、計画道路の部分は敷地面積に算定しない	法52条10項
7	壁面線（法46条）の位置を道路境界線とみなす特定行政庁の許可を受けた建築物の容積率の制限緩和。その場合、壁面線と道路境界線の間の部分は敷地面積に算入しない	法52条11～13項
8	特定道路（15m以上）の周辺敷地で、容積率算定の際に、前面道路の幅員に加算する緩和数値	法52条9項 令135条の18
9	機械室等の床面積が延べ面積に対して著しく大きい場合の、特定行政庁の許可による容積率の制限緩和。建築審査会の同意が必要	法52条14項1号
10	敷地の周囲に広い公園・広場・道路等の空地がある場合の、特定行政庁の許可による容積率の制限緩和。建築審査会の同意が必要	法52条14項2号
11	総合設計制度を利用して、公開空地を設けることなどを条件に、特定行政庁の許可による容積率の制限緩和	法59条の２
12	バリアフリー法の誘導基準を満たし、行政庁の計画の認定を受けて、容積率の制限緩和	バリアフリー法17条

※1：老人福祉法に基づく有料老人ホーム、特別養護老人ホーム、養護老人ホーム、軽費老人ホーム、認知症高齢者グループホーム、障害者総合支援法に基づく福祉ホーム等
※2：建物の用途に限定はなく、戸建住宅のホームエレベーターも対象
また、容積率の最低限度地域などの場合には、不算入措置は適用しない（技術的助言）
※3：2,000㎡（第１・２種住居地域、準住居地域、準工業地域等）
1,000㎡（近隣商業地域、商業地域等）
※4：道路に接して有効な部分が、空地規模の1/2以上

容積率と複数の地域

030

容積率＝(各地域の指定容積率×各部分の敷地面積の和)÷全体の敷地面積

前面道路の幅員が
12m以上あるか
敷地内に制限の異なる
地域がある

敷地が12m以上の道路に接していれば、指定容積率の按分。未満なら、広い方の道路幅員からの容積率を考慮

敷地が制限の異なる地域等にわたる場合の容積率(法52条7項)

※：接道条件は敷地全体で考え、広い道路幅員を採用する

●道路幅員≧12mの場合

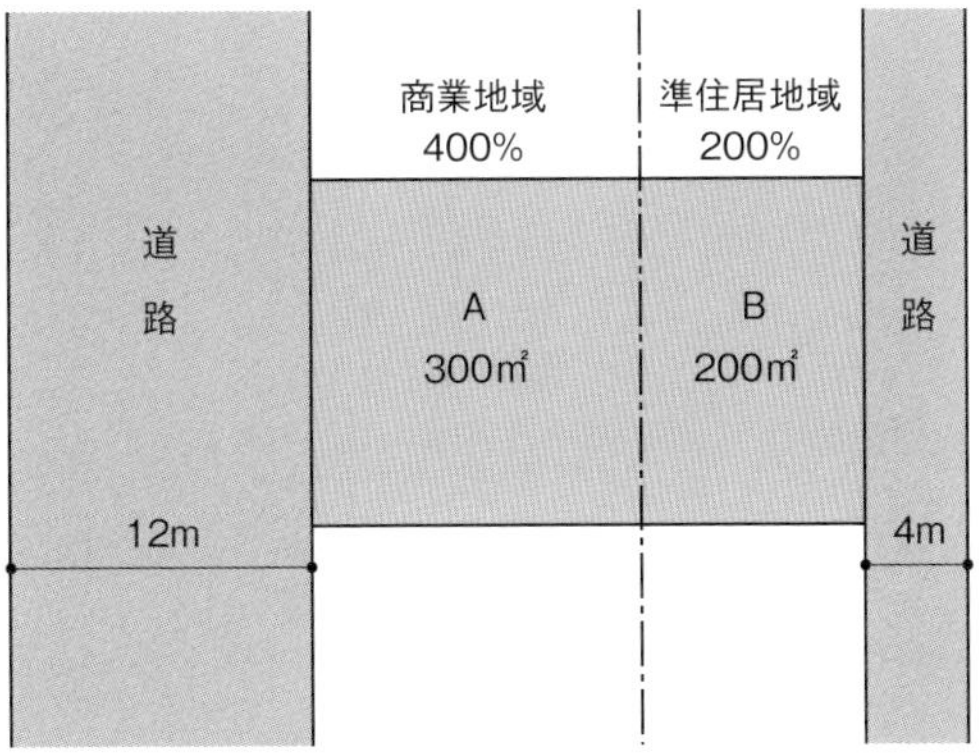

前面道路幅員が12m以上なので、敷地の各部分の容積率は
A部分：400%
B部分：200%

[敷地全体に対する容積率の限度]

$$\text{基準容積率}=\frac{300\text{㎡}\times400\%+200\text{㎡}\times200\%}{300\text{㎡}+200\text{㎡}}=320\%$$

[敷地全体の延べ面積の限度]
最大許容延べ面積＝500㎡×320%＝1,600㎡

●道路幅員＜12mの場合

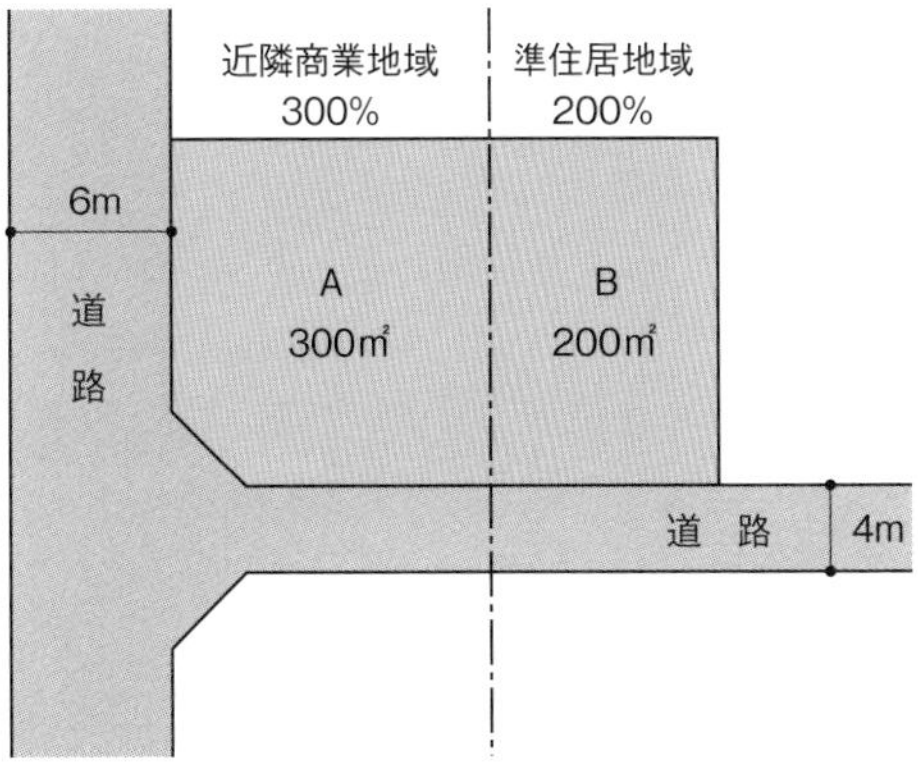

前面道路幅員が12m未満なので、制限が異なる敷地の各部分において道路幅員による容積率と指定容積率を比較すると
A部分：6m×6／10＝360%＞300%　∴300%を採用
B部分：6m×4／10＝240%＞200%　∴200%を採用

[敷地全体に対する容積率の限度]

$$\text{基準容積率}=\frac{300\text{㎡}\times300\%+200\text{㎡}\times200\%}{300\text{㎡}+200\text{㎡}}=260\%$$

[敷地全体の延べ面積の限度]
最大許容延べ面積＝500㎡×260%＝1,300㎡

みなし幅員による容積率緩和 031

前面道路が特定道路に接続していると、みなし道路幅員で容積率を算出できる

敷地の接する道路が70m以内で、
15m以上の道路につながっていれば、
容積率算定の道路幅員に加算できる

みなし幅員による容積率緩和

広い道路沿いの建築物は大きく、その道路脇の路地に面する建築物は小さいことがある。これは、幅員の広い道路に面する敷地と、狭い道路に面する敷地では、前面道路幅によって規制される容積率が異なるからである。

このような事態をできるだけ避け、統一感のある街並みをつくるために設けられたのが、「**みなし幅員による容積率緩和**」の措置である（法52条9項）。

緩和される敷地の条件

容積率緩和を受けられる敷地条件は、次の3つである。

①敷地の近くに幅員15m以上の道路（特定道路という）があること
②特定道路に接続する前面道路が幅員6m以上12m未満であること
③建築物の敷地が特定道路から70m以内にあること

これらの条件を満たす場合、敷地から特定道路までの距離に応じて、政令で定める方法で算出した数値を前面道路の幅員に加算して容積率を算定できる（令135条の18）。

割増する幅員の求め方

割増する幅員の算定には、2つの数値が必要になる。「緩和を受けられる前面道路の最大幅員12mと実際の前面道路幅員の差」と「特定道路から敷地までの最大距離70mと、特定道路と敷地間の実際の距離の差」である。

前者の道路幅員の差と後者の距離の差を乗じて70で除して、割増幅員とする。それを前面道路の幅員に加えた数値を前面道路幅員とみなして、容積率を算定できる。

なお、特定道路から敷地までの延長距離は、特定道路と前面道路の境界線上の、前面道路の中心線との交点を始点に算定する。終点は、敷地の特定道路に最も近い側の前面道路境界点から、道路中心線に垂線を下ろして求める。この2点を結ぶ道路中心線上の距離が延長距離となる。

みなし道路幅員の算定方法（法52条9項）

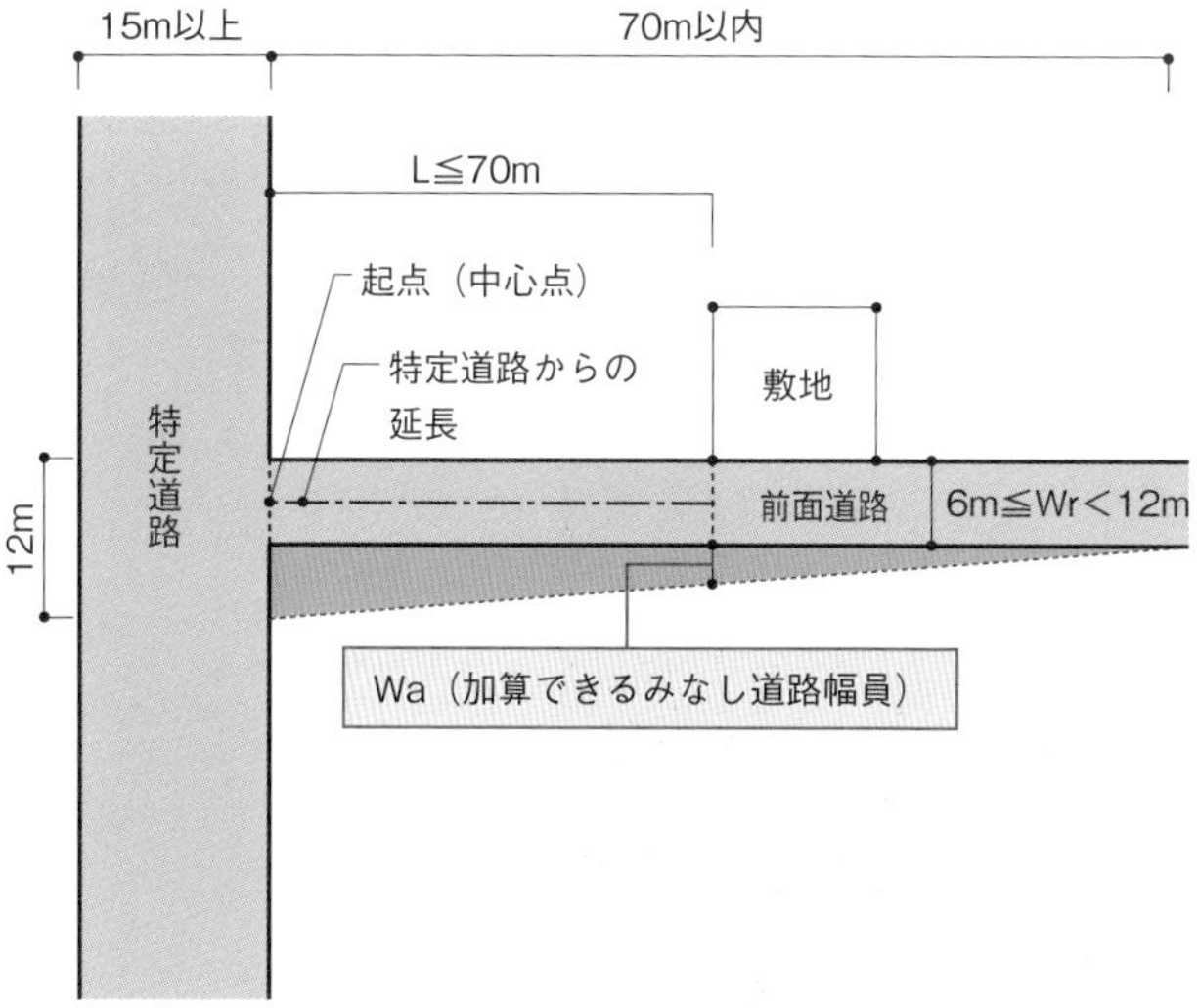

■前面道路に加算する数値の計算式

$$Wa=\frac{(12-Wr)\times(70-L)}{70}$$

Wa：加算する数値
Wr：前面道路の幅員
L：特定道路から建築物の敷地が接する前面道路の部分の直近の端までの延長

■基本的な考え方

・特定道路（幅員≧15m）に接続する部分の道路幅員を12mとみなし、そこから70mの位置までを結んだ三角形を想定する
・敷地の前面道路に加算できるみなし道路幅員（Wa）は、起点で加算された幅員（12m−Wr）との特定道路からの延長の距離に応じた比で表される

$$\therefore\ \frac{Wa}{70-L}=\frac{12-Wr}{70}\quad\cdots❶$$

特定道路からの延長の測定の例

❶直角に接続する場合

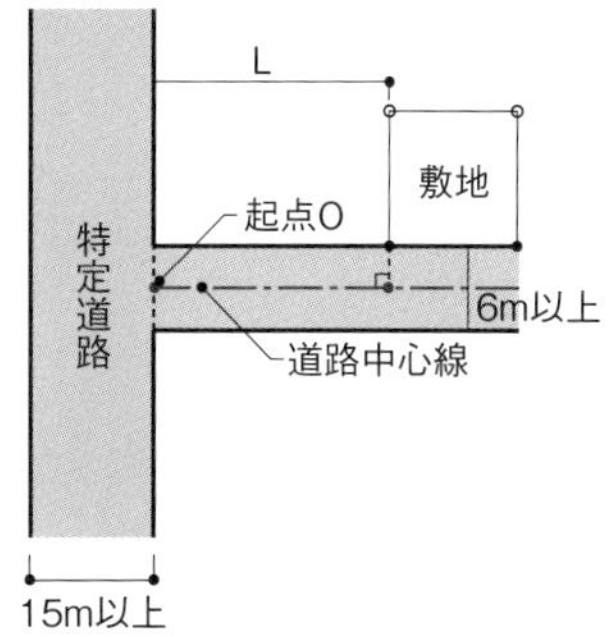

❷斜めに接続する場合

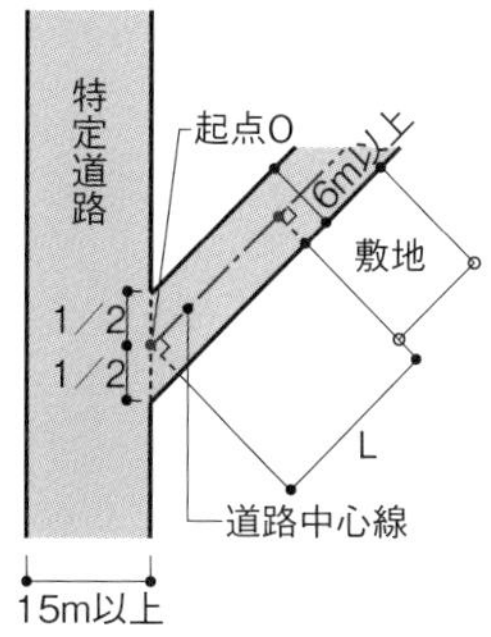

❸隅切がある場合

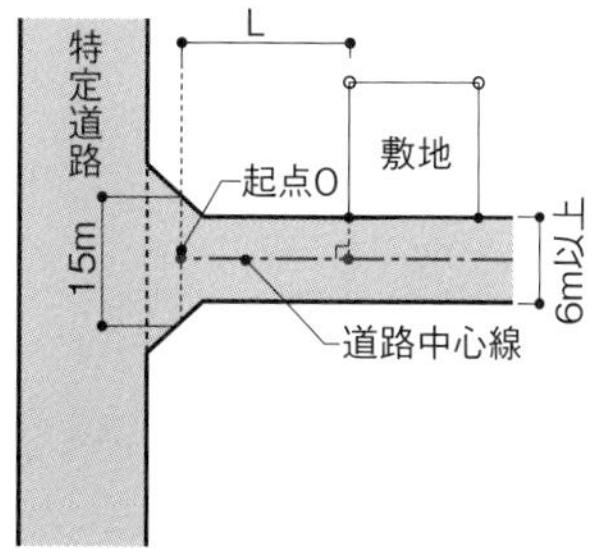

隅切部分は、特定道路が直角に折れて前面道路側に入ってきていると考えるため、隅切内で部幅員15mを有効に確保できる部分に起点Oを設定する

❹道路が直交している場合

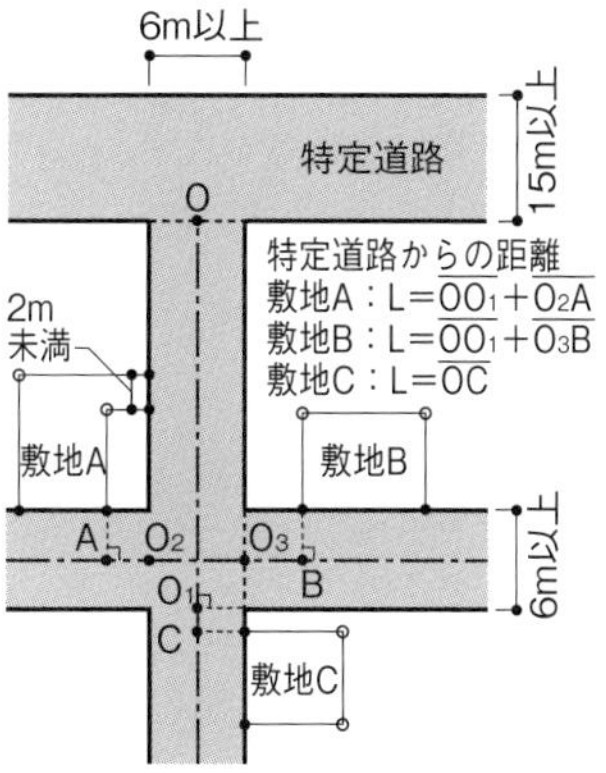

❺直交しない交差道路の場合

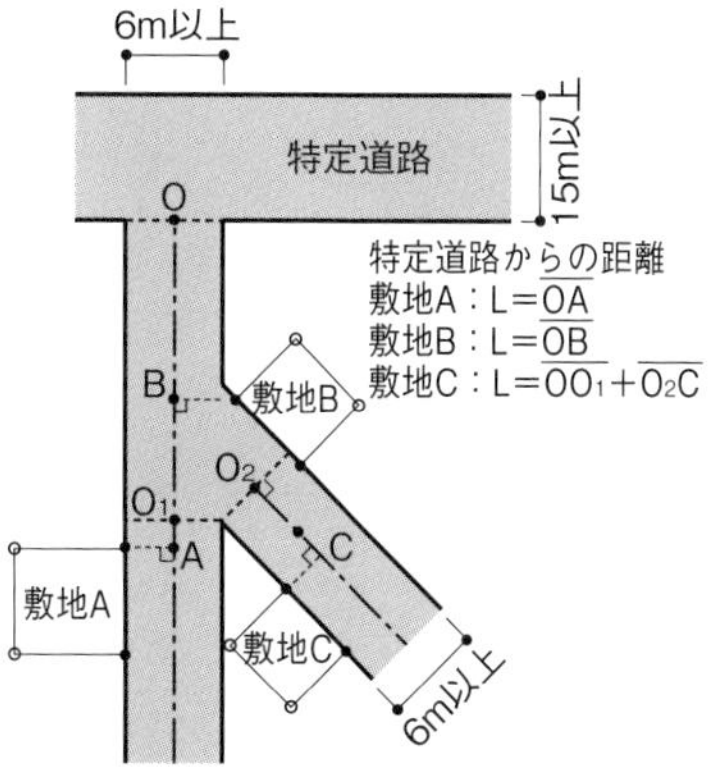

❻道路が屈折している場合

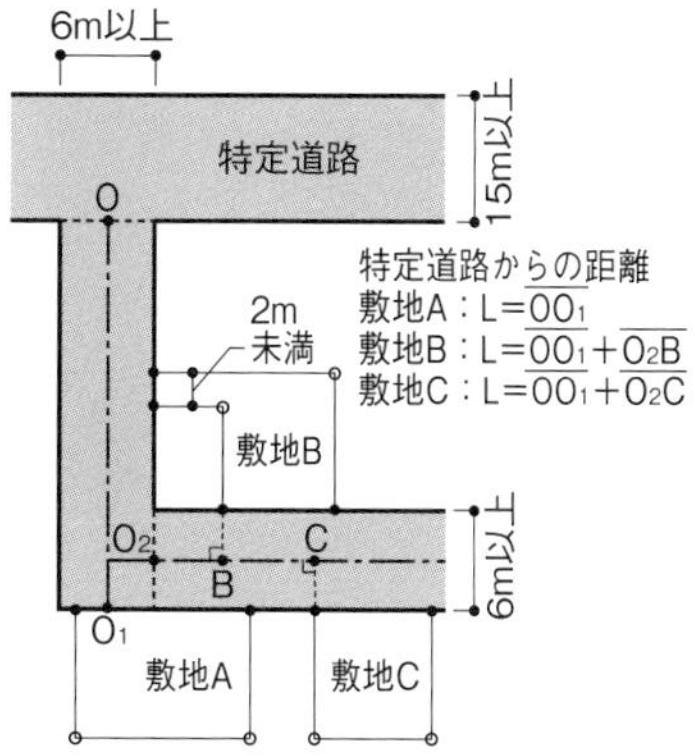

車庫と住宅等地下室の容積率緩和　032

車庫等の床面積は延べ面積の1／5、住宅地下室は住宅等部分の床面積の1／3まで緩和

車庫と同様に、防災備蓄倉庫、蓄電池、自家発電装置、貯水槽の設置部分はそれぞれ容積率緩和の対象になる

自動車車庫等の緩和

建築物に**付属する自動車車庫や自転車置場**は、建築物の用途にかかわらず、**容積率緩和の対象**となる。つまり、建築物の延べ面積には算入されるが、容積率を算出する面積には算入しない。同様に緩和対象となるのは、昇降路部分、防災備蓄倉庫・床に据えつける蓄電池・自家発電設備・貯水槽の各部分である(令2条1項4号)。

緩和される面積の上限割合は、敷地内にある建築物全体(自動車車庫等も含む)の**延べ面積**に対してそれぞれ以下のとおりである(令2条3項)。

・乗用エレベーター部分　各階の床面積
・自動車車庫部分　1／5
・備蓄倉庫部分　1／50
・蓄電池部分　1／50
・自家発電設備部分　1／100
・貯水槽部分・宅配ボックス設置部分[85頁参照]　1／100

住宅等地下室の容積率緩和

地階にある**住宅および老人ホーム等[左頁※1参照]の用途に供する部分**も、容積率の緩和対象である。住宅部分の算定基礎面積は、専用住宅部分、長屋・共同住宅の住戸、管理人室、共用の倉庫、機械室などである。しかし、別途容積率緩和の対象にしている駐車場や備蓄倉庫、蓄電池、自家発電設備を設ける部分の面積は対象外となる。

この緩和規定では、各用途の床面積の1／3まで、容積率算定の床面積から除外できる。また、地階の判定条件には、令1条2号の地階の定義だけではなく、次の2つも含まれる。

①居室の床から平均地盤面までの寸法が天井高の1／3以上
②平均地盤面から天井まで1m以内

以上で述べた各容積率の緩和は、併用できる。そのうえ、大きな機械室の容積率許可(法52条14項)をあわせて受けることも可能である。

また、既存建築物で容積率算定面積に算入されていた昇降路の面積等は、増築等の手続きの際、緩和できる。

車庫と住宅等地下室の容積率緩和の算定例

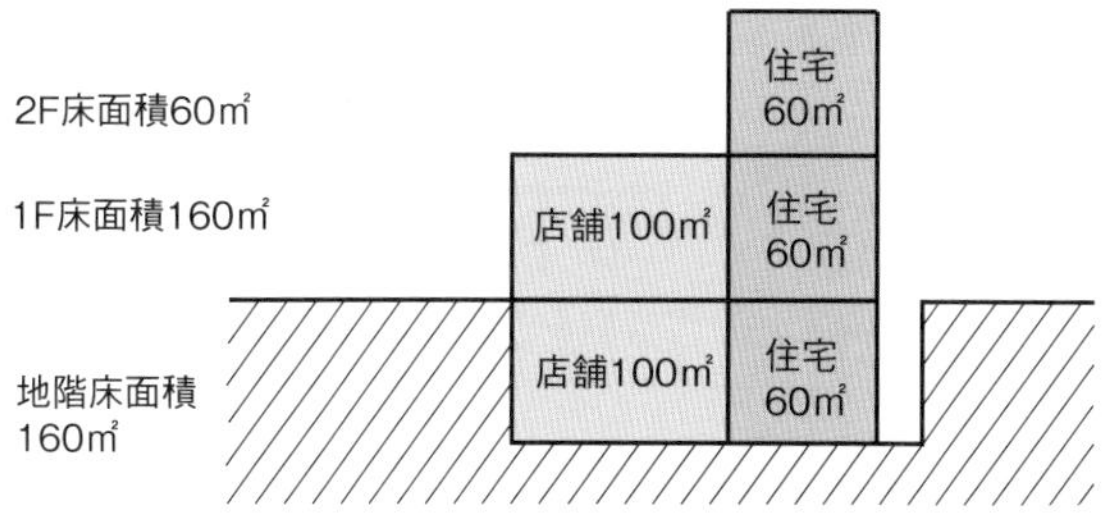

[地下住宅部分の緩和]
延べ面積60+160+160=380㎡
住宅用途部分の床面積=60+60+60=180㎡
住宅部分の緩和面積=180×1/3=60㎡
≦地下住宅床面積60㎡
∴容積率対象床面積
=(60+160+160)−60=320㎡

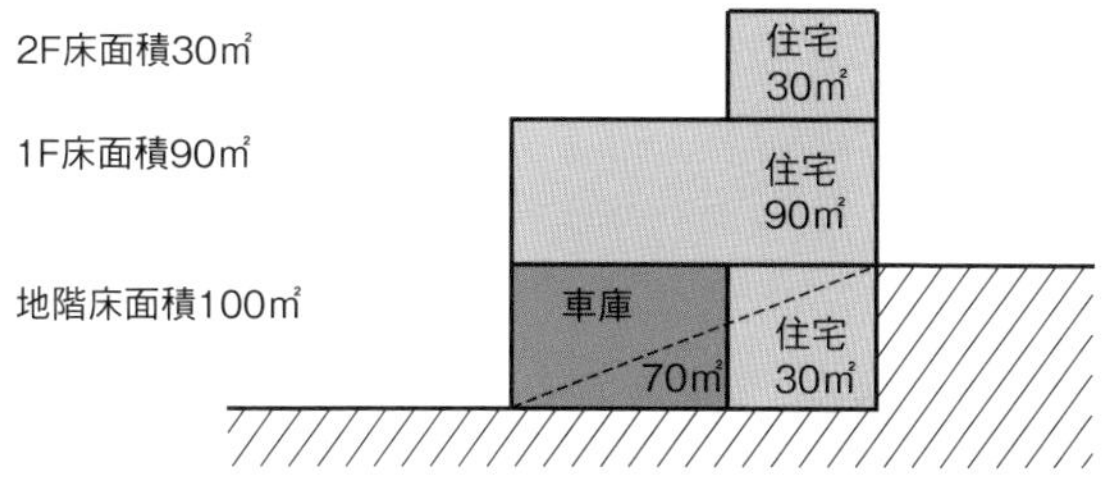

[車庫と地下住宅部分の緩和]
❶車庫部分の緩和
延べ面積30+90+100=220㎡
緩和面積=220×1/5=44㎡<車庫床面積70㎡
❷地下住宅部分の緩和
住宅用途部分の床面積=30+90+30=150㎡
緩和面積=150×1/3=50㎡
地下住宅部分の床面積30㎡<50㎡
∴容積率対象床面積
=(30+90+100)−44−30=146㎡

※1：老人ホーム等とは
【老人ホーム関係】
養護老人ホーム、特別養護老人ホーム、軽費老人ホーム、グループホーム(認知症対応型共同生活介護事業を行う住居)、有料老人ホーム[老人福祉法]
【福祉ホーム関係】
福祉ホーム、グループホーム(共同生活援助事業を行う住居)、ケアホーム(共同生活介護事業を行う住居)、障害者支援施設[障害者総合支援法]
母子生活支援施設、児童養護施設、障害児入所施設、児童自立支援施設、乳児院、自立援助ホーム(児童自立生活援助事業を行う住居)、ファミリーホーム(児童自立生活援助事業を行う住居)[児童福祉法]
婦人保護施設、救護施設、更正施設、宿泊提供施設[売春防止法、生活保護法]
※2：介護老人保健施設、療養病床など、建築基準法上病院・診療所と取り扱うものは対象としない

容積率を緩和できる住宅地下室の例

❶令1条2号による地下階

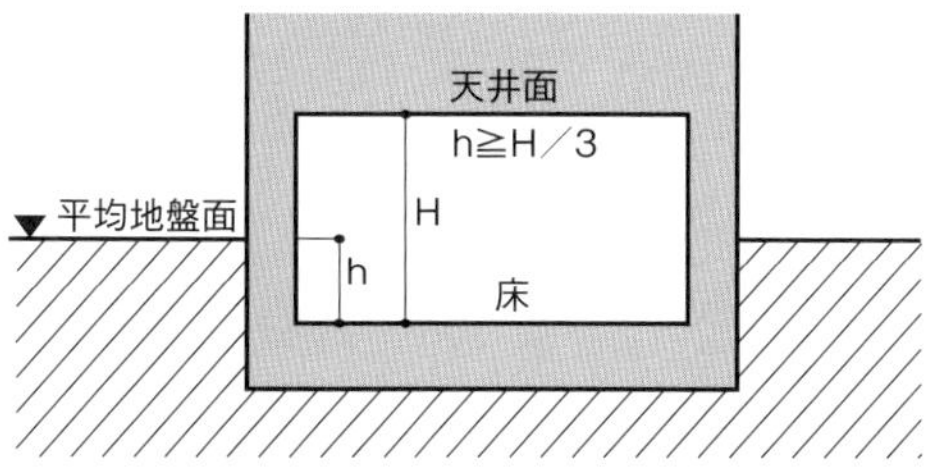

❷容積不算入の対象となる地階
(天井面と地盤面との差が1m以下)

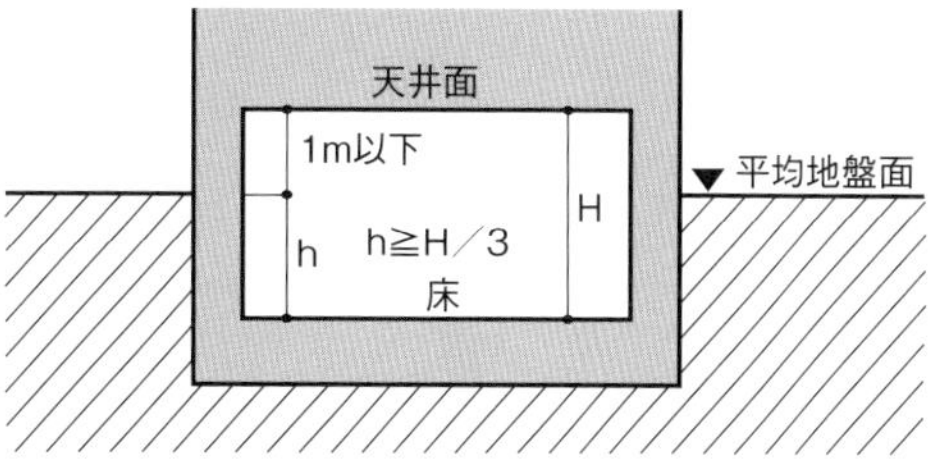

❸傾斜地の地下住宅部分

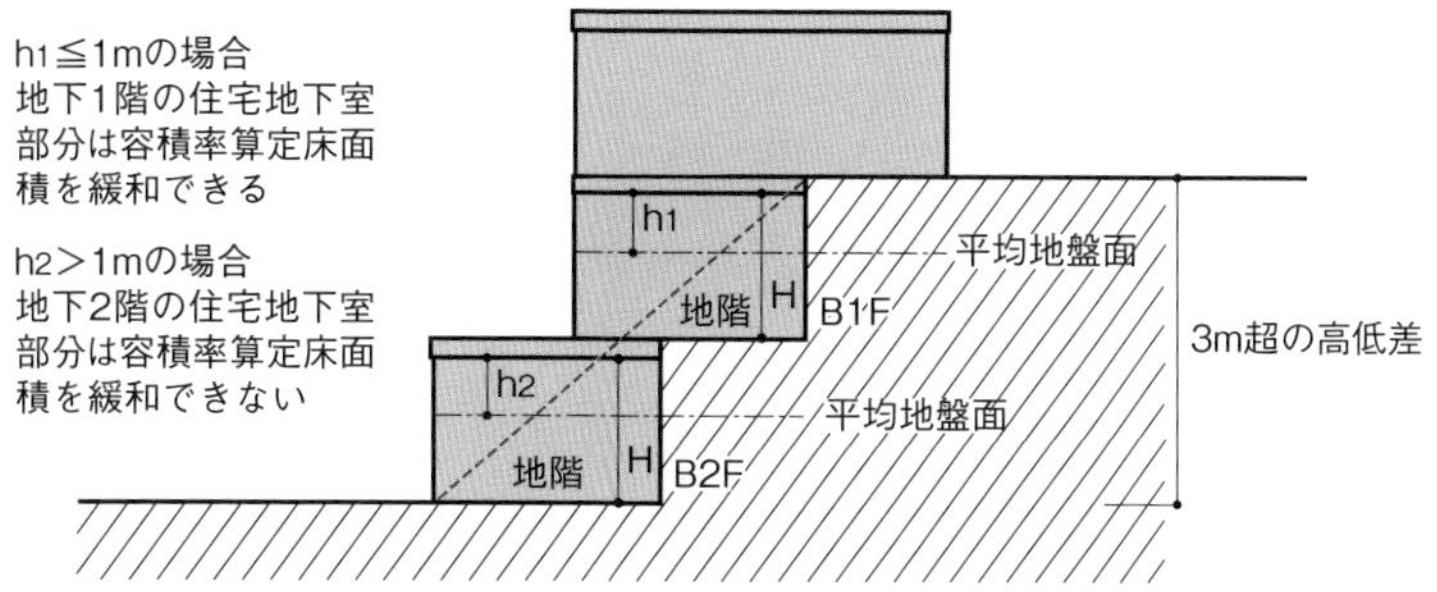

共同住宅等の階段・廊下等の容積率緩和 033

共同住宅や老人ホーム等で階段・廊下等の床面積は緩和されるが、寄宿舎ほかの用途では適用されない

共同住宅の場合、階段部分や共用の廊下部分は、延べ面積には算入されるが、容積率算定面積からは除外できる

共同住宅等の容積率緩和

共同住宅や老人ホーム等［83頁※1参照］では、原則、**共用廊下等**は延面積には参入するが容積率算定床面積から控除できる。共用の廊下や階段、エレベーターホール、宅配ボックスが緩和対象となり、用途の発生する部分や住戸前の**専用**ポーチなどの面積は、控除できない（法52条6項）。

緩和措置が複数ある場合

容積率の緩和措置が複数ある場合は、一定の条件内で緩和措置を併用することができる。以下では、共同住宅等の**自動車車庫等**、**昇降路・共用廊下等**、**住宅地下室**の3つの緩和を併用する際の面積の算定の流れを紹介する。

(1)自動車車庫等の緩和面積

自動車車庫等がある場合は、車庫を含めた延べ面積の1／5を上限に、自動車車庫の床面積を控除することができる（令2条1項4号）。

(2)昇降路・共用廊下等の緩和

共同住宅等では、各階の昇降路部分と共用廊下、階段等の面積はすべて容積率算定面積に不参入とする。

ただし、建築物に事務所や店舗などの併用部分がある場合は、容積率算定の対象外となる階段や共用廊下部分の面積のうち、共同住宅分として緩和される面積は、事務所や店舗などの用途部分の面積と按分して算定する。

(3)住宅等地下部分の緩和

住宅等地下室部分の緩和を受ける場合、建築物全体の住宅用途部分の合計面積の1／3までを地階の住宅部分の床面積から控除できる。基礎となる住宅部分の床面積算定には、共用廊下および昇降路、車庫等は含まない（法52条3項）。

算定面積の合算

容積率算定の際に緩和される床面積は、延べ面積には算入される。延べ面積算定後それぞれの緩和面積を合算して、控除する。残った床面積が、容積率を算定する際の対象床面積となる。

共同住宅等の昇降路、共用廊下・階段等の容積率算定面積に不算入の例（法52条6項）

❶「共用の廊下・階段等」の例

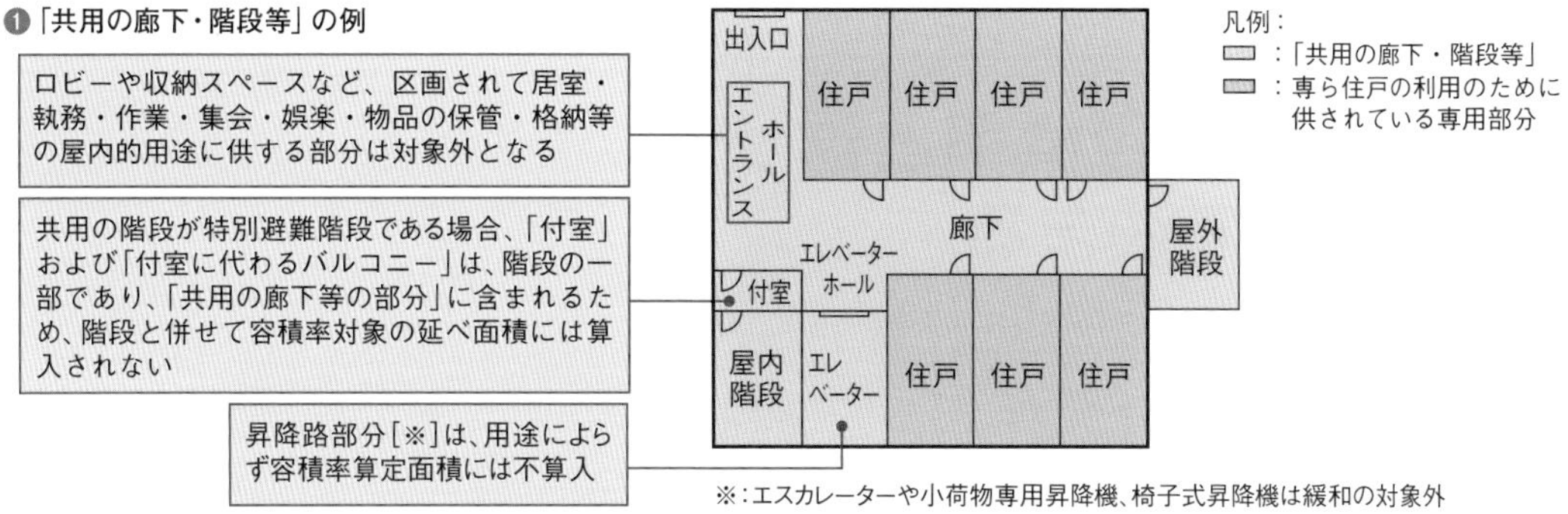

※：エスカレーターや小荷物専用昇降機、椅子式昇降機は緩和の対象外

❷宅配ボックスの例（共同住宅、老人ホーム）

▨：共有部分として容積率対象面積から除外（技術的助言 平成29年11月10日第127号）

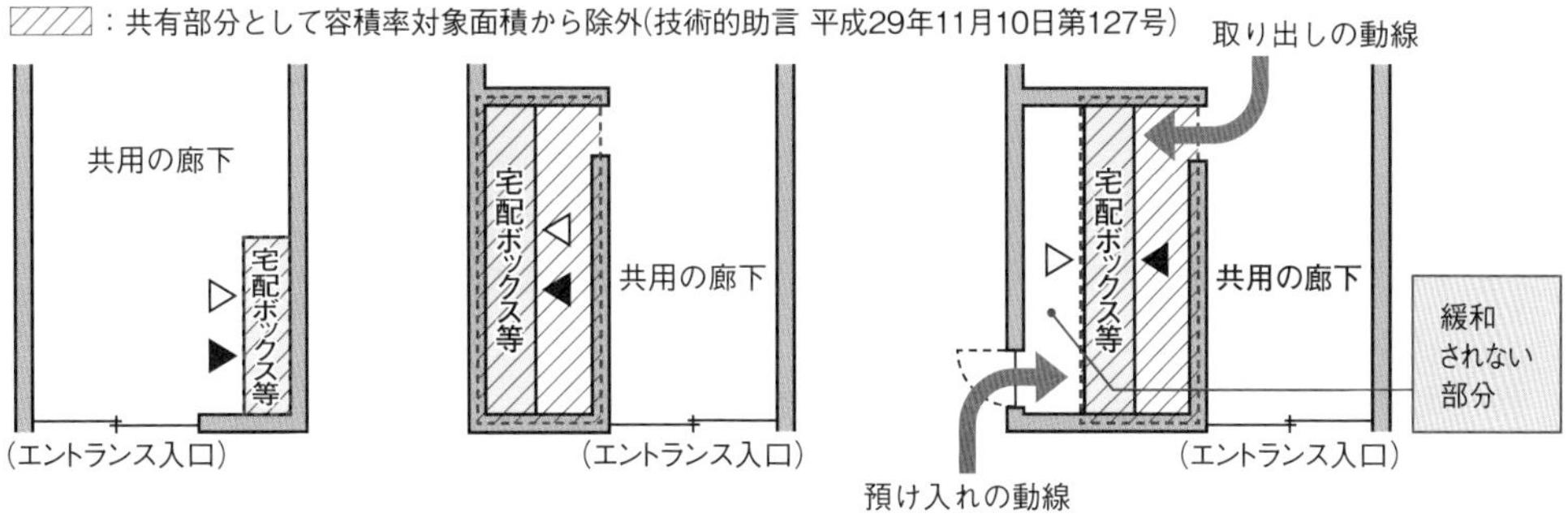

❸宅配ボックスの例（すべての用途）

▨：延べ面積の1／100まで容積率対象面積から除外（技術的助言 平成30年9月21日第187号）

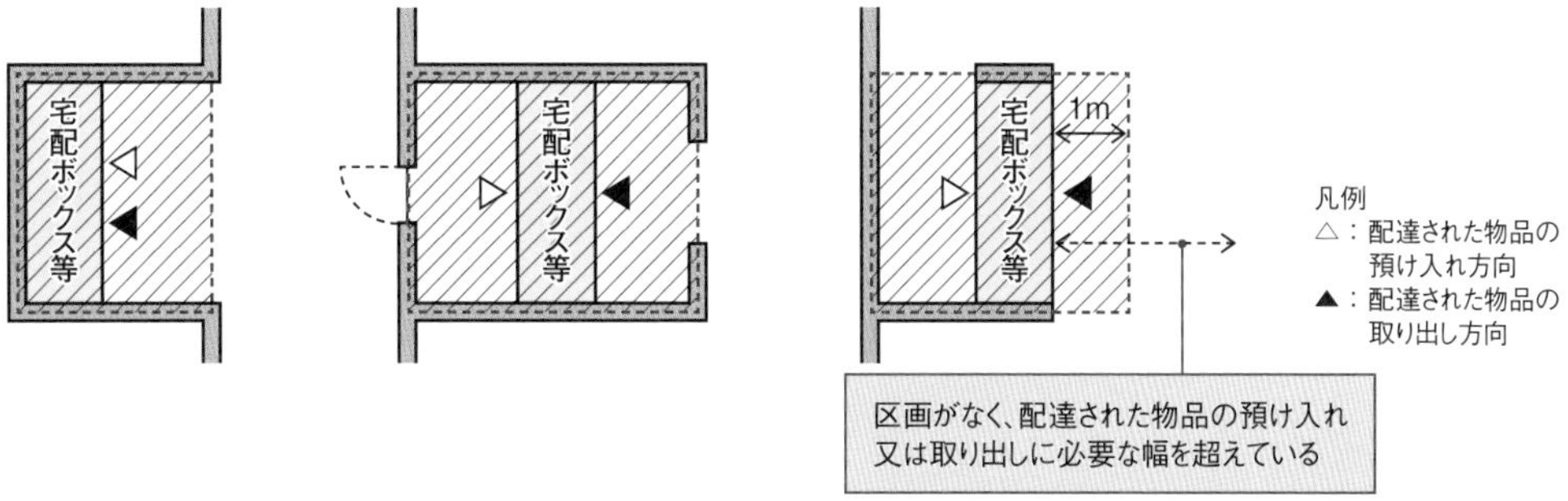

車庫等・住宅地下室・昇降路・共用廊下等の緩和の併用例（共同住宅の場合）

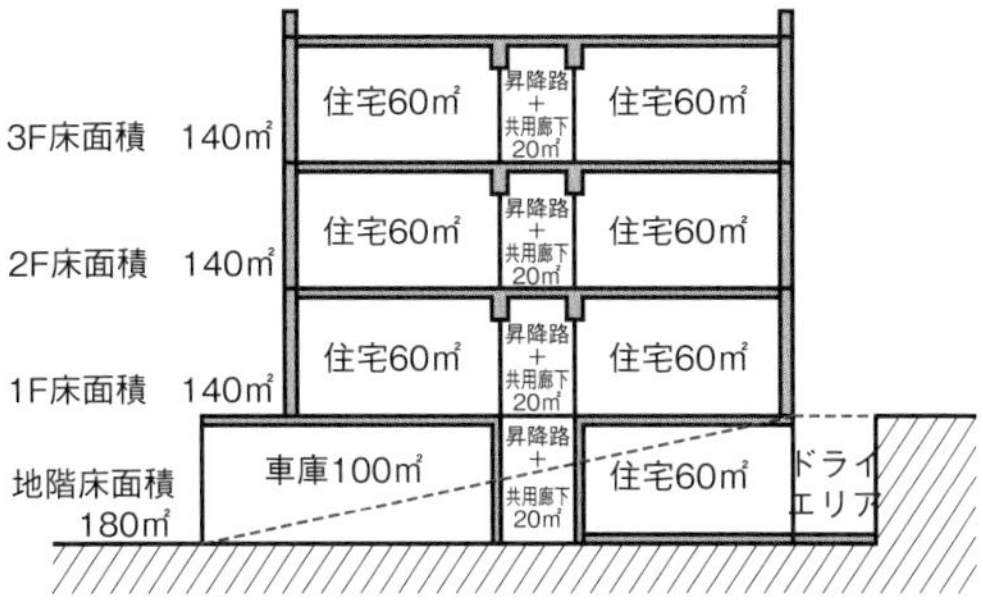

延べ面積＝140＋140＋140＋180＝600㎡

❶車庫等の緩和

緩和面積＝600×1／5＝120㎡＞車庫面積100㎡

∴車庫の緩和面積＝100㎡

❷昇降路および共用廊下等の緩和

20㎡×4＝80㎡

❸地下住宅部分の緩和

住宅用途部分の床面積＝60㎡×7＝420㎡

緩和面積＝420㎡×1／3＝140㎡＞地下住宅部分の床面積60㎡

∴地下住宅部分の緩和面積＝60㎡

容積率対象床面積＝600㎡－❶－❷－❸＝360㎡

建蔽率

034

建蔽率は、容積率と違って、都市計画の指定建蔽率だけで決まる

建蔽率は敷地ごとに適用

敷地面に、「どれくらい広く建築物が建てられるか」を都市計画で決めた割合が、「建蔽率」である

建蔽率の算定の基本

敷地面積に対する建築物の建築面積の割合を**建蔽率**という。この規定は、敷地内に一定割合以上の空地を確保することで、日照や通風など環境を衛生に保ち、防火や避難などの安全性を備えることを目的にしたものである。建蔽率が小さいほど、敷地に空地ができることになる。

建蔽率を算定する際に用いる建築面積は、**建築物の外壁か、それに代わる柱の中心線で囲まれた部分の水平投影面積**で測定する(令2条1項2号)。簡単に言えば、建築物を真上から見たときの輪郭の面積である。

軒や庇《ひさし》等が、外壁の中心線から1m以上突き出ている場合は、先端から1m引いた残りの部分が建築面積に算入される。

地階の一部が地上に飛び出している場合は、飛び出している部分が地盤面上1m以下の範囲ならば、建築面積に算入しなくてもよい。

行政庁は、都市計画により、用途地域の種別や建築物の構造ごとに、建蔽率の最高限度を制限している(法53条)。また、敷地によっては、建蔽率が異なる用途地域にまたがる場合がある。このときは、地域ごとに建築できる建築物の建築面積と延べ面積をそれぞれ算出し、それらの面積を敷地面積で除して求めた加重平均で、敷地に許容された建蔽率を算出する(法53条2項)。

建築物の最低限敷地

また、建築基準法では、行政庁が都市計画で**敷地面積の最低限度**を、200㎡以内で定めることができるよう規定している(法53条の2)。これは敷地が細分化されることで、建築物の隣棟間距離が狭くなり、日照、通風、防災などにおける住環境を悪化することを防止するためである。

ただし建蔽率の限度が8/10である防火地域内の耐火建築物等が建つ敷地などには、この規定は適用されない。

建蔽率の原則(法53条)

用途地域	指定建蔽率
第1・2種 低層住居専用地域 第1・2種 中高層住居専用地域 田園住居地域	30,40,50,60
第1・2住居地域 準住居地域	50,60,80
近隣商業地域	60,80
商業地域	80
準工業地域	50,60,80
工業地域	50,60
工業専用地域	30,40,50,60
無指定区域	30,40,50,60,70 [※]

※:特定行政庁が都市計画地方審議会の議を経て指定する区域の数値

建築面積の算定方法の基本

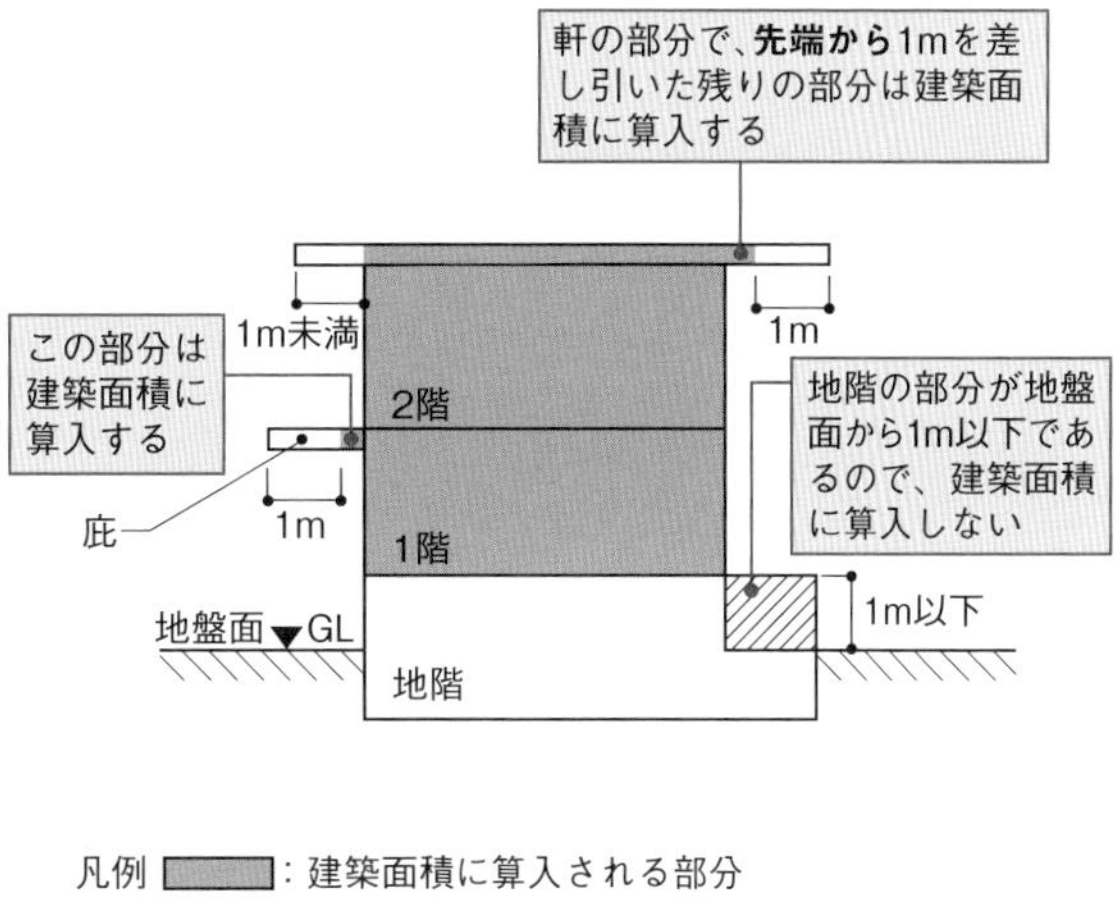

敷地が建蔽率の異なる地域にわたる場合の算定式

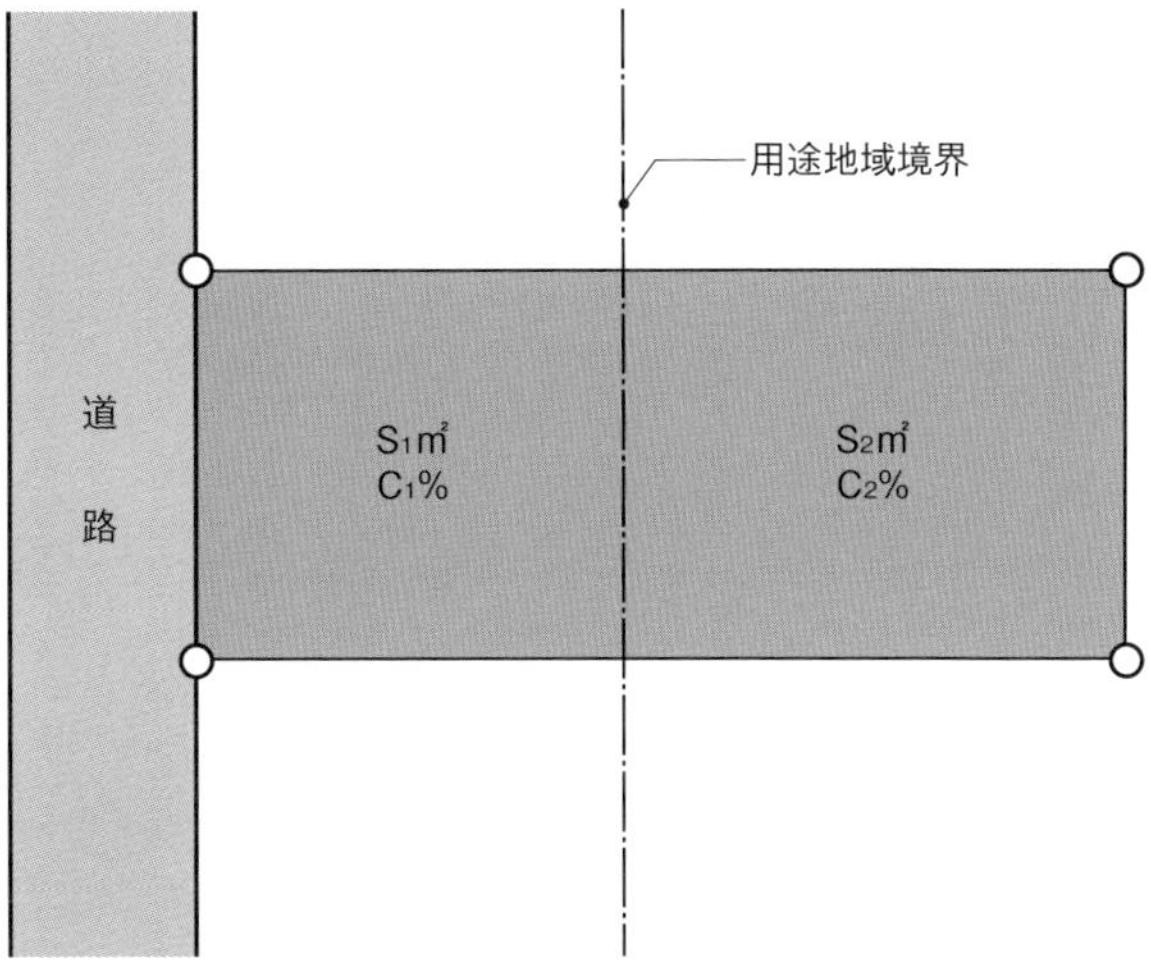

S:敷地面積　C:建蔽率

敷地全体の最大許容建築面積 $S_1 \times C_1 + S_2 \times C_2$ (㎡)

$$\text{敷地全体の最大許容建蔽率} = \frac{S_1 \times C_1 + S_2 \times C_2}{S_1 + S_2} \ (\%)$$

「最低限度の敷地面積」適用除外(法53条の2)

最低限敷地 ≦200㎡で設定	適用除外の建築物	❶第1・2種住居地域、準住居地域、準工業地域、近隣商業地域、商業地域内で建蔽率8/10の地域で、かつ防火地域内の**耐火建築物**等 [89頁] ❷公益上必要なもの(公衆便所、巡査派出所等) ❸周囲に広い公園や道路などの空地を有する敷地に建つ建築物で、特定行政庁が市街地の環境を害するおそれがないと認め許可したもの ❹特定行政庁が用途・構造上やむを得ないと認め許可した建築物
	適用除外の敷地	次のいずれかの既存不適格となる敷地で、その全部を1つの敷地として使用する場合 ❶以前から建築物の敷地として使用されている敷地 ❷以前から所有権等の権利を有する土地

建蔽率緩和

035

角地で10%、防火（準防火）地域内の耐火（準耐火）建築物等で10%、それぞれ建蔽率がアップ

敷地が2以上の道路に面して安全性が高い場合や、建築物の耐火性能が高い場合などに建蔽率は緩和される

建蔽率緩和要件

敷地と道路の状況によっては、建蔽率制限の目的を果たしているとみなされ、**建蔽率の制限が緩和**される。

たとえば、2以上の道路に接する敷地や角地では、条件を満たせば、建蔽率に10％加算できる。角地としての敷地に求められる条件は、「敷地が接する道路の幅員（それぞれの道路の最低幅員、2つの道路の幅員を合計したときの数値、など）」「敷地の全周の長さと、これらの道路に接する部分の長さの割合」「2つの道路が交わる角度の制限」などのように、各特定行政庁が条例で定めている。

道路だけでなく、水面や公園等の空地に敷地が接する場合も、建蔽率の緩和を条例で定めている行政庁もある。

また、建蔽率の限度が80％以外の防火地域にある耐火・延焼防止建築物等や、準防火地域内の耐火・準耐火・延焼防止・準延焼防止建築物等は、建蔽率を10％加算できる（法53条3項）。

建蔽率の適用除外

敷地の建蔽率が80％の用途地域で、かつ防火地域内であれば、耐火建築物等には建蔽率100％が適用となる。同じく適用除外になるものに、以下のような建築物がある（法53条6項）。

①巡査派出所、公衆便所、公共用歩廊その他これらに類するもの

②公園、広場、道路、川その他これらに類するものの内にある建築物で特定行政庁が許可したもの

なお、建築物の敷地が防火（準防火）地域の内外にわたる場合、その敷地内のすべての建築物が耐火（準耐火）建築物等であれば、すべて防火（準防火）地域内にあるとみなされ、前記の緩和規定が適用される［左頁表参照］。

このほか、隣地境界線から後退して壁面線の指定や、地区計画等で壁面の位置の制限が、それぞれ定められた場合は、特定行政庁が許可した建築物の建蔽率はその許可の範囲内で緩和される（法53条4・5項）。

建蔽率の緩和（法53条）

種別	適用要件等	用途地域								適用条項
		1低・2低・1中・2中・田住	1住・2住・準住	近商	商業	準工	工業	工専	無指定	
原則	❶一般の敷地	30 40 50 60	50 60 80	60 80	80	50 60 80	50 60	30 40 50 60	30 40 50 60 70 [※1]	法53条1項
緩和	❷角地等[※2]	❶ +10	❶ +10	❶ +10	❶ +10	❶ +10	❶ +10	❶ +10	❶ +10	法53条3項2号
	❸防火地域内[※3]の耐火建築物等[＊1]準防火地域内の耐火・準耐火建築物等[＊2]	❶ +10	❶ +10	❶ +10	—	❶ +10	❶ +10	❶ +10	❶ +10	法53条3項1号
	❹上記❷+❸[※3]	❶ +20	❶ +20	❶ +20	—	❶ +20	❶ +20	❶ +20	❶ +20	法53条3項
	防火地域内で建蔽率が80%の地域内の耐火建築物等	—	制限なし 100	制限なし 100	制限なし 100	制限なし 100	—	—	—	法53条6項1号
	敷地が建蔽率制限の異なる2以上の地域・地区にわたる	それぞれの地域に属する敷地の部分の面積比の加重平均で建蔽率を算定する（上記❶は敷地全体に及ぶ） 建蔽率制限を受けない区域にわたる場合、受けない部分を100%として加重平均で建蔽率を算定する								法53条2項
	敷地が防火地域の内外にわたる	敷地内の建築物がすべて耐火建築物等の場合、敷地はすべて防火地域内にあるとみなされ緩和が適用される								法53条7項
	敷地が準防火地域と防火地域、その他の区域の内外にわたる	敷地内の建築物のすべてが耐火・準耐火建築物等である場合、敷地はすべて準防火地域にあるとみなされ、緩和が適用される								法53条8項
	建蔽率の制限を設けない建築物	巡査派出所・公衆便所・公共用歩廊[※4]等 公園・広場・道路・川等の内にある建築物[※5]								法53条6項2·3号
		壁面線の指定があり、特定行政庁が許可した建築物								法53条4·5項

※1：特定行政庁が都市計画地方審議会の議を経て指定する区域の数値
※2：角敷地または角敷地に準ずる敷地で特定行政庁が指定するものの内にある建築物（各特定行政庁の角地指定基準に適合するもの）
※3：建蔽率80%以外の区域
※4：商店街に設けるアーケードや多雪地帯の雪除けのための「がんぎ」などが該当する
※5：特定行政庁が安全・防火・衛生上支障がないと認めて建築審査会の同意を得て許可したもの
＊1：耐火建築物、延焼防止建築物［135頁参照］
＊2：耐火建築物、延焼防止建築物、準延焼防止建築物［135頁参照］

複数の条件がある敷地の建蔽率

注：角地の条件は、敷地全体に適用される

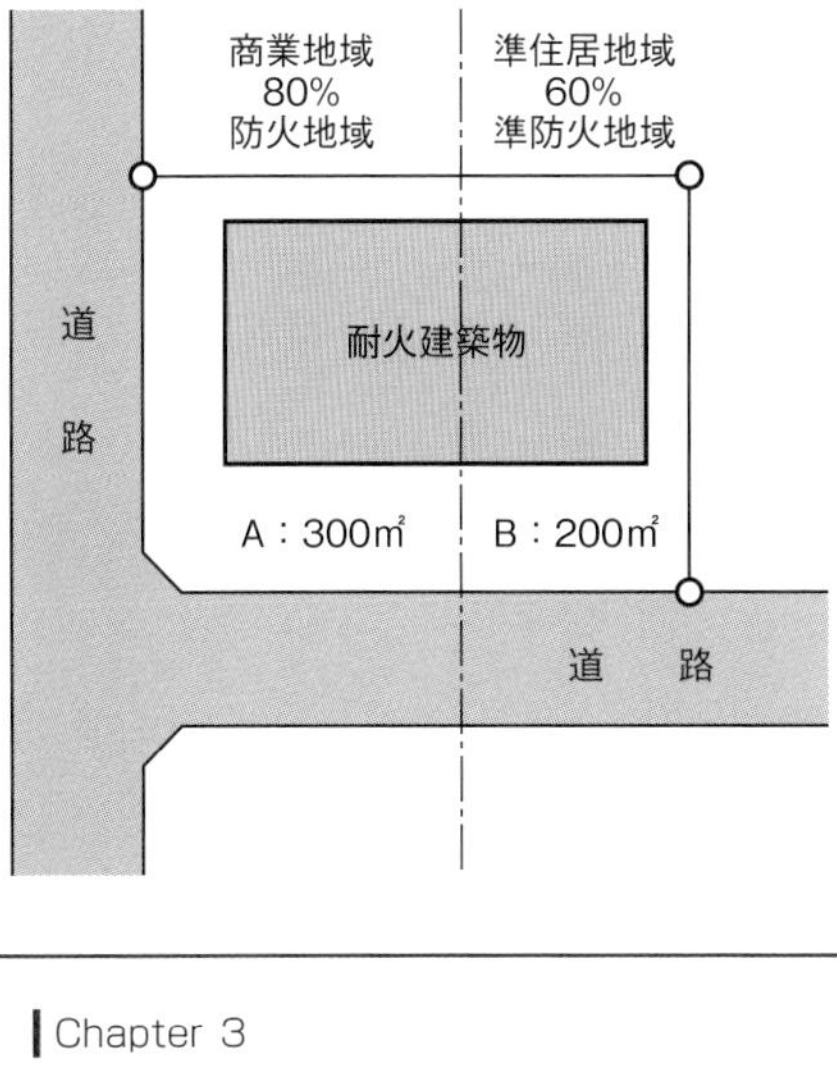

A部分の建蔽率

商業地域内で防火地域内にある耐火建築物：建蔽率制限を免除
∴100%
（ただし、敷地の一部に別棟で非耐火建築物がある場合は、緩和されない）

B部分の建蔽率

❶敷地が防火地域内の内外にわたり、敷地内の建築物がすべて耐火建築物なので、敷地はすべて防火地域内にあるとみなされる：10%加算
❷角地による緩和：10%加算
∴60%+20%=80%

●**敷地全体の建築面積の限度は**

最大許容建築面積＝300㎡×100%＋200㎡×80%＝460㎡

●**敷地全体に対する建蔽率の限度は**

$$最大許容建蔽率=\frac{460㎡}{300㎡+200㎡}=92\%$$

絶対高さ制限

036

低層住居専用地域や田園住居地域、高度地区では、高さの最高限度が一律に決められる

低層住居専用地域や高度地区内では、一律に建築物の最高高さが制限される。最低高さを制限する高度地区もある

低層住居専用地域等の絶対高さ

建築基準法では、建築物の高さの規制方法が2つある。用途地域ごとに道路幅や隣地からの距離、真北方向の距離などをもとにして行う斜線型の高さ制限と、建物の高さを地域内で一律に規制する**絶対高さ制限**である。

第1・2種低層住居専用地域又は田園住居地域内では、建築物の高さは、10m（12m）以下に制限される（法55条）。10mか12mかの選択は、行政庁の都市計画で決める。

建築物の高さは、地盤面から算定する。屋上の階段室や装飾塔などの建築物の部分は、水平投影面積の合計が建築面積の1／8以内の場合は、高さに含まない。ただし、その部分が第1・2種低層住居専用地域、田園住居地域内で5m、他地域内で12mを超えると、高さに算入となる。

絶対高さ緩和の建築物

絶対高さの限度が10mの地域で、敷地面積が1千500㎡以上であり、かつ建蔽率の限度に空地率1割を上乗せした空地を有する敷地で、特定行政庁が低層住宅地の環境を害するおそれがないと認めた建築物は、高さが12mまで緩和される（令130条の10）。

また、敷地の周囲に広い公園などの空地を有する建築物や学校などの建築物で、特定行政庁が建築審査会の同意を得て許可した建築物は絶対高さの制限を受けない（法55条3項1・2号）。

高度地区と絶対高さ

高度地区は都市計画で用途地域内に指定される。高さ制限方法は、境界線までの真北方向の距離と斜線勾配によるものと建築物の高さの最高限度（絶対高さ）や最低限度の指定がある。高度地区内の北側高度斜線の検討では、屋上の階段室や装飾塔などの建築物の部分は高さに算入する（令2条6号）。

この地区では、建築基準法の高さ制限に加えて、都市計画で決められた高さの算定が適用される（法58条）。

絶対高さ制限（第1・2種低層住居専用地域、田園住居地域内）

種別	適用地域・敷地・建築物	建築物の高さ（H）	適用条項
原則	第1・2種低層住居専用地域 田園住居地域	H≦10m　または　12m （10mか12mかは都市計画で定める）	法55条1項
緩和	下記をすべて満たす敷地［※1］ 敷地面積≧1,500㎡［※2］ 空地率＝$\frac{空地面積}{敷地面積}$≧（1－建蔽率）＋1／10［※3］	絶対高さ10mを12mまで緩和	法55条2項 令130条の10
	下記をすべて満たす建築物［※4］ 地上階数≦3、軒高≦10m （住宅・共同住宅・兼用住宅）		法55条2項 昭59住街発35
	下記のいずれか［※5］ 敷地の周囲に広い公園・広場・道路その他の空地のある建築物、学校その他の建築物［※6］	絶対高さ制限を緩和	法55条3・4項

※1：特定行政庁が低層住宅に係る良好な住居の環境を害するおそれがないと認めるもの
※2：地方公共団体の規則で750㎡≦敷地面積＜1,500㎡の範囲で定めた場合は、その値
※3：建蔽率の指定のない地域：空地率≧1／10
※4：各特定行政庁が3階建て住宅の認定準則による緩和を適用している場合
※5：特定行政庁が建築審査会の同意を得て許可する場合
※6：用途上やむを得ないもの

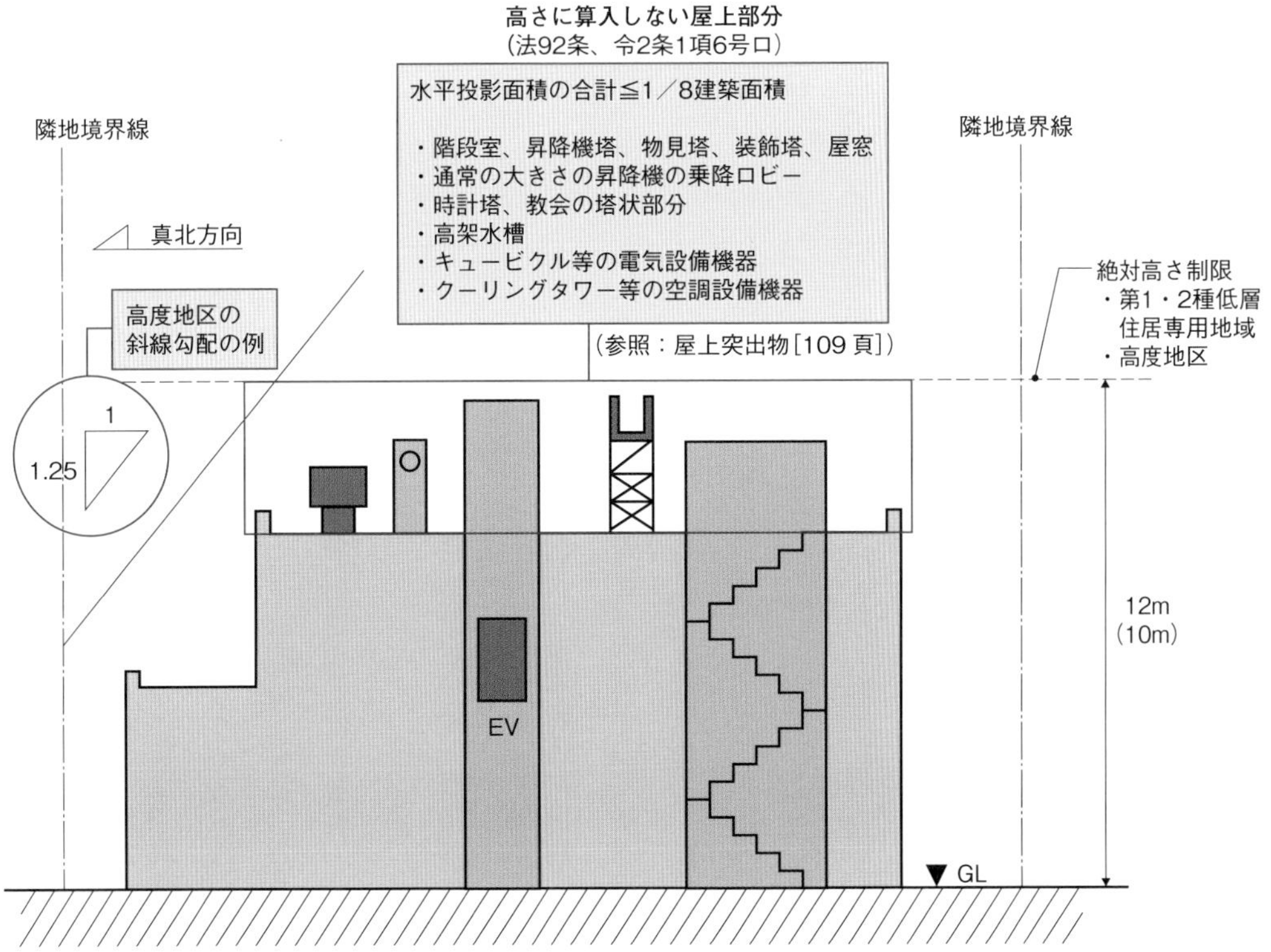

外壁後退・壁面線の指定 037

外壁後退は敷地境界線から1m離す。壁面線は道路境界線から後退して指定

「外壁後退」は、道路を含む敷地周囲の境界線から、「壁面線」は道路境界線から一定距離を離すことが決められる

外壁の後退距離の制限

第1・2種低層住居専用地域又は田園住居地域内では、行政庁が都市計画で**外壁の後退距離**を定めている場合がある。これは建築物の周囲に空地をとることで、日照、採光、通風などを確保することを意図した制限である。

後退距離の制限がある場合は、道路境界線や隣地境界線から建物の外壁(柱)の面を1.5mまたは1m以上離さなければならない。

ただし、外壁(柱)の中心線の長さの合計が3m以下の部分や、軒高が2.3m以下の物置等で、床面積の合計が5㎡以内の部分は、外壁後退(セットバック)が緩和される(法54条、令135条の20)。

壁面線による建築制限

都市計画区域では、道路に面して前庭のある軒並みをつくるなど、商店街や住宅地の環境向上を図るために、特定行政庁が道路境界線から後退して**壁面線**を指定することがある(法46条)。

壁面線の指定は、利害関係者の意見を聴取し建築審査会の同意を得て公告するなど、一定の手続きを必要とする。壁面線が指定されると、建物の壁や柱、高さ2m超の門・塀は、壁面線を超えて建築することができない。ただし、地盤面下の部分や許可を受けたアーケードの柱などは対象外である(法47条)。

容積率算定の際、道路幅員に0.4を乗じる住居系用途地域の場合、壁面線の位置までの道路幅を採用する。

ただし、容積率の限度は当該幅員に0.6を乗じた値以下とし、後退部分の面積は容積率算定上の敷地面積から除く(法52条12・13項)。

道路の両側に壁面線の指定がある場合、特定行政庁の許可で、各壁面線までを道路幅員として、容積率が緩和される。この場合、道路と壁面線との間の空地が、道路と一体的に連続して確保されていること、安全上に支障のないことなどが前提となる(法52条11項)。

外壁後退の緩和（第1・2種低層住居専用地域、田園住居地域）

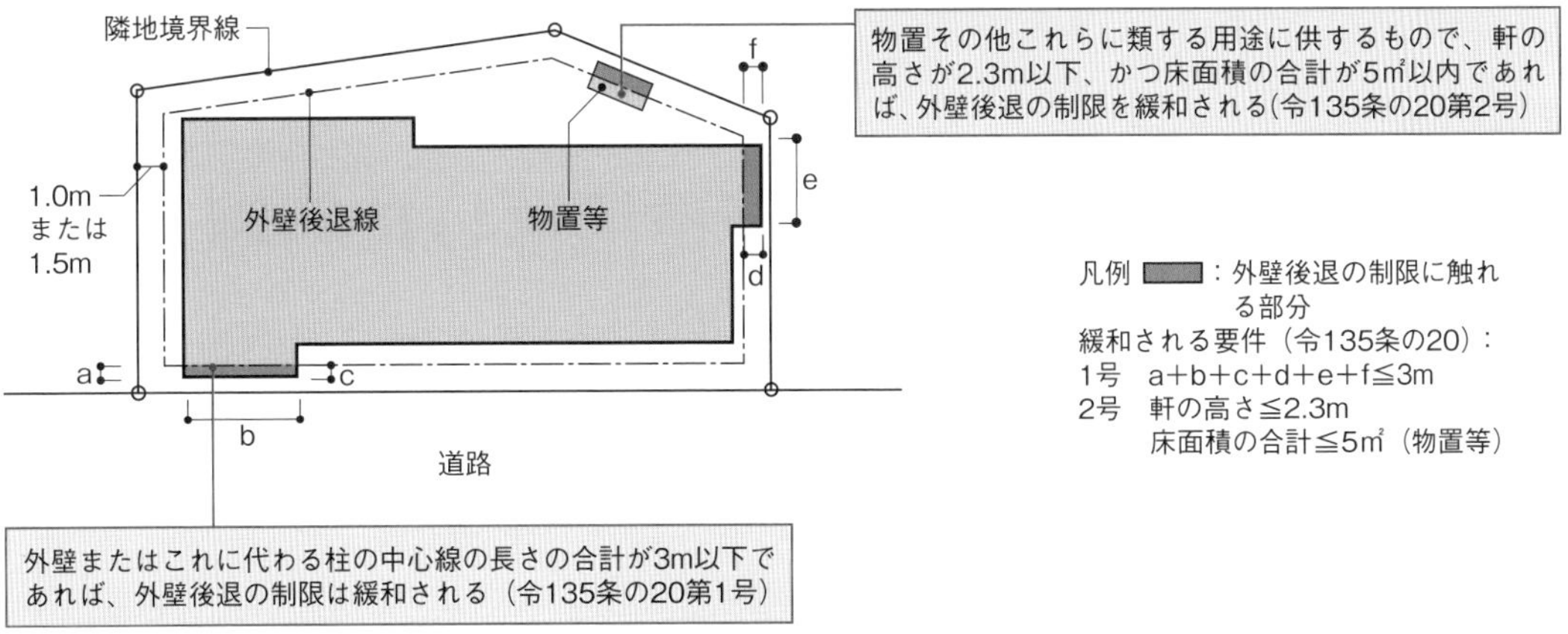
隣地境界線
物置その他これらに類する用途に供するもので、軒の高さが2.3m以下、かつ床面積の合計が5㎡以内であれば、外壁後退の制限を緩和される（令135条の20第2号）
f
e
d
c
a
b
1.0m
または
1.5m
外壁後退線
物置等
道路
外壁またはこれに代わる柱の中心線の長さの合計が3m以下であれば、外壁後退の制限は緩和される（令135条の20第1号）
凡例 ：外壁後退の制限に触れる部分
緩和される要件（令135条の20）：
1号 a+b+c+d+e+f≦3m
2号 軒の高さ≦2.3m
床面積の合計≦5㎡（物置等）

壁面線の指定

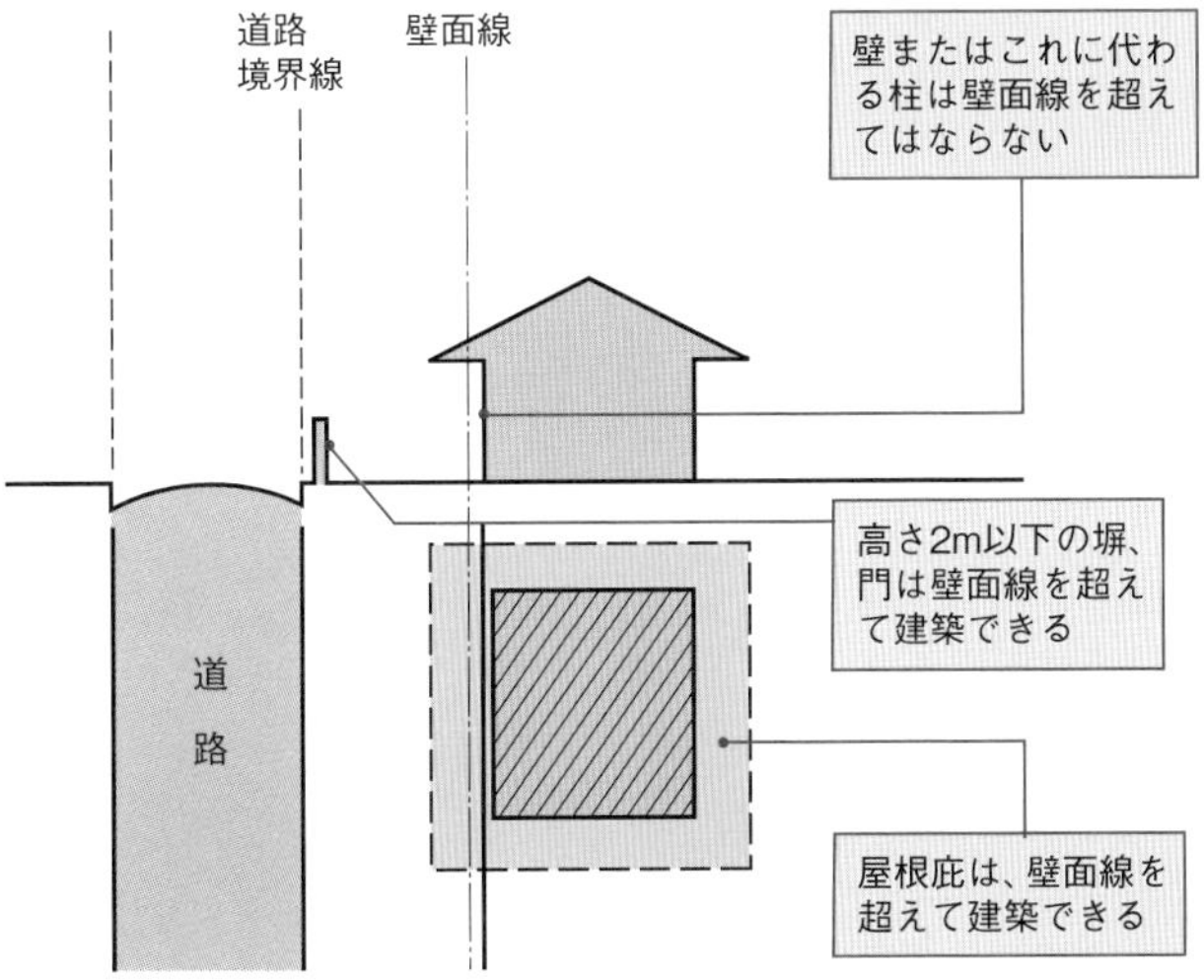
道路
境界線
壁面線
壁またはこれに代わる柱は壁面線を超えてはならない
道
路
高さ2m以下の塀、門は壁面線を超えて建築できる
屋根庇は、壁面線を超えて建築できる

壁面線が指定された場合、以下のものは壁面線を超えて建築してはならない（法47条）（地盤面下は除く）
❶建築物の壁か柱
❷高さ＞2mの門・塀

壁面線の指定による容積率の違い

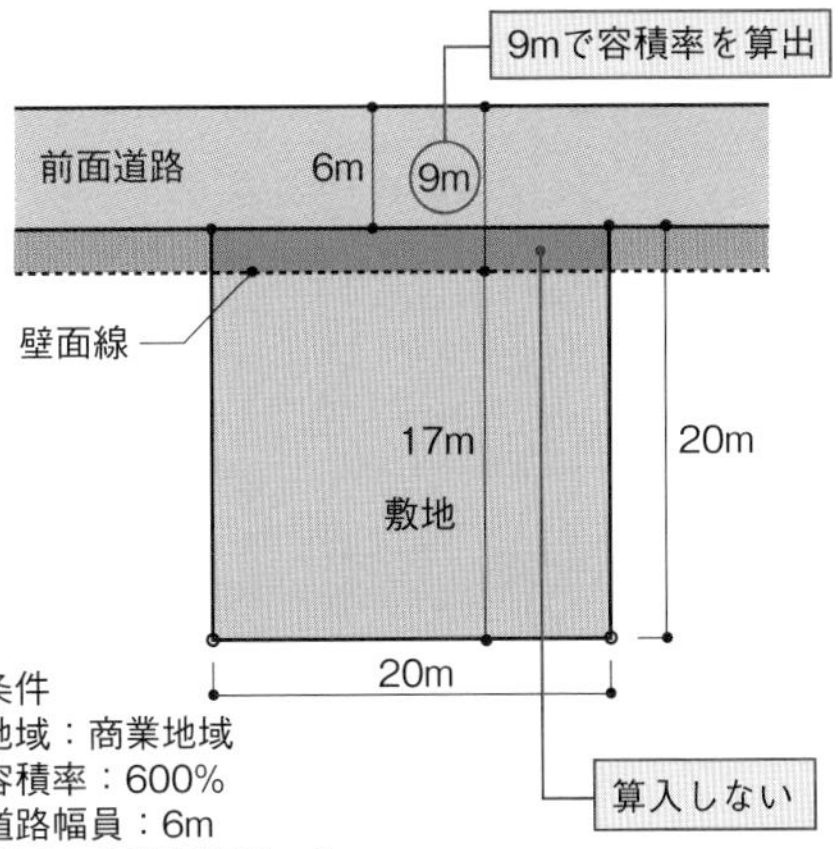
9mで容積率を算出
前面道路
6m
9m
壁面線
17m
敷地
20m
20m
算入しない

■与条件
用途地域：商業地域
指定容積率：600%
前面道路幅員：6m
壁面線による道路幅員：9m
前面道路の幅員に乗じる係数：6／10

道路幅員から算出される容積率		
❶通常の場合	通常の容積率	6m×6／10 ＝360%＜600%
	最大許容延べ面積	400㎡×360% ＝1,440㎡
❷緩和適用の場合	通常の容積率	9m×6／10 ＝540%＜600%
	最大許容延べ面積	340㎡×540% ＝1,836㎡

道路斜線

038

道路の反対側の境界線から延ばした斜線を超えて建物を建築できない！

道路中心高を基点とし、道路を挟んだ境界線から適用距離の範囲内は、一定勾配の斜線内に建物は制限される

道路斜線の算定の基本

都市計画区域と準都市計画区域内では、道路周辺の日照、衛生、安全性などを確保するため、建築物の高さが、一定勾配の斜線の内側に収まるように規制されている。この規制を**道路斜線制限**という(法56条)。

道路斜線の起点は、前面道路の反対側境界線上とし、高さの基点を道路の中心線上の高さとする。勾配は、住居系地域の1・25とそれ以外の地域の1.5の2つがある。制限高さは各地点で、勾配に距離を乗じて求める。

また、用途地域の容積率の制限に応じて、前面道路の反対側の境界線から一定距離以上離れた部分(適用距離)が設定されている。適用距離を超えた範囲は、斜線制限から除外される。

道路斜線の対象となる建築物の部分は、高さに算入される部分である。屋上の建築物には、条件によって高さの対象にならず、道路斜線の規制から除かれる部分がある。除外対象は、屋上に突き出た階段室部分、昇降機塔、装飾塔、物見塔、屋窓などである。これらの水平投影面積の合計が建築面積の1/8以下の場合は、屋上からの高さが12m(絶対高さ制限地域内の建築物や日影規制における建築物の高さの算定等では5m)までは道路斜線の規制を受けない(令2条1項6号ロ)。

前面道路の特例

法42条に規定された道路以外の部分を前面道路とみなして道路斜線を適用する場合、以下の特例を受けることができる(令131条の2)。

①土地区画整理地区や街区の整った地区で、特定行政庁が指定した場合は、街区の接する道路を前面道路として扱う

②特定行政庁が認めた建築物については、2年以内に施行予定のない都市計画道路や予定道路(法68条の7第1項)を、前面道路とみなす

③壁面線の指定がある道路は、壁面線の位置を道路の境界線とみなす

道路斜線制限（法56条1項1号、法別表第3）

種別	適用地域・地区・区域	容積率の限度（S）（%） （法52条1・2・7・9項）	斜線制限が 適用される距離	斜線勾配
原則	第1・2種低層住居専用地域 第1・2種中高層住居専用地域 第1・2種住居地域 準住居地域 田園住居地域	S≦200	20m	1.25
		200＜S≦300	25m（20m）［※1］	1.25 （1.5）［※1］
		300＜S≦400	30m（25m）［※1］	
		400＜S	35m（30m）［※1］	
	近隣商業地域 商業地域	S≦400	20m	1.5
		400＜S≦600	25m	
		600＜S≦800	30m	
		800＜S≦1,000	35m	
		1,000＜S≦1,100	40m	
		1,100＜S≦1,200	45m	
		1,200＜S	50m	
	準工業地域 工業地域 工業専用地域	S≦200	20m	
		200＜S≦300	25m	
		300＜S≦400	30m	
		400＜S	35m	
	第1・2種住居地域、準住居地域、準工業地域内に定められた高層住居誘導地区内の建築物　かつ 住宅部分の面積≧延べ面積×2／3	−	35m	1.5
	用途地域の 指定のない区域	S≦200	20m	1.25　または 1.5［※2］
		200＜S≦300	25m	
		300＜S	30m	

※1：（　）内は、第1・2種中高層住居専用地域（基準容積率≧400）、第1・2種住居地域、準住居地域において特定行政庁が都市計画審議会の議を経て指定する区域の数値
※2：1.25か1.5かは、特定行政庁が都市計画地方審議会の議を経て定める

道路斜線制限の適用距離と斜線勾配

❶住居系用途地域

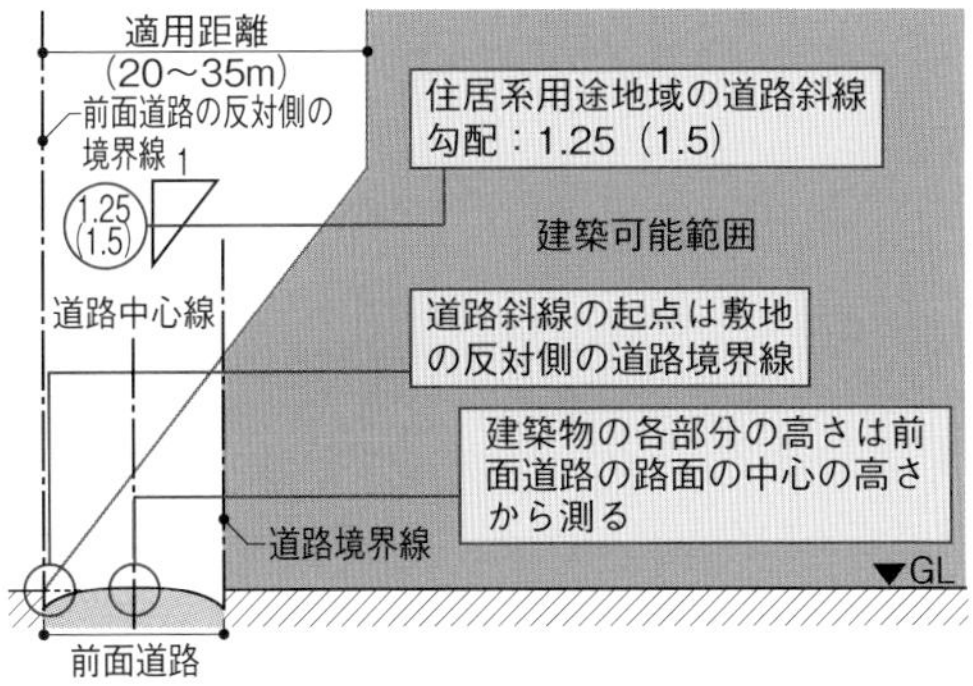

❷住居系以外の用途地域

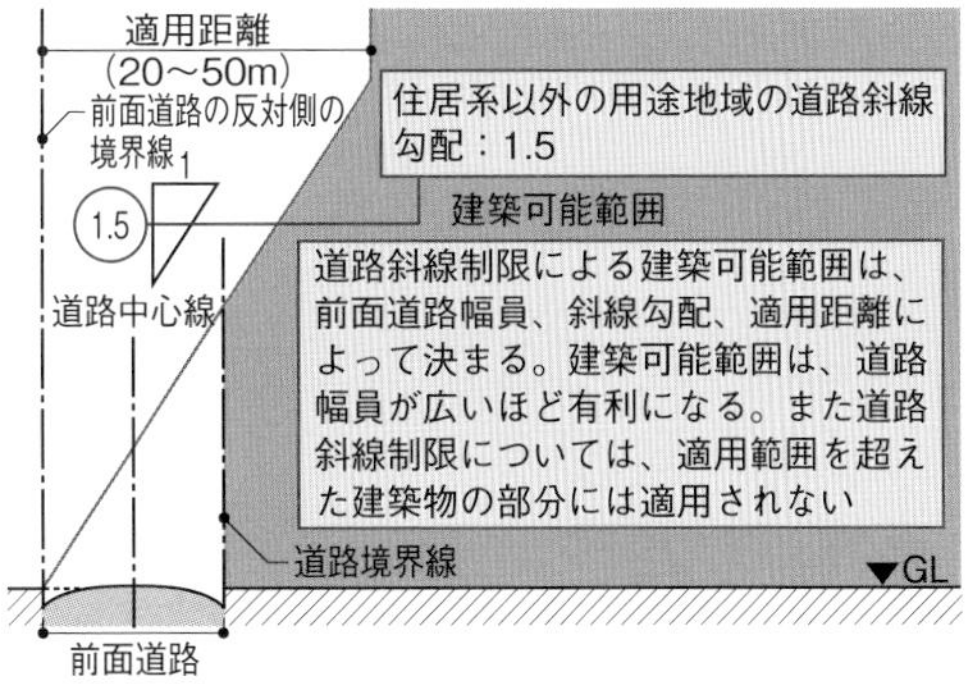

セットバックによる道路斜線緩和 039

斜線の起点はセットバック分だけ道路の反対側に移動する

道路境界線から敷地側に建築物を後退した最小距離が後退距離で、斜線の基点が後退距離だけ外側に移動する

後退分だけ緩和を受ける！

道路境界線から建築物までの間の敷地に空地を設けると、道路周辺の環境が向上する。そのため、道路斜線制限の緩和規定を受けることができる（法56条2項）。

道路境界線から建築物を敷地側に後退した部分の長さを「**後退距離（セットバック）**」という。後退距離は、道路境界線から建築物までの最小の水平距離で算定する。

後退距離による緩和を受けた場合、道路斜線は、後退距離分だけ道路反対側の境界線を外に移動したみなすことができる。道路斜線と適用距離の算定する際には、このみなし境界線が起点となる。

後退部分には、建築物がないことが原則である。ただし、低い塀や小さな建築物などは、緩和対象となる場合があり、道路後退（セットバック）の適用が認められる（令130条の12）。

セットバックによる緩和

❶後退距離がある場合の原則

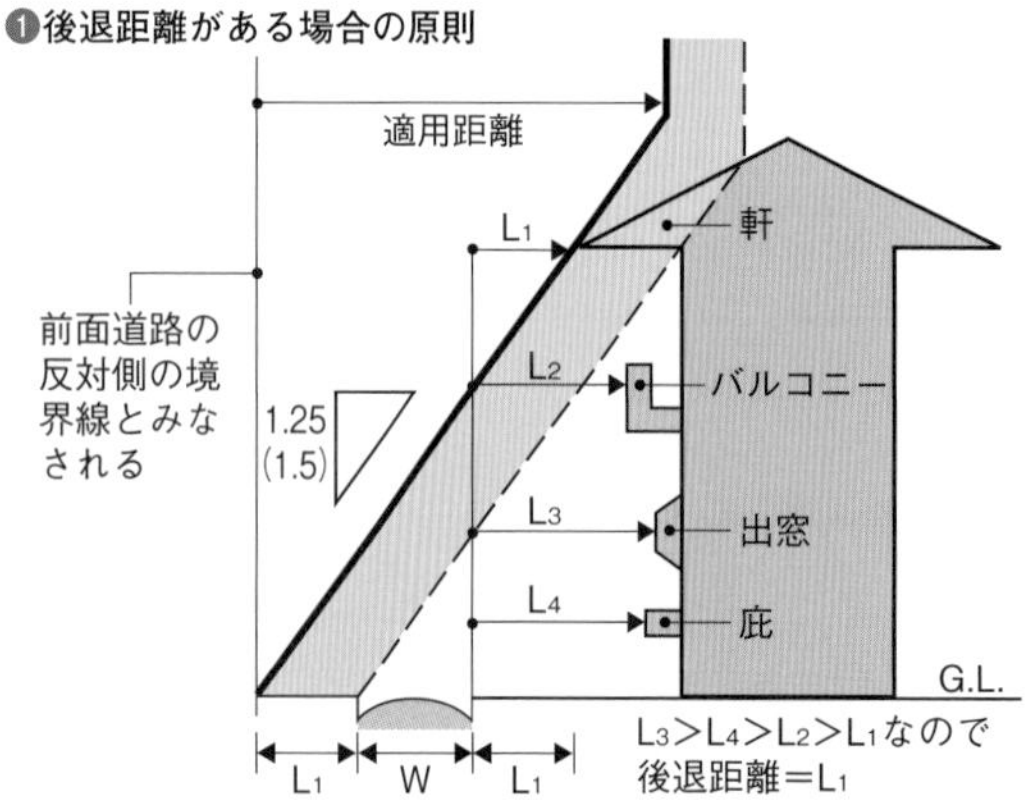

❷2方向に道路がある場合

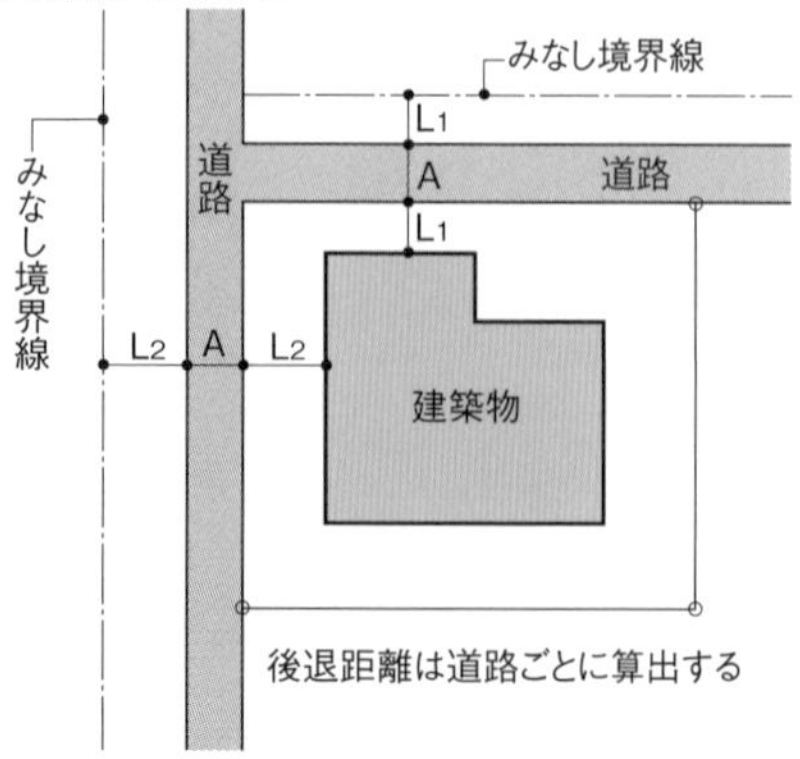

道路斜線の後退距離に含まれる部分 040

車庫・物置・ポーチなどはセットバック部分でも建築可能！

道路斜線の緩和の際、セットバック部分には、道路中心高から一定の高さ等の条件を満たす建築物であればつくることができる

セットバック部分に建築できるもの（令130条の12）

❶物置・ポーチ等

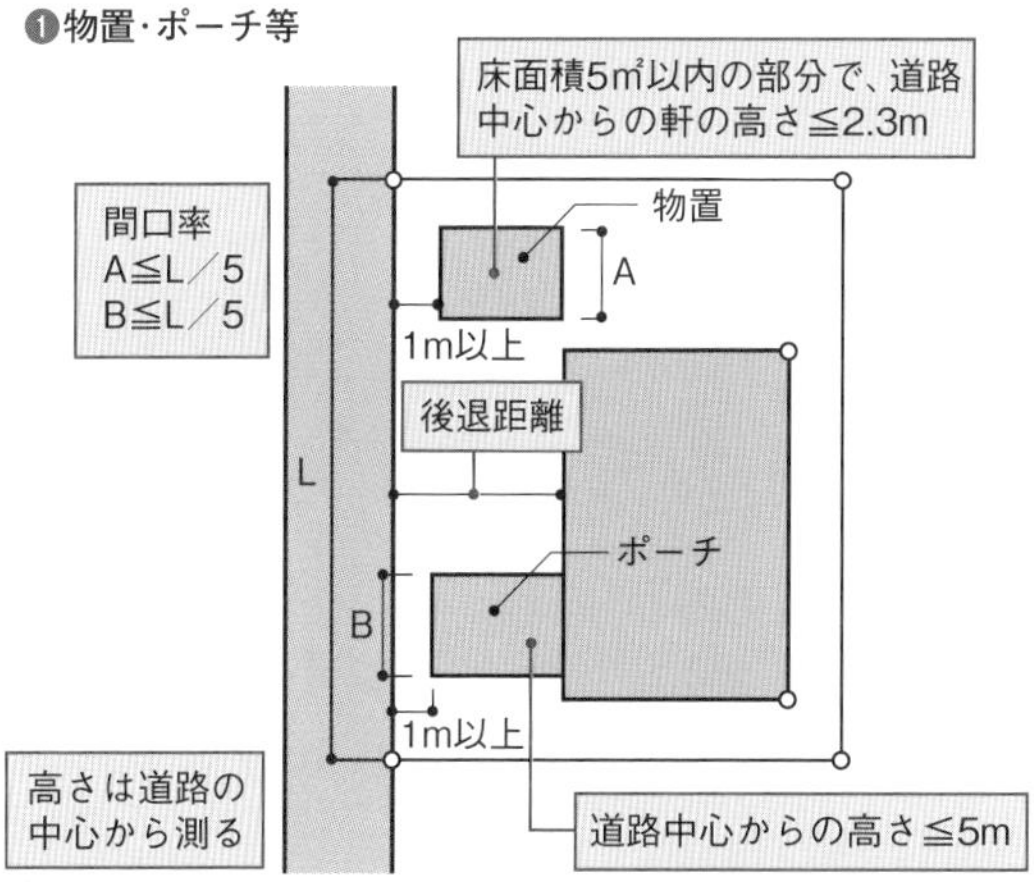

❷1.2m以下の建築物の部分

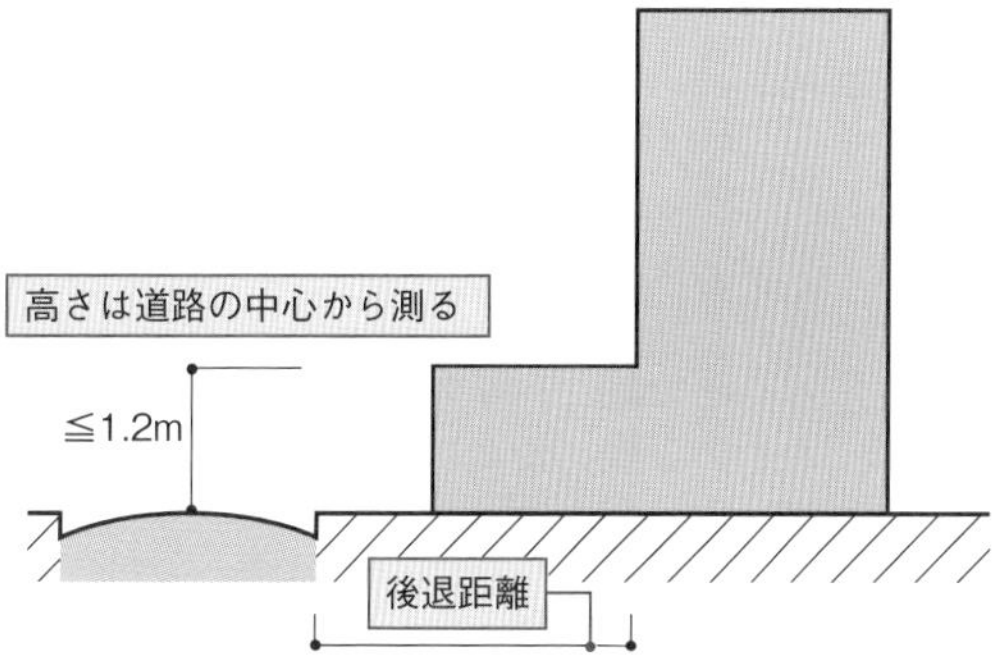

❸前面道路に沿って設ける門・塀

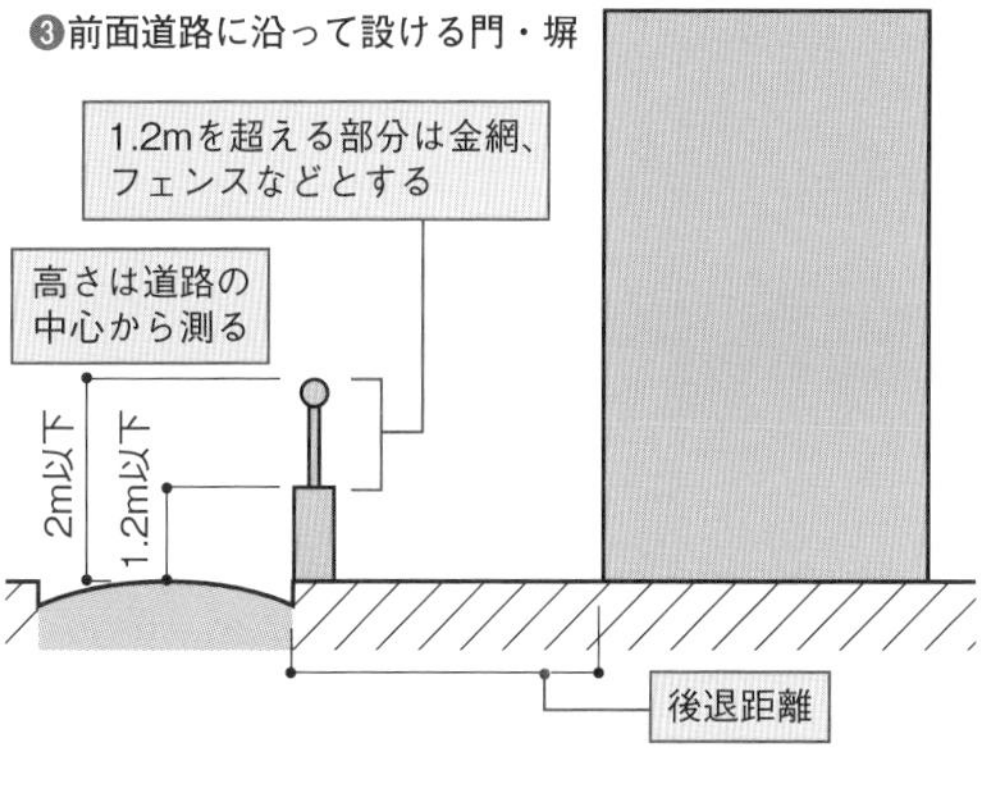

❹隣地境界線に沿って設ける門・塀

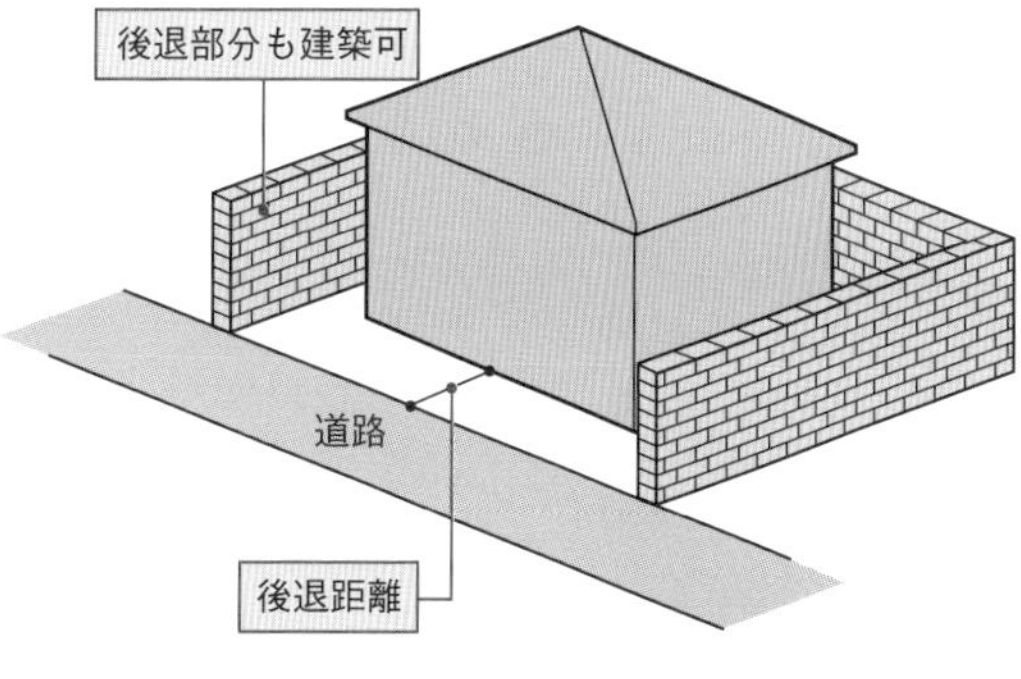

異なる制限がある敷地の道路斜線 041

斜線勾配は地域ごとに適用され適用距離は前面道路側のものを採用

地域ごとに斜線を適用するが、適用距離は道路に接する地域のものを採用し、敷地の容積率は、加重平均で求める

適用距離の取扱いに注意！

建築物の敷地に、高さ制限の異なる2以上の用途地域がある場合は、道路斜線の**適用距離**のとり方が問題になる。前面道路に接する敷地が属する地域の適用距離を使って、道路斜線を求める（令130条の11）。

前面道路に接する地域が1の場合は、前面道路に接する地域の適用距離が、接していない地域にまで適用される。適用距離が2以上の地域にわたる場合は、それぞれの地域で定められた道路斜線勾配を採用する。

一方、前面道路に接する地域が2以上ある場合は、それぞれの地域で定められた適用距離と勾配を用いて、道路斜線を求める。

なお適用距離は、同じ用途地域でも容積率によって異なる（法別表第3）。適用距離の採用基準となる敷地全体にかかる容積率は、制限が異なる地域ごとの面積で求めた加重平均値とする（法52条7項）。

敷地が2以上の地域・区域にわたる場合の例

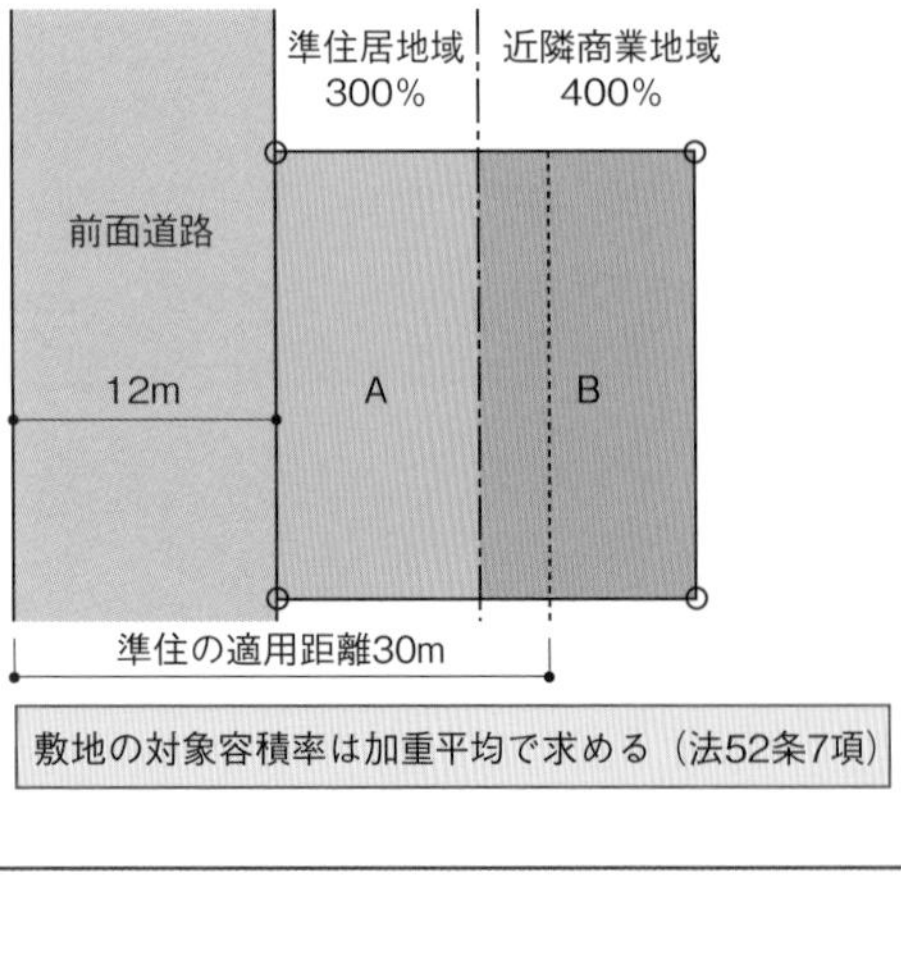

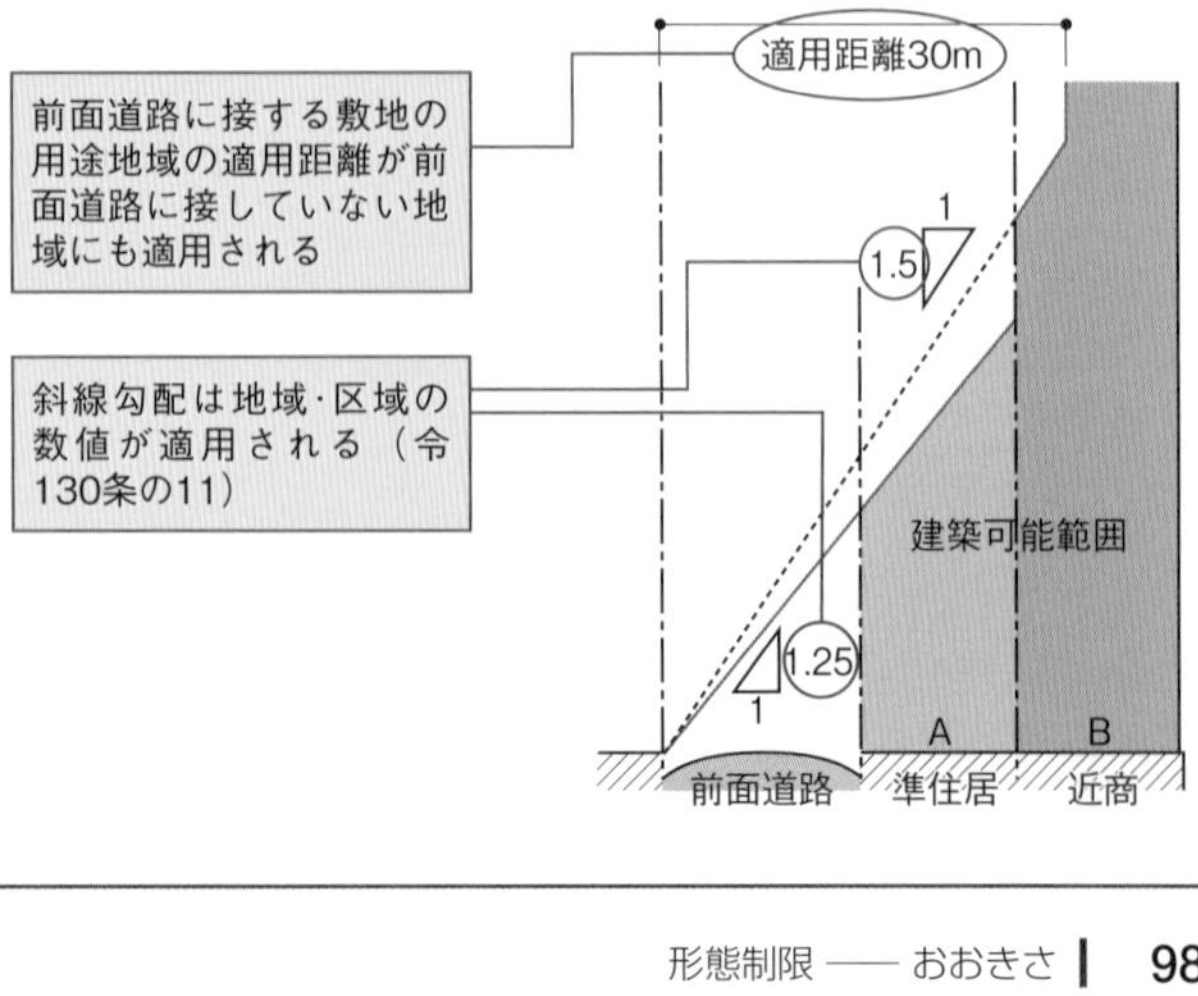

しくみ
たてる
おおきさ
もえる
にげる
へや
こわれる

住居系地域の道路斜線緩和 042

一定の住居系地域で、前面道路の幅員が12m以上ならば緩和の対象

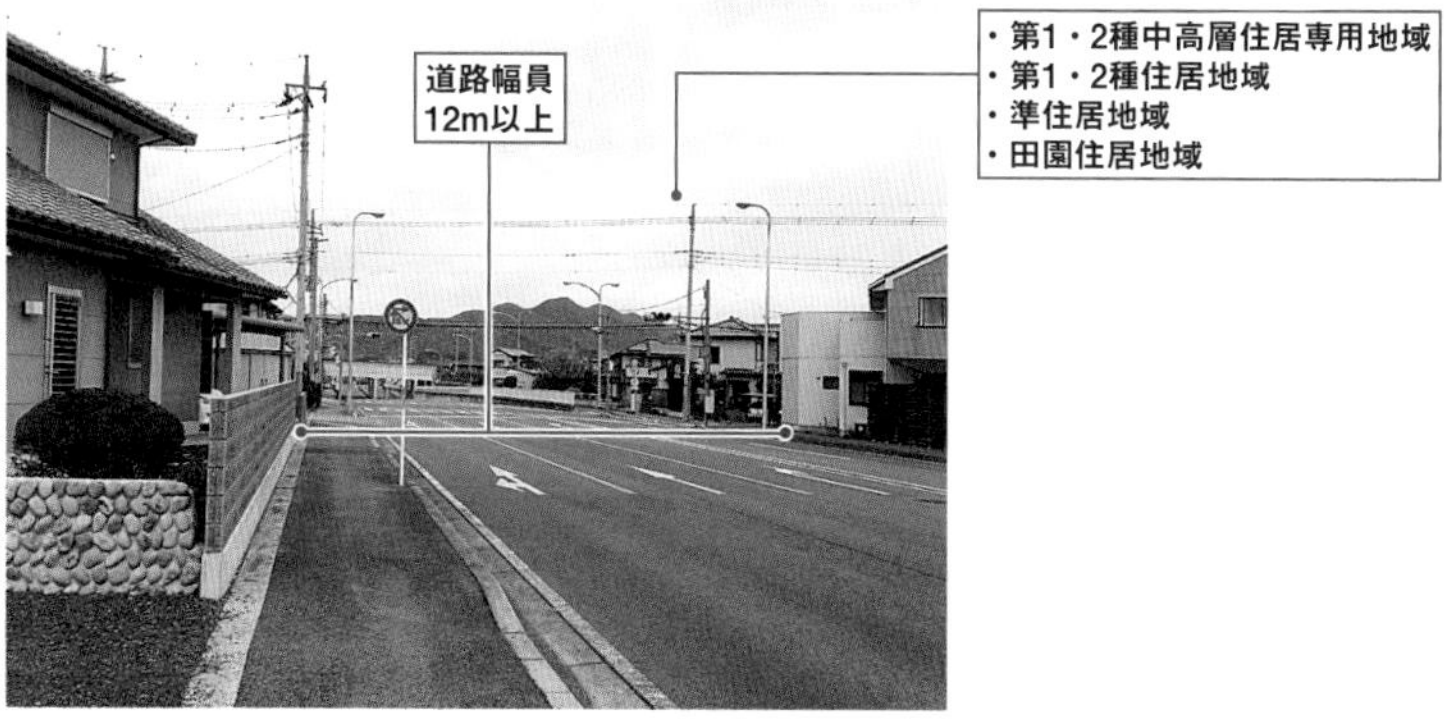

たとえば、準住居地域で敷地が12m道路に接する場合、道路側3mの範囲が1.25、他は1.5の斜線勾配となる

住居系地域の道路斜線緩和

住居系地域（第1・2種低層住居地域、第1・2種中高層住居専用地域、第1・2種住居地域、準住居地域、田園住居地域）では、良好な住環境を保つため、道路斜線勾配は1・25と厳しく設定されている。ただし、前面道路の幅員が12m以上の場合は、第1・2種低層住居専用地域、田園住居地域を除き、道路斜線の適用距離内であっても、斜線勾配が**部分的に1.5に緩和**される（法56条3項）。

斜線勾配が緩和される敷地内の範囲は、前面道路（幅員W）の反対側の境界線から、その幅員に1・25を乗じた値（1・25×W）以上の範囲である。この範囲より道路側の部分は、緩和されず1・25が適用される。建築物をセットバックさせて、後退緩和を使う場合は、適用距離の起点と道路幅を1・25倍する起点は道路の反対側の境界線からセットバック分だけ道路の外側に移動させた位置とする（法56条4項）。

広幅道路（12m以上）の場合の斜線勾配緩和（法56条3項）

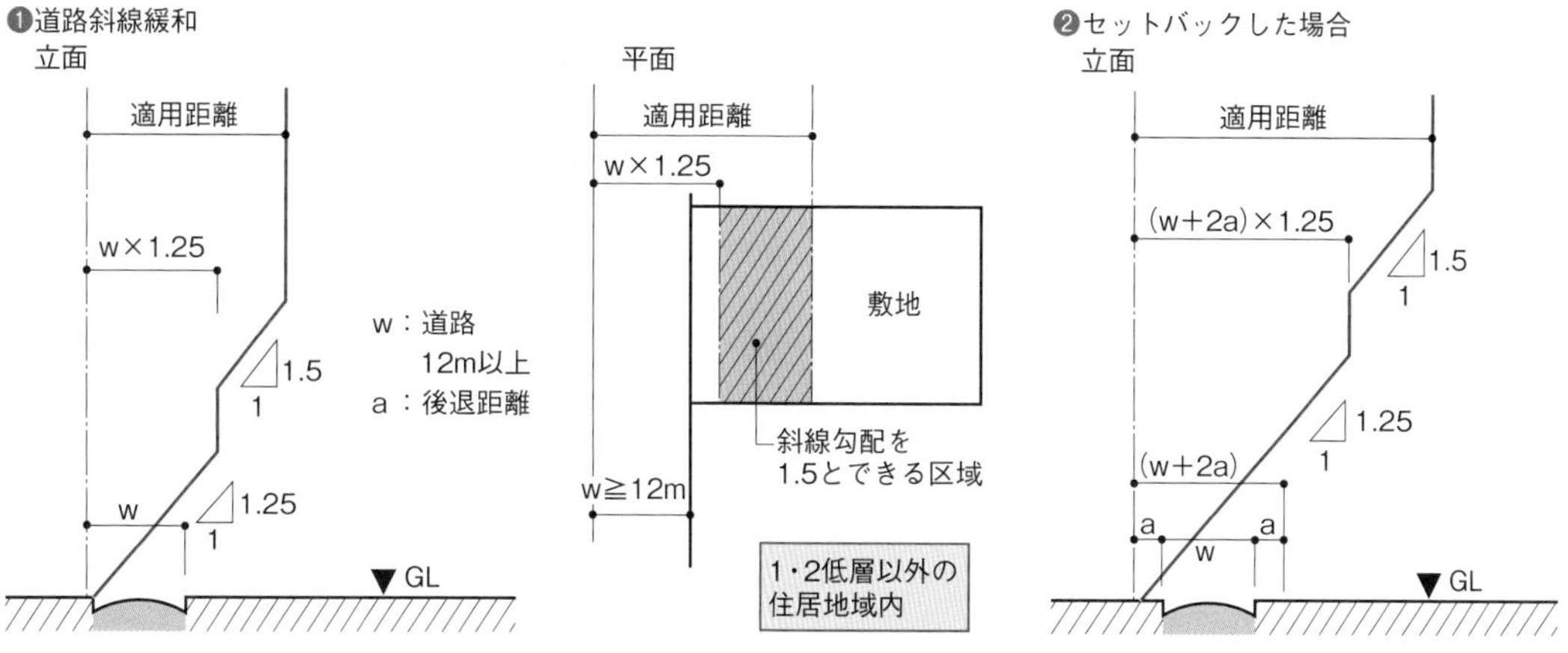

2以上の道路の場合の道路斜線 043

2以上の道路に接する場合、一定範囲で狭い道路の幅員を広い道路と同じとみなす。広道路幅員適用と後退緩和は併用可

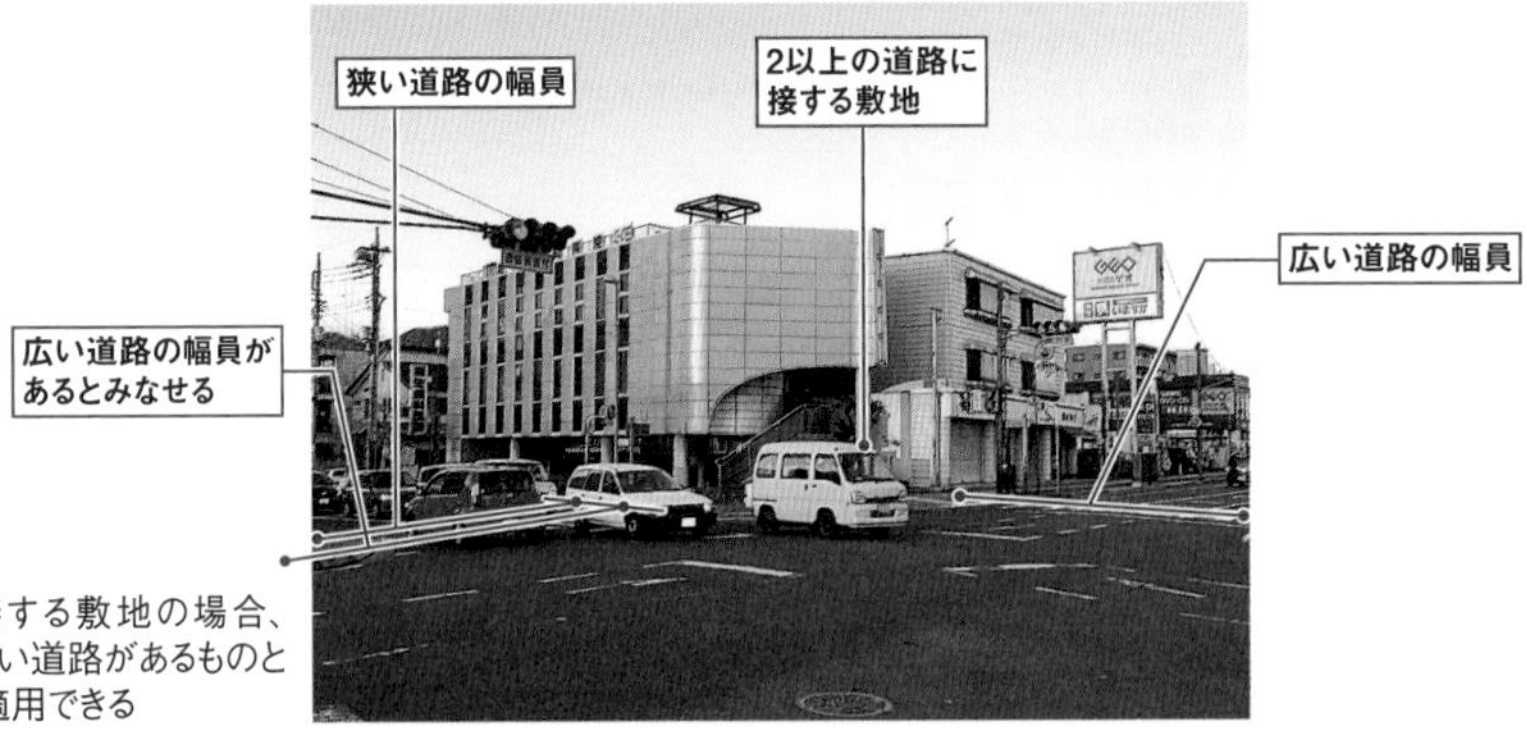

2以上の道路に接する敷地の場合、一定の範囲内は広い道路があるものとして、道路斜線を適用できる

角地での道路斜線の緩和

幅員の広い道路と狭い道路が交差する角地に建築する場合、建築物の角付近の形が、狭い道路からの斜線勾配で広い道路からの斜線制限以上に規制されると、形態制限上不合理である。そのため建築基準法では、**広い道路から影響を受ける範囲は、狭い道路の幅員を広い道路と同じとみなしてよい**としている（法56条6項、令132条）。

緩和を受けられるのは、敷地が広い道路と接する境界線から、広い道路の幅員の2倍の水平距離と35mを比較して、短いほうの数値の範囲である。

広い道路とみなす幅員の起点は、狭い道路の敷地境界線となる。道路斜線は敷地の反対側に移動した境界線から検討する。緩和対象範囲を超えた部分では、狭い道路幅で道路斜線がかかる。

ただし、その部分にも緩和規定があり、狭い道路の中心線から10mを超える敷地内の範囲では、広い道路があるものとして道路斜線を適用できる。

角地以外でも同様の緩和がある

同様の道路斜線の緩和は、角地以外でも適用される。

敷地が並行する2以上の道路に接しているとき、広い道路と接する境界線から、広い道路の幅員の2倍の水平距離と35mを比較し、短いほうの数値の範囲は、**広い道路があるものとして道路斜線が緩和**される。

敷地の4周が道路に接する場合、最大幅員道路以外の道路部分では、それぞれの道路の中心線から10mを超える敷地内の範囲にはすべて最大道路幅員があるものとみなして、斜線勾配を検討できる。

また、建築物を敷地境界線から後退させて、後退緩和を使う場合、前面道路の反対側の境界線とみなす線は広い道路の緩和を受けた線よりさらにセットバックした位置となる。

ただし、このとき適用距離や斜線勾配の起点はセットバック位置となることに注意する必要がある。

幅員の異なる4面道路に接した敷地の例

❶平面

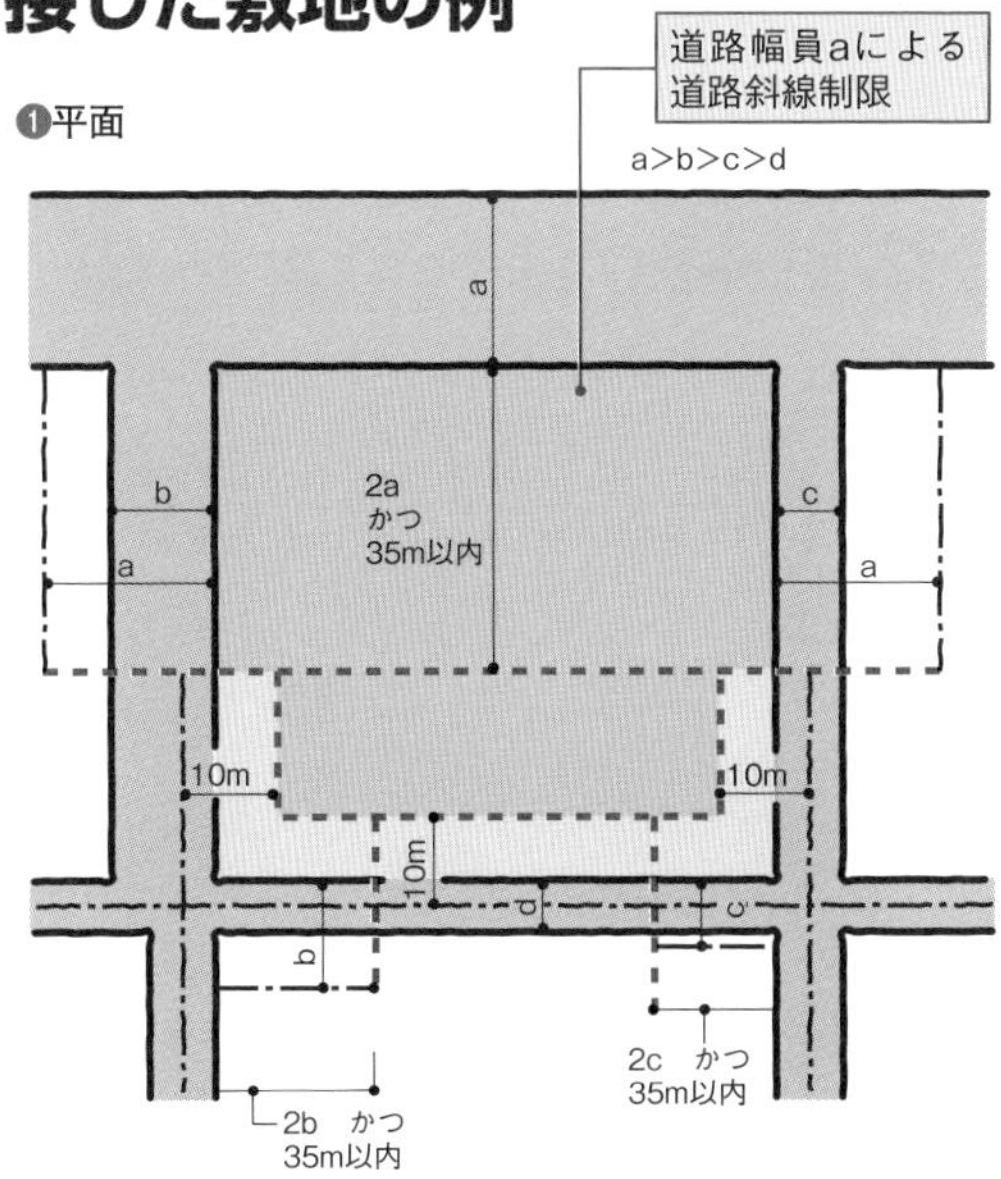

❷立体

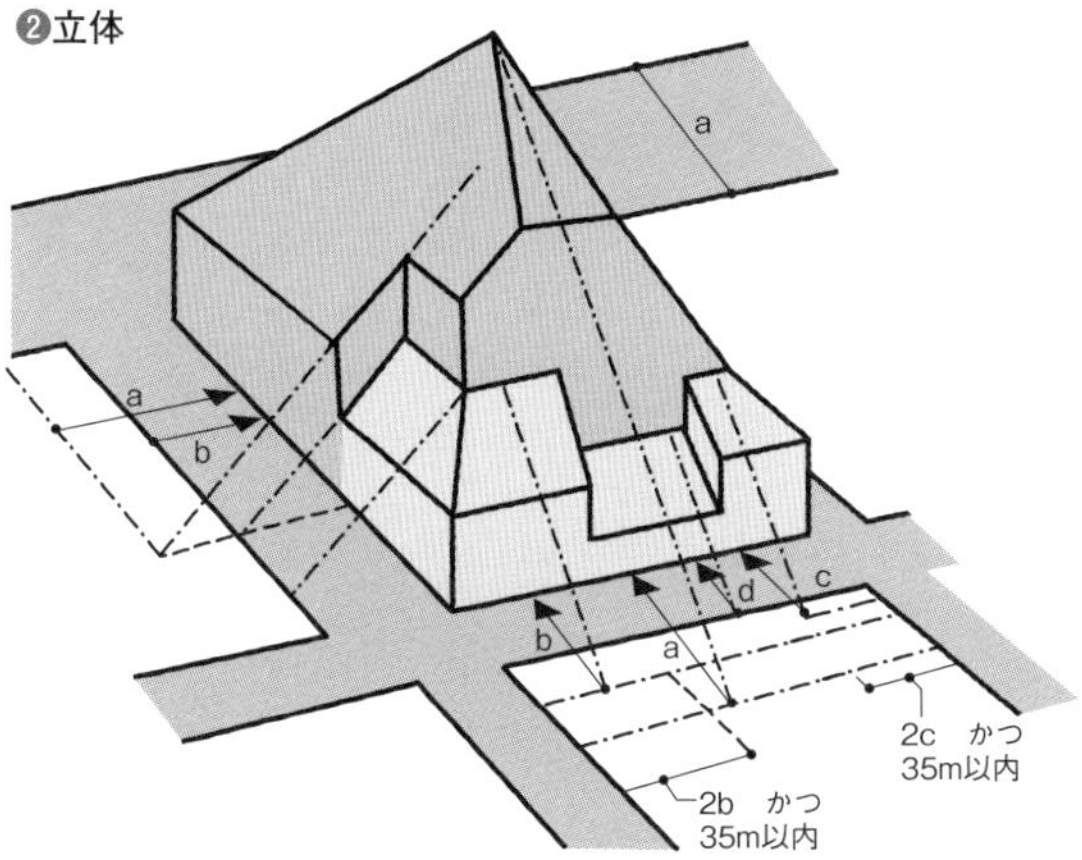

❸適用距離を含めた
立体図

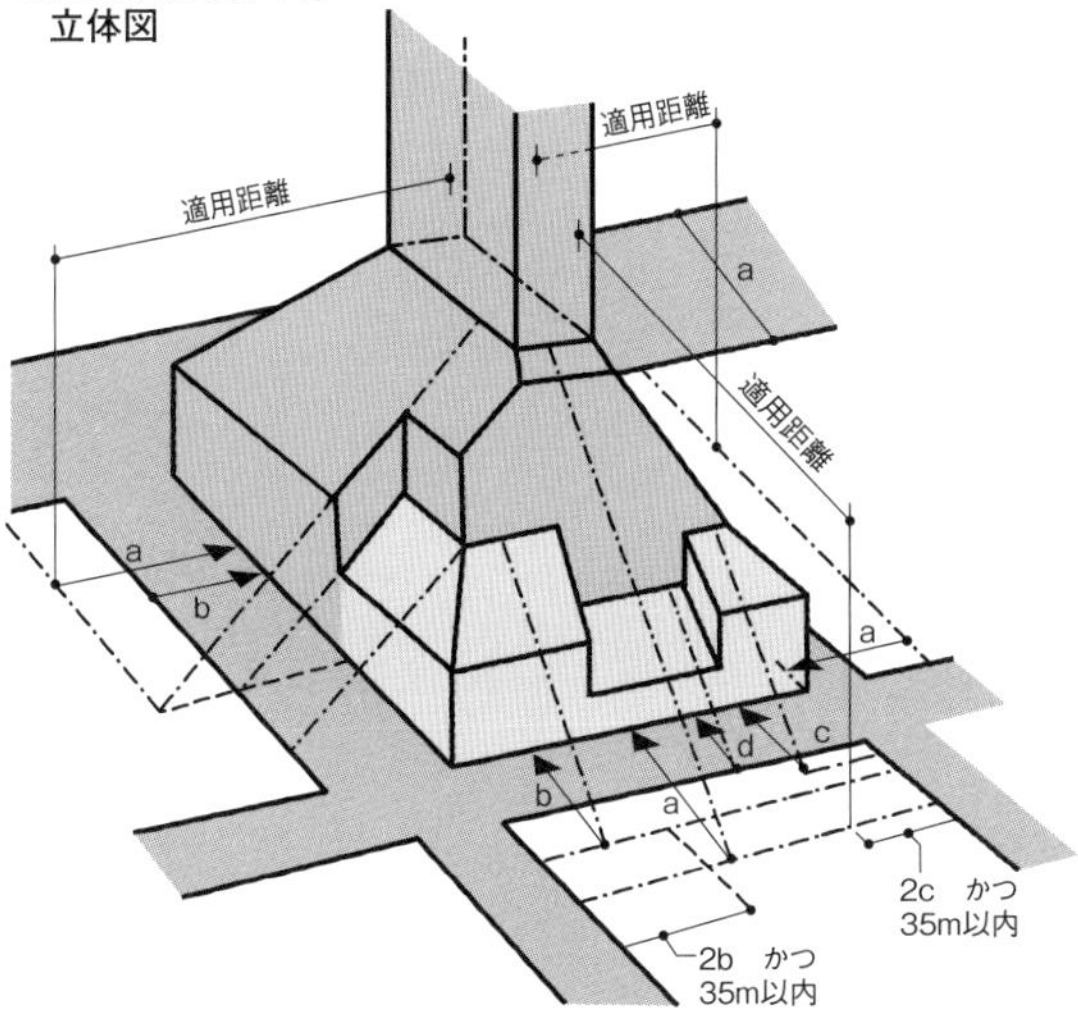

並行な道路に挟まれた敷地の道路斜線の適用

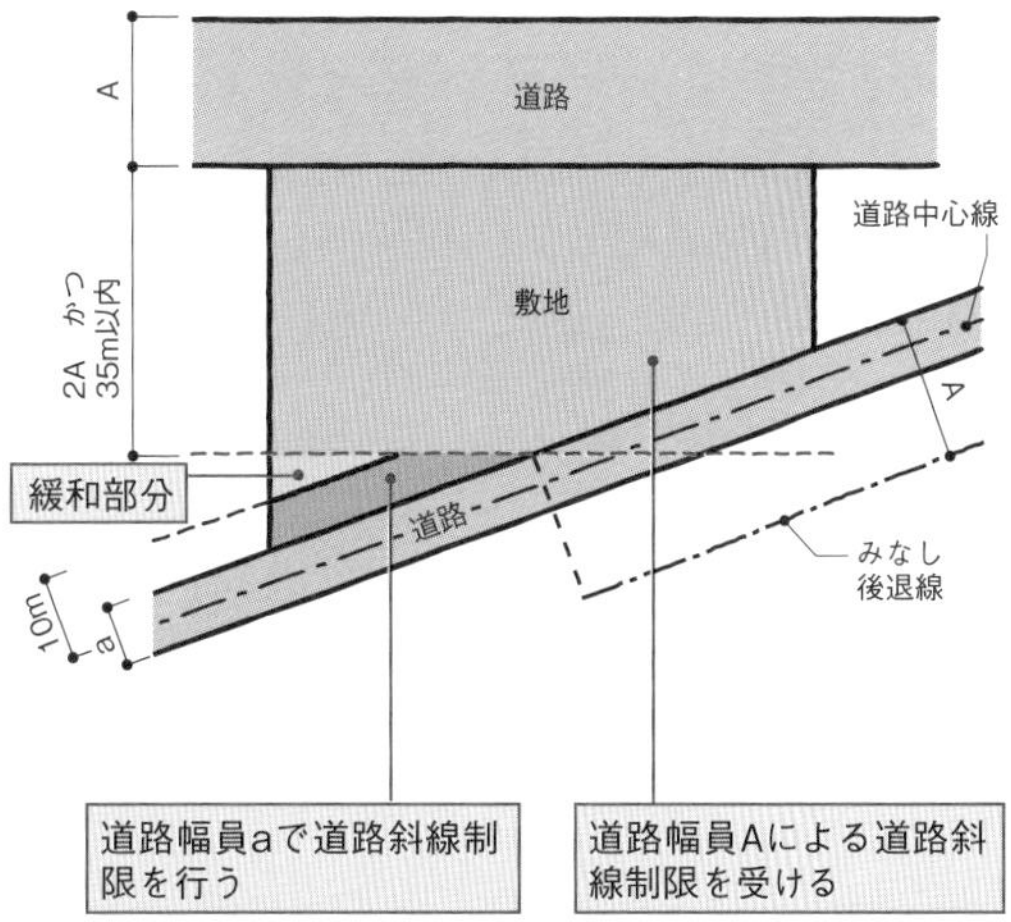

広幅員道路の幅員の狭幅員道路への適用例

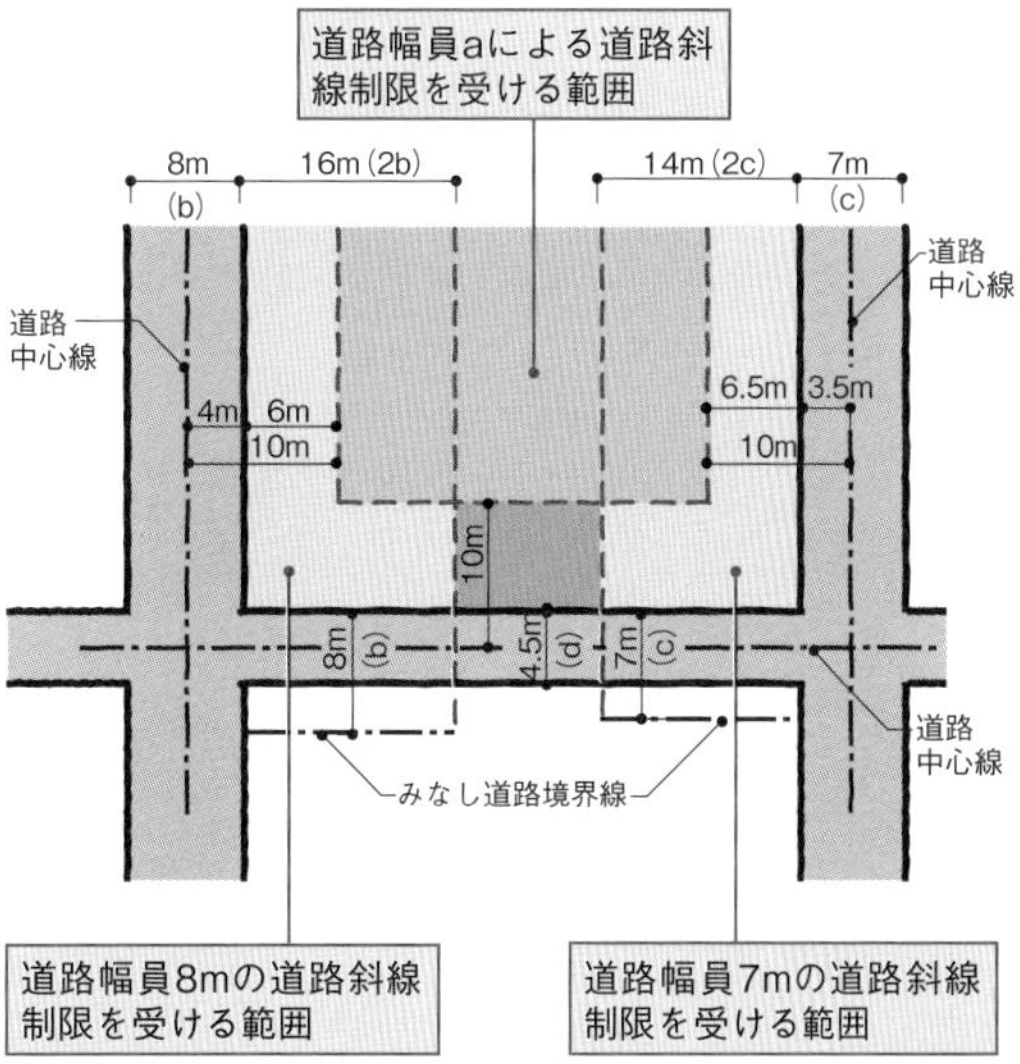

敷地の接するすべての道路に広幅員道路の道路斜線が適用される。また、道路斜線は適用距離以内でのみ制限を受ける

公園等による道路斜線緩和 044

公園・水面等があると道路斜線の起点はその反対側の境界線

道路の反対側に都市公園や川などがある場合、公園等の反対側の境界線が適用距離や斜線の基点となる

公園等で前面道路幅員が広がる

前面道路の反対側に公園や広場、水面その他これらに類するもの（川や水路）がある場合は、**前面道路の反対側の境界線は、公園等の道路と反対側にあるとみなすことができる**（令134条1項）。これは、**公園等**の**空地**があることで、「**道路斜線制限による良好な住環境の確保**」という目的をある程度満足することができると考えられるからである。

同様に、敷地に接した道路が2以上あり、そのうち1つが公園等に接する場合も、一定範囲内で、別の道路の幅員を、公園等を含めた道路幅員があるとみなすことができる（法56条6項）。

このとき別の道路の幅員が緩和を受けられる範囲は、次のうち短いほうの値である（令134条2項）。

①敷地と公園等のある道路の境界線からの道路幅員に、公園等の幅員を加えた数値の2倍の水平距離

②35ｍ

道路と敷地の高低差で緩和を受ける

道路面が敷地より低い場合、道路斜線が厳しくなるため、一定の範囲内で緩和規定が設けられている。

緩和対象となるのは、道路面が敷地より1ｍ以上低い場合である。敷地の地盤面と道路の中心の高さとの高低差から1ｍ減じた値の1／2だけ道路面が上にあるものとみなし、道路斜線制限を検討する（令135条の2第1項）。

たとえば、敷地が道路より4ｍ高い場合は、（4－1）÷2＝1.5となり、現況の道路より1.5ｍ上がった位置に道路があるものと想定して道路斜線の検討をする。

特定行政庁は、地形の特殊性により、敷地の地盤面と道路の高さの関係を別に定めることができる。したがって、高低差などの数値については、特定行政庁の細則などを確認する必要がある（令135条の2第2項）。

なお高低差による緩和は、後退緩和と併せて受けることも可能である。

公園等による道路斜線の緩和（令134条）

❶原則

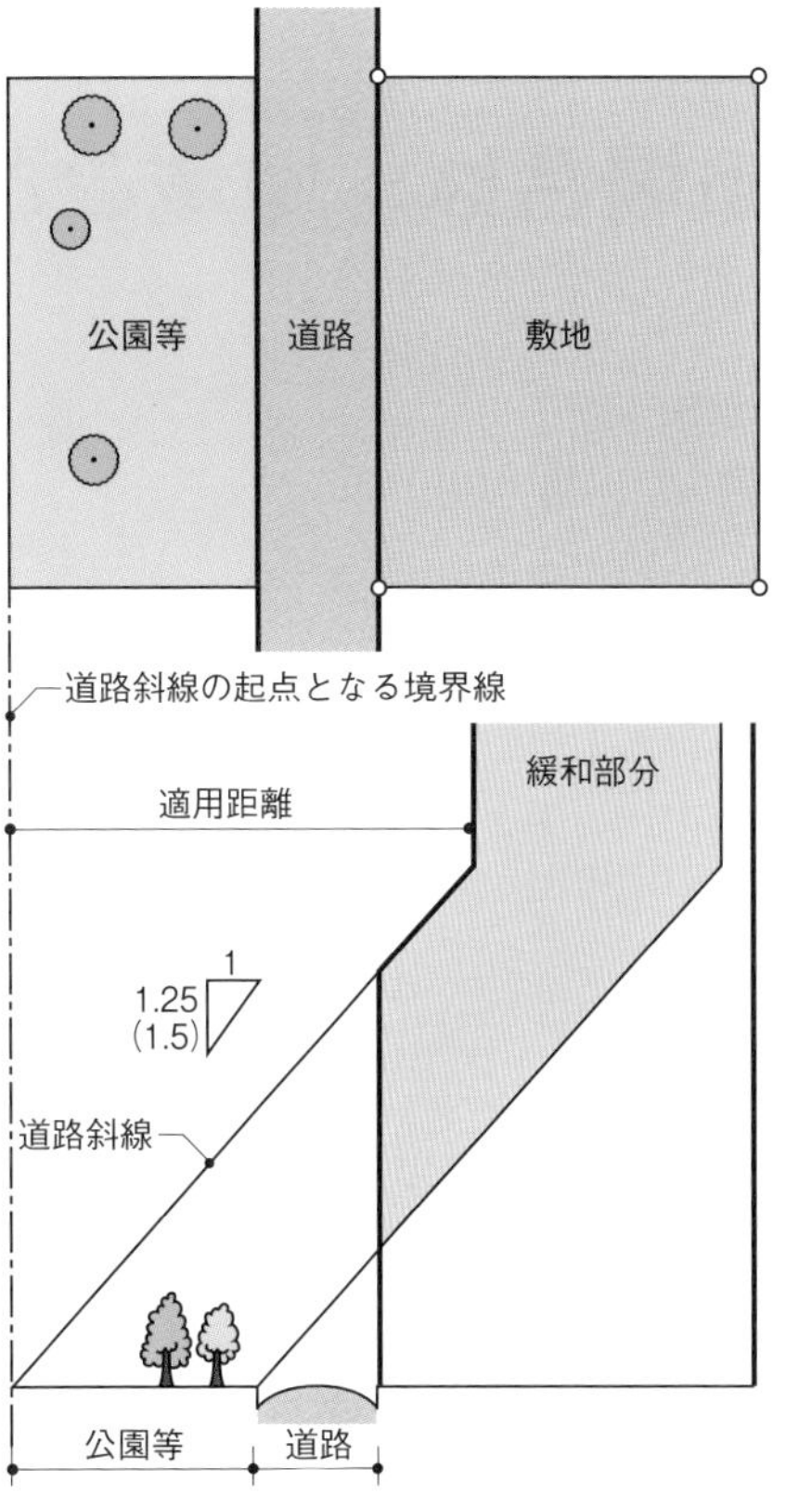

注：セットバックした場合は、その分だけ公園の反対側に
道路斜線の起点が移動し緩和される

❷２面道路と公園等による緩和（例）

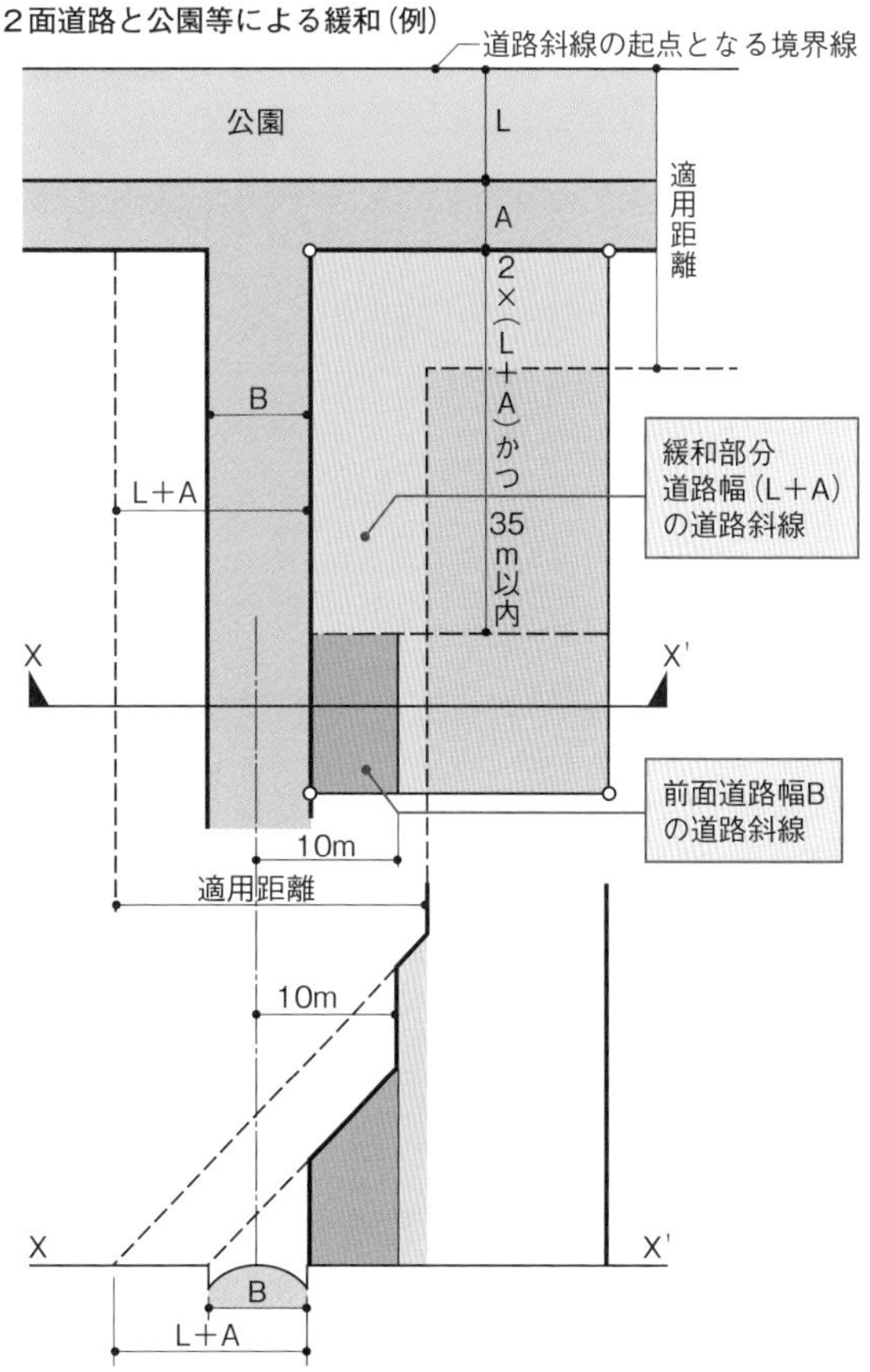

道路が１m以上低い場合の道路斜線の緩和（令135条の2）

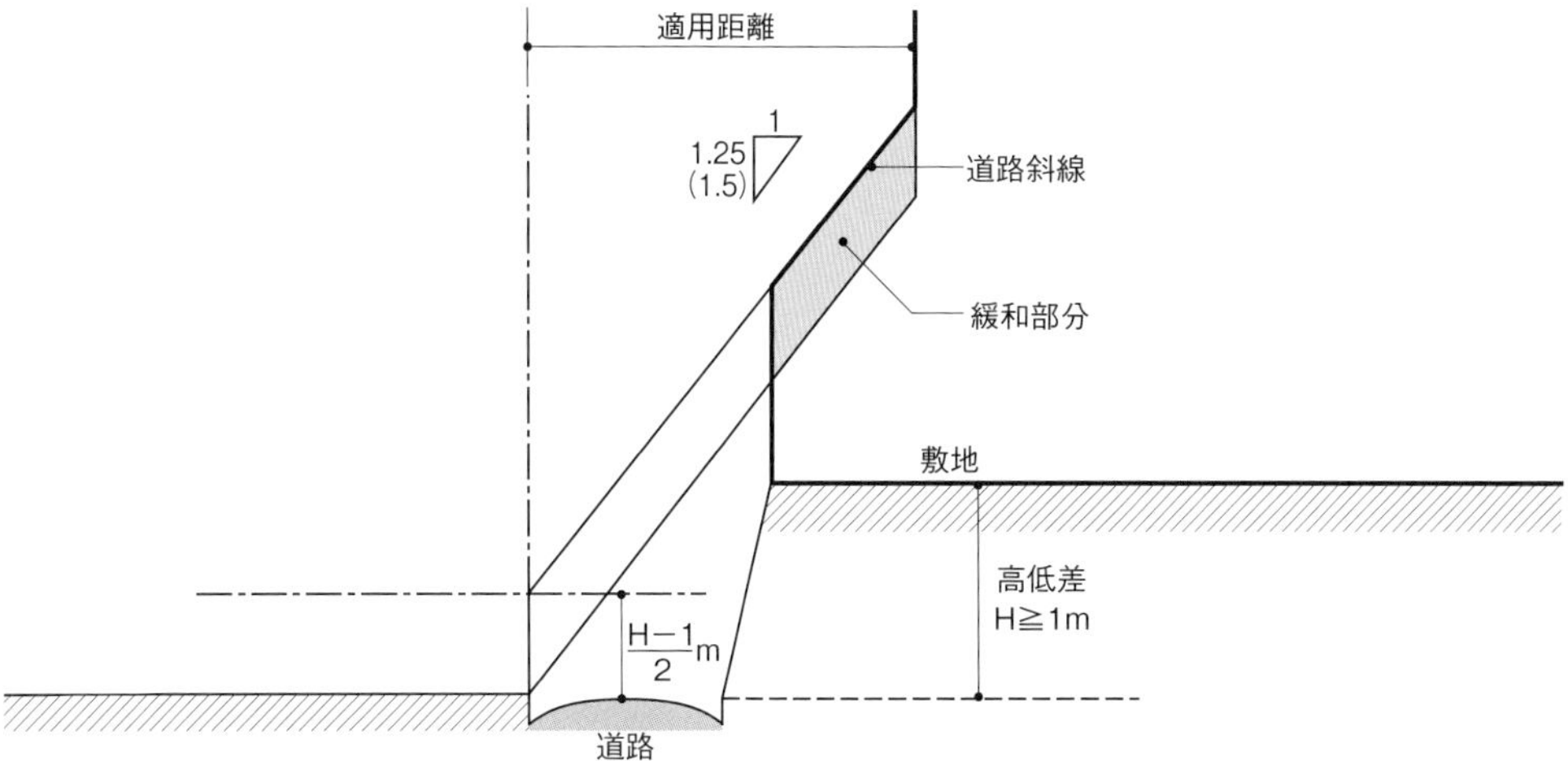

隣地斜線

045

敷地が２以上の地域にわたる場合は、地域ごとに制限を適用する

建築物は地盤面から20mか31m以上の部分で、隣地境界線から斜線勾配による高さ制限を受ける

基本高さは用途地域で異なる

隣地斜線制限は、都市計画区域・準都市計画区域内にかかる高さ制限のひとつである。隣地との境界周辺の日照や、採光、通風を確保したり、高い建築物が建つことで生じる閉塞感を防いだりすることを目的としている。

住居系地域（第１・２種中高層住居専用地域、第１・２種住居地域、準住居地域）では、当該敷地の**地盤面から20ｍの基本高さ**を隣地境界線上に設定している。

ただし住居系地域でも、第１・２種低層住居専用地域は、10ｍ（12ｍ）の絶対高さ制限があるので、隣地斜線制限が適用されない。

商業系・工業系の用途地域では31ｍが基本高さとなる。用途地域の指定がない区域は、特定行政庁が都市計画審議会の議を経て20ｍか31ｍかを決める。

基本高さは、敷地の平均地盤面から算定する。基本の高さを超える部分は、敷地内に**斜線勾配（20ｍの地域は1.25、31ｍの地域は2.5）**をとり、境界線から建築物の各部までの水平距離に乗じて制限高さを求める。なお、隣地斜線には道路斜線のような適用距離の制限はない（**法56条1項2号**）。

屋上部分の階段室や昇降機塔、装飾塔、物見塔、屋窓、その他これらに類する建築物で、屋上部分の水平投影面積の合計が建築面積の１／８以下の場合は、屋上から12ｍ（５ｍ）までの部分は、高さに算入されない。そのため、これらの部分は、隣地斜線を超えて建築することが可能である（**令2条1項6号**）。

敷地に2以上の地域がある場合

敷地が隣地斜線制限の異なる2以上の地域や地区、区域にわたる場合は、用途地域ごとに斜線規制を適用する（**法56条5項**）。

ただし、隣地斜線は敷地単位で検討するため、各地域はすべての隣地境界線からの斜線制限を検討しなければならない。

隣地斜線制限（法56条1項2号）

❶住居系用途地域

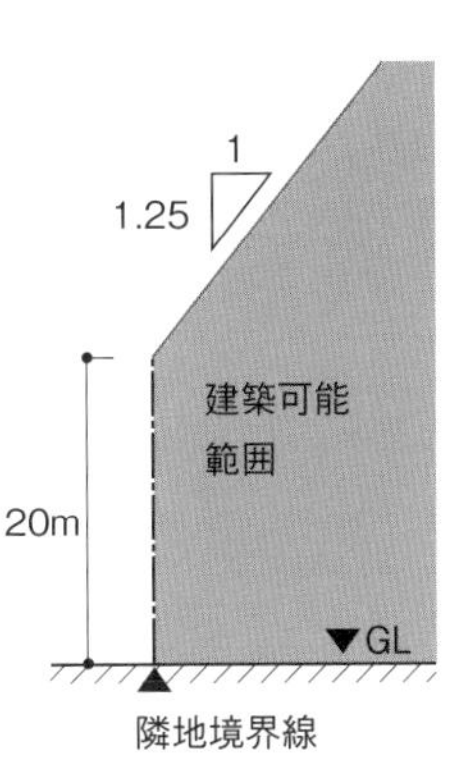

❷住居系以外の用途地域

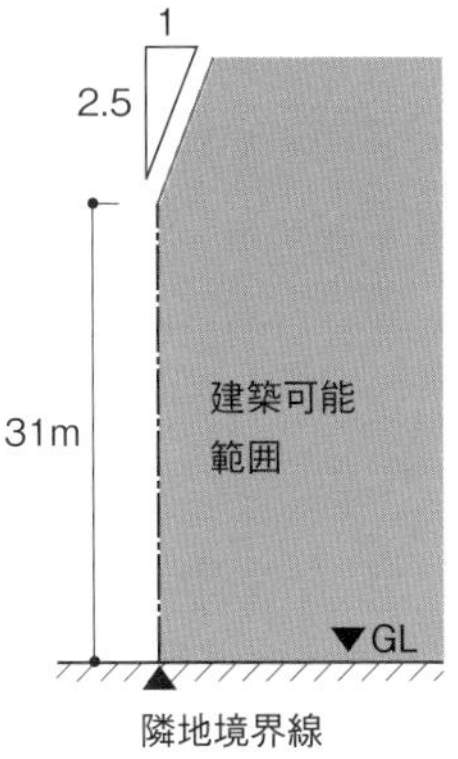

隣地斜線制限には道路斜線のような適用距離がない

適用地域	立上りの基本高さ	勾配
第1種中高層住居専用地域 第2種中高層住居専用地域 第1種住居地域 第2種住居地域 準住居地域	H>20m	1.25
	H>31m［※］	2.5［※］
近隣商業地域 商業地域 準工業地域 工業地域 工業専用地域	H>31m	2.5
高層住居誘導地区内で、住宅用途の床面積≧延べ面積×2／3	H>31m	2.5
用途地域の指定のない区域	H>20m	1.25　または 2.5［※］
	H>31m［※］	

※：特定行政庁が都市計画審議会の議を経て定める

敷地が2以上の地域・区域にわたる場合（法56条5項）

❶平面

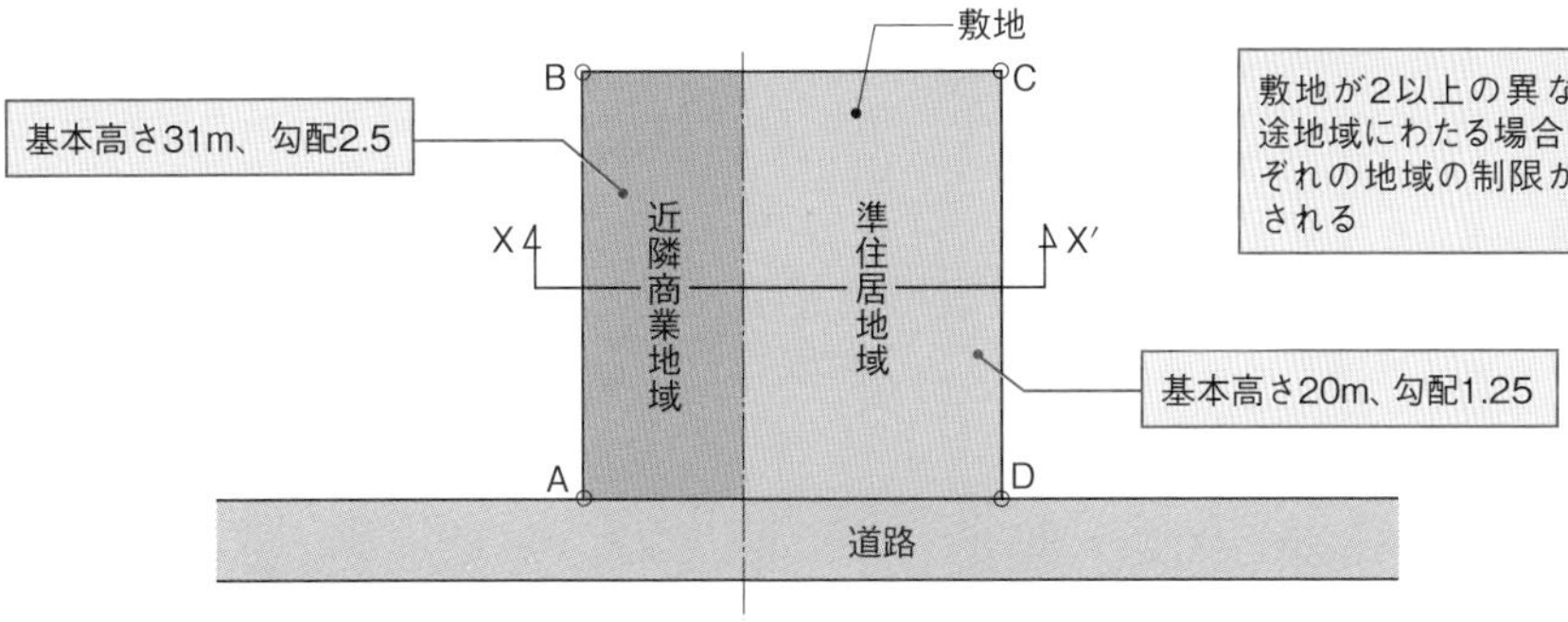

敷地が2以上の異なる用途地域にわたる場合、それぞれの地域の制限が適用される

❷X－X′ 断面
（隣地境界線CDからの隣地斜線）

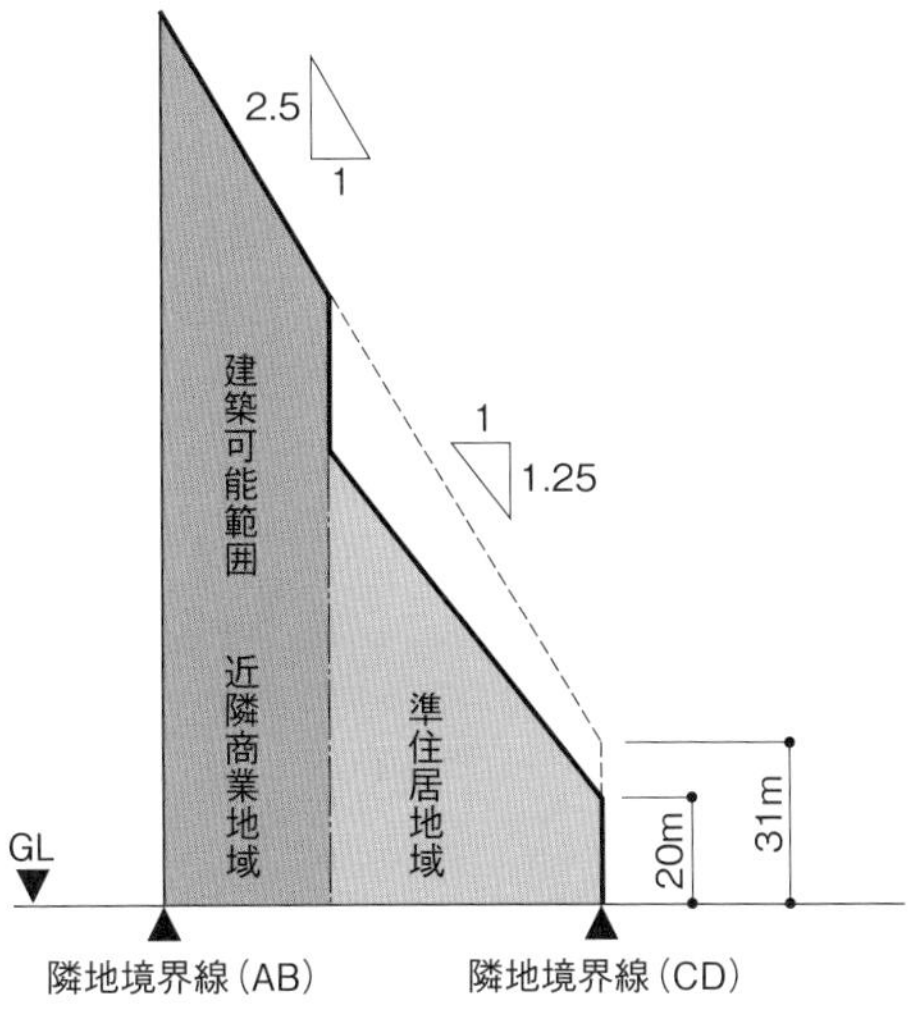

❸X－X′ 断面
（隣地境界線ABからの隣地斜線）

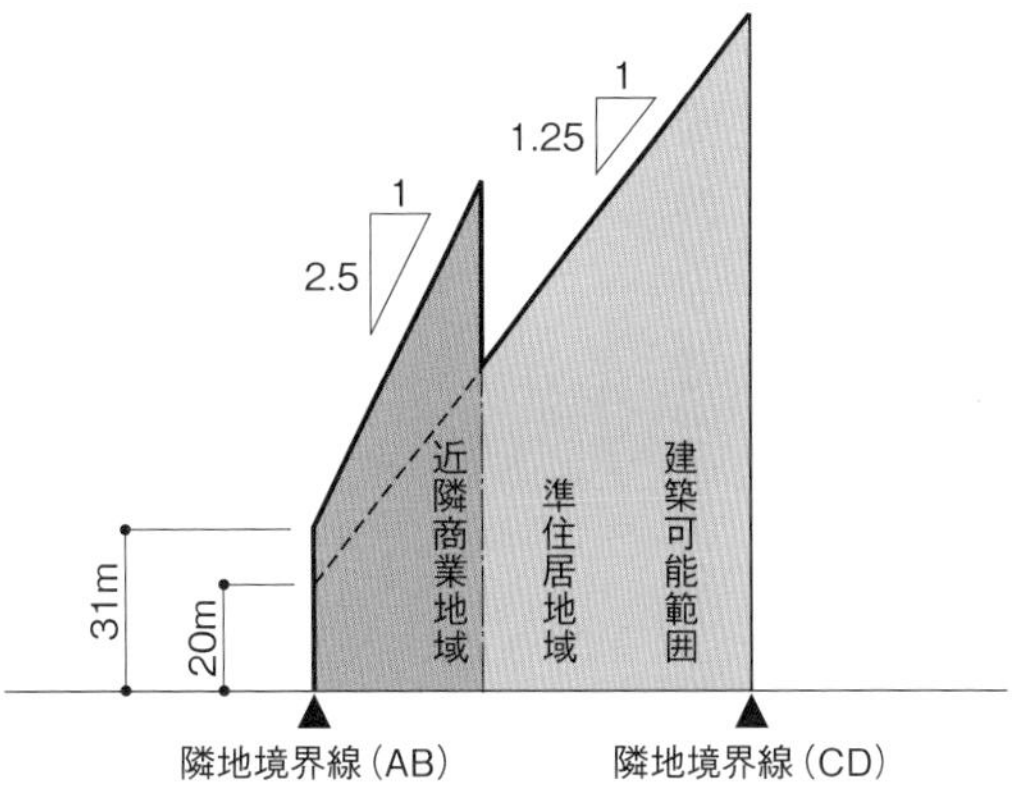

隣地斜線の緩和

046

隣地斜線の後退緩和距離は、基本高さ20m（31m）より上の最小距離で測定

隣地斜線制限にも、高低差や隣接公園、後退による緩和があるが、後退距離は20m（31m）以上の部分で測る

セットバックによる緩和

一定の高さ以上にある建築物の部分が**セットバック**している場合、後退緩和が適用される。敷地内の建築物と隣地境界線との最小水平距離を後退距離とし、隣地境界線から敷地の反対側に後退距離の分だけ離した**みなし境界線**上に、地盤面から高さ20m（31m）の起点を設けて、斜線勾配を適用する。

隣地斜線の後退距離は、道路斜線とは異なり、住居系地域（第1・2種低層住居専用地域は除く）では建築物の高さ20m以上の部分、その他の用途地域では31m以上の部分で測定する。つまり、それ以下の部分が後退していても緩和対象にはならない。

敷地条件による緩和

⑴敷地と隣地に高低差がある場合

敷地と隣地の地盤面に著しい高低差がある場合、基本高さの算定で緩和を受けることができる（令135条の3）。

対象となるのは、敷地の地盤面が隣地の地盤面より1m以上低い場合で、隣地との高低差から1mを引いた値の1／2だけ敷地の地盤面が高い位置にあるとみなすことができる。逆に敷地の地盤面が隣地の地盤面より高い場合は、高低差の緩和は適用されない。

なお、地形の特殊性を考慮して、特定行政庁が別途取扱いを定めている場合もある。

⑵敷地が公園等に隣接する場合

敷地が公園や広場、水面（水路、川）その他これらに類するものに接する場合、境界線の位置の緩和を受けられる。

公園等がある場合、**隣地境界線がそれらの幅の1／2だけ外側にあるものとみなし**、公園等の幅員の中心線で隣地斜線を検討する。建築物に後退部分があれば、さらに緩和を受けられる。

なお、街区内に居住する人が利用する都市公園（都市公園法施行令2条1項1号）のように、小規模な公園では、隣地斜線の緩和によって都市公園自体の日照阻害や閉塞感を生じさせるおそれがあるので緩和対象にならない。

セットバックによる隣地斜線制限の緩和

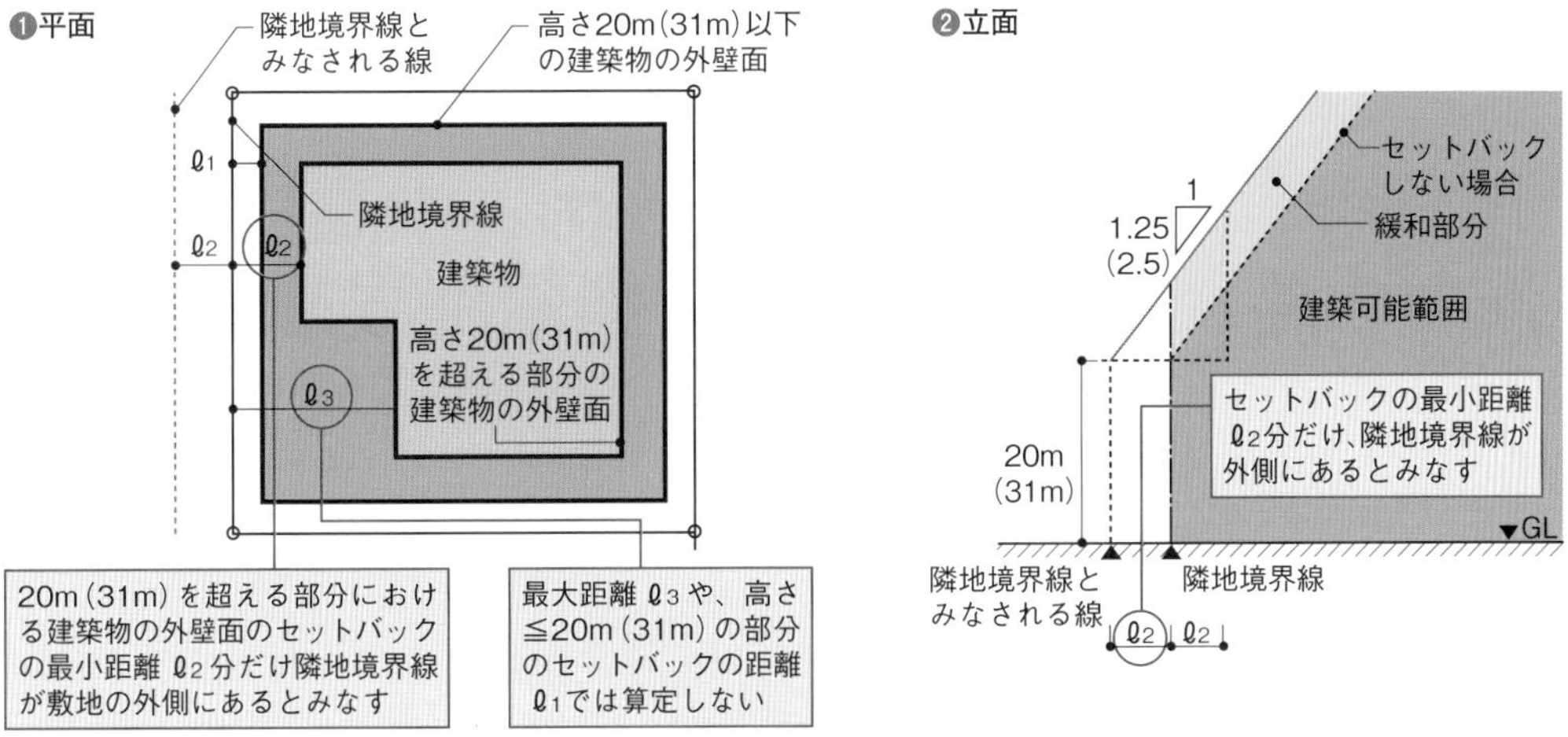

高低差がある場合の隣地斜線の緩和（令135条の3）

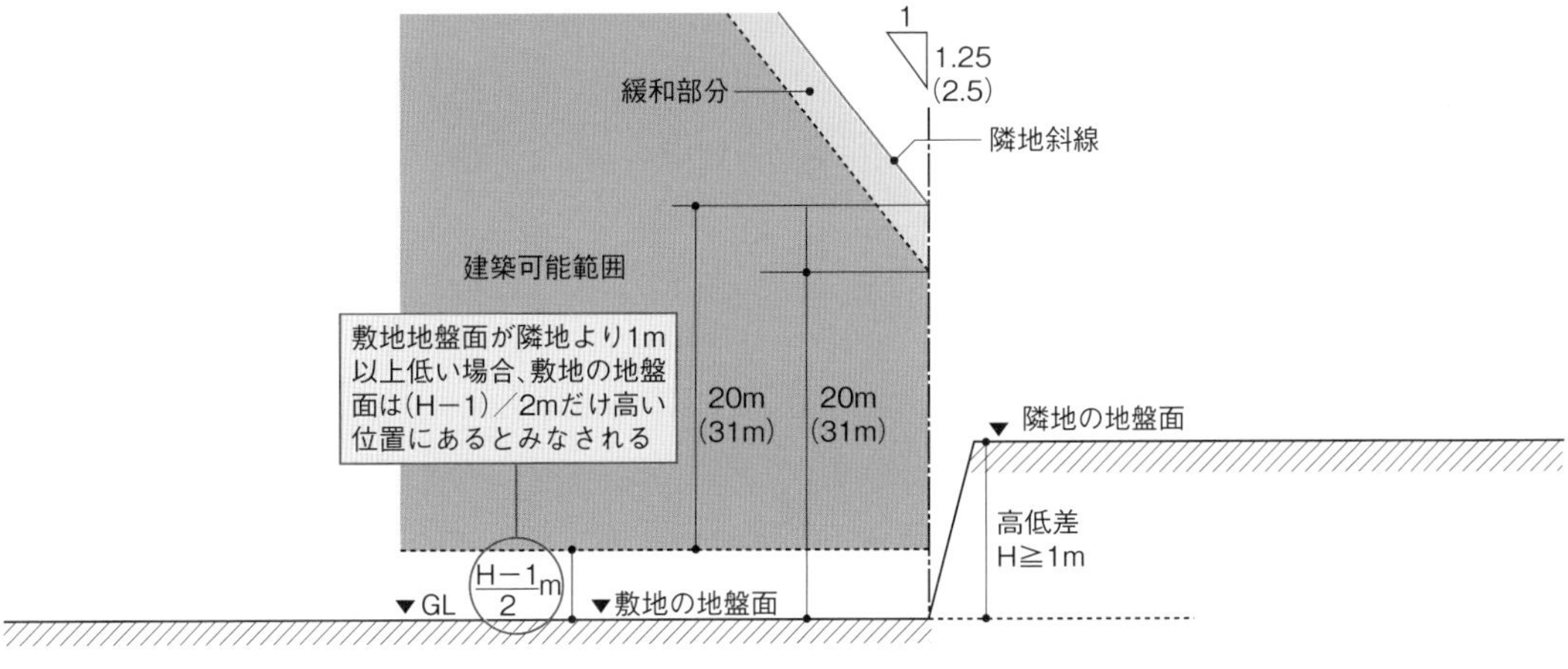

敷地が公園・広場・水面等に隣接した場合の緩和（令135条の3）

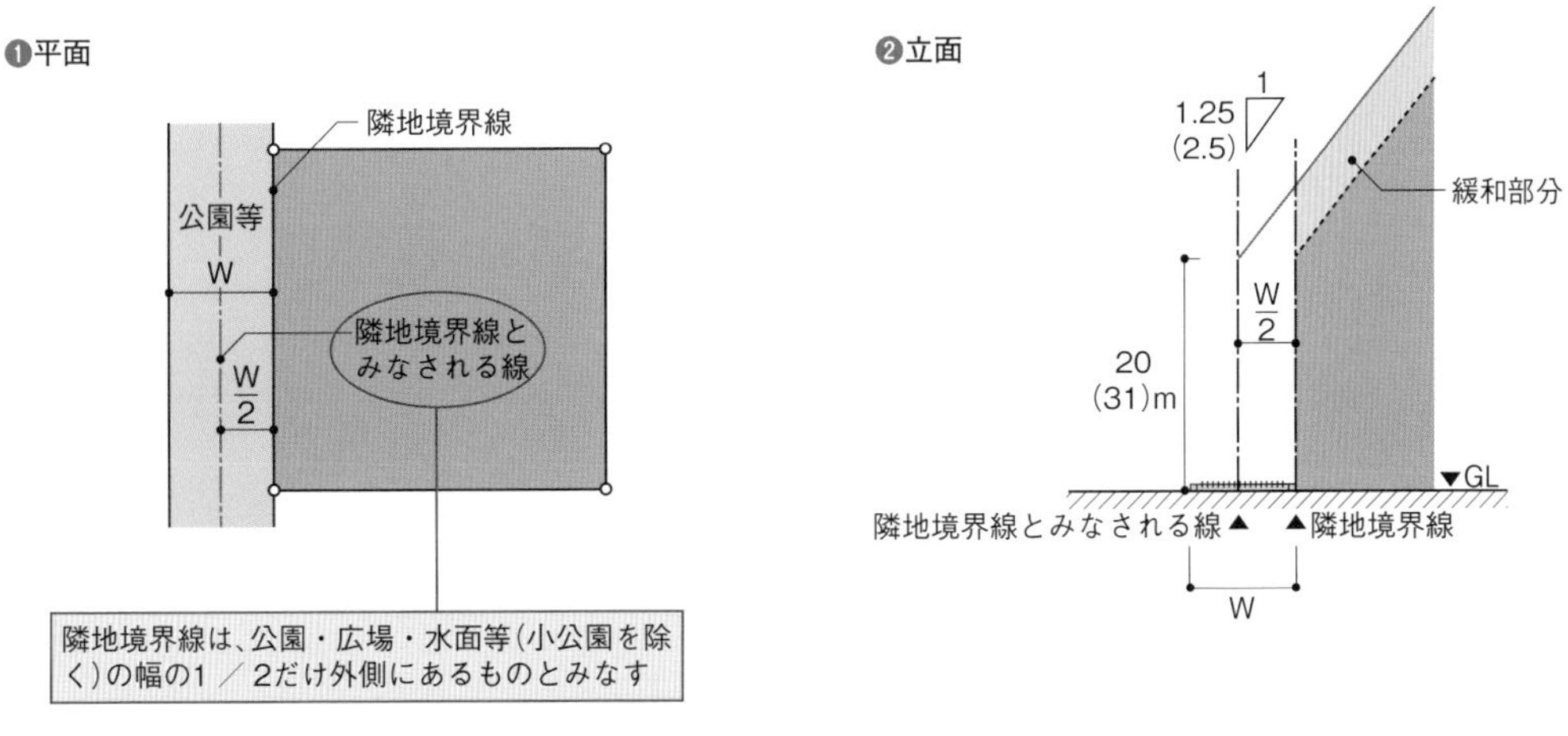

北側斜線

047

低層住専、田園住居地域は５ｍ、中高住専は10ｍの高さから真北方向の斜線制限を受ける

北側斜線の場合、隣地境界線や道路の反対側の境界線までの、真北方向への距離で高さが制限される

建築物の北側部分の高さ制限

住居系地域の日照を確保するために、建築基準法では、建築物の北側の高さを制限している。これを**北側斜線制限**という（法56条1項3号）。

北側斜線制限では、真北方向の敷地境界線や道路境界線から建築物の各部分までの水平距離で決まる高さを制限する。ここでいう「真北」とは、磁北ではなく地理上の真北で、太陽の動きから求める方位である。

北側斜線制限に用いられる基準線は、境界線の種類によって異なる。真北方向の境界線が隣地境界線の場合は、隣地境界線が基準線となる。一方、**境界線が道路境界線の場合は、前面道路の反対側の境界線が基準線となり、**その線上に起点をとる。

規制の対象

制限対象は、第1・2種低層住居専用地域、田園住居地域、第1・2種中層住居専用地域の5用途地域である。

第1・2種低層住居専用地域、田園住居地域では、真北方向の境界線上に、敷地の平均地盤面から5ｍの高さの起点を設けて、そこから真北の軸線上の水平距離に1・25の斜線勾配を乗じて制限高さを求める。一方、第1・2種中高層住居専用地域では、斜線勾配は同じ1・25だが、斜線勾配の起点が10ｍとなる。これらの地域で敷地が日影規制地域に指定されている場合は、10ｍ以上の建築物は日影規制を受けることになるので、北側斜線を検討しなくてもよい。

屋上部分も規制対象！

北側斜線の場合は、屋上の建築物の取扱いが道路斜線と異なる。道路斜線では規制対象外の屋上の突出物（階段室、昇降機塔、装飾塔、物見塔、屋窓、その他これらに類する建築物の屋上部分）は、水平投影面積の合計が建築面積の1／8以下で、屋上から5ｍまでの部分であっても、北側斜線では規制対象である（令2条1項6号）。

北側斜線制限（法56条1項3号）

適用要件	制限内容
第1・2種低層住居専用地域 田園住居地域	5m＋1.25L［※1］
第1・2種中高層住居専用地域	10m＋1.25L［※1・※2］

※1：Lは建築物の各部分から前面道路の反対側の境界線、または隣地境界線までの真北方向の水平距離
※2：日影規制が適用される場合は除外

北側斜線

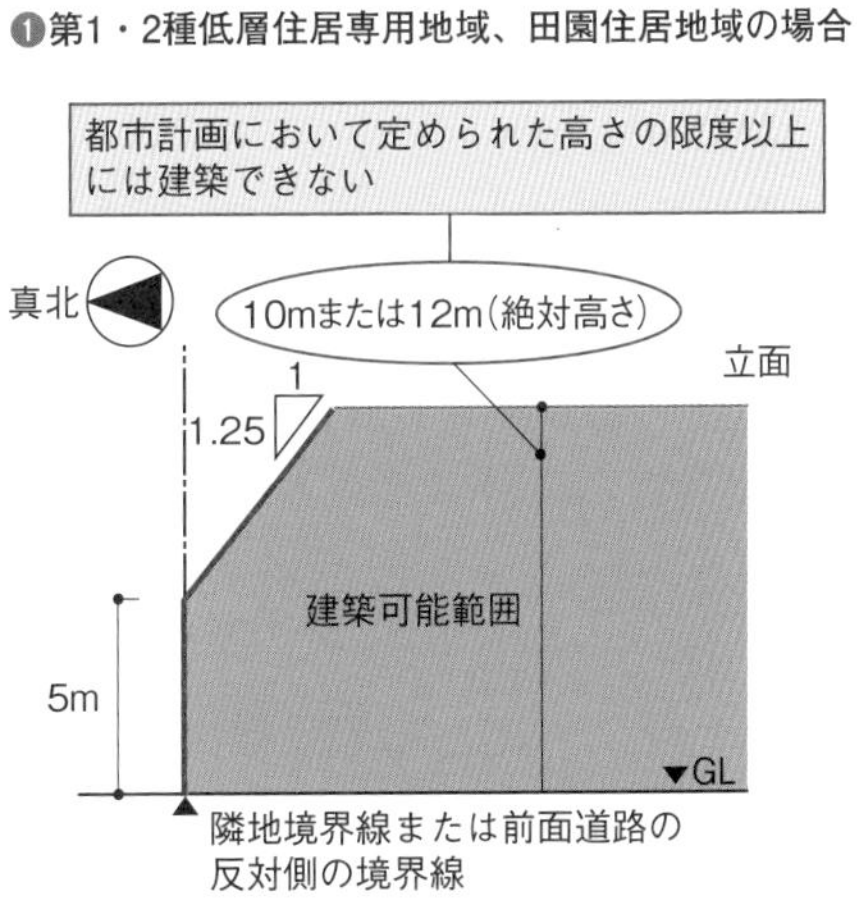

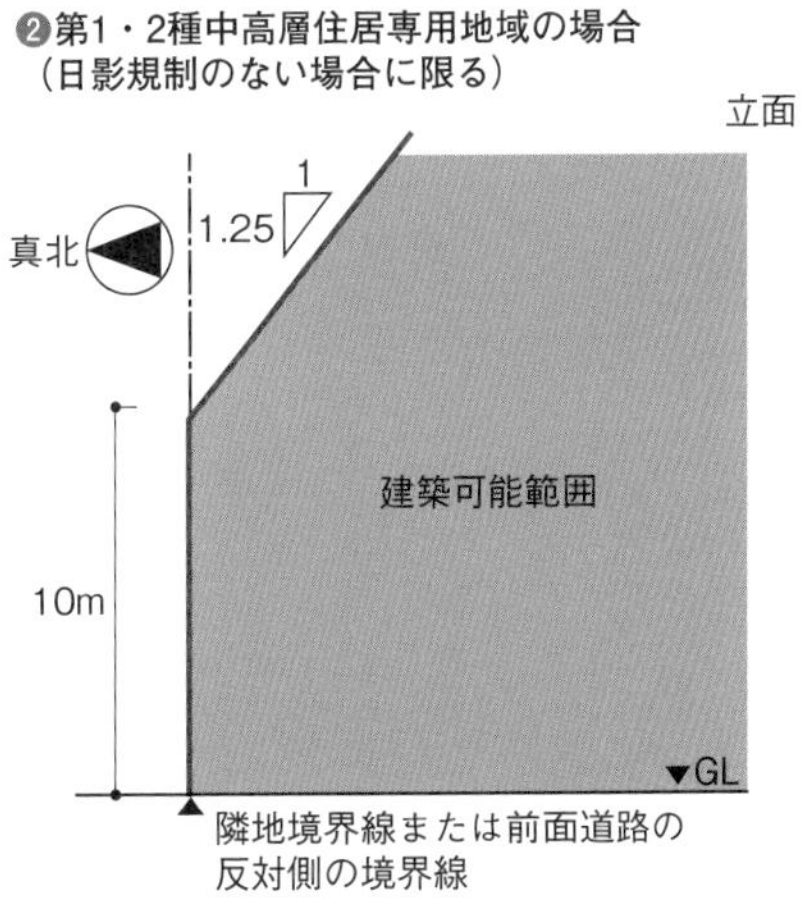

❷第1・2種中高層住居専用地域の場合
（日影規制のない場合に限る）

水平距離の測り方

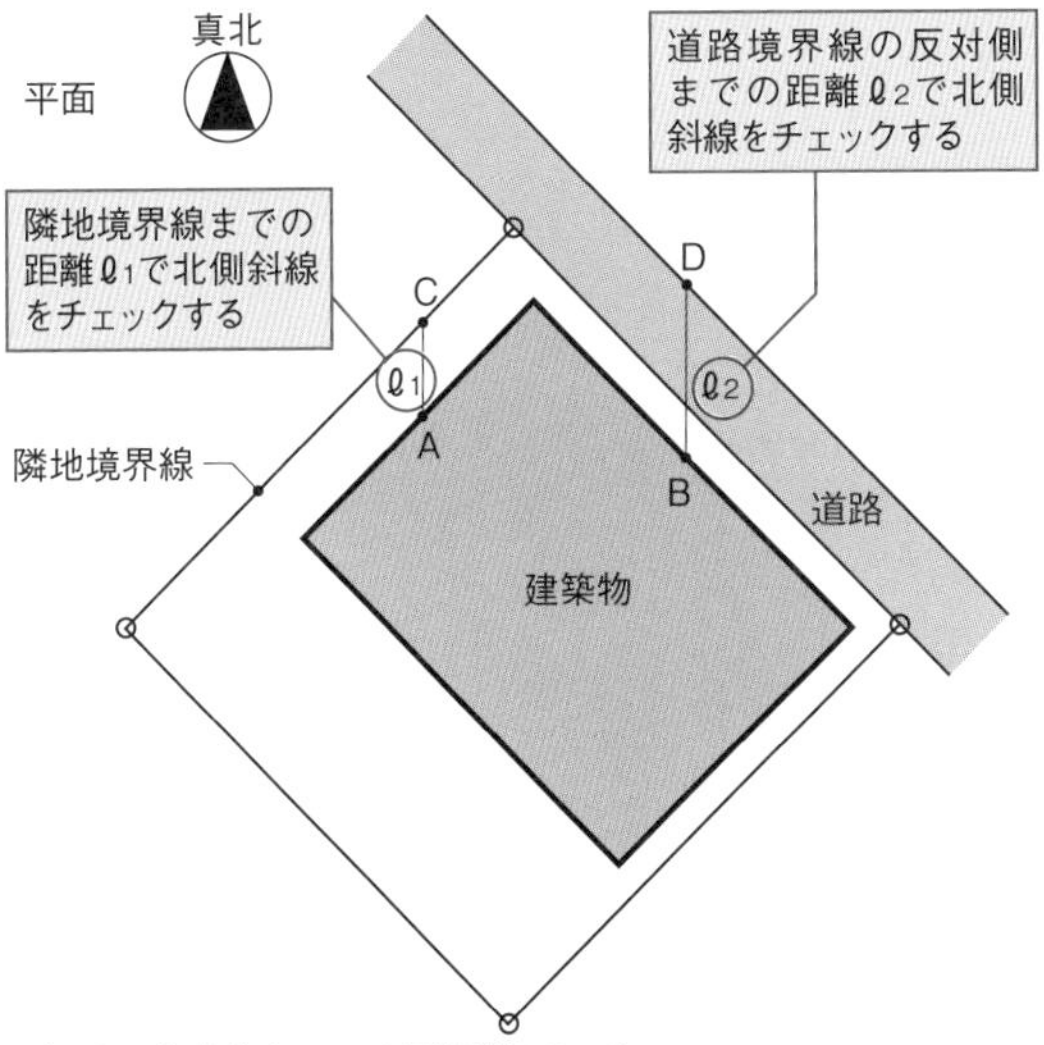

A部分の真北方向への水平距離AC＝ℓ_1
B部分の真北方向への水平距離BD＝ℓ_2

屋上突出物等の扱い（法92条、令2条1項6号ハ）

高さに含まない屋上突出物
・棟飾、箱棟 ・防火壁 ・採光、換気窓等の立上り部分 ・パイプ、ダクトスペース等の立上り部分（ハト小屋） ・鬼瓦、装飾用工作物等 ・開放性の高い手摺 ・避雷針、アンテナ等 ・建築物と一体的な煙突

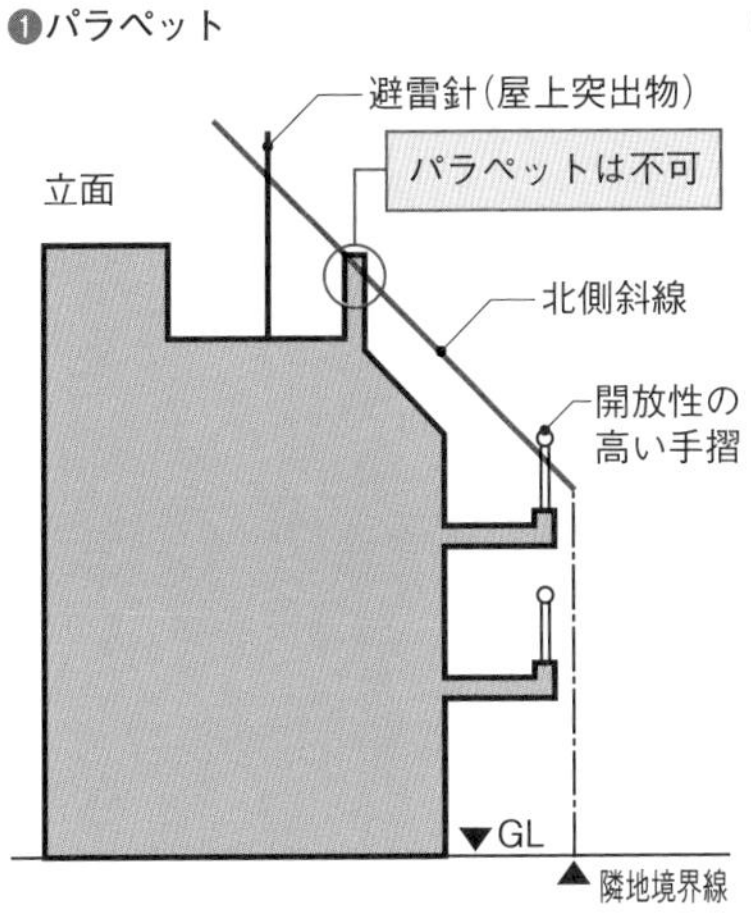

❶パラペット

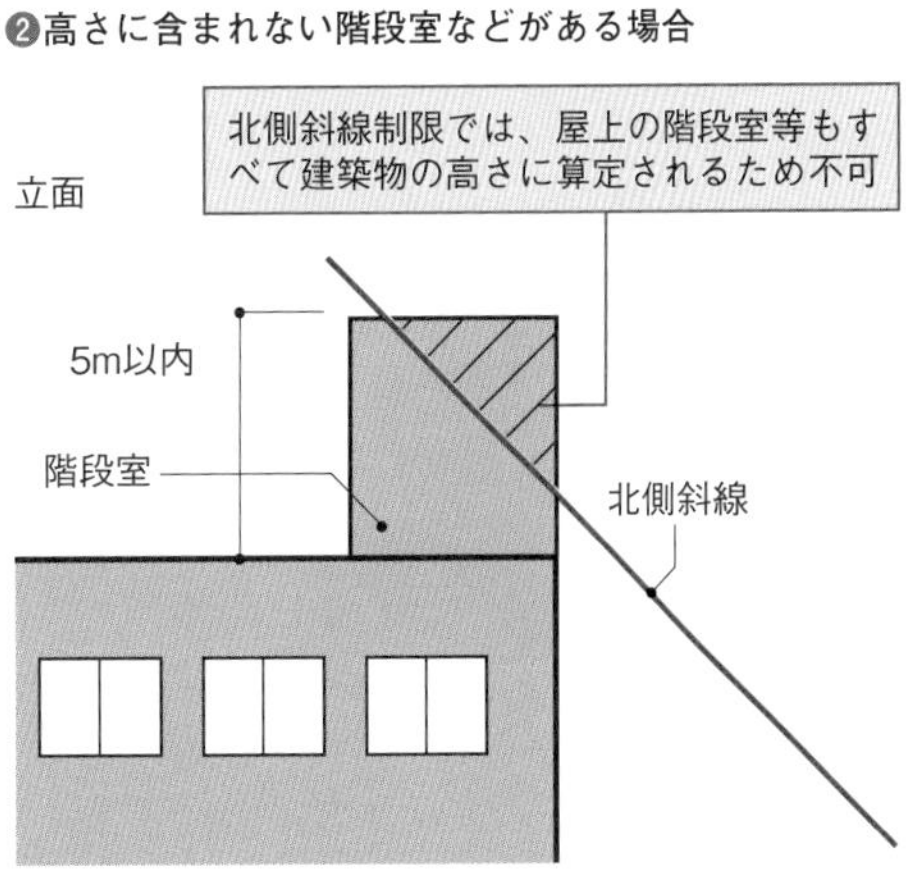

❷高さに含まれない階段室などがある場合

参照：高さに算入しない屋上部分［91頁］

北側斜線の特例と緩和　048

北側に水面等があると、境界線は「水面等の幅×1／2」だけで外側になる

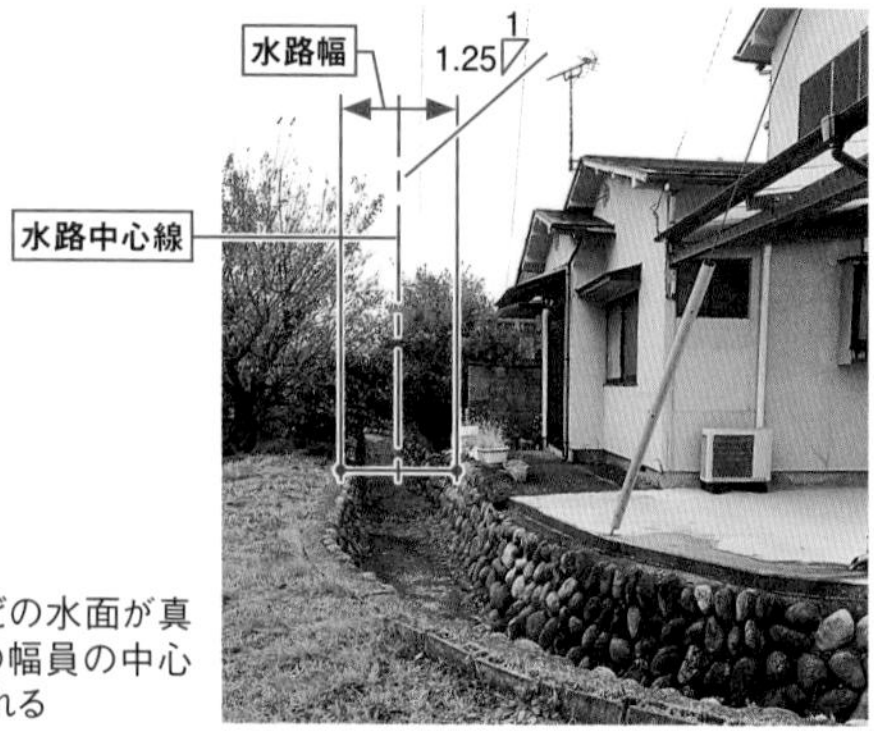

北側斜線は川や水路などの水面が真北方向にある場合、その幅員の中心線まで水平距離が緩和される

北側斜線の特例と緩和

北側斜線の起点の高さが異なる2以上の地域などに敷地がわたる場合も、地域ごとに規制値が適用される**特例**がある。また、敷地条件が以下の2つに該当する場合は**緩和**を受けることができる（令135条の4）。

⑴北側に水路等がある場合

敷地の北側が水面（川、水路）や線路敷その他これらに類するものに接する場合は、北側斜線を検討する境界線を、それらの幅の1／2だけ外側にあるものとみなすことができる。みなし境界線から真北方向の軸線上にある建築物の各部分までの水平距離をもとに建築物の高さを制限する。

また、水面等が前面道路の反対側にある場合は、北側斜線の起点となる反対側の道路境界線の位置が緩和され、道路を超えて水面等の中心に境界線があるとみなされる。

ただし、道路や隣地の斜線制限と異なり、公園や広場は北側斜線の緩和対象外である。これは公園や広場にも日照を確保するためのものである。

⑵敷地の高低差がある場合

敷地と隣地の地盤面に**著しい高低差がある場合**は、基本高さの緩和を受けられる。敷地が北側の隣地よりも1m以上低い場合、高低差から1mを引いた値の1／2だけ、敷地の地盤面が高い位置にあるとみなせる。逆に敷地が北側の隣地より高くても、緩和は受けられない。

基本高さは、当該敷地の地盤面から算定する。敷地に建築物があれば、敷地の地盤面は平均地盤面とする。建築物がない場合は、平均地表面を地盤面とみなす（令135条の4）。

北側斜線には後退緩和がない

道路斜線や隣地斜線と異なり、北側斜線には、後退緩和は適用されない。したがって、建築物の各部分の高さは、各部分から当該境界線までの真北方向の距離で算出した制限数値内に収めなければならない。

高低差がある場合の北側斜線の緩和（令135条の4）

❶高低差がある場合の北側斜線

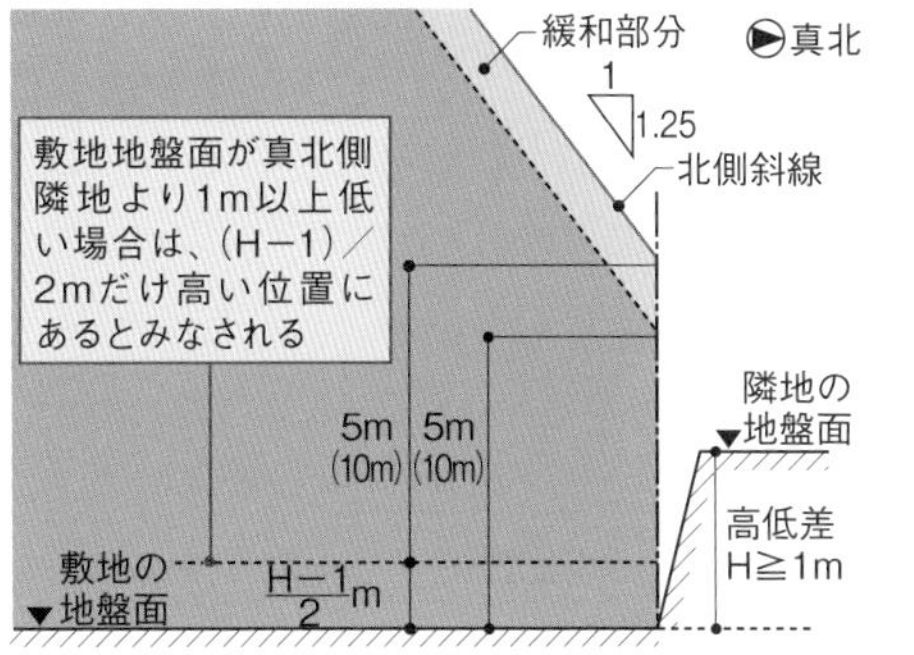

❷北側道路の反対側隣接地と高低差がある場合の北側斜線

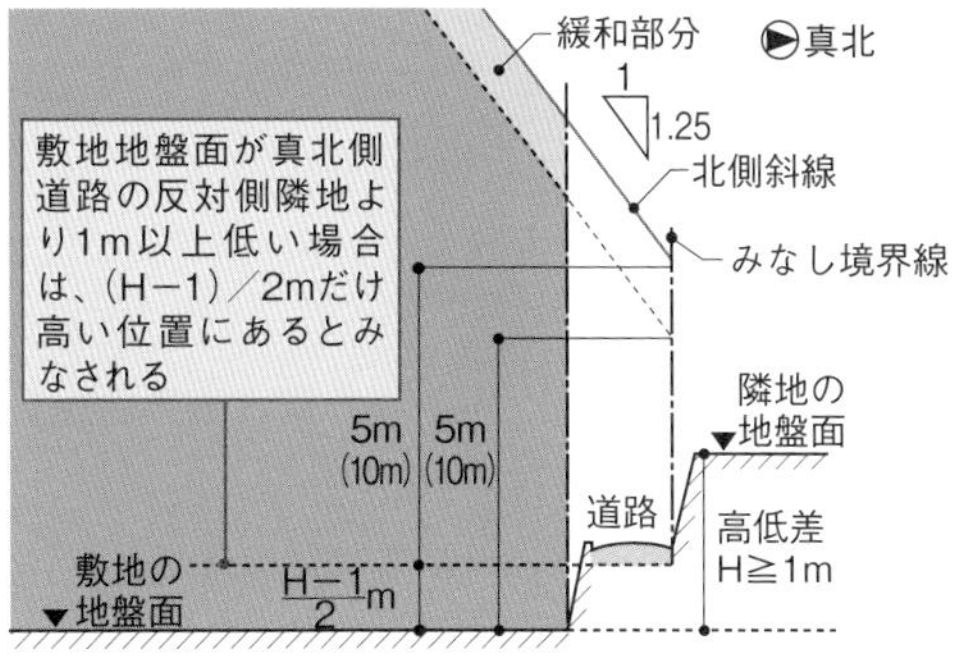

北側に水路等がある場合の北側斜線の緩和（令135条の4）

❶真北側に水路等がある場合の北側斜線の緩和

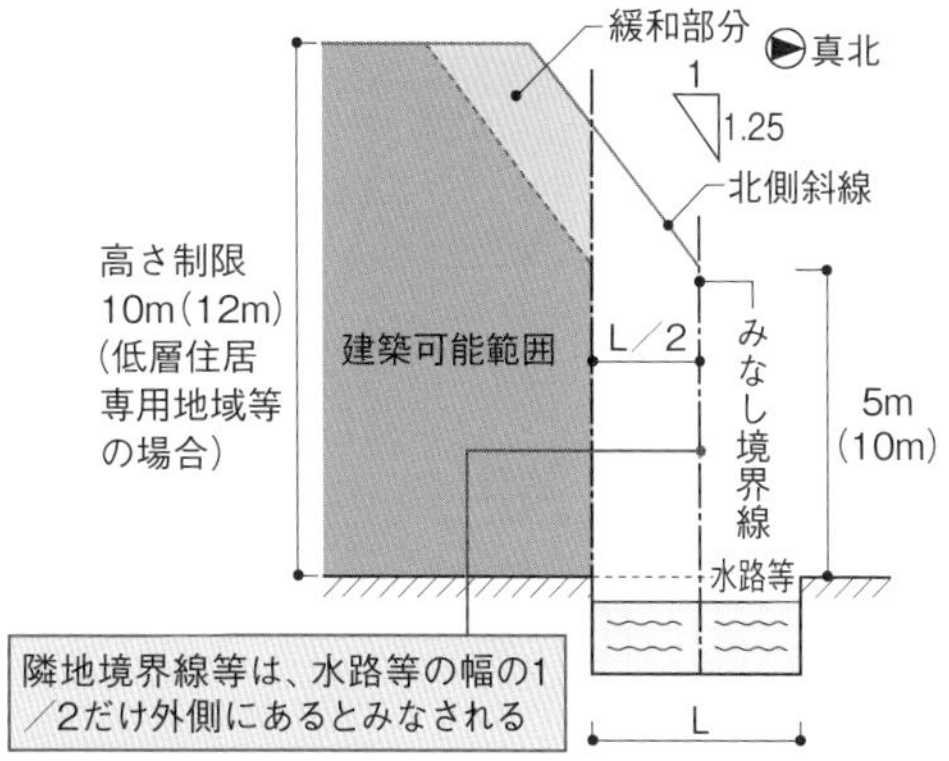

❷真北側に道路と水路等がある場合の北側斜線の緩和

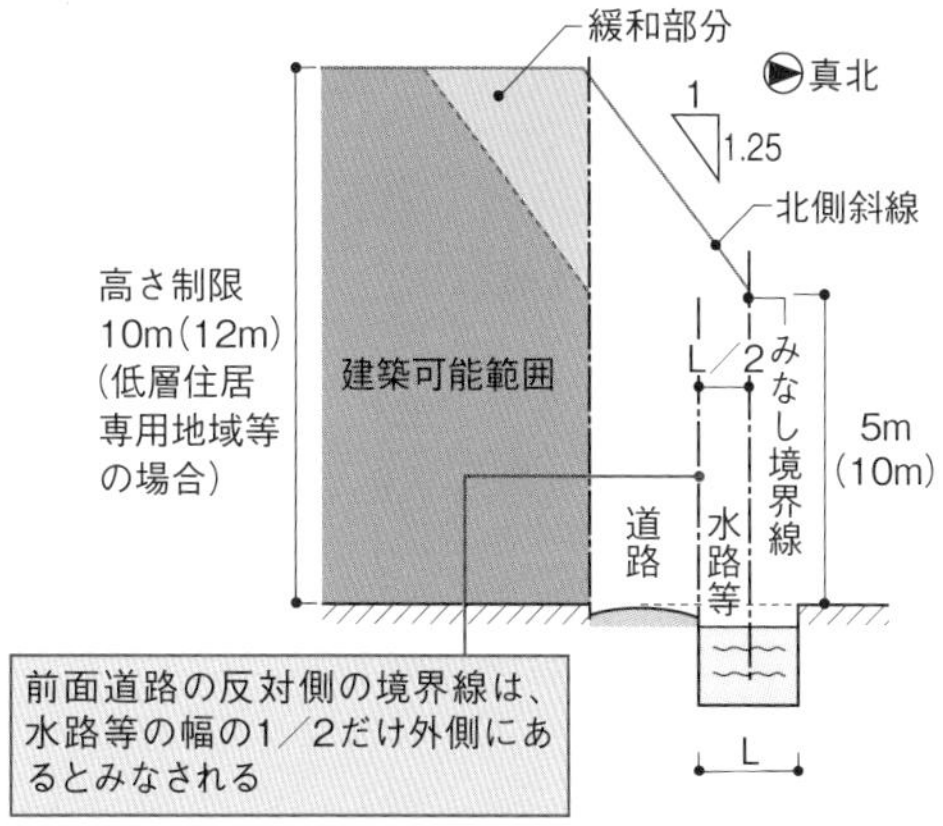

敷地が2以上の地域・区域にわたる場合の北側斜線の例

❶真北方向の隣地境界線側の敷地が低層住居専用地域

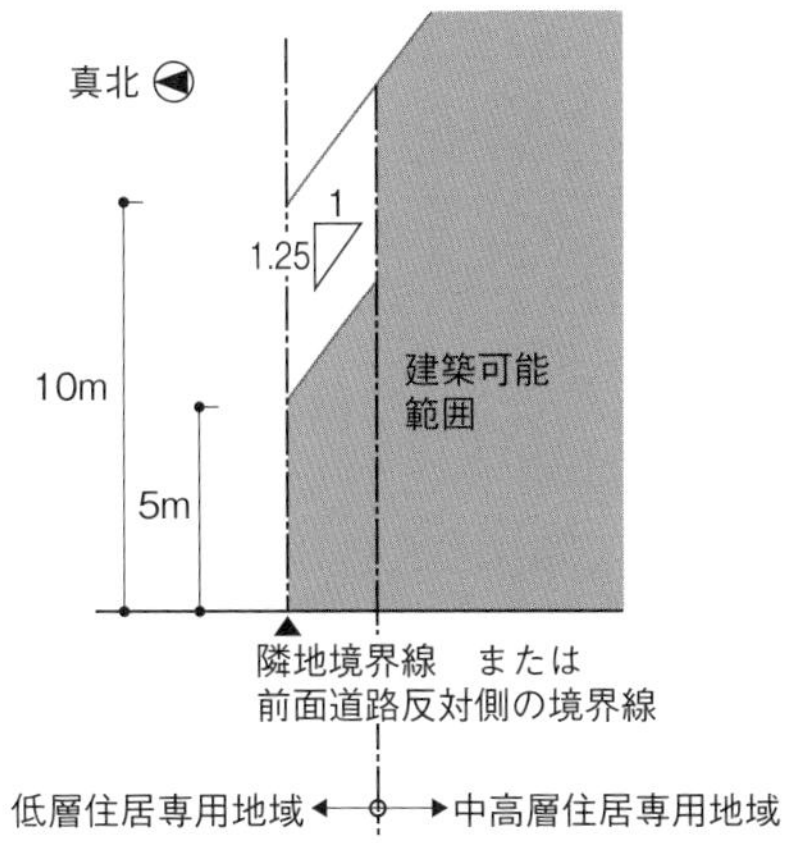

❷真北方向の隣地境界線側の敷地が中高層住居専用地域

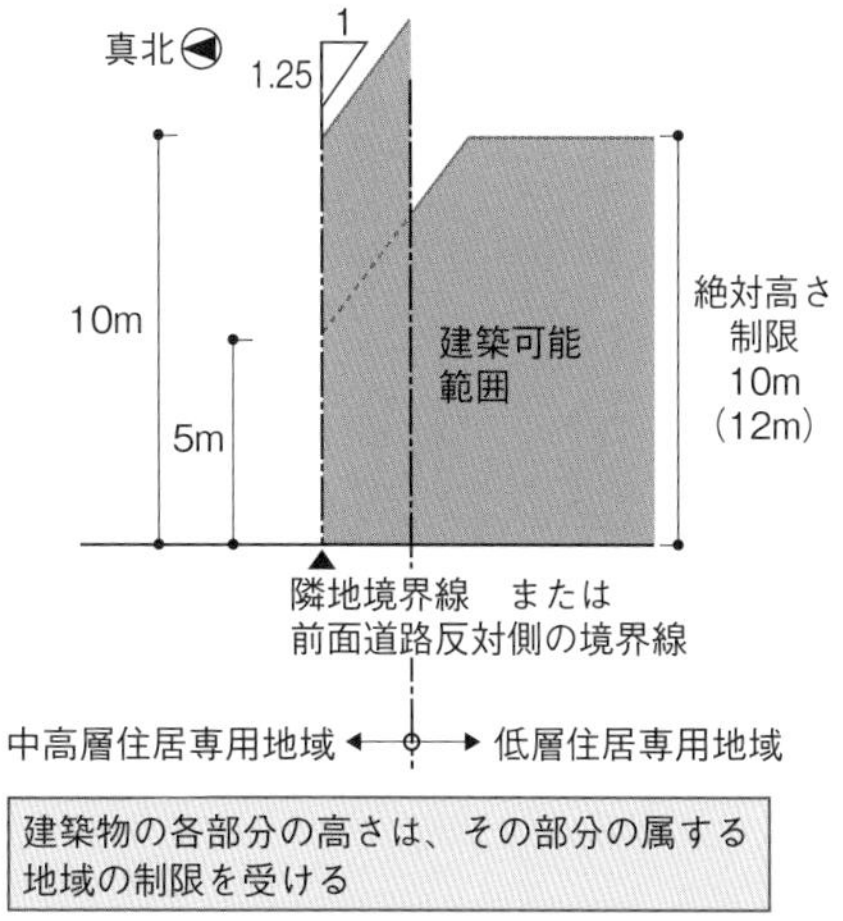

日影規制

049

日影規制は、商業地域・工業地域・工業専用地域には適用されない

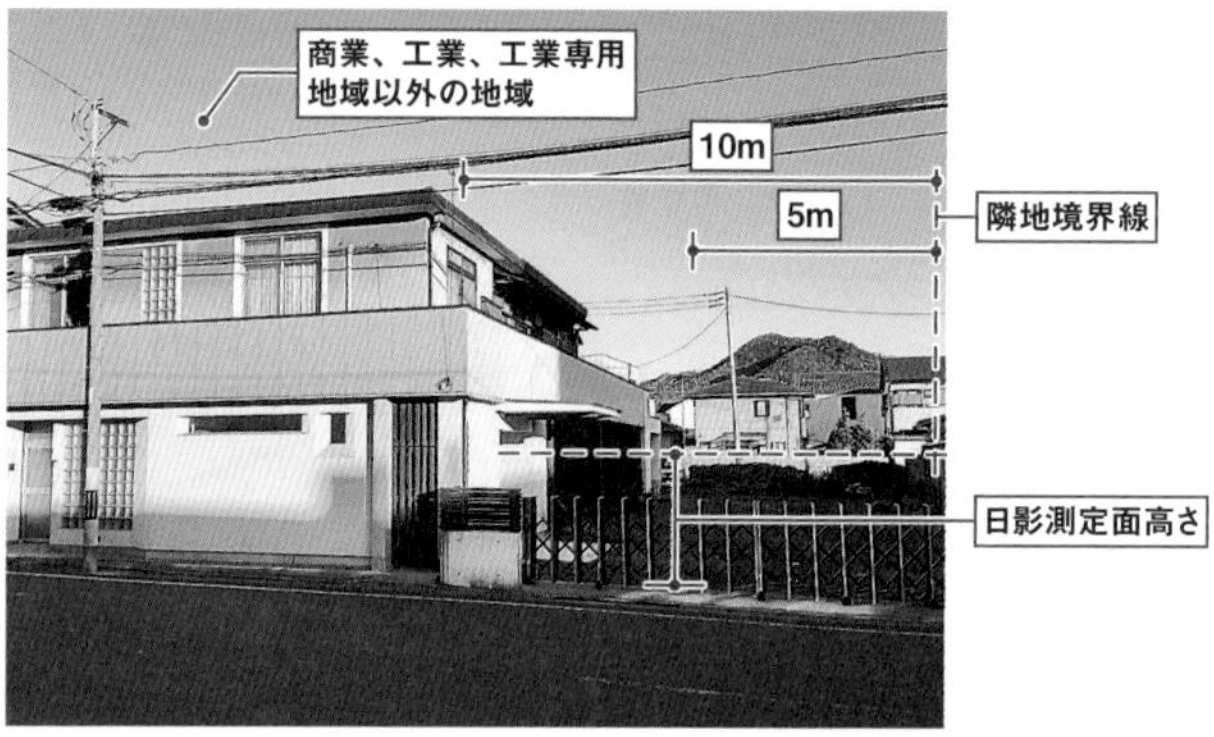

10m超の建築物は、日影図を作成し、原則敷地境界線から10m以内の部分の影の影響を検討しなければならない

日影規制の対象

日影規制とは、中高層建築物が近隣の敷地に落とす影の時間を制限し、近隣の日照条件の悪化を防ごうとする規制である（法56条の2）。

敷地境界線から**水平距離で5m超10m以内と10m超**の範囲が、影が規制される範囲である。**冬至日の8時〜16時の8時間**（北海道では、規制時間が9時〜15時）に、それぞれの範囲に影がかかる時間を制限する。

日影の測点は、用途地域によって異なり、建物の**平均地盤面から1.5m、4m、6.5m**のいずれかの水平面が測定面となる。これらの数値は、1〜3階の各階の窓の中心高さを想定したものである（法別表第4）。

対象となる建築物は、用途地域ごとに高さや階数で規定されている。

住居系地域では、高さ10mを超える建築物が規制対象となる。第1・2種低層住居専用地域および田園住居地域では、軒高7m超の建築物や地上3階建て建築物も日影規制の対象になる。

一方、商業地域、工業地域、工業専用地域には日影規制がない。

日影規制は、都市計画区域・準都市計画区域内だけでなく、都市計画区域外でも、都道府県知事が関係市町村の意見を聴いて条例で指定する区域に定めることができる（法68条の9、令136条の2の9）。

日影対象建築物の高さ

日影対象となる建築物の高さの算定には、屋上の階段室、昇降機塔等は、水平投影面積の合計が建築面積の1／8以下で、屋上から5m以下であれば高さに含めない（令2条1項6号）。

また、建築物が複数ある場合は、建物の1つが規制の高さを超えていれば、その他の建築物も含めて敷地単位で日影を検討しなければならない。平均地盤面は、複数ある建築物を1つの建築物とみなして全体で算定する（法56条の2第2項）。その際、屋上の階段室等も含めて日影図を作成する。

日影規制（法56条の2、法別表第4）

地域・区域		1低	2低	田住	1中		2中	1住 2住 準住 近商 準工		無指定					
規制対象建築物		軒高>7m　または 地上階数≧3			建築物の高さ>10m			建築物の高さ>10m		軒高>7m　または 地上階数≧3			建築物の高さ>10m		
平均地盤面からの高さ		1.5m			4m、6.5m［※］			4m、6.5m［※］		1.5m			4m		
規制日影時間(h)［※］	隣地境界線からの水平距離＝L（m）	❶	❷	❸	❶	❷	❸	❶	❷	❶	❷	❸	❶	❷	❸
	5<L≦10	3(2)	4(3)	5(4)	3(2)	4(3)	5(4)	4(3)	5(4)	3(2)	4(3)	5(4)	3(2)	4(3)	5(4)
	10<L	2(1.5)	2.5(2)	3(2.5)	2(1.5)	2.5(2)	3(2.5)	2.5(2)	3(2.5)	2(1.5)	2.5(2)	3(2.5)	2(1.5)	2.5(2)	3(2.5)

注1：日影規制の対象区域・規制時間は、地方公共団体の条例で指定される
注2：高層住居誘導地区内、都市再生特別地区内の建築物には、日影規制は適用されない
注3：測定時間は冬至日の8：00〜16：00（北海道地区では9：00〜15：00）
※：地方公共団体の条例によっていずれかが規定される。カッコ内の数値は北海道地区に適用

日影規制の原則

❶第1･2種低層住居専用地域

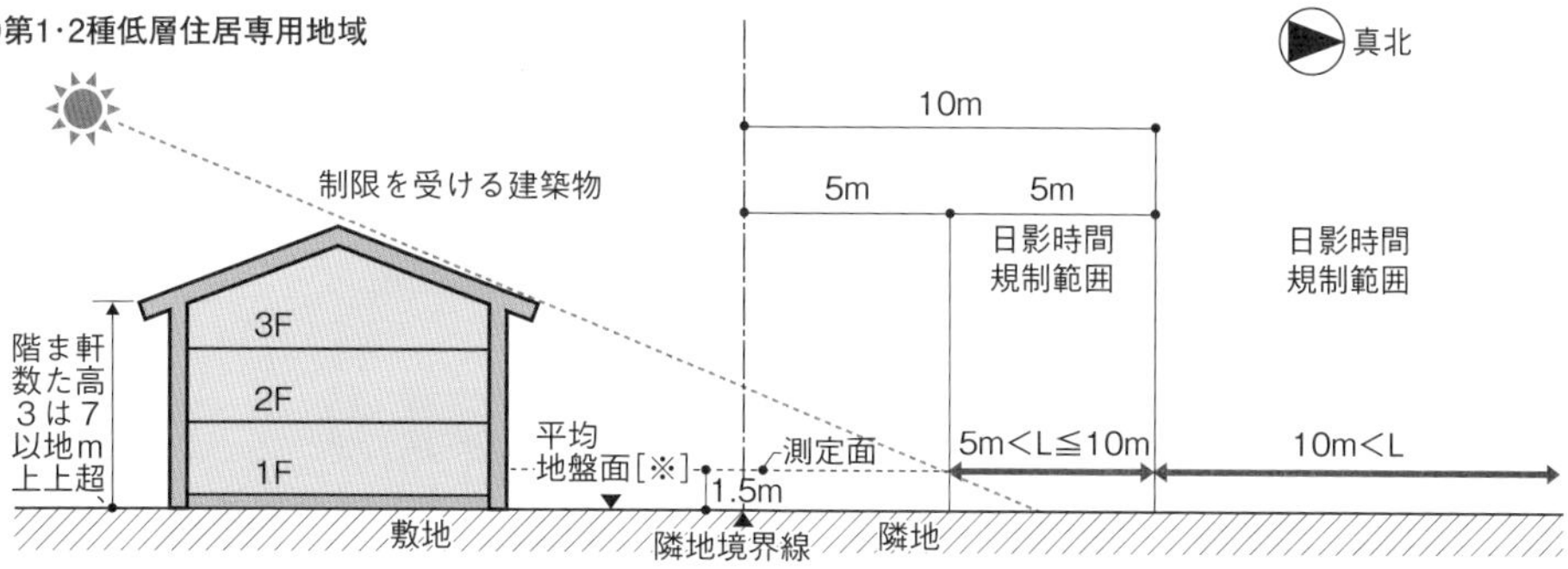

❷第1･2種中高層住居専用地域、第1･2種住居地域、準住居地域、近隣商業地域、準工業地域

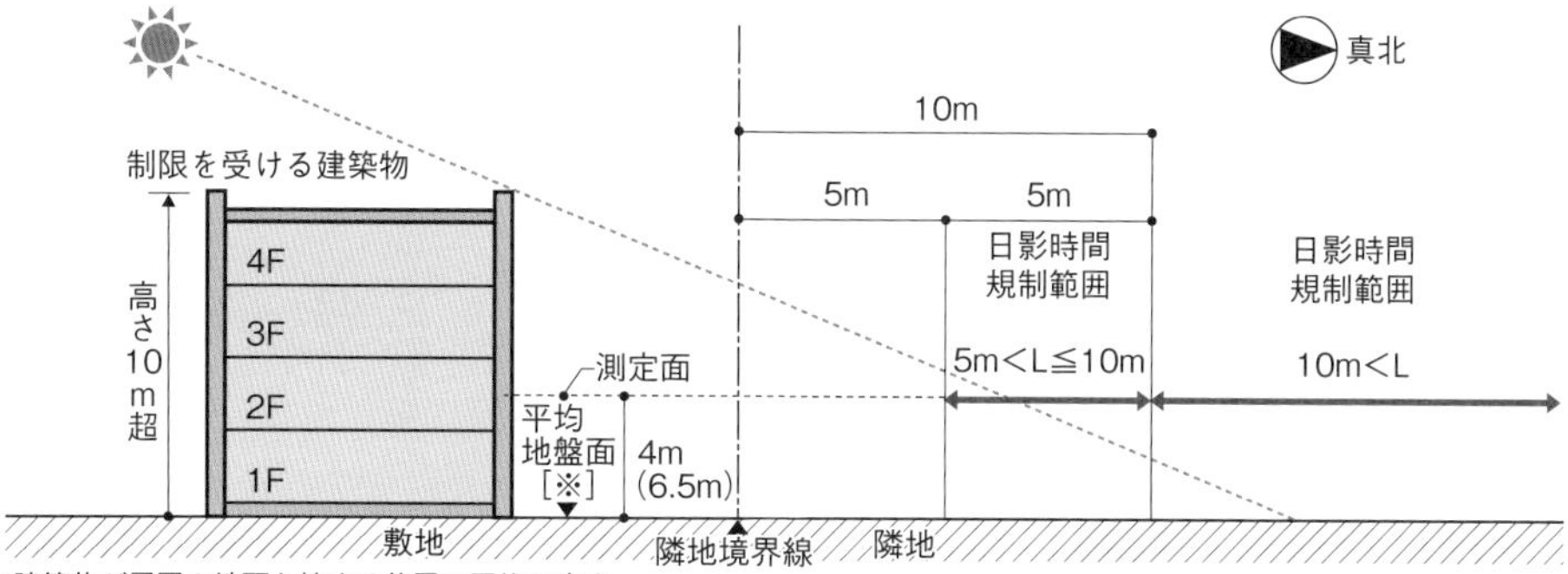

※：建築物が周囲の地面と接する位置の平均の高さ

敷地内に2以上の建築物がある場合の取扱い

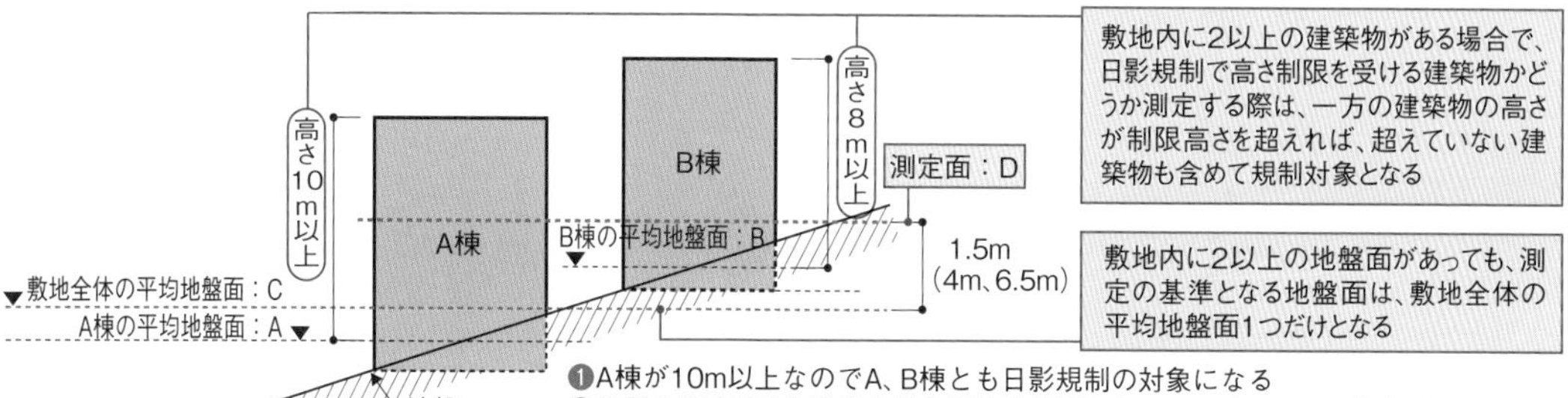

❶A棟が10m以上なのでA、B棟とも日影規制の対象になる
❷日影の測定面Dは敷地全体の平均地盤面Cより1.5m（4m、6.5m）上がったところ

日影規制の緩和

050

道路等に接する敷地は境界線の緩和あり。位置は道路等の幅が 10 m以内か否かで異なる

敷地が川などの水面などに接する場合や、敷地と日影が影響する隣地で高低差がある場合は、日影測定面が緩和される

敷地条件による緩和

斜線型の高さ制限と同様、日影規制も敷地の条件で、さまざまな緩和規定がある（法56条の2第3項）。

(1) 敷地と隣地に高低差がある場合

敷地に建築をつくることで日影を生じる隣地が著しく高い場合は、建築物による日影の影響が少なくなるため、地盤面の算定の緩和を受けられる（令135条の12）。緩和対象となるのは、敷地が隣地より1m以上低い場合である。高低差から1m減じた数値の1／2だけ高い位置に、敷地の地盤面を設定することができる。

(2) 敷地が道路等に接する場合

建築物のある敷地が道路・水面・線路敷等に接する場合は、敷地の境界線の位置が緩和される。緩和内容は、道路・水面等の合計幅が10mを超えるかどうかで異なる。

道路・水面等の合計幅員が10m以内の場合は、敷地境界線がそれらの合計幅の1／2だけ外側にあるものとみなし、道路・水面等の合計の中心線を境界線とする。したがって、影の時間の制限を受ける範囲は、道路・水面等の合計の中心線から測定することになり緩和される。

また、道路・水面等の合計幅員が10mを超える場合は、道路・水面等の敷地の反対側の境界線から敷地側に5m寄った位置に敷地の境界線があるとみなす緩和ができる。

この場合、影の時間の制限範囲となる5mの測定線は、道路・水面等の反対側の境界線上、10mの測定線は、その境界線からさらに5m外側のラインとなる（令135条の12）。

緩和対象外の空地

北側斜線同様、日影規制も敷地が公園や広場に接する場合でも、境界線の位置の**緩和措置がない**。これは、公園や広場は日照を必要とする空地であり、緩和によって大きな建築物が建つことで、公園等の良好な環境が阻害されるのを防ぐためである。

日影規制の緩和（法56条の2、令135条の12）

敷地地盤面が隣地地盤面等より1m以上低い	敷地地盤面はその高低差より1mを減じた値の1／2だけ高い位置にあるとみなす		法56条の2第3項 令135条の12第1項2号
敷地が道路・水面・線路敷等に接する	道路・水面等の幅≦10m	敷地境界線はその幅の1／2だけ外側にあるとみなす	法56条の2第3項 令135条の12第1項1号
	道路・水面等の幅＞10m	敷地境界線は道路等の反対側の境界線から5m敷地側にあるとみなす	

高低差がある場合の緩和

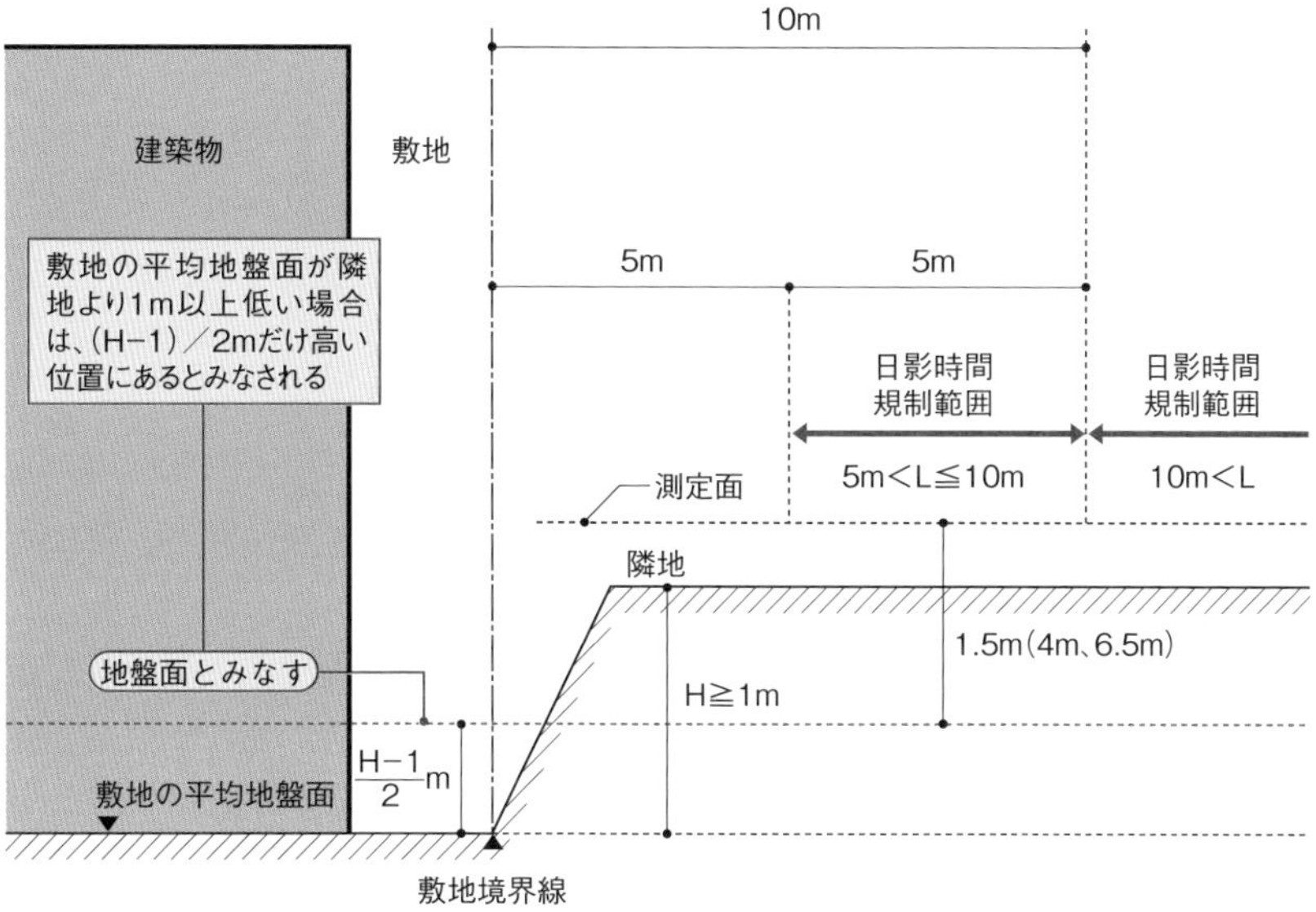

敷地が道路・水面・線路敷等に接する場合の緩和

❶道路等幅員w≦10mの場合

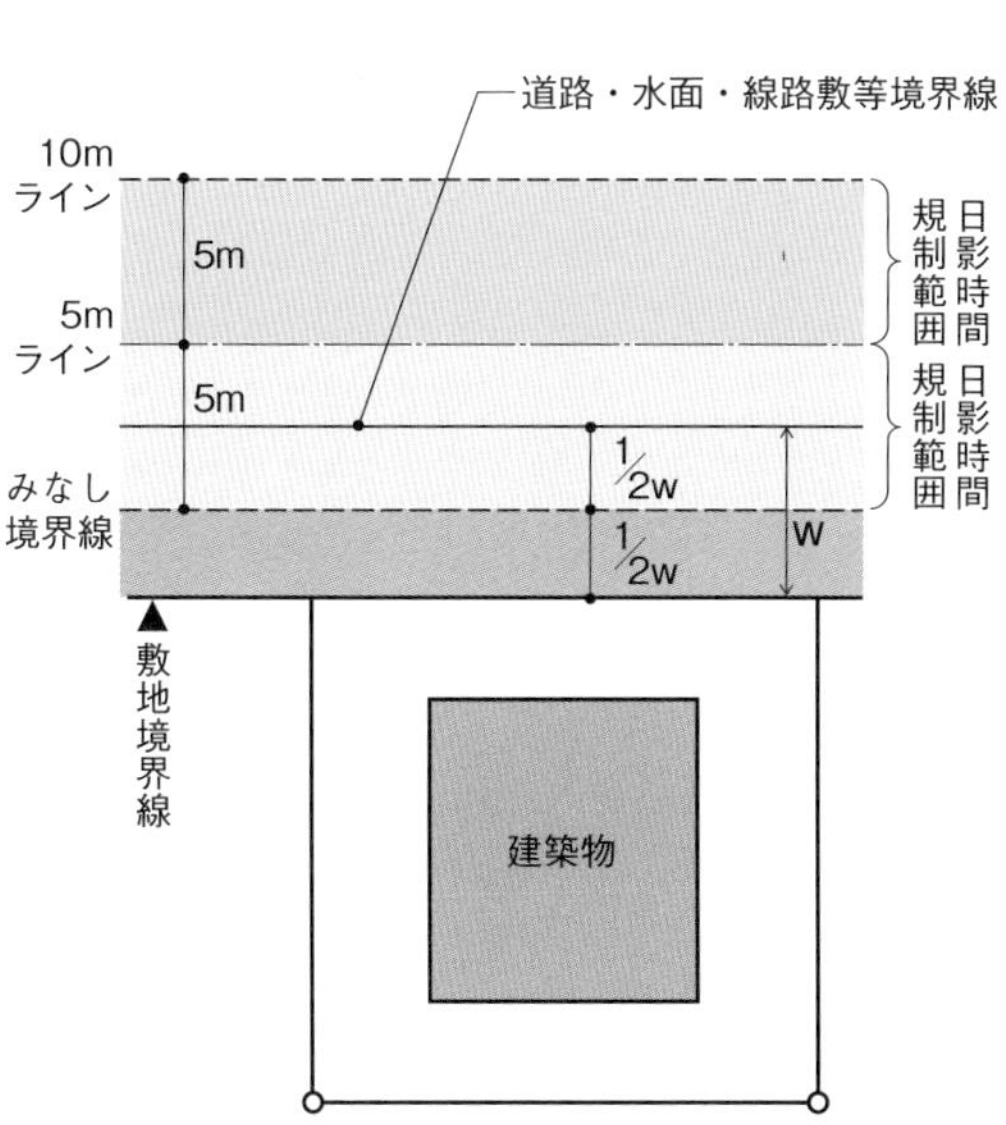

❷道路等幅員w＞10mの場合

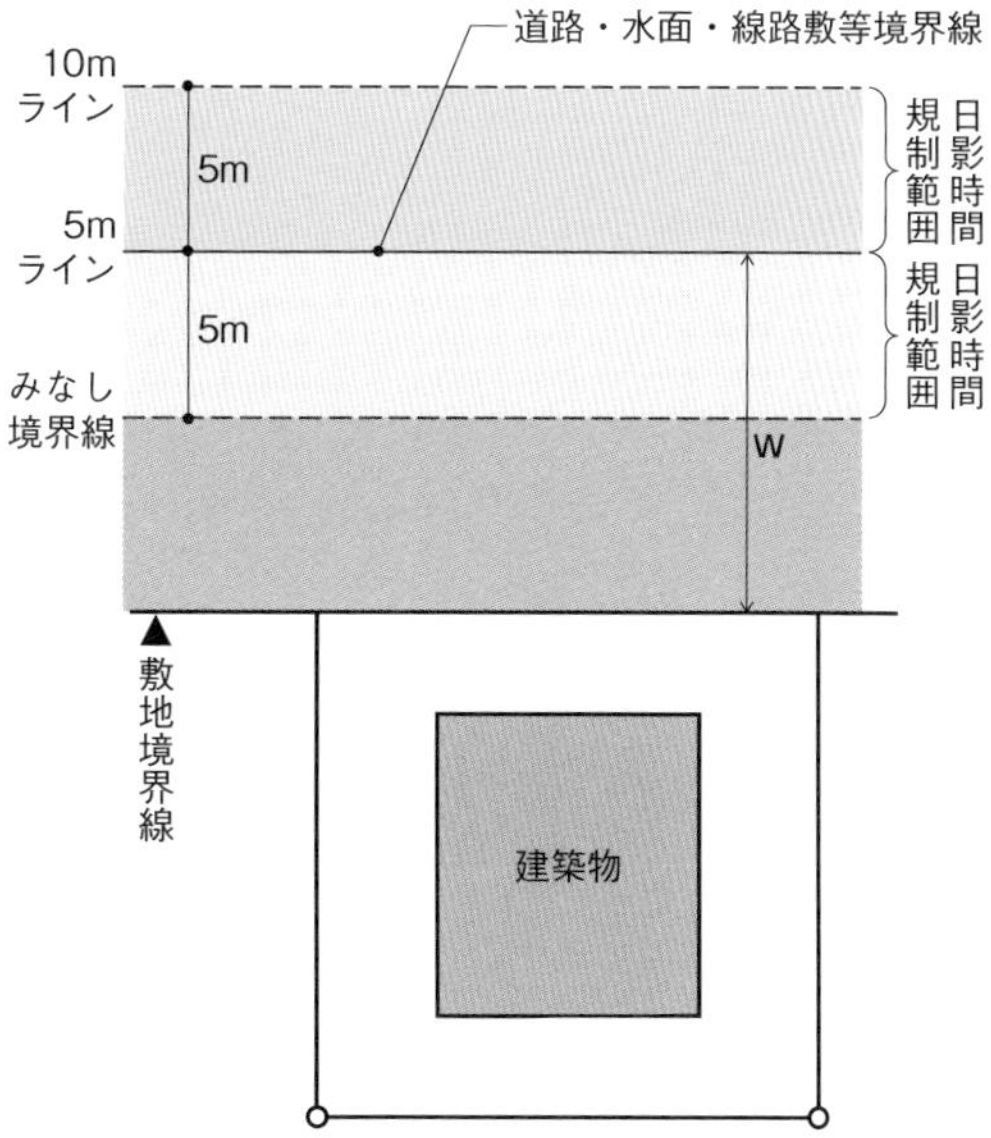

日影規制の特例 051

高さ10m超の建築物は対象区域外にあっても隣接地に影をかけないか注意！

公園・広場は日影規制の緩和対象ではない

建築物が日影規制の異なる地域にわたる場合、規制対象になるかどうかは地域にある建築物の部分ごとに判断する

対象区域外の規制建築物

用途地域のうち**商業地域や工業地域、工業専用地域**は、日影制限の**規制対象外**である。

ただしこれらの地域に建つ建築物でも、住居系地域に隣接する場合は、地域を超えて日影の影響を与えるおそれがある。そのため、日影制限の対象区域外に建つ建築物でも、日影の制限を受けることになる（法56条の2第4項）。

このとき、規制対象となるのは、高さ10mを超える建築物である。測定面や日影時間は影を落とす日影制限対象区域の数値で検討する。

逆に、日影制限の対象区域内に建つ建築物が、商業地域などの制限対象区域外に影を落としても、規制の対象にはならない。

異なる制限区域にわたる建築物

建築物が異なる制限の対象区域にわたる場合は、区域ごとに日影を検討しなければならない（法56条の2第5項、令135条の13）。建築物全体が対象となり、影を落とすそれぞれの区域の測定水平面と規制時間によって、**等時間日影線**を作成し、検討する。

対象建築物か否かは、各区域内の部分ごとに、高さや階数で判断する。

日影規制適用外の事例

日影規制の適用を受ける建築物でも、特定行政庁が建築審査会の同意を得て許可した場合は、日影規制は適用されない。許可を受けた建築物を周囲の住環境を害するおそれがない範囲で増築等する場合は、再度の許可は不要である（法56条の2第1項ただし書）。

また、地区・街区等によっても日影規制の適用が除外される場合がある。

都市再生特別地区と高層住居誘導地区にある建築物は、日影規制区域が隣接する場合、対象区域外にある建築物とみなし日影の検討が必要になる。

一方、特定街区に建つ建築物は、隣接する区域等にかかわらず、日影の検討が必要ない（法60条3項）。

日影規制の特例

対象区域外にある高さ10m超の建築物が冬至日に対象区域内に日影を落とす	対象区域内の建築物であるとみなされ、日影を落とす区域の規制で検討し、規制対象区域内に規制時間の日影を落とす場合は、制限を受ける		法56条の2第4項
対象建築物が日影時間制限の異なる他の対象区域に日影を落とす	対象建築物が日影を落とす区域内にあるものとして、対象建築物になるか否か判断し、対象建築物になる場合は、日影が落ちる区域ごとの規制を受ける（例：1低2低田住地域で軒高＞7m、地上階数≧3など）		法56条の2第5項 令135条の13
建築物が制限の異なる2以上の区域にわたり、各区域内にある建築物の部分が、いずれかの区域で対象建築物となる	対象建築物となる区域	建築物全体がその区域の規制を受ける	法56条の2第5項 令135条の13
	対象建築物とならない区域	・冬至日に日影を生じなければ対象外 ・日影を生じれば建築物全体がその区域の規制を受ける	

対象区域外と対象区域が隣接する場合

❶対象区域に対象外区域の建築物が影を落とす場合

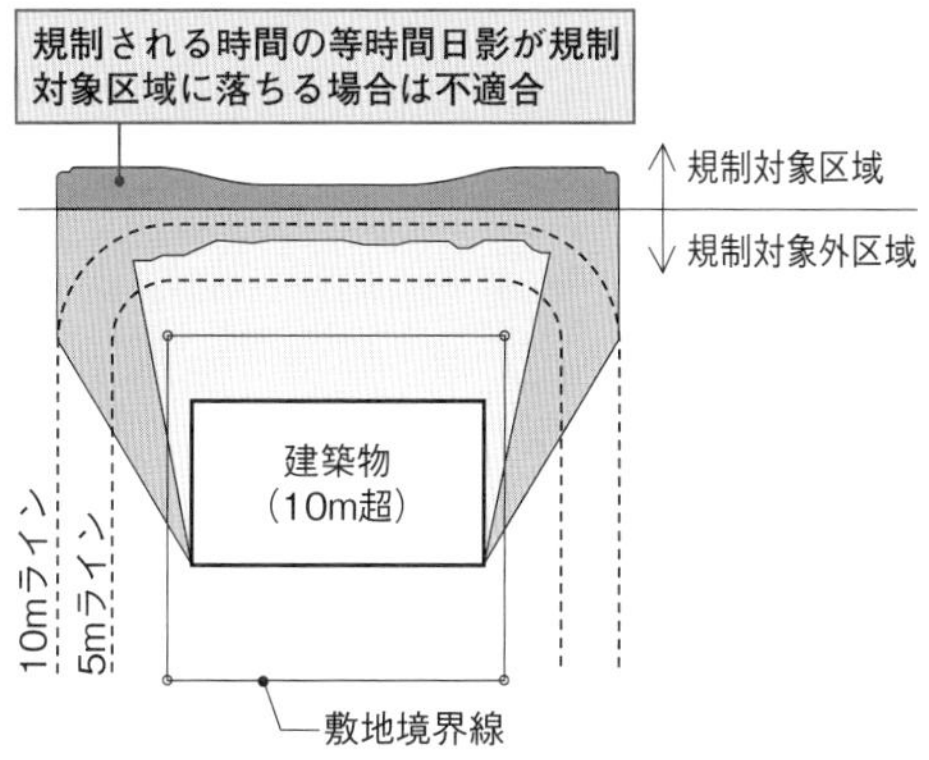

❷規制対象区域に制限される日影がない場合

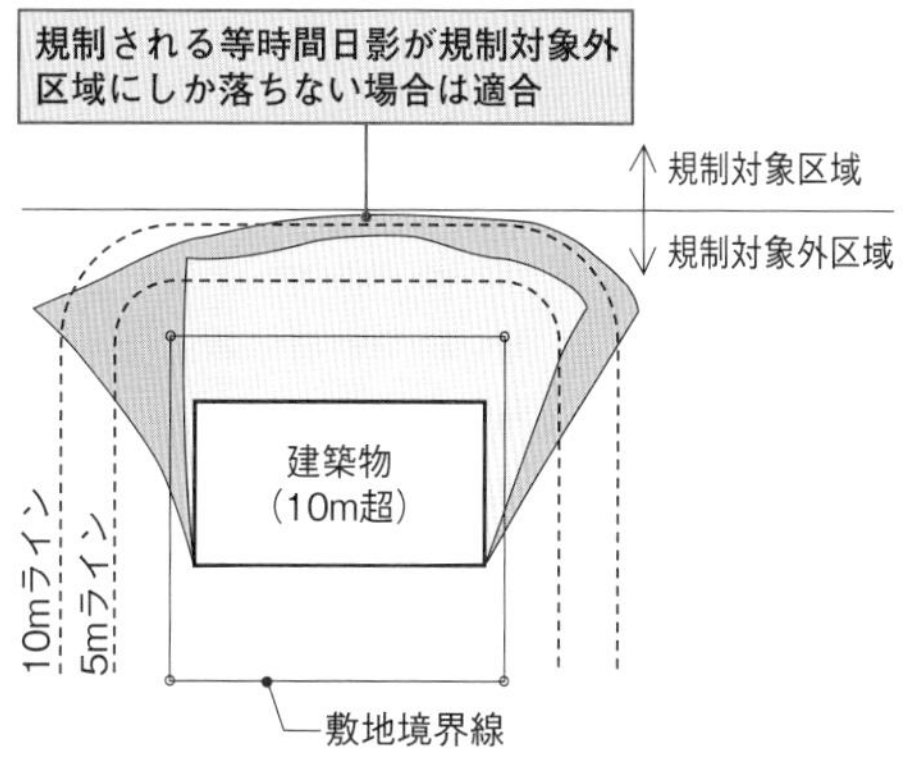

❸建築物が制限の異なる区域にわたる場合

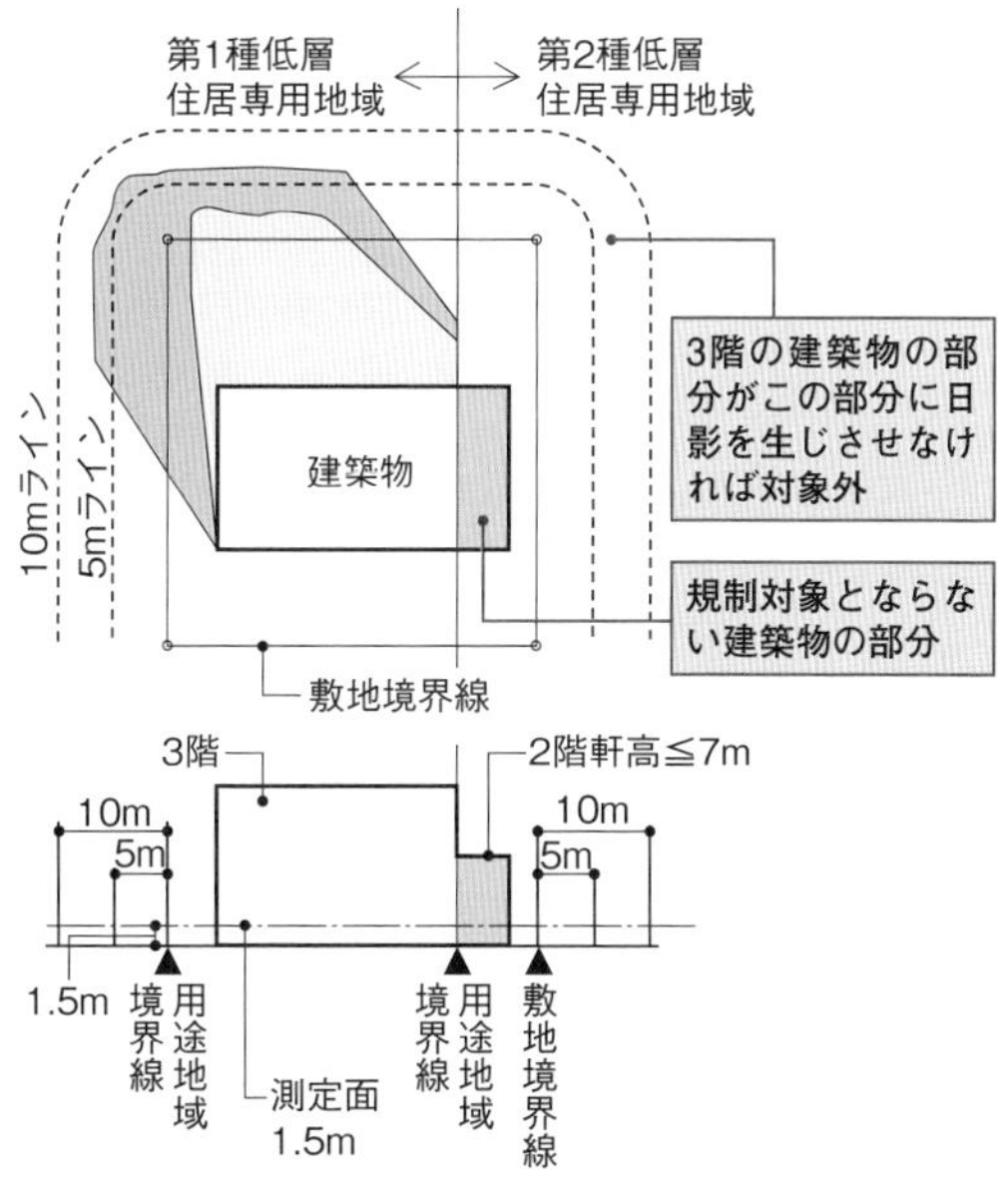

❹対象建築物が他の区域に日影を生じさせる場合

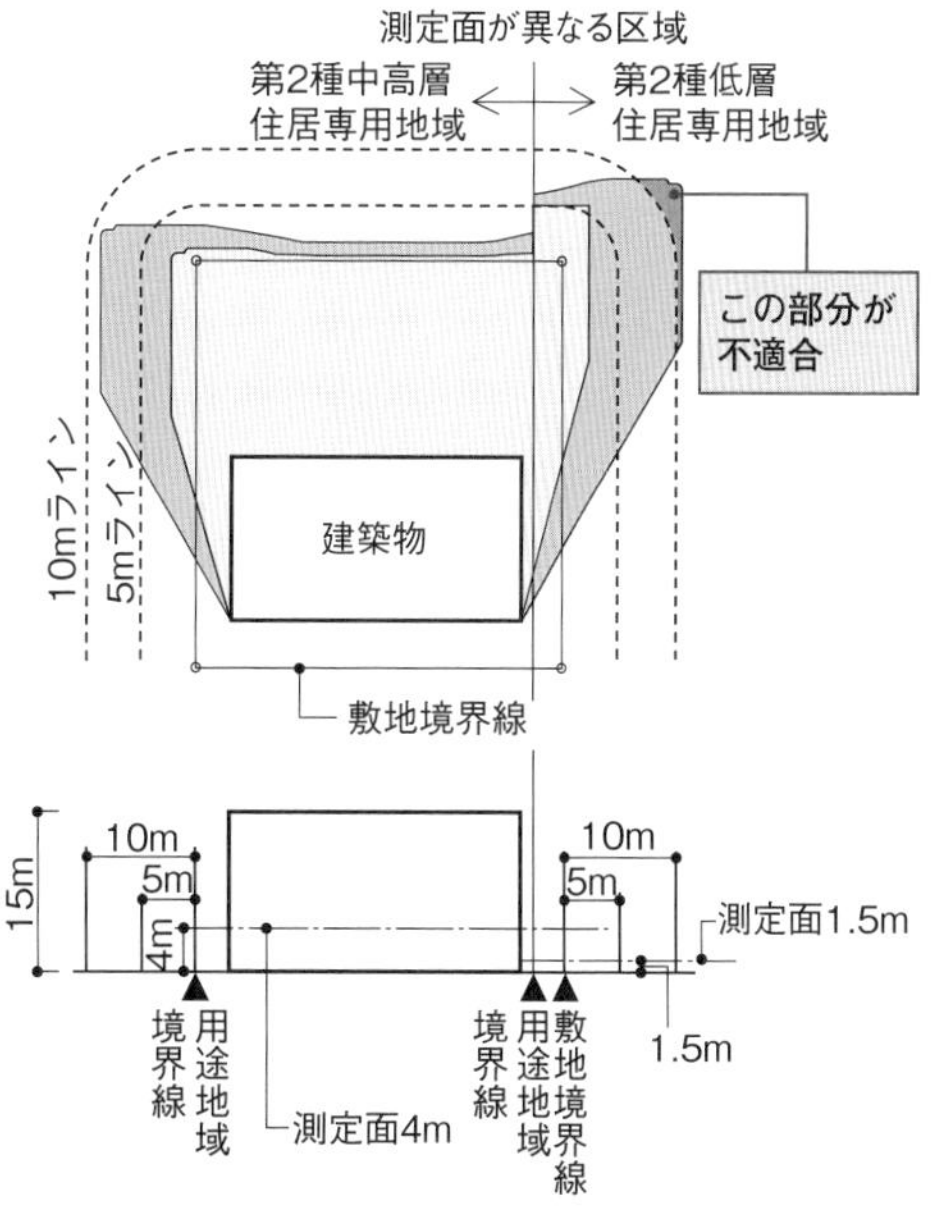

天空率

052

天空率は道路斜線、隣地斜線、北側斜線に代えて利用できる高さ制限

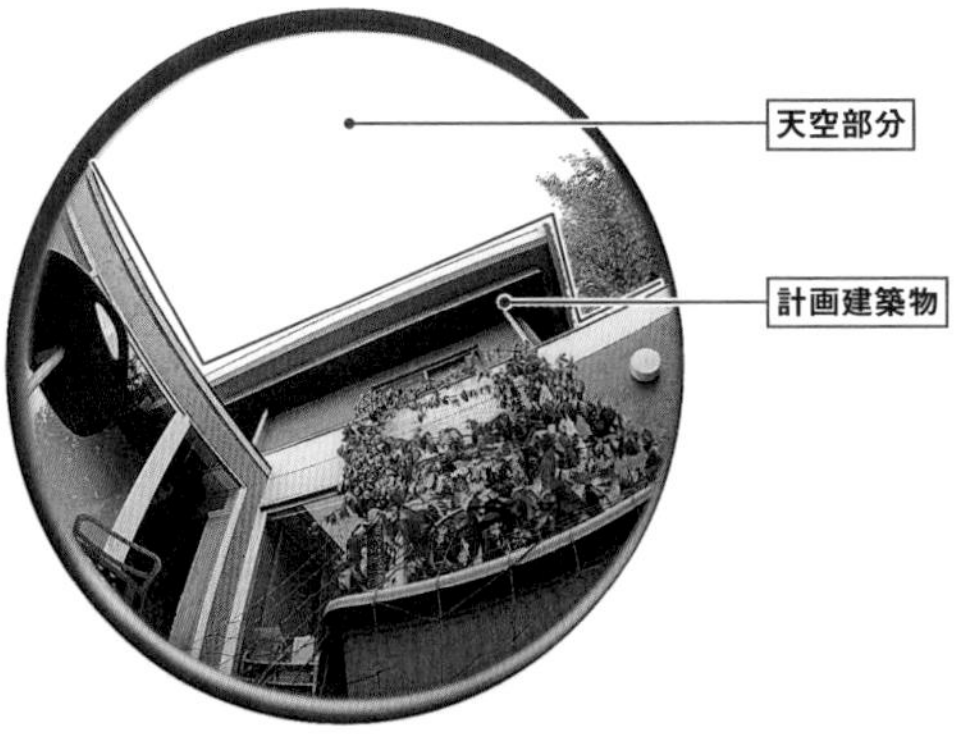

天空率では計画建築物を建てた場合の余白として残る天空部分が、適合建築物の天空部分より多いことを確認する

天空率で斜線型制限を緩和する

道路斜線や隣地斜線、北側斜線などの斜線制限は、建築物の断面形状で建築物の高さを制限する。これに対してこれらと同程度以上の環境を確保できるかを判断する基準が**天空率**である。

複数の算定位置に想定した半球上に空の割合を映し、水平投影して天空図をつくる。予定建築物の形状（**計画建築物**）の天空率が、斜線制限で建築可能な立体（**適合建築物**）の天空率以上になることを確認する（法56条7項）。天空率は、道路、隣地、北側の各斜線制限を代用することができる。

斜線制限で変わる算定位置

道路斜線では、前面道路の敷地と反対側の道路境界線上に算定位置を定め、敷地が面する部分の幅を道路幅員の1／2以下の間隔で均等に配置した点とする（令135条の9）。

隣地斜線緩和では、隣地境界線に平行に外側にとる。水平距離と算定位置の間隔は、住居系用途地域で16ｍと8ｍ、商業系用途地域で12・4ｍと6.2ｍである（令135条の10）。それらの算定位置は後退緩和を使って適合建築物の高さを求めた場合でも、天空図の算定位置は変わらず、後退線上とはならない。

北側斜線緩和では、第1・2種低層住居専用地域、田園住居地域は隣地境界線から真北方向へ水平距離4ｍ外側で、間隔は1ｍ以上、第1・2種中高層住居専用地域では、8ｍ外側で間隔2ｍ以内とする（令135条の11）。

天空率作成のポイント

天空率では、工作物以外、塔屋等の高さも対象となる。

道路や隣地斜線の天空率で、敷地が道路より1ｍ以上高い場合は、高低差から1ｍを減じた値の1／2だけ高いとみなし、隣地より1ｍ以上低い場合は、同様の算式により敷地が高いとみなす。また隣地の天空率では、建築物の地盤面が3ｍを超える場合、各領域ごとに算定する（令135条の10第3項）。

適合建築物と計画建築物の比較

❶道路斜線制限による建築物の例　❷天空率適用により実現可能な建築物の例

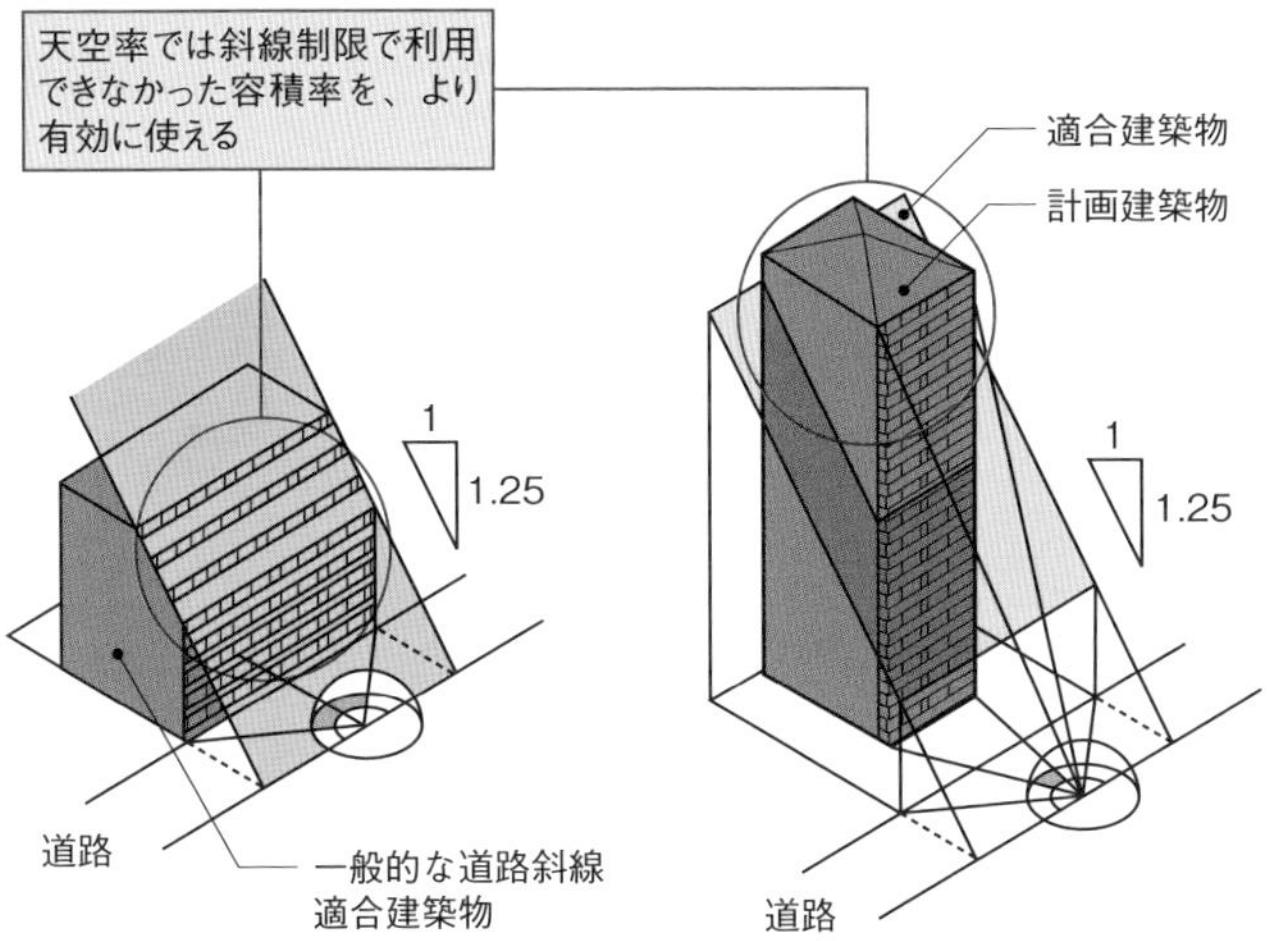

天空図（適合建築物）　天空図（計画建築物）

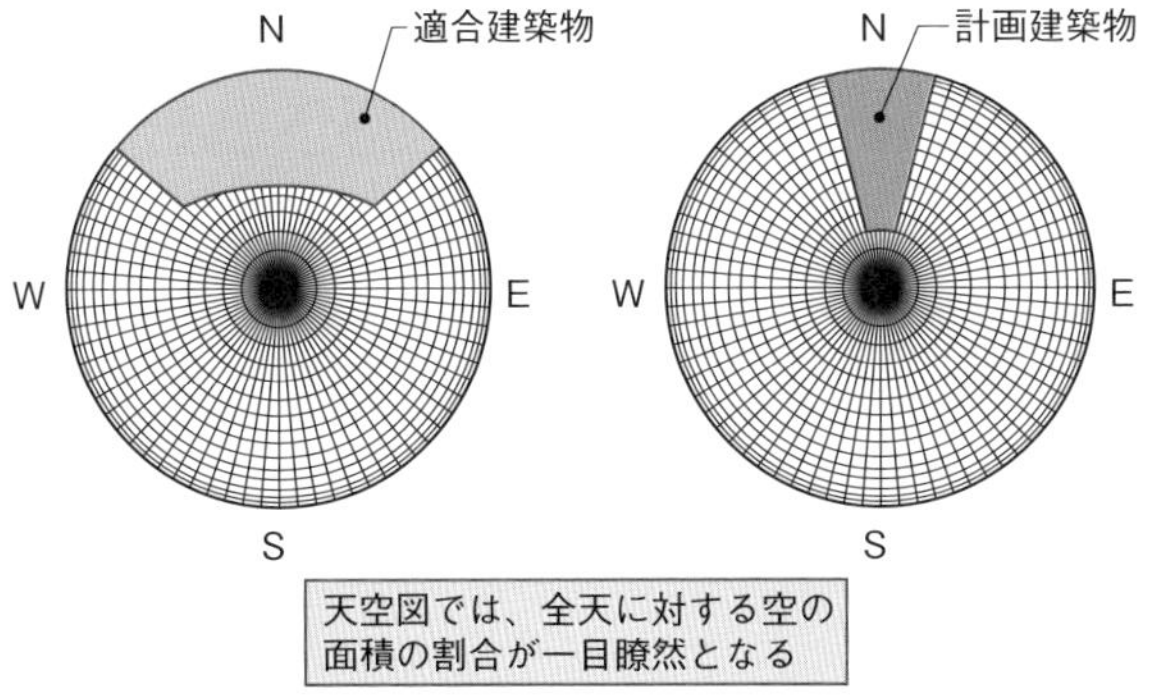

天空率の検討フロー

斜線制限の算式から適合建築物の各部の高さを設定

↓

計画建築物の各部の高さを設定

↓

斜線規制に適応した算定位置の設定

↓

天空率の算定

適合建築物の天空率計算

↓

計画建築物の天空率計算

↓

各天空率をすべての算定位置で比較
計画建築物の天空率>適合建築物の天空率を確認

↓

1カ所でもクリアできなければ計画の再検討をして再度天空率の確認

天空率の考え方

❶水平投影の考え方

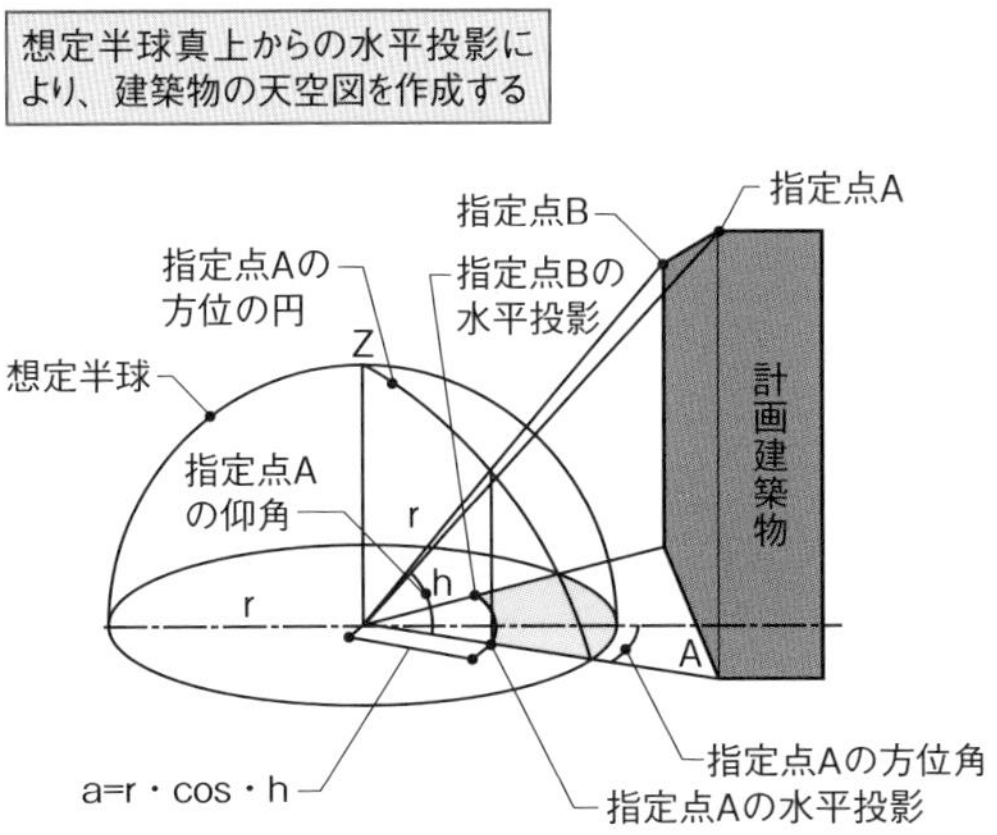

❷天空図の三斜求積による天空率の求め方（計画建築物）

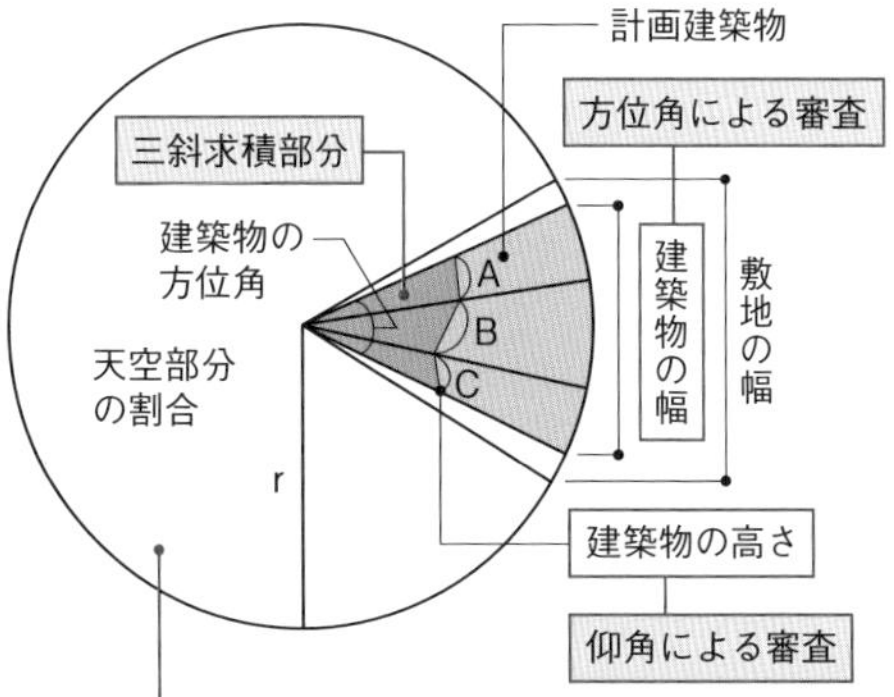

$$\text{天空率}=\frac{\pi r^2\times\dfrac{360^\circ-\text{建築物の方位角}}{360^\circ}+\text{三斜求積部分の面積}}{\text{円の面積}}$$

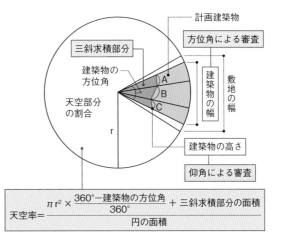

北側斜線における適合建築物（第1・2種低層住居専用地域・田園住居地域、第1・2種中高層住居専用地域）

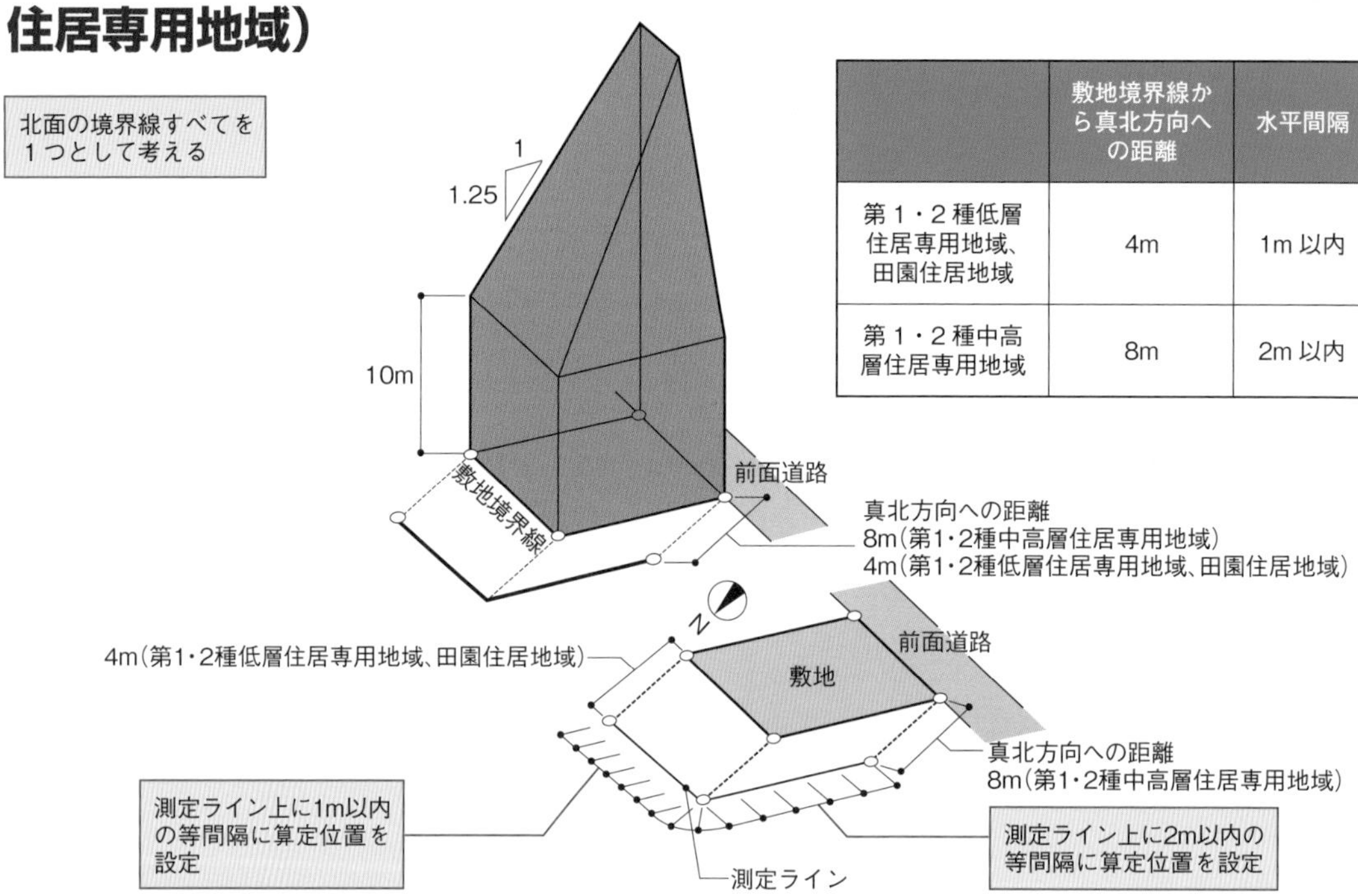

	敷地境界線から真北方向への距離	水平間隔
第１・２種低層住居専用地域、田園住居地域	4m	1m 以内
第１・２種中高層住居専用地域	8m	2m 以内

勾配が異なる地域等にわたる敷地の適合建築物（隣地斜線の場合）

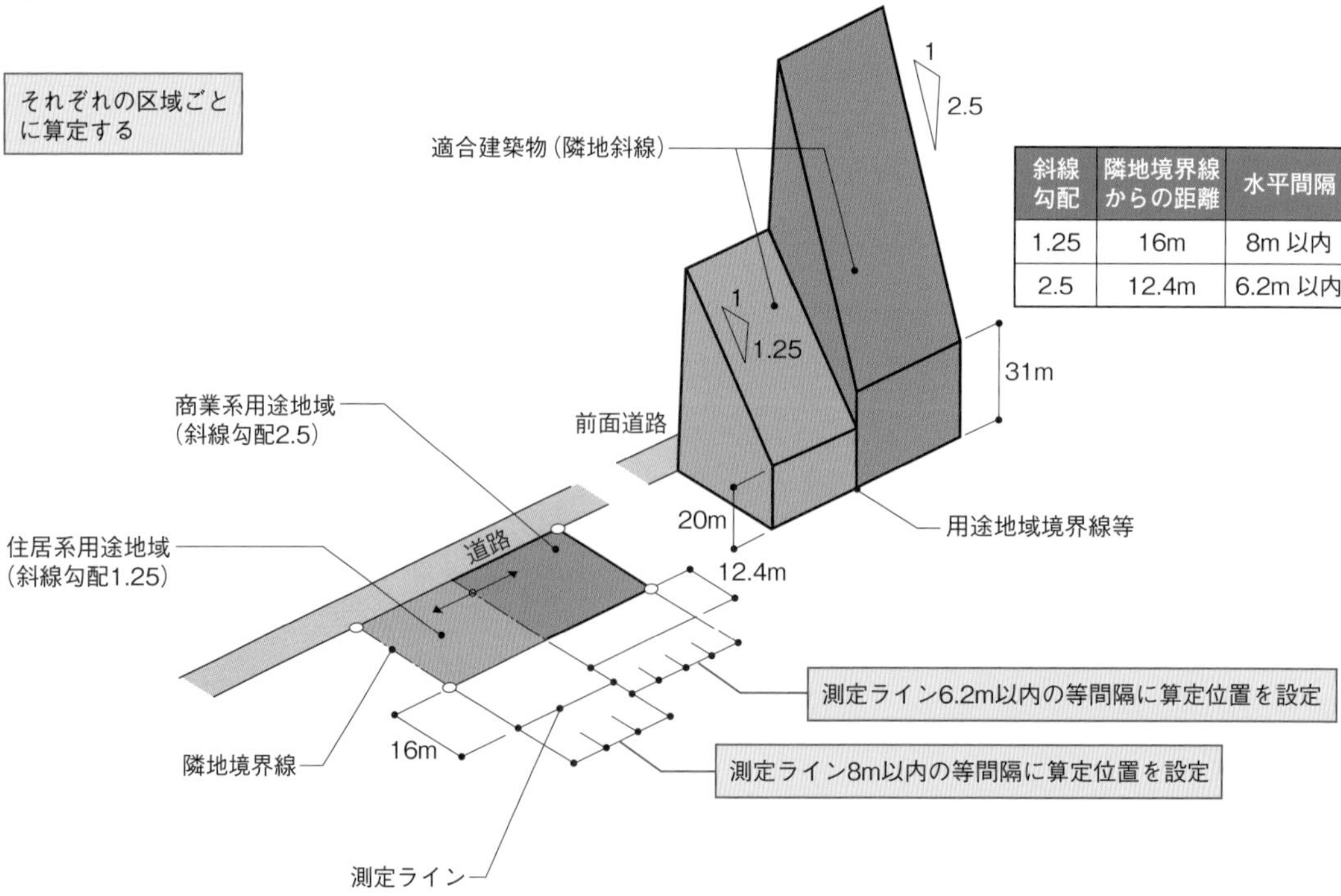

斜線勾配	隣地境界線からの距離	水平間隔
1.25	16m	8m 以内
2.5	12.4m	6.2m 以内

天空率算定ポイントの考え方

❶道路斜線

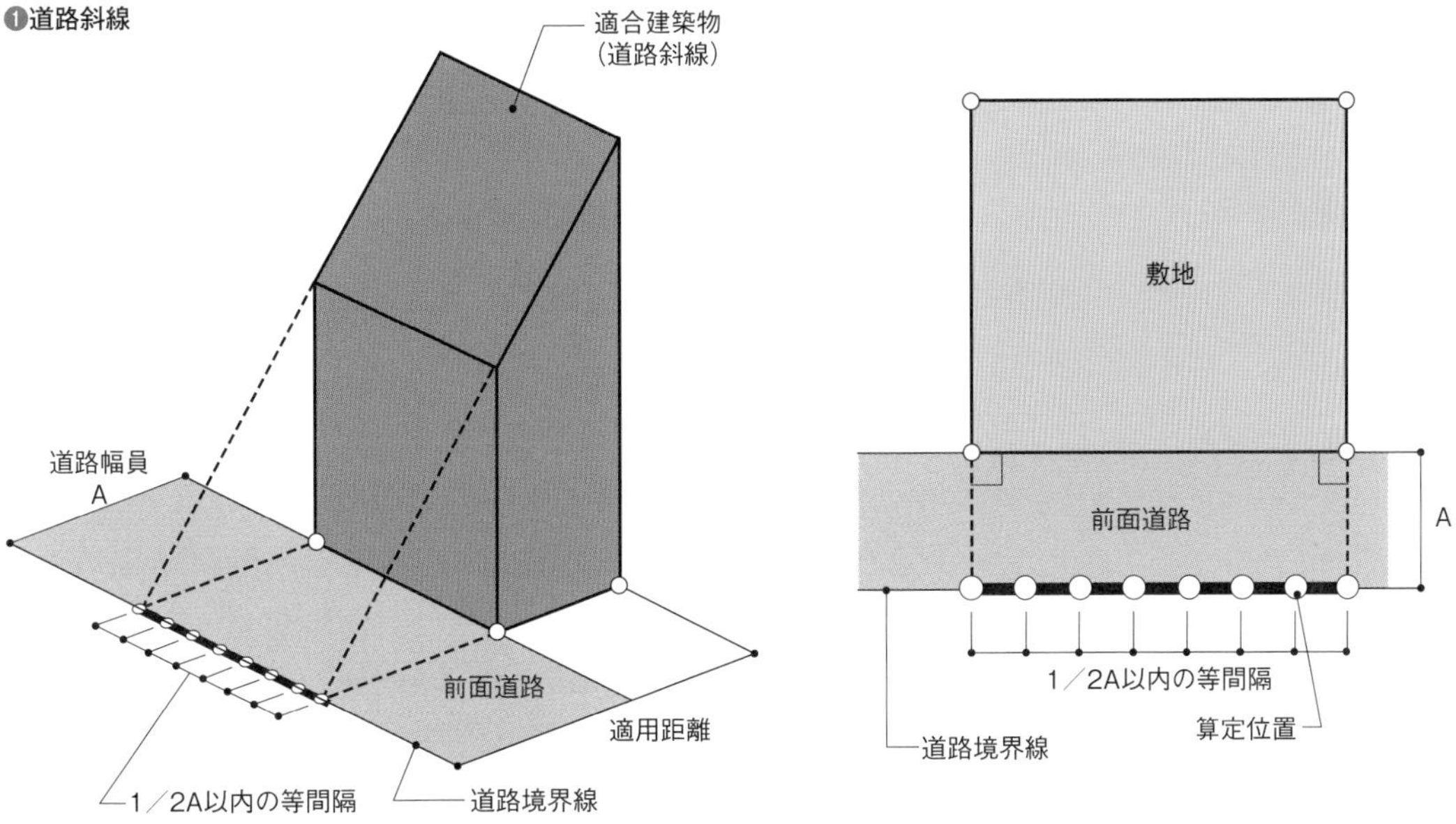

❷隣地斜線

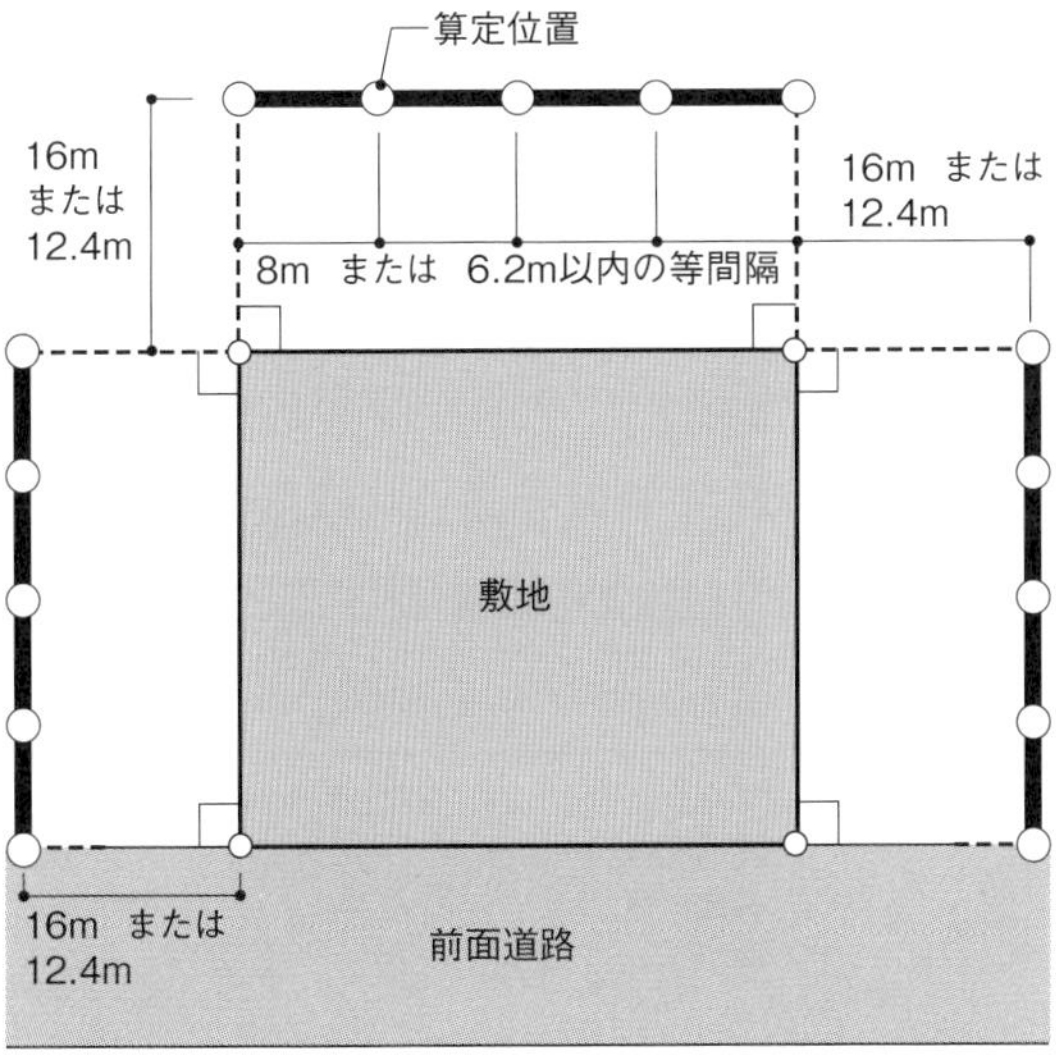

❸北側斜線
（北西を1つの境界線として分割）

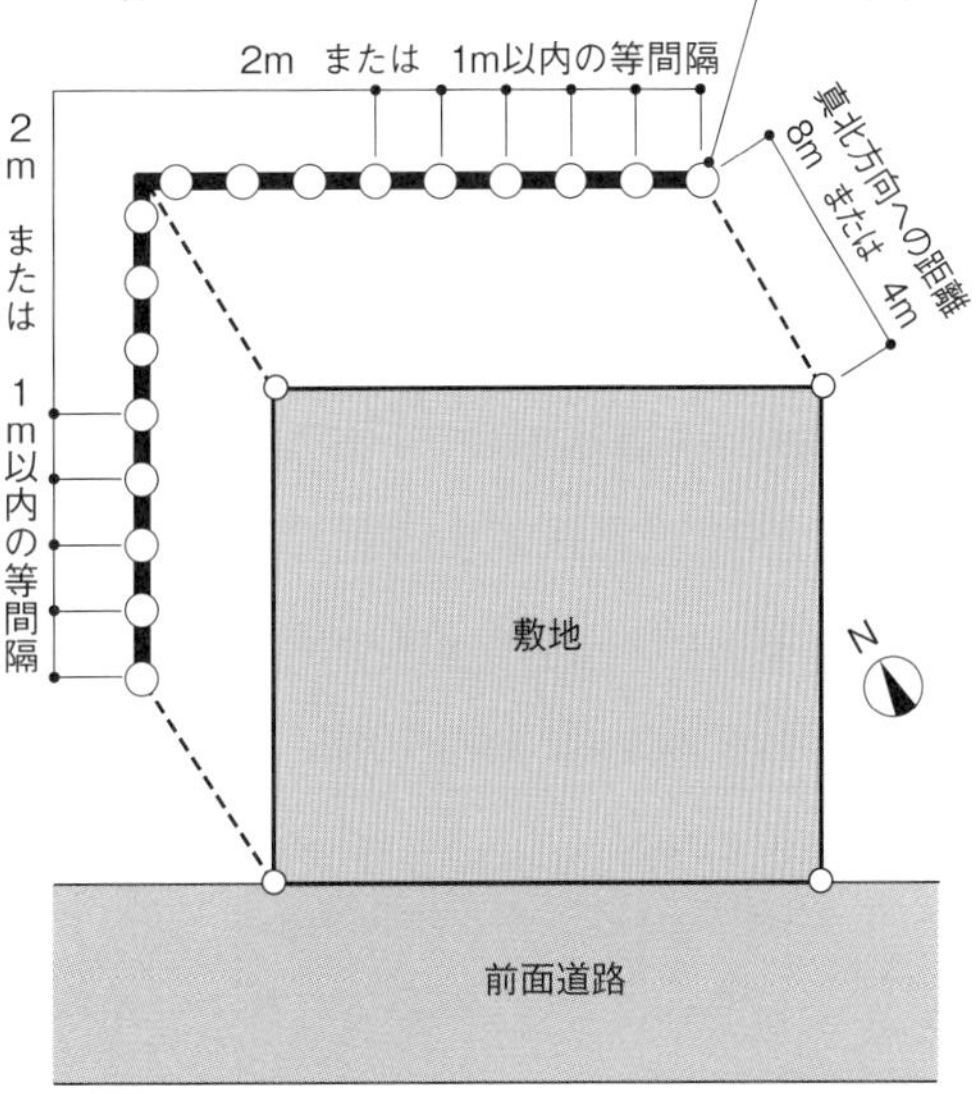

用途地域（斜線勾配）	算定位置	間隔
住居系用途地域（1.25）	16m	8m以内の等間隔
商業・工業系用途地域（2.5）	12.4m	6.2m以内の等間隔

用途地域（立上り）	算定位置	間隔
第1･2種低層住居専用地域、田園住居地域（5m）	4m	1m以内の等間隔
第1･2種中高層住居専用地域（10m）	8m	2m以内の等間隔

Column

建築協定／一団地の認定／連担建築物設計制度

建築協定とは？

建築協定は、住宅地の環境や商店街の利便性を図るために、建築物の敷地や用途、形態、意匠などに地域住民などが一定の制限を設ける制度。都市計画区域外にも定められ、リゾート地の環境維持なども可能である（法69条）。

手続きは、土地の所有者など全員の合意を得て、特定行政庁に提出し認可を受ける。特定行政庁は、土地・建築物の利用を不当に制限せず増進し、土地環境を改善する場合で、建築協定区域の隣接境界線が明確である場合、建築協定を認可しなければならない（法73条）。

建築協定の廃止

土地所有者の過半数が廃止の合意をする場合、有効期間中であっても、協定廃止を特定行政庁に申請できる。特定行政庁は、事前の公告や縦覧、公聴会等は不要だが、廃止の認可をした場合、その旨を公告する（法76条）。

建築協定の設定の特則

分譲住宅地の新規開発の場合、事業者が良好な環境を将来にわたって確保することを意図して、一者で建築協定（一人建築協定）を締結し、分譲後に土地購入者が協定に従う場合がある（法76条の3）。

一団地の認定とは？

敷地内の複数の建築物を1群とみなし、容積率や建蔽率、道路斜線、日影規制、接道などの一定の規定（特例対象規定）を緩和し、良好な住環境の形成を図るものである。

❶一団地の認定制度（法86条1項）

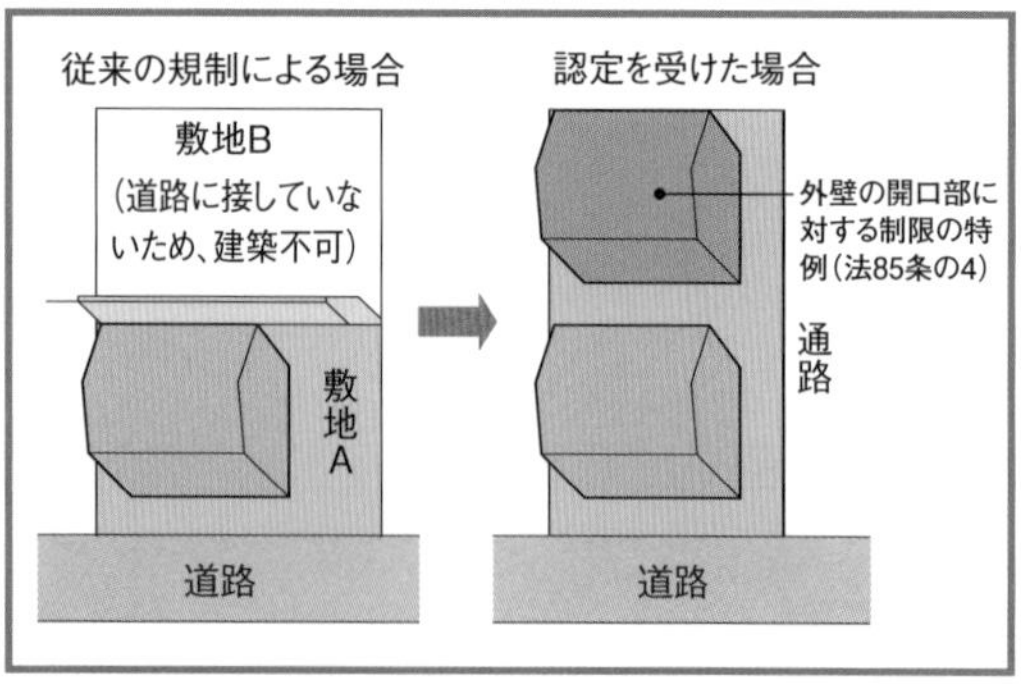

敷地AとBは一の敷地とみなされ、一定の条件のもとに敷地B側にも建築できる

連担建築物設計制度とは？

既成市街地に利用される制度である。既存建築物を前提とし、余剰容積率を利用することで防災機能の確保を図る。隣接敷地と1つとみなすため、大きな建物が建てられる。

❷連担建築物設計制度（法86条2項）

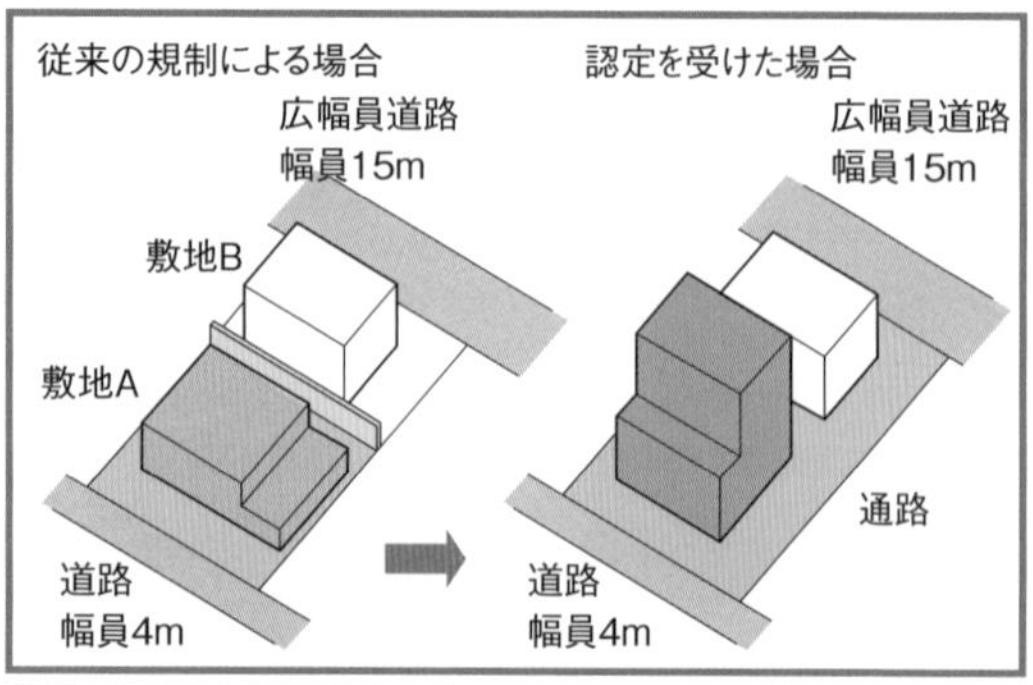

敷地AとBは広幅員道路に接道する敷地とみなされる

注：2つの制度の共通点と相違点：両制度に適用される手続きや特例は、ともに特定行政庁の認定を必要とし、認定は公告によって効力が発生する（法86条9項）。一方、一団地の認定が道路を挟んだ敷地でも認定が可能であるのに対して、連担制度は建築物間で設計調整されることから、道路等を含んで認定されることはない

第4章

防火
もえる

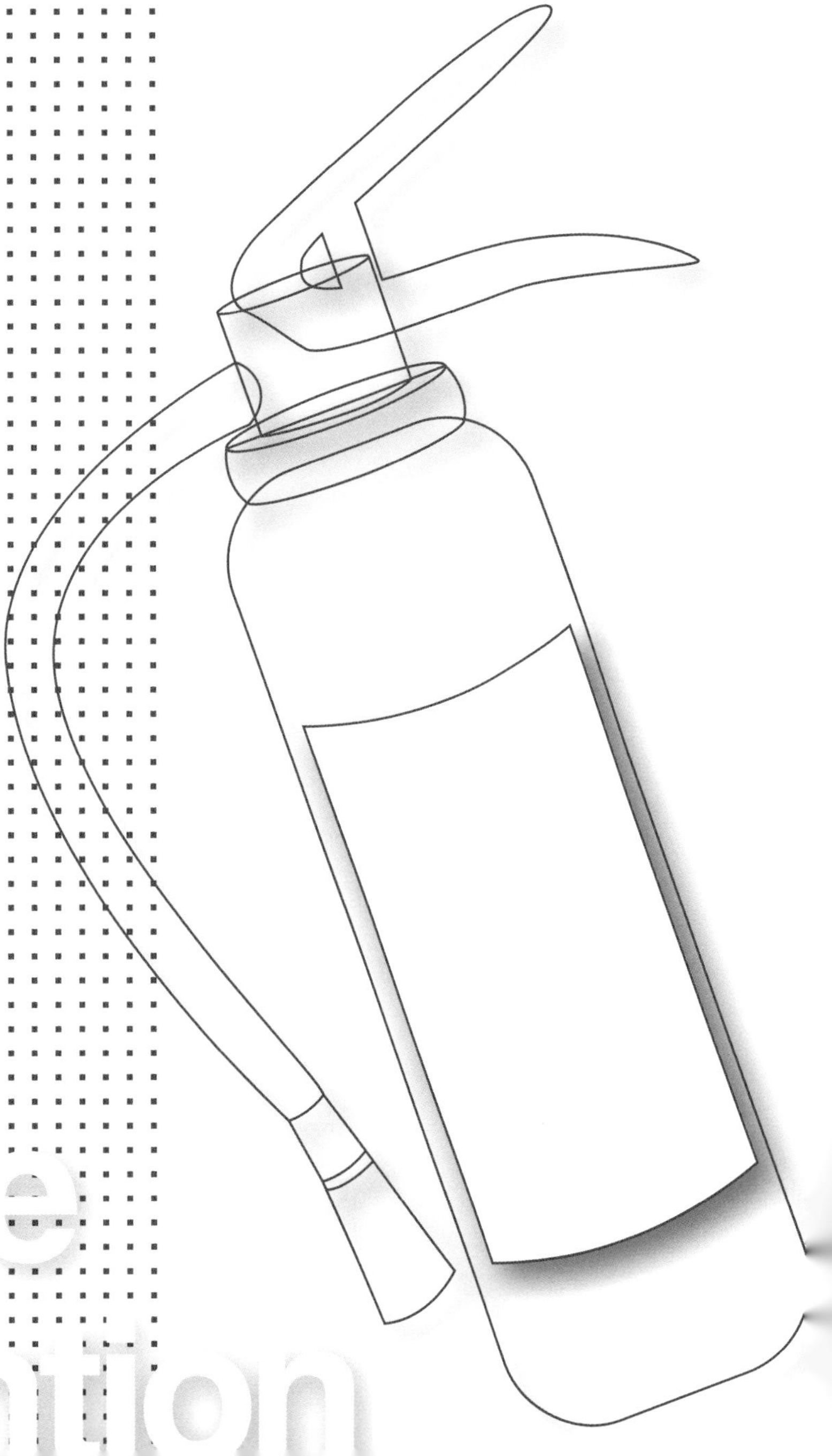

he Fire
Prevention

耐火建築物

053

主要構造部は仕様規定の耐火構造か、性能規定の耐火性能検証法で耐火性能を証明！

都心部の大きな建築物は柱、梁等に耐火被覆をし、延焼を防ぐために防火設備をつけて、耐火性能を高めている

耐火建築物の要件

耐火建築物とは、屋内からの火災や周囲で発生した火災に対して、火災が終了するまでの間、倒壊するほどの変形や損傷などがなく、延焼もしないで、耐えることのできる建築物のことである(法2条1項9号の2イ)。

建築物が耐火建築物として認められるためには、**主要構造部**(構造上重要な壁、柱、床、梁、屋根、階段)が次のいずれかの条件を満たす必要がある。

①例示仕様の耐火構造であること
(平12建告1399号)

②耐火性能の技術基準に適合すること
(令108条の3)

なお、①と②のいずれの場合でも、敷地境界線や別棟に近接する外壁の開口部で、延焼のおそれのある部分には、遮炎性能をもつ防火設備を設けなければならない(令109条、令109条の2)。

耐火性能検証による耐火建築物

②の技術基準により、耐火性能を証明する方法は2つある。

1つは、告示に従った耐火性能検証法により、主要構造部の性能について所定の基準に適合することを確かめる方法である(令108条の3第1項1号)。この場合、主要構造部ごとに、火災の継続時間よりも屋内・外の保有耐火時間のほうが長いことを、告示に規定された方法で算定し証明しなければならない(平12建告1433号)。

もう1つの検証方法は、個別の条件で耐火性能を検証して国土交通大臣の認定を受ける方法である(令108条の3第1項2号)。

個別認定による方法では、建築物の構造や建築設備、用途に応じて、主要構造部ごとに耐火性能評価により確かめる。具体的には、屋内で発生した火災の加熱と、周囲の火災による火熱に対して、主要構造部が一定の性能(非損傷性、遮熱性、遮炎性)を保てるかを実験データなどで検証して、国土交通大臣の認定を受けなければならない(令108条の3第1項2号)。

耐火建築物（法2条9号の2）

主要構造部

耐火構造 （例示仕様　または　認定仕様） （法2条9号の2イ（1）、令107条）	仕様に適合
耐火性能検証法 （法2条9号の2イ（2）、令108条の3） ・告示にもとづく耐火性能検証 ・個別条件で耐火性能検証を行い大臣認定	技術的基準に適合

＋

延焼のおそれがある部分の外壁開口部

防火設備
平12建告1360号によるものか国交大臣による認定品
［156・157頁参照］
（法2条9号の2ロ、令109条・109条の2）

主要構造部の性能に関する技術基準（令108条の3）

主要構造部の性能に関する技術基準（令108条の3）

- 性能検証法（令108条の3第1項1号）── ルートB
- 大臣認定（令108条の3第1項2号）── ルートC

室内で発生が予測される火災（法2条9号の2イ（2）（i））	周囲の火災（30分／1時間［延焼のおそれのある部分］）（法2条9号の2イ（2）（ii））
適合させなければならない性能 ❶非損傷性：構造耐力上支障のある損傷を生じないこと（令108条の3第1項1号イ（1）） ❷遮熱性：加熱面以外の面の温度が一定以上上昇しないこと（令108条の3第1項1号イ（2）） ❸遮炎性：屋外に火災を出す原因となるき裂等の損傷を生じないこと（令108条の3第1項1号イ（3））	適合させなければならない性能 ❶非損傷性 （令108条の3第1項1号ロ（1）） ❷遮熱性（屋内に面するもの） （令108条の3第1項1号ロ（2））

	ルートB	ルートC
火災継続時間	政令で規定された式により算定（令108条の3第2項1号）	実験データなどにより、性能の有無を確認 ↓ 性能評価 ↓ 国交大臣の認定
保有耐火時間	屋内火災保有耐火時間を算定（令108条の3第2項2号） 屋外火災保有耐火時間を算定（令108条の3第2項3号）	
性能の有無の確認	保有耐火時間≧火災継続時間（令108条の3第2項4号）	

耐火構造

054

主要構造部の非損傷性、壁・床の遮熱性、外壁・屋根の遮炎性で耐火性能を判断

柱、梁、床、壁に要求される耐火時間は階数によって変わるが、階段と屋根に求められる耐火時間は30分のみ

主要構造部の耐火性能

耐火構造とは、一定時間に対応する**耐火性能**をもち、加熱後も壊れない鉄筋コンクリートや、炎や熱の影響が及ばないよう防火被覆された構造のことである。その構造方法は、平12建告1399号に例示されている。

耐火性能は、主要構造部ごとに非損傷性・遮熱性・遮炎性の3つの技術基準で決められている。

(1)非損傷性

非損傷性とは、建築物の荷重を支える主要構造部が火熱によって、変形、溶融、破壊するほどの損傷を受けるのを防ぐ性能である。

耐火時間は、建築物の階数で決まる。上階からの避難を考慮し、下階ほど耐火要求時間は長くなる。建築物の最上階から数えた階数が4以内の場合、壁、柱、床、梁の各部は1時間耐火、5以上14以内の階では2時間耐火、15階以上では、柱と梁に3時間、壁と床に2時間の耐火性能が求められる。

階数の算定では、地階の部分も算入する。また、階数に算入されないペントハウス部分の耐火時間は、最上階と同じ1時間となる。屋根と階段に求められる耐火時間は、階によらず30分である(令107条1項1号)。

(2)遮熱性

遮熱性とは、内壁・外壁・床の加熱によって、それ以外の面が可燃物燃焼温度以上になり燃焼することで、屋内の他の部分へ延焼するのを防止するための性能である。

壁・床に対しては1時間耐火性能が求められる。延焼のおそれのある部分以外の外壁(非耐力壁)は、耐火時間は30分に緩和される(令107条1項2号)。

(3)遮炎性

遮炎性とは、屋内に発生する通常の火災で、屋外へ火炎を出す亀裂や損傷が外壁・屋根に生じない性能である。

耐力壁や延焼のおそれのある部分の外壁には1時間の耐火性能が、それ以外の外壁と屋根は30分の耐火性能が要求される(令107条1項3号)。

耐火性能一覧（令107条）

性能		対象部位	耐火時間
非損傷性（下図参照）	建築物の主要構造部が加熱で変形、溶融、破壊する損傷を防ぐ性能（令107条1項1号）	耐力壁、床	1～2時間（最上階からの階数で算定）
		柱、梁	1～3時間（最上階からの階数で算定）
		屋根、階段	30分
遮熱性	内壁、外壁、床の加熱によって、屋内の他部分が可燃物燃焼温度以上になることを防ぐ性能（令107条1項2号）	壁、床	1時間
		非耐力壁（外壁）で延焼のおそれのある部分以外	30分
遮炎性	屋内の火災で、外壁、屋根が、屋外へ火炎を出す亀裂などを防ぐ性能（令107条1項3号）	外壁の延焼のおそれのある部分	1時間
		非耐力壁（外壁）で延焼のおそれのある部分以外、屋根	30分

[図] 階数と主要構造部の耐火時間（令107条1項1号）

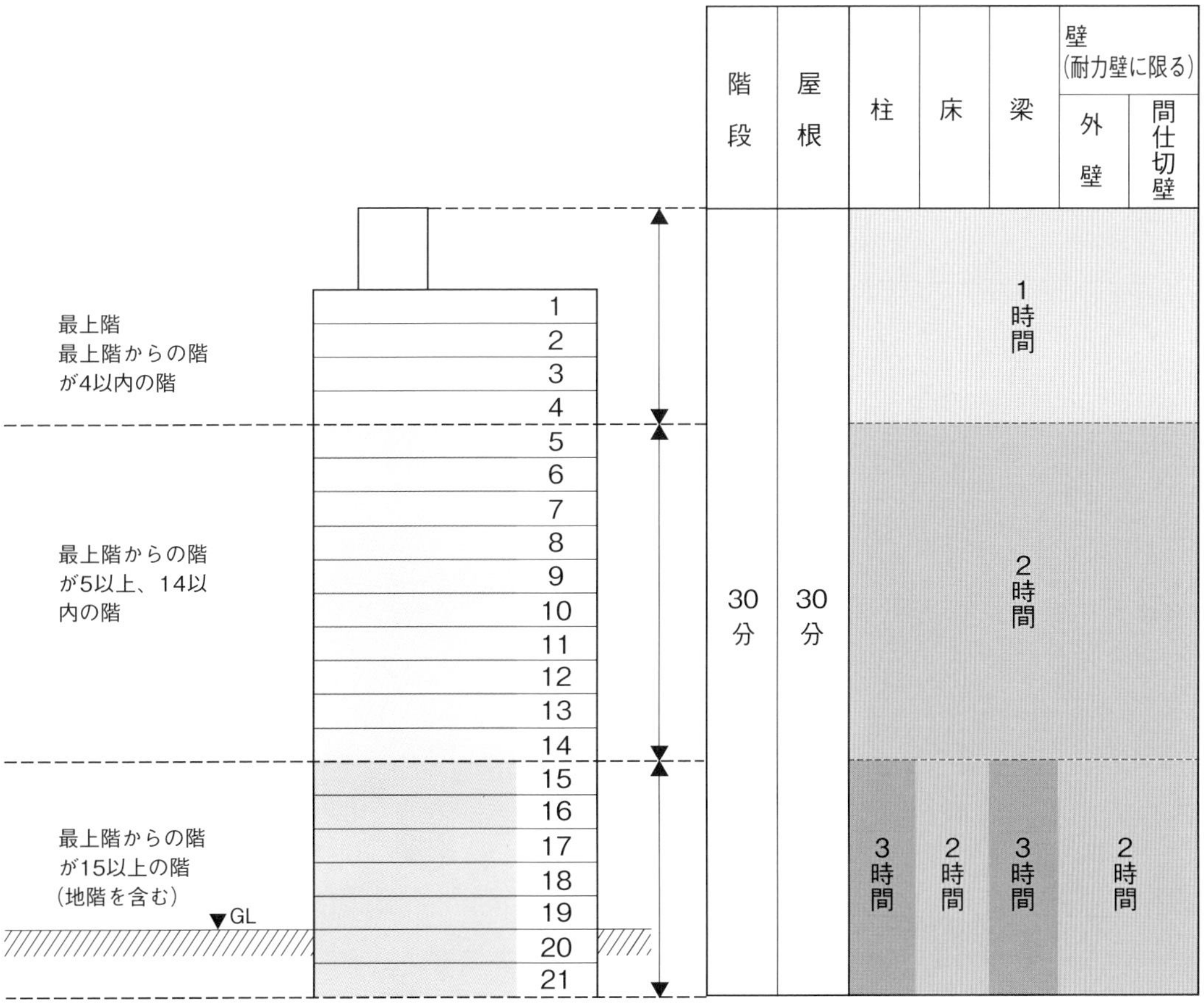

耐火構造の例示仕様

055

耐火時間に対応した下地、材料、厚みなどの仕様が、主要構造部ごとに告示で決められている

壁、柱、床、梁、屋根、階段の耐火仕様は、国交省告示の例示仕様と、メーカーが認定を取得した個別仕様

壁（抜粋・平12建告1399号／平成28年3月30日施行）

❶鉄筋コンクリート造、鉄骨鉄筋コンクリート造、鉄骨コンクリート造

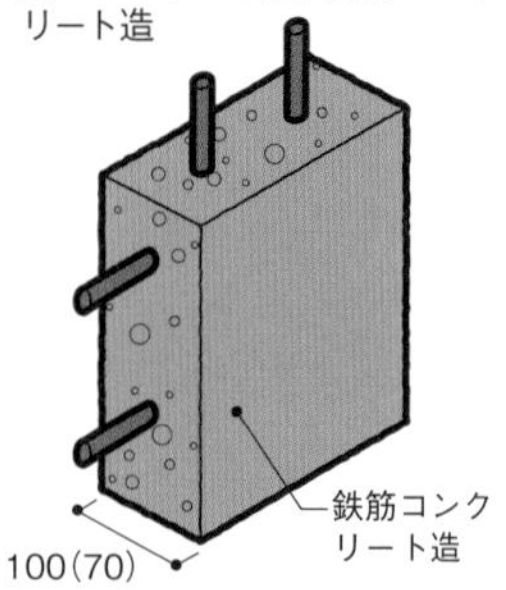

2時間耐火：厚さ100㎜以上
（鉄骨に対してはかぶり厚さ30㎜以上）
1時間耐火：厚さ70㎜以上

❷軸組を鉄骨造とし、その両面を鉄網モルタルで覆ったもの

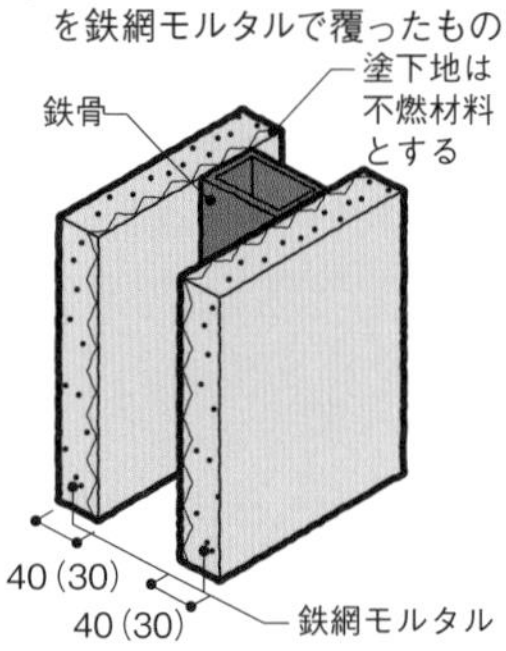

2時間耐火：塗厚40㎜以上
1時間耐火：塗厚30㎜以上

❸軸組を鉄骨造とし、その両面をコンクリートブロック、れんが、石で覆ったもの

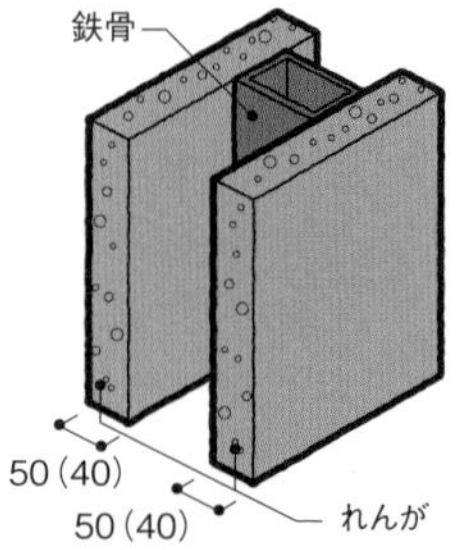

2時間耐火：厚さ50㎜以上
1時間耐火：厚さ40㎜以上

❹鉄材によって補強されたコンクリートブロック造、れんが造、石造

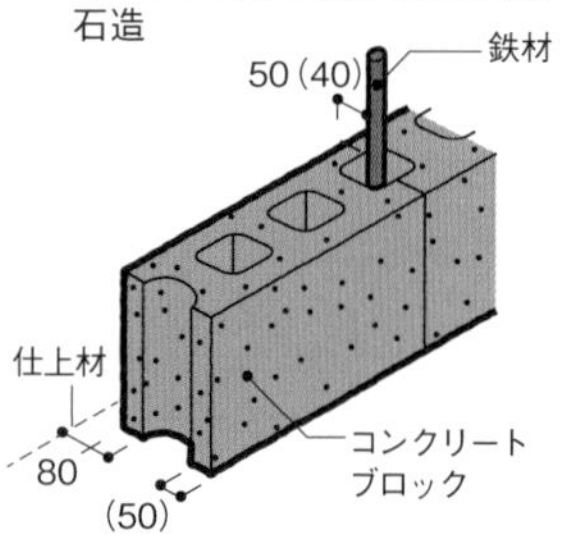

2時間耐火：肉厚と仕上げ材料の厚さの合計80㎜以上、かつ、かぶり厚さ50㎜以上
1時間耐火：肉厚50㎜以上、かぶり厚さ40㎜以上

❺軽量気泡コンクリート製パネル

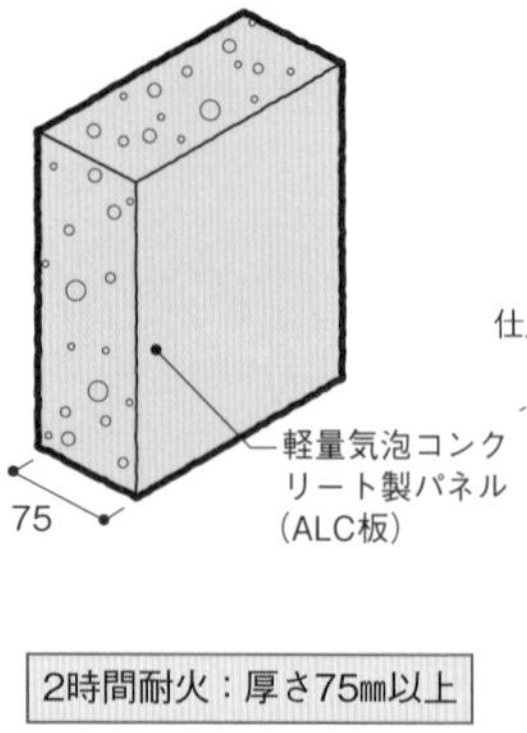

2時間耐火：厚さ75㎜以上

❻コンクリートブロック造、無筋コンクリート造、れんが造、石造

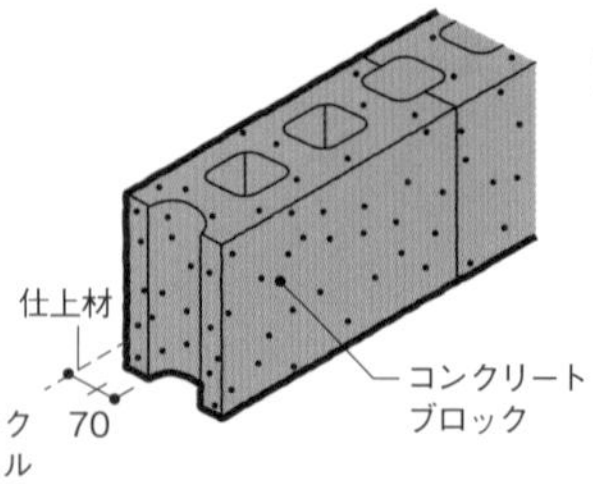

1時間耐火：肉厚と仕上げ材料の厚さの合計70㎜以上

❼木材または鉄材の下地両面に強化石膏ボードを2枚以上張ったもの

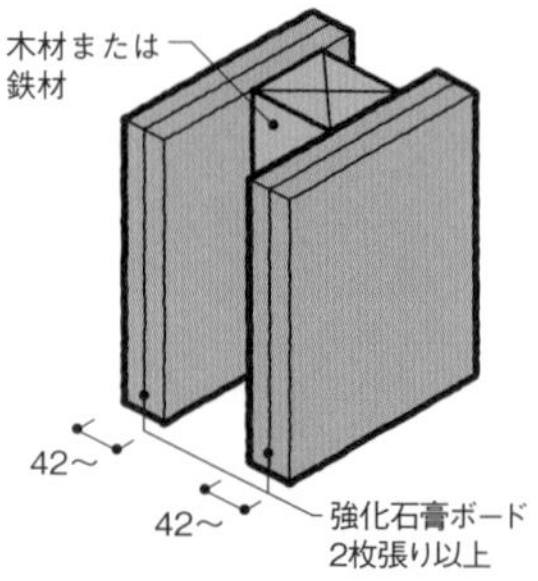

1時間耐火：厚さ42㎜以上

❽木材または鉄材の下地に強化石膏ボード2枚とケイ酸カルシウム板を両面張りしたもの

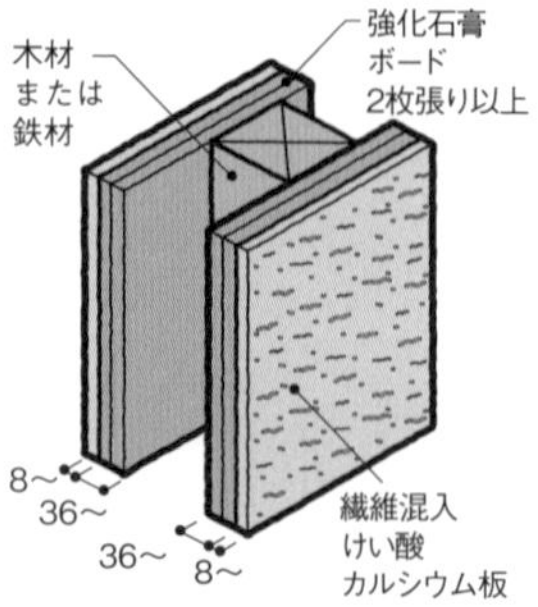

1時間耐火

柱（抜粋・平12建告1399号）

❶鉄筋コンクリート造、鉄骨鉄筋コンクリート造、鉄骨コンクリート造

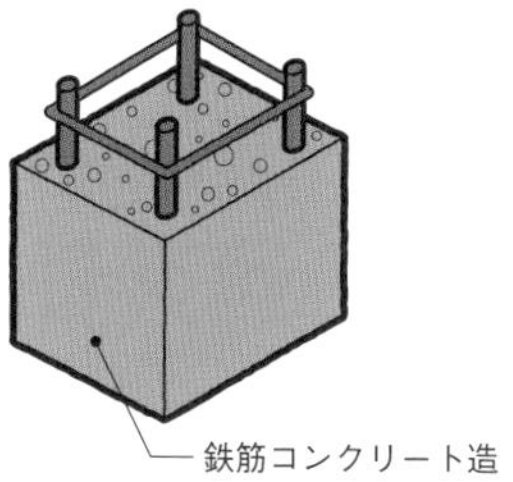

3時間耐火：小径400mm以上［※1］
2時間耐火：小径250mm以上［※2］
1時間耐火：厚さの規定なし

❷鉄骨を鉄網モルタル、コンクリートブロック、れんが、石で覆ったもの

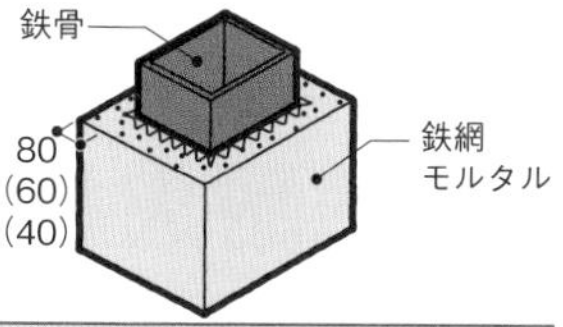

3時間耐火：
小径400mm以上、鉄網モルタルの場合は塗厚さ80mm以上［※3］
2時間耐火：
小径250mm以上、3時間耐火の被覆厚さから20mmを引いた厚さ以上
1時間耐火：
3時間耐火の被覆厚さから40mmを引いた厚さ以上

❸鉄材によって補強されたコンクリートブロック造、れんが造、石造

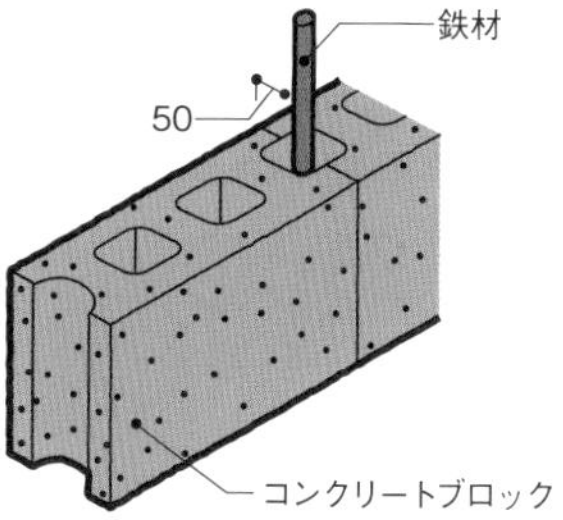

1時間耐火：
かぶり厚さ50mm以上

※1：鉄骨に対してはかぶり厚さ60mm以上　※2：鉄骨に対してはかぶり厚さ50mm以上　※3：コンクリートブロック、れんが・石の場合は厚さ90mm以上

床（抜粋・平12建告1399号）

❶鉄筋コンクリート造、鉄骨鉄筋コンクリート造

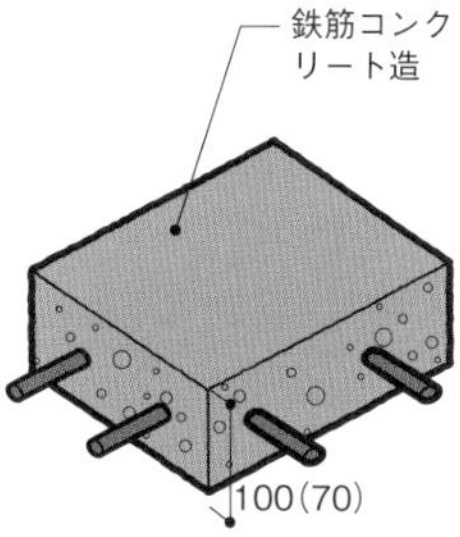

2時間耐火：厚さ100mm以上
1時間耐火：厚さ70mm以上

❷鉄材の両面を鉄網モルタル、またはコンクリートで覆ったもの

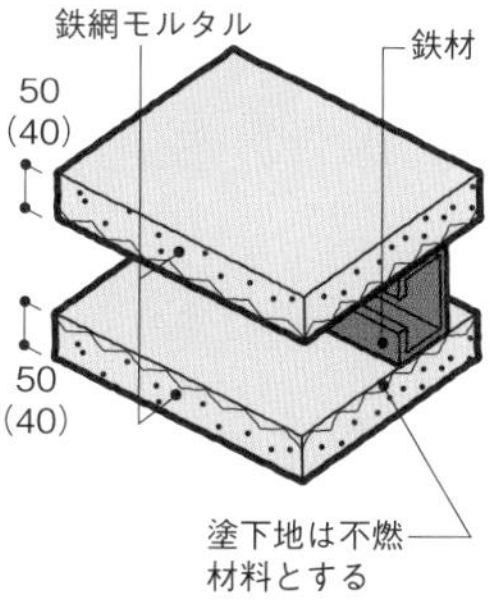

2時間耐火：塗厚さ50mm以上
1時間耐火：厚さ40mm以上

梁（抜粋・平12建告1399号）

❶鉄筋コンクリート造、鉄骨鉄筋コンクリート造、鉄骨コンクリート造

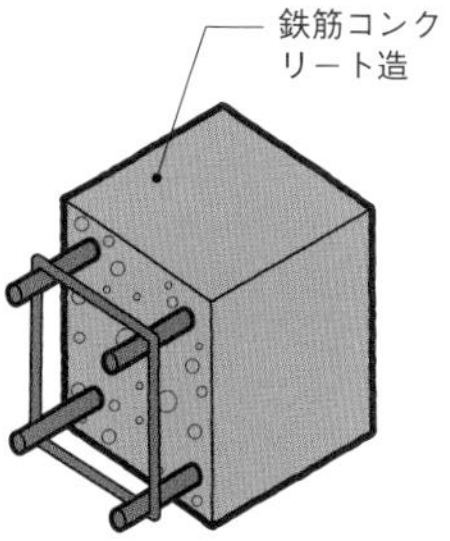

3時間耐火：厚さの規定なし［※1］
2時間耐火：厚さの規定なし［※2］
1時間耐火：厚さの規定なし

❷床面から梁下端までの高さが4m以上の小屋組

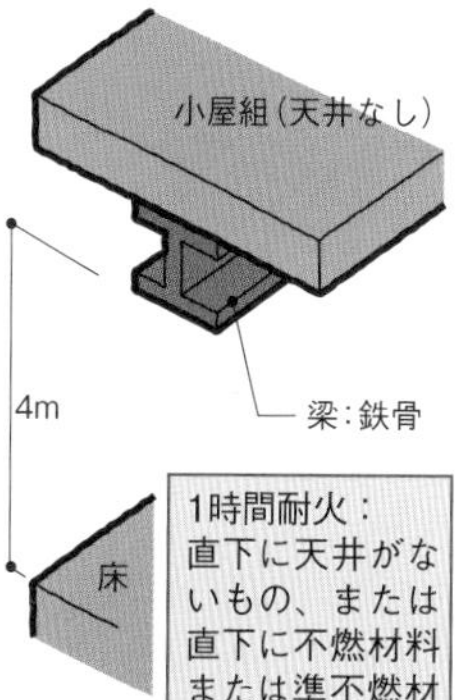

1時間耐火：
直下に天井がないもの、または直下に不燃材料または準不燃材料でつくられた天井があるもの

※1：鉄骨に対してはかぶり厚さ60mm以上　※2：鉄骨に対してはかぶり厚さ50mm以上

屋根（抜粋・平12建告1399号）

❶鉄筋コンクリート造、鉄骨鉄筋コンクリート造

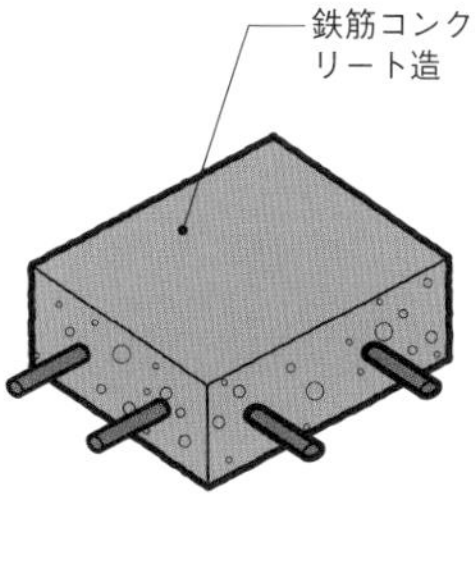

30分耐火：厚さの規定なし

❷鉄網コンクリート、もしくは鉄網モルタルで葺いたもの等

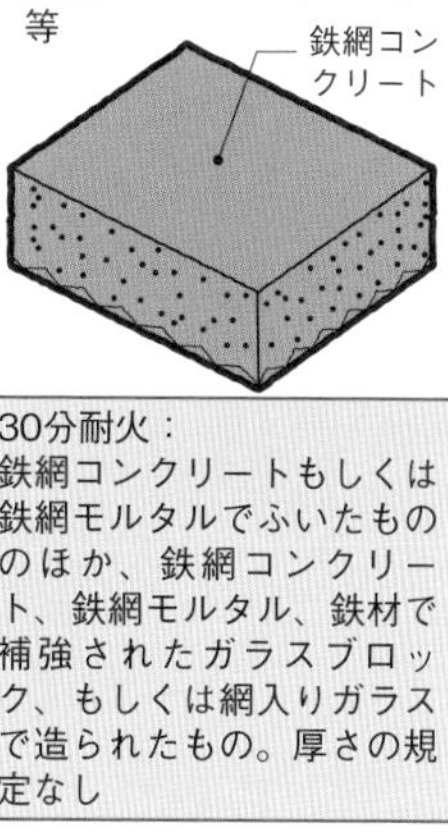

30分耐火：
鉄網コンクリートもしくは鉄網モルタルでふいたもののほか、鉄網コンクリート、鉄網モルタル、鉄材で補強されたガラスブロック、もしくは網入りガラスで造られたもの。厚さの規定なし

❸軽量気泡コンクリート製パネル

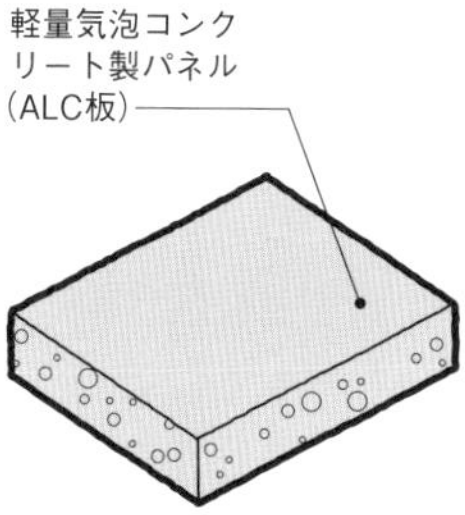

30分耐火：厚さの規定なし

階段（抜粋・平12建告1399号）

鉄造

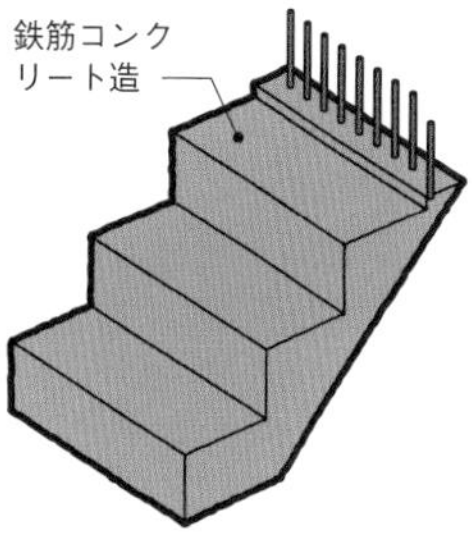

30分耐火：厚さの規定なし

準耐火建築物

056

準耐火建築物は、「準耐火構造」＋「延焼のおそれのある部分の防火設備」（両面20分の遮炎性能）

柱や梁を鉄骨造とした軸組み不燃建築物で、屋根を不燃、壁と床を準不燃とすることが準耐火建築物の基本条件

準耐火建築物は３種類

準耐火建築物は、耐火建築物ほどの耐火性能はないが、火災のとき、一定の時間、倒壊や延焼を防ぐ耐火性能がある建築物のことである。準耐火建築物となる要件には、次の３種類がある。

①「主要構造部＝準耐火構造」＋「延焼のおそれのある部分の開口部＝防火設備」

②「外壁＝耐火構造」＋「屋根＝不燃」＋「延焼のおそれのある部分の開口部＝防火設備」

③「柱・梁＝不燃材」＋「屋根＝不燃」＋「延焼のおそれのある部分の外壁＝防火構造」＋「延焼のおそれのある部分の開口部＝防火設備」

①は法２条９号の３イに規定されることから「**イ準耐**」といわれ、木造建築物等の仕様である。②は法２条９号の３ロと令109条の３第１号で規定されることから「**ロの１準耐**」、③は法２条９号の３ロと令109条の３第２号で規定されることから「**ロの２準耐**」、とそれぞれいわれる。

それぞれの耐火性能

①は、壁、柱、床、梁などの主要構造部をせっこうボードなどで防火被覆し、耐火性能をもたせて準耐火構造の仕様とする方法で、耐火時間によって45分準耐火（イ－２）（令107条の２）と、１時間準耐火（イ－１）（令元国交告195号）などがある。

一方②③は、主要構造部の各部に準耐火構造を採用しないが、同等の準耐火性能をもつ建築物である。

②の外壁耐火型（外壁を耐火構造）は、ＲＣの外壁や柱を耐火構造としたＡＬＣ外壁の建築物などが、それにあたる。延焼のおそれのある部分の屋根に、内部火災に対して20分の遮炎性が求められる（平12建告１３６７号）。

③の軸組（柱、梁、屋根）不燃型は、鉄骨造の不燃建築物がそれにあたる。３階以上の床や直下の天井に30分の非損傷性と遮熱性を要する（平12建告１３６８号）。

準耐火建築物（法2条9号の3）

主要構造部

イ準耐 層間変形角≦1／150 （令109条2の2）	イ-1 1時間準耐火 特定準耐火 ［＊］	令元国交告195号 ・1時間準耐火建築物 ・大規模木造建築物の準耐火構造の主要構造部の仕様
	イ-2 45分準耐火	令107条の2 （準耐火構造の主要構造部の仕様） 平12建告1358号
ロの1準耐❶	外壁耐火型 （令109条の3第1号、平12建告1367号）	
ロの2準耐❷	軸組不燃型 （令109条の3第2号、平12建告1368号）	

＋

延焼のおそれのある部分の外壁開口部

防火設備
平12建告1360号によるものか国交大臣による認定品
［156・157頁参照］
（法2条9号の2ロ、令109条・109条の2）

＊火災終了時間または特定避難時間が1時間以上の建築物

令109条の3の規定による準耐火建築物

❶外壁耐火型（令109条の3第1号）

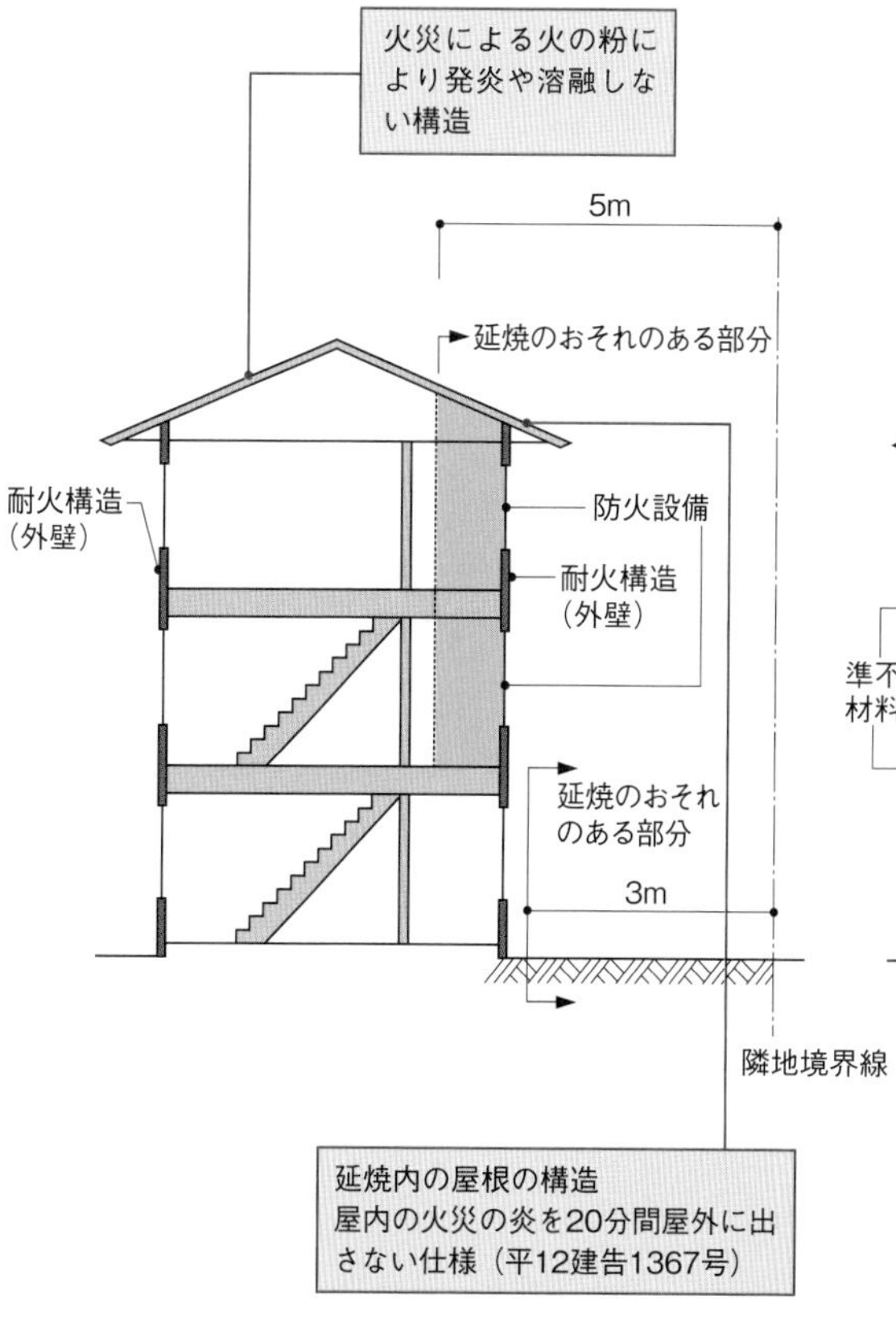

❷軸組不燃型（令109条の3第2号）

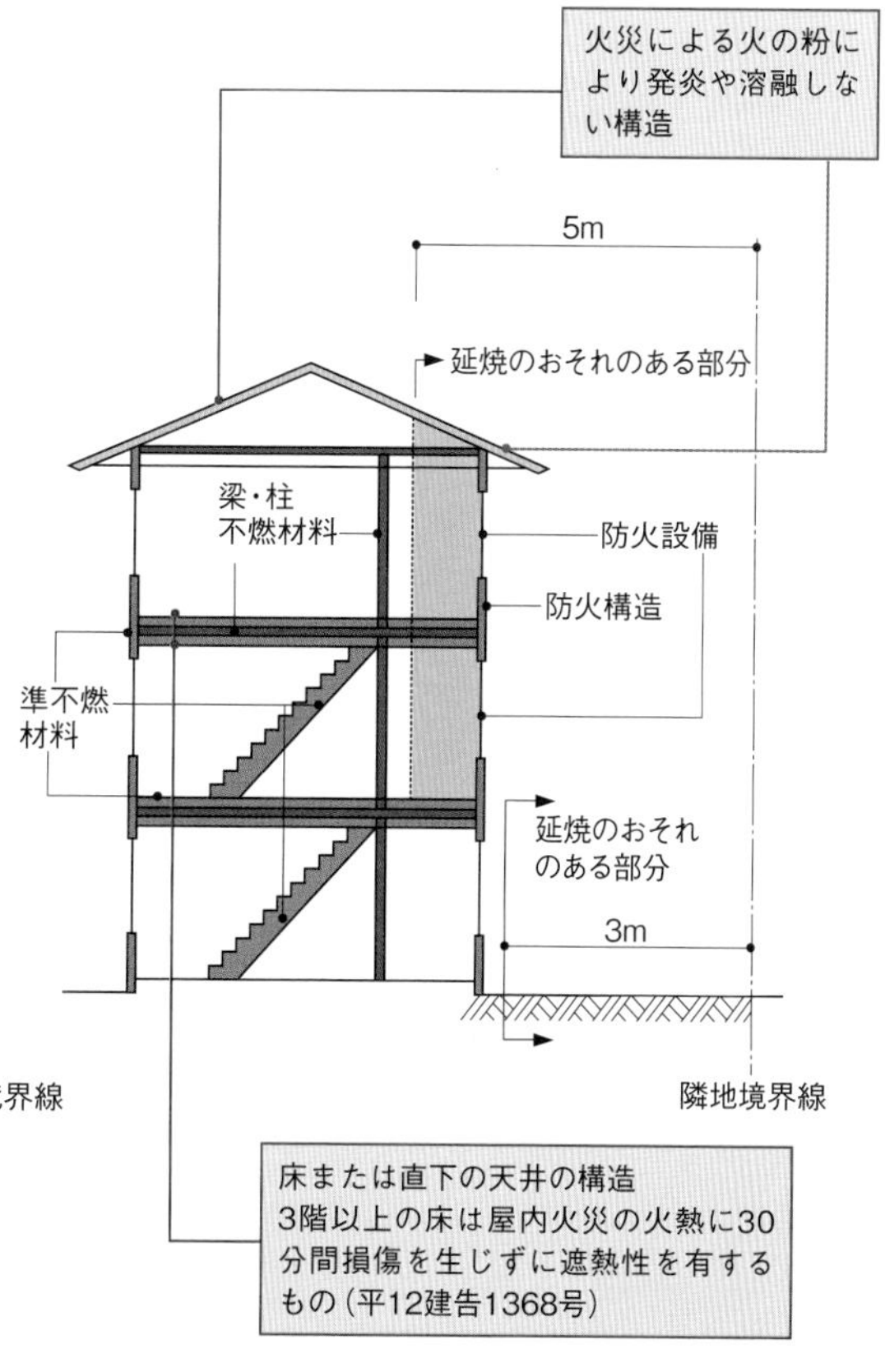

準耐火構造

057

準耐火構造は、非損傷性・遮熱性・遮炎性で規定される技術基準。45分と1時間以上がある

木造住宅で、柱、梁、壁、階段などの木構造部を石膏ボードでくるみ、軒裏からの延焼を防ぐ仕様が準耐火構造

準耐火性能の仕様

準耐火構造とは、主に木造建築物などで通常の火災による延焼を一定時間抑止する耐火性能（非損傷性・遮熱性・遮炎性）を有する構造のことをいう。準耐火構造となる要件には**主要構造部**（壁・柱・床・梁・屋根・階段）ごとに規定された例示と、国交大臣の個別認定及び構造用集成材等の燃えしろ設計がある（法2条七号の二）。

主要構造部の耐火時間

一般的な準耐火構造には45分準耐火構造と1時間準耐火構造があり、主要構造部ごとに求められる性能と時間が異なる。

(1) 45分準耐火（令107条の2）

45分準耐火性能の技術基準では、主要構造部の非損傷性能に求められる時間は、屋根・階段で30分、その他の部分で45分である（平12建告1358）。

木造建築物では、軒裏からの熱の影響を考慮し、延焼のおそれのある部分で45分、それ以外では外壁と同様30分の耐火性能が軒裏に求められる。

(2) 1時間準耐火

1時間の準耐火性能は、耐火建築物と同等の技術基準として、令元国交告195号に規定されている。延焼のおそれのある部分以外の外壁や軒裏、階段では30分、それ以外の部分では1時間の耐火性能が求められる。同条には屋根や階段の性能は規定されていないが、準耐火性能の技術基準（令107条の2）を受けて30分となる。

地上4階建て以上か高さ16m超の大規模木造建築物の主要構造部には、通常火災終了時間に基づく各準耐火性能が主要構造部に求められる。その時間は45分以上で、75分や90分の準耐火構造の仕様などがある。屋根と階段に求められる準耐火性能は30分である。

準耐火構造には、耐火性能がより高い耐火構造も含まれる。これは一連の性能規定化に伴う措置であり、主要構造部を準耐火構造と耐火構造を混ぜてつくっても差し支えない。

45分準耐火構造の耐火時間（令107条の2、平成12建告1358号）

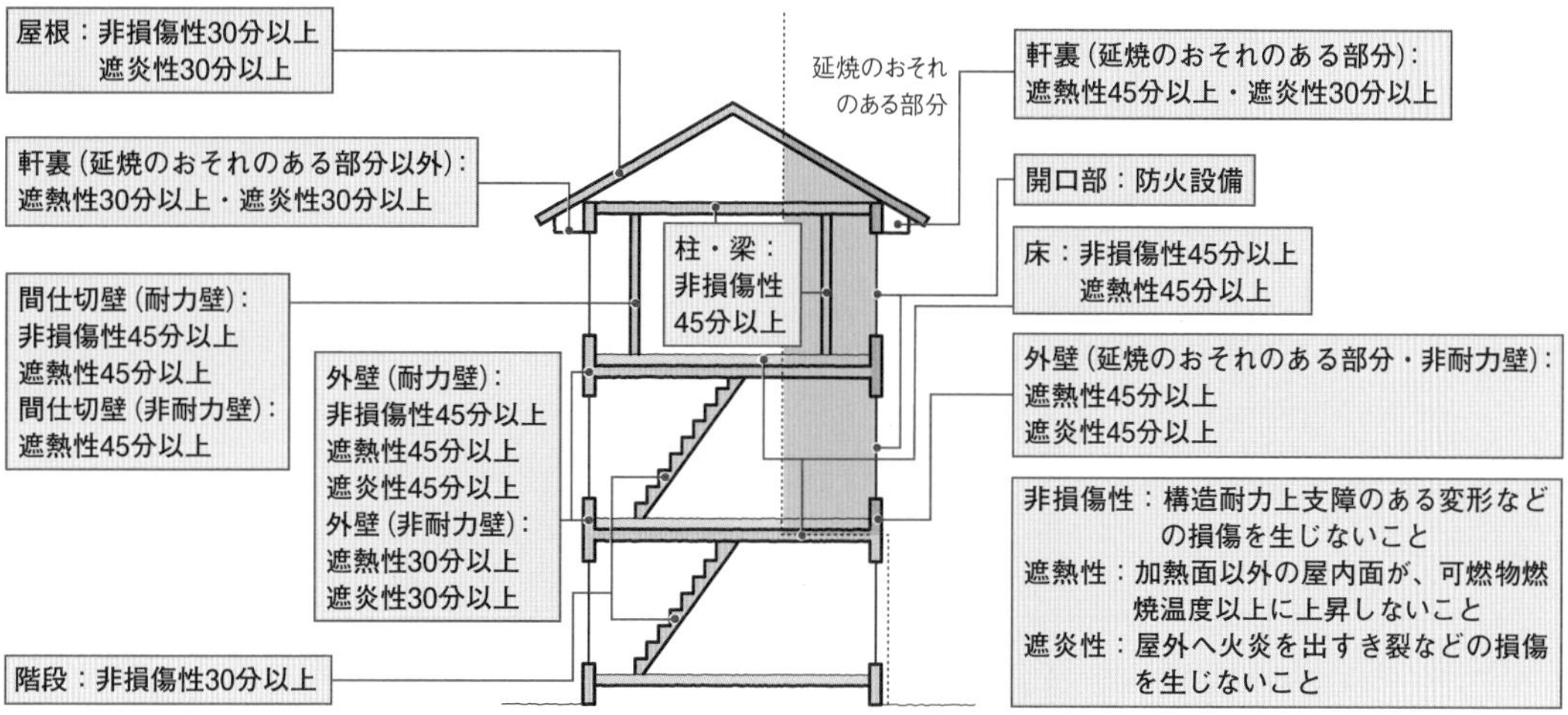

1時間準耐火構造の耐火時間（令元国交告195号）

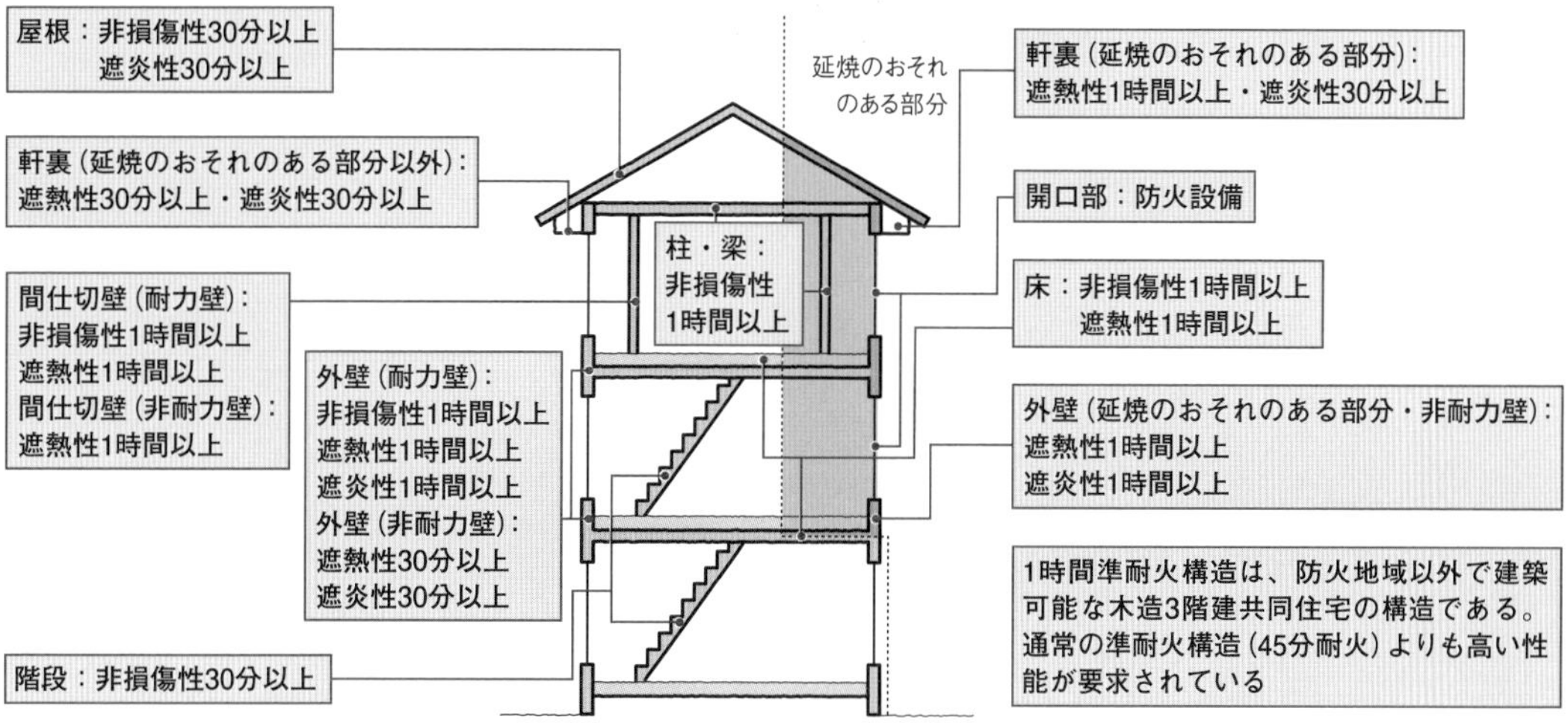

大規模木造建築物の主要構造部に1時間準耐火が適用される際のその他条件

❶地上階≦3

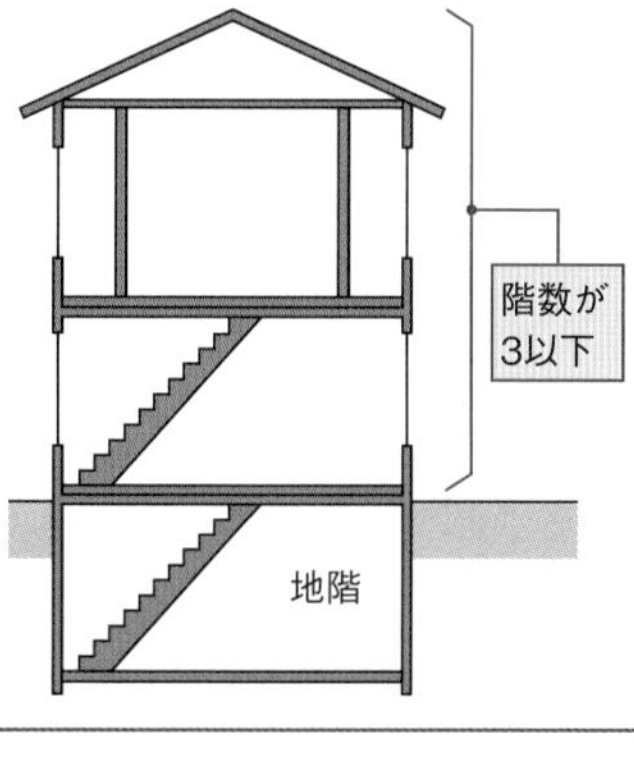

❷延べ面積≦3,000㎡

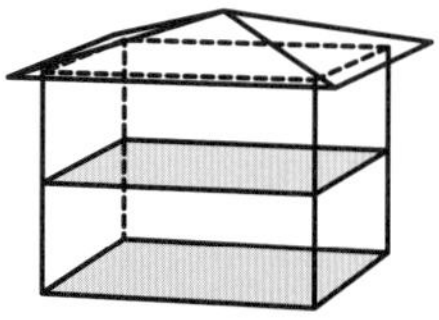

❸倉庫・自動車車庫の用途以外

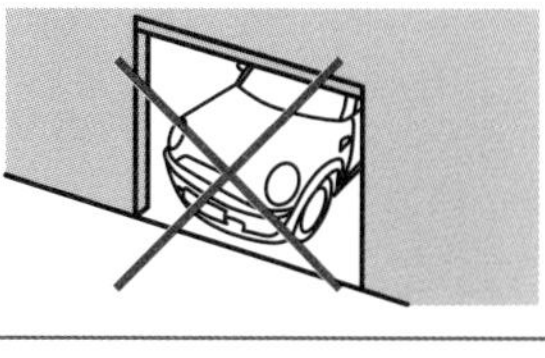

❹道路を除く建物周囲に3m以上の通路

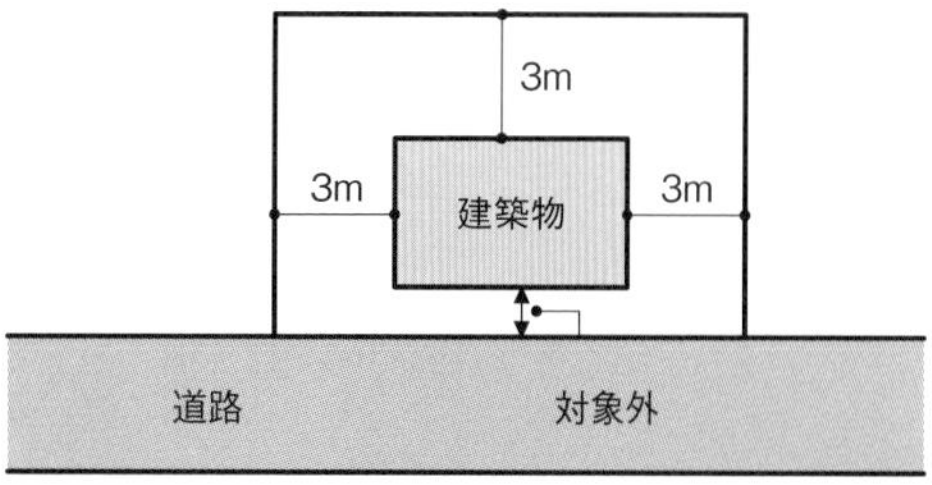

または

- 200㎡以内ごとに1時間準耐火構造の壁・防火設備で防火区画
- 外部の開口部の上階の開口部に延焼のおそれがある場合の庇等

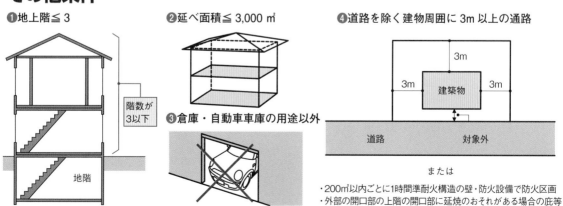

避難時対策建築物・耐火構造建築物 058

延焼のおそれのある部分の防火設備に求められるのは片面20分の準遮炎性能

集会場や学校・体育館などの用途は、規模により耐火構造建築物や避難時対策建築物としなければならない

避難時対策建築物

耐火建築物等とする特殊建築物を規定した法27条1項には、耐火建築物以外に**避難時対策建築物**（令110条1号、平27国交告255号第1［※］）と**耐火構造建築物**（令110条2号）が規定されている。両者とも、延焼の恐れのある部分に求められる防火設備の性能は片面20分である（令110条の2・3）。また、各主要構造部に求める耐火性能（非損傷性、遮熱性、遮炎性）は耐火構造、準耐火構造と同様である。耐火建築物は、主要構造部に対して一律に耐火時間を求めているのに対し、避難時対策建築物は、通常の火災時に建物内にいるすべての人が地上まで避難する間、倒壊、延焼を防止するための技術基準で時間が決められる。その時間を**特定避難時間**といい、それに基づく構造が**避難時倒壊防止構造（準耐火構造）**である。特定避難時間の下限値は45分であり、その場合、45分準耐火構造と同等の性能を持つことになる。特殊建築物の主要構造部には用途と階、面積に応じて耐火性能が求められる**［154頁参照］**。各時間の準耐火構造建築物（45分・1時間）と各時間の**避難時対策建築物**は同等に扱われる。木3共や木3学のうち一定の基準に適合するものは、1時間の準耐火性能の仕様が規定されている［140・141頁参照］。鉄骨造などの軸組不燃基準、外壁耐火基準に適合した建築物は単に準耐火建築物として扱われる。

耐火構造建築物は、主要構造部は耐火仕様、延焼のおそれのある部分の防火設備は片面20分の仕様である。

小規模特殊建築物の耐火除外

3階建てで、その用途の床面積の合計が200㎡未満の特殊建築物の一部は、耐火建築物としなくてもよい（法27条1項）。その際、就寝施設のある病院や児童福祉施設、共同住宅などは警報設備が必要となる（令110条の4・5）。また竪穴区画も防火設備の仕様が一般の区画よりも簡易な仕様になる（令112条11項）。

※：令2国交告174号により改正

延焼防止・準延焼防止建築物 059

防火・準防火地域内の建築物は、延焼防止建築物・準延焼防止建築物とすることができる

層間変形角≦1／150としなければならない(令109条の2の2)

延焼防止建築物・準延焼防止建築物

防火地域や準防火地域内につくられる建築物は、用途や規模、構造によって耐火や準耐火建築物にしなければならない(法61条)。耐火建築物としにくい木造建築物等の場合は、用途や規模に応じて、内部の柱・壁を1時間や45分、外壁や軒裏の耐火性能を90分や75分の準耐火構造、防火設備の遮炎性能を30分や20分、さらに防火区画を100㎡や500㎡以下とすることで建築が可能になる。このように、防火・準防火地域内で求められる耐火性能と同等の延焼防止性能を持った建築物を**延焼防止建築物**という。同様に、準耐火性能と同等の準延焼防止性能を持った建築物を**準延焼防止建築物**という(令136条の2第1号・2号ロ)。

敷地境界等までの距離に応じた外壁の開口率や延焼防止性能は、用途や規模に応じて構造方法が規定されている(令元国交告194号第2・第4)。

延焼防止建築物の例

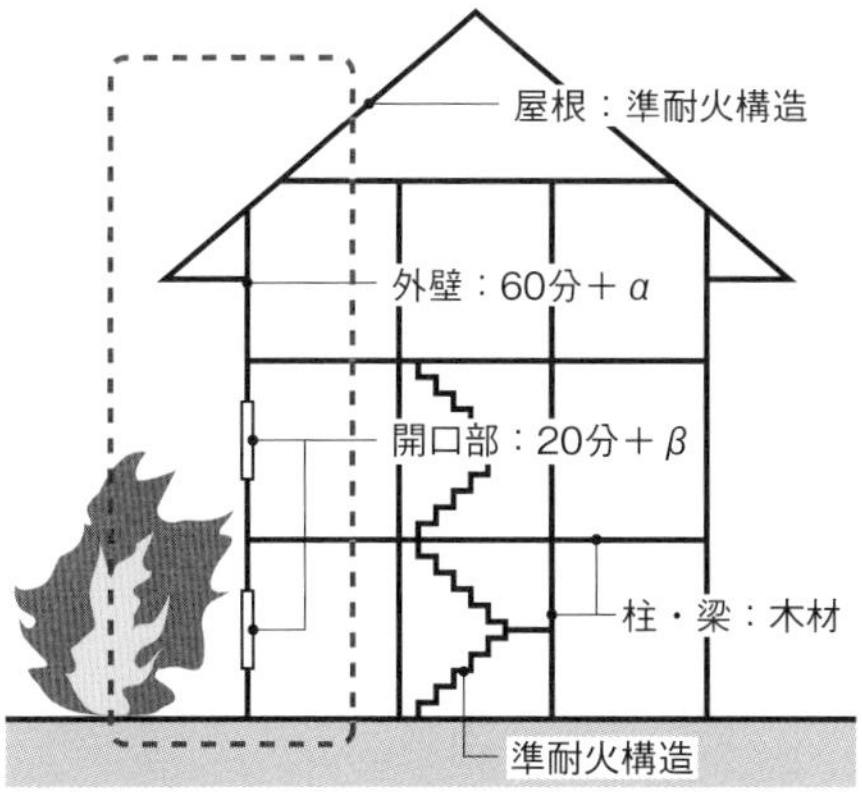

令元国交告194号

<table>
<tr><th rowspan="3">用途</th><th colspan="4">主要構造部などへの要求性能</th><th colspan="2">条件となる仕様</th></tr>
<tr><th colspan="3">外郭</th><th>内部</th><th rowspan="2">延べ面積</th><th rowspan="2">区画面積</th></tr>
<tr><th>外壁・軒裏</th><th>外壁開口部の防火設備</th><th>屋根・階段</th><th>間仕切壁、柱等</th></tr>
<tr><td>共同住宅、ホテル等</td><td>90分
準耐火構造</td><td>20分
防火設備
(両面)</td><td rowspan="4">準耐火構造</td><td rowspan="3">60分
準耐火構造</td><td rowspan="3">3,000㎡≧</td><td>100㎡≧</td></tr>
<tr><td>物販店舗</td><td>90分
準耐火構造</td><td>30分
防火設備
(両面)</td><td>500㎡≧</td></tr>
<tr><td>事務所／劇場等／学校等／飲食店</td><td>75分
準耐火構造</td><td>20分
防火設備
(両面)</td><td>500㎡≧</td></tr>
<tr><td>戸建住宅</td><td>75分
準耐火構造</td><td>20分
防火設備
(両面)</td><td>45分
準耐火構造</td><td>200㎡≧</td><td>10分防火設備の竪穴区画</td></tr>
</table>

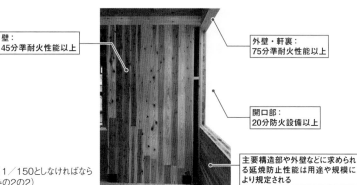

大規模木造建築物の構造制限 060

地上4階建て以上、高さ16m超の木造建築物は耐火性能のある火災時対策建築物でも建築可能

建築物の階数や高さにより、主要構造部や外壁に求められる耐火性能が規定される

火災時対策建築物

主要構造部に木材やプラスチック等の可燃材料を用いた木造等建築物は、階数や高さによって火災に対する構造制限がかかる。地上3階建て以上の倉庫や車庫は耐火建築物とする必要があるが、他の用途の場合、主要構造部を**通常火災終了時間に基づく火災時倒壊防止構造（準耐火構造）**にできる（令109条の5）。仕様は告示で定められている（令元国交告193号第1［※1］）。

①通常火災終了避難時間に基づく準耐火構造の基準（同告示第1第1号）

②地上4階建て以下か、高さ16m超

主要構造部を、通常火災終了時間耐える防火被覆型か、燃えしろ設計による準耐火構造とする。地上4階建ての場合、柱・壁・防火区画（200㎡以内）は75分、階段の竪穴区画は90分の準耐火構造とし、スプリンクラー等の消火設備や、建物周囲に幅員3m以上の敷地内通路を設ける（同告示第1第2号）。

主要構造部に求められる非損傷性・遮熱性・遮炎性は、建物用途、消火に対する措置、防火区画の設置状況などに応じて通常火災終了時間が決められる。屋根・階段は下限値が30分、その他の部分の下限値は45分とされる。

③地上3階建て以下、高さ16m超

建物の周囲に幅員3m以上の敷地内通路を確保し、庇等により上階開口部への延焼を防ぎ、200㎡以内に防火区画した1時間準耐火構造の建築物とする（同告示第1第3号）。

④地上2階建て以下、高さ16m超

外壁・軒裏を防火構造とし、床に30分の防火性能を持たせ、内装制限が必要（同告示第1第4号）。

構造制限規制対象外となる空地

大規模木造建築物の延焼を防止できる空地が建築物周囲にある場合、火災に対する構造制限が免除される（法21条1項ただし書）。具体的には、建築物の各部分からその高さ以上の長さの水平距離が周囲に確保できる場合に適用される［左頁図参照］（令109条の6）。

※1：令2国交告173号により改正

火災時対策建築物の構造

建築物の区分	制限内容	適用条項
・壁、柱、床、はり、屋根の軒裏を火災時倒壊防止構造とする（通常火災終了時間に基づく構造［令109条の5第1号］） ・H＞16m	①床面積100㎡以内等ごとに防火区画する（スプリンクラー設備等設置、内装制限で防火区画面積緩和）、②給水管等の防火区画貫通部の処理が基準に適合する、③換気等設備の風道の防火区画貫通部の処理や点検口が基準に適合する、④2階以上に居室がある場合、直通階段は特別避難階段等の仕様とする、⑤一定以上の外壁の開口部に上階延焼抑制防火設備を設ける、⑥居室に自動火災報知設備を設置する、⑦居室の開口部のある部分から道まで3m以上の通路がある、⑧用途地域が定められていない敷地の場合、スプリンクラー設備を設置する	法21条1項 令元国交告193号 第1第1号［※1］
・壁、柱、床、はり、屋根の軒裏を75分準耐火構造とする ・地上階≦4 ・H＞16m （倉庫、自動車車庫以外の用途）	①200㎡以内ごとに防火区画する（常時閉鎖式75分防火設備等の区画で500㎡以内）、②防火区画ごとにスプリンクラーを設置する、③給水管等の防火区画貫通部の処理が基準に適合する、④換気等設備の風道の防火区画貫通部の処理や点検口が基準に適合する、⑤天井仕上げを準不燃材とする、⑥2階以上に居室がある場合、直通階段は特別避難階段等の仕様とする、⑦一定以上の外壁の開口部に防火設備を設置する、⑧居室に自動火災報知設備を設置する、⑨居室の開口部のある部分から道まで3m以上の通路がある、⑩避難経路は外部に開放されているか排煙設備を設置する、⑪敷地が用途地域内である	法21条1項 令元国交告193号 第1第2号［※1］
・壁、柱、床、はり、屋根の軒裏を1時間準耐火構造とする ・地上階≦3 ・H＞16m （倉庫、自動車車庫以外の用途）	いずれかの基準に適合する ①道に接する部分以外の周囲に3m以上の通路を設ける ②・200㎡以内ごとに防火区画する ・上階開口部への延焼防止の庇（準耐火構造の床や外壁の防火構造等）を設ける	法21条1項 令112条2項 令元国交告193号 第1第3号［※1］ 令元国交告195号 （1時間準耐火構造）
・防火壁等の設置を要しない建築物 ・地上階≦2 （倉庫、自動車車庫以外の用途）	①外壁及び軒裏を防火構造、1階の床及び2階の床を30分準耐火構造とする、②地階の主要構造部を耐火構造または不燃材料でつくる、③火気使用室とその他の部分を防火区画する、④各室、各通路の壁（床から1.2m以下の部分を除く）、天井（屋根）の内装を難燃材とするか、自動式のスプリンクラー設備と排煙設備を設ける、⑤炎の侵入から防火措置された柱梁の接合部をもつ火災時倒壊防止構造とする、⑥防火被覆を除く部分で構造耐力上必要な軸組である	令46条2項1号イ・ロ 令115条の2第1項 第4～6・8・9号 令元国交告193号第1第4号［※1］ 平12建告1368号 （床または天井の防火措置）

その他の大規模木造建築物等の構造

建築物の規模	制限内容	適用条項
延べ面積［※2］＞1,000㎡	・外壁、軒裏で延焼のおそれのある部分を防火構造、屋根を不燃材料でつくるか、葺く ・1,000㎡以内ごとに防火壁で区画する	法26条 （防火壁・防火床）
延べ面積＞3,000㎡	・耐火構造とする ・3,000㎡以内ごとに壁等で区画する	法21条2項2号 平27国交告250号 （壁等の措置）

※2：同一敷地内に2以上の建築物がある場合、その延べ面積の合計

敷地内に設けられる延焼防止上有効な空地（令109条の6）

水平屋根の例

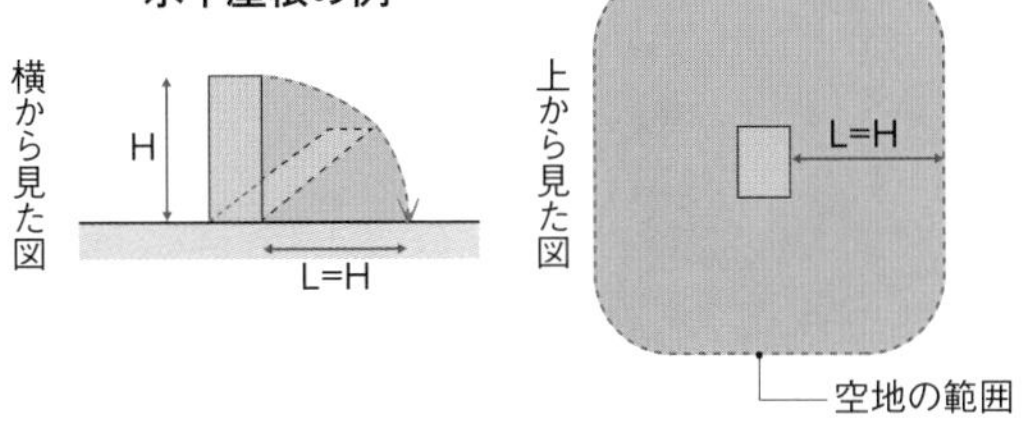

傾斜屋根の例

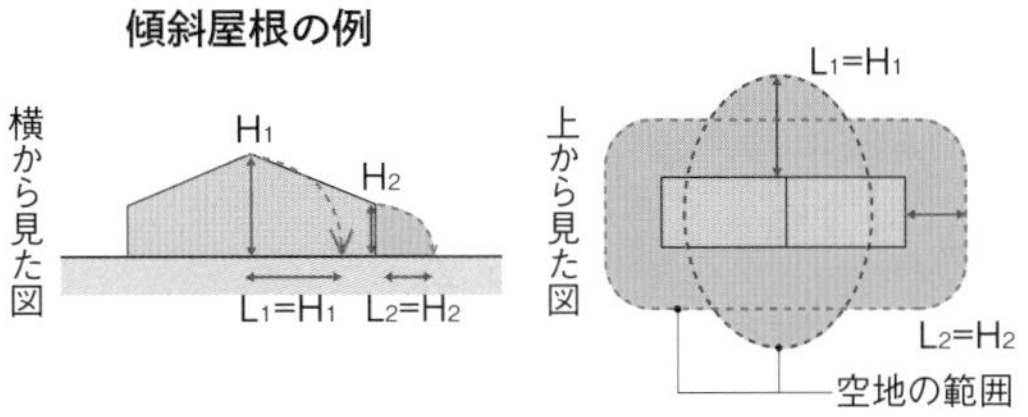

大規模木造建築物の防火制限 061

大規模木造建築物等は床面積1,000㎡以内ごとに防火壁や防火床で区画する

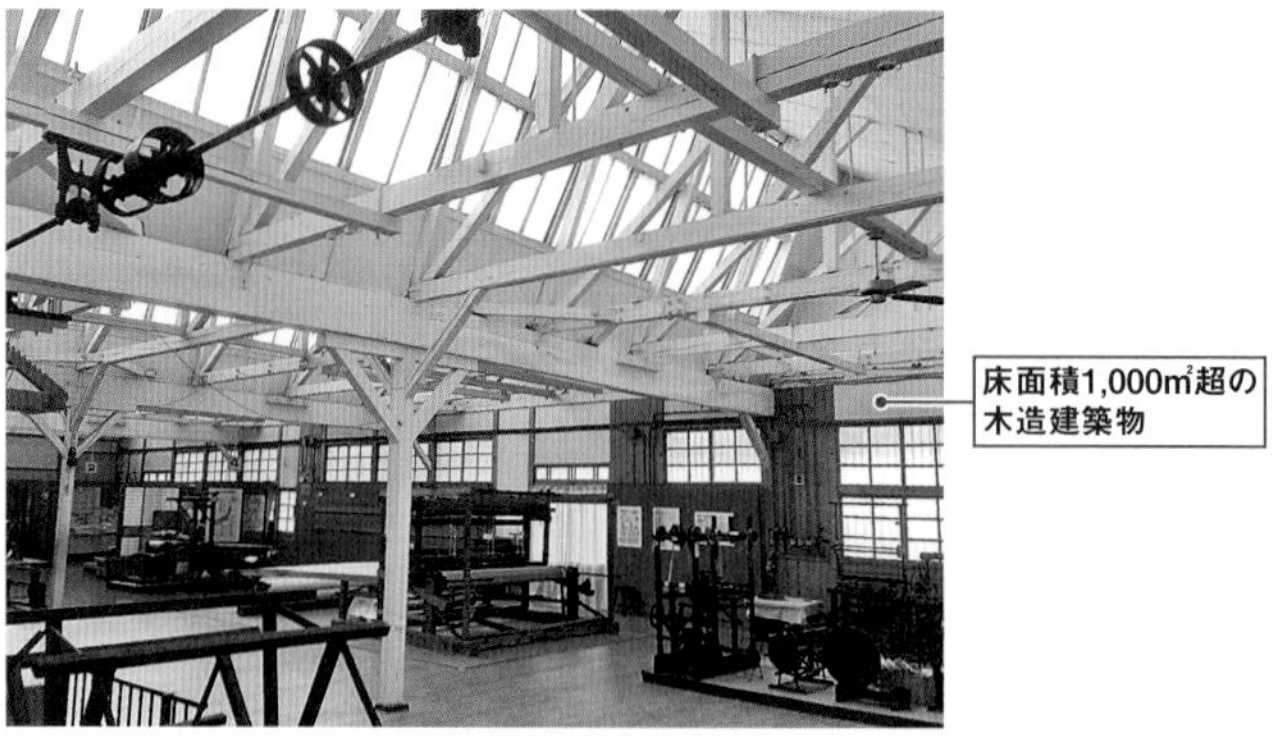

床面積1,000㎡を超える大規模木造建築物等では、防火壁・防火床により区画が必要になる

防火壁・防火床

床面積1千㎡を超える大規模木造建築物等では、火災の拡大を防ぐために、自立する**防火壁**や**防火床**で1千㎡以内ごとに区画しなければならない(法26条)。

防火壁や防火床には、過熱状態で自立して倒壊しない性能、延焼を防ぐ袖壁や不燃の庇、区画周囲の防火構造や防火設備などが求められる。防火壁に開口部がある場合は一定の遮炎性能をもつ特定防火設備とする。防火床の貫通部分は特定防火設備による区画と、耐火構造の壁による**竪穴区画**が必要となる。

延べ面積が1千㎡を超える木造建築物等は、延焼の恐れのある部分にかかる外壁や軒裏を防火構造とし、屋根を不燃材料とする。敷地内に複数の木造建築物があるときは、それらの延べ面積の合計が1千㎡を超える場合にそれぞれの部分がその対象となる(法25条)。

壁等による別棟区画

木造建築物等は床面積3千㎡以内になるように「壁等」で区画が必要である。「壁等」とは、90分の非損傷性、遮熱性、遮炎性がある壁や防火設備、耐火構造のコア部分で自立性があり、延焼を防止できる突き出し部分を持つ構造などである。これには、いくつかの仕様がある(平27国交告250号)。

防火壁の構造
(令元国交告197号)

防火壁の仕様

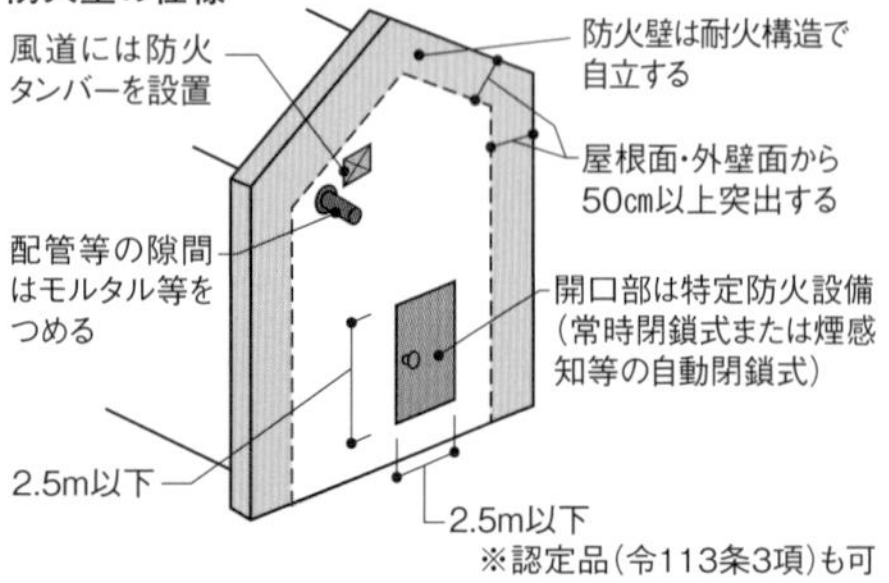

区画例❶(10㎝以上突出)

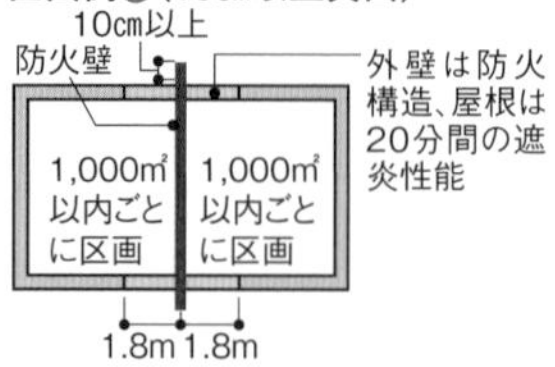

区画例❷(突出なし)

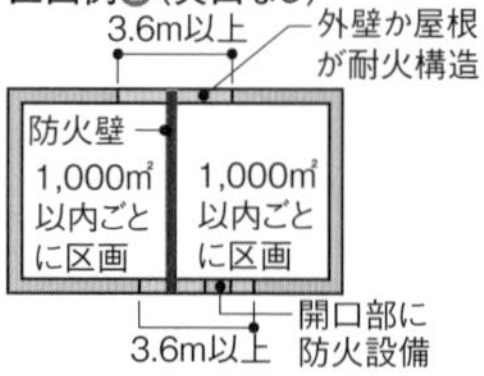

防火壁・防火床の構造

防火壁の構造	適用条項
以下のすべてを満たすこと ❶木造建築物の場合、無筋コンクリート造・組積造のものは禁止 ❷自立する耐火構造のもの(防火壁) ❸支持する耐力壁や柱・梁は耐火構造とする(防火床)	法26条 令113条 1項2・3号 令元国交告197号

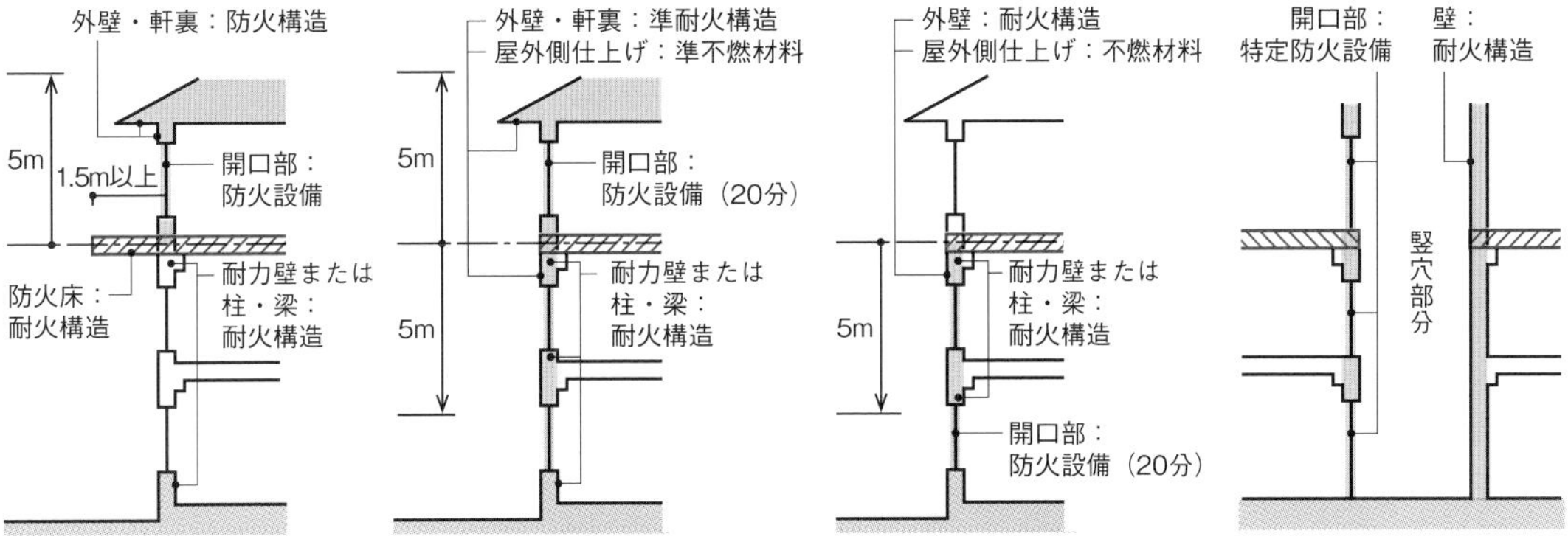

壁等の構造（平27国交告250号）

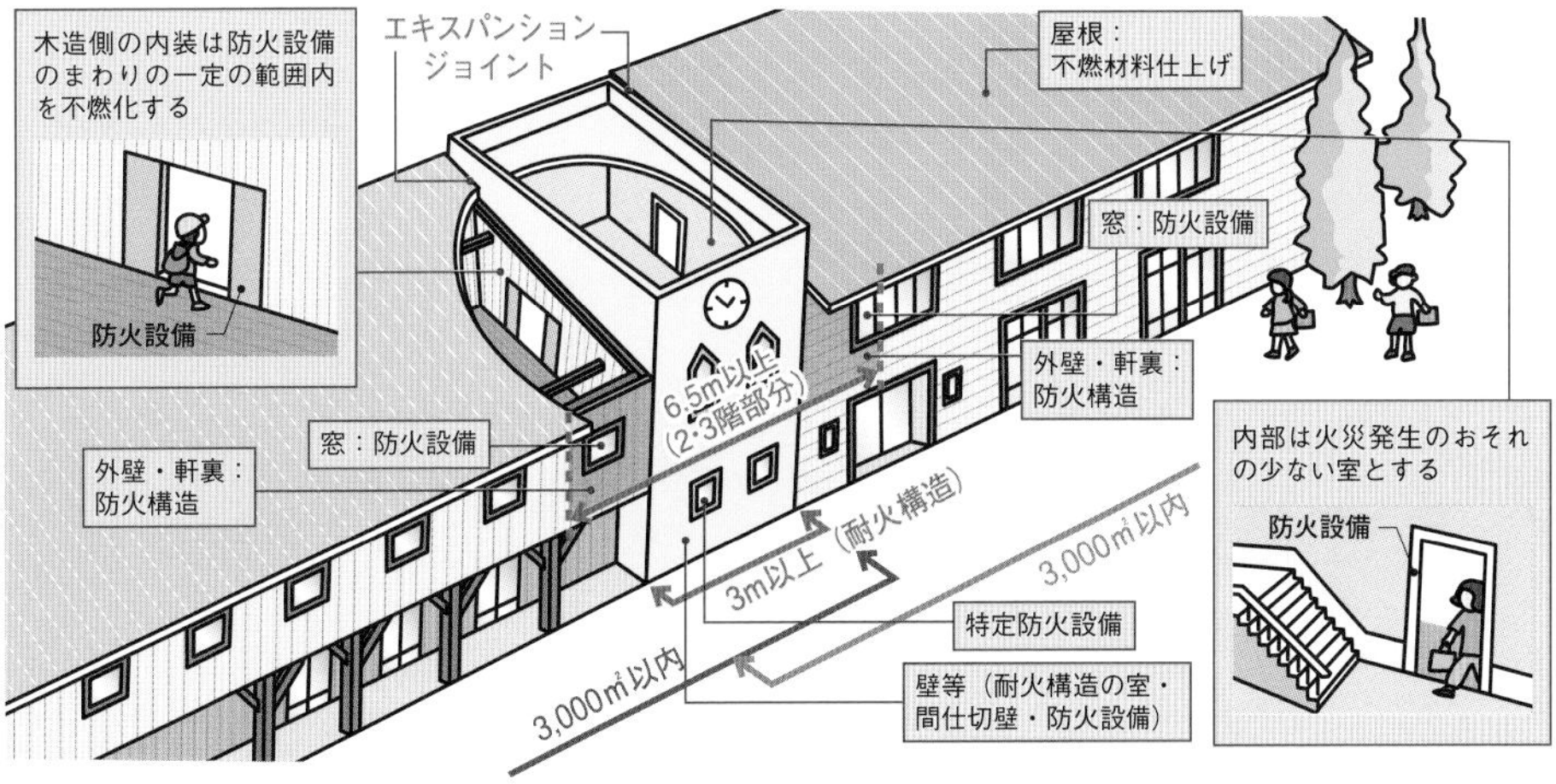

防火壁・防火床の免除

<table>
<tr><th>適用対象</th><th>適用条件</th><th>適用条項</th></tr>
<tr><td>❶耐火・準耐火建築物</td><td rowspan="4">次のいずれか
❶主要構造部が不燃材料、その他これに類する構造のもの
❷大断面木造建築物の場合
・階数(地階を除く) ≦2
・2階部分の床面積≦1階部分の床面積×1／8
・外壁・軒裏を防火構造とし、かつ1階の床および2階の床に平12建告1368号の防火措置をしたもの
・地階の主要構造部を耐火構造、または不燃材料でつくる
・火気使用室とその他の部分を防火区画すること
・各室、各通路の壁(床から1.2m以下の部分を除く)、天井(屋根) の内装を難燃材料とする、またはスプリンクラー設備等で自動式のものおよび排煙設備を設けること
・接合部の防火措置、火災時の構造の安全性を確認すること</td><td rowspan="4">法26条
ただし書
令115条の2</td></tr>
<tr><td>❷卸売市場の上家・機械製作工場等で火災の発生のおそれの少ない用途</td></tr>
<tr><td>❸スポーツ施設［※］で火災のおそれの少ないもの</td></tr>
<tr><td>❹畜舎・堆肥舎・水産物の増殖場・養殖場の上家で、周辺状況等により避難・延焼防止上支障がないものとして平6建告1716号の基準に適合するもの</td></tr>
</table>

※：体育館・屋内テニスコート・水泳場等天井の高い大空間を有し、可燃物が少ないもの（昭62住指発396号）

木造3階建ての防火制限 062

「特殊建築物の用途・規模」と「防火地域等」の両方から防火制限がかかる

防火地域以外であれば、木造3階建ての共同住宅ができる。条件は隣地境界に距離を3m以上確保することなど

防火地域の木3の規制

防火地域内では地上3階建ての建築物は耐火性能をもたせなければならないため、木造の場合、耐火建築物とすることが難しい。準防火地域で木造3階建ての戸建住宅をつくる場合は、45分の準耐火性能をもった建築物としなければならないが、開口部を制限することで同等の準耐火性能とみなされる「**開口木3**」とすることもできる（令元国交告194号）。ただし、延べ面積が500㎡超の建築物は、準耐火建築物等としなければならない。

準防火地域内の木3の共同住宅

特殊建築物の防火制限に従えば、地上3階建ての共同住宅は耐火性能をもたせなければならない。しかし、防火地域以外で一定の要件を満たせば、1時間準耐火性能の木造3階建ての共同住宅（**木3共**）をつくることができる。

木3共は、3階部分のすべての用途が共同住宅・下宿または寄宿舎で、一定の技術基準（平27国交告255号第1第3号［※］）が必要となる。

防火規制のない地域の木3の学校等

学校や博物館、美術館、図書館、スポーツの練習場などの用途の地上3階建ての建築物は、鉄骨造等を使わなくとも1時間準耐火構造の性能を満たせば主要構造部を木造とできる（平27国交告255号第1第4号［※］）。木造3階建ての学校（**木3学**）をつくるには、基本的に隣地と建物間を3m以上確保し、延焼のおそれのある位置に防火設備を設ける。

3m幅の通路を緩和するには、1時間準耐火構造の壁で200㎡以下に防火区画をし、上階の窓への延焼を防ぐために、下階の窓の上に庇を設置するなどする。

防火設備を緩和するには、教室の天井の不燃化などの方法がある。ただし、準防火地域など地域の防火規制で、規模に応じて耐火建築物が要求されることもある。

※：令2国交告174号で改正

木3共の基準 (平27国交告255号第1第3号)

- 防火地域以外の地域で3階建て（地階を除く）
- 3階の用途：下宿・共同住宅・寄宿舎

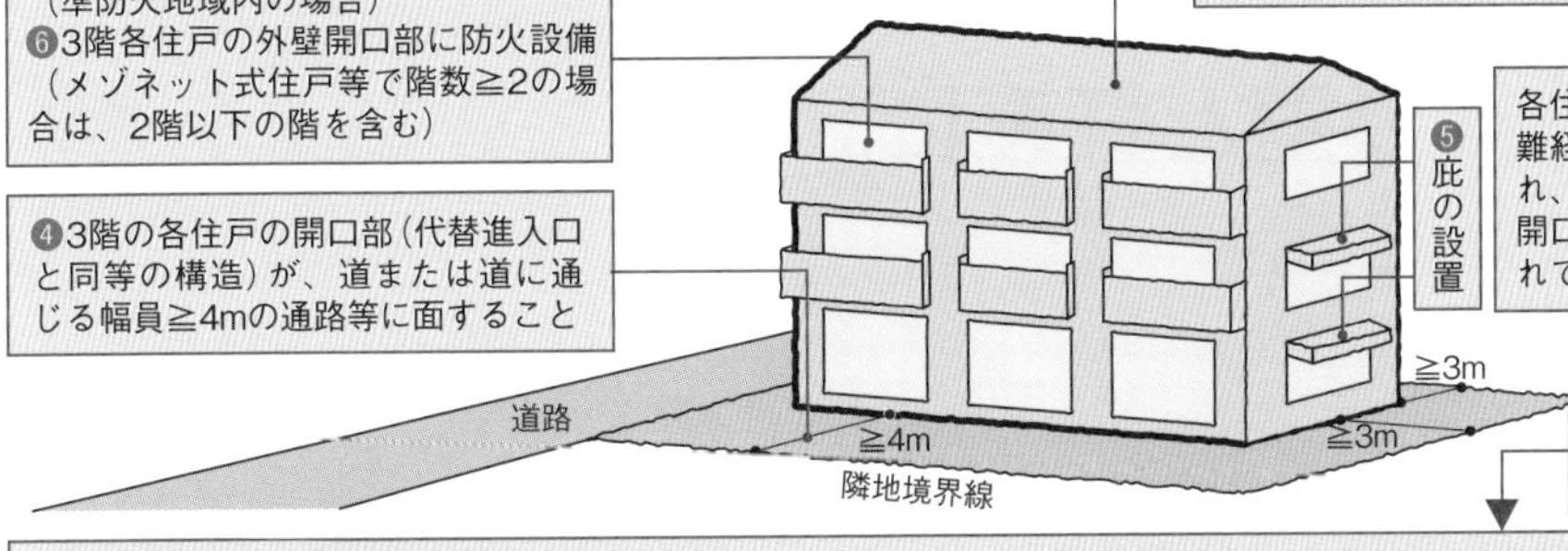
❶主要構造部：1時間準耐火構造
❷各住戸に避難上有効なバルコニーを設置する
各住戸から地上に通じる避難経路が直接外気に開放され、かつその通路に面する開口部に防火設備が設置されている場合は免除
（準防火地域内の場合）
❸建築物の周囲に幅員≧3mの通路を設ける
次のイ・ロ・ハをすべて満たす場合は免除
（イ）各住戸に避難上有効なバルコニー等を設置
（ロ）各住戸から避難経路が直接外気に開放され、かつ通路に面する開口部に防火設備を設置
（ハ）外壁開口部から上階開口部へ延焼のおそれがある場合に、❺の庇を設置［※］（平27国交告254号）

※：ただし、延べ面積>1,000㎡の場合、令128条の2第1項による幅員≧1.5mの通路が必要

木3学の基準 (平27国交告255号第1第4号・第3)

- 地上3階建て
- 3階の用途：学校・スポーツ練習場・美術館等

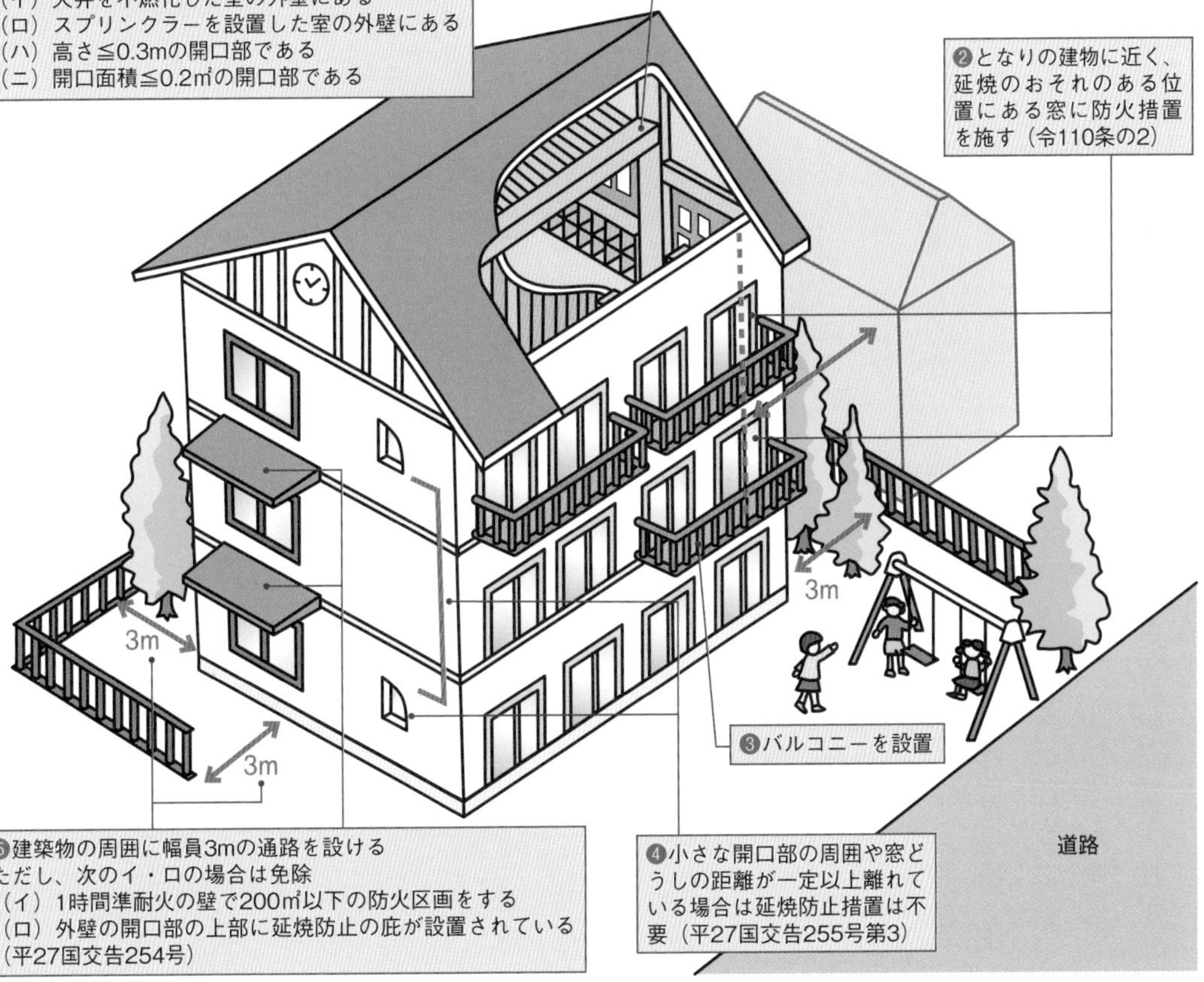
❻窓の防火措置
次のイ・ロ・ハ・ニのいずれかを満たす場合、開口部の防火設備は免除される
（平27国交告255号第3）
（イ）天井を不燃化した室の外壁にある
❶主要構造部：1時間準耐火構造（平27国交告273号）

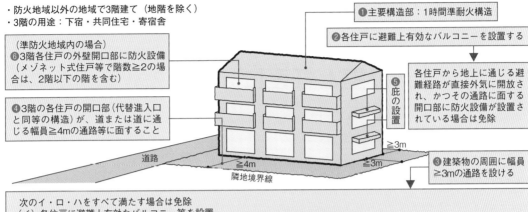

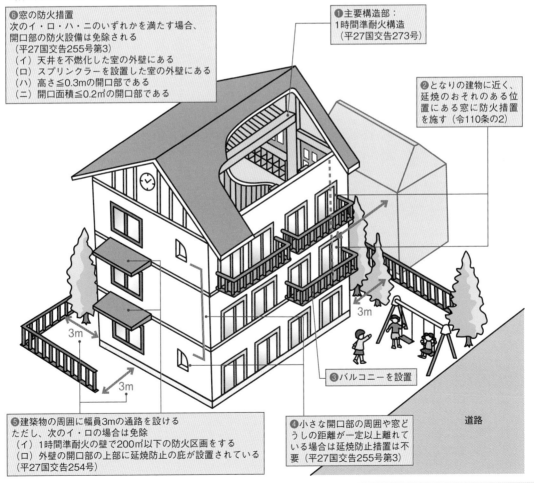

防火構造と準防火構造 063

防火構造は外壁と軒裏に、準防火構造は外壁に求められる性能

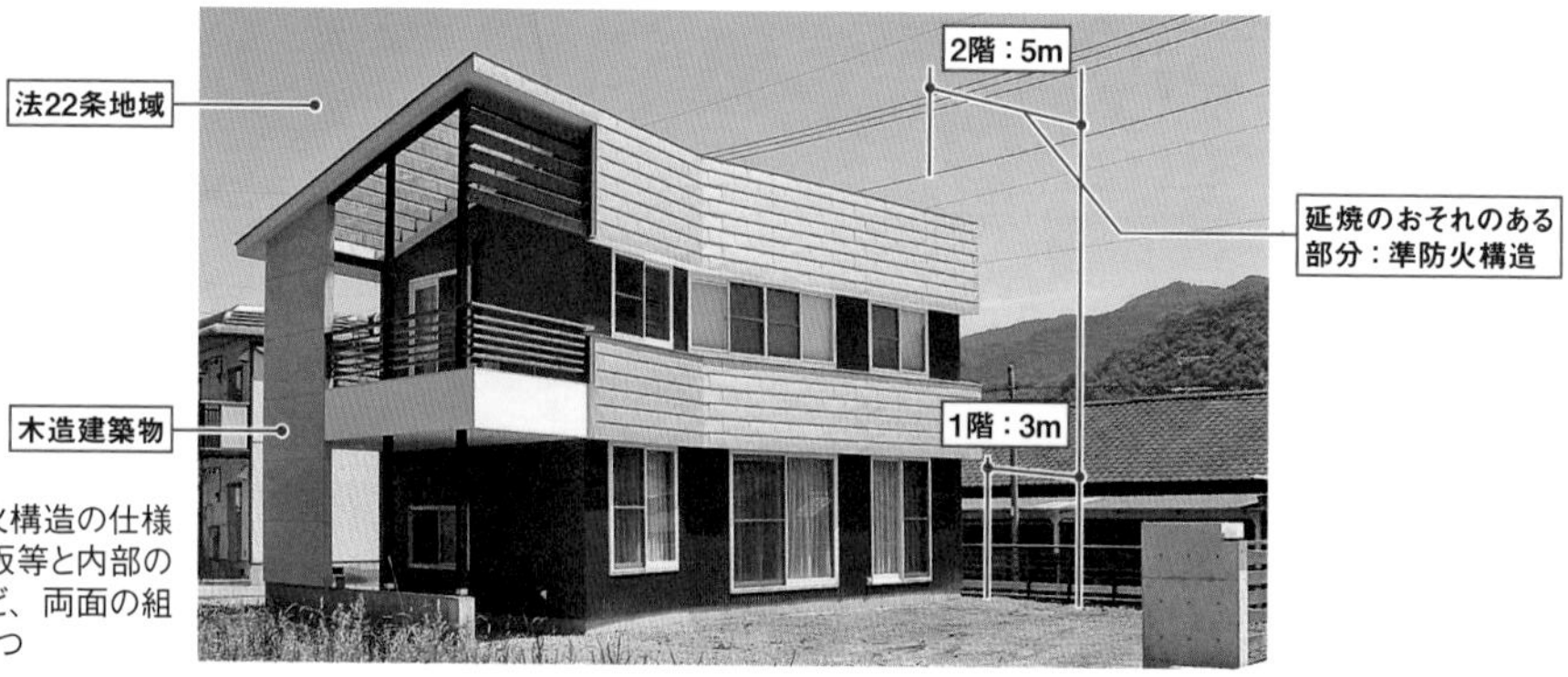

防火構造と準防火構造の仕様は、外部の金属板等と内部の石膏ボード貼りなど、両面の組み合わせで成り立つ

防火構造

防火構造とは、建築物の周囲で発生する通常の火災による延焼を防ぐために、外壁または軒裏に防火上必要とされる性能をもつ構造のことである。

耐火構造や準耐火構造では、外部の火災に対してだけでなく、内部で発生する火災に対しても、非損傷性、遮熱性、遮炎性を要求される。

一方、防火構造では、周囲の延焼に対する**非損傷性と遮熱性**のみ必要となる。したがって準防火地域に建つ建築物のうち、延焼のおそれのある部分にある木造の外壁や軒裏などが制限対象となる。

防火構造とするためには、耐力壁である外壁に、周囲の火熱に対して30分間、溶融や損傷のない非損傷性をもたせる必要がある。

そのほかの外壁と軒裏には30分間、屋内に面する加熱面以外の面の温度が可燃物の燃焼温度以上に上昇しない遮熱性が要求される（令108条）。

準防火構造

準防火性能をもつ外壁の構造を、**準防火構造**という。法22条区域など屋根の不燃化を要求される市街地に建つ木造建築物などは、外壁で延焼のおそれのある部分に準防火性能をもたせるなどの防火制限を受ける。準防火性能とは、従来の「土塗壁同等」と規定された性能の延長にあるものである。

準防火構造は、周囲で発生する通常の火災による延焼の抑制効果を期待して、屋内外の下地や仕上げの材料、厚さの仕様が例示されている（平12建告1362号）。

準防火構造とするためには、周囲の火熱に対して、耐力壁である外壁は20分間、溶融や損傷のない非損傷性が要求される。

また、耐力壁ではない外壁では、屋内に面する加熱面以外の面の温度が、火災が発生してから20分間、可燃物の燃焼温度以上に上昇しない遮熱性が求められる（令109条の9）。

防火・準防火構造の外壁仕様（平12建告1359号・1362号）

<table>
<tr><td rowspan="8">防火構造
（平12建告
1359号）</td><td rowspan="6">耐力壁</td><td colspan="4">❶準耐火構造（耐力壁である外壁）</td></tr>
<tr><td rowspan="2">間柱・下地が不燃材料</td><td rowspan="2">次の防火被覆を設けた構造</td><td>屋内側</td><td>❷石膏ボード（厚さ≧9.5㎜）
❸グラスウール（厚さ≧75㎜）か
ロックウール充填
＋合板か構造用パネル、
パーティクルボード、木材（厚さ≧4㎜）</td></tr>
<tr><td>屋外側</td><td>❹鉄網モルタル塗り（塗厚さ≧15㎜）
❺木毛セメント板、または石膏ボード
＋モルタル、または漆喰塗り（厚さ≧10㎜）
❻木毛セメント板
＋モルタル、または漆喰塗り
＋金属板
❼モルタル塗り＋タイル張り
（合計厚さ≧25㎜）
❽セメント板、または瓦＋モルタル塗り
（合計厚さ≧25㎜）
❾岩綿保温板（厚さ≧25㎜）
＋亜鉛鉄板張り
❿石膏ボード（厚さ≧12㎜）
＋亜鉛鉄板</td></tr>
<tr><td rowspan="3">間柱・下地が不燃材料以外</td><td colspan="3">⓫土蔵造
⓬土塗真壁造（塗厚さ≧40㎜）[※1]</td></tr>
<tr><td rowspan="2">次の防火被覆を設けた構造
[※2]</td><td>屋内側</td><td>上記の❷、または❸
⓭土塗壁（塗厚さ≧30㎜）</td></tr>
<tr><td>屋外側</td><td>上記の❼～❿
⓮木毛セメント板、または石膏ボード
＋モルタル、または漆喰塗り（厚さ≧15㎜）
⓯鉄網モルタル塗り、または木摺漆喰塗り
（塗厚さ≧20㎜）
⓰土塗壁（塗厚さ≧20㎜、下見板張りを含む）
⓱下見板（厚さ≧12㎜）
（屋内側は塗厚さ≧30㎜の土塗壁に限る）</td></tr>
<tr><td>非耐力壁</td><td colspan="4">上記の❷～⓱のいずれか
⓲準耐火構造</td></tr>
<tr><td>軒裏</td><td colspan="4">・外壁によって、小屋裏または天井裏と防火上有効に遮られている場合は規制なし
・準耐火構造　・土蔵造　・鉄網モルタル塗り（塗り厚さ≧20㎜）
・木毛セメント版または石膏ボード＋モルタルまたは漆喰壁（厚さ≧15㎜）</td></tr>
<tr><td rowspan="4">準防火構造
（平12建告
1362号）</td><td rowspan="3">耐力壁</td><td colspan="4">⓳防火構造
⓴土塗真壁造（塗厚さ≧30㎜）</td></tr>
<tr><td rowspan="2">木造建築物等</td><td rowspan="2">次の防火被覆を設けた構造</td><td>屋内側</td><td>上記の❷、または❸</td></tr>
<tr><td>屋外側</td><td>㉑土塗壁（裏塗りなし、下見板張りを含む）
㉒表面に亜鉛鉄板を張ったもの
（下地は準不燃材料）
㉓石膏ボードか木毛セメント板を表面に張ったもの
（準不燃材料＋表面を防水処理）
㉔アルミニウム板張りペーパーハニカム芯パネル</td></tr>
<tr><td>非耐力壁</td><td colspan="4">上記の⓳～㉔</td></tr>
</table>

注：⓭と⓱を組み合わせた場合、土塗り壁と間柱、桁との取合部分にチリ決りを設ける
※1：裏塗りしないものは、間柱の屋外側のチリ≦15㎜か、間柱の屋外側に木材（厚さ≧15㎜）を張ったものに限る
※2：真壁造の場合の柱・梁を除く

防火・準防火性能（令108条・109条の9）

性能		部位		
		外壁（耐力壁）	外壁（非耐力壁）	軒裏
防火性能（令108条）	非損傷性（周囲で発生する通常の火災）	30分	—	—
	遮熱性（周囲で発生する通常の火災）	30分	30分	30分
準防火性能（令109条の6）	非損傷性（周囲で発生する通常の火災）	20分	—	—
	遮熱性（周囲で発生する通常の火災）	20分	20分	—

延焼のおそれのある部分 064

延焼のおそれのある部分は、敷地境界線と建物の位置関係で決まる

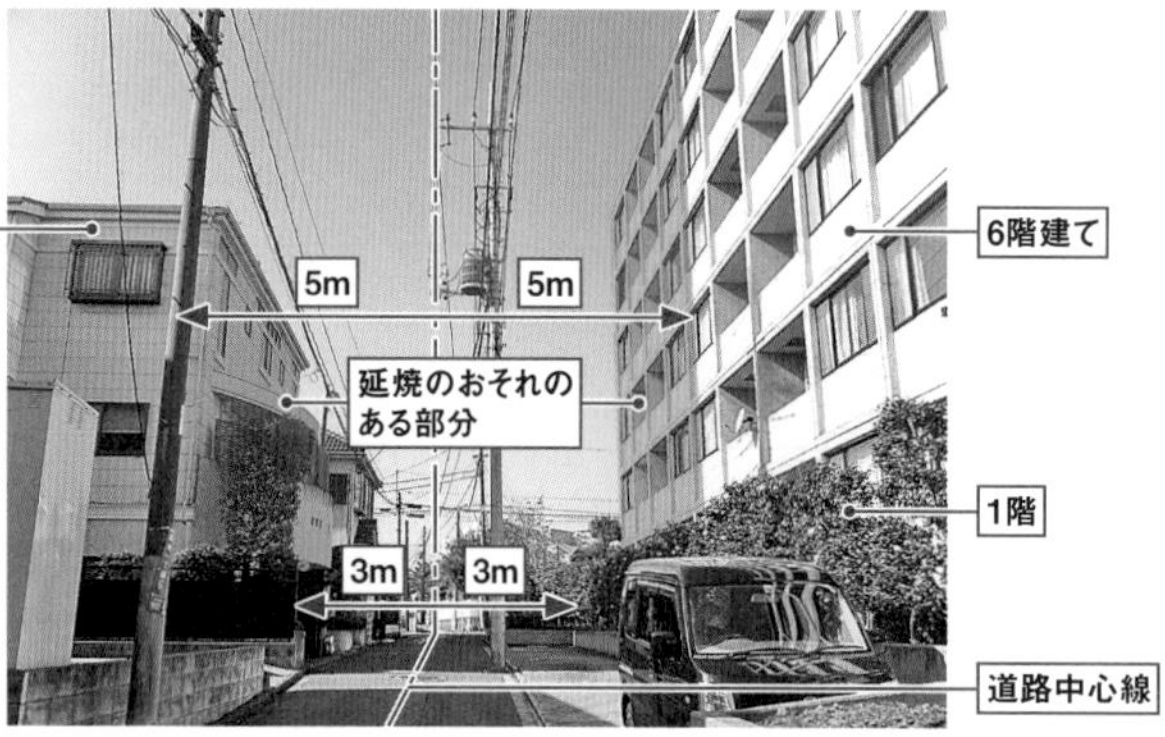

延焼のおそれのある部分は、道路や建物の中心線、隣地境界線から1階で3m、2階以上で5mの距離内をいう

延焼のおそれのある部分の制限

建築基準法では、火災時に火熱の影響を受ける範囲を**延焼のおそれのある部分**として規定している(法2条6号)。

隣地境界線や道路中心線から、1階は3m以下、2階以上では5m以下の距離にある建築物の部分が延焼のおそれのある部分に当たる。同一敷地内に2以上の建築物(延べ面積500㎡超)がある場合は、相互の外壁間の中心線から前記の距離の部分になるが、隣地境界線等と正対しない壁面などでは、その角度に応じて緩和される部分がある。

建築物の延焼のおそれのある部分は構造を制限されることがある。その部分は、外壁や軒裏、開口部などで、防火構造としたり、防火設備の設置が義務付けられる。なお、建築物が公園や広場、河川、海、耐火構造の壁に面している場合は、火災による延焼の危険性が低いので、その面に関しては、防火上の措置は特に必要ない。

地域により異なる規制

市街地であっても、地域や区域によって延焼のおそれのある部分にかかる規制が異なる。

たとえば防火地域と準防火地域内では、すべての建築物で、延焼のおそれのある部分にある外壁の開口部に防火設備が必要となる(法61条)。

準防火地域内にある木造建築物等は、延焼のおそれのある部分にかかる外壁や軒裏を防火構造とする。また、付属する2m超の門・塀は、延焼距離3m以内の部分を不燃材料等でつくらなければならない(令元国交告194号)。

一方、法22条区域内の延焼のおそれのある部分では、木造建築物等の外壁を準防火構造(法23条)に、また、大規模木造建築物等の合計延べ面積が1千㎡を超える場合は、外壁と軒裏を防火構造としなければならない(法25条)。

このほか、延べ面積が10㎡以内の物置等でも、その部分の屋根を不燃材とする必要がある(法22条)。

延焼のおそれのある部分（法2条6号）

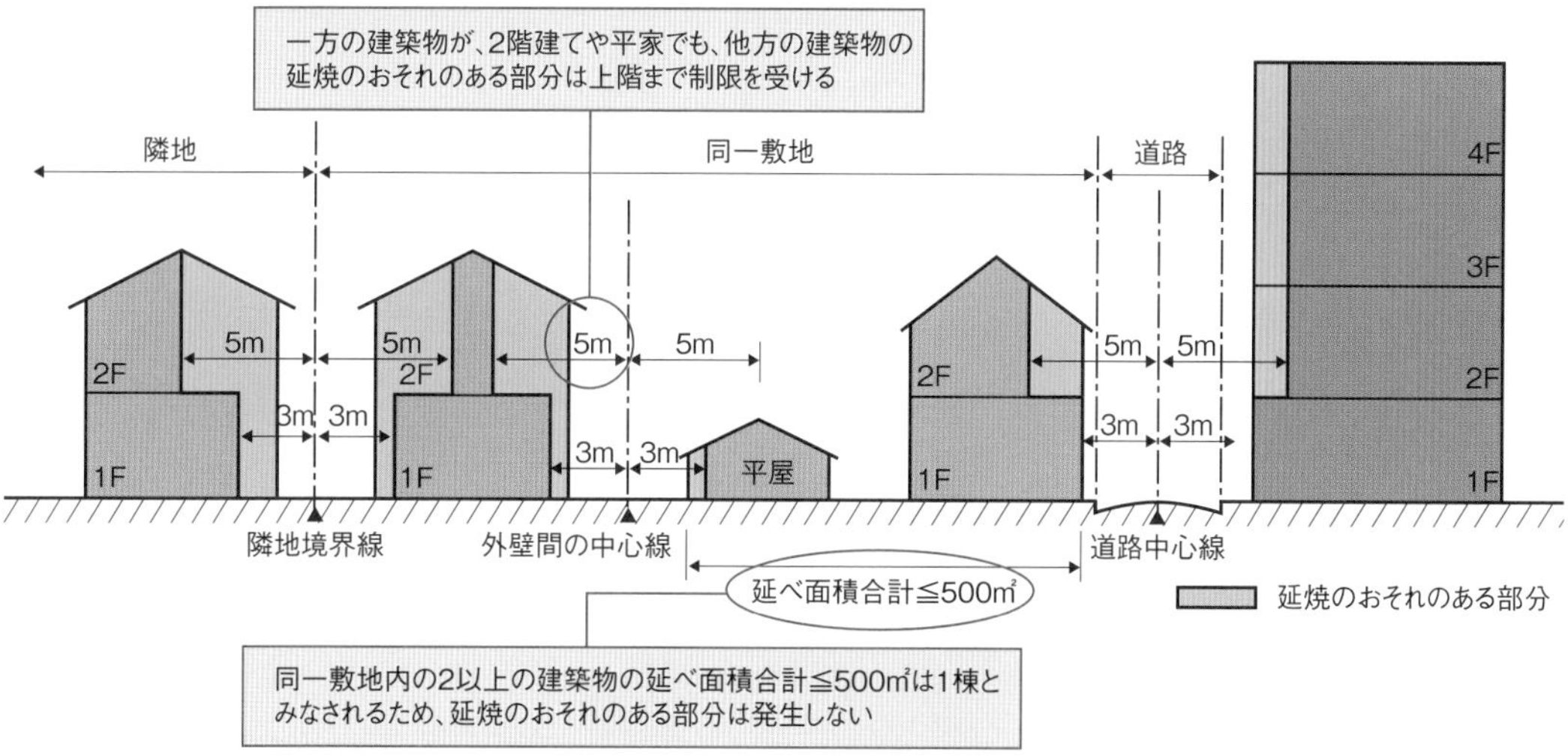

公園等に面する場合の延焼のおそれのある部分（法2条6号）

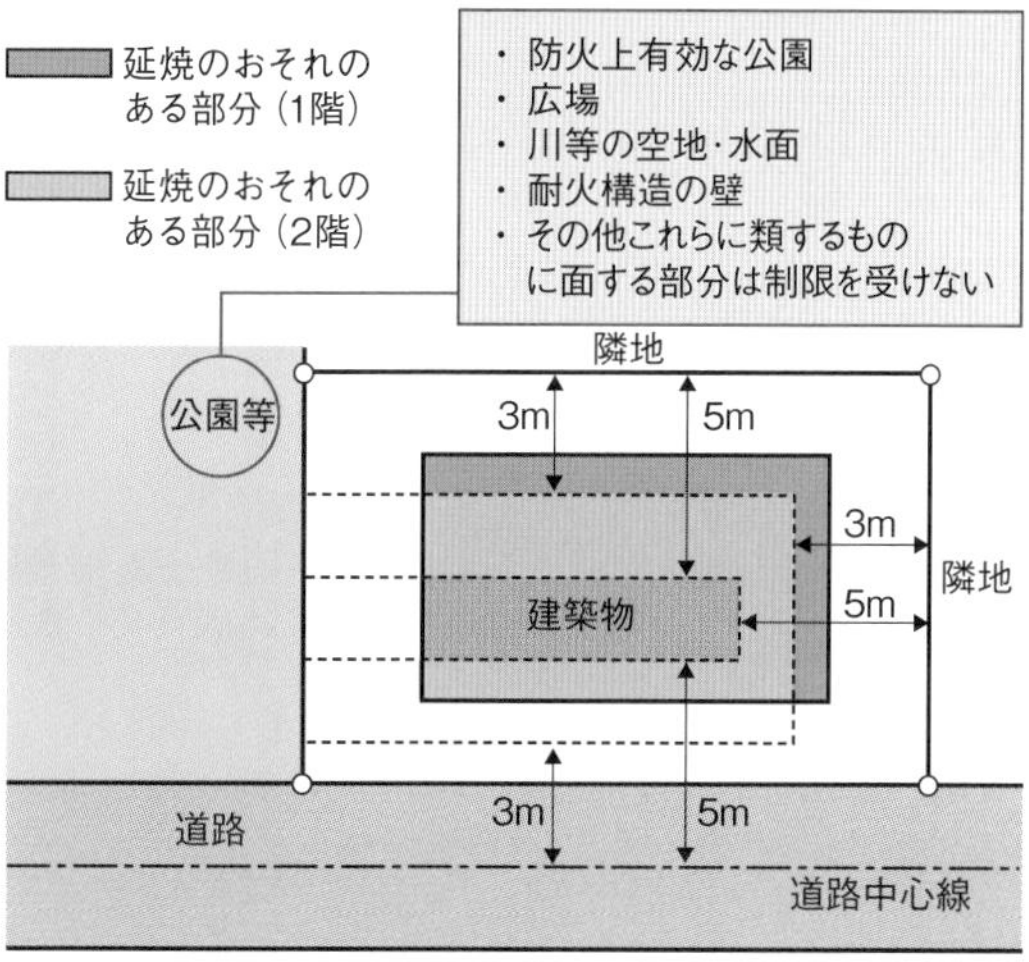

同一敷地内の2以上の建築物の外壁間の中心線の設定例（法2条6号）

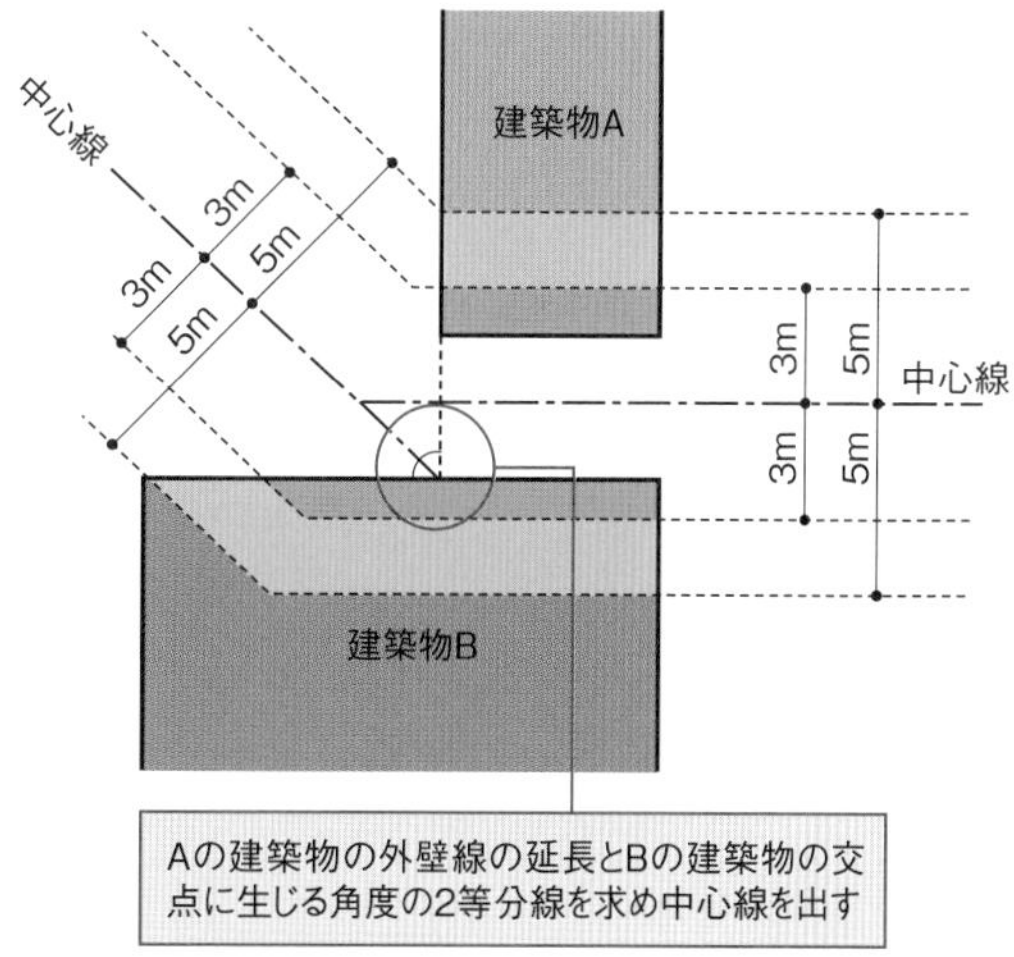

隣地境界線と正対しない壁面の緩和（令2国交告197号）

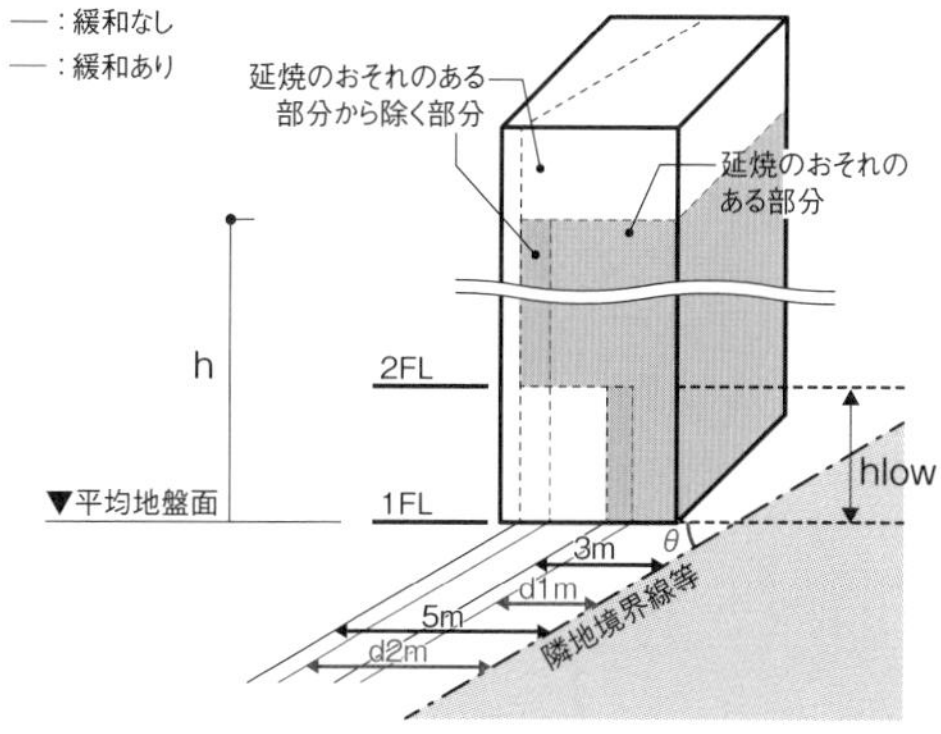

延焼のおそれのある部分の算出式

①隣地境界線等からの水平距離d（m）
1階部分：$d1=\max[2.5,\ 3(1-0.000068\theta^2)]$
2階部分：$d2=\max[4,\ 5(1-0.000068\theta^2)]$
d1（m），d2（m）：隣地境界線からの水平距離
θ：外壁面と隣地境界線等の最小の角度

②他の建築物から延焼が影響する地盤面からの垂直距離h（m）
hlow＜5m の場合：$h=hlow+5+5\sqrt{\{1-(s/dfloor)^2\}}$
hlow≧5m の場合：$h=hlow+10+5\sqrt{\{1-(s/dfloor)^2\}}$
hlow（m）：他の建築物の高さ
s（m）：建築物から隣地境界線等までの最小距離
dfloor（m）：①の隣地境界線等からの最大の距離

防火地域

065

地階を含む階数3以上か延べ面積100㎡超の建築物は耐火建築物か延焼防止建築物とする

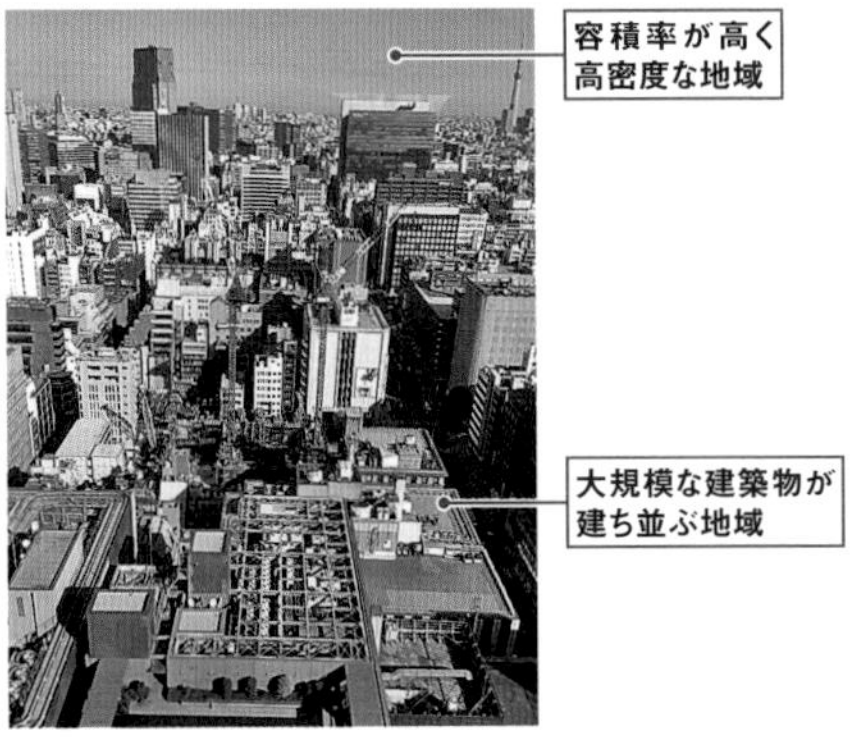

中心市街地や駅前など、都市計画で賑わいを求める地域は、建築物の密度を高くし、同時に防火地域に指定するなどして防火性能を高めている

防火地域内の建築物の制約

中心市街地や駅前、主要幹線道路沿いなど、大規模な商業施設や住宅が密集し、火災が大惨事につながりかねない地域では、建築物の構造を制限して防火機能を高める必要がある。このような目的で、都市計画で定められるのが**防火地域**である。敷地が防火地域内にある建築物は、用途や規模、構造によって防火上の制約を受ける（法61条、令136条の2、令元国交告194号）。

3階建て以上か延べ面積100㎡超の建築物は耐火建築物または延焼防止建築物、そのほかの建築物は準耐火建築物または準延焼防止建築物とする。

屋根は不燃材料でつくるか葺《ふ》き（法62条）、延焼のおそれのある部分の外壁の開口部は防火設備とする。

また、看板や広告塔、装飾塔などの工作物で、建築物の屋上に設けるものや、高さ3ｍを超えるものは不燃材料でつくるか、覆う必要がある（法64条）。

防火地域は、商業地域や近隣商業地域などの用途地域に定められることが多い。用途地域による建築物の用途や形態規制と併せて、防火地域による構造規制により防火性の高い街づくりを促進する狙いがあるからである。

制約を受けない建築物

防火地域内でも、次のものは防火上の規制を受けない（令元国交告194号）。

①延べ面積50㎡以下の平屋に付属する建築物で、外壁・軒裏を防火構造とし、延焼のおそれのある部分の外壁の開口部を20分防火設備としたもの

②卸売市場の上家・機械製作工場で、主要構造部は不燃材料、延焼のおそれのある部分の外壁の開口部を20分間防火設備としたもの

③不燃材料でつくるか厚さ24㎜以上の木材でつくるなどした高さ2ｍ超の門・塀［左頁表1参照］

④高さ2ｍ以下の門・塀

また、民法と違い、建築基準法では耐火構造である建築物の外壁を隣地境界線に接して設けられる（法63条）。

[表1] 防火地域の建築物の制限(法61条、令136条の2)

地域	階数	延べ面積(S)	建築物の構造制限	適用条項
防火地域	≦2階	S≦100㎡	耐火建築物・準耐火建築物・延焼防止建築物・準延焼防止建築物	法61条 令136条の2
		S>100㎡	耐火建築物・延焼防止建築物	
	≧3階(地階を含む)	—	耐火建築物・延焼防止建築物	
適用除外	—	S≦50㎡	平屋の附属建築物で、外壁・軒裏が防火構造の場合	令元国交告194号
		❶高さ>2mの門・塀で、不燃材料でつくるか、覆われたもの、厚さ24㎜以上の木材でつくったもの、土塗り真壁造で塗厚30㎜(表面木材を含む)等 ❷高さ≦2mの門・塀		
		卸売市場の上家や機械製作工場で、主要構造部が不燃材料、延焼のおそれのある部分にある外壁の開口部が防火設備(片面20分)の場合		

[表2] 防火・準防火地域内の屋根・外壁の開口部(法62条、平12建告1365号、令元国交告194・196号)

地域	適用部位	適用条件	制限内容	適用条項
防火地域 準防火地域	屋根	すべての建築物	❶不燃材料でつくるか、葺く	法62条 令136条の2の2 平12建告1365号 令元国交告194号
			❷準耐火構造とする(屋外面は準不燃材)	
			❸耐火構造とする(屋外面は準不燃材) +屋外面[※2]に断熱材[※3]および防水材[※4]	
		不燃性物品の倉庫等[※1]で屋根以外の主要構造部が準不燃材料でつくられたもの	上記❶〜❸	
			❹難燃材料でつくるか、葺く	
	外壁の開口部	地域内の建築物	延焼のおそれのある部分に防火設備等を設置[※5]	法61条 令元国交告194・196号

※1:スポーツの練習場、不燃性の物品を扱う荷さばき場、畜舎等、難燃性を有する客席を設けた観覧場等(平28国交告693号)
※2:屋根勾配≦30°
※3:ポリエチレンフォーム、ポリスチレンフォーム、硬質ポリウレタンフォームなどで、厚さ50㎜以下
※4:アスファルト防水工法、改質アスファルトシート防水工法、塩化ビニル樹脂系シート防水工法、ゴム系シート防水工法、塗膜防水工法
※5:防火戸、ドレンチャー、そのほか火炎を遮る設備

防火・準防火地域内の屋根の仕様(平12建告1365号)

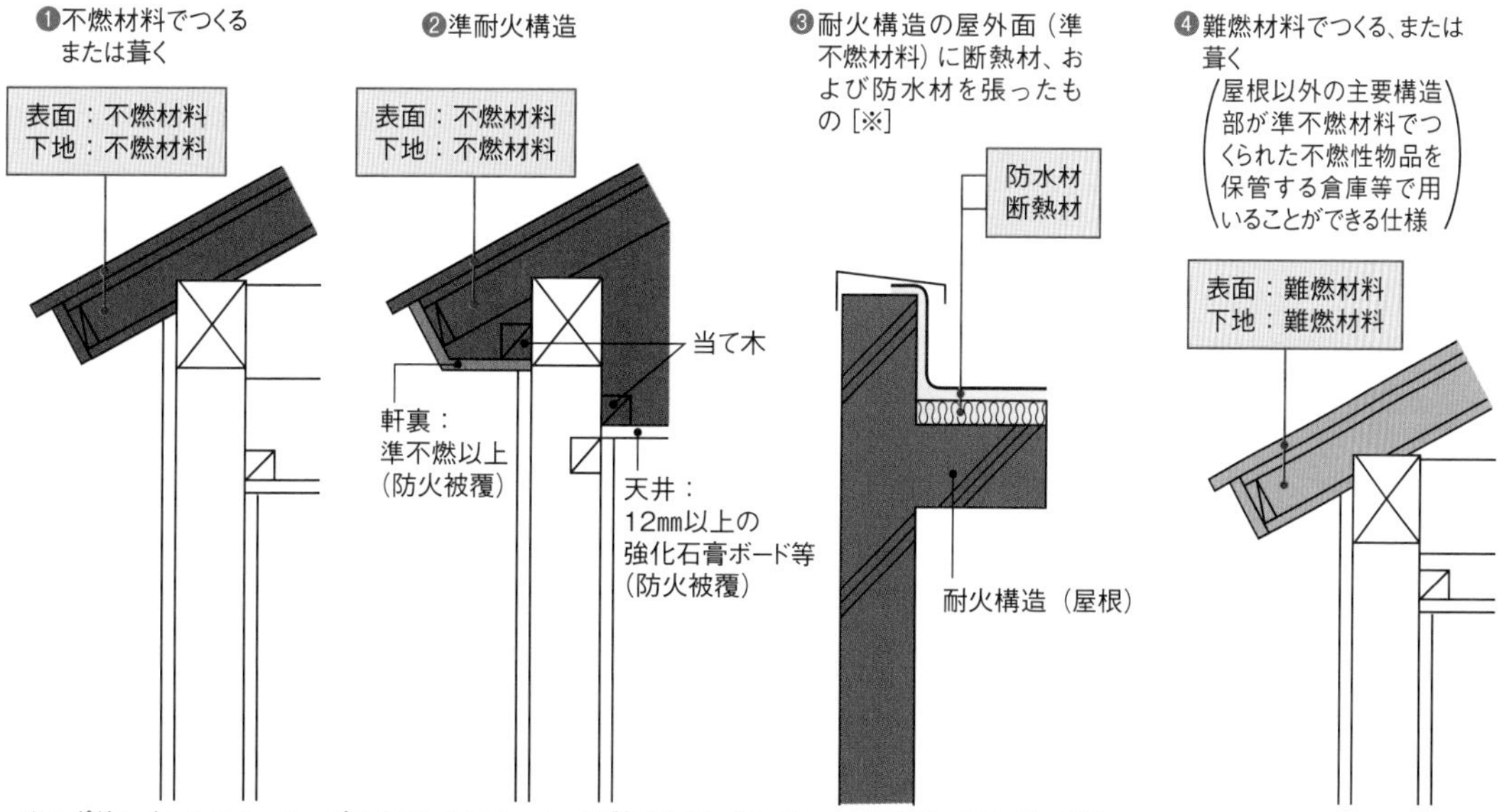

または葺く

❷準耐火構造

❸耐火構造の屋外面(準不燃材料)に断熱材、および防水材を張ったもの[※]

❹難燃材料でつくる、または葺く
(屋根以外の主要構造部が準不燃材料でつくられた不燃性物品を保管する倉庫等で用いることができる仕様)

※:ポリエチレンフォーム、ポリスチレンフォーム、硬質ポリウレタンフォームなどで、厚さ50㎜以下。
アスファルト防水工法、改質アスファルトシート防水工法、塩化ビニル樹脂系シート防水工法、ゴム系シート防水工法、塗膜防水工法

準防火地域

066

地上階≧４階または延べ面積＞1,500㎡の建築物は耐火建築物か延焼防止建築物とする

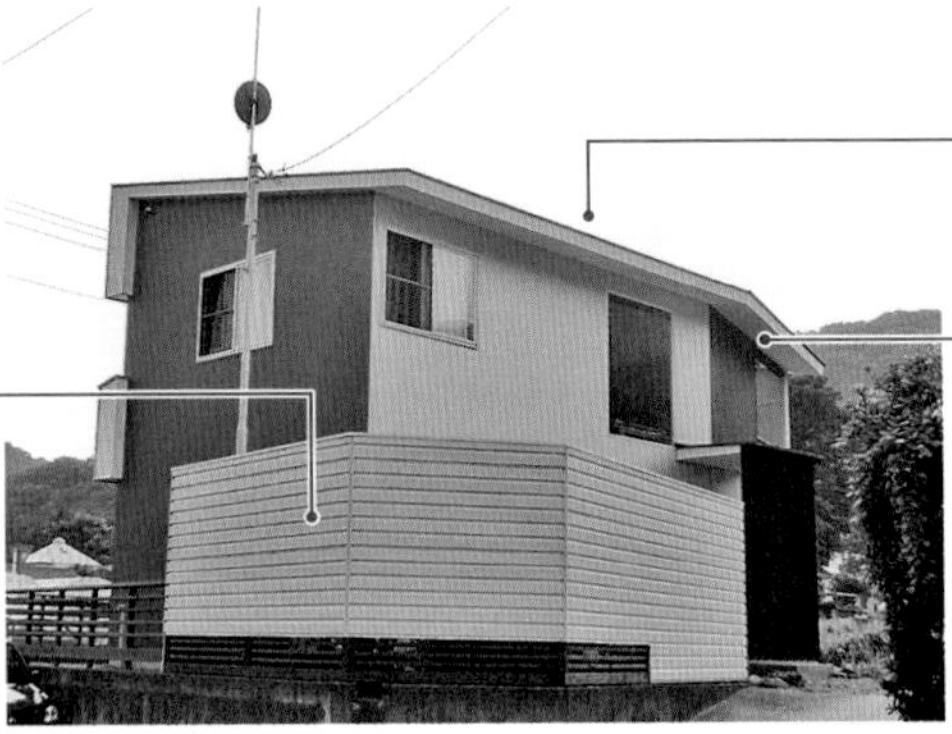

住居系用途地域など比較的容積率が低い、中小の建築物が混在する地域に都市計画で指定されるのが準防火地域

準防火地域内の建築物の構造規制

準防火地域は、防火地域に準じて建物の密集する地域で火災が拡大しないことを目的に都市計画で定められた地域である。防火地域同様、建築物の構造に規制を受けるが、規制内容は比較的緩やかである（法61条）。

防火地域内の建築物には、耐火性能と準耐火性能が求められる。一方、準防火地域内で耐火性能が求められる規模は、「地上４階建て以上」か「延べ面積１千500㎡超」である。

また、準耐火性能が求められる規模は「延べ面積500㎡超、１千500㎡以下」で、「地上３階建て」の建築物は、準耐火性能か、政令で定める技術基準に適合させる必要がある。

準防火地域内の木造3階建の基準

政令で定める技術基準とは、木造の準耐火建築物と同等の性能があるとして扱われる構造基準である。延焼防止の目的から、境界線からの距離を基準に外壁の開口部の面積を制限することなどで、主要構造部を準耐火構造としなくてもよい。これらの建築物は、開口部の規制を受けることから「**開口木3**」と呼ばれる（令元国交告194号）。

準防火地域内の建築物の制約

準防火地域内では、２階建て以下、500㎡以下の建築物にも、延焼のおそれのある部分に防火設備が、木造ではさらに外壁や軒裏に防火構造が求められる。高さ２m超の門・塀は、延焼防止性能が求められる［左頁表1参照］。

以下の規制は、防火地域内と同様に適用される。

・屋根を不燃材料でつくるか、葺く
・延焼のおそれのある部分では、外壁の開口部に防火設備を設ける
・耐火構造の外壁は隣地境界線に接して設けることができる

また、準防火地域内でも、主要構造部を不燃材料とし、外壁開口部を20分防火設備とした卸売市場の上家や機械製作工場は、防火上の制約を受けない。

[表1] 準防火地域の建築物の構造制限
(法61条、令136条の2、令元国交告194号)

地域	階数	延べ面積(S)	建築物の構造制限	適用条項
準防火地域	≦2階 (地階を除く)	S≦500㎡	制限なし ただし、木造建築物等で外壁・軒裏の延焼のおそれのある部分は防火構造等	法61条 令136条の2
		500㎡<S≦1,500㎡	耐火建築物・準耐火建築物・延焼防止建築物・準延焼防止建築物	
		S >1,500㎡	耐火建築物・延焼防止建築物	
	=3階 (地階を除く)	S≦500㎡	耐火建築物・準耐火建築物・延焼防止建築物・準延焼防止建築物、または令136条の2に規定する木造3階建ての技術的基準に適合する建築物	
		500㎡<S≦1,500㎡	耐火建築物・準耐火建築物・延焼防止建築物・準延焼防止建築物	
		S >1,500㎡	耐火建築物・延焼防止建築物	
	≧4階	—	耐火建築物・延焼防止建築物	
適用除外	—	❶高さ>2mの門・塀で、不燃材料でつくるか、覆われたもの。または、土塗り真壁造で塗り厚さが30㎜以上(表面の木材含む)、厚さ24㎜以上の木材でつくったもの。 ❷高さ≦2mの門・塀		令元国交告194号第4の3・4号第7
		卸売市場の上家、機械製作工場で主要構造部が不燃材料、かつ延焼のおそれのある部分の外壁開口部が片面20分防火設備の場合		

[表2] 防火地域・準防火地域の規制対象建築物の規模
(法61条、令136条の2、令元国交告194号)

規模	防火地域			準防火地域		
階数 \ 面積	50㎡以下	100㎡以下	100㎡超	500㎡以下	500㎡超 1,000㎡以下	1,500㎡超
4階以上	耐火建築物 延焼防止建築物			耐火建築物 延焼防止建築物		
3階建て				準耐火建築物 準延焼防止建築物		
2階建て	準耐火建築物 準延焼防止建築物			(木造) 防火構造[※1] 延焼防止性能 (その他) 片面20分防火設備[※2] 延焼防止性能		
平屋	附属建築物 外壁・軒裏: 防火構造 外部開口部[※2]: 片面20分防火設備					

※1:延焼のおそれのある部分、外壁・軒裏
※2:延焼のおそれのある部分

法 22 条区域

067

区域内では、屋根に不燃性能、延焼のおそれのある部分の外壁に準防火性能が求められる

地方都市の市街化区域や用途地域の全域が指定されている屋根不燃の区域。木造建築物の場合、外壁も防火制限される

屋根の構造制限

防火・準防火地域以外の市街地でも、火災による延焼の防止の目的で、耐火・準耐火建築物以外の建築物の屋根の構造を規制する区域がある。建築基準法22条に規定されていることから、一般に**法22条区域**と呼ばれる。また、屋根の不燃化が図られている区域のため、**屋根不燃区域**ともいう。

法22条区域は、防火地域や準防火地域とは異なり、都市計画区域外であっても関係市町村の同意を得ることで、特定行政庁が指定することができる。

法22条区域内の建築物は屋根の構造規制を受けるが、茅葺きなどが想定される茶室や東屋《あずまや》その他これらに類する建築物か、延べ面積が10㎡以下の物置、納屋などの屋根で、延焼のおそれのある部分以外の部分は、構造規制を免除される。

屋根の構造は、不燃材料でつくるか葺くなどの告示に例示された構造方法(平12建告1365号)とするか、国土交通大臣の個別認定を受けたものとしなければならない(令109条の8、平12建告1361号)。

屋根以外の規制

屋根の構造以外にも、法22条区域内の建築物は、延焼のおそれのある部分の外壁の構造規制を受ける(法23条)。規制対象となる建築物は、主要構造部が可燃物でつくられた木造建築物等である。外壁の構造は、土塗り壁同等の準防火性能(耐力壁は20分の非損傷性、それ以外は20分の遮熱性)以上とする。

また、階数1で間仕切壁のない開放的な簡易建築物や、膜構造建築物を法22条区域につくる場合、屋根は不燃材料とする必要があるが、150㎡未満の開放車庫は、延焼のおそれのある部分の柱や梁等のみを不燃材料とすればよい。さらに、3千㎡以内の膜構造のスポーツ練習場や不燃性の物品倉庫などは、延焼のおそれのある部分の柱や梁、外壁膜だけを不燃材料とすればよい[71頁参照]。

法22条区域内の制限(法22〜24条、令109条の8、令109条の9)

適用部分	適用建築物	制限内容	適用条文
屋根	すべての建築物[※1]	❶不燃材料でつくるか、葺く	法22条 令109条の8
		❷準耐火構造(屋外面は準不燃材料)	
		❸耐火構造+屋外面に断熱材、および防水材	
	屋根以外の主要構造部が準不燃材料の不燃性物品の倉庫等[※2]	上記の❶〜❸	
		難燃材料でつくるか、葺く	
外壁	木造建築物等	延焼のおそれのある部分を土塗り壁または準防火構造[※3]とする	法23条 令109条の9

注:簡易な構造の建築物(法84条の2)は、法22条区域の構造制限を受けない
※1:茶室、東屋その他これらに類する建築物、または延べ面積≦10㎡の物置、納屋その他これらに類する建築物の屋根の延焼のおそれのある部分以外は適用対象外　※2:スポーツの練習場、不燃性の物品を扱う荷さばき場、畜舎等、難燃性を有する客席を設けた観覧場(平28国交告693号)　※3:平12建告1362号

法22条区域内の木造建築物で延焼のおそれのある部分の外壁の例(平12建告1362号)

❶土塗り壁(裏塗りをしないもの、下見板を張ったものを含む)

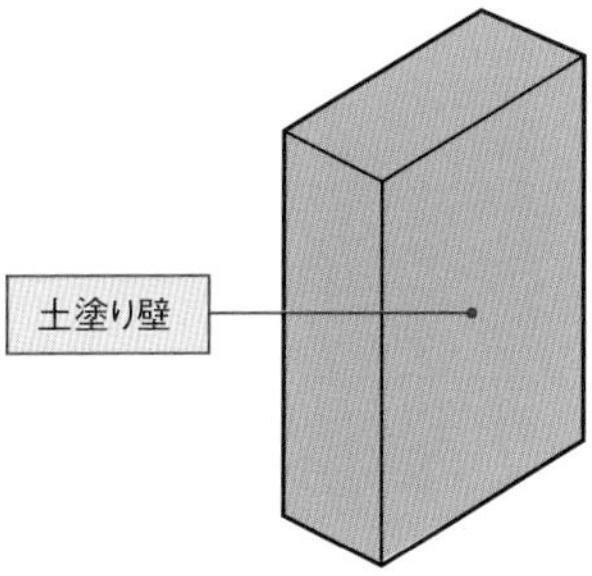

❷下地:準不燃材料、表面:亜鉛鉄板

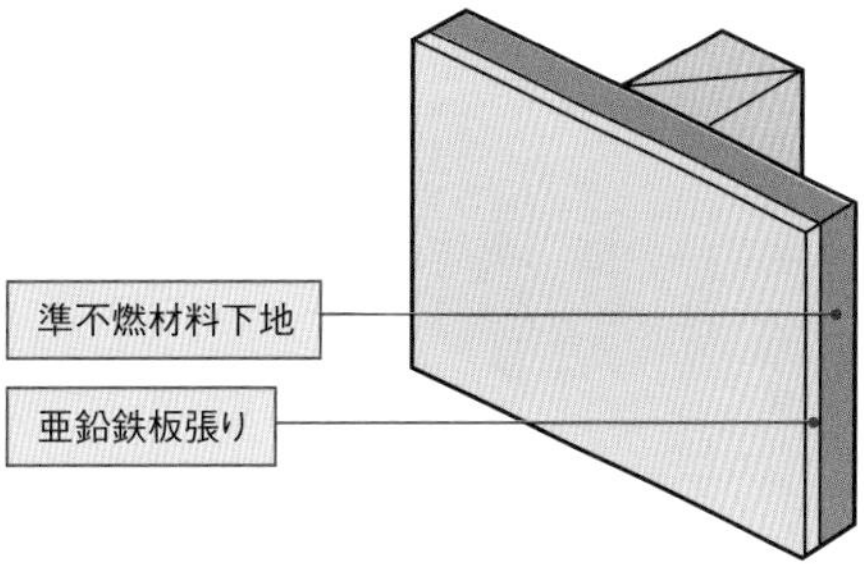

❸石膏ボード、または木毛セメント板(準不燃材料で、表面を防水処理したもの)を表面に張ったもの

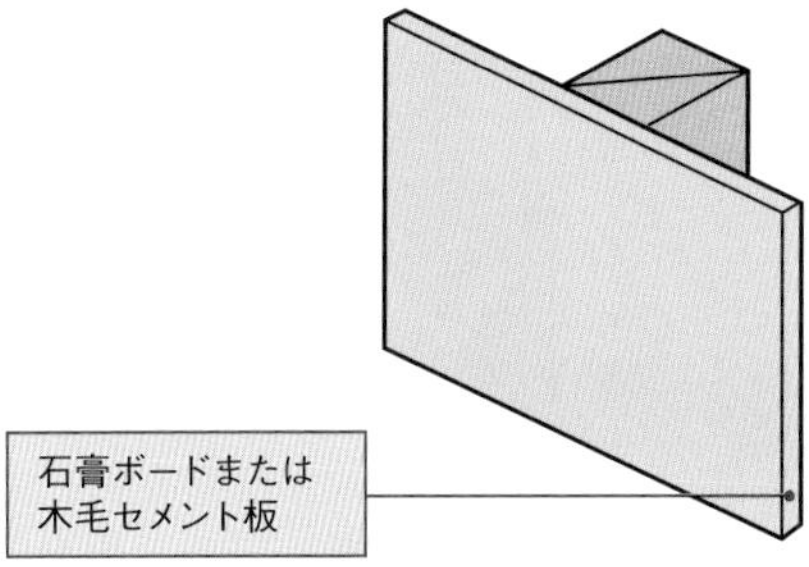

❹アルミニウム板張りペーパーハニカム芯(パネルハブ)パネル

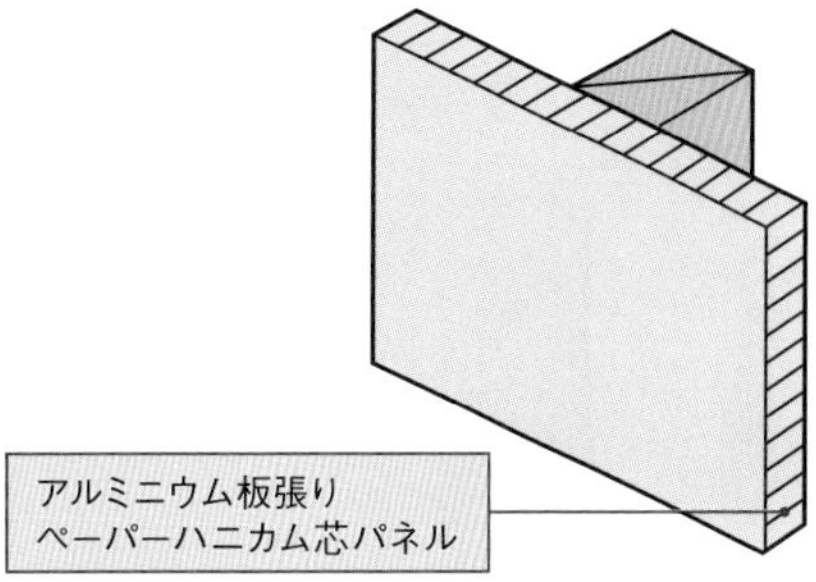

上図のそれぞれの室内側は、厚さ9.5㎜以上の石膏ボード張り、または厚さ75㎜以上のグラスウール、もしくはロックウールを充填した上に厚さ4㎜以上の合板等を張ったものとする

敷地に複数の防火指定がある場合 068

建築物が複数の地域にまたがる場合は、厳しいほうの防火規定が建築物全体にかかる！

敷地に防火地域など複数の区域等がかかる場合、敷地過半の制限でなく、建築物にかかる厳しい方の制限となる

建築物の属する防火規定の適用

1つの建築物が、防火地域と準防火地域、あるいは防火地域と無指定の地域といったように、複数の地域（法22条区域も含む）にまたがることがある。このような場合は、**より制限の厳しい地域の規定**が建築物全体に適用される（法24条）。

一方、敷地に複数の地域があるが、建築物は1つの地域に属している場合は、建築物の属する地域の制限しかかからない。

また、建築物が防火壁で区画されている場合は、1つの建築物でも防火壁を境に別々の建築物とみなすことができる。仮に、制限の緩やかな地域内に有効な防火壁を設けた場合、防火壁で区画された緩やかな地域部分には、厳しいほうの規定は及ばない。

一方、防火壁が制限の厳しい地域内にある場合、建築物の部分が厳しい地域に残るため、建築物全部に厳しい地域の制限がかかる。

建築物が防火・準防火地域の内外にわたる場合（法24条、法65条）

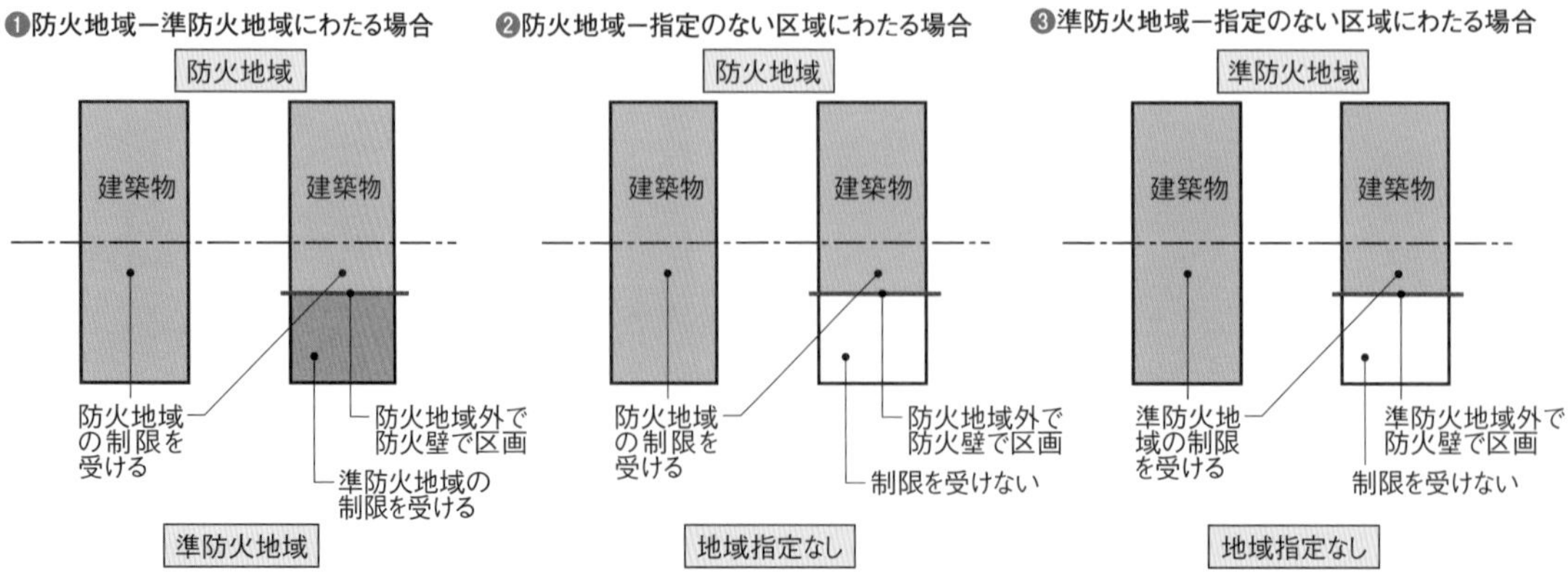

特殊建築物の構造制限 069

特殊建築物では、廊下幅・階段・排煙設備・非常用照明・内装制限に注意

劇場、映画館、演芸場では、観覧席が2階のみにあるなど1階部分にない場合は、耐火構造建築物とする

特殊建築物の防火規定

特殊建築物のなかで、不特定多数の人が集まる施設や、宿泊、就寝を伴う施設、火災に対して危険度の高い施設などは、一般の用途の建築物よりも防火・避難に関して厳しく制限される。

法別表第1にある特殊建築物は、耐火・準耐火建築物や耐火構造建築物・避難時対策建築物としなければならない。いずれの建築物になるかは、その用途で使用する階と、その用途部分の面積で決まる[154頁参照](法27条、令115条の3)。

法別表第1で倉庫と自動車車庫の用途の特殊建築物は耐火建築物か準耐火建築物、他の用途は耐火構造建築物・避難時対策建築物となる。

たとえば、集会場や病院、ホテル等は、地上3階以上にその用途がある場合は、面積によらず耐火構造建築物とする。

一方、倉庫を耐火建築物としなければならないのは、3階以上に倉庫部分があり、その面積が200㎡以上の場合である。

劇場、映画館などは、その主階が1階にない場合は耐火構造建築物としなければならない(法27条1項4号)。

床面積が150㎡以上の自動車車庫は、準耐火建築物であることが求められる。その場合、イ準耐と軸組不燃型の準耐火建築物は認められるが、外壁耐火の準耐火建築物は、内部の防火性能が十分でないため、認められない(法27条2項、令115条の4)。

また、火薬や消防法に規定する危険物、マッチ、可燃ガスなどを限度以上の数量を扱う貯蔵場や処理場は、準耐火建築物以上にしなければならない(法27条3項2号、令116条)。

特殊建築物の避難規定等

このほかに、特殊建築物の場合、廊下、階段、出入口などの避難施設や消火栓、スプリンクラー、貯水槽など消火設備に関する技術基準を参照しなければならない。また、定期報告や工事中の使用制限など、一般の建築物以上の規制がかかる。

耐火建築物等としなければならない特殊建築物
(法27条、法別表第1、令110条の4・5、115条の3～116条)

項	用途	その用途のある階	その用途の床面積の合計	耐火性能の要求	準耐火性能の要求
(一)	劇場・映画館・演劇場	主階が1階以外	客席の床面積合計≧200㎡(屋外観覧席≧1,000㎡)	耐火構造建築物以上	—
	観覧場・公会堂・集会場	用途≧3階			
(二)	病院・診療所(有床)・ホテル・旅館・下宿・共同住宅・寄宿舎・児童福祉施設等(有料老人ホーム・老人福祉施設等を含む)	用途≧3階[※1]	—	耐火構造建築物以上	—
		用途＝2階	2階の部分の用途≧300㎡（病院・診療所は2階に病室のあるもの）	避難時対策建築物以上（45分準耐火構造）（ロ-1、ロ-2）	
	地上3階建ての下宿・共同住宅・寄宿舎	3階部分のすべてが当該各用途で、防火地域以外に限る	—	避難時対策建築物以上 ・木三共(1時間準耐火構造) (平27国交告255号第1 第1項2号)	
(三)	学校・体育館・博物館・美術館・図書館・ボウリング場・スキー場・スケート場・水泳場・スポーツの練習場	用途≧3階 階数≧4 （地階を除く）	—	耐火構造建築物以上	—
		—	≧2,000㎡	避難時対策建築物以上（45分準耐火構造）（ロ-1、ロ-2）	
		用途＝3階 階数＝3 （地階を除く）	—	避難時対策建築物以上 ・木三学（1時間準耐火構造）（平27国交告255号第1 第1項3号）	
(四)	百貨店・マーケット・展示場・キャバレー・カフェー・ナイトクラブ・バー・ダンスホール・遊技場・公衆浴場・待合・料理店・飲食店・物販店(床面積＞10㎡)	用途≧3階の階	—	耐火構造建築物以上	—
		—	≧3,000㎡		—
		用途＝2階	≧500㎡	避難時対策建築物以上（45分準耐火構造）（ロ-1、ロ-2）	
	（一）～（四）の小規模建築物	用途=3階 階数=3	＜200㎡	(一)(三)(四)　—	—
				(二)[※2]　警報設備(令元国交告198号)を設置した場合は耐火性能の要求なし	
(五)	倉庫	用途≧3階	≧200㎡	耐火建築物	—
		—	≧1,500㎡	準耐火建築物（イ-2、ロ-1、ロ-2）（45分）以上	
(六)	自動車車庫・自動車修理工場・映画スタジオ・テレビスタジオ	用途≧3階	—	耐火建築物	—
		—	≧150㎡	準耐火建築物(イ-2、ロ-2)（45分）以上	
	危険物の貯蔵上・処理場(法27条2項)	危険物の数量の限度(令116条)	—	準耐火建築物以上	

凡例は下記。
- 耐火建築物：延焼のおそれのある部分の防火設備（両面20分の遮炎性能）
- 耐火構造建築物、避難時対策建築物：延焼のおそれのある部分の防火設備（片面20分の準遮炎性能）（令110条、令110条の2、令110条の3、平27国交告255号）
- 準耐火建築物：延焼のおそれのある部分の防火設備（両面20分の遮炎性能）
- イ-2：45分準耐火構造
- ロ-1：外壁耐火型準耐火建築物
- ロ-2：軸組不燃型準耐火建築物

※1：たとえば共同住宅では3階以上の階を共同住宅の用途に供した場合、耐火建築物としなければならない。一方、たとえ3階建てでも1、2階のみが共同住宅で3階が事務所などの用途に供される場合、耐火建築物としなくてもよい。また上表で、「その用途のある階」とは床面積の大小にかかわらない。そのため、3階建て診療所（有床）で3階部分が診療所の看護婦休憩所などがあっても、その部分は「診療所の用途に供する部分」なので、耐火建築物にしなければならない

※2：患者の収容施設、入所者の寝室のあるもの

特殊建築物が関係する規定
(法12・24・87条、90条の2、令119・120・126条、126条の2、126条の4、128・129条)

規定対象	制限内容	条文
特殊建築物で特定行政庁が指定するもの	定期報告(特殊建築物で特定行政庁が指定するものの所有者は、建築士等の調査により、特定行政庁に報告しなければならない)	法12条
用途変更後に特殊建築物となるもの	用途変更(既存の建築物の用途を変更して、特殊建築物にする場合は、確認申請を提出し、工事完了後、建築主事に届け出なければならない)	法87条
工事中の特殊建築物等	特定行政庁は、工事中の建築物が防火上、避難上著しく支障がある場合は、建築主等に猶予期限をつけて、使用制限などの措置をとれる	法90条の2
小学校、中学校、高等学校または中等教育学校における児童用または生徒用のもの。病院における患者用のもの、共同住宅の住戸もしくは住室の床面積の合計が100㎡を超える階における共用のもの	廊下の幅	令119条
病院、診療所(患者の収容施設があるものに限る)、ホテル、旅館、下宿、共同住宅、寄宿舎、児童福祉施設等の居室	居室から直通階段までの歩行距離	令120条
劇場、映画館、演芸場、観覧場、公会堂、集会場その他これらに類するもので政令で定めるもの。病院、診療所(患者の収容施設があるものに限る)、ホテル、旅館、下宿、共同住宅、寄宿舎、児童福祉施設等の居室。学校、体育館、博物館、美術館、図書館、ボウリング場、スキー場、スケート場、水泳場、またはスポーツの練習場。百貨店、マーケット、展示場、キャバレー、カフェー、ナイトクラブ、バー、ダンスホール、遊技場、公衆浴場、待合、料理店、飲食店または物品販売業を営む店舗(床面積が10㎡以内のものを除く)	手摺の高さや屋上広場	令126条
	排煙設備	令126条の2
	敷地内の避難通路	令128条
上欄特殊建築物の居室	非常用照明	令126条の4
劇場、映画館、演芸場、観覧場、公会堂、集会場その他これらに類するもので政令で定めるもの。病院、診療所(患者の収容施設があるものに限る)、ホテル、旅館、下宿、共同住宅、寄宿舎、児童福祉施設等の居室。百貨店、マーケット、展示場、キャバレー、カフェー、ナイトクラブ、バー、ダンスホール、遊技場、公衆浴場、待合、料理店、飲食店、または物品販売業を営む店舗(床面積が10㎡以内のものを除く)	内装制限	令129条

防火設備

070

防火設備の遮炎性能は20分。耐火建築物では両面に、防火地域内の建築物では屋外側片面に必要

建築物の壁に設けられる扉や窓などで、網入りガラスの開口部などは、20分の防火性能がある防火設備である

防火設備とは

火災時に、火炎の拡大を抑える設備を**防火設備**といい、告示(平12建告１３６０号他)に規定されたものと、国交大臣の認定を受けたものがある。扉や窓、シャッターのほか、ドレンチャー、延焼を遮るそで壁、塀、庇なども防火設備とみなされる(令109条)。

外壁の開口部の防火設備

延焼のおそれのある部分にある外壁の開口部の防火設備には、遮炎性能(両面20分)や準遮炎性能(片面20分)が求められる。

耐火・準耐火建築物の外壁の開口部には、両面に20分の遮炎性能が要求され、**避難時対策建築物**には、片面20分の準遮炎性能が求められる。

防火・準防火地域内で耐火要求のある延焼防止建築物の場合、物販店用途では30分、その他用途では20分の準遮炎性能をもつ防火設備が必要となる。

防火設備の周囲は不燃材料でなければならないため、木枠は取り付けられない。障子などを設ける場合は、15㎝超離す必要がある。

防火区画の防火設備

防火区画の防火設備には、**常時閉鎖式**と、普段は開放し、熱や煙を感知して閉鎖する**随時閉鎖式**がある。

常時閉鎖式は、手で開けるため３㎡以内に大きさが制限されている。また手を離すと自然に閉じなければならない。随時閉鎖式は、大きさに制限はないが、避難経路に設置する場合は、一部をくぐり戸とする(昭48建告２５６３号)。

区画の種類で設置する防火戸が異なる。面積区画には、特定防火設備(両面１時間の遮炎性能)が必要で、随時閉鎖式の感知方式は、煙か熱とする。竪穴区画には、一部の小規模建築物を除き[左頁表参照]両面20分の遮炎性と遮煙性をもつ防火設備が要求される。随時閉鎖式の感知方式は煙としなければならない(昭48建告２５６４号)。

[表] 防火設備の種類

防火設備	遮炎性能	両面20分	・耐火・準耐火建築物、延焼防止建築物 ・耐火検証法による準延焼防止建築物 ・耐火検証法による防火構造	法2条9号の2ロ 令109条の2 平27国交告255号 令元国交告194号
		両面30分	物販店舗用途の延焼防止建築物	
	準遮炎性能	片面20分	・避難時倒壊防止構造 ・準延焼防止建築物(耐火検証法以外) ・防火構造(外壁・軒裏) ・卸売市場の上屋、機械製作工場等	令110条1号 令110条の3 令137条の10第4号 令元国交告196号
	ー	10分	階数3、延べ面積<200㎡の病院、児童福祉施設等で居室にスプリンクラーがある場合の竪穴部分の開口部	令112条11項 令2国交告198号
	T:固有通常火災終了時間 T:特定避難時間	T≦45分 45分<T≦60分 60分<T≦75分 75分<T≦90分	・火災時倒壊防止構造の防火区画 ・避難時倒壊防止構造の防火区画	法21条1項 令元国交告193号1号3項 「固有通常火災終了時間防火設備」 平27国交告255号第1第3項 「特定避難時間防火設備」

告示による防火設備の仕様(平12建告1360号)

❶鉄製の戸(鉄板厚さ0.8㎜以上1.5㎜未満)

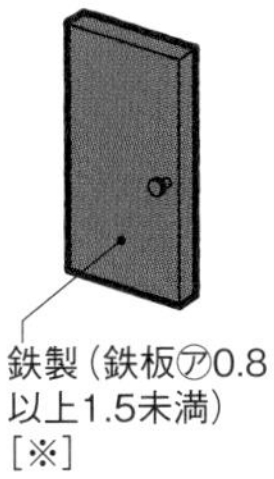

❷鉄骨コンクリート製、または鉄筋コンクリート製の戸(厚さ35㎜未満)

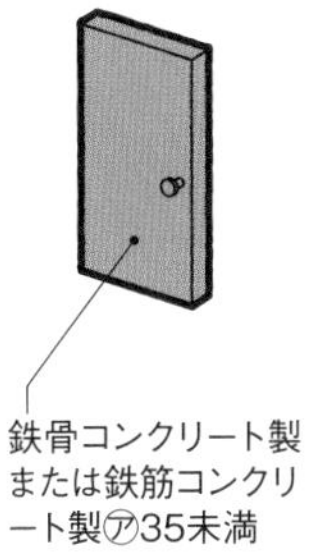

❸土蔵造の戸(厚さ150㎜未満)

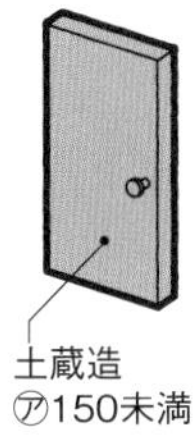

❹鉄と網入りガラスで造られた戸

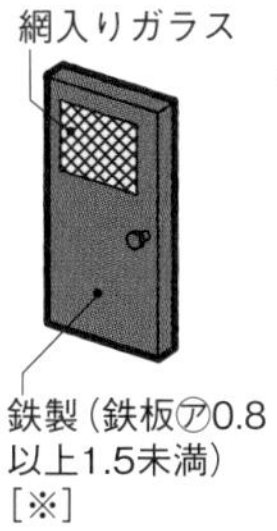

❺骨組に防火塗料を塗布した木材製とし、屋内面に厚さ12㎜以上の木毛セメント板、または厚さ9㎜以上の石膏ボードを張り、屋外面に亜鉛鉄板を張った戸

❻開口面積≦0.5㎡の開口部に設ける戸で、防火塗料を塗布した木材、および網入りガラスで造られたもの

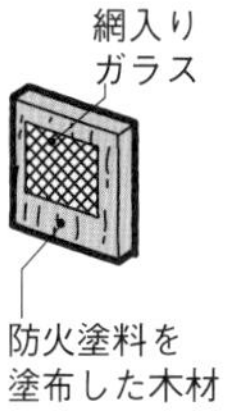

※:防火戸から内側に15㎝の部分は不燃材料とする(平12建告1360号第1の3)

防火設備とみなすそで壁・塀の基準(令109条2項)

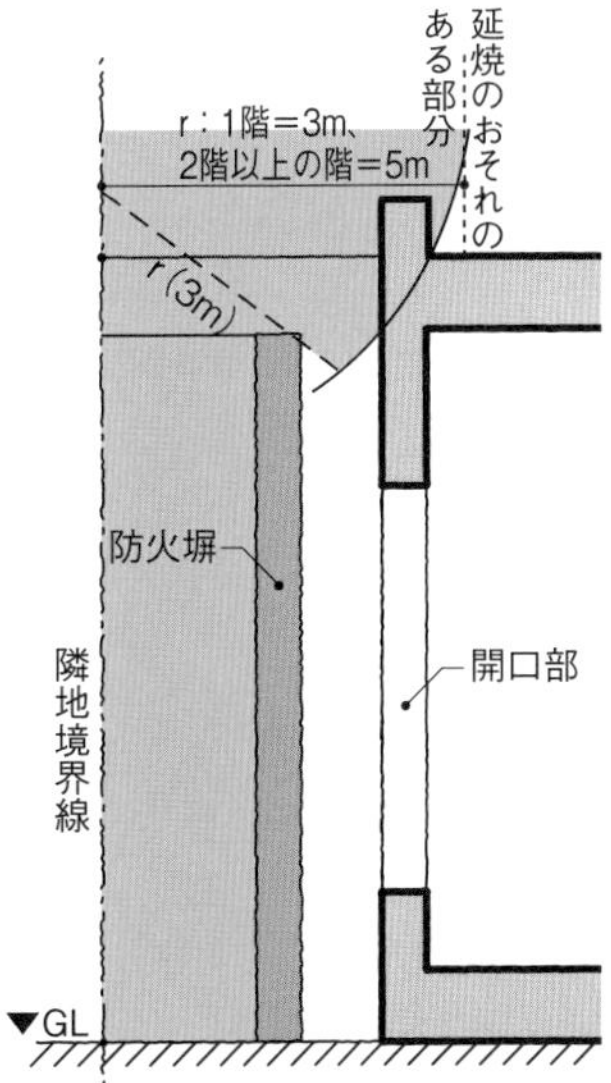

防火設備とみなすそで壁、塀等の条件
❶外壁開口部と隣地境界線等との間にあり、延焼のおそれのある部分を遮る耐火構造、準耐火構造、防火構造
❷開口部の四隅から描いた、1階では3m、2階以上の階では5mの半径の球と隣地境界線等との交点で囲まれた範囲をすべて遮ることができるもの

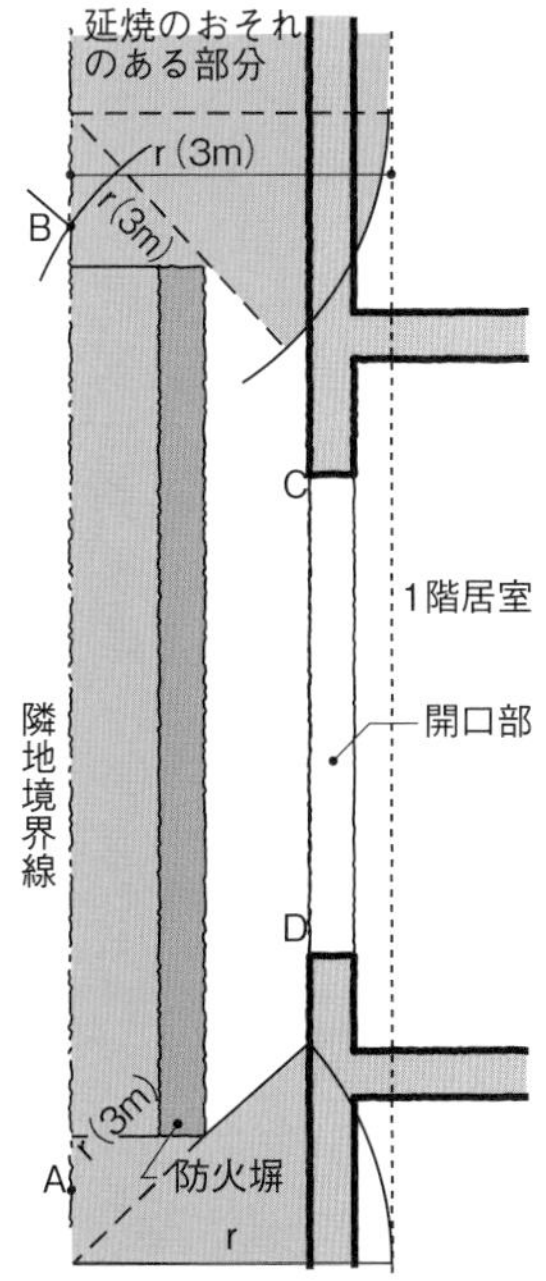

ABCDのなかに設けた防火塀(耐火構造等)は防火設備とみなす

隣地境界線と道路境界線の交点Oから描いた半径rの円弧とAOB部分にある防火そで壁(耐火構造等)は防火設備とみなす

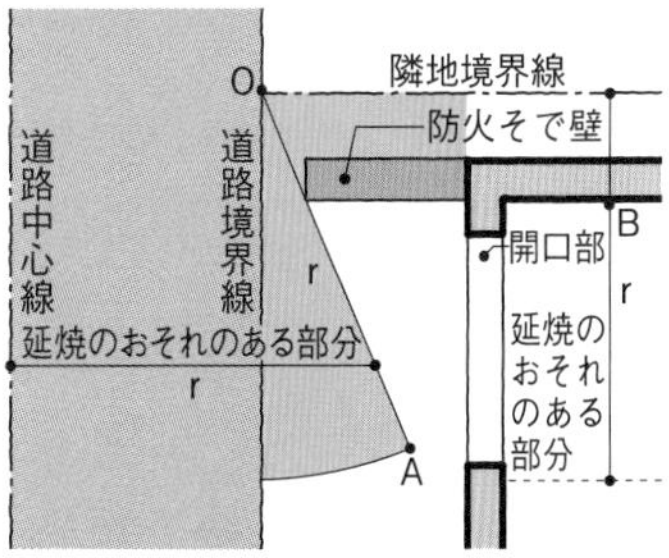

外壁から道路境界線まで延びている防火そで壁があれば、開口部は隣地境界線から影響を受けない

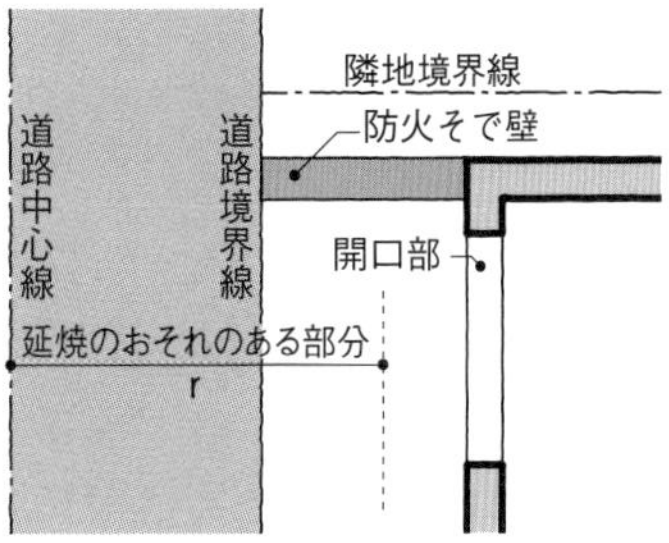

特定防火設備

071

特定防火設備は両面1時間の遮炎性能が必要。防火区画貫通部の隙間はモルタルなどで埋める

耐火構造の壁に設けられる窓や扉、シャッター等の開口部は、1.6㎜の鉄板でつくるなどして、1時間の防火性能を確保した特定防火設備とする

特定防火設備とは

屋内で発生した火炎の延焼を防ぐ目的で防火区画の開口部に設置する防火設備を、**特定防火設備**という。面積区画や高層区画、異種用途区画などの防火区画に設ける開口部などには、特定防火設備が必要となる(令112条)。

特定防火設備は、通常の火災の際、加熱開始後1時間、加熱面以外の面に火炎を出さない遮炎性能を有している構造方法である。告示に例示された仕様(平12年建告1369号)と、国土交通大臣により個別に認定された製品の2種類がある。

特定防火設備は、常時閉鎖しているか、火災による煙や急激な温度上昇で自動的に閉鎖しなければならない(令112条19号1項)。

また、非常用エレベーターの乗降ロビーや避難階段の出入口、異種用途区画のように、高い安全性が求められる区画では、煙を防ぐ遮煙性能も要求される(令112条19号2項)。

区画貫通部の処理

防火区画等を給水管や配電管が貫通すると、**貫通部**から延焼する可能性が生じる。そのため管と防火区画との隙間は、モルタルなどの不燃材で埋めなければならない(令112条20項)。

また、管の構造も3種類の規定がある(令129条の2の4)。

①貫通部の前後1m部分を不燃材料でつくる
②管径や厚み、材質を告示仕様とする(平12建告1422号)
③区画の耐火時間(20分・1時間・45分[界壁])に適合した国交大臣認定の熱膨張耐火材などの仕様とする

区画を貫通する風道は、内部を防火ダンパーで遮炎および遮煙しなければならない。この場合の特定防火設備等は、煙と熱のいずれかに反応して閉鎖する機構とする。ダンパーに要求される耐火性能は、防火設備は20分、特定防火設備は1時間で、それぞれ鉄板の厚みが異なる(令112条17項)。

特定防火設備の仕様（令109条、令112条、平12建告1369号）

遮炎性能60分 （両面）	面積区画や高層区画、異種用途区画等の防火区画の開口部等に設ける

❶鉄製の戸（鉄板厚さ1.5㎜以上）

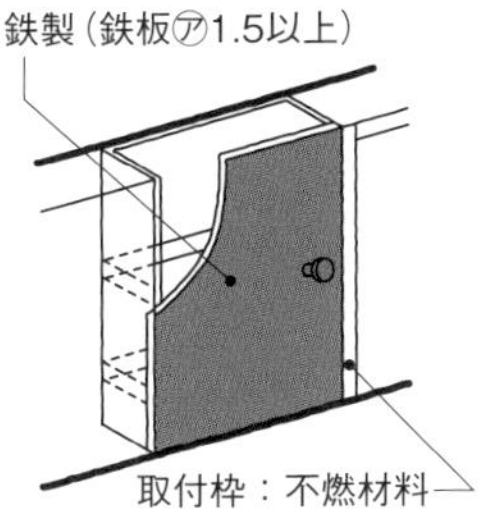

❷鉄骨コンクリート製、または鉄筋コンクリート製の戸（厚さ35㎜以上）

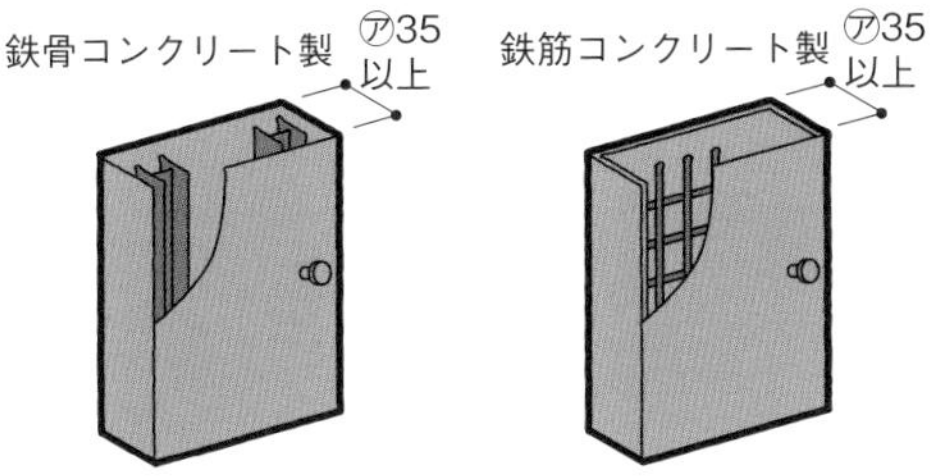

❸土蔵造の戸（厚さ150㎜以上）

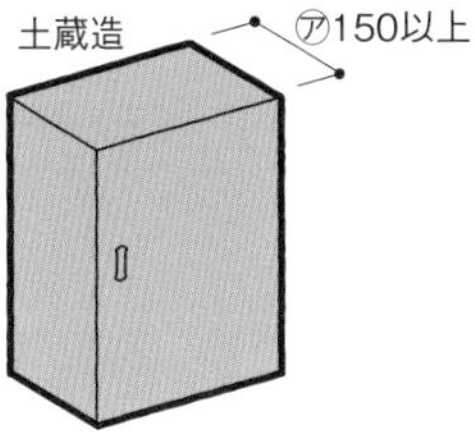

❹骨組を鉄製とし、両面にそれぞれ厚さ0.5㎜以上の鉄板を張った戸

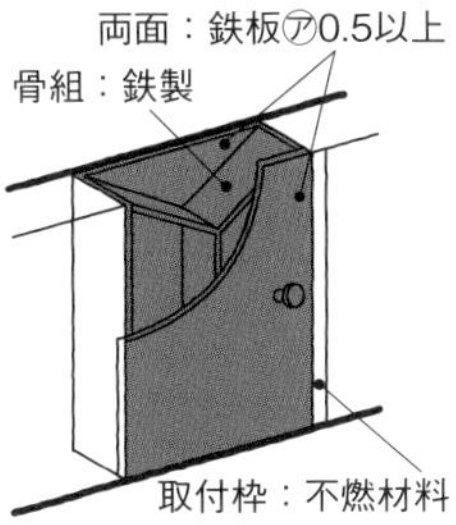

❺スチールシャッター

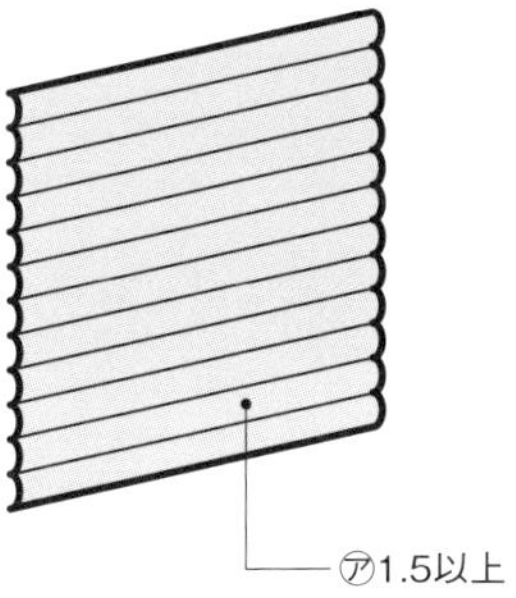

このほかの仕様
(1)令109条2項の防火設備とみなされるそで壁などで防火構造のもの
(2)鉄製で鉄板厚さ1.5㎜以上の防火ダンパー
(3)開口面積≦100㎠の換気孔に設置する鉄板、モルタル板などでつくられた防火覆い
(4)地面からの高さ≦1mの換気孔に設置する網目≦2㎜の金網

区画貫通部の処理（令112条15項）

❶配管が防火区画を貫通する場合

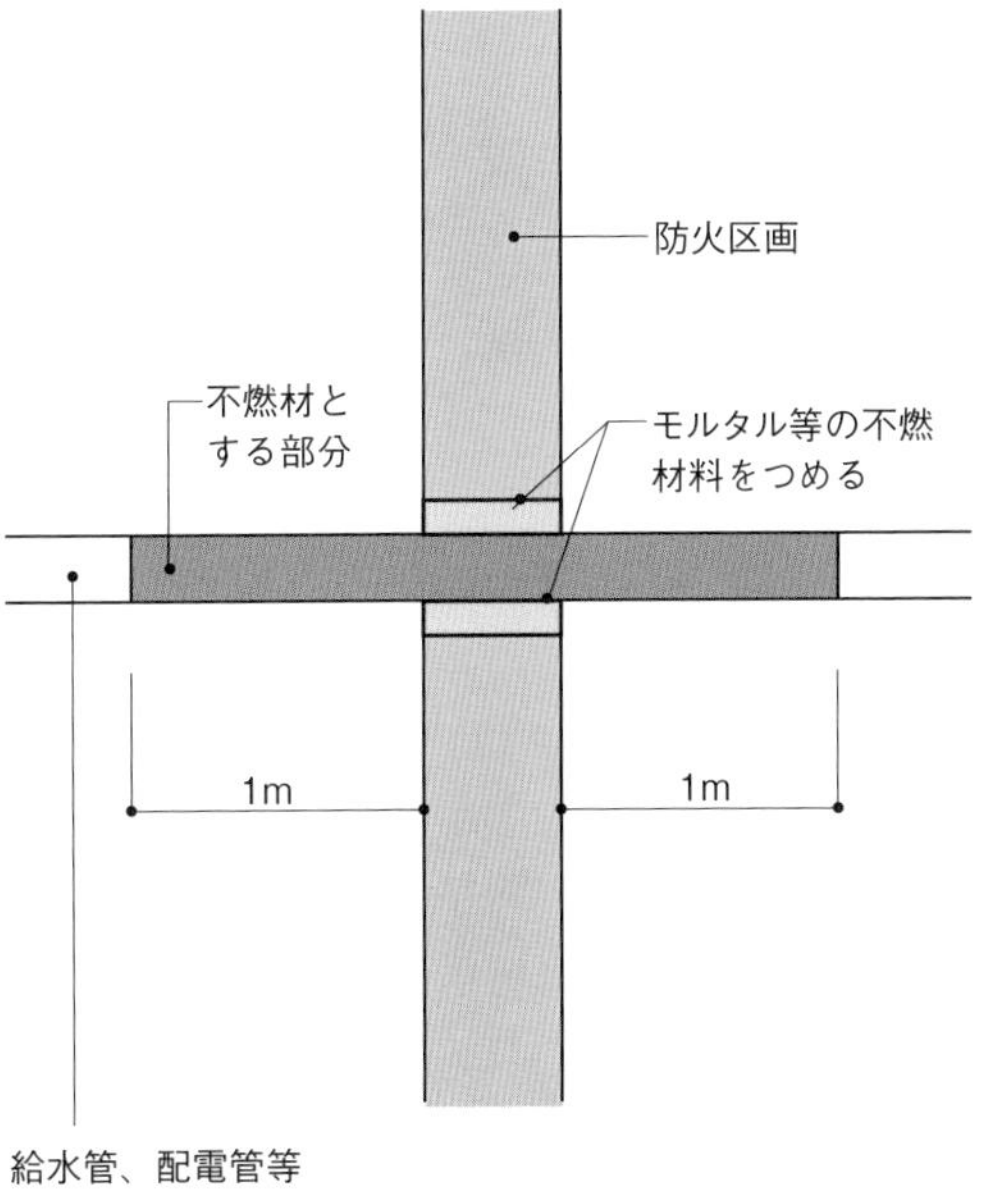

❷ダクトが防火区画を貫通する場合

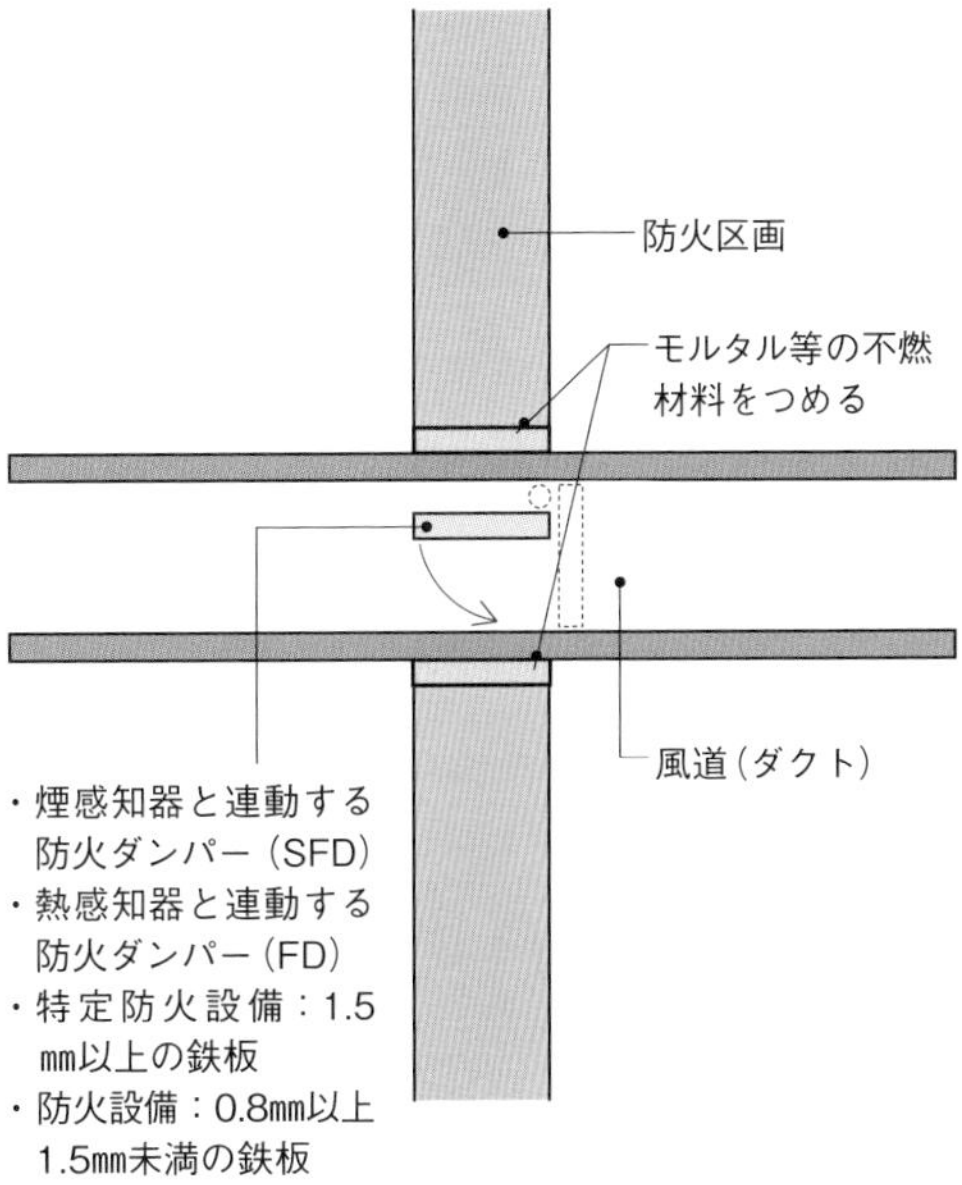

防火区画の種類 072

防火区画は、面積区画、高層区画、竪穴区画、異種用途区画の４つ

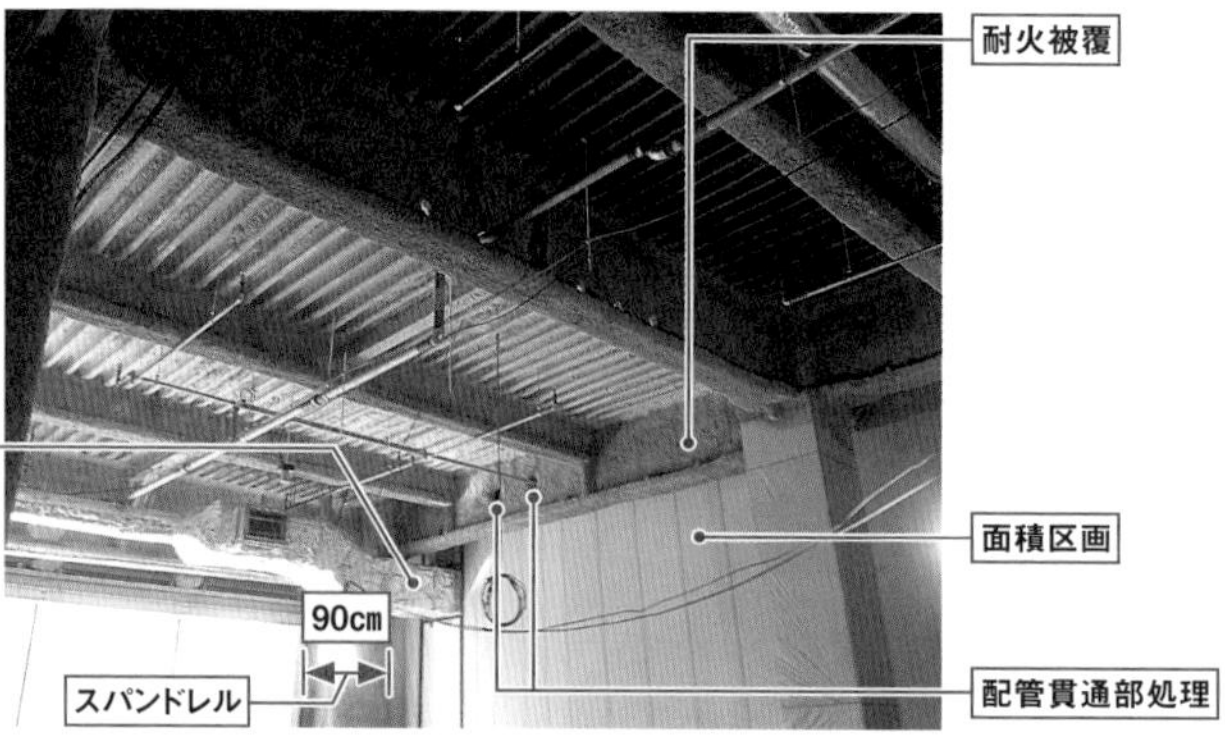

防火区画の壁や床が外壁と接する部分は、区画間の延焼を防止するため準耐火構造以上の庇、そで壁、防火設備とする（スパンドレル）

防火区画の種類

建築物の内部で火災が発生したときに、火災を一定の範囲内にとどめて拡大を防ぐために、耐火構造の床、壁、防火設備（防火戸など）を用いて行う区画を**防火区画**という。

防火区画は、「**面積区画**」「**高層区画**」「**竪穴区画**」「**異種用途区画**」の4種類に分かれる。それぞれの区画で、面積や構造、防火設備の種類が異なる。

また、防火区画だけでなく、防火区画を構成する壁や床と接する外壁の部分の仕様についても規定がある。

防火区画の床が接する外壁の部分は、準耐火構造の90cm以上の腰壁（スパンドレル）をつくるか50cm以上突き出した庇《ひさし》や床としなければならない。

壁の場合も、準耐火構造で90cm以上の外壁をつくるか、50cm以上のそで壁を突き出し、延焼を防がなければならない。その範囲に開口部を設ける場合は、防火設備とする必要がある（令112条16・17項）。

防火区画と接する外壁（令112条16・17項）

❶外壁面から50cm以上突出した準耐火構造以上の防火壁を設ける

❷外壁の部分を90cm以上の準耐火構造とする

❸スパンドレルの部分の開口部は防火設備とする

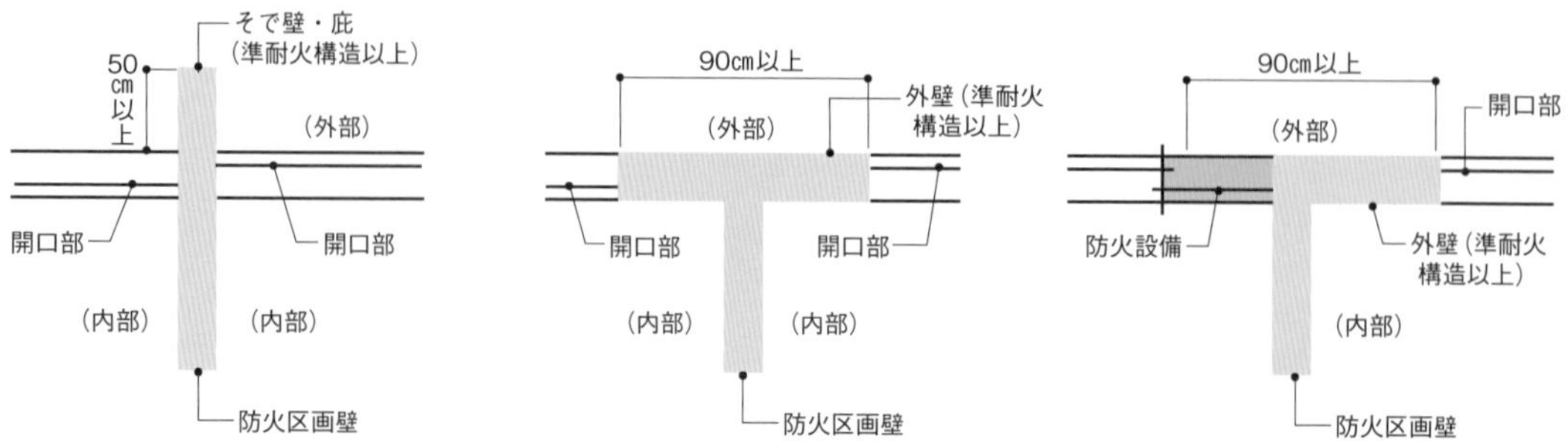

防火区画の種類（令112条）

区分	対象建築物など		区画面積・部分［※1］	区画方法 床・壁	区画方法 防火設備	適用除外・緩和		適用条項（令112条）
面積区画	主要構造部が耐火構造 延焼防止建築物		≦1,500㎡ごと	準耐火構造（1時間耐火）	特定防火設備［※2］	用途上区画できない部分（劇場・映画館・演芸場・観覧場・公会堂・集会場の客席、体育館・工場［※3］など）	階段室・昇降機の昇降路（乗降ロビーを含む）で、準耐火構造（1時間以上）の床・壁・特定防火設備で区画した部分	1項・2項
	準耐火建築物（1時間以上） 準耐火建築物（軸組不燃） 大規模木造建築物（令129条の2の3第1項1号の仕様） 避難時対策建築物（1時間以上） 火災時対策建築物（1時間以上）		≦1,000㎡ごと			体育館、ボウリング場、工場［※3］などで、天井・壁の室内に面する部分の仕上げを準不燃材料以上としたもの		5項
	準耐火建築物（45分耐火） 準耐火建築物（外壁耐火） 火災時対策建築物（45分） 準延焼防止建築物		≦500㎡ごと					4項
			防火上主要な間仕切壁	準耐火構造	—			
高層区画	11階以上の部分の内装仕上げ（下地とも）	不燃材料	≦500㎡ごと	耐火構造	特定防火設備［※2］	11階以上の階段室・昇降路（乗降ロビーを含む）の部分、廊下等・共同住宅の住戸（床面積合計≦200㎡）で、耐火構造の床・壁・特定防火設備で区画された部分		9項
		準不燃材料	≦200㎡ごと					8項
		—	≦100㎡ごと		防火設備［※4］			7項
竪穴区画	地階か3階以上の階に居室	準耐火構造以上	メゾネット住戸 吹抜け 階段 昇降機の昇降路 ダクトスペース 上記に類する部分	準耐火構造（耐火構造を含む）	防火設備［※4］（遮煙性能）	・直接外気に開放されている廊下・バルコニーなどと接続する竪穴部分（共同住宅の開放片廊下に接続する階段室など） ・竪穴区画である階段室内には公衆便所、公衆電話所の設置可 ・避難階とその直下階、または直上階の2層のみに通じる吹抜けで、壁・天井を仕上げ・下地とも不燃材料としたもの ・戸建住宅、長屋、共同住宅の住戸（階数≦3、かつ延べ面積≦200㎡） ・用途上区画できない部分（劇場・映画館などの客席部などで、壁［h>1.2m］・天井を下地とも不燃材料で仕上げたもの）		11項・14項
防火区画と接する外壁	床、庇等（突出寸法≧50㎝）			準耐火構造	—	異種用途区画、竪穴区画の防火区画部分と接する外壁［※5］		16項・17項
	そで壁（突出寸法≧50㎝）				—			
	腰壁（スパンドレル）（防火区画［床］を含んで90㎝以上） 外壁（防火区画［壁］を含んで90㎝以上）			準耐火構造	防火設備［※4］			
異種用途区画	耐火要求のある特殊建築物（法27条）		該当する用途の相互間部分を区画	準耐火構造（1時間耐火）	特定防火設備［※2］（遮煙性能）	主たる用途と従属的用途の関係で（デパートの一角の喫茶店など）、自動車車庫・倉庫などの用途以外は一定の要件を満たす場合に区画を免除されることがある（『建築物の防火避難規定の解説』 日本建築行政会議）		18項 令2国交告250号
			区画緩和	・ホテル、児童養護施設等、飲食、物販の用途 ・同一階にあること ・各室に警報設備を設置				

※1：スプリンクラー・水噴霧・泡などの自動消火設備を設置した部分の床面積は、その1／2を免除できる
※2：常時閉鎖式。随時閉鎖式の場合は、煙感知器、熱感知器に連動する
※3：昭44住指発26号により、倉庫および荷さばき施設（荷役機械を除く）が含まれる
※4：法2条9号の2ロ
※5：取合いについては特定行政庁の解釈による

面積区画・高層区画 073

耐火建築物等は 1,500㎡以内ごと、準耐火建築物等は 500㎡か 1,000㎡に区画

面積区画の場合、1時間以上の耐火・準耐火構造の壁や床で区画し、開口部は特定防火設備としなければならない

耐火・準耐火建築物の面積区画

面積区画は、大規模な耐火・準耐火建築物等における火災拡大を防ぐために、一定の面積で建物を防火区画したものである(令112条1～6項)。

耐火建築物や、法の要求によらない任意の準耐火建築物は、1千500㎡以内ごとに防火区画する。ただし、劇場や映画館、集会場の客席など、用途上区画が難しいものは免除される。

用途や準防火地域等から耐火性能を要求される場合、外壁耐火の準耐火建築物(ロ－1)や、45分準耐火建築物は、500㎡以内ごとに1時間準耐火構造の壁や床、特定防火設備[※]で防火区画し、かつ、防火上主要な間仕切壁[169頁参照]が必要となる。また、軸組不燃の準耐火建築物(ロ－2)や大規模木造建築物、および1時間準耐火建築物は、1千㎡以内ごとに1時間準耐火構造の防火区画をしなければならない。

しかし、体育館や工場その他これらに類する用途で、内装を準不燃材料以上とした準耐火建築物の場合、その区画は、1千500㎡まで緩和される。

11階以上には高層区画

高層階での火災の拡大を抑えるために、11階以上の高層部分で、防火区画が規定されている。これを**高層区画**という(令112条7～10項)である。

高層区画とするためには、100㎡以内で、耐火構造の床・壁と防火設備で面積区画しなければならない。

ただし、内装の下地・仕上げともに準不燃材料とし、特定防火設備で区画すれば、面積区画は200㎡まで緩和される。さらに内装を下地・仕上げとも不燃材料とすれば500㎡の面積での防火区画が可能となる。

面積区画の緩和

自動式のスプリンクラー設備、水噴霧消火設備、泡消火設備などを設置した場合、防火区画の面積は緩和される。設置した面積区画、高層区画部分の床面積は、2倍になる。

※：アトリウム等で一定条件を満たす大空間は、特定防火設備[159頁参照]とみなされるが竪穴区画[164頁参照]は求められる。区画を求めずに建築する場合には、全館避難安全検証[213頁参照]が必要となる

面積区画の方法の例

❶≦1,500㎡で区画する場合
主要構造部を耐火構造、または準耐火構造としたもの

❷≦500㎡で区画する場合
法の規定により主要構造部を準耐火構造(45分)、または準耐火構造(外壁耐火)とした建築物

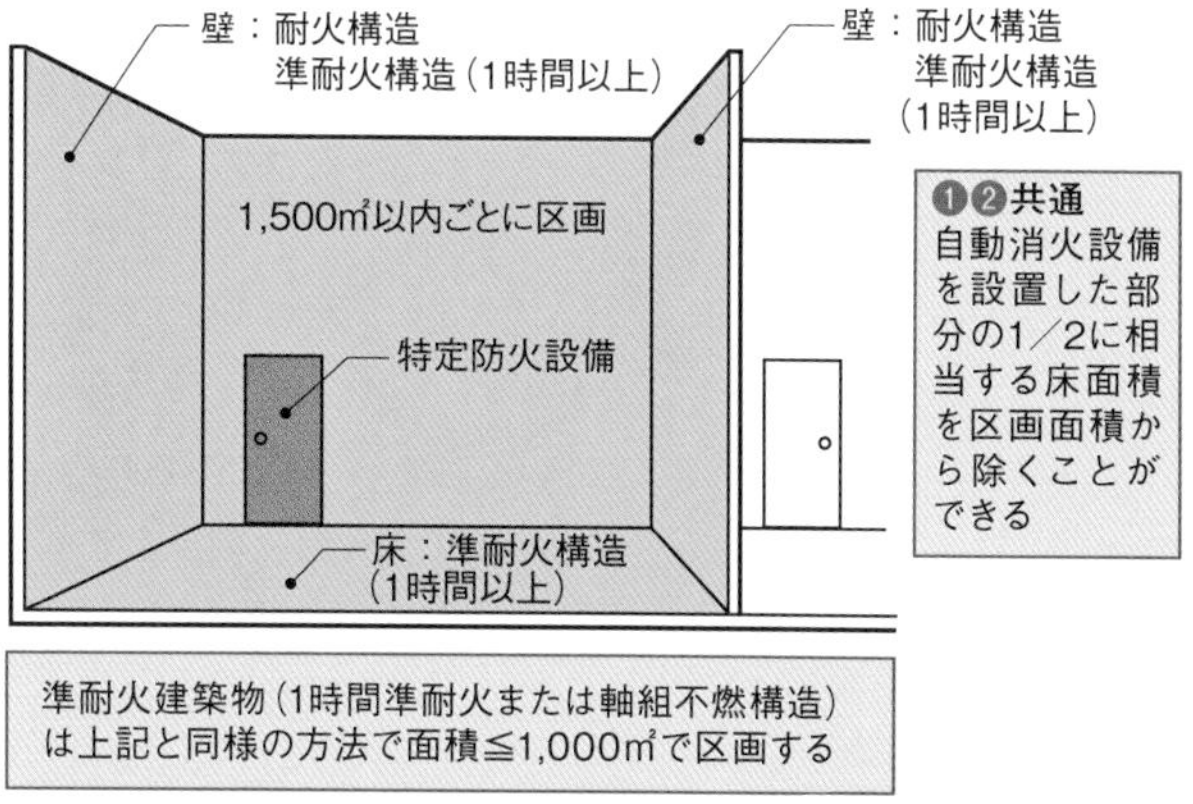

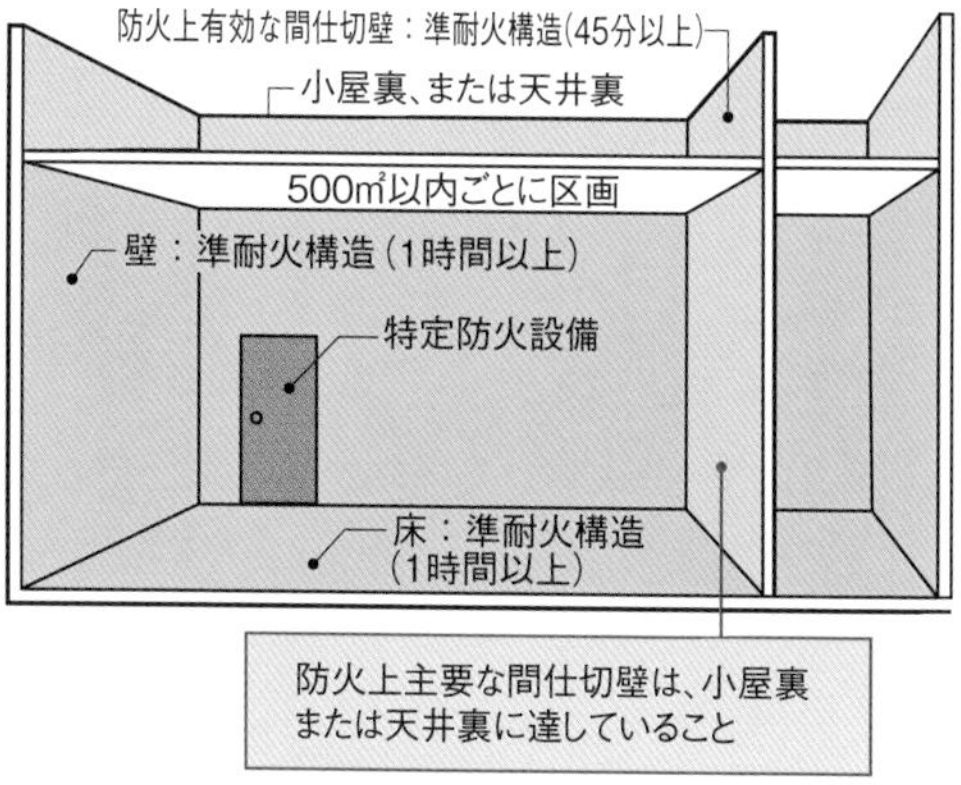

高層区画の方法の例

❶500㎡区画とできる

❷200㎡区画とできる

❸100㎡区画とする

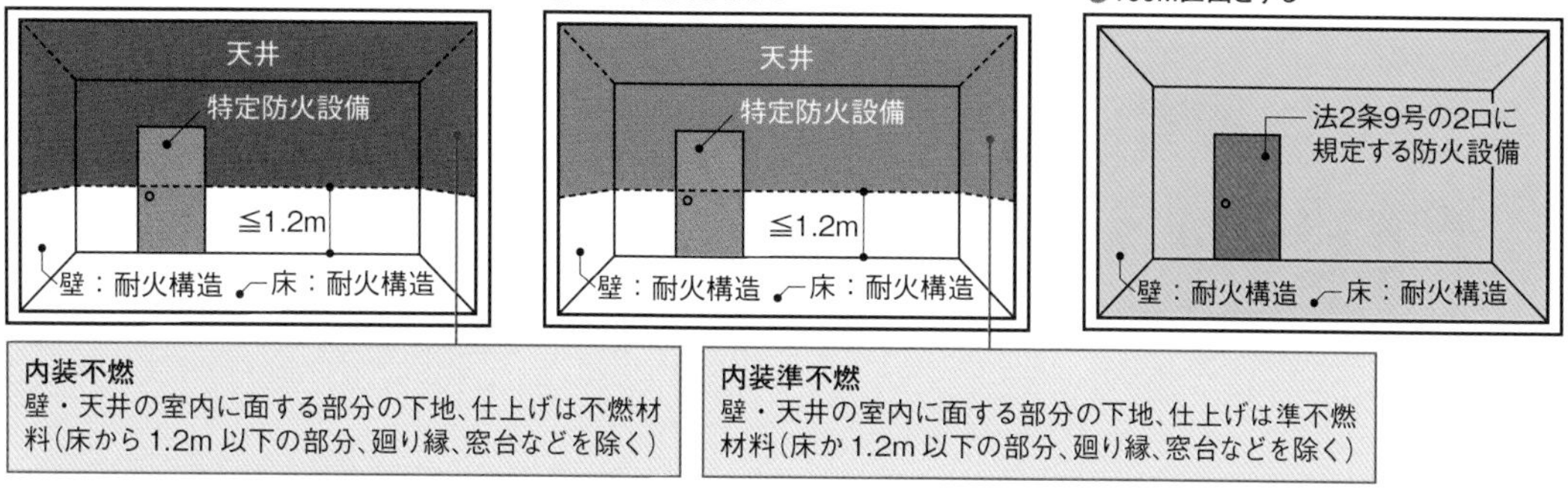

面積区画の緩和

❶一般的な面積区画

❷スプリンクラー設備、水噴霧消火設備、泡消火設備等の自動式のものを設置した場合の面積区画

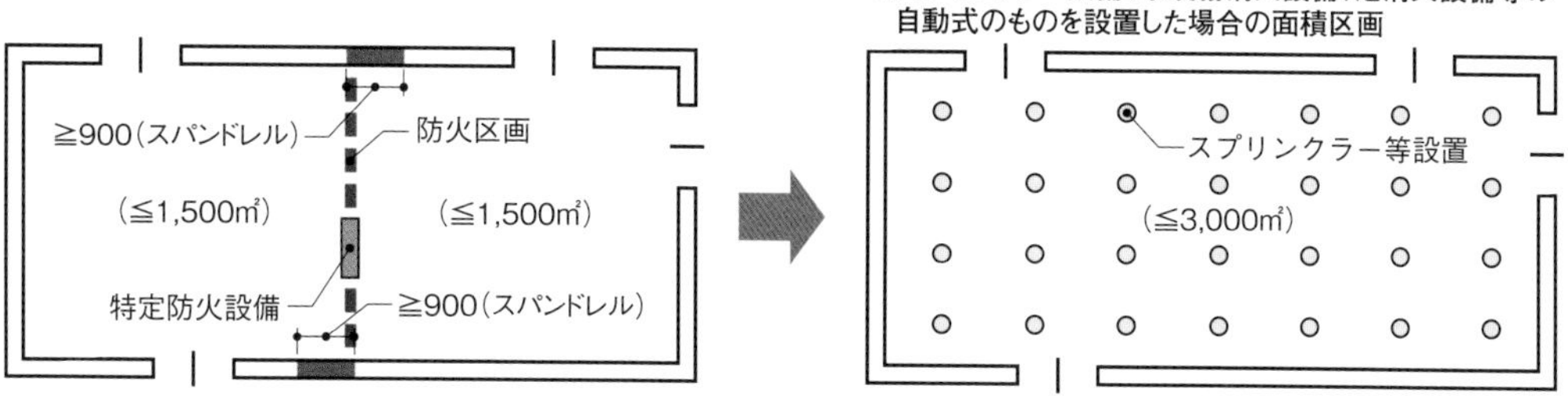

特定防火設備と同等とみなされるアトリウム(令112条3項、令2国交告522号)

❶水平方向に輻射熱の影響を及ぼさない場合

❷火災が上階の非火災区画の高さに届かない場合

❸アトリウム以外で水平方向に火災が到達しない場合

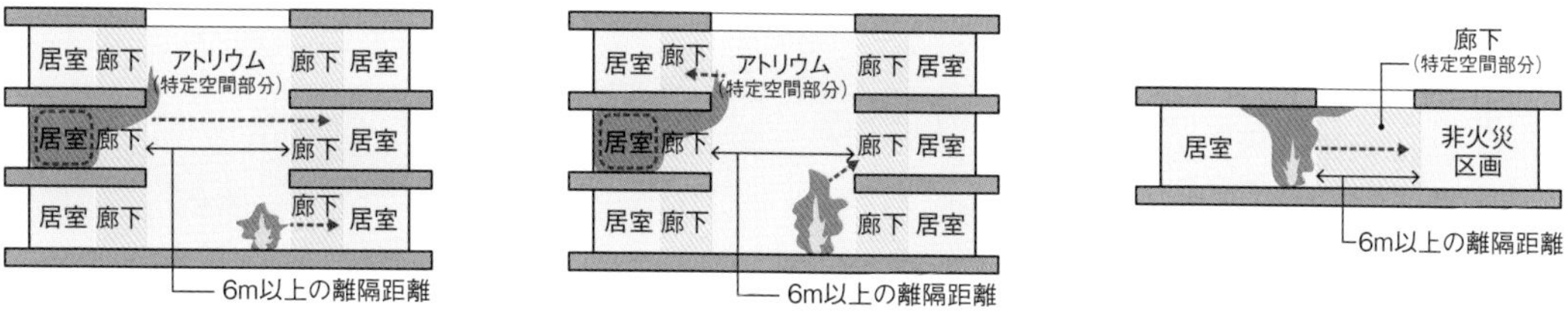

竪穴区画・異種用途区画 074

竪穴区画と異種用途区画の防火設備には、遮煙性能が必要

法別表第1に例示される特殊建築物の部分が耐火・準耐火の要求が出る場合、他の部分と異種用途区画が必要となる

竪穴区画

火災時に吹抜けや階段、エレベーターなど、縦につながる部分からの延焼を抑えるための区画を**竪穴区画**という（令112条11～15項）。

竪穴区画の対象は、主要構造部が準耐火構造以上で、地階または3階以上の階に居室のある建築物である（階数3で200㎡未満・法別表第1（い）欄（一）（三）（四）を除く）[左頁参照]。

区画する部分は、メゾネット住戸、吹抜け、階段、エレベーター、パイプシャフトなどの部分で、45分準耐火構造の床や壁、遮煙性能をもつ防火設備（20分遮炎）で区画する。ただし、主要構造部が耐火構造である場合は、耐火構造で区画する。また、竪穴区画が緩和されるのは以下の4つの場合である。

①竪穴区画内にあり、その内部からのみ出入りする公衆電話所・便所等
②劇場や映画館など、用途上区画することが難しい部分。内装は下地・仕上げとも準不燃材料
③避難階から直上階か直下階にのみに通じる吹抜け部分。内装は下地・仕上げとも不燃材料
④階数3以下で延べ面積200㎡以内の戸建住宅、共同住宅の住戸など

異種用途区画

建築物に法別表第1(い)覧に例示される特殊建築物の用途部分があり、耐火等の要求が出る規模の場合、防火上の当該部分と他の部分と区画する。これが**異種用途区画**である（令112条18項）。

耐火等の要求がでる規模や階は、154頁の表の通りである（法27条）。例えば、準耐火要求がでる150㎡以上の車庫とその他の部分や、3階が200㎡以上の倉庫で、耐火要求が出る倉庫の部分とその他の部分は1時間準耐火構造以上の床、壁、および遮煙性能のある特定防火設備で異種用途区画することになる。ただし、ホテルや飲食・物販店などの用途では同一階の場合、自動火災報知機を付けることで緩和される（令2国交告250号）。

竪穴区画（令112条11～15項）

主要構造部が準耐火構造で、地階、または3階以上に居室のある建築物が対象
※ロ−1・ロ−2の準耐火建築物は、準耐火構造でないことから対象外

避難階からその直上階、または直下階のみに通じる吹抜け、階段の部分で、壁・天井の室内に面する部分の仕上げ、下地が不燃材料であるものについては、竪穴区画が免除される

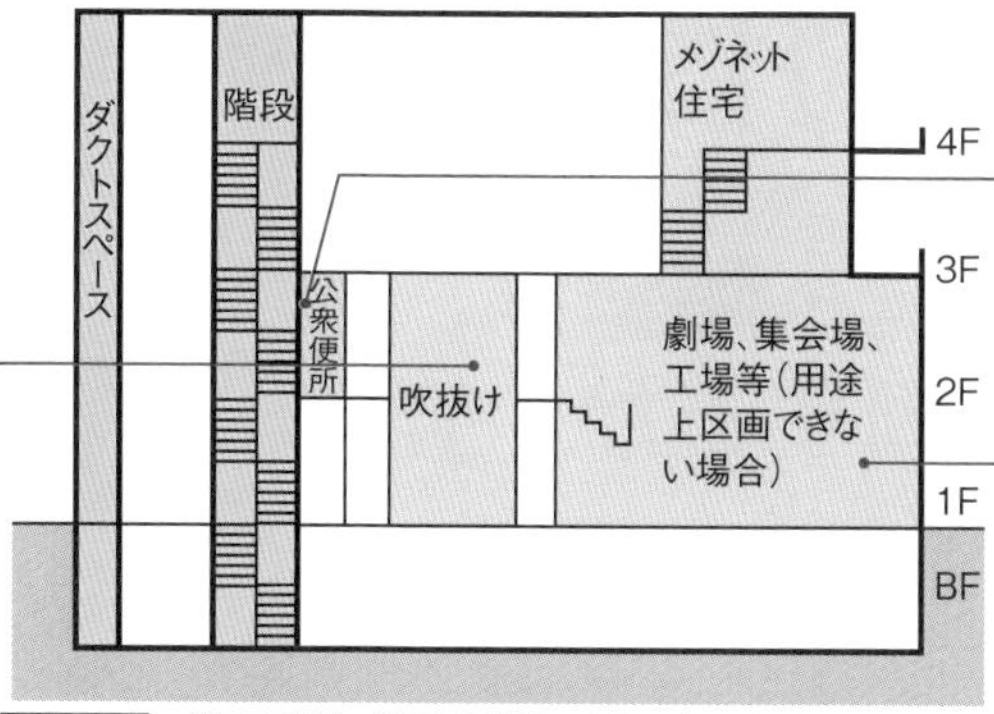

：竪穴区画：準耐火構造の壁・床、または法2条9号の2ロに規定する防火設備で区画する部分
：竪穴区画免除部分

竪穴区画内からのみ出入りできる公衆便所・公衆電話所などは、竪穴区画部と区画をする必要がない

劇場などの建築物の部分で用途上やむを得ない場合は、室内に面する壁（床面からの高さが1.2m以下の部分を除く）、および天井の仕上げ、下地ともに準不燃材料でつくった部分は、竪穴区画を免除される

階数3、延べ面積＜200㎡の小規模建築物の竪穴区画（令112条12・13項）

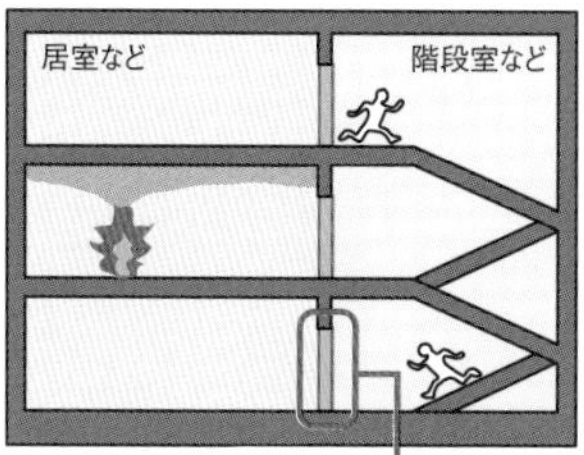

間仕切壁または防火設備・戸で区画する

項	3階の用途（法別表第1（い）欄（2）項）	求められる区画		
		間仕切壁	防火設備または戸（遮煙性能）	
			①スプリンクラー設備等を設けた建築物	②左記①以外の建築物
12項	病院、診療所（患者の収容施設があるものに限る）、児童福祉施設等（入所する者の寝室があるものに限る）	設置	防火設備（10分間遮炎性能の設置）	防火設備（20分間遮炎性能の設置）
13項	児童福祉施設等（上記以外の通所用途のもの）	設置	戸の設置（障子、ふすま以外）	
	ホテル、旅館、下宿、共同住宅、寄宿舎	設置	戸の設置（障子、ふすま以外）	

戸建住宅などでの竪穴区画免除（令112条11項2号）

❶戸建住宅

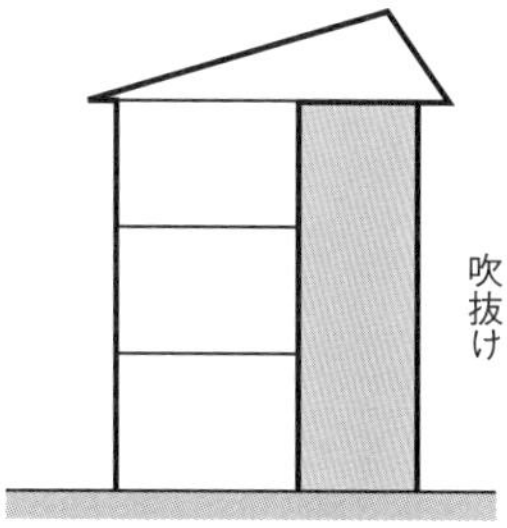

階数≦3　かつ
延べ面積≦200㎡

❷共同住宅のメゾネット住戸

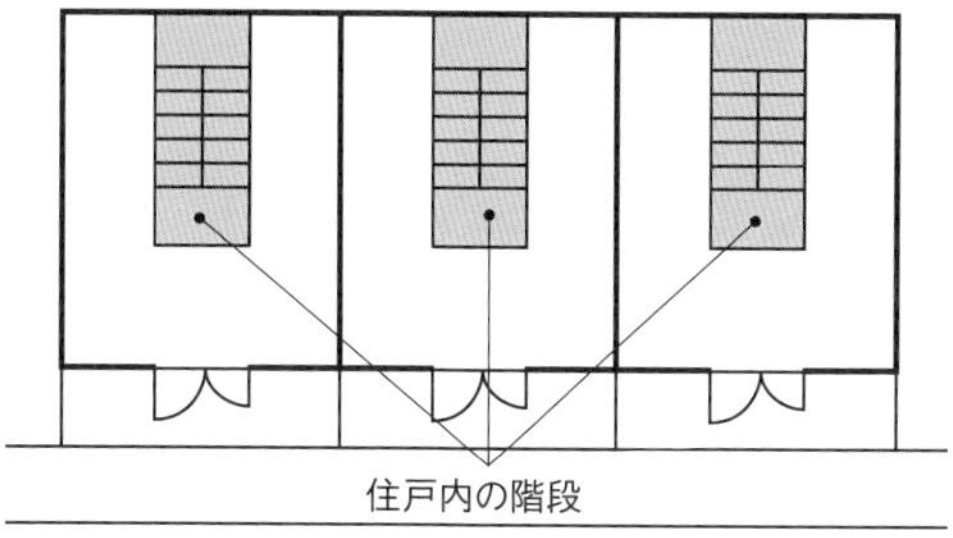

階数≦3　かつ
各住戸の床面積の合計≦200㎡

階数≦3、かつ延べ面積≦200㎡の戸建住宅、または階数≦3、かつ各住戸の床面積の合計≦200㎡の長屋、共同住宅の住戸の吹抜け、階段、昇降機の昇降路などは、竪穴区画を免除される

異種用途区画（令112条18項）

劇場、映画館、演芸場の場合、主階は1階にあり、3階以上にその用途はないが、客席の床面積の合計が200㎡以上の場合は、耐火性能が要求されその他の部分と異種用途区画をする必要がある

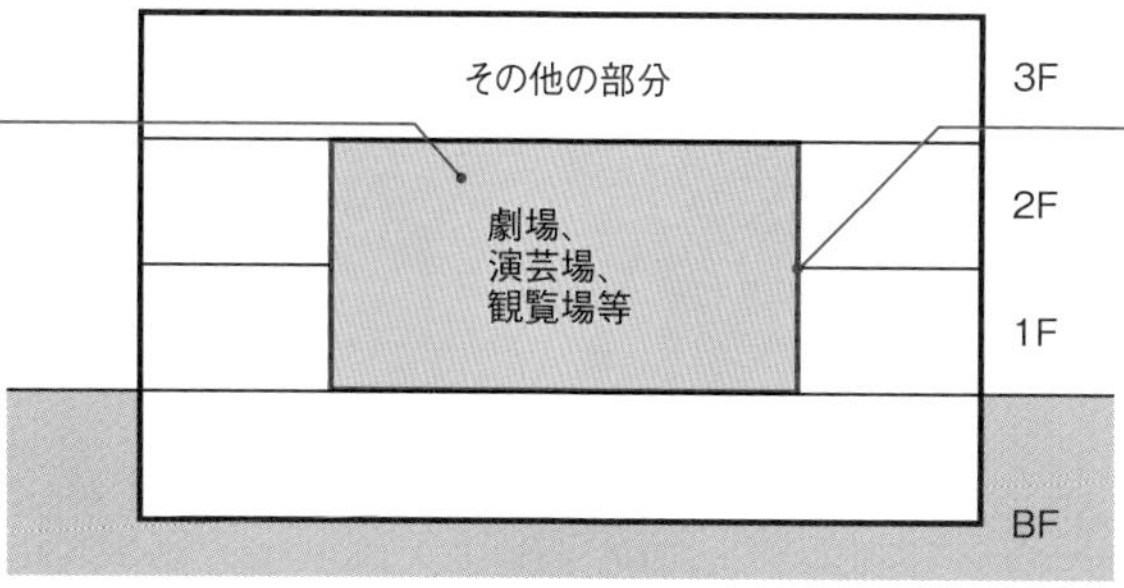

異種用途区画
1時間耐火構造
＋特定防火設備
（遮煙性能
令112条19項）

異種用途区画が必要となる場合としては、以下のものがある耐火要求のある特殊建築物（法27条）とほかの部分

界壁・間仕切壁・隔壁 075

界壁・間仕切壁・隔壁は、準耐火構造の壁で小屋裏まで区画するか、強化天井とする

防火上主要な間仕切壁は、火気使用室とほかの部分、教室、病室、就寝室、店舗相互間と避難経路を区画する壁が基本

延焼を防ぐ内壁の規定

共同住宅や長屋の住戸間に設ける「**界壁**」や、学校、病院、寄宿舎などに設ける「**防火上主要な間仕切壁**」、小屋組が木造の建築物や渡り廊下の小屋裏に設ける「**隔壁**」には、火災の延焼を防ぐための構造の規定である。

(1)界壁

長屋・共同住宅の各住戸を区画する間仕切壁を界壁という。界壁は、耐火建築物ならば耐火構造、準耐火建築物等は準耐火構造とし、小屋裏か強化天井まで達するようにする。界壁は遮音性能も必要となる[※1]。

(2)防火上主要な間仕切壁

学校・病院・診療所・児童福祉施設等・ホテル・旅館・寄宿舎・マーケット等の建築物において、小屋裏延焼防止と、避難上の安全性を確保するのが防火上主要な間仕切壁である。学校では教室間および、教室と廊下等の避難経路も区画する。病院、児童福祉施設等、ホテル、下宿、寄宿舎等では、病室、就寝室等を3室かつ100㎡以下に区画し、それらと避難経路とも区画する。また、マーケットの店舗間や火気使用室の部分も区画の対象となる。強化せっこうボード2枚張りでその厚さの合計が36㎜以上の天井（強化天井）のある階や自動スプリンクラー設備等の設置部分には緩和が適用される。

小規模な建築物や部分では防火上主要な間仕切壁を一定の条件で免除できる。100㎡以内の準耐火構造の区画、住宅用火災報知器の居室等への設置、50㎝幅の避難経路が条件となる。既存戸建住宅などを寄宿舎やグループホームなどに改修する際などに使われる。

(3)隔壁

隔壁とは、木造小屋組み部分の区画である。建築面積が300㎡を超える大規模木造建築物の小屋組は、桁行間隔12m以内ごとに小屋裏に準耐火構造の隔壁を設けなければならないが、建築物が耐火構造であったり、強化天井張り部分や自動消火設備設置部分などの小屋裏隔壁は免除される。

※1：遮音性能に適合する天井（石膏ボード㋐9.5㎜+100㎜のグラスウール等）とすることで、小屋裏の界壁が不要になる（昭45建告1827号）

界壁・間仕切壁・隔壁（令112条3項、令114条）

<table>
<tr><th colspan="2">適用建築物・部分</th><th>対象部分</th><th>構造</th><th>緩和条件・適用条項</th></tr>
<tr><td>界壁</td><td>長屋・共同住宅</td><td>各住戸間の壁</td><td rowspan="6">主要構造部の耐火時間による（耐火構造の場合は耐火壁、1時間準耐火構造の場合は1時間準耐火壁、45分耐火構造の場合は45分準耐火壁）</td><td>小屋裏・天井裏および壁（遮音性能[※2] が必要）／令114条1項</td></tr>
<tr><td rowspan="3">防火上主要な間仕切壁</td><td>学校</td><td>教室等相互を区画する壁、および教室等と避難経路（廊下、階段等）を区画する壁、および火気使用室を区画する壁</td><td rowspan="3">小屋裏・天井および壁／令114条2項</td></tr>
<tr><td>病院・診療所（有床）・児童福祉施設等・ホテル・旅館・下宿・寄宿舎（グループホーム、貸しルームを含む）</td><td>就寝に利用する室等の相互間の壁で3室以下、かつ100㎡以下（1室が100㎡超は可）に区画する壁、および避難経路を区画する壁、および火気使用室を区画する壁</td></tr>
<tr><td>マーケット（連続式店舗）</td><td>店舗相互間の壁のうち重要なもの、および火気使用室とその他の部分を区画する壁</td></tr>
<tr><td rowspan="2">小屋裏隔壁</td><td>建築面積＞300㎡、かつ小屋組が木造の建築物</td><td>木造の小屋組</td><td>小屋組の桁行間隔≦12mごとに設ける
令114条3項</td></tr>
<tr><td>それぞれの延べ面積＞200㎡の建築物（耐火建築物以外）をつなぐ渡り廊下（小屋組が木造）</td><td>渡り廊下の木造小屋組</td><td>小屋組の桁行間隔＞4mの場合に設ける
令114条4項</td></tr>
<tr><td colspan="2">給水管・配電管</td><td rowspan="2">貫通部</td><td>45分遮炎性能</td><td>令114条5項</td></tr>
<tr><td colspan="2">ダクト</td><td>特定防火設備</td><td>令129条の2の5第7項</td></tr>
</table>

※2：音の振動数125～2,000Hzに対して、透過損失25～50dB

界壁・防火上主要な間仕切壁・隔壁の緩和要件（平28国交告694号、昭45建告1827号）

<table>
<tr><th>適用部分</th><th colspan="3">対象部分</th></tr>
<tr><td>小屋裏隔壁</td><td colspan="3">下記のいずれかに該当する建築物
①主要構造部が耐火構造であるか、または耐火性能に関する技術的基準に適合するもの
②各室、および各通路の壁（＞床から1.2m）・天井（屋根）の内装を難燃材料としたもの
③自動消火設備、および排煙設備を設けたもの
④畜舎等で避難上・延焼防止上支障ない物として、平6建告1882号に適合するもの
⑤準耐火構造の隔壁で区画されている小屋裏の部分で直下の天井が強化天井である場合（令114条3項）</td></tr>
<tr><td rowspan="3">・界壁
・防火上主要な間仕切壁</td><td>・200㎡以内で防火区画
・スプリンクラー設備を設置</td><td>界壁の場合

＋遮音性能
（石膏ボード9.5㎜
＋グラスウール100㎜
（かさ比重0.016以上）
またはロックウール
（かさ比重0.03以上））</td><td></td></tr>
<tr><td>・全体が強化天井である場合（令114条2項）</td><td></td><td></td></tr>
<tr><td colspan="2">下記①～③に適合する小規模建築物等（平26国交告860号）
①「居室の床面積の合計を100㎡以内ごとに準耐火構造の壁・防火設備で区画」または居室の床面積の合計が100㎡以内の階
②各居室に煙感知式の住宅用防災機器または自動火災報知設備を設置
③「居室に屋外への出口等［※3］がある」または「居室に屋外への出口等［※3］まで8m（内装不燃化の場合は16m）で行ける間仕切り等で区画された通路への出口がある」</td><td>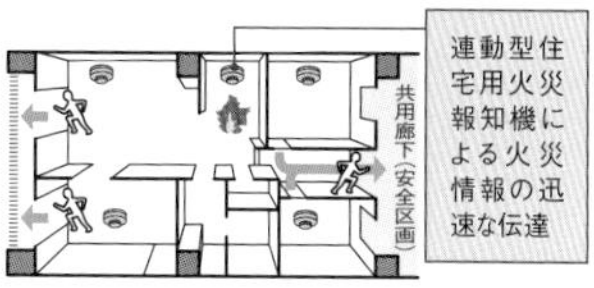</td></tr>
</table>

※3：屋外への出口等とは、次のいずれかを満たす出口。①道路に面している②道路や空地に通ずる幅員50㎝以上の通路に面する③準耐火構造の壁や両面20分の防火設備で区画された部分に避難できる

共同住宅の界壁（令114条1項）

❶平面

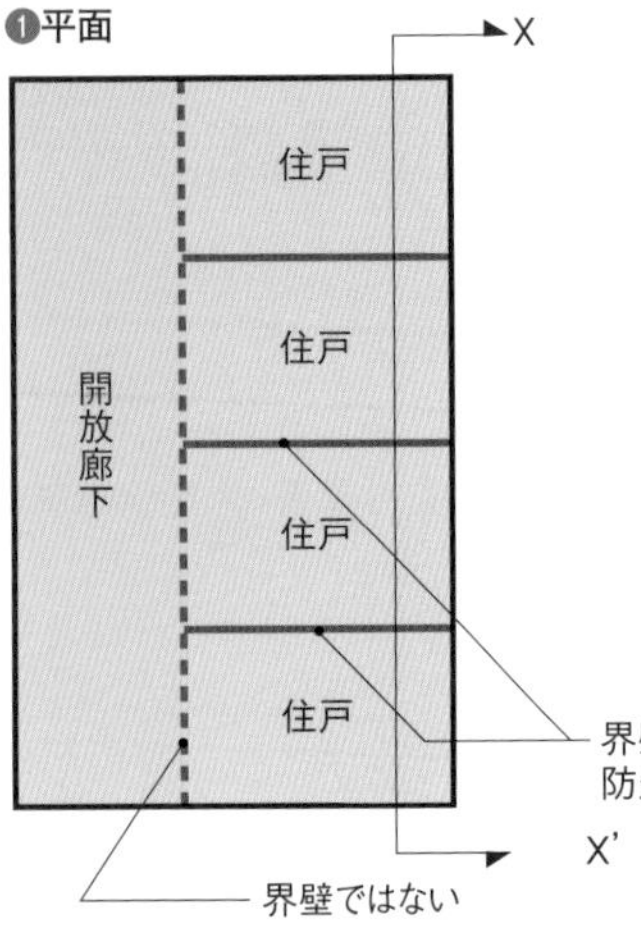

❷X–X'断面

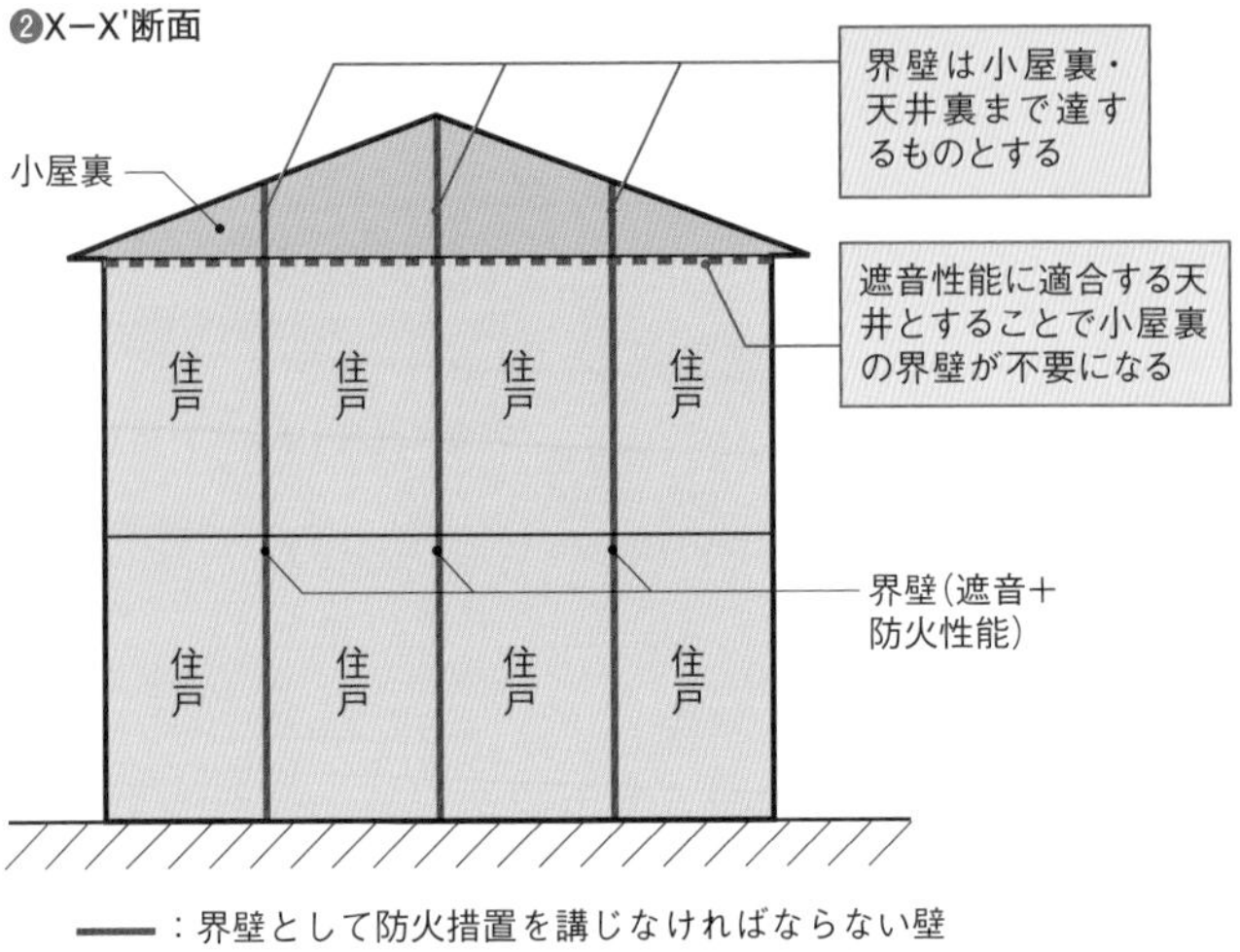

防火上主要な間仕切壁の例

❶学校の場合

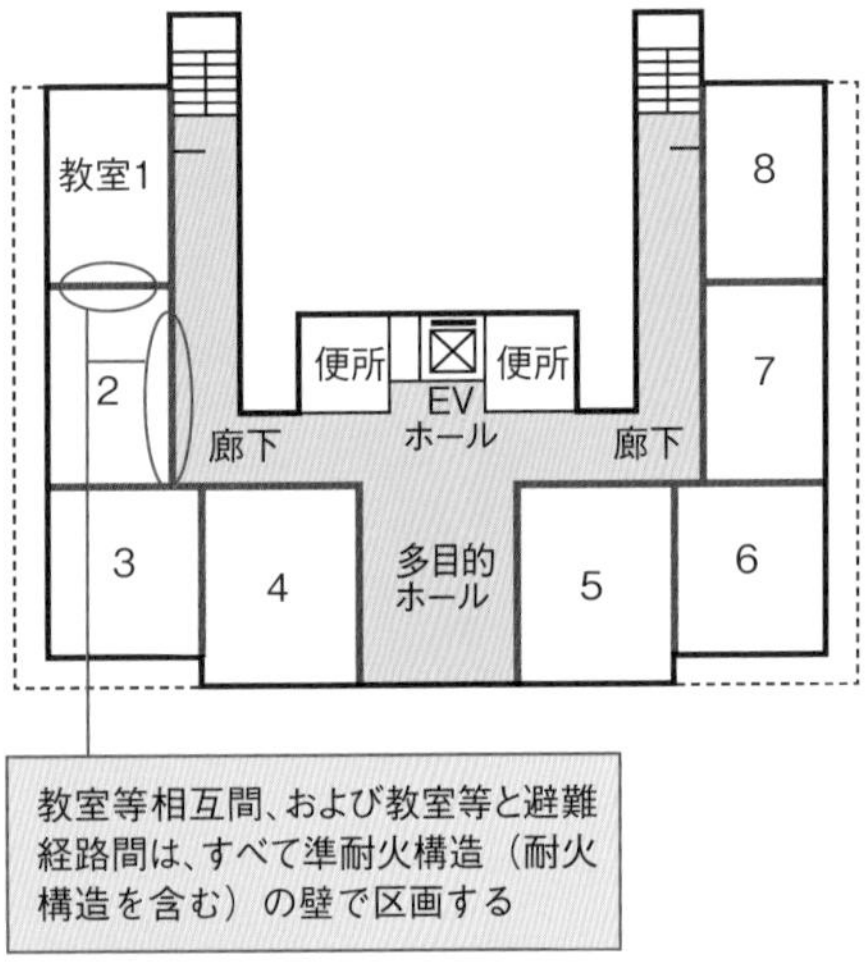

❷病院の場合

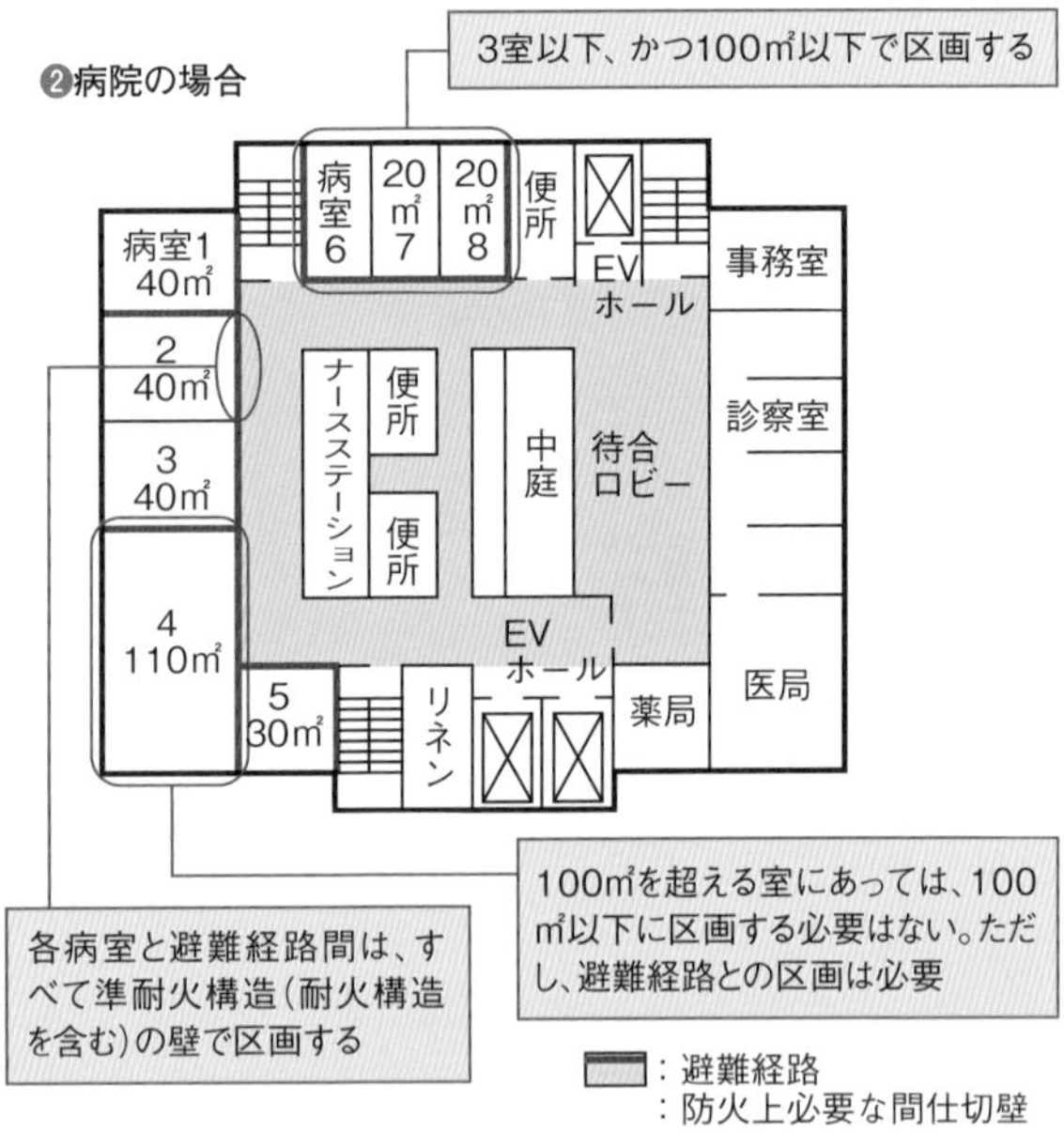

隔壁の例

❶建築面積＞300㎡の木造建築物の
小屋裏隔壁（令114条3項）
（小屋裏木造の場合）

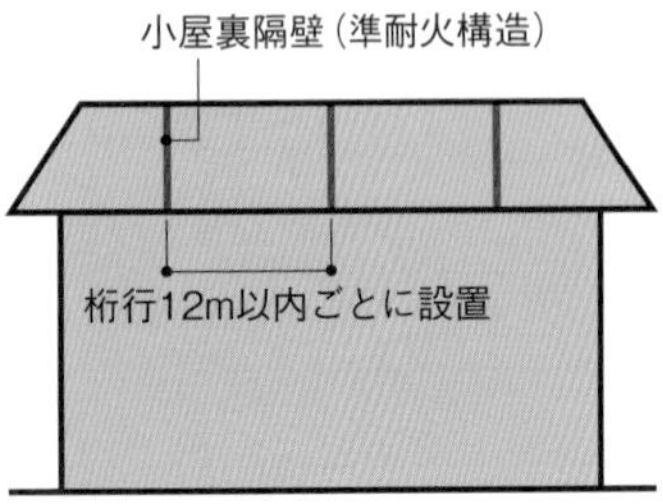

❷渡り廊下の小屋裏隔壁（令114条4項）
（小屋裏木造の場合）

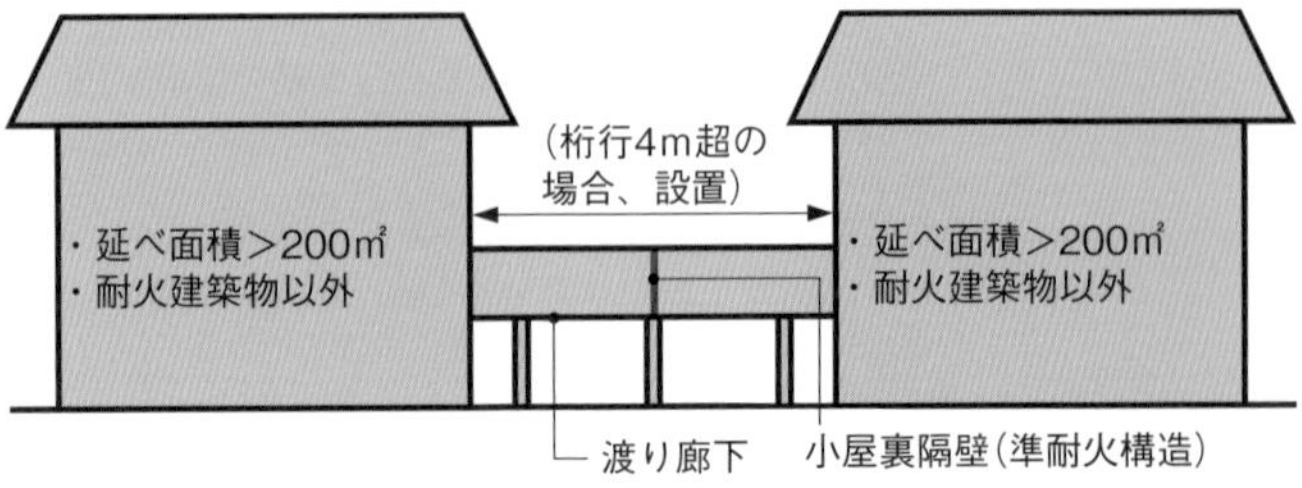

界壁の遮音

076

共同住宅と長屋の界壁には、防火性能＋遮音性能が必要

共同住宅や長屋の住戸間の界壁部分には、床スラブから屋根面までの遮音性能と防火性能が求められる

界壁の遮音性能の例（法30条、令22条の3、昭45建告1827号）

適用基準		制限内容			適用条項
住戸の界壁（共同住宅・長屋）		遮音上有効な構造とし、小屋裏または天井裏まで達せしめる			法30条、令22条の3
界壁の遮音構造		構造	厚さ（cm）	仕上げの仕様（cm）	適用条項
下地等を有しない構造	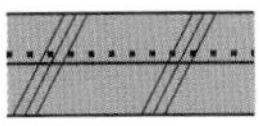	鉄筋コンクリート造 鉄骨鉄筋コンクリート造 鉄骨コンクリート造	≧10	―	昭45建告1827号
下地等を有しない構造	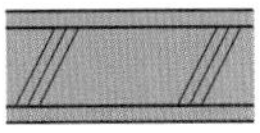	無筋コンクリート造 れんが造・石造 コンクリートブロック造	肉厚＋ 仕上げ≧10	―	
下地等を有しない構造	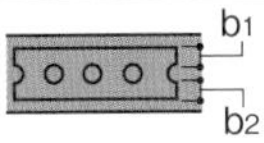	軽量コンクリートブロック	b_1+b_2 ≧5	両面にモルタル≧1.5　または プラスター≧1.5　または しっくい塗り≧1.5	
下地等を有する構造	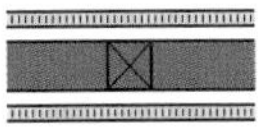	堅固な構造の下地等	下地＋ 仕上げ≧13 の大壁	両面鉄網モルタル塗り≧2.0 または 両面木ずりしっくい塗り≧2.0	
下地等を有する構造	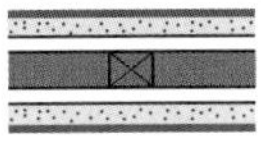	堅固な構造の下地等	下地＋ 仕上げ≧13 の大壁	両面モルタル塗りの上に タイル張り≧2.5	
下地等を有する構造	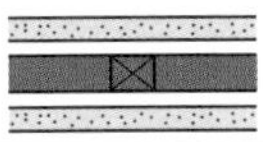	堅固な構造の下地等	下地＋ 仕上げ≧13 の大壁	両面木毛セメント板張り　または 石膏ボード張りの上に 両面モルタルまたはしっくい塗り≧1.5	
下地等を有する構造	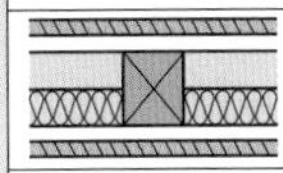	内部に次の材料を張る 厚さ≧2.5cmのグラスウール （かさ比重≧0.02） または 厚さ≧2.5cmのロックウール （かさ比重≧0.04）	厚さ≧10 （仕上げ材の厚さは含まない）	石膏ボード≧1.2または岩綿保温板≧2.5または木毛セメント板≧1.8の上に、亜鉛めっき鋼板≧0.09を張る	
下地等を有する構造	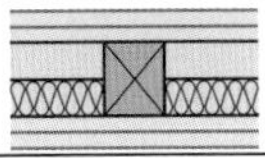			石膏ボード（厚さ≧1.2）2枚張り	

注：このほかには次のものがある（厚さと仕上げの単位はcm）
【下地を有しない構造】①土蔵造：厚さ≧15　②気泡コンクリート：厚さ≧10で、両面モルタルまたはプラスターまたは漆喰塗り仕上げ≧1.5　③木片セメント板（かさ比重≧0.6）≧8で、両面モルタルまたはプラスターまたは漆喰塗り仕上げ≧1.5　④鉄筋コンクリート製パネル（重さ≧110kg／㎡）≧4で、木製パネル仕上げ≧5kg／㎡　⑤土塗真壁造（4周に空隙のないもの）≧7
【下地を有する構造】堅固な構造の下地等（下地＋仕上げ≧13の大壁）で、両面セメント板張りまたは瓦張りの上にモルタル塗り≧2.5

内装制限

077

床上1.2m以下の腰壁部分が、内装制限を受けないのは、居室部分で、廊下は対象外

内装が制限される部分は、居室の天井と壁の上部、廊下や階段等の避難経路の天井と壁で、床は含まれない

壁・天井仕上げ材料の制限

初期の火災拡大の防止と避難の安全性確保の目的で、居室と避難経路の天井(天井がない場合は屋根)、壁の仕上げ材料に**内装制限**がある。ただし、通常の扉や家具は対象とならない。対象は、特殊建築物、階数3以上の建築物、延べ面積1千㎡超の建築物、無窓の居室(令128条の3の2)、火気使用室である。

学校等の内装制限を受けない用途であっても、排煙上の無窓居室がある場合、その居室と避難経路部分は内装制限を受けることになる。

対象部分では、壁と天井を防火材料(不燃材・準不燃材・難燃材料)で仕上げなければならない(法35条の2)。

免除される部分は、居室内の1.2m以下の腰壁部分や床、廻り縁や窓台である。このほか、自動式のスプリンクラーや水噴霧消火設備、泡消火設備などと、排煙設備(令126条の3)を併せて設ける場合も、内装制限は免除される(令128条の7)。

戸建住宅の火気使用室における内装制限の緩和(平21国交告225号)

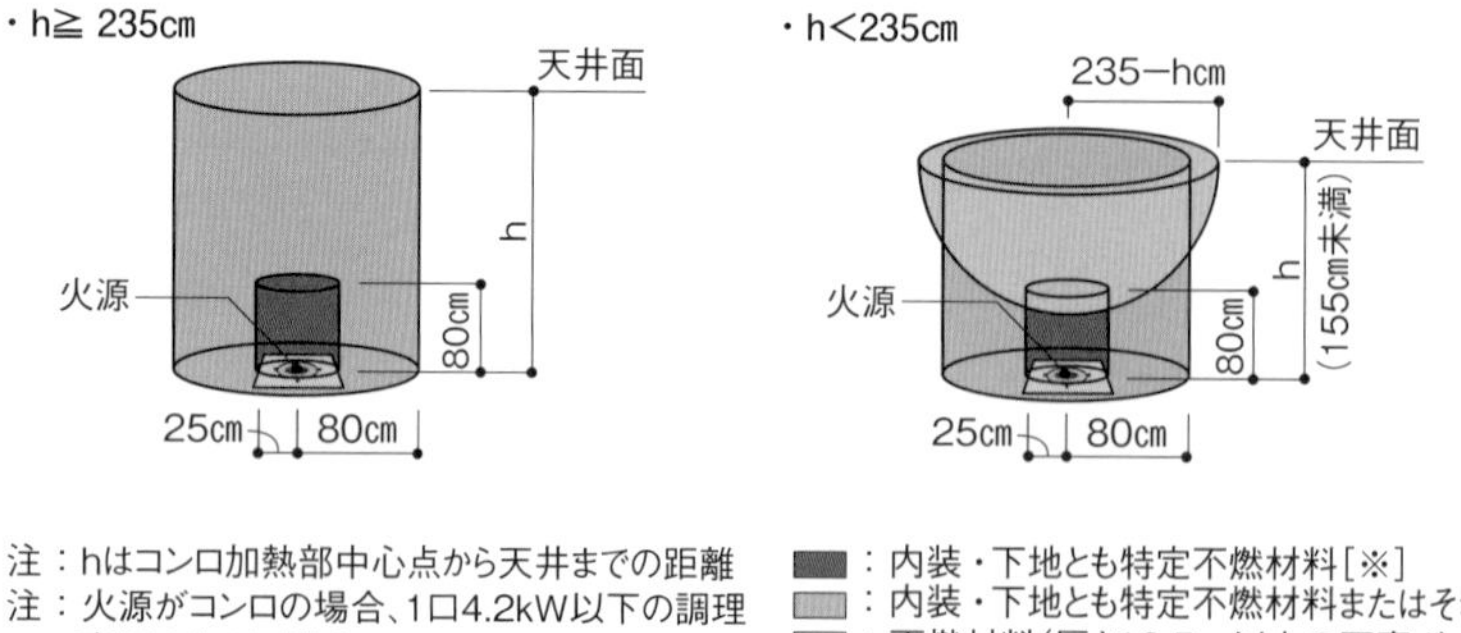

防火材料とは？

防火材料とは、不燃性能(燃焼しない・防火上有害な変形や損傷を生じない・有害な煙やガスを発生しない)をもつ建築材料のこと。不燃性能が有効に持続する時間によって3つに分類される。

- 不燃材料――加熱開始後20分有効
- 準不燃材料――加熱開始後10分有効
- 難燃材料――加熱開始後5分有効

注：hはコンロ加熱部中心点から天井までの距離
注：火源がコンロの場合、1口4.2kW以下の調理専用のものに限る

■：内装・下地とも特定不燃材料[※]
■：内装・下地とも特定不燃材料またはそれに準ずる
■：不燃材料(厚さ12.5㎜以上の石膏ボードなど)

※：平12建告1400号で定められた不燃材料の1部で、アルミ、ガラスを除く、コンクリート、鉄、12㎜以上の強化石膏ボードなどの材料

内装制限（令128条の5）

No.	用途・室		対象建築物の構造・規模 耐火建築物（イ）	準耐火建築物	その他	内装制限個所（壁および天井） 居室等（用途に供する部分）	廊下、階段など［※1］	適用条項
❶	特殊建築物	劇場、映画館、演芸場、観覧場、公会堂、集会場	客室の床面積合計≧400㎡	客席の床面積合計≧100㎡	客席の床面積合計≧100㎡	難燃材料［※5、※10］ （3階以上に居室がある場合 天井：準不燃材料）	準不燃材料	1項
❷		病院、診療所（患者の収容施設のあるもの）、ホテル、旅館、下宿［※2］、共同住宅［※2］、寄宿舎［※2］、児童福祉施設等［※3］	3階以上の床面積合計≧300㎡［※4］	2階部分の床面積合計≧300㎡［※4］	床面積の合計≧200㎡			
❸		百貨店、マーケット、展示場、キャバレー、カフェー、ナイトクラブ、バー、ダンスホール、遊技場、公衆浴場、待合、料理店、飲食店、物販店（物品加工修理業を含む）［床面積＞10㎡］	3階以上の床面積合計≧1,000㎡	2階部分の床面積合計≧500㎡	床面積の合計≧200㎡			
❹		自動車車庫、自動車修理工場	すべて			準不燃材料	準不燃材料	2項
❺		地階、または地下工作物内の居室等で❶〜❸の用途に供するもの	すべて					3項
❻	大規模建築物 (1)〜(3)を除く (1)学校等（スポーツ施設を含む） (2)100㎡以内ごとに防火区画され、特殊建築物（法別表第1(い)欄）の用途でない、高さ31m以下の居室 (3)❷の用途の高さ31m以下		階数≧3で、延べ面積＞500㎡ 階数＝2で、延べ面積＞1,000㎡ 階数＝1で、延べ面積＞3,000㎡			難燃材料［※5、※10］ ［適用除外※6］	準不燃材料	4項
❼	すべての建築物	排煙上の無窓居室［※7］	床面積＞50㎡ （天井高＞6mを除く）			準不燃材料	準不燃材料	5項
❽		採光上の無窓居室、法28条1項ただし書の温湿度調整作業室	すべて （天井高＞6mを除く）					
❾	火気使用室［※9］	住宅、兼用住宅［※8］ （階数≧2の最上階以外）	—	階数≧2の建築物の最上階以外の階		準不燃材料	—	6項
❿		住宅以外の建築［※8］		すべて				
⓫	（内装制限適用除外）用途：劇場、映画館、病院、児童福祉施設、自動車車庫等 ・間仕切＋防火設備で床面積100㎡以内に区画した天井高3m以上の居室 ・避難階または直上階で警報器を設置した延べ面積500㎡以下＋スプリンクラー設備 ・スプリンクラー設備＋天井準不燃 ・スプリンクラー設備＋排煙設備							7項 令2国交告251号

注：地下街の場合、地下道は、下地とも不燃材料としなければならないなどの規定がある（令128条の3）
（イ）1時間準耐火基準含

※1：居室（用途に供する部分）から地上に通じる主たる廊下、階段などの通路
※2：準耐火建築物（1時間準耐火構造）の場合は、耐火建築物の部分とみなす（令128条の4第1項1号表）
※3：児童福祉施設、助産所、身体障害者社会参加支援施設（補装具製作施設および視聴覚障害者情報提供施設を除く）、保護施設（医療保護施設を除く）、婦人保護施設、老人福祉施設、有料老人ホーム、母子保健施設、障害者支援施設、地域活動支援センター、福祉ホーム、障害者福祉サービス事業（生活介護、自立訓練、就労移行支援、就労継続支援を行う事業に限る）（令19条）
※4：床面積合計100㎡（共同住宅は200㎡）以内ごとに準耐火構造の床・壁、または防火設備で区画されたものを除く（令129条1項本文）
※5：居室の壁で、床から1.2m以下は制限なし
※6：床面積の合計100㎡以内ごとに準耐火構造の床・壁、または防火設備（遮煙、常閉、随閉［煙感］）で区画された、法別表第1（い）欄の用途でない部分の居室で、耐火建築物、または準耐火建築物（イ準耐）の高さ31m以下の部分を除く（令129条4項本文）
※7：天井、または天井から80cm以内の部分にある開放可能な開口部の面積の1/50未満の居室
※8：主要構造部を耐火構造としたものを除く（令128条の4第4項）
※9：調理室、浴室、乾燥室、ボイラー室、作業室等で、かまど、こんろ、ストーブ、内燃機関等の火気使用設備、または器具を設置したもの
※10：難燃材料に準ずる仕上げ（平12告示第1439号）
1）天井の内装仕上げは準不燃材料
2）壁の内装仕上げは木材、合板、構造用パネル、パーティクルボード、繊維版（これらの表面に不燃性を有する壁張り下地用のパテを下塗りした上に壁紙を貼ったものを含む。）でし、これらの表面に火災伝播を著しく助長する溝等が設けられていないこと
3）木材の取付方法　t：木材厚
・t＜10㎜　難燃材料の壁に直接取り付け
・10≦t＜25㎜　壁の内部での火災伝播を有効に防止することができるよう配置された柱、間柱等の垂直部材およびはり、胴縁等の横架材（相互の間隔が1m以内に配置されたものに限る。）取り付けまたは難燃材料の壁に直接取り付け
・25㎜≦t　制限なし

防火材料と耐水材料

078

性能継続時間は、不燃材料20分間、準不燃材料10分間、難燃材料5分間！

使用箇所により、内外装に使われる仕上げ材には、不燃、準不燃、難燃などの防火性能や、耐水性能が求められる

不燃材料・準不燃材料・難燃材料

仕上げや下地に使われる建築材料には、初期火災の災害を防ぐように不燃性能が求められる(令108条の2)。建築材料の不燃性能の検証は、次の3つの要件で行われる。

①燃焼しないこと

②防火上有害な変形、溶融、き裂その他の損傷を生じないこと

③避難上有害な煙またはガスを発生しないこと

建築基準法では、不燃性能をもつ建築材料を「**不燃材料**」「**準不燃材料**」「**難燃材料**」の3種類に分けて、それぞれの技術基準を定めて例示している(平12建告1400号・1401号・1402号)。

いずれの材料も、①～③のすべての不燃性能を満たさなければならない点では同じである。ただし、それぞれに要求される性能の継続時間が異なる。

不燃材料は、通常の火災で加熱されたとき、加熱開始後20分間、前記の①～③の性能を維持するとして国土交通大臣が定めて告示に例示された材料と、国土交通大臣が個別に認定したものである。ただし、外部の仕上げ材料の場合は、①と②のみでも、不燃材料として認められる(法2条9号、令108条の2)。

一方、準不燃材料の場合は加熱開始後10分間(令1条5号)、難燃材料の場合は、加熱開始後5分間(令1条6号)、それぞれ①～③の要件を満たすとして国土交通大臣が定めるか、個別に認定される。

耐水材料

れんがや石、人造石、コンクリート、アスファルト、陶磁器、ガラスなど、長期間水に浸っても、容易に壊れたり、腐食したりしない材料を耐水材料という(令1条4号)。

耐水材料は、通常、外壁などに使用されることが多い。このほか建築基準法では、改良便槽の隔壁などを耐水材料とするよう規定している(令31条)。

不燃材料・準不燃材料・難燃材料の関係

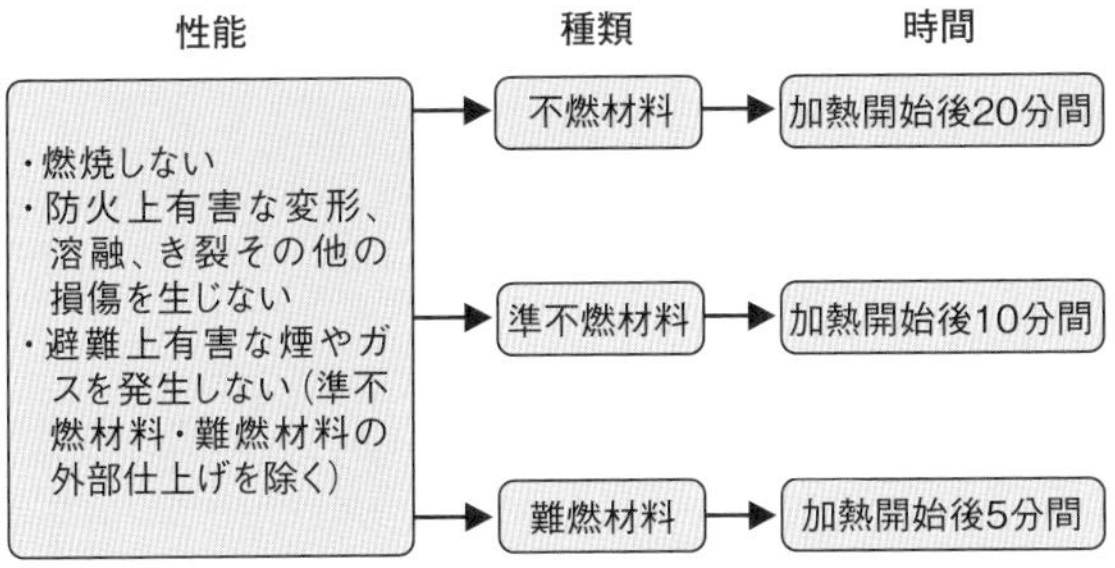

不燃材料、準不燃材料、難燃材料は包含関係にある

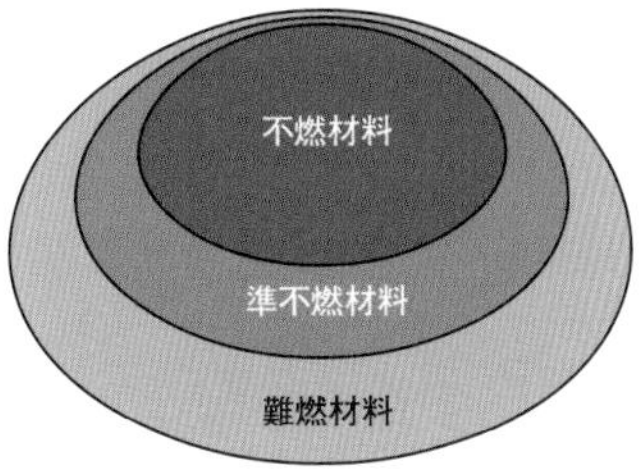

防火材料と耐水材料の例示仕様
（令1条1項4号、平12建告1400号・1401号・1402号）

材料	例示	関連法規
不燃材料	❶コンクリート ❷れんが ❸瓦 ❹陶磁器質タイル ❺繊維強化セメント板 ❻ガラス繊維混入セメント板（厚さ≧3㎜） ❼繊維混入ケイ酸カルシウム板（厚さ≧5㎜） ❽鉄鋼 ❾アルミニウム ❿金属板 ⓫ガラス ⓬モルタル ⓭しっくい ⓮厚さが10㎜以上の壁土 ⓯石 ⓰石膏ボード（厚さ≧12㎜、ボード用原紙の厚さ≦0.6㎜のものに限る） ⓱ロックウール ⓲グラスウール板	平12建告1400号
準不燃材料	❶不燃材料のうち国土交通大臣が定めたもの （準不燃材料には不燃材料も含まれる） ❷石膏ボード（厚さ≧9㎜、ボード用原紙の厚さ≦0.6㎜に限る） ❸木毛セメント板（厚さ≧15㎜） ❹硬質木片セメント板（厚さ≧9㎜、かさ比重≧0.9のものに限る） ❺木片セメント板（厚さ≧30㎜、かさ比重≧0.5のものに限る） ❻パルプセメント板（厚さ≧6㎜）	平12建告1401号
難燃材料	❶準不燃材料のうち国土交通大臣が定めたもの （難燃材料には準不燃材料、不燃材料も含まれる） ❷難燃合板（厚さ≧5.5㎜） ❸石膏ボード（厚さ≧7㎜、ボード用原紙の厚さ≦0.5㎜のものに限る）	平12建告1402号
耐水材料	❶れんが ❷石 ❸人造石 ❹コンクリート ❺アスファルト ❻ガラス ❼陶磁器	令1条1項4号

Column

主要構造部と構造耐力上主要な部分

主要構造部と構造耐力上主要な部分は別物

建築基準法には、「主要構造部」と「構造耐力上主要な部分」という、似たような用語がある。ただし、これらが指すものは、それぞれ異なる。

①主要構造部

建築基準法のなかで、建築物に耐火建築物の規定や防火上の制限に使われる用語である。損傷すると構造的に影響が大きく、建築物の変形、溶融、破壊につながると考えられる部分を指す。

②構造耐力上主要な部分

建築基準法の構造規定の条文で主に使われる用語。建築基準法施行令1条3号に定義されている。建物自体を支え、台風や地震などの外力による振動や衝撃に耐える部分を指す。

小梁の扱い

主要構造部には小梁は含まれないため、耐火建築物の耐火被覆の対象を検討するうえで問題になることがある。

ただし、耐火被覆の不要なのは「構造上重要でない」部分である。つまり、対象除外となるのはすべての小梁ではなく、「構造上重要でない小梁」だけだと考えるべきである。

品確法の「構造耐力上主要な部分」

住宅の品質確保の促進等に関する法律(品確法)では、「構造耐力上主要な部分」に10年間の瑕疵担保責任が義務付けられている。このときに「構造耐力上主要な部分」は、建築基準法とは異なり、以下のものを指す。すなわち、住宅の基礎、基礎杭、壁、柱、小屋根、土台、斜材(筋かい、方杖、火打材その他これらに類するもの)、床材、屋根版、横架材(梁、桁その他これらに類するもの)で、その住宅の自重もしくは積載荷重、積雪荷重、風圧、土圧、水圧、地震その他の振動・衝撃を支えるものである(品確法94条・令5条)。

主要構造部と構造耐力上主要な部分の比較

用語	対象	対象外	適用条項
主要構造部	壁・柱・床・梁・屋根・階段	・左記以外 ・構造上重要でない最下階の床、間仕切壁、間柱、付け柱、揚げ床、最下階の床、廻り舞台の床、小梁、庇、局所的な小階段、屋外階段その他これらに類する建築物の部分なども対象外	法2条5号
構造耐力上主要な部分	・基礎、基礎杭、壁、柱、小屋組み、土台、斜材(筋かい、方杖、火打材その他これらに類するもの)、床版、屋根版または横架材(梁、桁その他これらに類するもの)で、建築物の自重や積載荷重、積雪荷重、風圧、土圧、水圧、地震力、その他の振動・衝撃に対して建築物を支える重要な構造部分 ・上記の部材の接合部(継手・仕口)	左記以外	令1条3号

第5章

避難
にげる

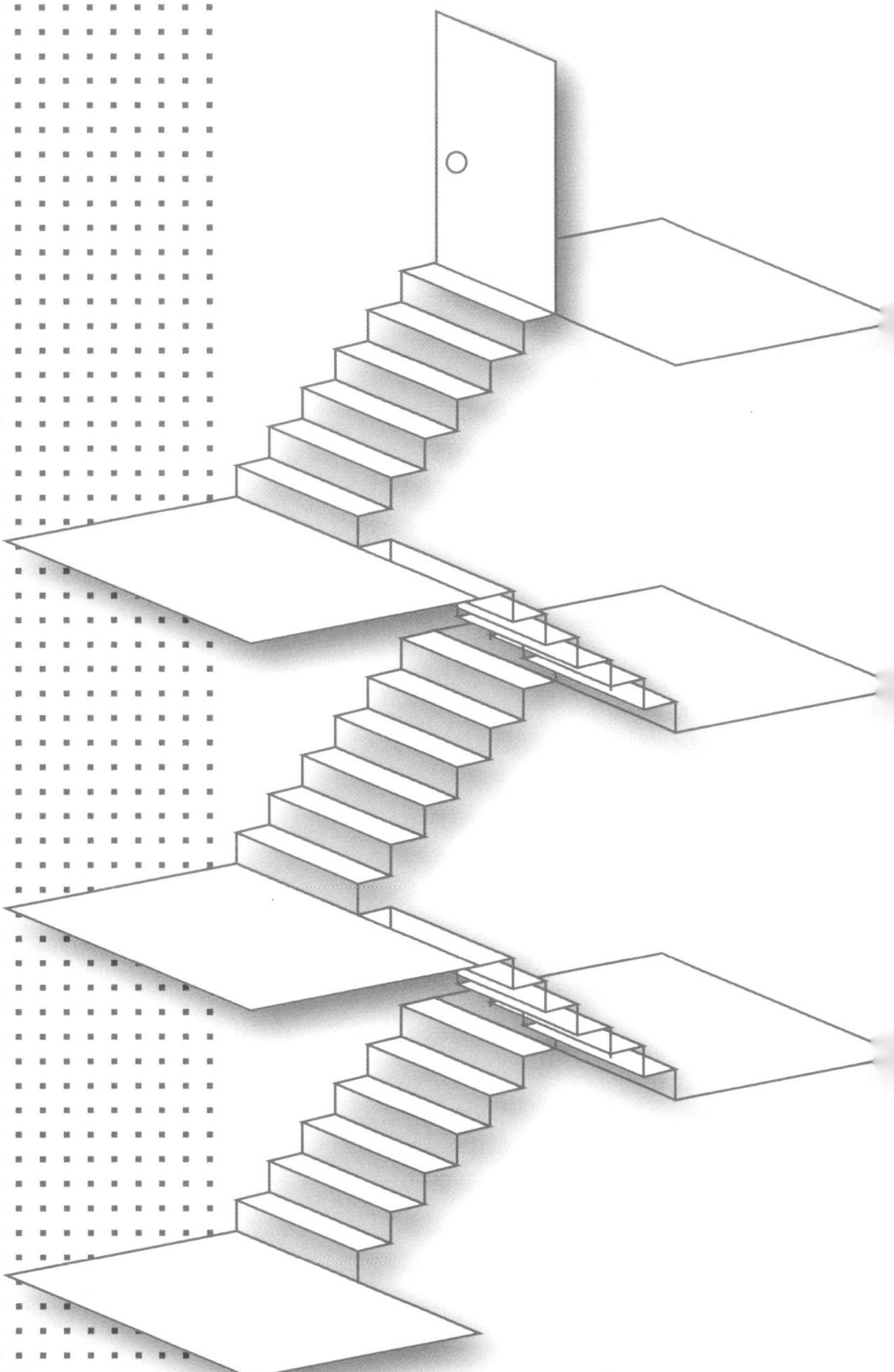

the Evacuation

階段

079

階段・踊場・けあげ・踏面の寸法は用途・面積で決まる！

基準法で規定されている階段は、居室の階から地上（避難階）までとぎれることなく続く直通階段である[178頁参照]

寸法規制される階段の部分

建築物での上下の移動を安全に行えるよう、階段の**幅**や**踏面**、**けあげ**、**踊場**の各寸法、**手摺**の設置が、建築基準法で定められている。各寸法は、建築物の用途、直上階の床面積、2方向避難に利用される屋外直通階段かどうか、などによって異なる（令23条）。

一般住宅では、階段の基準は、幅75cm以上、けあげ23cm以下、踏面15cm以上である。学校や劇場などにある、不特定多数の人が使用する階段は、幅員は広く勾配は緩やかになるように規定されている。エレベーター機械室の階段は別に基準がある（令129条の9）。

手摺の設置も必要

階段の安全性を確保するためには、階段幅や踏面、けあげの寸法を守るだけでなく、手摺の設置も必要となる。

階段や踊場の両側に側壁がある場合でも、少なくとも片側には実際に手で握れる手摺を設けなくてはならない。側壁・手摺は階段の両側に必要で、片側だけに壁と手摺を設けてもう一方に何もつくらないとすることはできない（令25条1・2項）。

手摺部分の寸法は、10cm以内ならば階段の幅の算定時に考慮しなくてよい（令23条3項）。

階段の幅が3ｍを超える場合は、けあげ15cm以下、踏面が30cm以上の緩い勾配の階段でないかぎり、階段中央に手摺が必要となる。ただし、高さ1ｍ以下の階段の部分には、この規定は適用されない（令25条3・4項）。

階段を直線状の直階段とする場合、階高が、学校や劇場などでは3ｍ、その他の建築物では4ｍ超であれば、踏幅1.2ｍ以上の踊場を設けなければならない。一方、折返し階段とする場合、踊場には最低階段幅が求められる。

階段の代わりに傾斜路（スロープ）を設ける場合は、床面を滑りにくくして、その勾配を1／8以下にしなければならない。傾斜路の幅や手摺の規定は、階段に準じる（令26条）。

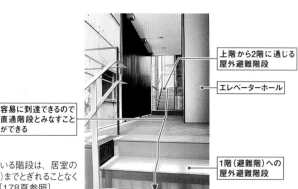

階段の一般的形態（令23条、令元国交告202号）

	階段の種類	階段・踊場の幅	けあげ	踏面	踊場位置	直階段の踊場の踏幅
❶	小学校・義務教育学校（前期）の児童用	≧140㎝	≦16㎝（≦18㎝）	≧26㎝	高さ≦3mごと	≧120㎝
❷	中学校・義務教育学校（後期）・高等学校・中等教育学校の生徒用、物品販売店（[物品加工修理業を含む]床面積>1,500㎡）、劇場・映画館・公会堂・集会場などの客用	≧140㎝	≦18㎝（≦20㎝）	≧26㎝（≧24㎝）		
❸	地上階用（直上階の居室の床面積合計>200㎡） 地階・地下工作物内用（居室の床面積合計>100㎡）	≧120㎝	≦20㎝	≧24㎝	高さ≦4mごと	
❹	住宅（共同住宅の共用階段を除き、メゾネット内専用は含む）	≧75㎝	≦23㎝	≧15㎝		
❺	❶～❹以外の階段	≧75㎝	≦22㎝（≦23㎝）	≧21㎝（≧19㎝）		
	階数≦2、延べ面積<200㎡	≧75㎝	≦23㎝	≧15㎝		
❻	昇降機の機械室用	—	≦23㎝	≧15㎝	—	—
❼	屋外階段：避難用直通階段（令120、121号）[※1]	≧90㎝ ≧75㎝[※2]	上記❶～❺に準ずる			
❽	屋外階段：その他の階段	≧60㎝				

注1：踏面はその水平投影距離で測る
注2：直階段（まっすぐに昇降する階段）の踊場の踏幅は120㎝以上必要
注3：階段（高さ>1mのものに限る）には手摺を設ける
注4：踊場の両側に壁がない階段（高さ>1mのものに限る）は手摺を設置する
注5：階段幅>3m（高さ>1mに限る）の場合、中間に手摺を設置する（けあげ≦15㎝、かつ踏面≧30㎝の場合は不要）
注6：階段に代わる傾斜路の場合、勾配≦1／8、かつ粗面仕上げとする
注7：（　）内は同等以上に昇降を安全に行うことができる階段の寸法（令元国交告202号）
a：両側に手摺を設置　b：階段面を粗面など滑りにくい材料で仕上げる（平26国交告709号）
※1：木造は不可。ただし防腐措置を講じた準耐火構造は可（令121条の2）。
※2：①～④以外の階段

階段の算定方法

❶けあげ・踏面の算定の原則

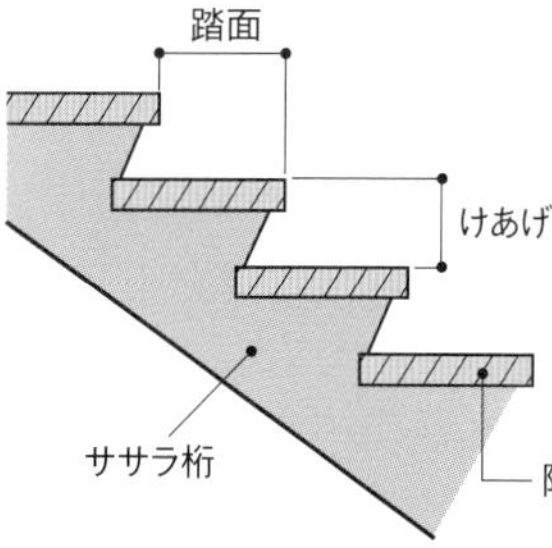

❷踊場の設置の原則

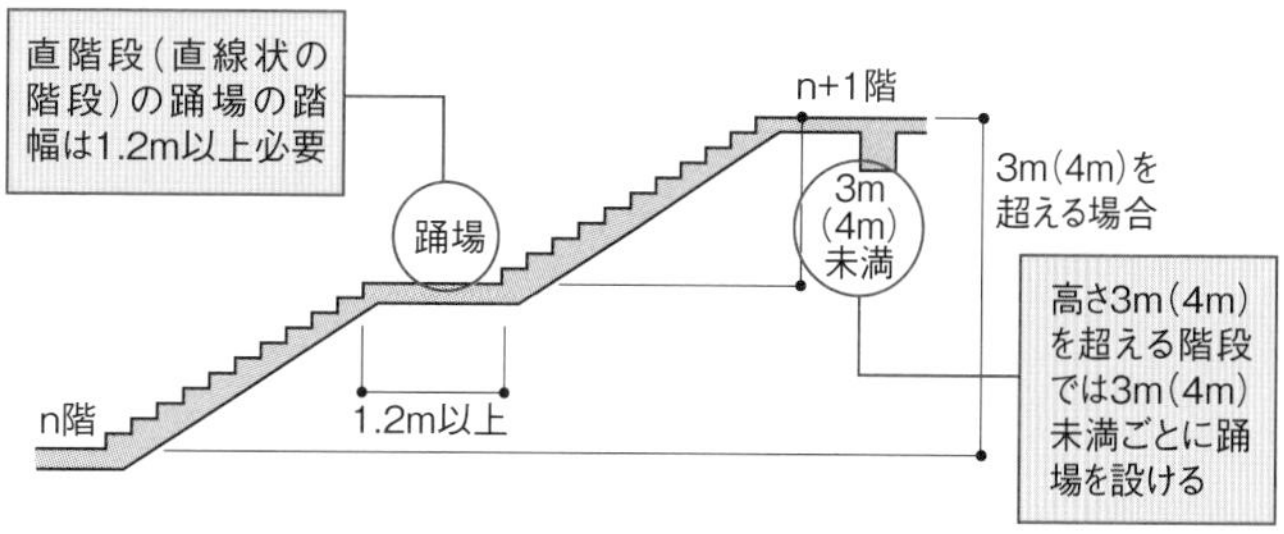

注：カッコ内の数値は上表❶、❷、❻以外の階段の場合

階段幅の算定方法（令23条2・3項）

❶回り階段の取扱い

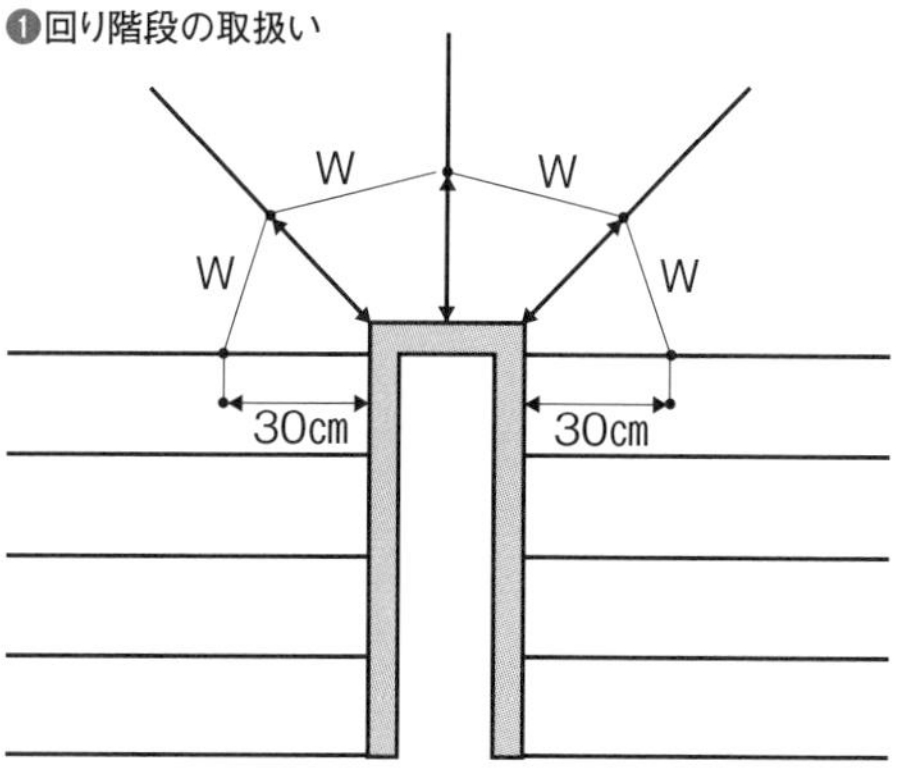

回り階段の踏面は内側から30㎝の位置で測る

❷手摺等の突出部分と昇降設備の取扱い

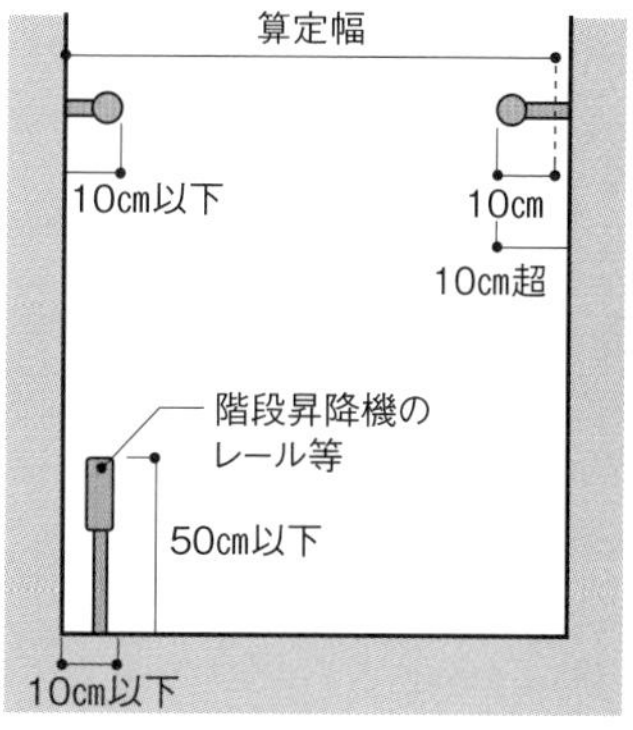

手摺等の突出が10㎝以下の場合、そのまま階段の幅を算定できる。10㎝超の場合、手摺などの突端から10㎝までの部分はないものとみなし、その部分から幅を算定できる。また、階段昇降機のレールなどは、高さ50㎝以下のものに限り、幅10㎝を限度にないものとみなして幅を算定できる

直通階段までの歩行距離 080

居室から直通階段までの歩行距離は各階で制限される！

直通階段までの歩行距離は、直通階段から最も遠い居室の隅から直通階段の端までの距離を計測する（最短距離）
直通階段
直通階段までの歩行距離
避難階（地上）
直通階段

居室の各部分から、直通階段までの距離の基本は、30mと50m。用途、階数、構造により、10mを加減する

直通階段と歩行距離の規定

建築基準法では、避難階（直接地上へ通ずる出入口のある階［令13条］）まで続く階段を避難施設として、**直通階段**の規定を設けている。

直通階段とは、安全な避難階まで各階で途切れることなく続く階段のことである。屋内では避難階まで、屋外では直接地上まで、到達できるように設置しなければならない。

居室がある階には、避難用の直通階段が必要だが、さらに短時間に避難できるように居室から直通階段までの**歩行距離**が制限される（令120条）。

歩行距離は、居室が15階以上か否かと、建築物の用途や主要構造部の不燃化の有無、内装の準不燃化の有無で決まる。制限が最も厳しいのは、有効採光面積が床面積の1／20とれない「**無窓居室**」がある階と、法別表第1(い)欄(4)項に規定された百貨店や店舗などの用途の居室である。これらの場合、主要構造部の構造によらず、歩行距離30m以下としなければならない。

15階以上の高層階では、規定値よりも10m厳しくなる。一方、主要構造部を不燃材料以上でつくり、居室や避難経路の内装を準不燃材料とした場合、歩行距離はそれぞれの規定値よりも10m緩和される。

歩行距離の算定

歩行距離は、居室部分の最も遠い位置から検討する。2以上の階段がある場合は、短いほうの距離で判定する。

歩行距離は、同一階での算定が原則である。ただし、主要構造部が準耐火構造の2層又は3層のメゾネット型共同住宅は特例で、2・3階の専用階に出入口がなく、1階のみに出入口がある場合、住戸内に直通階段は求められず、歩行距離は、最上階の居室から専用階段を通って出入口のある階の直通階段までの距離を、40m以下とする（令120条4項）。

歩行距離を満たせない場合は、直通階段を増やすなどの措置が必要である。

直通階段までの歩行距離（令117条、令120条）

適用建築物	主要構造部		準耐火構造・不燃材料				左欄以外の構造	適用条項
	階		14階以下（避難階を除く）		15階以上			
	居室、避難経路（廊下・階段など）の壁（床面からの高さ≦1.2mを除く）・天井（天井がない場合は屋根）の室内に面する部分の仕上げ		準不燃材料	左欄以外	準不燃材料	左欄以外		
・特殊建築物（法別表第1(い)欄(1)～(4)項） ・階数3以上の建築物 ・採光上の無窓居室のある階 ・延べ面積＞1,000㎡の建築物	❶	採光上の無窓居室						令120条
	❷	百貨店・マーケット・展示場・キャバレー・カフェー・ナイトクラブ・バー・ダンスホール・遊技場・公衆浴場・待合・料理店・飲食店・物販店（10㎡超）の主たる用途に供する居室	≦30+10m =40m	≦30m	≦30m	≦30−10m =20m	≦30m	
	❸	病院・診療所（有床）・ホテル・旅館・下宿・共同住宅・寄宿舎・児童福祉施設等（有料老人ホーム・老人福祉施設等）の主たる用途に供する居室	≦50+10m =60m	≦50m	≦50m	≦50−10m =40m	≦30m	
	❹	❶～❸以外の居室	≦50+10m =60m	≦50m	≦50m	≦50−10m =40m	≦40m	
	❺	メゾネット式共同住宅［※1］	≦40m［※2］					令120条4項

※1：主要構造部が準耐火構造以上で、1住戸が2～3階のもの
※2：廊下への出入口のない階の居室の一番奥から直通階段までの距離

歩行距離の算定方法（2以上の直通階段）

居室❸からの歩行距離

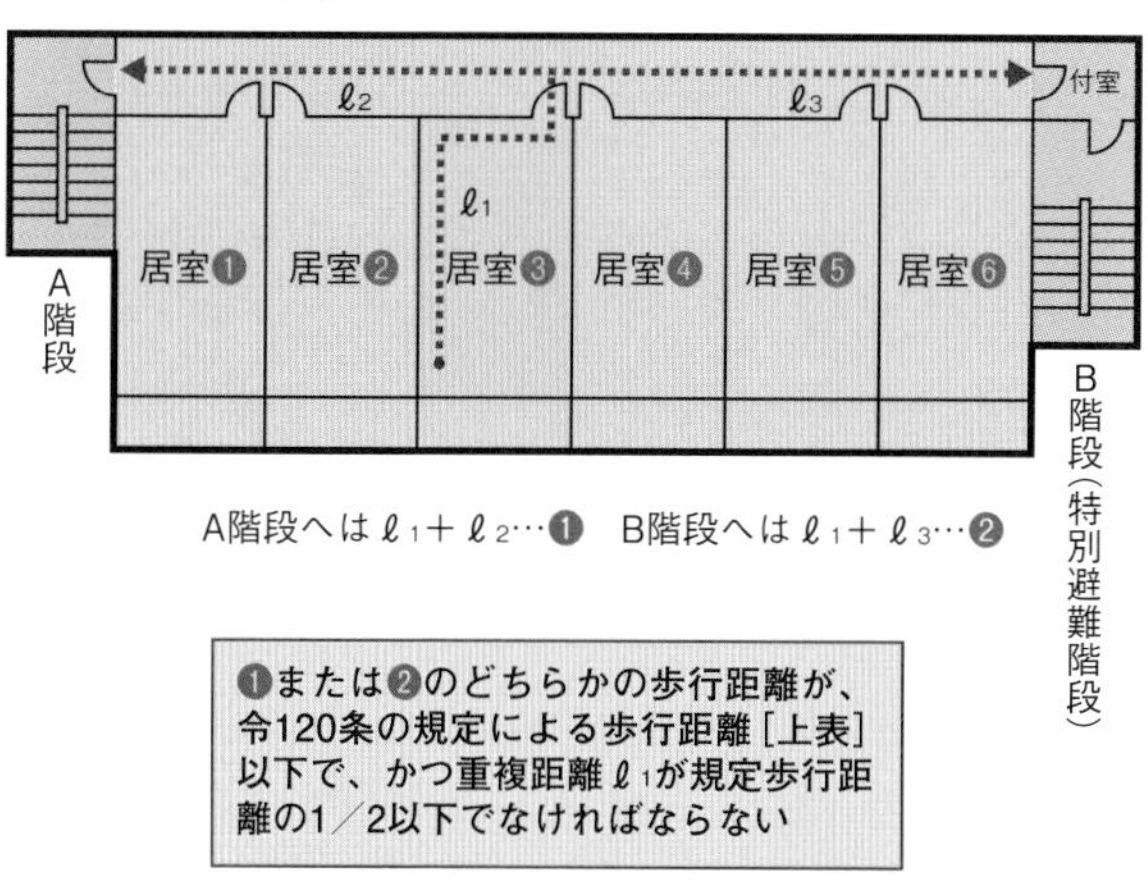

A階段へは $\ell_1+\ell_2$…❶　B階段へは $\ell_1+\ell_3$…❷

❶または❷のどちらかの歩行距離が、令120条の規定による歩行距離［上表］以下で、かつ重複距離 ℓ_1 が規定歩行距離の1／2以下でなければならない

直通階段にならない階段

3～5階の階段が避難階段（1～3階の階段）まで連続していないため、直通階段にはならない

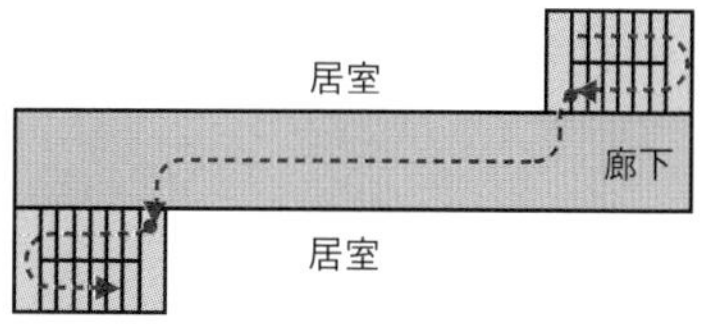

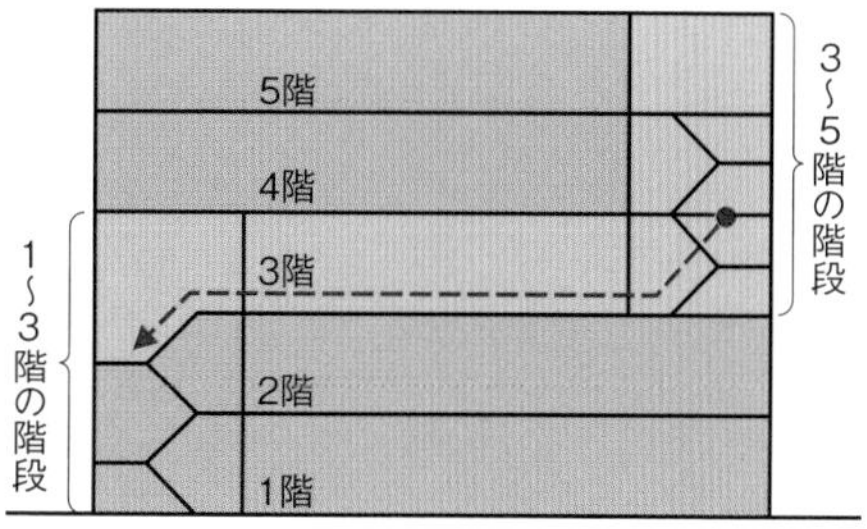

2以上の直通階段の設置 081

特殊用途の階や居室がある6階以上の階は、直通階段が2つ必要！

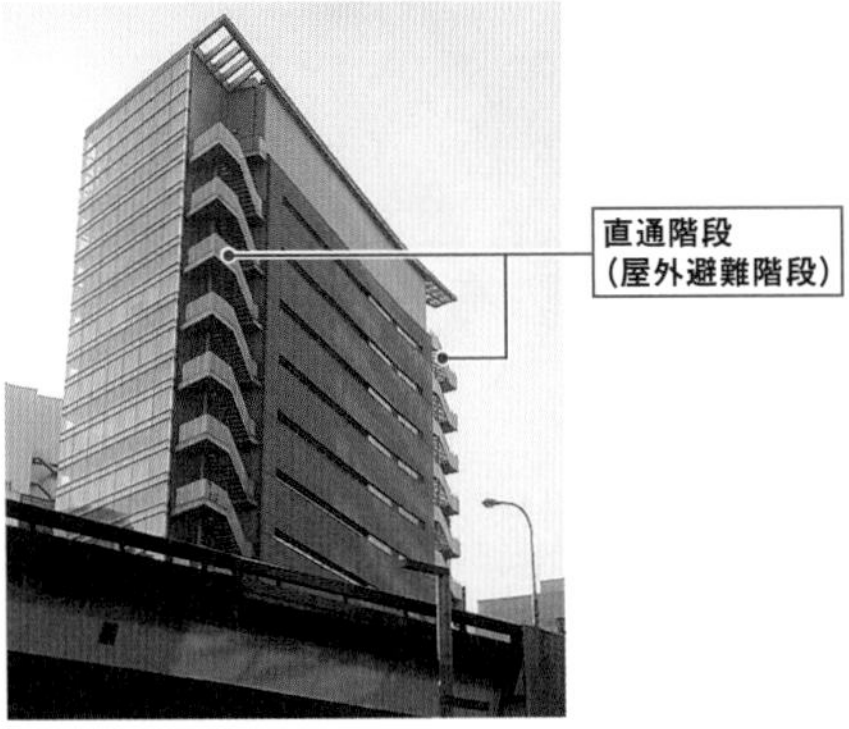

居室からの2方向避難は原則、2つの直通階段で確保。各直通階段を対象の位置に配置することが望ましい

2つの直通階段が必要な建築物

劇場や大きな物販店などの不特定多数の人が利用する施設や、病院や共同住宅など就寝室をもつ施設などでは、避難時の混乱が予想される。そのため、このような建築物では、直通階段を2つ設け、災害の際に、一方が使えなくても他方を利用して地上や避難階まで安全に避難できるようにしなければならない（令121条）。このとき、2つの直通階段は、対称方向などできるだけ違う方向に設けて、**2方向への避難経路**を確保できるように設ける。

病室や共同住宅、ホテルの宿泊室などのある階や5階以下の階では、その階の病室などの床面積に応じて、2以上の直通階段が必要となる。このとき、病室などの床面積の算定は、各階で行う。一方、延べ床面積が1千500㎡超の物品販売店の売場や劇場の客席などのある階や、6階以上の階では、その用途に供する階の面積に関係なく、2以上の直通階段の設置が必要になる。

適用除外と面積緩和

規定の特殊建築物以外で6階以上に居室がある階がある場合は、原則として2方向に直通階段を設置しなければならない。

しかし、その階の居室の延べ床面積が100㎡以下で、屋外避難階段を1つ設け、さらに避難上有効なバルコニー等を各階に設置すれば、2方向避難が確保されているとみなされる緩和措置がある。一方、5階以下の階では、直通階段の設置数を決める居室の床面積の合計が100㎡以下であれば直通階段は1カ所でよい。さらに、避難階の直上にある階（一般に2階）では、200㎡まで緩和される（令121条1項6号）。

建築物の主要構造部が不燃材料か準耐火構造でできている場合は、各階で規定された居室の床面積の合計は2倍まで緩和される（令121条2項）。

また、屋外の直通階段は、準耐火構造で防腐処理をしたもの以外は、木造にはできない（令121条の2）。

2以上の直通階段（令121条）

<table>
<tr><th colspan="5" rowspan="2">適用用途・階</th><th rowspan="2">対象階（避難階以外の階）</th><th colspan="2">居室（左記用途）の床面積の合計</th><th rowspan="2">適用条項（令121条）</th></tr>
<tr><th>主要構造部が耐火構造・準耐火構造・不燃材料</th><th>左記以外</th></tr>
<tr><td rowspan="10">原則（2カ所設置）</td><td>❶</td><td colspan="3">劇場・映画館・演芸場・観覧場・公会堂・集会場、物販店（床面積合計＞1,500㎡）</td><td>客席・集会室・売場等のある階</td><td colspan="2">規模等によらずすべてに適用</td><td>1項1号・2号</td></tr>
<tr><td>❷</td><td colspan="3">キャバレー・カフェー・ナイトクラブ・バー等</td><td>客席・客室等のある階</td><td colspan="2">すべてに適用［※1の緩和あり］</td><td>1項3号</td></tr>
<tr><td rowspan="2">❸</td><td colspan="3">病院・診療所</td><td>病室のある階</td><td rowspan="2">＞100㎡</td><td rowspan="2">＞50㎡</td><td rowspan="2">1項4号</td></tr>
<tr><td colspan="3">児童福祉施設等</td><td>主たる用途に供する居室のある階</td></tr>
<tr><td rowspan="3">❹</td><td colspan="3">ホテル・旅館・下宿</td><td>宿泊室のある階</td><td rowspan="3">＞200㎡</td><td rowspan="3">＞100㎡</td><td rowspan="3">1項5号</td></tr>
<tr><td colspan="3">共同住宅</td><td>居室のある階</td></tr>
<tr><td colspan="3">寄宿舎</td><td>寝室のある階</td></tr>
<tr><td rowspan="3">❺</td><td rowspan="3">❶～❹以外の階</td><td colspan="2">≧6階</td><td>居室のある階</td><td colspan="2">すべてに適用［※2の緩和あり］</td><td rowspan="3">1項6号</td></tr>
<tr><td rowspan="2">≦5階（地階を含む［＊］）</td><td>避難階の直上階</td><td>居室のある階</td><td>＞400㎡</td><td>＞200㎡</td></tr>
<tr><td>上記以外の階</td><td>居室のある階</td><td>＞200㎡</td><td>＞100㎡</td></tr>
<tr><td rowspan="3">緩和（1カ所設置で可）</td><td rowspan="2">※1</td><td colspan="3" rowspan="2">≦5階</td><td>避難上有効なバルコニー・屋外通路等を設置、
かつ屋外避難階段、または特別避難階段を設置</td><td rowspan="2">≦200㎡</td><td rowspan="2">≦100㎡</td><td>1項3号かっこ書</td></tr>
<tr><td>避難階の直上階、または直下階</td><td>1項3号</td></tr>
<tr><td>※2</td><td colspan="3">≧6階
❶～❸以外の用途に供する階</td><td>避難上有効なバルコニー・屋外通路等を設置、
かつ屋外避難階段、または特別避難階段を設置</td><td>≦200㎡</td><td>≦100㎡</td><td>1項6号</td></tr>
</table>

＊：地下２階の場合は避難階段、地下３階以下の場合は特別避難階段とする

2以上の直通階段の重複距離 082

避難経路の重複距離は、規定歩行距離の1／2以下とする

居室からそれぞれの階段へ避難する場合、経路の重複する距離は、階段までの歩行距離の1／2に規制されている

重複距離の考え方

2以上の直通階段を設置する目的とは、居室の各部分から「2方向の避難経路を確保すること」にある。そのためには廊下の両端など、2以上の直通階段をできるだけ対称の位置に設けることが望ましい。このとき、平面計画上、居室から廊下を経由してそれぞれの階段に向かう避難経路に重複する区間が生じることがある。この区間を**重複距離**という。

重複距離が長いと、1つの経路で避難する人の数が多くなりすぎるなど、2方向に安全な避難経路を確保するという目的から外れてしまう。そのため重複距離は、令120条で規定された居室から直通階段までの歩行距離の半分以内に収まるよう制限されている（令121条3項）。

避難経路は居室から廊下を通って直通階段までが原則である。したがって、歩行距離を満たすからといって、廊下に出てから再び、居室を通って階段に到達するような経路は、避難の安全性に問題がある。

また2方向避難には、1つの階段が使えなくても、もう1つの階段で避難経路を確保する目的もあるので、階段室の一部を通過して、他の階段へ到達することで、重複距離をクリアするような経路も望ましくない。

重複距離の適用除外

重複距離を満たせない居室を計画する場合でも、直通階段への重複区間を経由しない「別の安全な避難経路」が確保されているならば、重複距離の制限を受けない。ここでいう別の安全経路とは、居室から重複区間を経由せずに利用できる**避難上有効なバルコニー**［222頁参照］や**屋外通路**である（令121条3項）。

避難上有効なバルコニーや、外壁面に沿って設けられた屋外通路には、タラップなどの避難設備を設置し、地上まで直接到達できるようにしなければならない。

2以上の直通階段の歩行経路の重複距離（令121条）

適用建築物	主要構造部		準耐火構造・不燃材料				左欄以外の構造	適用条項
	階		14階以下（避難階を除く）		15階以上			
	居室、避難経路（廊下・階段など）の壁（床面からの高さ≦1.2mを除く）・天井（天井がない場合は屋根）の室内に面する部分の仕上げ		準不燃材料	左欄以外	準不燃材料	左欄以外		
・特殊建築物（法別表第1（い）欄（1）〜（4）項） ・階数3以上の建築物 ・採光上の無窓居室のある階 ・延べ面積＞1,000㎡の建築物	❶	採光上の無窓居室	≦20m	≦15m	≦15m	≦10m	≦15m	令121条3項
	❷	百貨店・マーケット・展示場・キャバレー・カフェー・ナイトクラブ・バー・ダンスホール・遊技場・公衆浴場・待合・料理店・飲食店・物販店（10㎡超）の主たる用途に供する居室						
	❸	病院・診療所（有床）・ホテル・旅館・下宿・共同住宅・寄宿舎・児童福祉施設等（有料老人ホーム・老人福祉施設等）の主たる用途に供する居室	≦30m	≦25m	≦25m	≦20m	≦15m	
	❹	❶〜❸以外の居室	≦30m	≦25m	≦25m	≦20m	≦20m	

注：数値は直通階段までの歩行距離の1／2

重複距離の考え方

居室❶からの歩行距離

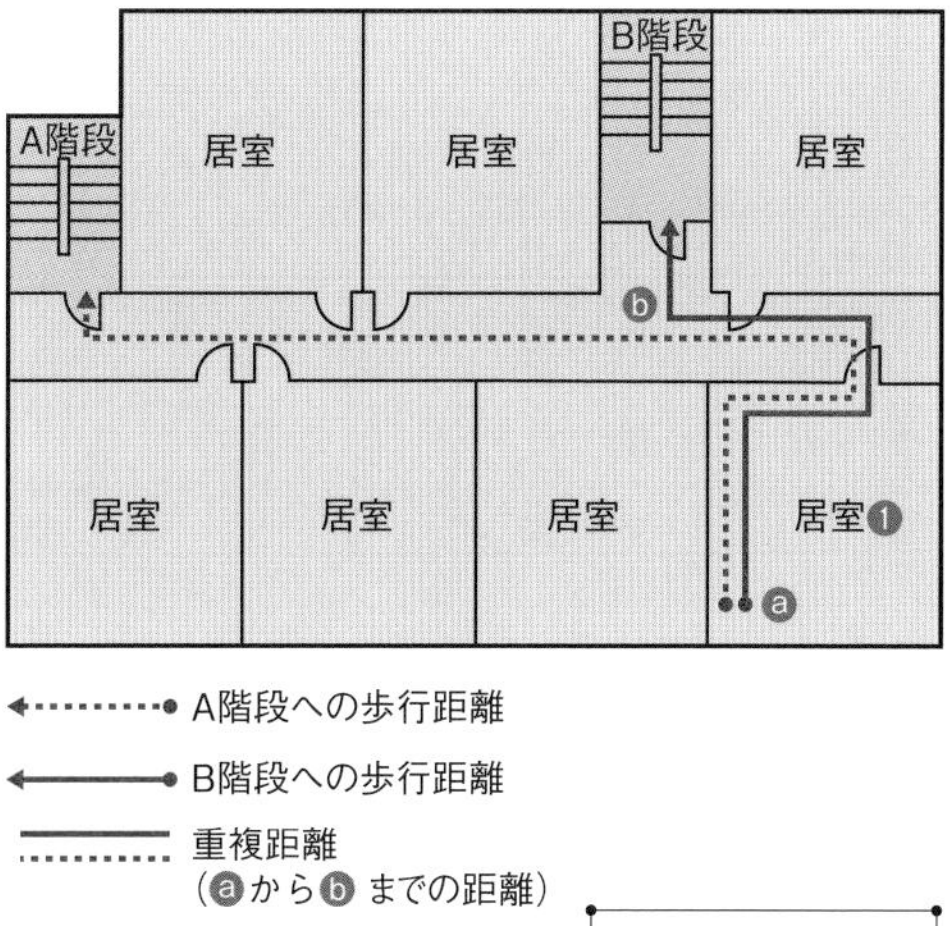

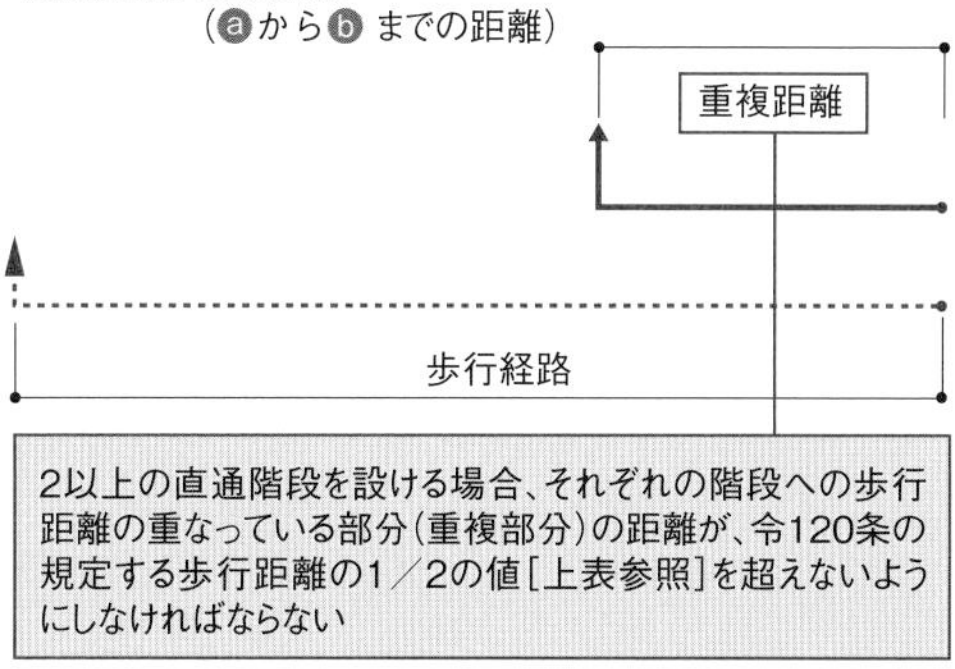

2以上の直通階段を設ける場合、それぞれの階段への歩行距離の重なっている部分（重複部分）の距離が、令120条の規定する歩行距離の1／2の値［上表参照］を超えないようにしなければならない

避難上有効なバルコニーがある場合の重複距離の緩和

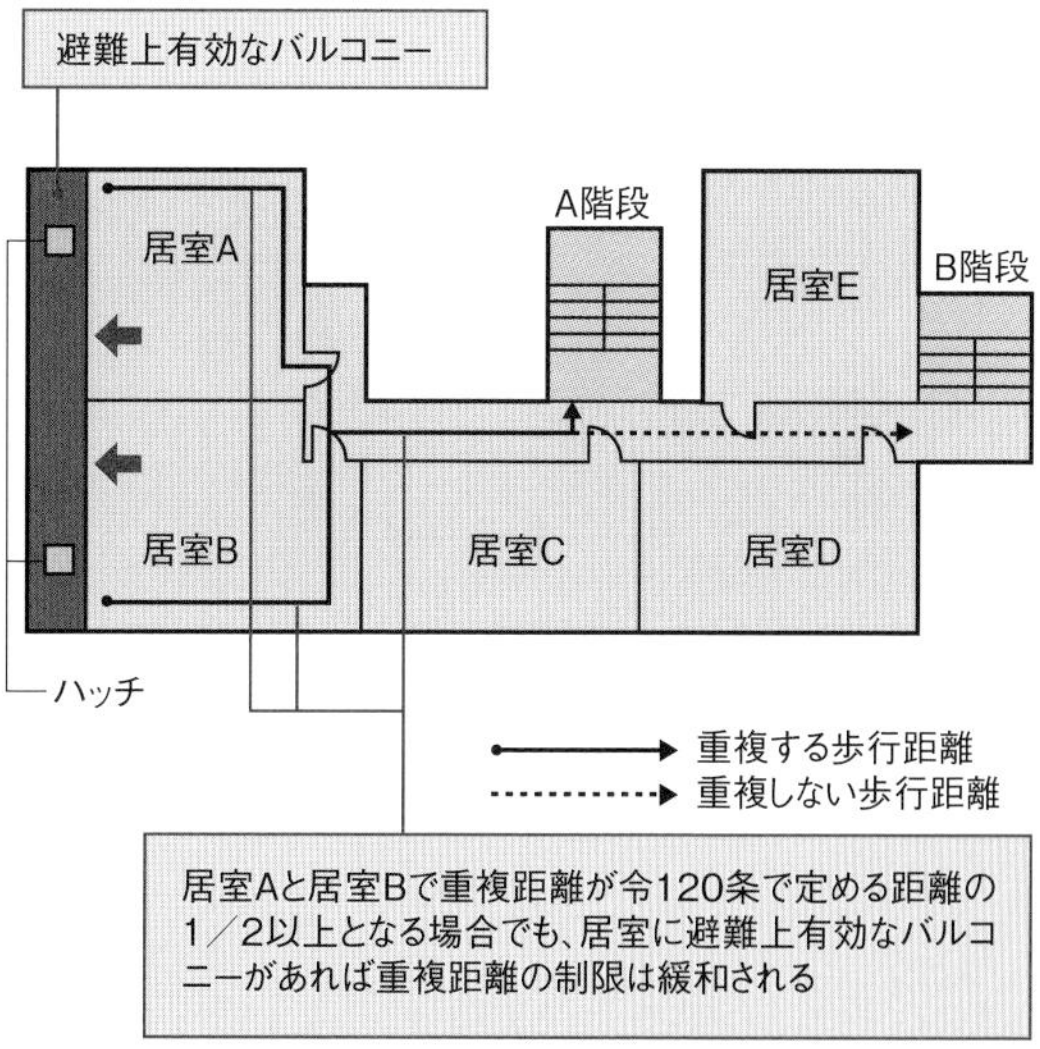

居室Aと居室Bで重複距離が令120条で定める距離の1／2以上となる場合でも、居室に避難上有効なバルコニーがあれば重複距離の制限は緩和される

避難階の出口までの歩行距離 083

避難階の歩行距離は2種類。「居室から出口まで」は「階段から出口まで」の2倍！

避難階では、階段から出口までの距離が他階と同様に規制され、居室から出口までの距離は2倍に緩和される

避難階の歩行距離制限

避難階では、上階から避難してきた人と避難階にいる人が、出口までスムーズに到達できるように、階段から屋外の出口の1つまでの歩行距離と、避難階の居室から屋外の**出口までの歩行距離**を規定している（令125条1項）。

対象となる建築物や階は、直通階段の設置義務がある、次の4種類である。

①法別表第1(い)欄(1)項から(4)項までの特殊建築物
②階数3以上の建築物
③採光上の無窓の居室のある階
④延べ面積が1千㎡超の建築物

階段から屋外の出口までの歩行距離は、直通階段までの歩行距離の制限（令120条）と同じである。

一方、各居室から屋外の出口までの歩行距離は、避難階では他階の歩行距離の2倍まで緩和される。

また、不燃の建築物で居室と避難経路の内装を準不燃材料とした場合、歩行距離を10m長くとることができる。

避難階における屋外への出口までの歩行距離（令125条1項）

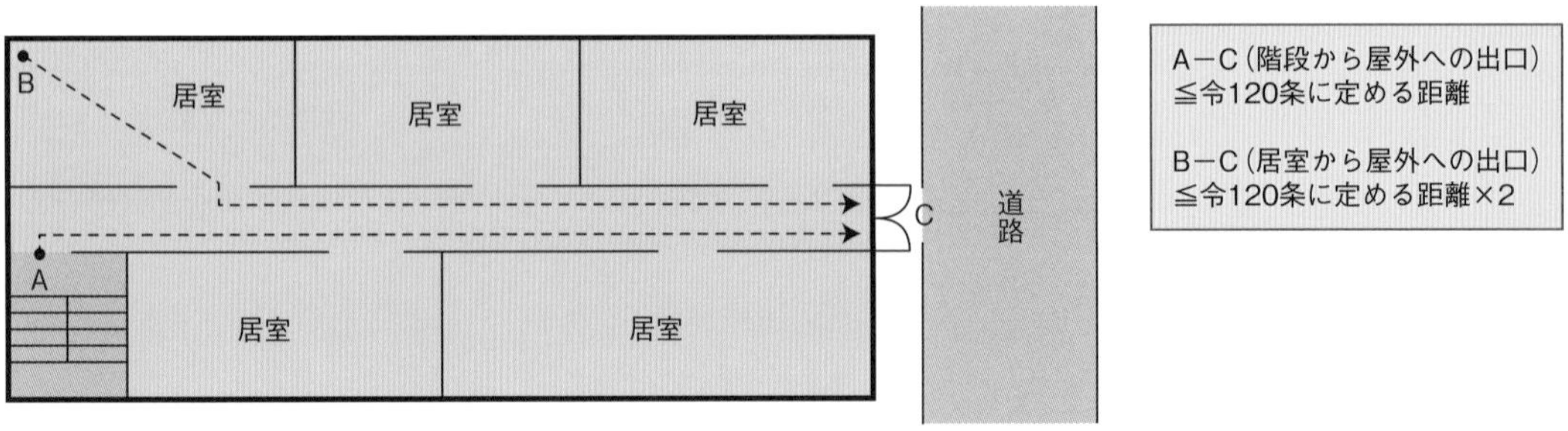

避難階

A：階段　B：屋外への出口から最も遠い居室の隅　C：屋外への出口

避難階の歩行距離（令125条1項）

(1) 階段から出口までの距離

適用部分		主要構造部	居室、避難経路の壁（>FL＋1,200）、天井仕上げ	歩行距離	適用条項
❶	採光上の無窓居室のある階段から出口まで	準耐火構造・不燃材料	準不燃材料以上	≦40m	令125条1項
			―	≦30m	
		上記以外	―	≦30m	
❷	百貨店・マーケット・展示場・キャバレー・カフェー・ナイトクラブ・バー・ダンスホール・遊技場・公衆浴場・待合・料理店・飲食店・物販店（>10㎡）のある階段から出口まで	準耐火構造・不燃材料	準不燃材料以上	≦40m	
			―	≦30m	
		上記以外	―	≦30m	
❸	病院・診療所（有床）・ホテル・旅館・下宿・共同住宅・寄宿舎・児童福祉施設等［※1］のある階段から出口まで	準耐火構造・不燃材料	準不燃材料以上	≦60m	
			―	≦50m	
		上記以外	―	≦30m	
❹	❶～❸以外の階段から出口まで	準耐火構造・不燃材料	準不燃材料以上	≦60m	
			―	≦50m	
		上記以外	―	≦40m	

(2) 居室［※2］から出口までの距離

適用部分		主要構造部	居室、避難経路の壁（>FL＋1,200）、天井仕上げ	歩行距離	適用条項
❶	採光上の無窓居室から出口まで	準耐火構造・不燃材料	準不燃材料以上	≦80m	令125条1項
			―	≦60m	
		上記以外	―	≦60m	
❷	百貨店・マーケット・展示場・キャバレー・カフェー・ナイトクラブ・バー・ダンスホール・遊技場・公衆浴場・待合・料理店・飲食店・物販店（>10㎡）の主たる用途に供する居室から出口まで	準耐火構造・不燃材料	準不燃材料以上	≦80m	
			―	≦60m	
		上記以外	―	≦60m	
❸	病院・診療所（有床）・ホテル・旅館・下宿・共同住宅・寄宿舎・児童福祉施設等［※1］の主たる用途に供する居室から出口まで	準耐火構造・不燃材料	準不燃材料以上	≦120m	
			―	≦100m	
		上記以外	―	≦60m	
❹	❶～❸以外の居室から出口まで	準耐火構造・不燃材料	準不燃材料以上	≦120m	
			―	≦100m	
		上記以外	―	≦80m	

※1：児童福祉施設・助産所・身体障害者社会参加支援施設（補装具製作施設・視聴覚障害者情報提供施設を除く）・保護施設（医療保護施設を除く）・婦人保護施設・老人福祉施設・有料老人ホーム・母子保健施設・障害者支援施設・地域活動支援センター・福祉ホーム・障害福祉サービス事業（生活介護、自立訓練、就労移行支援または就労継続支援を行う事業に限る）
※2：避難上有効な開口部のある居室は除く

避難階段と特別避難階段 084

5階以上・地下2階に通じる直通階段は避難階段に、15階以上・地下3階以下は特別避難階段に

15階以上や地下3階以下への直通階段は、排煙設備のある付室を備えた特別避難階段としなければならない

避難階段と特別避難階段の要件

高層階や地下などに通じる直通階段は、通常の階段と比べ、避難時に階段に滞在する時間が長くなるため、内装の不燃化を図り、防火設備で延焼を防ぐ安全な区画としなければならない。

このように安全な区画とした階段を**避難階段**という。また、消防隊の消火活動や避難時の人の滞留のために付室を階段室の前に設けて、さらに階段の安全度を高めたものを**特別避難階段**という。5階以上の階か地下2階に通じる直通階段は避難階段に、15階以上の階か地下3階以下の階に通じる直通階段は特別避難階段に、それぞれする必要がある。

また、3階以上の階に物販店（合計床面積1千500㎡超）の一部がある建築物では、各階の売場から避難階まで2以上の避難階段か、特別避難階段が必要となる。さらに、次の場合は直通階段を、必ず特別避難階段としなければならない（令122条3項）。

①5階以上14階以下の売場の階に通じる直通階段のいずれか1つ

②15階以上の売場に通じる直通階段のすべて

なお、屋上広場がある場合は、2以上の避難階段が屋上広場まで通じていなければならない（令122条2項）。

緩和の条件

5階以上の階や地下2階以下の階の床面積の合計がそれぞれ100㎡以下で、主要構造部が不燃材料以上であれば、避難階段の設置は免除される（令122条1項）。

建築物全体が小さく防火区画されている場合も、避難階段や特別避難階段の設置が緩和される。緩和要件は、主要構造部が耐火構造で、床面積の合計が100㎡（共同住宅の住戸は200㎡）以内ごとに耐火構造の床、壁、特定防火設備で区画した場合である。ただし、防火区画された階段室や昇降路（乗降ロビー含む）および避難経路となる廊下などの部分には、面積の制限はない。

避難階段・特別避難階段の設置を要する建築物（令117・122条）

	適用対象		対象階	対象階に通じる直通階段		適用条項
				避難階段	特別避難階段	
設置	❶次のいずれか（❷を除く） ・特殊建築物（法別表第1（い）欄（1）～（4）項） ・階数3以上の建築物 ・採光上の無窓居室のある階 ・延べ面積＞1,000㎡の建築物		≧15階	×	○	令117条 令122条1項
			≧5階	○	○	
			≦地下2階	○	○	
			≦地下3階	×	○	
	3階以上に物販店の用途に供する部分のある建築物（床面積合計＞1,500㎡）		各階の売場　および屋上広場	○［※1］	○［※1］	令122条2項
			≧15階の売場	×	○［※2］	令122条3項
			≧5階の売場	○（1以上特別避難階段が必要）［※1］		
適用除外	❷主要構造部	耐火構造・準耐火構造・不燃材料	5階以上の階の床面積合計≦100㎡			令122条1項
			地下2階以下の階の床面積計≦100㎡			
		耐火構造	床面積合計≦100㎡（共同住宅の住戸は200㎡）ごとに防火区画［※3］したもの			

凡例：○＝可　×＝不可
※1：直通階段を2以上設けなければならない
※2：2以上の階段のすべてを特別避難階段とする
※3：耐火構造の床・壁、特定防火設備（直接外気に接する階段室に面する換気窓で、0.2㎡以下の防火設備を含む）で区画したもの

避難階段の設置緩和の例

❶床面積＞1,500㎡の物販店の例

2以上の直通階段を設置すべきかを判断するための床面積の算定には、倉庫・事務室・管理用スペースなどの部分の床面積も対象となる。左図では650㎡+650㎡+300㎡=1,600㎡＞1,500㎡となり、売場については2以上の直通階段を設けなければならない

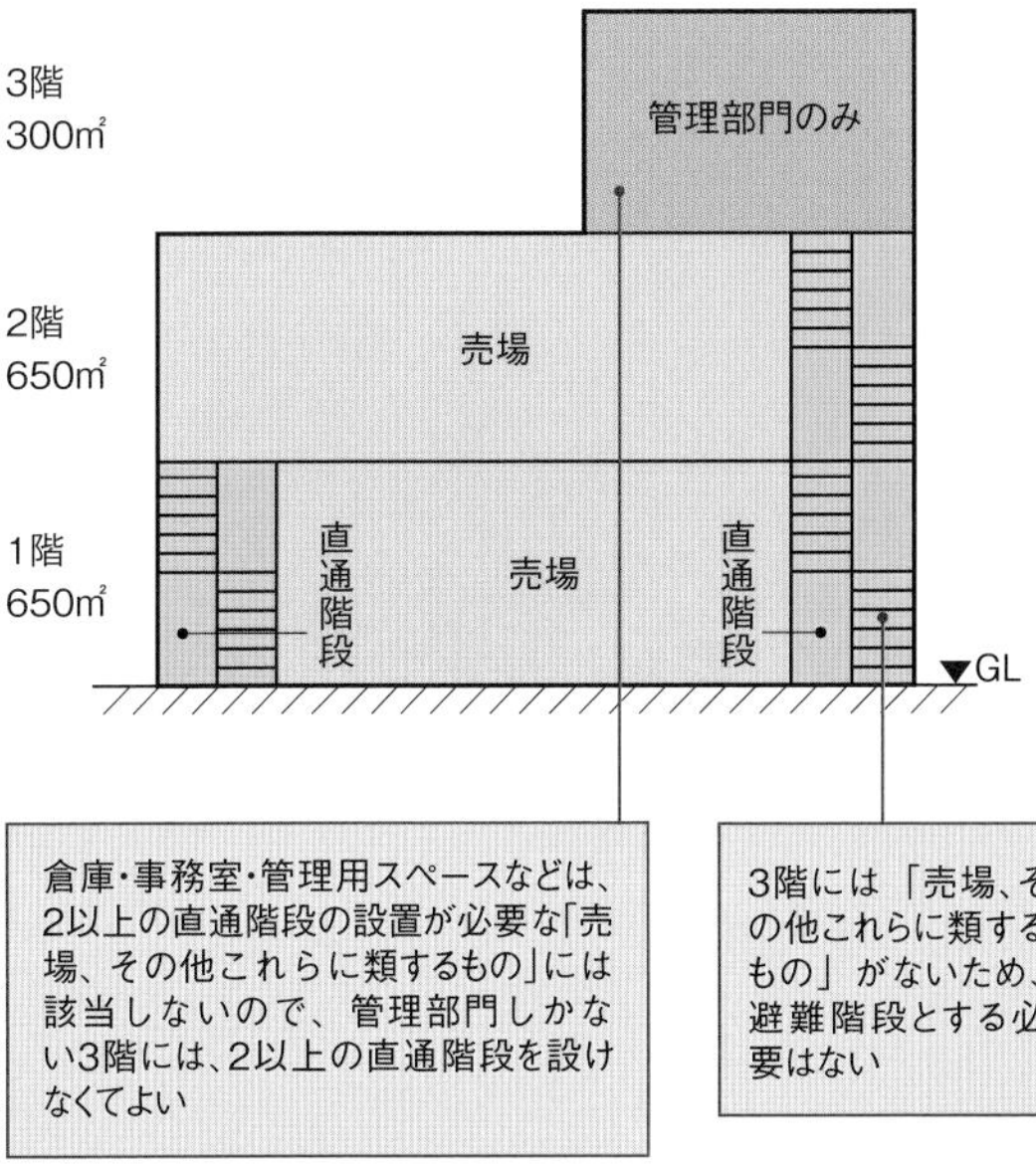

倉庫・事務室・管理用スペースなどは、2以上の直通階段の設置が必要な「売場、その他これらに類するもの」には該当しないので、管理部門しかない3階には、2以上の直通階段を設けなくてよい

3階には「売場、その他これらに類するもの」がないため、避難階段とする必要はない

❷開放片廊下型の5階建て共同住宅の例

床面積100㎡（共同住宅の住戸にあっては200㎡）以内ごとに耐火構造の床、もしくは壁、または特定防火設備で区画されている場合は、避難階段の設置が免除される

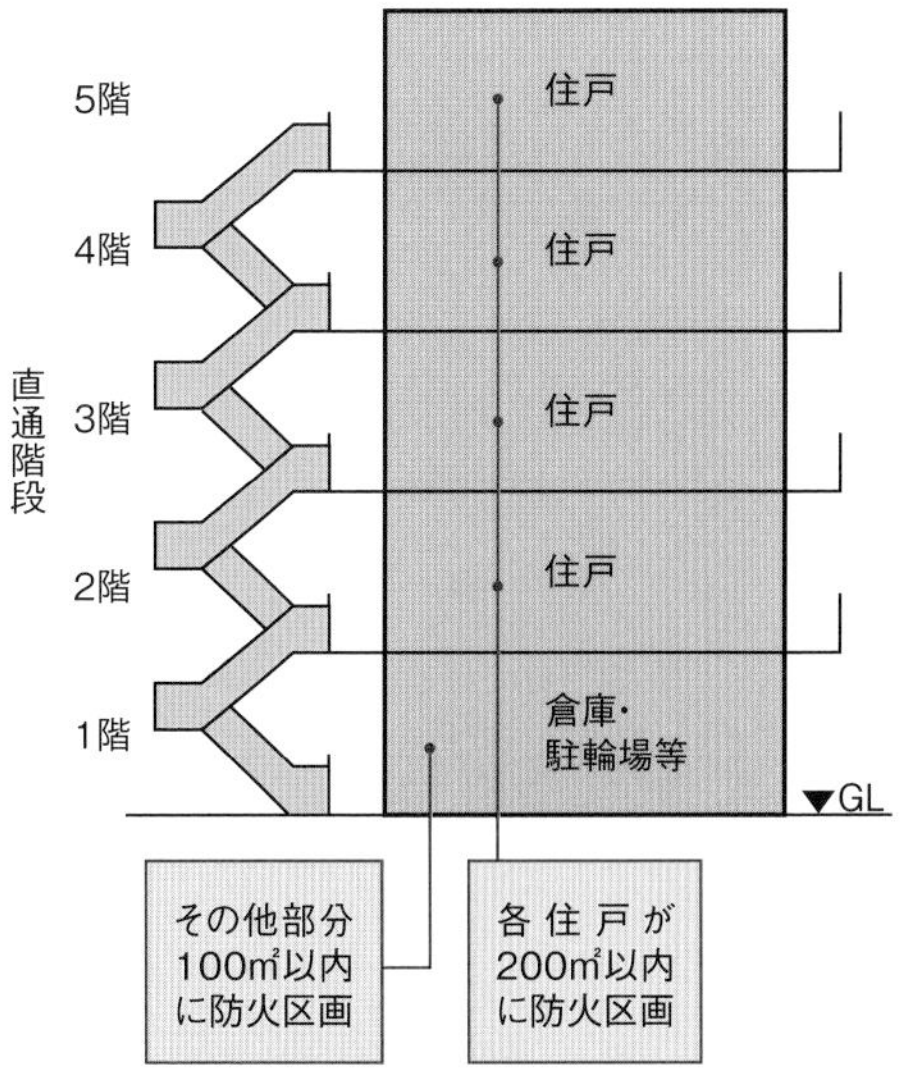

その他部分100㎡以内に防火区画

各住戸が200㎡以内に防火区画

注：防火区画された階段室、昇降路、廊下等の避難経路には面積の制限はない

避難階段の構造

085

避難階段には屋内型と屋外型の2種類がある。ともに階段は耐火構造とする

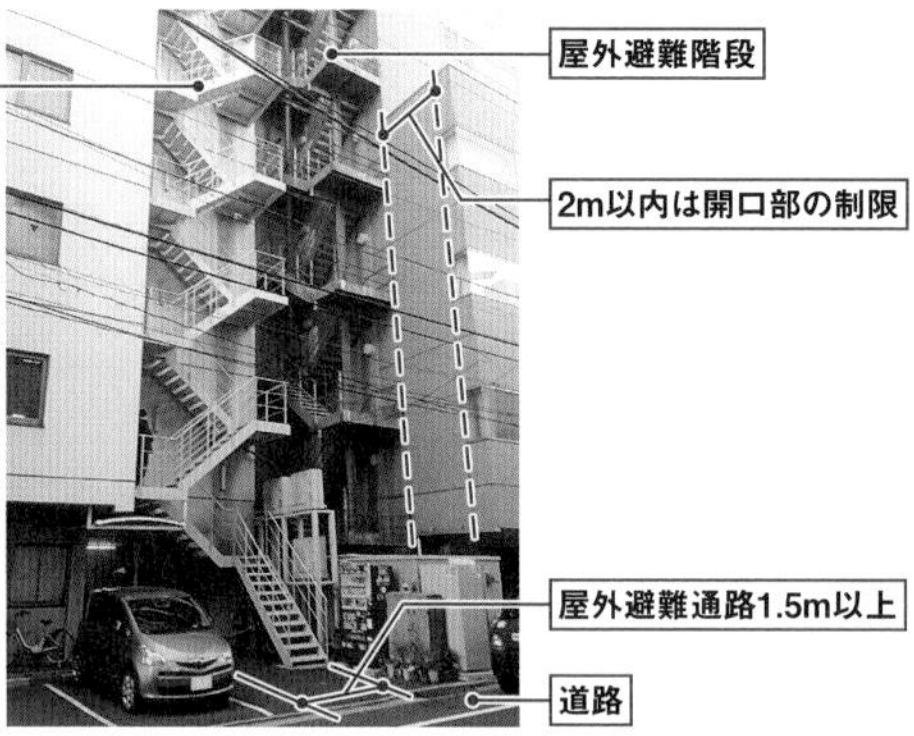
屋外避難階段
屋外避難階段
2m以内は開口部の制限
屋外避難通路1.5m以上
道路

屋外避難階段の場合、周囲2mの範囲内で開口部が規制され、出口から道路まで1.5m幅の敷地内通路が必要

避難階段の構造基準（令123条1・2項）

	部位	構造基準
屋内避難階段	階段	耐火構造とし避難階まで直通させる
	階段室	❶耐火構造の壁で囲む ❷天井（屋根）・壁は、仕上げ・下地ともに不燃材料とする ❸窓その他の採光上有効な開口部または予備電源を有する照明設備を設ける ❹屋外に面する壁に設ける開口部［※1］は階段室以外の開口部、および階段室以外の壁および屋根から90㎝以上の距離に設ける［※2］ ❺屋内に面する壁に設ける窓は、おのおの1㎡以内のはめ殺しの防火設備とする
	階段に通じる出入口の戸	❶常時閉鎖式か煙に反応する自動閉鎖式の遮煙性能をもつ防火戸（令112条14項2号） ❷避難の方向に開くものとする
屋外避難階段	階段	❶耐火構造とし、地上まで直通させる ❷階段に通じる出入口以外の開口部［※1］から2m以上の距離に設ける
	階段に通じる出入口の戸	屋内から階段に通じる出入口の戸は、屋内避難階段の「階段に通じる出入口の戸」と同様のものとする

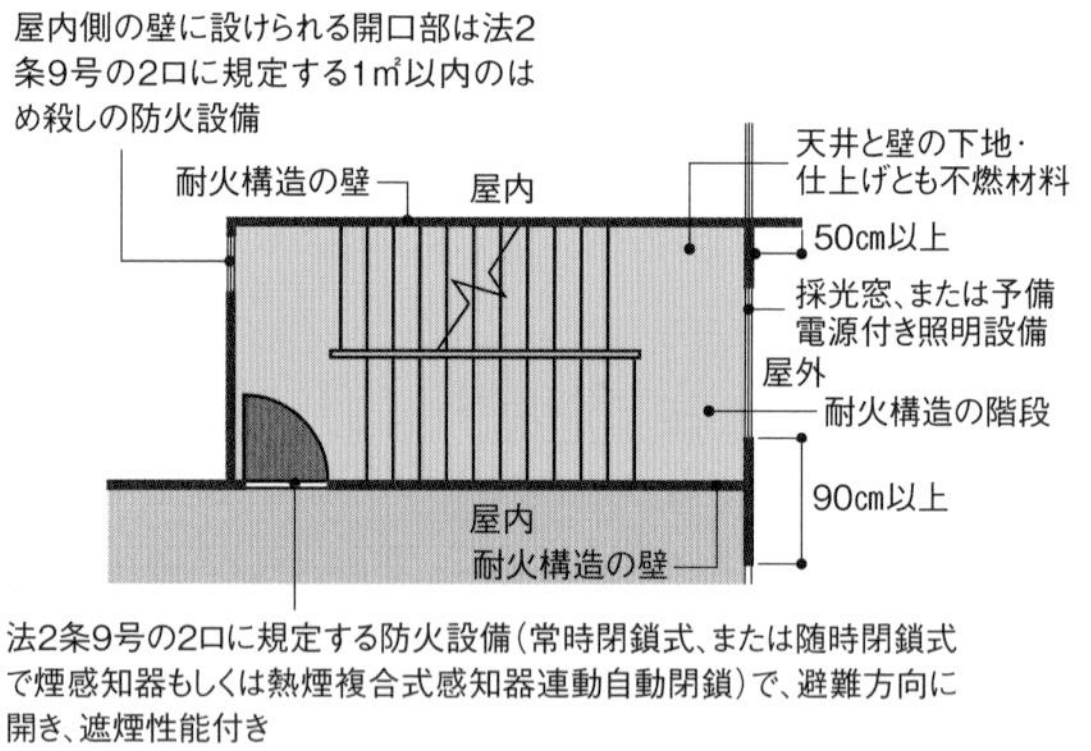
屋内側の壁に設けられる開口部は法2条9号の2ロに規定する1㎡以内のはめ殺しの防火設備
耐火構造の壁
屋内
天井と壁の下地・仕上げとも不燃材料
50㎝以上
採光窓、または予備電源付き照明設備
屋外
耐火構造の階段
90㎝以上
屋内
耐火構造の壁
法2条9号の2ロに規定する防火設備（常時閉鎖式、または随時閉鎖式で煙感知器もしくは熱煙複合式感知器連動自動閉鎖）で、避難方向に開き、遮煙性能付き

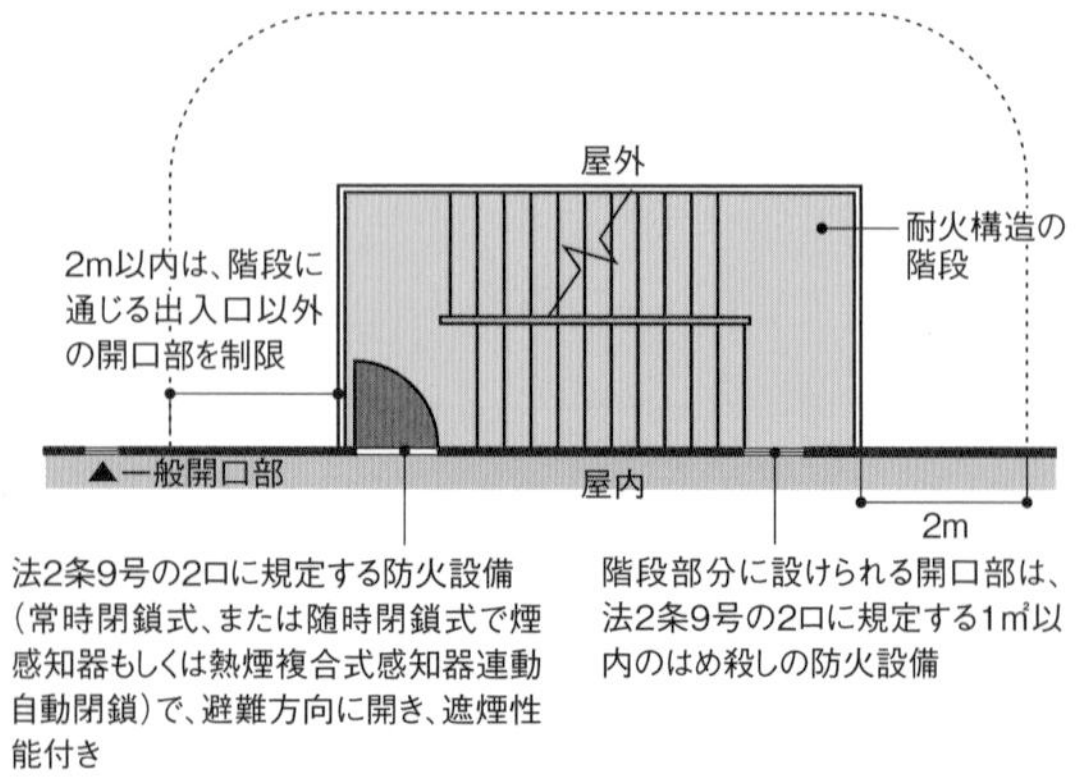
屋外
耐火構造の階段
2m以内は、階段に通じる出入口以外の開口部を制限
▲一般開口部
屋内
2m
法2条9号の2ロに規定する防火設備（常時閉鎖式、または随時閉鎖式で煙感知器もしくは熱煙複合式感知器連動自動閉鎖）で、避難方向に開き、遮煙性能付き
階段部分に設けられる開口部は、法2条9号の2ロに規定する1㎡以内のはめ殺しの防火設備

※1：開口面積1㎡以内のはめ殺しの防火設備を除く
※2：外壁面から50㎝以上突出した準耐火構造の庇、床、そで壁、その他これらに類するもので防火上有効に遮られている場合を除く（令112条10項ただし書）

特別避難階段の構造

086

特別避難階段とは、手前にバルコニーか排煙設備のある付室を設けた屋内階段

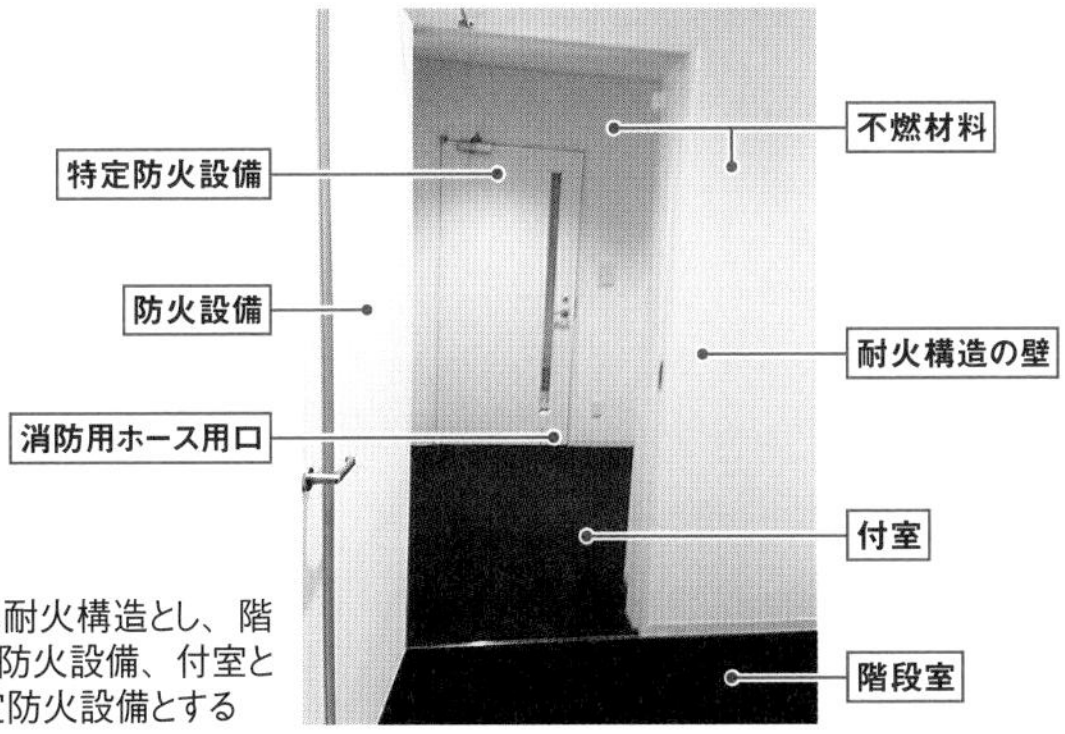
不燃材料
特定防火設備
防火設備
耐火構造の壁
消防用ホース用口
付室
階段室

階段室と付室の壁は耐火構造とし、階段と付室の出入口は防火設備、付室と廊下の出入口は特定防火設備とする

特別避難階段の構造基準（令123条3項）

	構造基準
階段	❶ 避難階まで直通させる ❷ 階段室と屋内とは、バルコニー、または付室を通じて連絡させる ❸ 外気に向かって開くことができる窓・排煙設備・階段内の加圧排煙等 ❹ 階段室・バルコニー・付室は、耐火構造の壁で囲む ❺ 階段室および付室の天井・壁は、下地・仕上げとも不燃材料とする ❻ 階段室には、付室に面する窓その他の採光上有効な開口部または予備電源を有する照明設備を設ける ❼ 階段室・バルコニー・付室の屋外に面する壁に設ける開口部[※1]は、ほかの開口部、耐火構造以外の壁・屋根から90cm以上の距離で、延焼のおそれのある部分以外の部分に設ける[※2] ❽ 階段室には、バルコニーおよび付室に面する部分以外に屋内に面して開口部を設けない ❾ 階段室のバルコニー、または付室に面する部分に窓を設ける場合は、はめ殺し戸とする ❿ バルコニーおよび付室には、階段室以外の屋内に面する壁に出入口以外の開口部を設けない
出入口の戸	❶ 屋内からバルコニー、または付室に通じる出入口には特定防火設備を、バルコニー、または付室から階段室に通じる出入口には防火設備を設ける ❷ 常時閉鎖式、または随時閉鎖式で煙感知器もしくは熱煙複合式感知器連動自動閉鎖で、避難方向に開くもの
15階以上または地下3階以下の階に通じるもの	15階以上、または地下3階以下の各階の階段室およびこれと屋内とを連絡するバルコニー、または付室の床面積[※3]の合計は、その階の居室が法別表第1（い）欄（1）、または（4）項に掲げる用途である場合、その階の居室の床面積に、居室では8／100、その他の居室では3／100を乗じたものの合計以上とする

❶付室を設ける場合

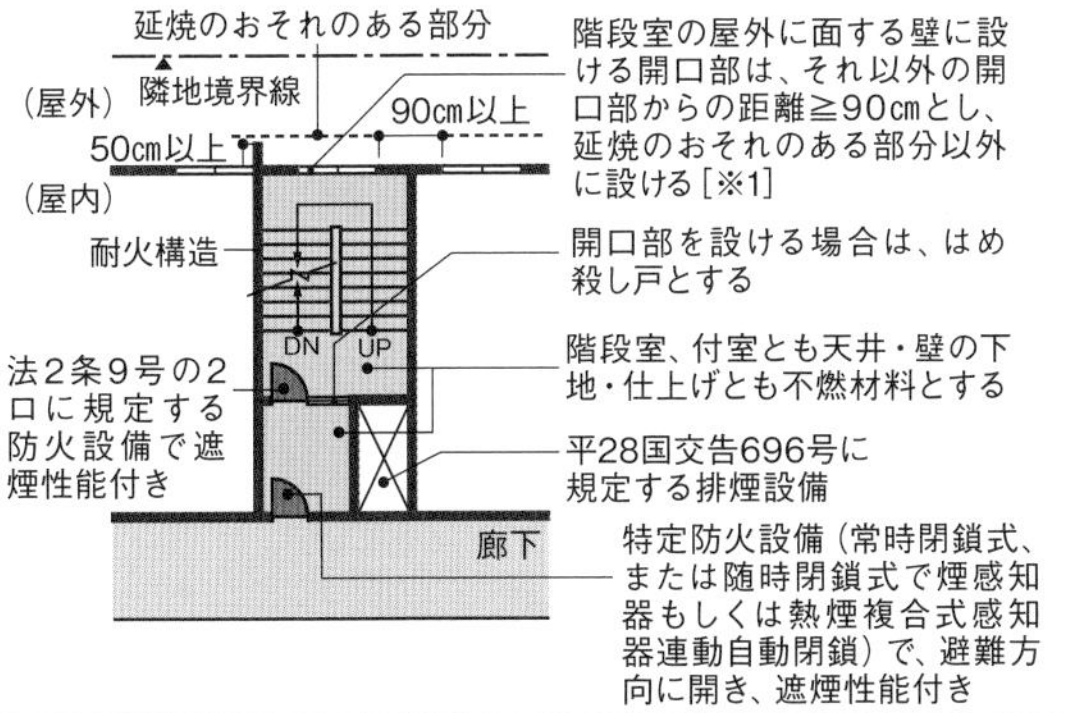
延焼のおそれのある部分
（屋外）
隣地境界線
90cm以上
50cm以上
（屋内）
耐火構造
法2条9号の2ロに規定する防火設備で遮煙性能付き
DN
UP
廊下
階段室の屋外に面する壁に設ける開口部は、それ以外の開口部からの距離≧90cmとし、延焼のおそれのある部分以外に設ける[※1]
開口部を設ける場合は、はめ殺し戸とする
階段室、付室とも天井・壁の下地・仕上げとも不燃材料とする
平28国交告696号に規定する排煙設備
特定防火設備（常時閉鎖式、または随時閉鎖式で煙感知器もしくは熱煙複合式感知器連動自動閉鎖）で、避難方向に開き、遮煙性能付き

❷バルコニーを設ける場合

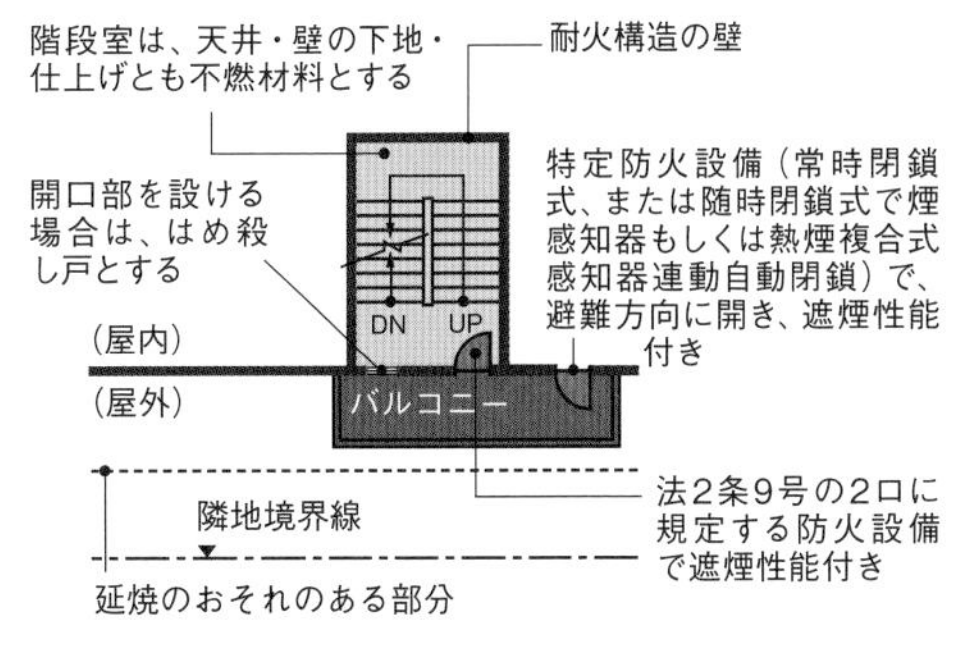
階段室は、天井・壁の下地・仕上げとも不燃材料とする
耐火構造の壁
開口部を設ける場合は、はめ殺し戸とする
特定防火設備（常時閉鎖式、または随時閉鎖式で煙感知器もしくは熱煙複合式感知器連動自動閉鎖）で、避難方向に開き、遮煙性能付き
DN
UP
（屋内）
（屋外）
バルコニー
隣地境界線
延焼のおそれのある部分
法2条9号の2ロに規定する防火設備で遮煙性能付き

※1：開口面積1㎡以内のはめ殺しの防火設備を除く　※2：令112条10項ただし書に規定する場合を除く　※3：バルコニーで床面積がないものは、床部分の面積

特別避難階段の床面積と幅員 087

15階以上の階、地下3階以下の階では「階段室＋付室」の床面積を規制

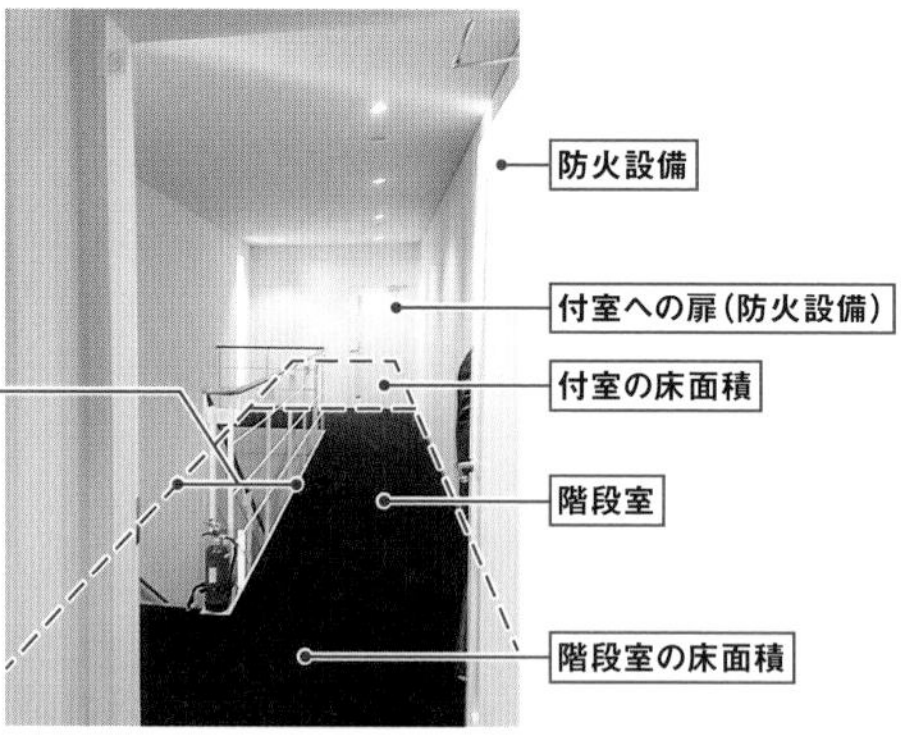

特別避難階段は15階以上と地下3階以下の階で「その床面積」、1,500㎡超の物販店で「幅員」の最低数値を算出

用途で変わる特別避難階段の床面積

特別避難階段は、付室やバルコニー部分も含めて、避難の際に人が滞留する安全な区画としなければならない。そこで建築基準法では、特別避難階段の**階段部分と付室**（バルコニーの場合は床の部分）の**合計床面積**を、対象階ごとの居室の床面積の割合以上にするよう定めている（令123条3項12号）。

規制の対象となる階は、災害の際に危険度が高い15階以上と地下3階以下の階である。

当該階の居室面積で決まる算定割合は、建築物の用途により2種類ある。

1つは、法別表第1(い)欄(1)項（劇場、映画館、集会場など）と(4)項（百貨店、マーケット、遊技場など）の特殊建築物である。階段室と付室（バルコニー）の合計床面積は、階ごとに算定し、その用途に供する居室の床面積の8／100以上にしなければならない。

もう1つはその他の用途の場合で、階段室と付室（バルコニー）の合計床面積が、各用途に供する居室の床面積の3／100以上になるよう、階段の数や幅員、付室（バルコニー）の面積を計画しなければならない。

物販店の避難階段等の幅員

合計床面積が1千500㎡超となる大型の物販店は、避難時の大きな混乱が想定される。そのため、階ごとの避難階段や特別避難階段に必要となる幅員の合計値が、別途定められている（令124条1項1号）。

物販店の用途部分で、各避難階段等の合計幅員は、直上階以上（直下階以下）の階の最大の床面積（㎡）に0.6を乗じた数値以上としなければならない。

ただし、避難階段等が地上階の1フロアか2フロアだけの地上階専用のものである場合は、合計幅員の算定の際には、実際の幅員の1.5倍あるものとみなすことができる（令124条2項）。

またこのとき、屋上広場がある場合は、屋上も階とみなして算定の対象としなければならない（令124条3項）。

特別避難階段の付室等の床面積(15階以上の階、地下3階以下の階)(令123条3項12号)

居室の用途	階段室、付室・バルコニーの床面積の合計(各階)	適用条項
劇場・映画館・演芸場・観覧場・公会堂・集会場・百貨店・マーケット・展示場・キャバレー・カフェー・ナイトクラブ・バー・ダンスホール・遊技場・公衆浴場・待合・料理店・飲食店・物販店(床面積>10㎡)	その階の居室の床面積の合計×8／100	令123条3項12号
上記以外	その階の居室の床面積の合計×3／100	

注：付室またはバルコニー1カ所当たりの床面積を行政庁によっては最低3～5㎡以上と指導する場合がある

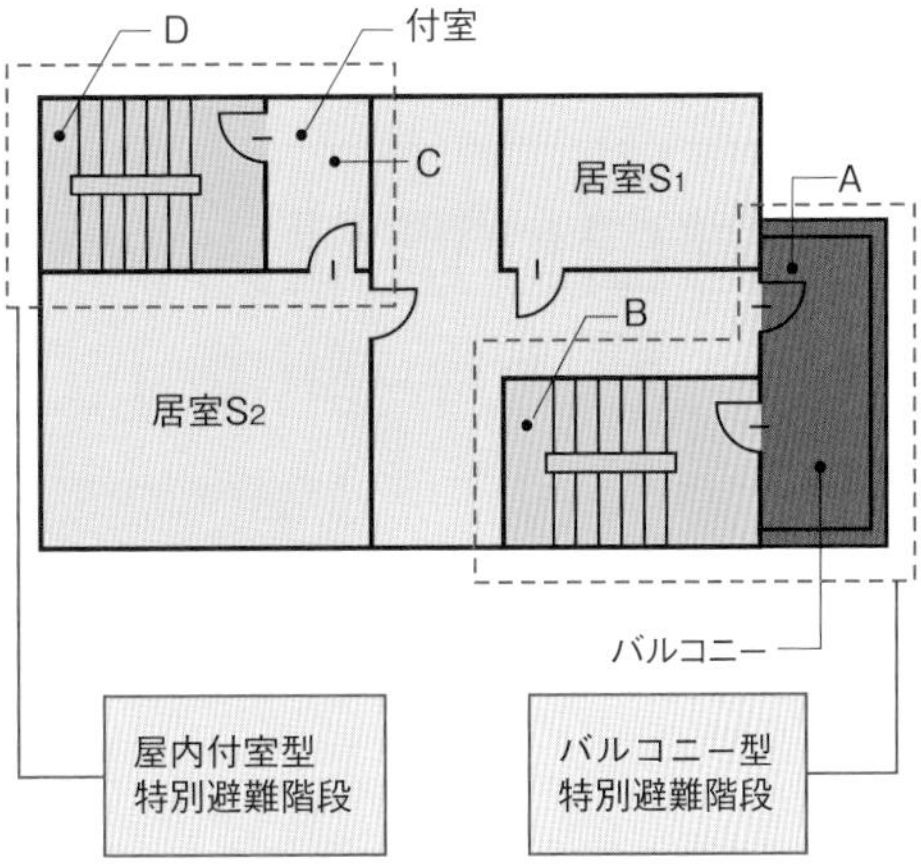

$A+B+C+D \geqq (S_1+S_2)\times 8/100$[※1]
$3/100$[※2]

※1：劇場・集会場等の場合
※2：それ以外の場合

物販店(>1,500㎡)の避難階段・特別避難階段及び出入口の幅の合計(各階)(令124条、125条3項)

区分	適用部分	階段・出入口の必要幅		適用条項
		地上階	地下階	
原則	各階における避難階段・特別避難階段の幅の合計	$\geqq \dfrac{\text{その階の上階(下階)のうち床面積が最大の階の床面積}}{100m^2}\times 0.6m$		令124条1項
原則	各階における避難階段・特別避難階段へ通じる出入口幅の合計	$\geqq \dfrac{\text{その階の床面積}}{100m^2}\times 0.27m$	$\geqq \dfrac{\text{その階の床面積}}{100m^2}\times 0.36m$	令124条1項
原則	避難階における屋外への出入口幅の合計	$\geqq \dfrac{\text{床面積が最大の階の床面積}}{100m^2}\times 0.6m$		令125条3項
原則	屋上広場	階とみなす		令124条3項
緩和	地上階において1つの階、または2つの階で専用する避難階段・特別避難階段の幅員およびこれらに通じる出入口の幅の合計	1.5倍あるとみなす		令124条2項

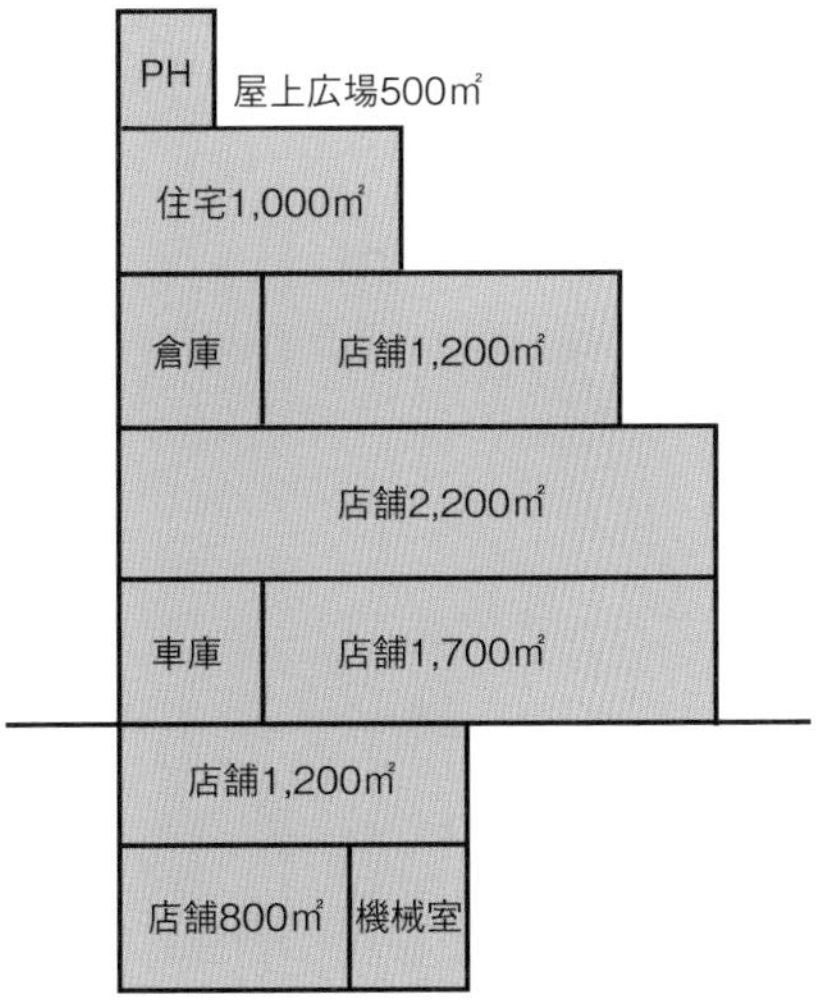

●地上階における各階の避難階段の幅の合計W

$$W \geqq \frac{2{,}200m^2}{100m^2}\times 0.6m = 13.2m$$

●地下階における各階の避難階段の幅の合計W

$$W \geqq \frac{1{,}200m^2}{100m^2}\times 0.6m = 7.2m$$

出口・屋上手摺

088

非常口は避難方向に開き、解錠方法の表示が必要。屋上手摺は 1.1 m以上

屋上手摺1.1mの基準は、3階以上の建築物等に適用。出口の規定には「開き方向」「解錠方法の記載」「幅の合計」がある

出口の戸の規制

不特定多数の人が集まる劇場や映画館、集会場などでは、客席部分の**出口扉の開く方向に規制**がある。

客席から避難に使われる戸は外に開かなければならない(令118条)。同様に、避難階段や特別避難階段に通じる戸の開く方向も、各階で避難方向に開くようにする。つまり、1階などの避難階では外側に、その他の階では階段の内側に、それぞれ開かなければならない(令123条1項6号)。

また、屋外避難階段へ通じる各階からの出口や、避難階段から屋外への出口、火災の際に非常口となる戸の施錠装置は、鍵を使わずに開けられるものとする。さらに、解錠方法を表示する必要がある(令125条の2)。

物販店の出入口の幅

物販店(合計床面積1千500㎡超)では、階段の幅だけでなく**出入口の合計幅**が規定されている。各階に複数ある避難階段等の出入口の幅の合計は、その階の床面積(㎡)に、地上階は0・27、地階は0・36をそれぞれ乗じて求めた幅(cm)以上としなければならない(令124条1項2号)。

同様に避難階の屋外出入口の合計幅の制限もある。必要合計幅は、物販店の用途のある最大の階の床面積(㎡)に0.6を乗じて算出した数値(cm)以上とする(令125条3項)。

屋上手摺の規定

5階以上の階に売場(1千500㎡超の物販店)がある場合は、屋上広場を設け、階とみなして避難計画を行う(令125条4項・126条2項)。その際、屋上広場の周囲には高さ1.1m以上の**手摺壁等**を設置しなければならない(令126条)。

なお、法別表第1の特殊建築物や階数3以上の建築物、無窓の居室を有する階、延べ面積1千㎡超の建築物で2階以上の階にあるバルコニーや廊下等では、手摺の基準として、この数値が参照される。

劇場等の客席からの出口・屋外への出口（令118条、125条2項）

平面図

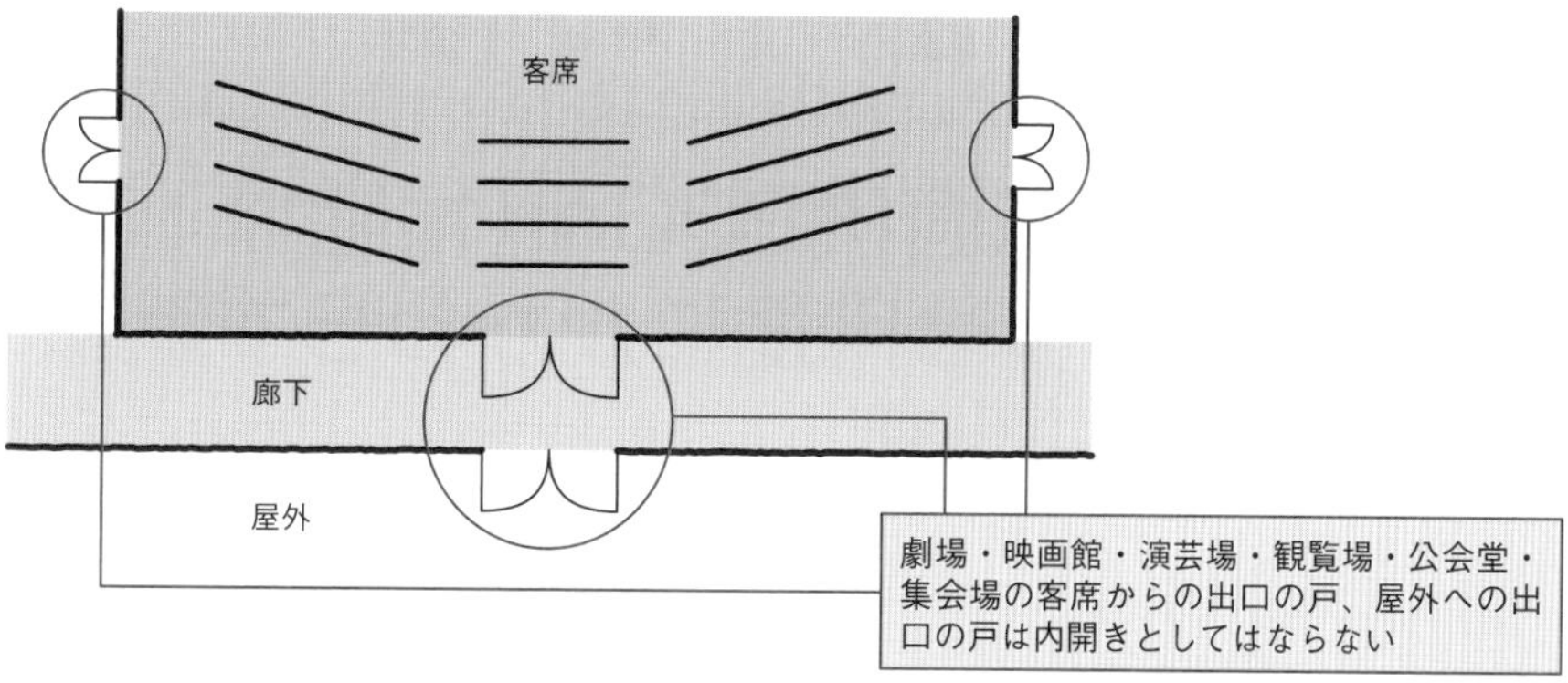
客席
廊下
屋外
劇場・映画館・演芸場・観覧場・公会堂・集会場の客席からの出口の戸、屋外への出口の戸は内開きとしてはならない

屋外への出口の解錠方法（令125条の2）

適用対象：❶屋内から屋外避難階段に通じる各階の戸、❷避難階段から屋外に通じる出口の戸、❸維持管理上、常時鎖錠状態にある火災その他の非常時に使用する避難階の出口の戸

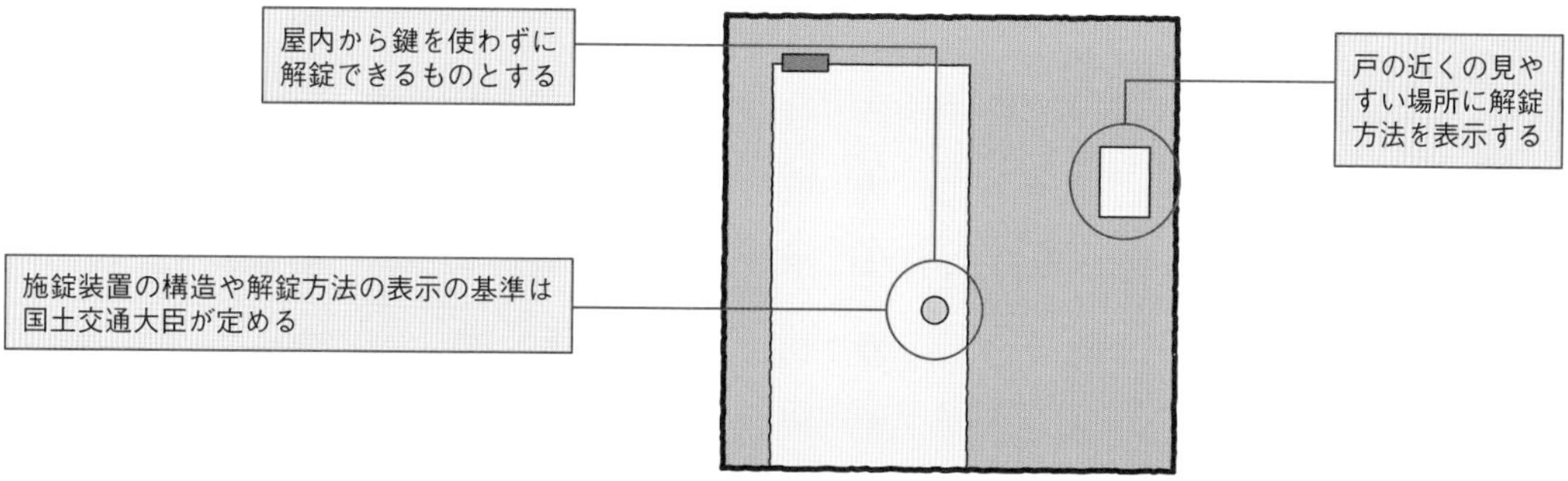
屋内から鍵を使わずに解錠できるものとする
戸の近くの見やすい場所に解錠方法を表示する
施錠装置の構造や解錠方法の表示の基準は国土交通大臣が定める

大規模物販店の避難階における屋外への出口の幅（令125条3項）

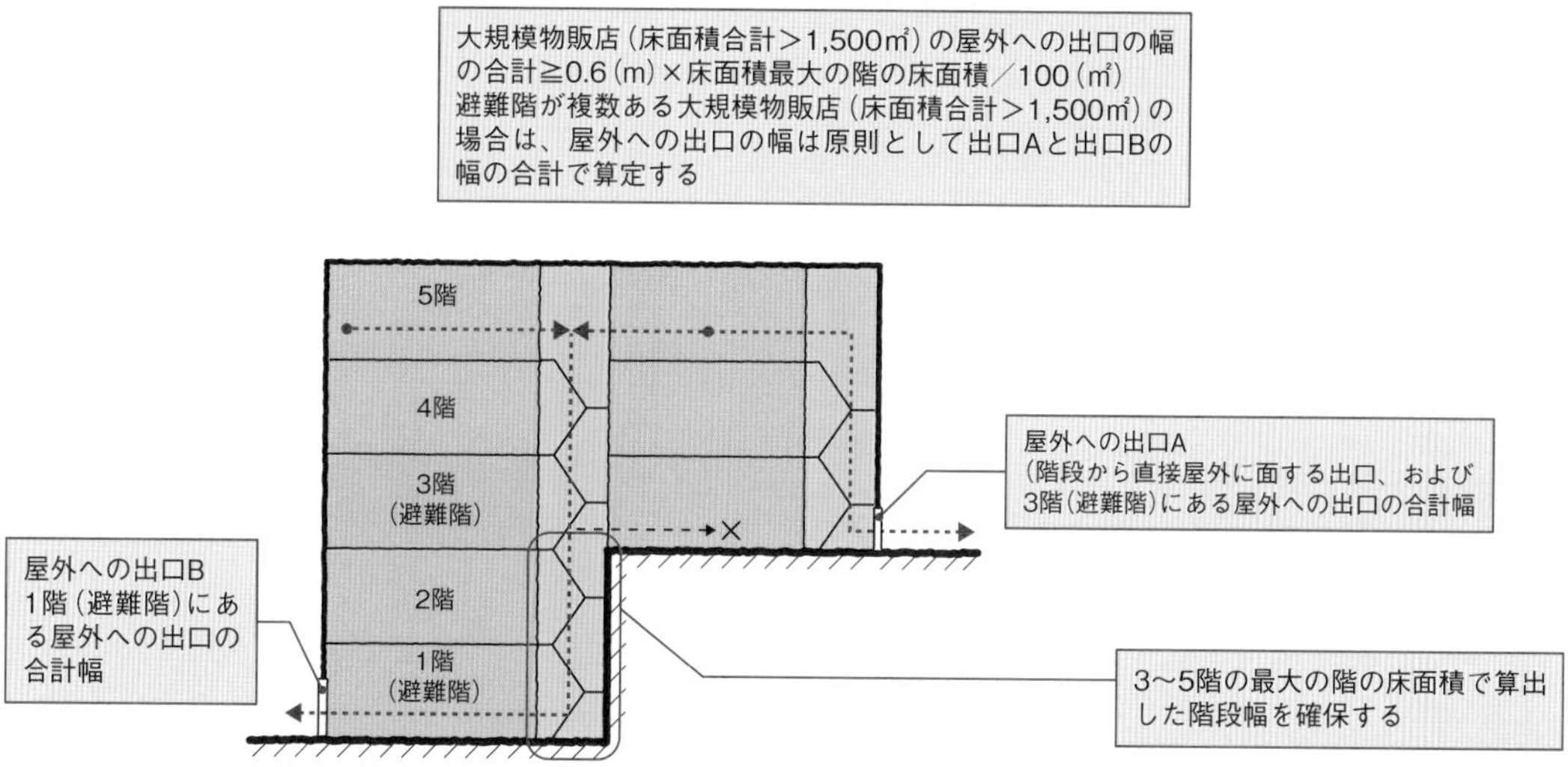
大規模物販店（床面積合計＞1,500㎡）の屋外への出口の幅の合計≧0.6（m）×床面積最大の階の床面積／100（㎡）
避難階が複数ある大規模物販店（床面積合計＞1,500㎡）の場合は、屋外への出口の幅は原則として出口Aと出口Bの幅の合計で算定する
5階
4階
3階（避難階）
2階
1階（避難階）
屋外への出口A（階段から直接屋外に面する出口、および3階（避難階）にある屋外への出口の合計幅
屋外への出口B 1階（避難階）にある屋外への出口の合計幅
3〜5階の最大の階の床面積で算出した階段幅を確保する

廊下の幅

089

居室の合計床面積200㎡（地階は100㎡）超の階の共有廊下幅は用途にかかわらず制限

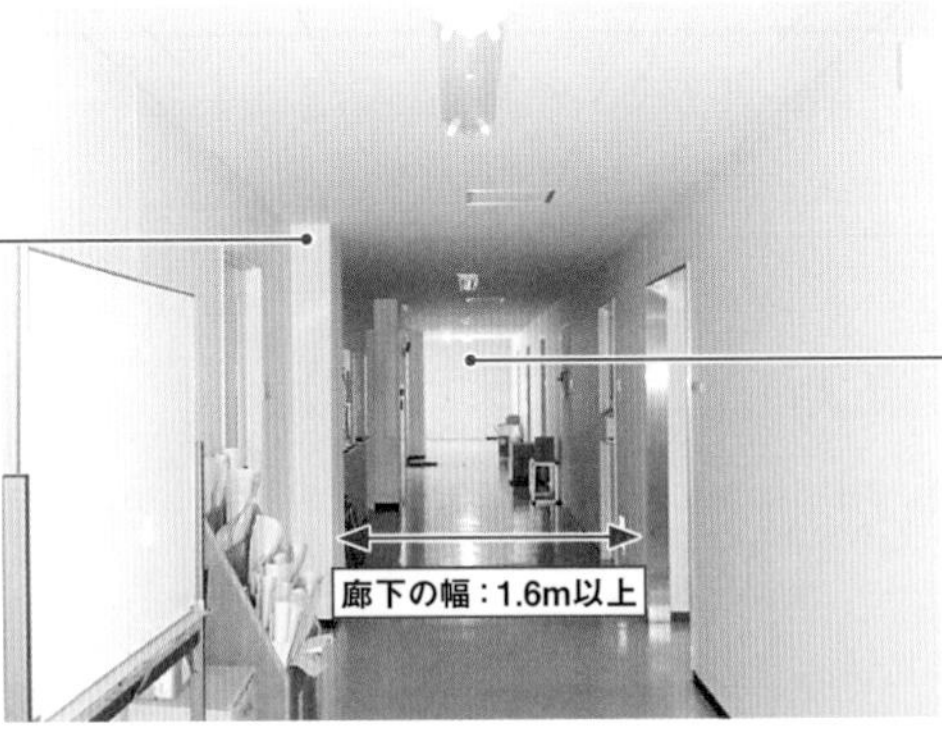
柱は廊下の幅に含まない
病院の患者用中廊下

両側居室の幅員は、小・中・高の生徒用は2.3m、病院の患者用で1.6m。片側居室の場合は、それぞれ、1.8m、1.2mに緩和されている

廊下幅員の算定方法

廊下の幅員は、壁面から壁面までの**最短寸法**で算定する。柱形などが突出している場合は、柱面から反対側の壁までの最短寸法が幅員となる。廊下の両側に居室がある中廊下型は、片側に居室がある片廊下型と比べて、廊下の必要最低幅員が広い。

用途・規模などで幅員が決まる

次の用途・規模の建築物は、廊下幅員の最低限度が規制される（令117・119条）。

①法別表第1(い)欄(1)～(4)項の特殊建築物（劇場、集会場、病院、共同住宅、学校、体育館、百貨店、遊技場等）
②階数3以上の建築物
③採光上の無窓居室がある階
④延べ面積1千㎡超の建築物

また、学校の児童・生徒用の廊下や病院の患者用の廊下は、用途によって規制され、面積によらず幅員が決まる。この制限は「児童・生徒用」なので、同じ建築物でも職員専用廊下は規制の対象外である。

一方、共同住宅は、階の住戸や住室の床面積の合計が100㎡を超える場合に幅員が規定される。これらの用途以外では、階ごとの居室面積の合計で共用廊下の幅員が決まる。対象は地上階で200㎡超、地下階で100㎡超の場合である。また、条例にも用途により幅員の規定があるので注意を要する。

廊下幅員の緩和規定

前述の場合でも、3室以下の居室のためだけの**専用廊下**ならば、幅員規定は緩和される。緩和の対象となる居室は、例示されている病院や共同住宅の病室や住戸ではなく、あくまでも一般用途の居室である。

また、建築物が開口部のない耐火構造の床または壁で区画されている場合は、それぞれ別の建築物の部分とみなし、部分ごとに居室の面積を算定し、廊下幅員を設定できる（令117条2項）。

なお、廊下幅員には、建築物の不燃化等による面積の緩和規定はない。

幅員の測り方

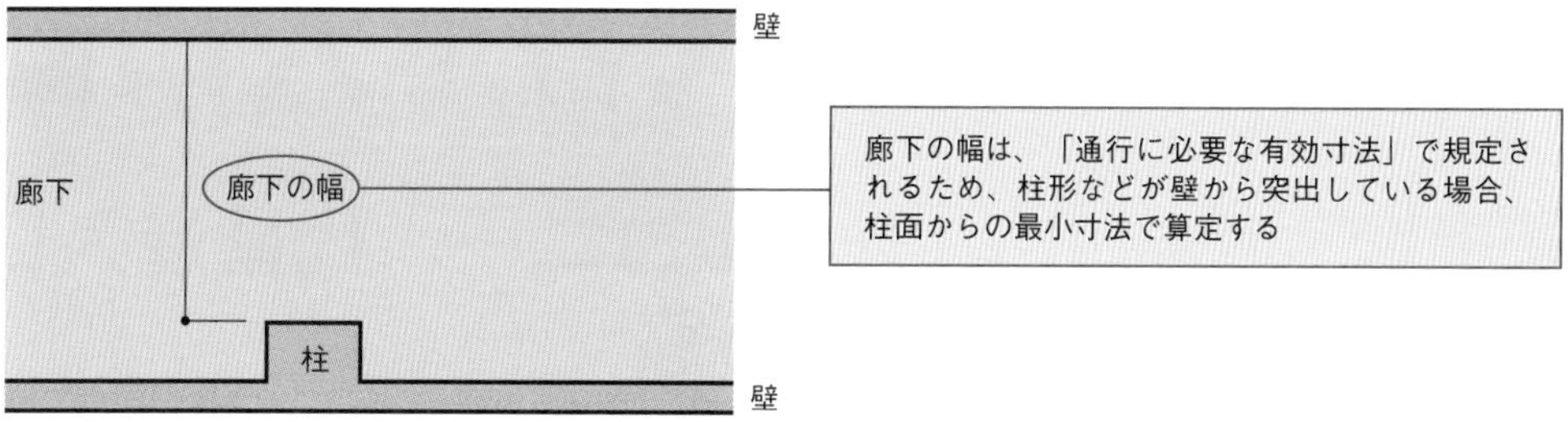
壁
廊下
廊下の幅
柱
壁
廊下の幅は、「通行に必要な有効寸法」で規定されるため、柱形などが壁から突出している場合、柱面からの最小寸法で算定する

廊下の幅員規定（令117・119条）

適用対象（令117条）	廊下の種類	廊下の幅員		適用条項
		両側居室（中廊下）	その他（片廊下）	
次のいずれか ・特殊建築物（法別表第1（い）欄（1）～（4）項） ・階数3以上の建築物 ・採光上の無窓居室のある階 ・延べ面積＞1,000㎡の建築物	小学校の児童用・義務教育学校 中学校・高等学校・中等教育学校の生徒用	≧2.3m	≧1.8m	令119条
	病院の患者用	≧1.6m	≧1.2m	
	共同住宅の住戸・住室の床面積合計＞100㎡の階の共用のもの			
	地上階：居室の床面積合計＞200㎡（3室以下の専用のものを除く）			
	地階：居室の床面積合計＞100㎡（3室以下の専用のものを除く）			

「3室以下の専用廊下」の考え方

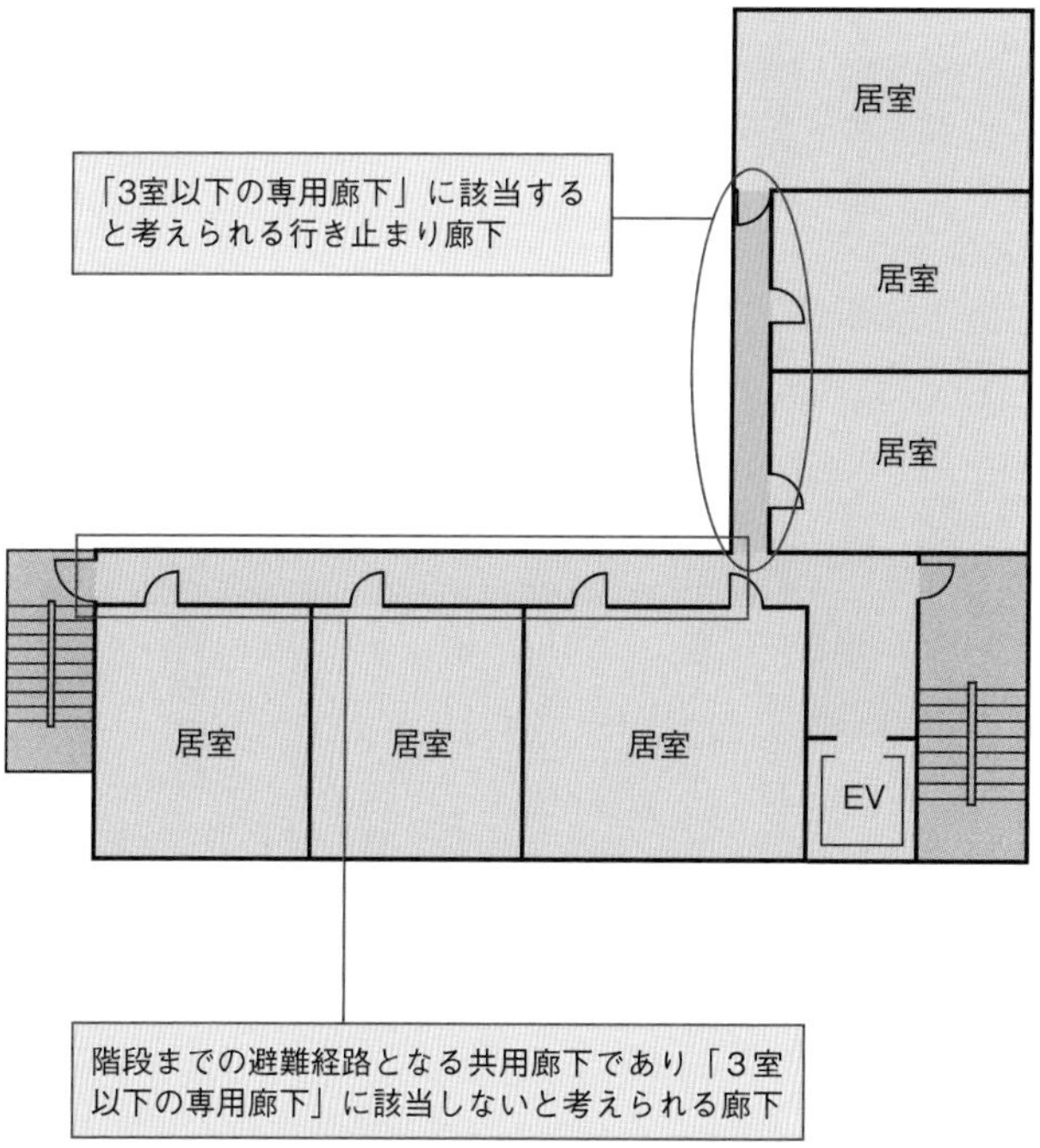
「3室以下の専用廊下」に該当すると考えられる行き止まり廊下
居室
居室
居室
居室
居室
居室
EV
階段までの避難経路となる共用廊下であり「3室以下の専用廊下」に該当しないと考えられる廊下

片側居室の廊下の考え方

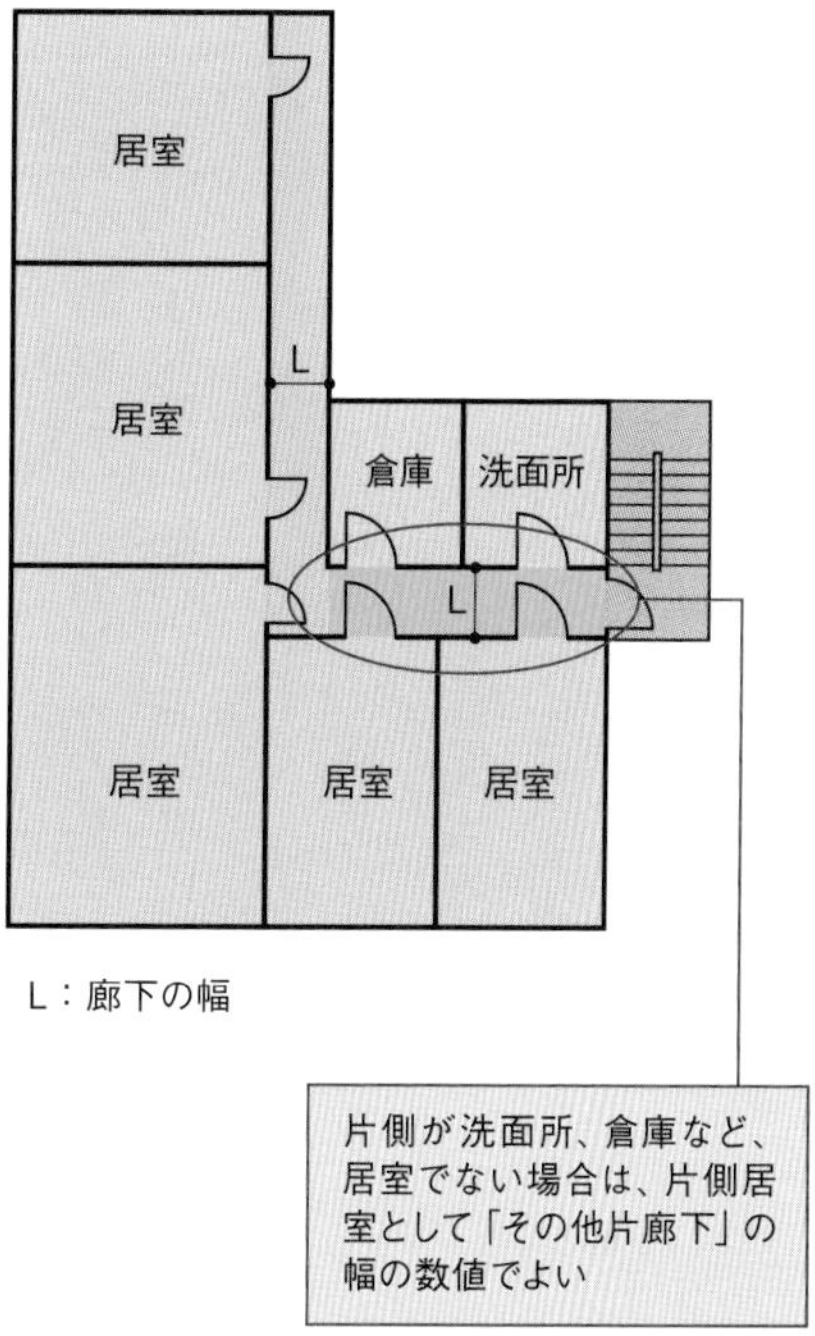
居室
居室
L
倉庫
洗面所
L
居室
居室
居室
L：廊下の幅
片側が洗面所、倉庫など、居室でない場合は、片側居室として「その他片廊下」の幅の数値でよい

注：児童・生徒用、患者用の専用廊下と、共同住宅の住戸、住室の床面積の合計が100㎡超の階における共用廊下は除く

非常用進入口と代替進入口 090

非常用進入口は4㎡のバルコニー、代替進入口は1m以上の円が内接する窓

非常用進入口はバルコニー型で、設置間隔は40m、代替進入口は窓兼用型で、10m以内ごとに設置

進入口設置は3階以上31m以下

　高層建築物の場合、災害時の救助のために消防隊が外部から建築物内に進入できる設備が必要となる。これらの設備を「**非常用進入口**」「**代替進入口**」（以下、進入口）という。

　進入口の設置が必要な部分は、3階以上の階の、4m以上の道などに面した外壁である。建築物の外壁が、「道」と「道に通じる幅員4m以上の通路」の両方に面する場合、いずれかの側に進入口を設置すればよい（令126条の6）。

　階の高さが31mを超える場合は、一般のはしご車が届かないため、進入口の設置義務はない。高さ31mの位置が階の途中にある場合は、その階にも進入口の設置が必要になる。

　また、消防活動をより迅速に行うため、進入口は外壁面の一定長さごとに複数設けなければならない。非常用進入口の場合、バルコニーをもち、足場が確保されていて、建築物のなかへの進入が容易なので、40m以内に1カ所設置する。一方、代替進入口は10m以内ごとに1カ所の設置が必要になる。

進入口の免除要件

　高さ31mを超える建築物で、非常用エレベーターが設置されている場合は、非常用エレベーターを使っての消防活動が可能なため、31m以下の部分でも進入口の設置は免除される。

　また、進入口を設けると周囲に著しい危害を及ぼすおそれのある階（放射性物質や細菌、爆発物を扱う階や変電所など）や、進入口を設けることが用途の目的に反する階（冷蔵倉庫、留置所、拘置所など）は、直上・直下の階から進入可能ならば、進入口は設置しなくてよい（平12建告1438号）。

　このほか、共同住宅で、各住戸に進入可能なバルコニーや廊下・階段がある場合（昭和46住建発78・85号）や、消防車両の進入や移動に支障のないスタジアムなどの高い開放性のある大空間の場合も非常用進入口は免除される（平28国交告786号）。

非常用進入口の構造例
（令126条の6・126条の7）

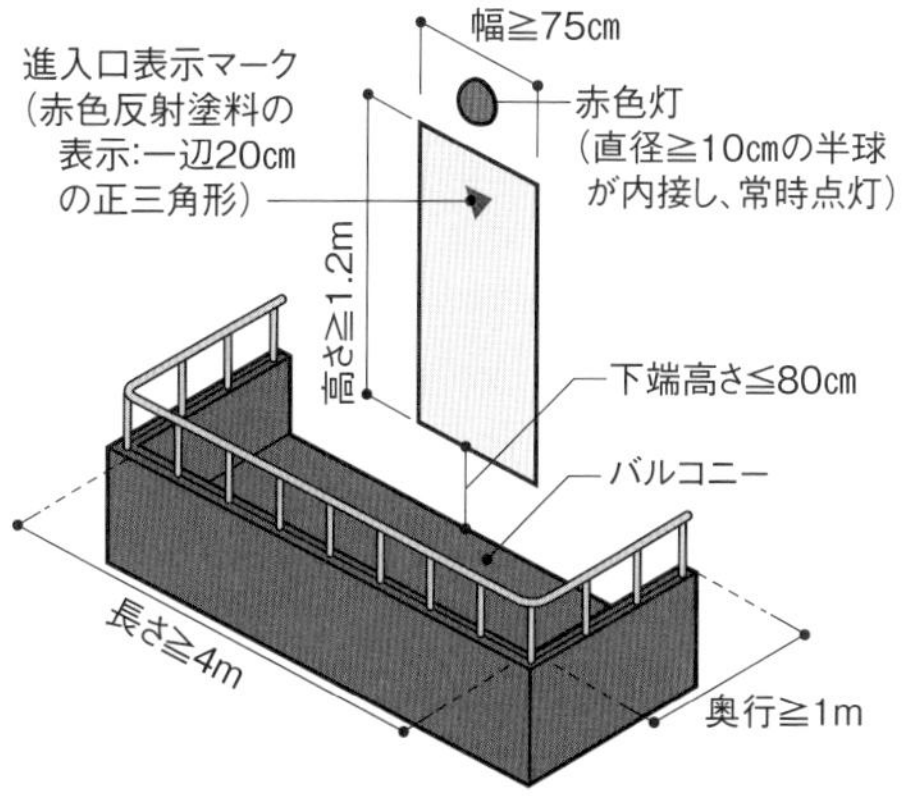

建築物の高さ31m以下の部分にある3階以上の各階には、道、または道に通じる長さ4m以上の通路等に面する外壁面に設置する

非常用進入口の配置の例

非常用進入口は、進入口の中心間距離40m以内ごとに設置

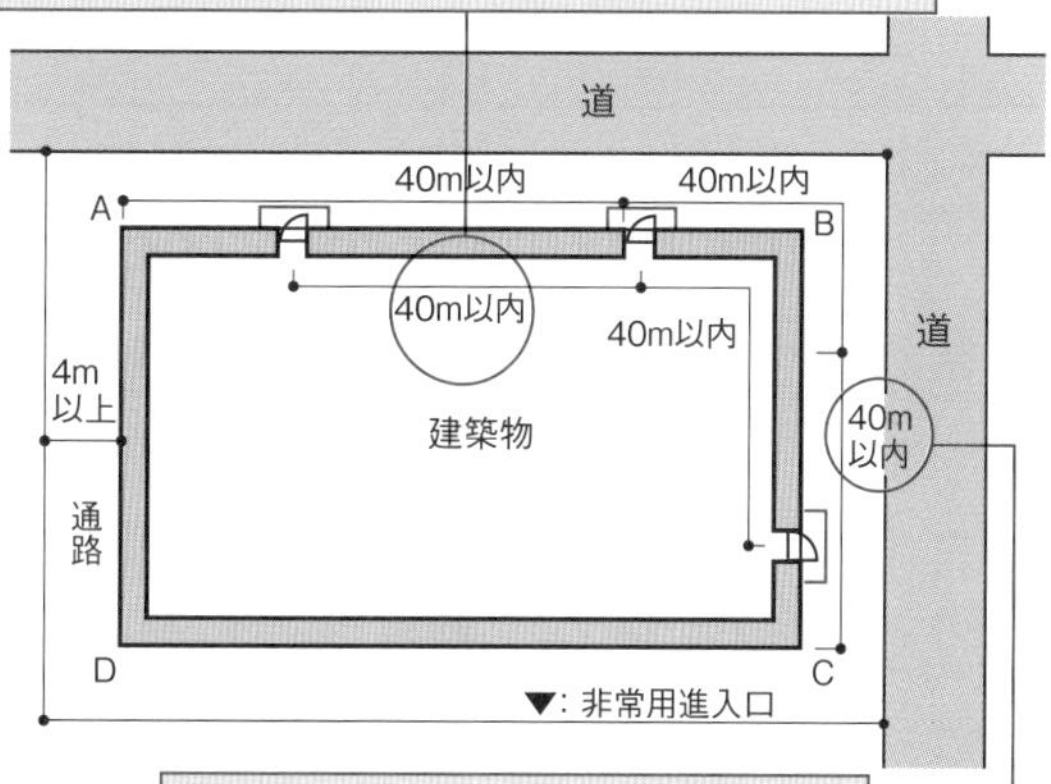

進入口間の距離は、外壁面の長さで測る

非常用進入口は、道路に面する壁面（A−B−C間）、または通路に面する壁面（A−D間）のいずれかに設置すればよい

原則として、道に面する外壁面を40m以内に分けた部分に非常用進入口を1カ所設置する

代替進入口の構造例
（令126条の6）

❶大きさ

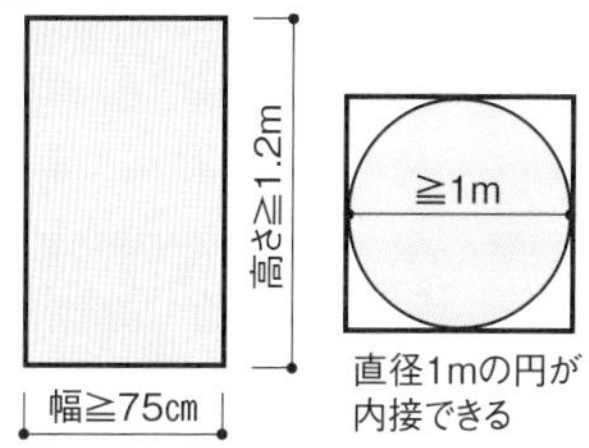

はめ殺し窓の場合、網入ガラスでないものとする。
網入りガラスの引違い、回転窓などは進入を防げる構造には該当しない

❷床面からの高さ

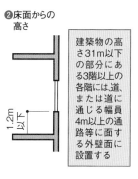

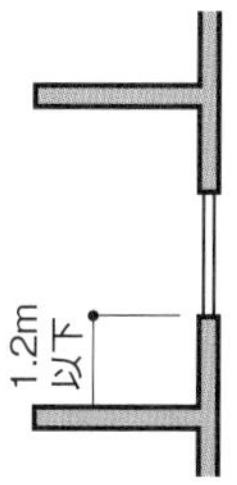

建築物の高さ31m以下の部分にある3階以上の各階には、道、または道に通じる幅員4m以上の通路等に面する外壁面に設置する

❸手摺やベランダのある場合

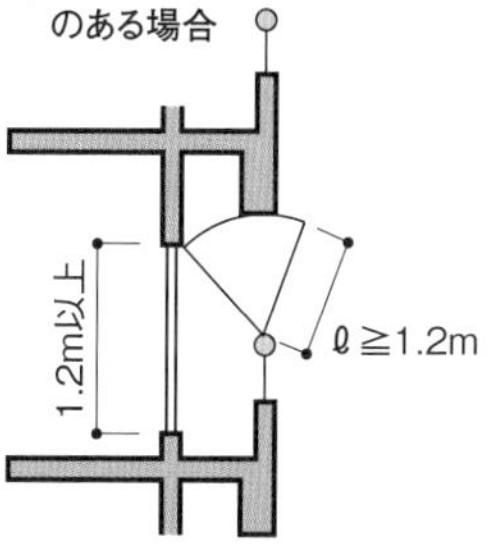

ℓ：手摺などがある場合の進入可能な有効寸法

代替進入口の配置の例

代替進入口は、法令規定上、道路に面する壁面（A−B−C間）、または通路に面する壁面（A−D間）のいずれかに設置すればよいとされる

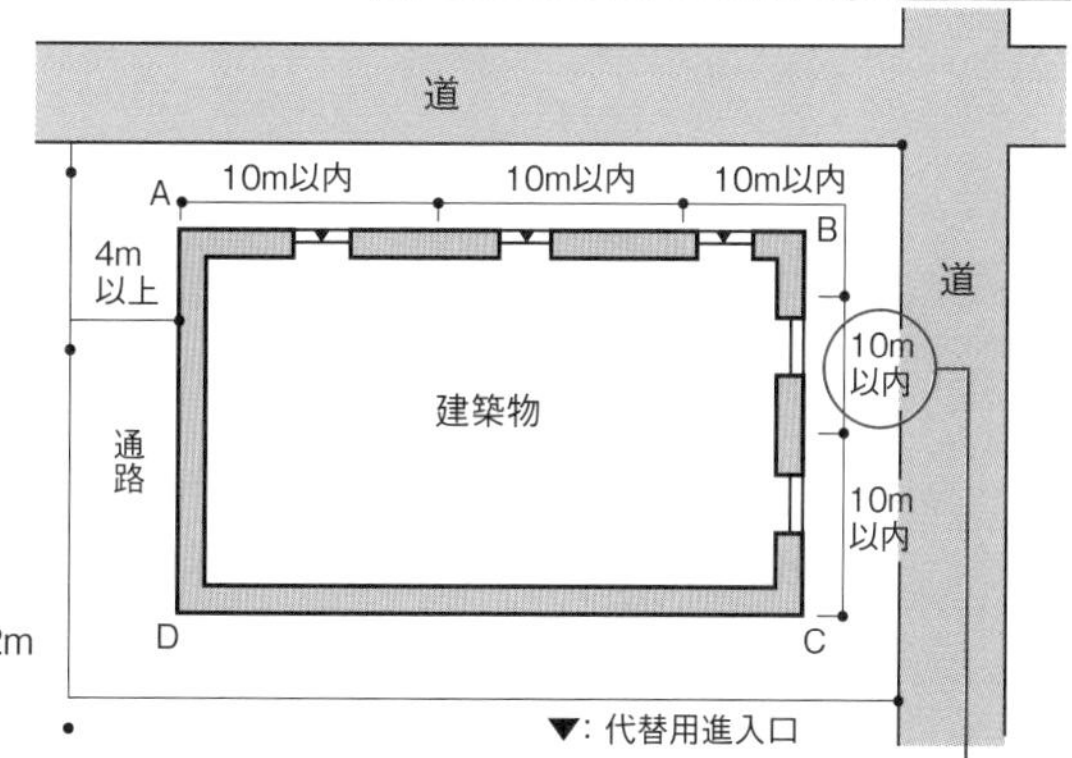

代替進入口は、壁面長10m以内ごとに1カ所配置すればよい

非常用進入口とみなされる開放性の高いアトリウム（令126条の6第3号）

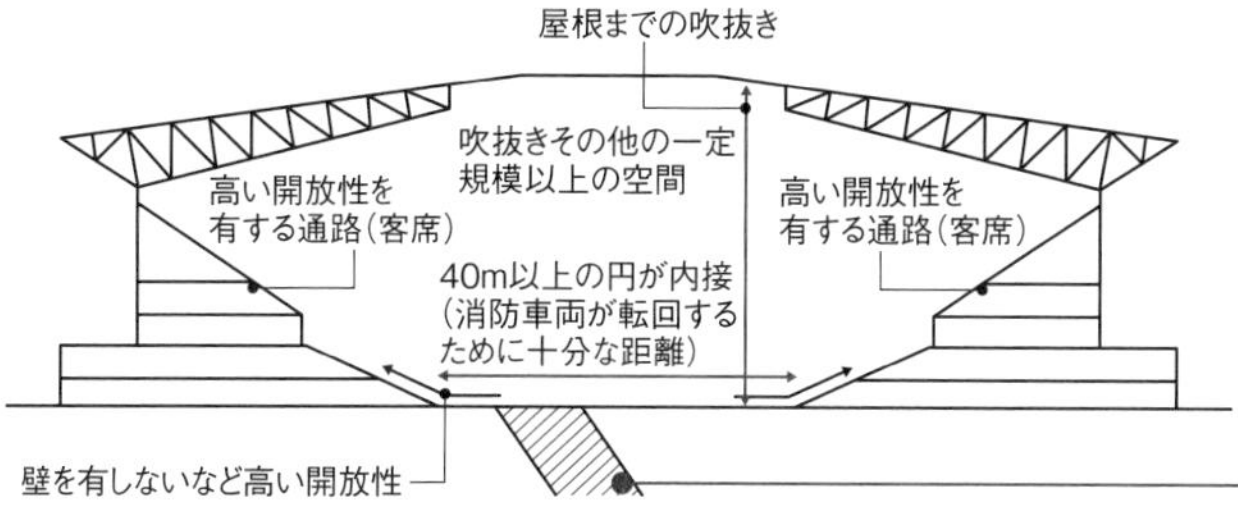

通路の仕様（平28国交告786号）
・幅員・高さ4m以上で進入可能
・道または幅員4m以上の空地に通じること
・内装は準不燃材

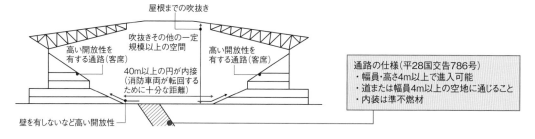

排煙設備の設置

091

一部に特殊建築物がある場合、建築物の延べ面積が500㎡超ならば排煙設備が必要

天井面から50cm以上垂下げた網入りガラスが防煙壁で、500㎡以内に煙の流動を防ぐように防煙区画を形成

排煙設備は防煙壁＋排煙口

火災によって発生する煙や有毒ガスは、避難を困難なものにするため、天井に沿って広がるのを防ぐ設備が必要である。このような設備を**排煙設備**という。排煙設備は、煙をためる間仕切壁や垂れ壁などの**防煙壁**と、煙を外部に排出する**排煙口**の総称である。

防煙壁は、床面積500㎡以下になるように設置する。一方、排煙口は区画内の最も遠い位置から30m以内で、天井面から80cm以内に設け、防煙区画に溜まった有毒ガスなどを速やかに外部へ排出するのに用いられる（令126条の2）［203頁参照］。

排煙設備が必要な建築物

排煙設備は、建築物全体で設置が義務付けられる場合と、居室単位で設置が義務付けられる場合の2つがある。

建築物全体が排煙設備の設置対象となるのは次の2種類の建築物である。

①不特定多数の人の利用する、法別表第1(い)欄(1)～(4)項に規定された用途（劇場、集会場、病院、共同住宅、学校、体育館、百貨店、遊技場等）を一部に含む特殊建築物で、延べ面積が500㎡超のもの

②階数が3以上で、延べ面積が500㎡超の建築物

これらの建築物の場合、居室はもちろん、避難経路となる廊下や倉庫などの非居室も含めて建築物全体に排煙設備が必要となる。

一方、居室単位で排煙設備の設置義務があるものは、次の居室である。

①天井から下方80cm以内にある排煙に有効な開口部の面積が床面積の1／50未満の**排煙上の無窓居室**

②延べ面積1千㎡超の建築物の居室で、床面積が200㎡を超えるもの

③階数3以上、または延べ面積200㎡超の住宅で、換気上有効な面積が1／20以上とれない**換気上の無窓居室**（平12建告1436号4号）

これら居室の場合、排煙設備の検討は、居室単位で行う。

排煙設備の設置が必要な建築物・居室（令126条の2第1項）

種別	延べ面積S	設置対象	適用条項
❶	S>500㎡	特殊建築物（法別表第1（い）欄（1）～（4）項（5・6項の倉庫、車庫等は❶の対象外）	令126条の2第1項
❷		階数≧3の建築物	
❸	S>1,000㎡	床面積>200㎡の居室	
❹	すべて	排煙上の無窓居室（有効排煙面積[※]<居室の床面積×1 ／ 50）	

※：開放できる部分は天井または天井から下方80㎝以内を対象

適用基準別の設置対象の例（参考：建築物の防火避難規定の解説 2012）

❶延べ面積＞500㎡の特殊建築物の例

建築物の一部が法別表第1（い）欄（1）～（4）項の場合、建物全体が特殊建築物とみなされ、延べ面積＞500㎡であれば、建物全体に排煙の検討が必要となる

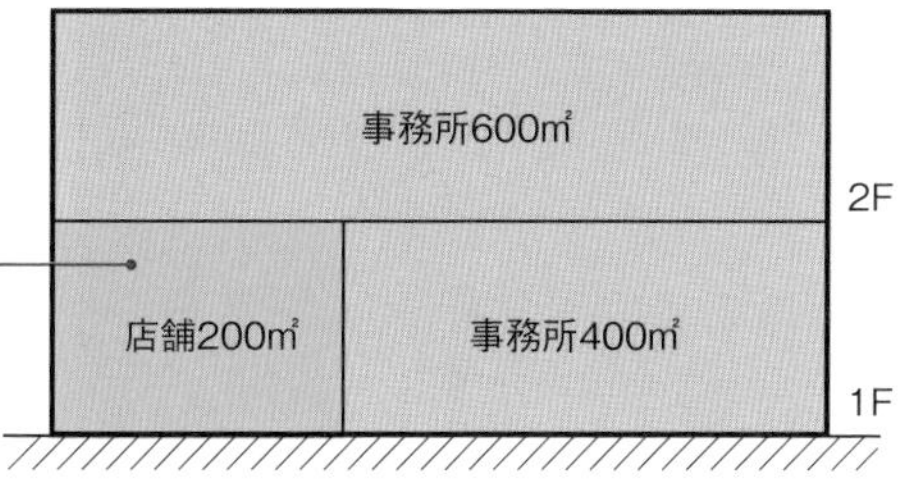

店舗＝特殊建築物
∴建築物全体＝特殊建築物

延べ面積＝1,200㎡＞500㎡
∴上表「種別❶」により、原則的に建築物のすべての部分について排煙の検討が必要

❷延べ面積＞500㎡、階数≧3の建築物の例

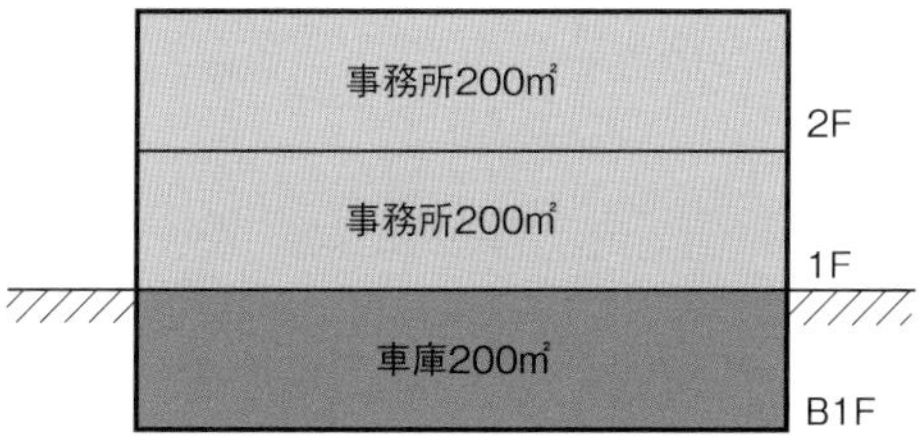

延べ面積＝600㎡＞500㎡
階数＝3（階数は地階を含めて算定）
∴上表「種別❷」により、原則的に建築物のすべての部分について排煙の検討が必要

❸延べ面積＞1000㎡、階数＝2、床面積＞200㎡の居室、または排煙上の無窓の居室の例

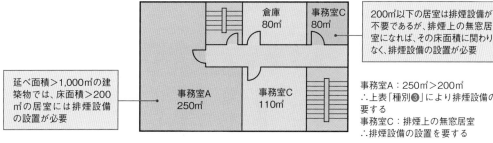

200㎡以下の居室は排煙設備が不要であるが、排煙上の無窓居室になれば、その床面積に関わりなく、排煙設備の設置が必要

延べ面積＞1,000㎡の建築物では、床面積＞200㎡の居室には排煙設備の設置が必要

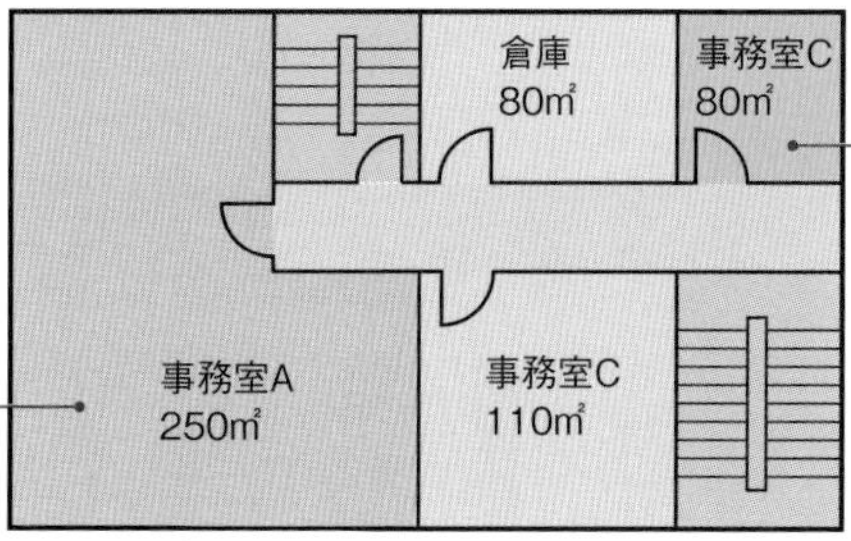

事務室A：250㎡＞200㎡
∴上表「種別❸」により排煙設備の設置を要する
事務室C：排煙上の無窓居室
∴排煙設備の設置を要する

❹令126条の2第1項かっこ書[※]による排煙免除

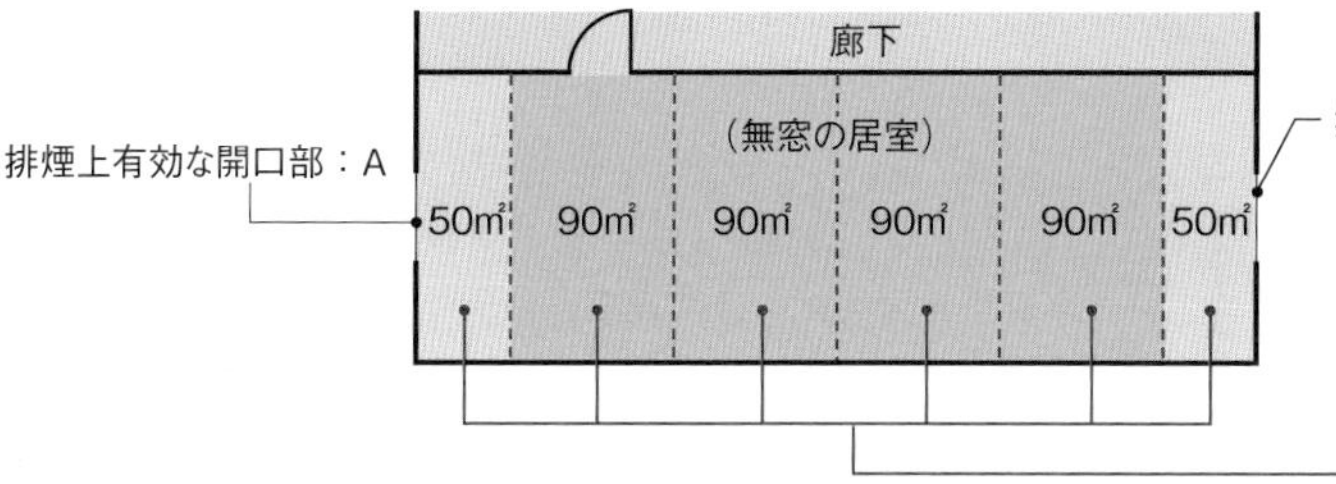

①100㎡以内ごとに防煙壁で区画
②排煙上有効な開口部（A+B）≧（50×2+90×4）×1/50
①、②であれば排煙上有効

※：建築物（延べ面積＞500㎡、階数≧3）の高さが31m以下の部分で、防煙壁で100㎡以内に区画された居室

-------：防煙壁

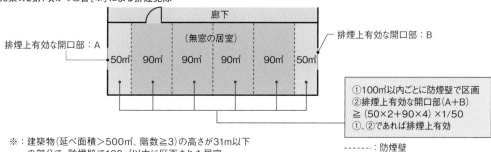

排煙設備の免除

092

免除方法には、建築物全体を面積区画する方法と、部分的に告示仕様に合わせる方法がある

学校やスポーツ練習場のように排煙設備の設置が免除される部分は、階段や機械製作工場、不燃物品の倉庫である

排煙設備の規制対象外と免除

火災の発生するおそれが少なく、避難上問題となる高さまで煙が降下しないような、畜煙性能が高い大空間などは、**排煙設備設置の対象外**となる。

対象外となる用途は、学校、体育館、ボウリング場、スキー場、スケート場、水泳場、スポーツ練習場などである。また、機械製作工場や不燃性の物品を保管する倉庫などで主要構造部が不燃材料でつくられたものや、その他これらと同等以上に火災発生のおそれの少ない構造の建築物も規制対象外である（令126条の2）。ただし、規制対象外となるスポーツ練習場でも、観覧場として利用するものや遊戯場などと一体利用される部分には排煙設備が免除されない。

階段や昇降路および乗降ロビー、配管スペースなども排煙設備が免除されるが、その部分は他と防煙区画されている必要がある。

規制対象建築物でも、準耐火構造の床や壁、防火設備で床面積100㎡以内に区画した部分や、同様の方法で200㎡以内に区画した共同住宅の住戸部分は、排煙設備が部分的に免除される。

また、①内装の準不燃化と避難経路や居室に面する扉を防火戸とする、②内装を下地とも不燃化し100㎡以内で小区画とする、③小規模な保育園等で居室から10m以内で避難経路を確保するなどの排煙設備を免除する告示もある（平12建告1436号第4ハ）。

既存建築物の排煙規定

排煙設備規定が適用されない既存建築物を一体的に増築する場合は、基本的には、既存部分にも排煙設備の規定が適用される。

ただし、この場合でも、既存部分と増築部分を開口部のない準耐火構造の床、壁、遮煙性能をもった常時閉鎖式などの防火設備で区画すれば、排煙規定上それぞれ別の建築物とみなされ、既存部分に排煙設備規定は適用されない（令126条の2第2項）。

排煙設備の免除（令126条の2・126条の3、平12建告1436号）

区分	適用基準			適用条項
免除対象	病院・診療所(有床)・ホテル・旅館・下宿・寄宿舎・児童福祉施設等	防火区画≦100㎡［※1］		令126条の2第1項1号
免除対象	共同住宅の住戸	防火区画≦200㎡［※1］		令126条の2第1項1号
免除対象	学校・体育館・ボウリング場・スキー場・スケート場・水泳場・スポーツの練習場			令126条の2第1項2号
免除対象	階段・昇降機の昇降路（乗降ロビーを含む）			令126条の2第1項3号
免除対象	主要構造部が不燃材料の機械製作工場・不燃物品保管倉庫、その他同等以上に火災の発生のおそれの少ない構造のもの			令126条の2第1項4号
免除対象	住宅・長屋の住戸	階数≦2　かつ 床面積≦200㎡	有効換気面積≧居室の床面積×1／20	平12建告1436号第4イ
免除対象	児童福祉施設等、博物館、美術館、図書館、特殊建築物以外の用途	用途のある階≦2 居室〜屋外への出口≦10m （他の居室の経由不可）	屋外通路（幅50cm以上の道につながる通路）に面した戸や掃出し窓 屋外通路までタラップ等で避難できる外気に開放されたバルコニー［下図❶］	平12建告1436号第4(ロ)
免除対象	自動車車庫、危険物の貯蔵場・処理場、通信機械室、繊維工場		不燃性ガス消火設備・粉末消火設備を設置	平12建告1436号第4ハ

高さ	室等の種別	区画面積	区画方法	内装制限	開口部	適用条項
≦31m	居室	≦100㎡	防煙区画［※2］	—	—	令126条の2第1項かっこ書
≦31m	室［※3］	—	—	準不燃材料	防火設備	平12建告1436号第4ニ(1)
≦31m	室［※3］	≦100㎡	防煙区画［※2］	—	—	1436号第4ニ(2)
≦31m	居室［※3］	≦100㎡	防煙区画［※1］	準不燃材料	防火設備	1436号第4ニ(3)
≦31m	居室［※3］	≦100㎡	—	不燃材料（下地とも）	—	1436号第4ニ(4)
＞31m	室	≦100㎡	耐火構造の床・壁	準不燃材料	防火設備	平12建告1436号第4ホ

区分	項目	内容	適用条項
免除概要	常時開放排煙口	1つの防煙区画内の排煙設備は開放装置のないガラリ等の常時開放可	平12建告1436号第1号
免除概要	500㎡の防煙壁不要	劇場、映画館等の客席、体育館、工場等の用途で天井高≧3m。 内装準不燃500㎥／分以上かつ1㎥／㎡・分の機械排煙	平12建告1436号第2号
免除概要	排煙口位置	天井高≧３mの場合の排煙口位置 ①≧2.1m　②≧天井高の1／2	平12建告1436号第3号
免除概要	防煙区画	設置免除部分を除き、床面積≦500㎡ごとに防煙壁で区画	令126条の3第1号
免除概要	排煙口の設置	防煙区画された部分ごとに、区画内の各部分から水平距離≦30mになるように排煙口を設置	令126条の3第3号
免除概要	自然排煙設備	排煙口は直接外気に接するようにする	令126条の3第3号
免除概要	機械排煙設備	排煙口が直接外気に接しないときは、排煙風道に直結する	令126条の3第3号
その他	排煙上の別棟扱	開口部のない準耐火構造の床・壁、常閉式・煙感知式防火戸で区画された部分［下図❷］	令126条の2の2項

※1：準耐火構造の床・壁、法2条9号の2ロに規定する防火設備で区画とした部分
※2：防煙壁は、間仕切壁や天井面から下に50cm以上突き出した垂れ壁で不燃材料でつくるか、覆われたもの。その他これらと同等以上に煙の流動を妨げる効力のあるものも可
※3：法別表第1（い）欄の特殊建築物の主たる用途に供する地上階部分で、地階を除く

❶小規模児童福祉施設の排煙免除例（平12建告1436号第4ロ）

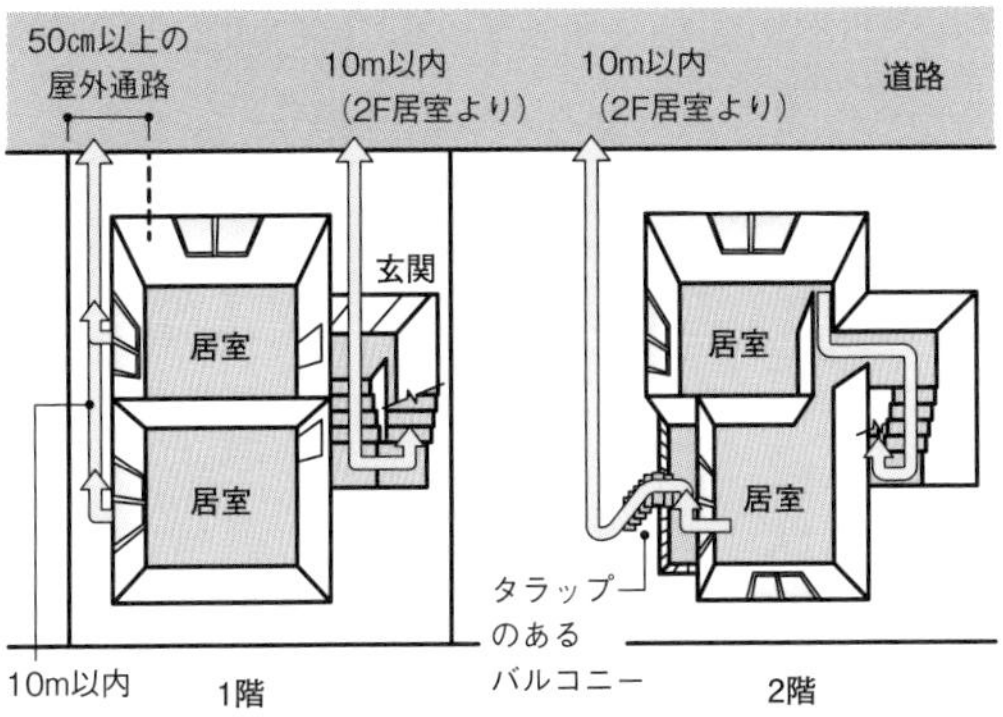

❷防火区画により別棟扱いの例1（令126条の2第2項、昭48建告2563・2564号）

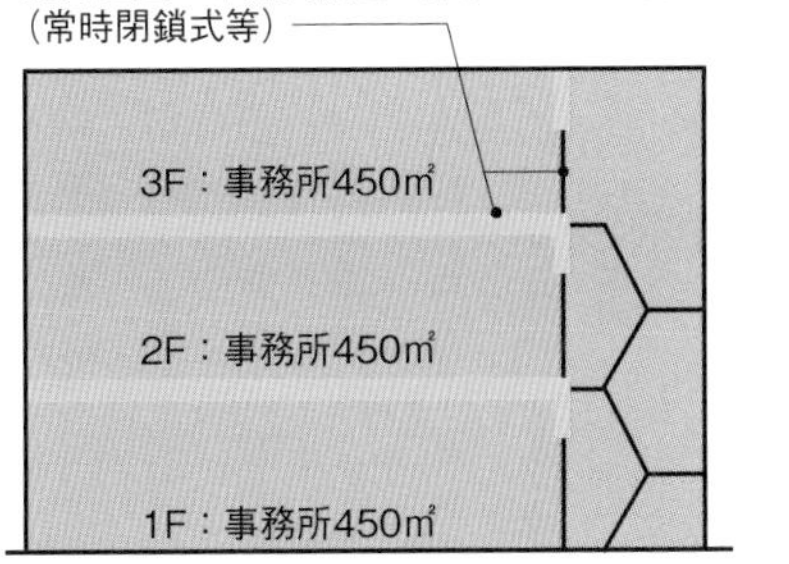

階数3だが防火区画のため各階の延べ面積450㎡＜500㎡となり排煙設備が不要の建築物となる

防煙壁・防煙区画・排煙口 093

床面積500㎡以内ごとに防煙壁で区画し、防煙区画内の各部から30m以内に排煙口を設ける

防煙区画
平均天井高さ3m以上の場合：排煙口は床面からの高さが2.1m以上、かつ天井高さの1／2以上の位置が有効

不燃の防煙壁で囲まれた区画が防煙区画で、それぞれの防煙区画のなかには溜まった煙を外に排出する排煙口が必要

防煙区画と防煙壁

火災の際には、発生した煙や有毒ガスの拡大を防ぎ、速やかに建物外に排出しなければならない。そのため、建築基準法では、煙や有毒ガスを500㎡以内ごとの区画に閉じ込めて、その区画に設けた排煙口から外部に排煙するよう規定している。この区画を**防煙区画**という(令126条の3)。

防煙区画の役目を果たすのは、防煙壁と防火区画である。防煙壁とは、間仕切壁と、天井から50㎝以上下方に突き出た垂れ壁のことである。防煙壁は、下地を不燃材料でつくるか仕上げを不燃材料で覆わなければならない。

防火区画は、**準耐火構造以上の床・壁**、両面とも1時間以上の火炎に耐える**特定防火設備**で構成される。

排煙口の規定

防煙区画内に設ける排煙口についても細かく規定されている。

排煙口の位置は、煙などを外部へ速やかに排出できるように、区画内の最も遠い位置から30m以内に設置しなければならない。同時に煙を天井近くで排出し、避難への影響を軽減するために、排煙口は天井面か天井面から80㎝以内の**排煙上有効な部分**に設けなければならない。

ただし、天井高が3m以上の場合は、排煙口の位置の緩和規定がある。この場合、床面からの高さが2.1m以上かつ、天井の高さの1／2以上の部分を排煙上有効な部分とみなすことができる(平12建告１４３６号)。

排煙方法に関しては、「**自然排煙**」と「**機械排煙**」の2種類がある。

自然排煙は、開閉する窓を利用するもので、外部に面した窓が排煙口とみなされる。一方、機械排煙は、火災時に煙や有毒ガスを排出するためにだけ独立して設けられる排煙口とダクト、排煙機が一体化した設備の総称である。機械排煙の場合は、オペレータで開く不燃の回転扉などが、排煙風道につながる排煙口となる。

排煙設備設置のフロー（令126条の2）

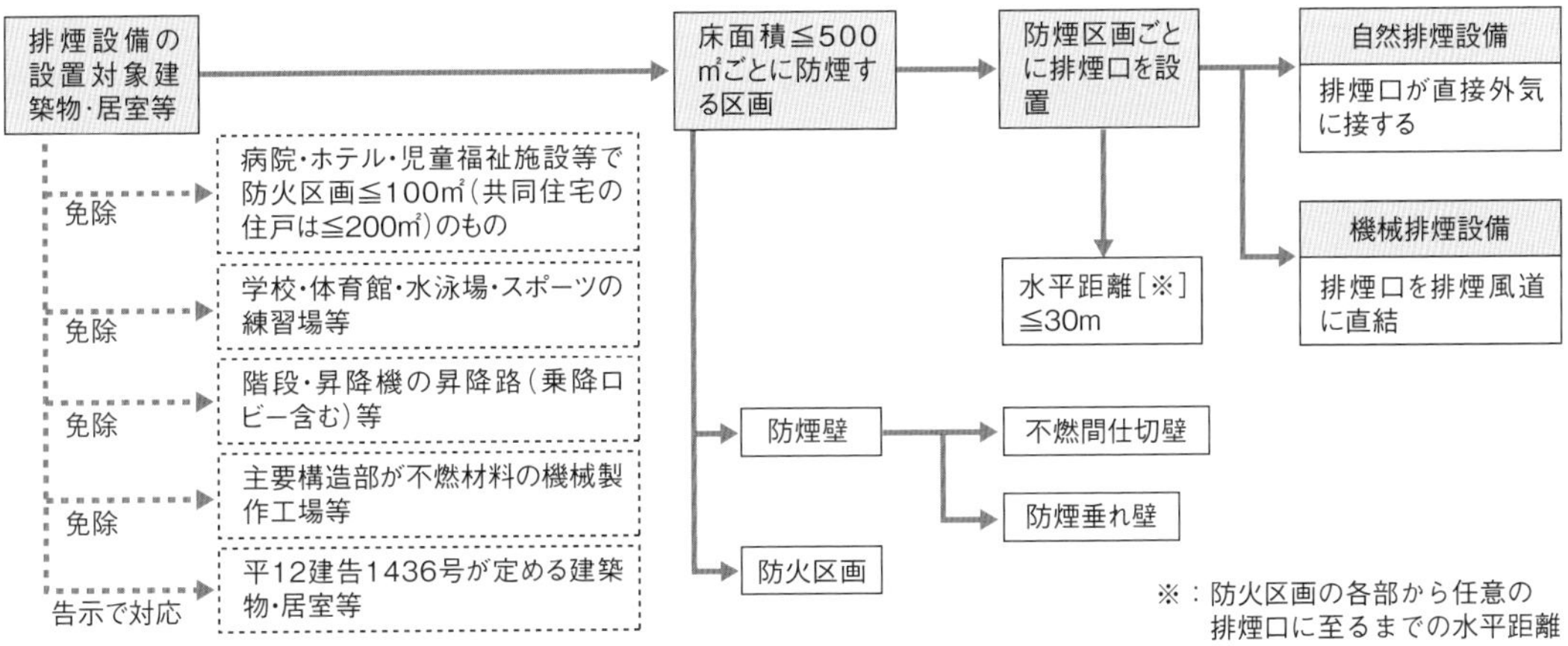

※：防火区画の各部から任意の排煙口に至るまでの水平距離

防煙壁の構造例（令126条の2）

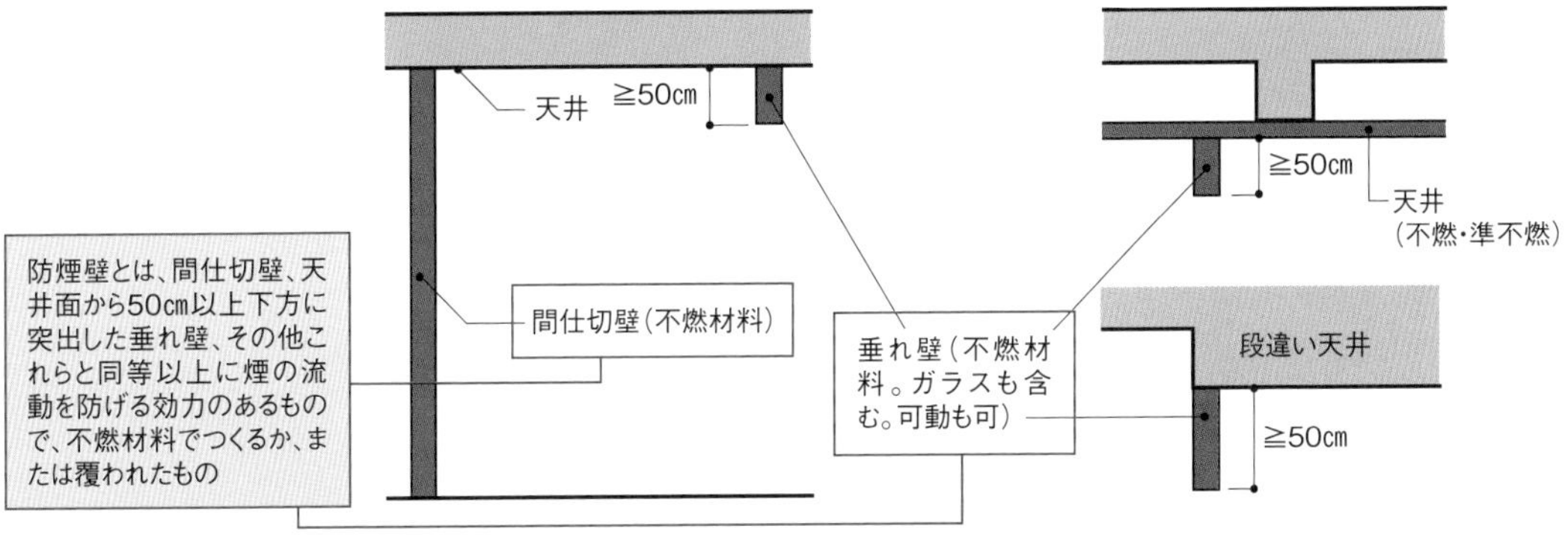

防煙区画と排煙口の配置（令126条の3）

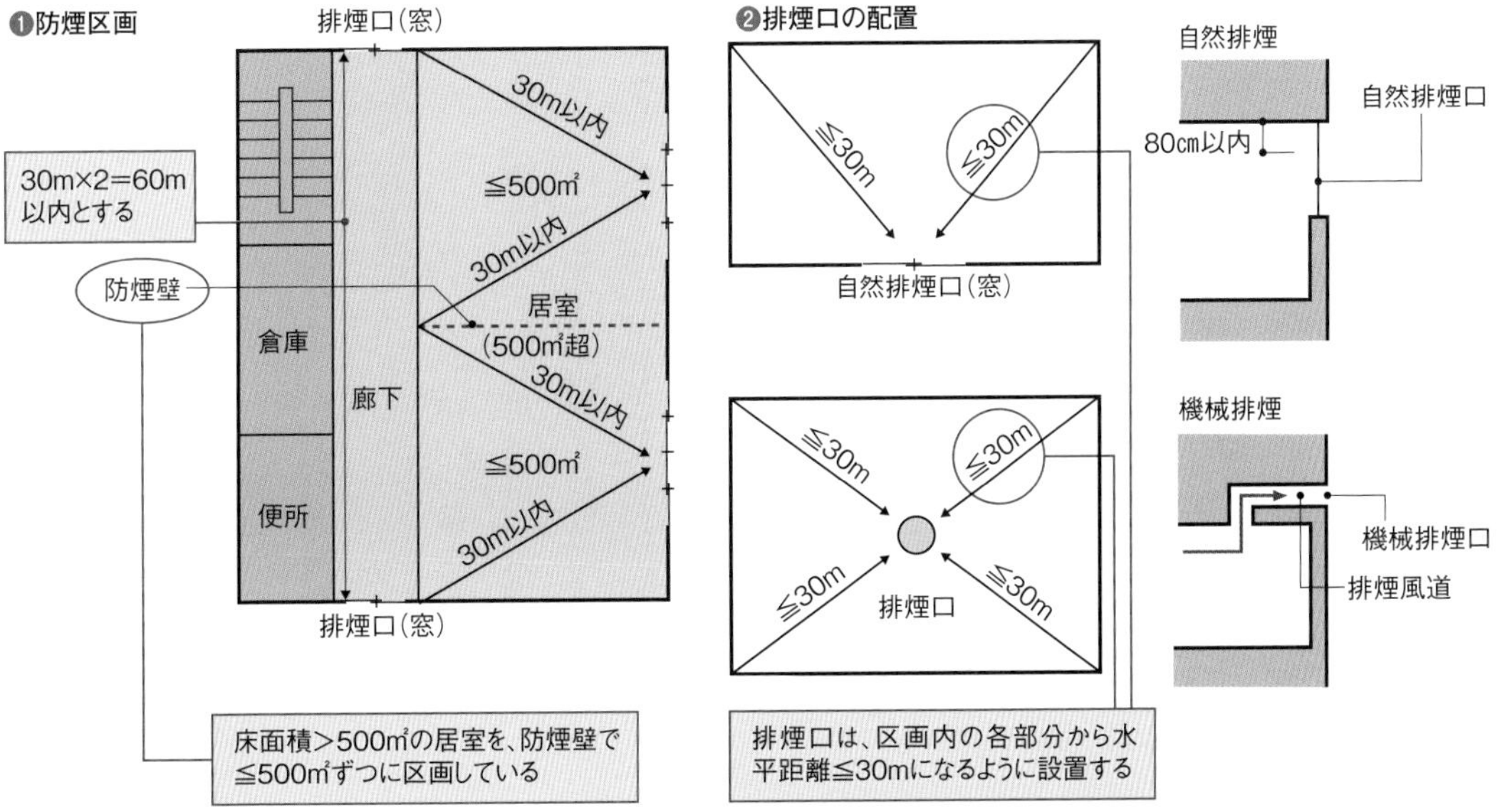

自然排煙設備の構造

094

自然排煙設備は天井から80㎝部分の開放面積が、居室床面積の1／50以上となるように設置

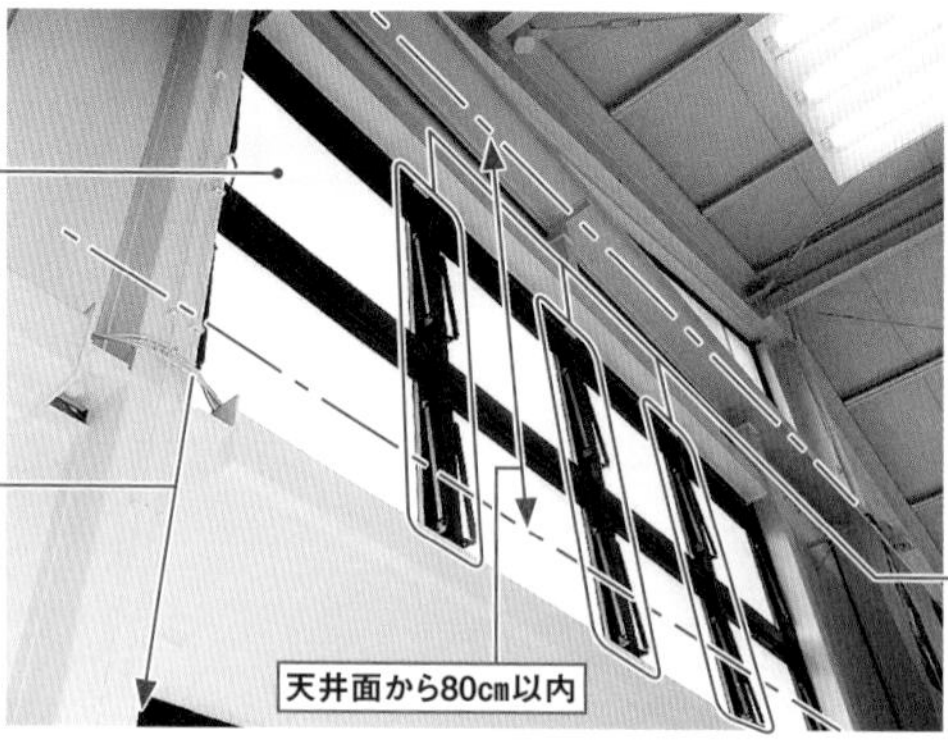

屋外に面した窓が自然排煙設備で、排煙上有効な部分は、天井面から80㎝以内で、防煙垂壁の高さ部分である

自然排煙設備の構造

自然排煙は、煙等の浮力を利用した排煙方法である。直接外気に開放されている窓などがあれば**自然排煙設備**とすることができる。

ただし、開放できる窓のすべての部分が排煙上有効な部分と認められるわけではない。煙などは上昇して広がるという性質をもつため、室の上部から排煙しなければならない。この点を考慮し、建築基準法では、天井面から80㎝以内の部分を基本的に「排煙上有効な部分」とみなしている。この範囲にある開口部分が算定上有効となる。

自然排煙の場合、直接外気に面する排煙口の有効開口面積は、防煙区画部分の床面積の1／50以上なければならない（令126条の3）。

また、自然排煙では煙の流れを意図的に制御できない。高層建築物などでは外部に吹く風が強い場合は、外気が排煙口から流入するおそれなどもあるので注意が必要である。

窓の形状で違う排煙能力

窓の開放方法や位置で排煙能力が異なる。たとえば引違い窓の場合は、片方開放させても半分開放されない部分が残るため、排煙上有効部分は、開口面積の半分となる。

天井から50㎝の防煙垂れ壁で防煙区画されている場合は、天井から80㎝以内の部分で防煙垂れ壁の下から煙が広がるおそれがある。そのため、排煙上有効な部分は天井から50㎝以内の部分に制限される。

窓等が床から高い位置にあり、開閉できないときは、プッシュボタンなどの**手動開放装置**を取り付けて操作することになる。手動開放装置は、壁や柱に取り付ける場合は床面から0.8〜1.5m以下の高さに、天井から吊り下げる場合は床面からおおむね1.8mの高さに、それぞれ設置しなければならない。

また開放装置の近くには、見やすい方法で使用方法を表示する必要がある（令126の3条5号）。

自然排煙設備（令126条の3、平12建告1436号）

排煙口の位置		≦500㎡ごとに防煙壁で区画し、その防煙区画内の各部分から水平距離≦30mとなるように設置	
		「天井」または「天井から80cm以内の壁（最も短い垂れ壁のせいが80cmに満たないの場合はその寸法）」	
		天井高≧3mの場合：床面からの高さ≧2.1m、かつ天井高×1／2以上の壁の部分（平12建告1436号）	
開口面積		排煙上有効な開口面積≧防煙区画の床面積×1／50	
開放装置	設置	人力で作動する手動開放装置を設ける	
	位置	壁に設ける場合、80cm≦床面からの高さ≦1.5m	左記に加え、見やすい方法で使用方法を表示
		天井から吊り下げる場合、床面からおおむね1.8mの高さ	

自然排煙設備の構造例

❶防煙垂れ壁の場合

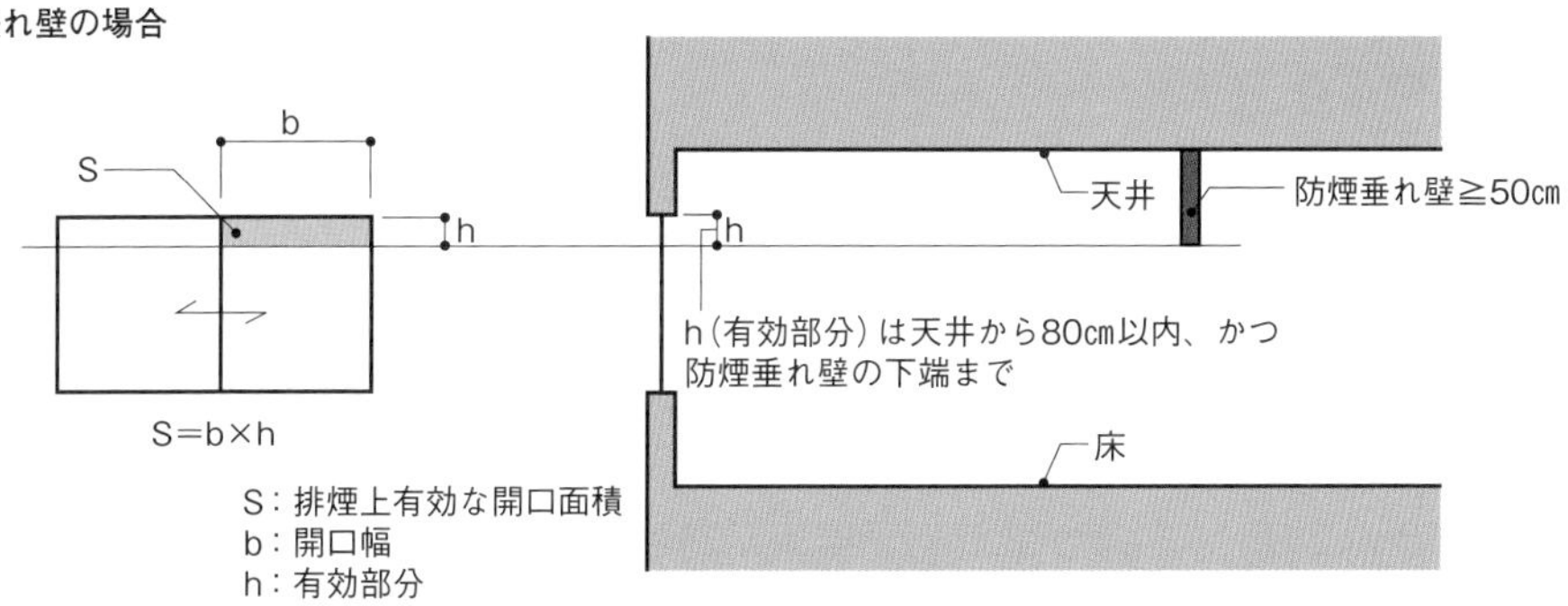

❷防煙壁

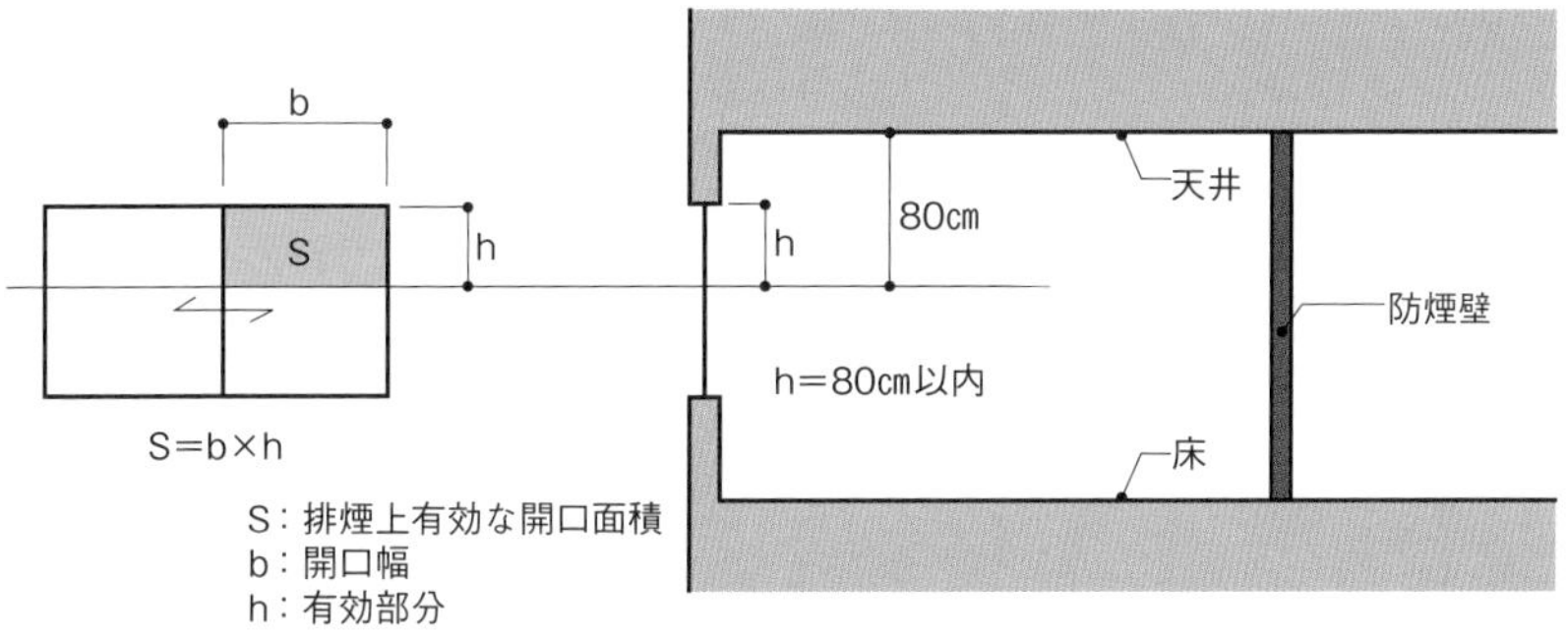

❸開放装置までの高さの目安

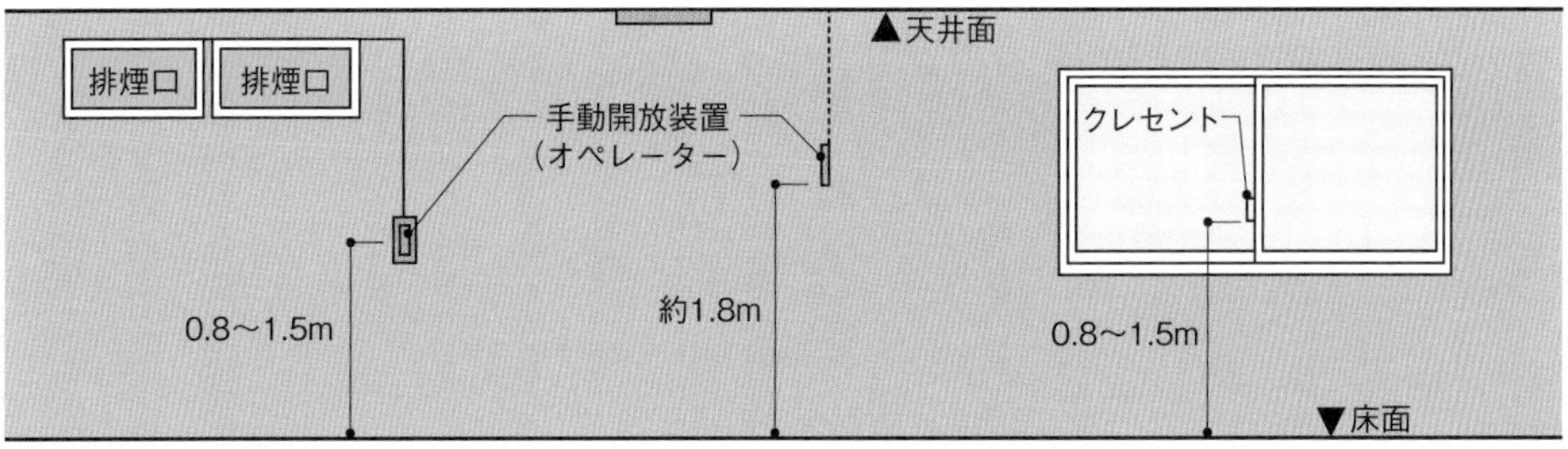

機械排煙設備の構造

095

機械排煙設備は排煙口、風道、予備電源をもった排煙機で構成される

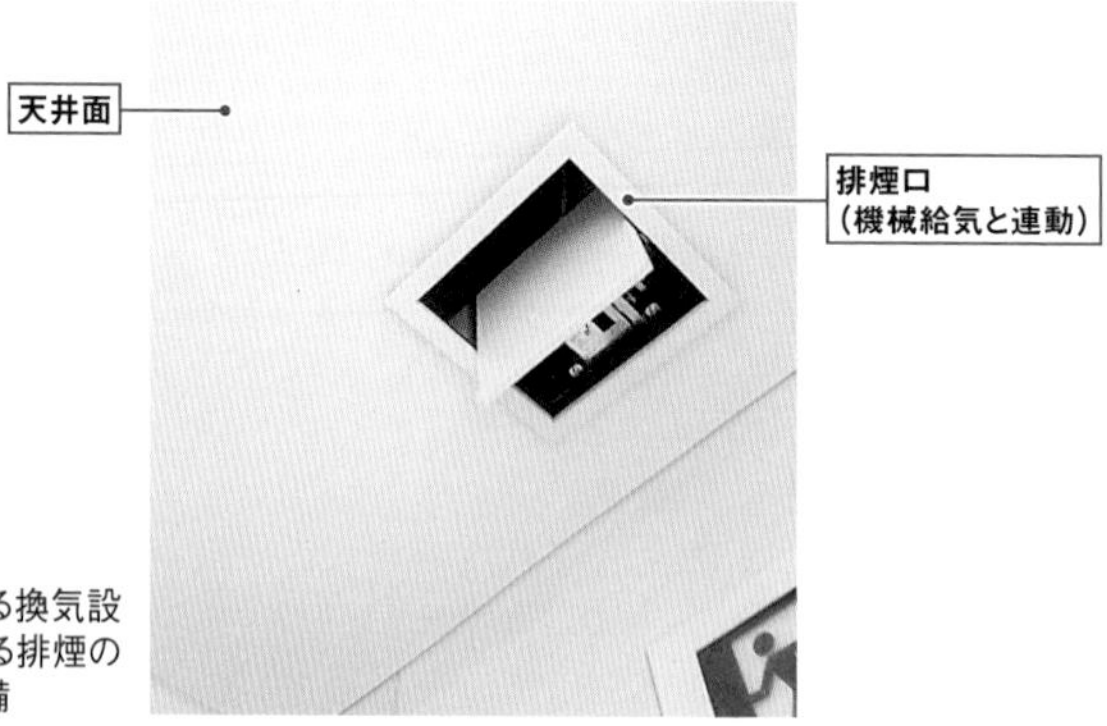

機械排煙設備は一般に利用する換気設備ではなく、火災時に動作させる排煙のためだけの予備電源をもった設備

機械排煙設備の設置位置

排煙口と**排煙風道**、**予備電源**をもった**排煙機**で構成された設備を**機械排煙設備**という。火災時に、煙感知器の信号か手動装置で排煙口を開き、排煙機を起動させて風道を通して屋外に煙を排出する。機械的な排気により内圧が低くなるため、ほかの区画へ煙が漏れることを防ぐ効果も期待できる。

排煙口は、天井高3m未満の場合は天井から80cm以内に、防煙垂れ壁で区画する場合はその下端より上方に、設置しなければならない。天井高3m以上の場合は、床面から高さ2.1m以上、かつ天井高の半分以上の位置に設ける。

また平面的には、防煙区画の各部分から30m以内になるように設けなければならない。

機械排煙設備の構造

排煙機等に接続される排煙風道（ダクト等）は、保安上必要な強度や容量、気密性が求められる。風道内の煙の熱で延焼を引き起こす危険があるため、風道は断熱し、可燃物と離して設置するなどの措置を講じなければならない。耐火構造の壁や床を貫通する場合は、断熱された不燃材料とし貫通部の隙間を不燃材料で埋める。

排煙口の操作は、原則、手動開放装置とし、床面から80cm以上150cm以下に取り付けて、その近くに操作方法を表示する。高さ31mを超える建築物と、合計床面積が1千m²を超える地下街に設ける排煙設備については、中央管理室から遠隔操作できなければならない（令126条の3第11号）。

排煙口が開放されると、排煙は自動的に開始する。風量は、120m³／m²分、または当該防煙区画の床面積に1m³／m²分を乗じた能力以上（複数の防煙区画がある場合は、最大防煙区画の床面積×2m³／m²分）か、いずれか大きいほうの排出能力が必要である。

また、非常時に電動機で駆動する排煙機は、予備電源をもたなければならない（令126条の3第10号）。

機械排煙設備（令126条の3、平16国交告1168号）

排煙風道の構造（小屋裏・天井裏・軒裏内）		不燃材料でつくり、かつ有効に断熱されたもの（平16国交告1168号）	左記に加え、木材等の可燃材料から15cm以上離す
		金属等の断熱性を有しない不燃材料でつくり、断熱性を有する不燃材料で覆い、有効に断熱されたもの（平16国交告1168号）	
		防煙壁を貫通する場合、風道と防煙壁の隙間をモルタル等の不燃材料で埋める	
		風道に接する場合、その接する部分を不燃材料でつくる	
排煙機	設置	排煙機を設ける	
	能力	1つの排煙口の開放に伴い、自動的に作動する、排煙容量≧120㎥／分、かつ≧防煙区画の床面積×1㎥／㎡・分（2以上の防煙区画に係る排煙機：防煙区画の最大床面積×2㎥／㎡・分以上）	
排煙口の位置		≦500㎡ごとに防煙壁で区画し、その防煙区画内の各部分から水平距離≦30mとなるように設置	
		「天井」または「天井から80cm以内の壁（最も短い垂れ壁のせいが80cmに満たないの場合はその寸法）」	
		天井高≧3mの場合：床面からの高さ≧2.1m、かつ天井高×1／2以上の壁の部分（平12建告1436号）	
その他	予備電源	電源が必要な排煙設備には予備電源を設ける	
	中央管理	高さ＞31mで非常用エレベーターのある建築物、または各構えの床面積合計＞1,000㎡の地下街での排煙設備の制御・作動状態の監視は、中央管理室で行うことができるものとする	

機械排煙設備の構造の例

断面図

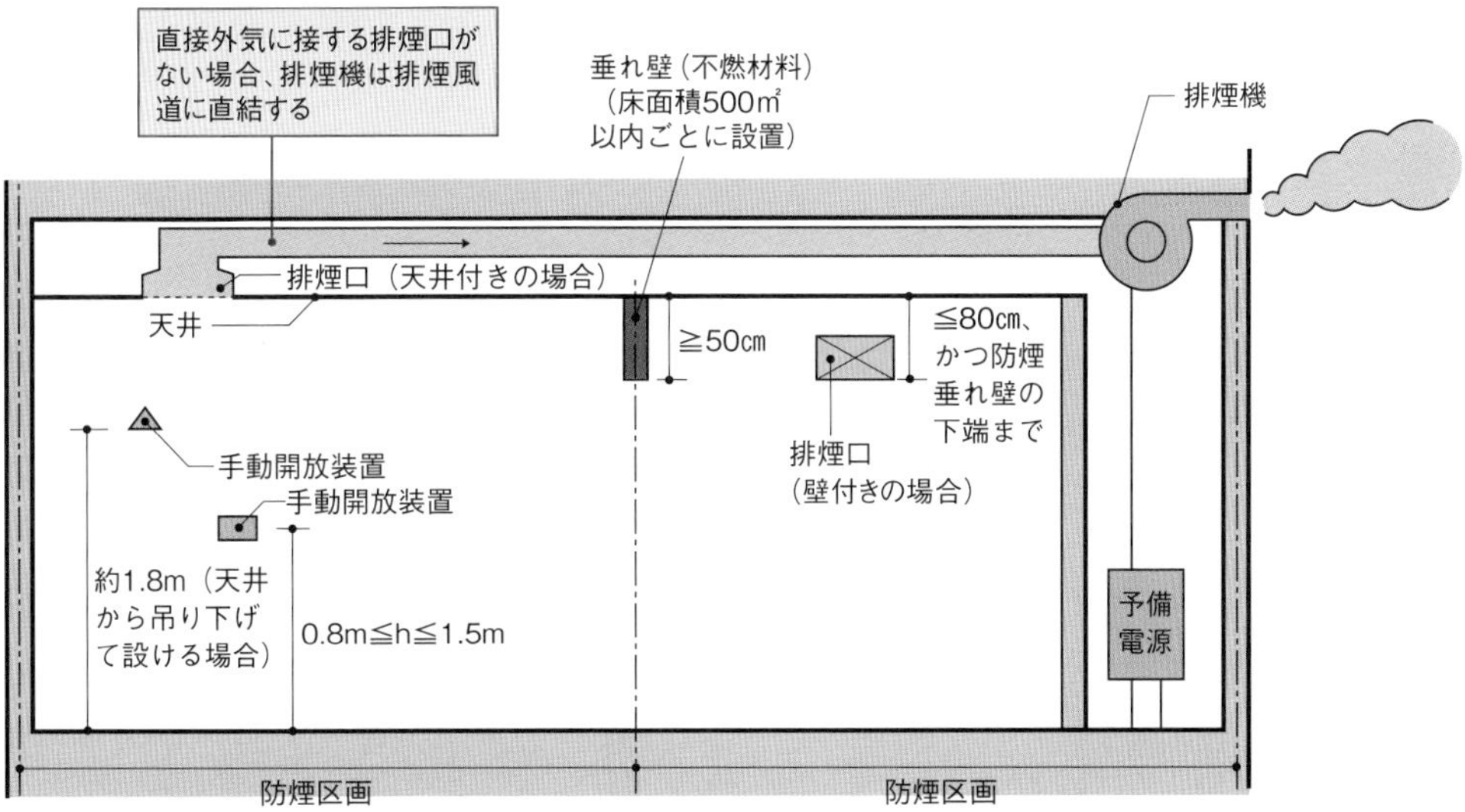

天井伏図

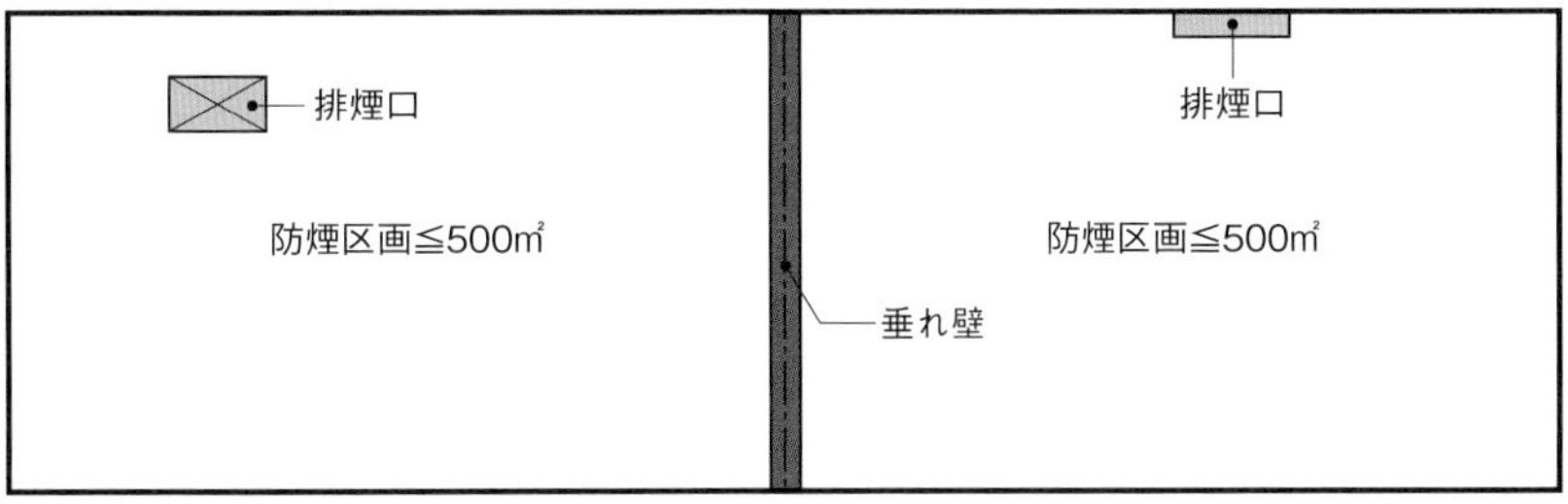

非常用照明設備

096

避難階とその直上・直下の階の居室には、非常用照明の設置の緩和がある

電池内蔵型と別置きした蓄電池設備から電源を供給する方式があり、居室や避難経路に設置が要求される

非常用照明の性能と設置個所

一定の用途・規模の建築物では、災害時の停電でも、照度を確保し初期段階の避難を円滑に進められるよう、**非常用照明**の設置が義務付けられている。

非常用照明とは、主電源が切れても予備電源で最低30分間以上点灯し、床面で1lx（蛍光灯は2lx）以上の平均照度を維持できる性能をもつ設備である。設置個所は居室と、居室から地上まで通じる廊下や階段などの屋内避難経路である（令126条の4、令126条の5）。

設置の対象となるのは、大勢の人が利用する劇場、ホテルなどの特殊建築物の居室や、階数が3以上で延べ面積500㎡超の建築物の居室、延べ面積1千㎡超の建築物の居室、そして採光上有効な窓面積の合計が床面積の1／20未満の採光上の無窓居室である。

用途により設置免除される居室

管理体制が明確な学校や水泳場などのスポーツ練習場の用途の建築物、長屋や戸建住宅などでは、建築物すべての部分で設置が免除される。

また、非常用照明の設置義務のある建築物の居室でも、自力行動を期待できない病院の病室や、特定の少人数の継続使用する下宿の宿泊室、寄宿舎の寝室、共同住宅の住戸の部分は、設置が免除される。ただし、共用廊下などの避難経路部分には非常用照明を設置しなければならない。

条件により設置免除される居室

避難階の居室で採光上の無窓居室でない場合、屋外への出口まで30m以内で避難できれば、非常用照明を設置しなくてもよい。

また、居室が避難階の直上・直下階ならば、当該階から、階段等を含む避難階の出口までの距離か、当該階にある屋外避難階段までの距離が、20m以内で避難上支障がない場合に居室の非常用照明の設置が免除される。ただしこれらの場合も、避難経路には設置が必要である（平12建告1411号）。

非常用照明装置（令126条の4、平12建告1411号）

<table>
<tr><th></th><th>適用対象</th><th colspan="2">設置部分</th><th>免除部分</th><th>適用条項</th></tr>
<tr><td>原則</td><td>・特殊建築物（法別表第1（い）欄（1）～（4）項）
・階数≧3　かつ　延べ面積＞500㎡
・採光上の無窓居室［※1］
・延べ面積＞1,000㎡</td><td colspan="2">居室（または無窓居室）
居室（または無窓居室）から地上に通ずる廊下・階段等の避難通路［※2］</td><td>採光上有効に直接外気に開放された通路［※3］</td><td>令126条の4</td></tr>
<tr><td rowspan="5">免除</td><td>戸建住宅、長屋・共同住宅の住戸、病院の病室、下宿の宿泊室、寄宿舎の寝室等、学校、体育館、ボウリング場、スキー場、スケート場、水泳場、スポーツの練習場［※4］</td><td colspan="2">―</td><td>すべての部分</td><td>令126条の4第1～3号</td></tr>
<tr><td>避難階の居室［※5］</td><td colspan="2">避難経路（歩行距離≦30m）</td><td>居室</td><td rowspan="4">令126条の4第4号
平12建告1411号</td></tr>
<tr><td rowspan="2">避難階の直上階・直下階の居室［※5］
非常用照明設置</td><td>避難階の経路</td><td rowspan="2">歩行距離≦20m</td><td rowspan="2">居室</td></tr>
<tr><td>屋外避難階段への経路</td></tr>
<tr><td colspan="4">
❶避難階の緩和

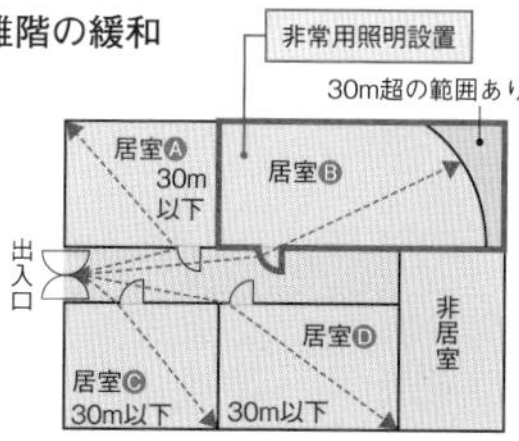

居室ⒶⒸⒹは居室の各部から屋外出口までの歩行距離≦30mで避難上支障がないので緩和。
居室Ⓑには30m超の部分があるためこの居室のすべてを対象として非常用照明装置の設置が必要

❷避難階直上・直下階の緩和

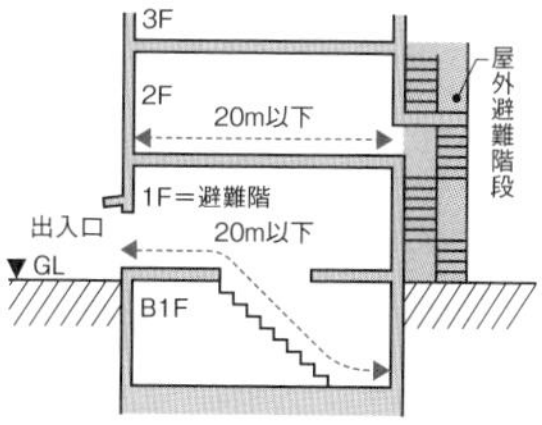

避難階の直上・直下の居室から避難階における屋外出口（屋外避難階段）までの歩行距離≦20mで避難上支障がない場合・緩和

❸30㎡以下の居室の緩和

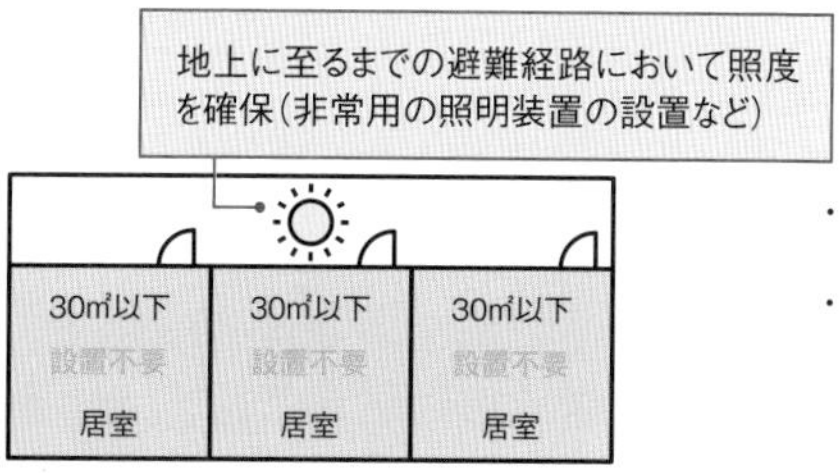

・床面積が30㎡以下の居室で、地上への出口を有するもの
・床面積が30㎡以下の居室で、地上まで通ずる部分が次の①又は②に該当するもの
①非常用の照明装置が設けられたもの
②採光上有効に直接外気に開放されたもの
</td></tr>
</table>

※1：有効採光面積＜居室の床面積×1／20
※2：廊下に接するロビー、通り抜け避難に用いる場所なども含まれる。通常照明装置が必要な部分
※3：開放片廊下や屋外階段など
※4：観客席のある体育館、スポーツ施設は免除されない。ただし、防煙区画されたボウリング場のレーン部分は免除
※5：避難上支障がなく、居室に採光上有効な開口部（≧床面積×1／20）があること

非常用照明装置の構造（令126条の5、昭45建告1830号）

照明方法	直接照明方式
照度	床面の水平面照度≧1lx 蛍光灯等の放電灯による非常用照明装置は、平常時で2lx程度が望ましい（昭45建告1830号）
照明器具	照明器具（照明カバー・電球・内蔵電池等を含む）の主要な部分は難燃材料でつくるか、覆う 蛍光灯：ラピッドスタート型または即時点灯性回路に接続したスターター型とする 白熱燈：2重コイル電球、ハロゲン電球とする 高輝度放電燈：即時点灯型の高圧水銀ランプとする
予備電源	下記等を満たす予備電源を設ける ・30分点灯容量の蓄電池があること（別置型・照明器具内蔵型などあり） ・常用の電源が断たれた場合に自動的に切り替わり、常用電源の復旧時にも自動切替えできるもの ・蓄電池・交流低圧の屋内幹線で開閉器に非常用の照明装置を表示
その他	詳細は昭45建告1830号による

敷地内通路の設置 097

大規模木造建築物は、原則、建築物の周囲に3m以上の通路を確保

階数が3以上の建築物等は出入口から道路まで1.5m幅、大規模木造建築物等は周囲に3mの屋外通路が必要

屋外避難経路の確保

多くの人が利用する建築物の出口や屋外階段が、敷地の奥にあり避難経路が狭いと、安全に避難できないし消火・救助活動にも支障をきたす。

そこで建築基準法では、建築物の用途や規模に応じて、建築物の主な出入口や屋外避難階段から道や空地までに1.5m以上の幅員の**敷地内通路**（階数3以下・延べ面積200㎡未満は90cm）を確保するよう定めている（令128条）。対象建築物は以下の4種類であり、耐火建築物も対象となる。

①劇場、映画館、集会場、病院、ホテル、共同住宅、学校、体育館、スポーツ練習場、百貨店、展示場、10㎡超の店舗等（法別表第1い欄(1)〜(4)項の特殊建築物）
②階数が3以上の建築物
③採光（1／20）・排煙（1／50）の無窓居室のある建築物
④延べ面積1千㎡超の建築物（2以上ある場合は、各延べ面積の合計）

大規模木造建築物等の敷地内通路

主要構造部の一部が木造で、延べ面積1千㎡超の建築物は、その周囲（道や隣地境界線に接する部分以外）に3m以上の幅員で、敷地の接する道まで達する敷地内通路が必要となる（令128条の2第1項）。

床面積1千㎡以内の木造等の建築物が敷地内に2棟以上ある場合、隣接する建築物の合計面積が1千㎡を超えると、建築物相互間に3m以上の通路を設ける（同条2項）。

一方、木造等の建築物と準耐火建築物との間には通路幅の制限はない。しかし、木造等の建築物の床面積の合計を算出し、3千㎡を超える場合は、3千㎡ごとにその周囲に3m以上の敷地内通路が必要となる（同条3項）。

敷地内通路を横切って、通行などに利用されている幅3m以下の渡り廊下がある場合は、交差部分に、幅2.5m以上、高さ3m以上の開放部分を設けなければならない（同条4項）。

敷地内通路の設置（法35条、令128条）

適用対象	適用条件	通路幅	設置内容	適用条項
特殊建築物	法別表第1（い）欄（1）～（4）項の用途	≧1.5m	屋外避難階段、屋外への出口（令125条1項）から道・公園・広場等の空地に通じる通路を敷地内に設置（出口が道路等に直接面していれば通路幅の制限はない）	法35条 令128条
中高層建築物	階数≧3			
無窓居室	採光上（1／20）、または排煙上（1／50）の無窓居室を有する建築物			
大規模建築物	延べ面積合計＞1,000㎡			
小規模建築物	階数≦3、延べ面積＜200㎡	≧90㎝		

階数≧3の建築物の場合

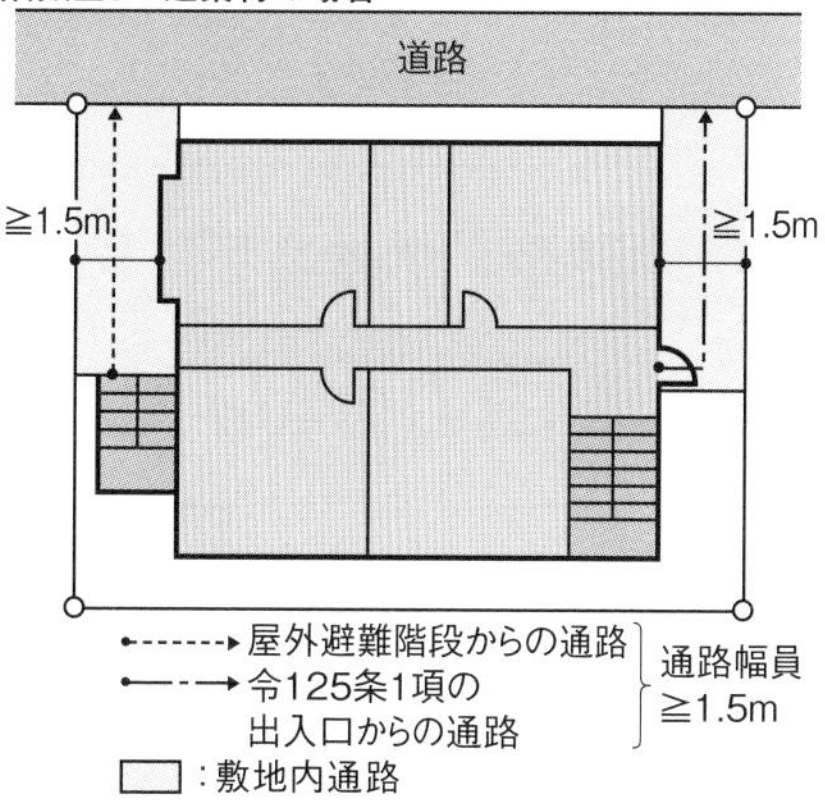

大規模木造等の敷地内通路（令128条の2）

適用対象	適用条件	通路幅	設置内容	適用条項
大規模木造建築物[※]	1棟の延べ面積＞1,000㎡	≧3m [条件1]	建築物の周囲に設置（道に接する部分を除く）	令128条の2第1項
	2棟以上で延べ面積の合計＞1,000㎡	≧3m [条件2]	1,000㎡以内ごとに区画し、その周囲に設置（道・隣地境界線に接する部分を除く）	令128条の2第2項
	延べ面積合計＞3,000㎡	≧3m	3,000㎡以内ごとに、相互の建築物の間に通路を設置（道・隣地境界線に接する部分を除く）	令128条の2第3項ただし書
	条件1:1棟で延べ面積≦3,000㎡	≧1.5m	隣地境界線に接する部分の通路のみ	令128条の2第1項ただし書
	条件2:耐火・準耐火建築物が1,000㎡以内ごとに区画された建築物を相互に防火上有効に遮っている場合	通路設置を適用除外		令128条の2第3項
	通路を横切る渡り廊下	廊下の幅≦3m　通路幅≧2.5m 通路高さ≧3m通行・運搬以外の用途に供しないこと		令128条の2第4項

注：表中の各通路は、敷地の接する道路まで達することとする（令128条の2第5項）
※：耐火構造の壁・特定防火設備で区画した耐火構造の部分の面積は、床面積から除く（令128条の2第1項）

❶木造等の建築物（延べ面積＞1,000㎡）の周囲の通路幅（令128条の2第1項）

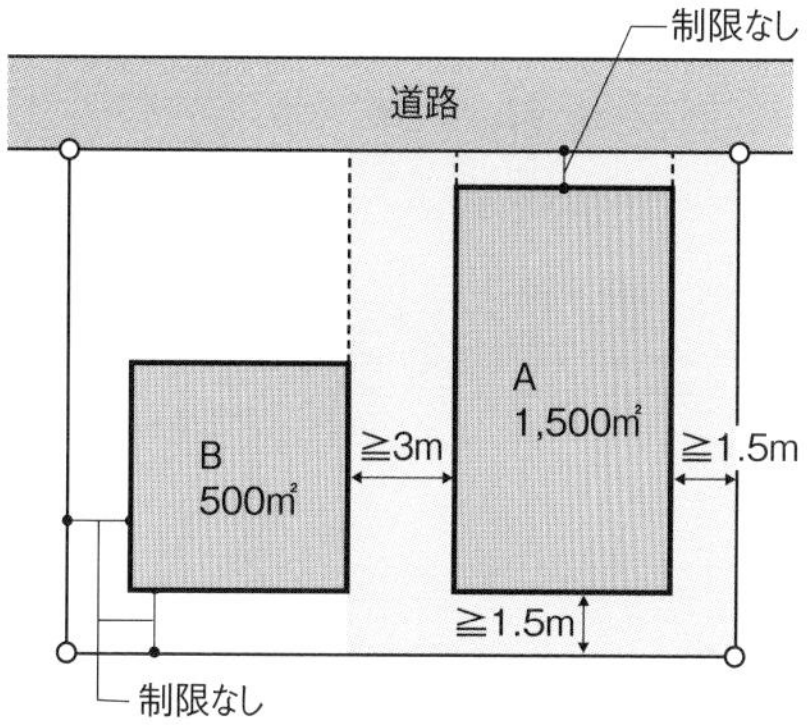

❷木造等の建築物（延べ面積≦1,000㎡）の周囲の通路幅（令128条の2第1項・第2）

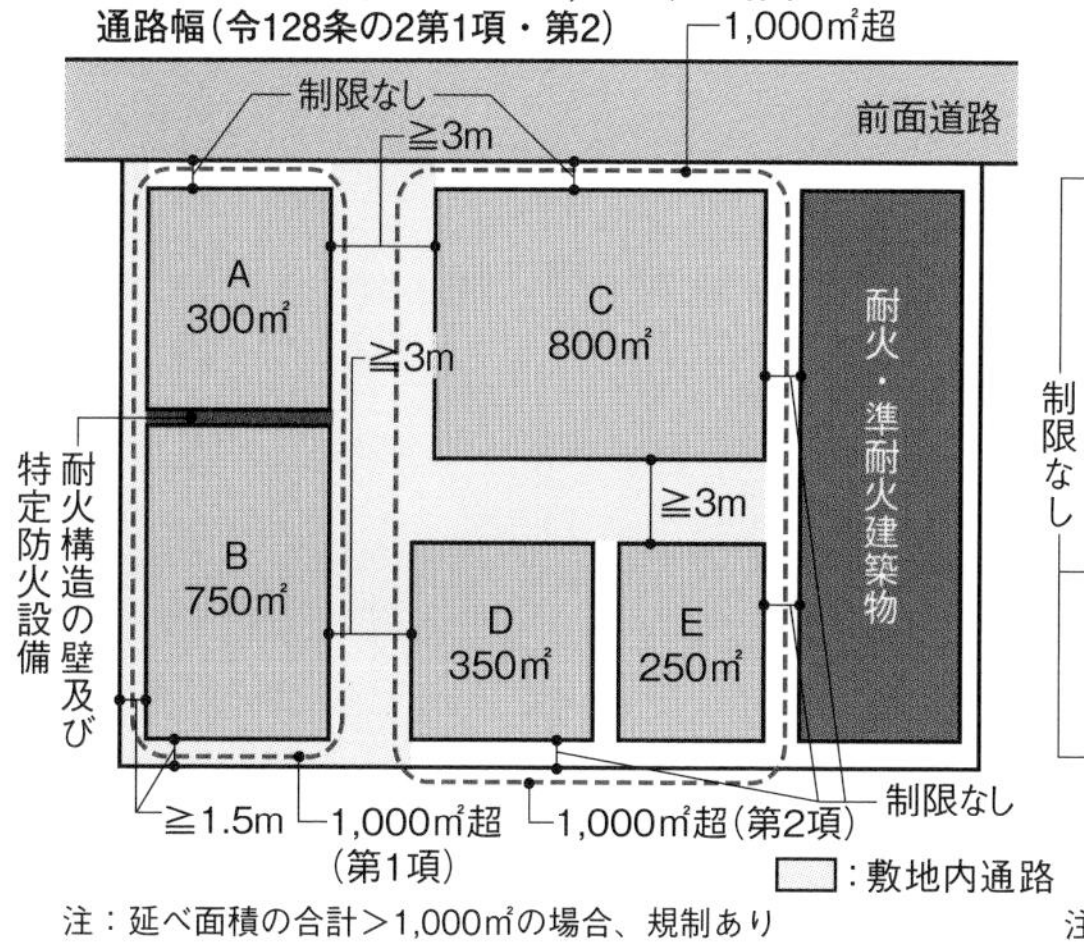

注：延べ面積の合計＞1,000㎡の場合、規制あり

❸木造等の建築物と準耐火建築物の混在（令128条の2第3項）

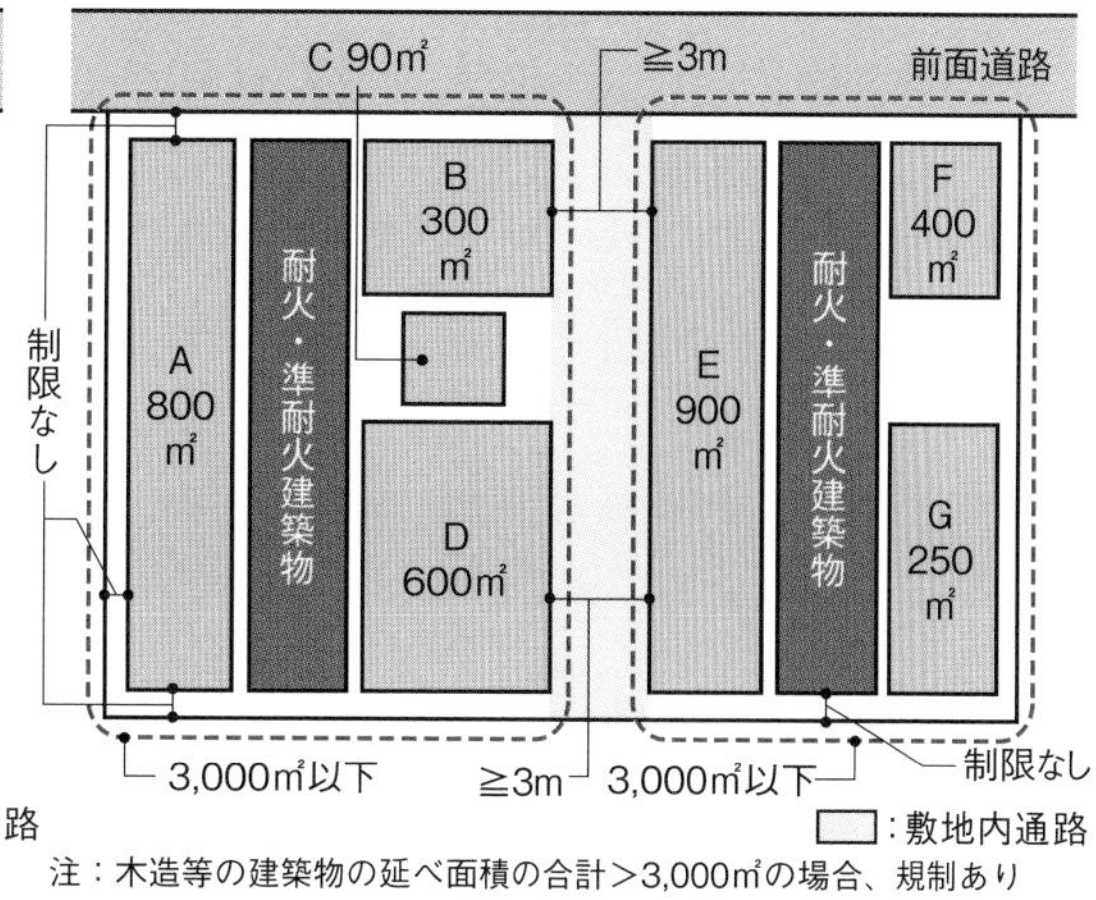

注：木造等の建築物の延べ面積の合計＞3,000㎡の場合、規制あり

避難安全検証法

098

階避難の検証と全館避難の検証では、緩和される項目が異なる

避難安全検証法により、廊下幅、直通階段までの歩行距離、排煙設備、内装制限などの仕様規定が緩和される

避難安全性能の検証は2つのルート

建築物の避難施設や防火区画などに関する規定は、数値や構造仕様で定められた規定(仕様規定)のほかに、**避難安全検証法**のような性能規定もある。一般に、一律に定められた仕様規定を「**ルートA**」と呼ぶ。これに対して、告示による検証法を「**ルートB**」、煙流動解析等を加えて検討し、大臣認定を受ける方法を「**ルートC**」という。

告示による検証法(ルートB)は、政令や告示で定められた計算式で安全性を検証するものである。安全性が確認されれば、内装材料や排煙設備、防火区画などの条件が緩和される。

検証法には、一の階の防火区画(令112条18項第2号)された部分で検証する「**区画避難安全検証法**」、特定階だけを検証をする「**階避難安全検証法**」と、建築物全体を検証する「**全館避難安全検証法**」の3つがあり、それぞれで除外できる避難規定が異なる。

階避難の検証は、まず、居室ごとに火災が発生したと仮定し、床上1.8mまで煙が降下するまでの時間に在室者が居室外に避難できるかを検討する(**居室避難**)。次に、その階のすべての人が直通階段の1つに避難を完了する時間内に、煙やガスが避難上支障のある高さ(階段出入口は1.8m)まで降下しないことを検証する。階ごとならば、別のルートの検証も選択できる。

全館避難安全検証法では、各階の階避難と各火災室における地上までの歩行時間、地上への出口の通過時間の合計時間内に、煙やガスが階段や直上階へ流入しないことを検証する。

大臣認定による検証

大臣認定による検証法(ルートC)とは、告示の方法では避難時間を満たさない場合などに、高度な方法で安全性を確認するものである。ルートB・Cで避難の安全性が確認できた場合は、一部の排煙口や防煙垂壁などの排煙設備や、居室から直通階段までの歩行距離、内装制限等が緩和される。

避難安全性能の検証ステップ

避難安全の確保の目的

↓

仕様基準（ルートA）

避難施設、排煙設備、内装、防火区画等の仕様基準

仕様基準の性能検証による証明（＝避難安全検証法）

ルートB：告示による検証法
・避難時間判定法（B1）
・煙高さ判定法（B2）
ルートC：高度な検証法
（緩和対象となる仕様規定：表）

避難安全検証法適用上の注意点

注意事項	・対象建築物は主要構造部が準耐火構造・不燃材料または特定避難時間倒壊等防止建築物の階であること ・病院、老人ホーム、児童福祉施設など自力で避難することが困難な用途への適用は原則不可 ・1つの階で、部分的に避難検証を省略して一部だけを緩和することはできない
避難安全検証で緩和されないもの	・面積区画 ・2以上の直通階段の設置 ・直通階段までの重複距離 ・避難階段の設置 ・階段の踏面、けあげ寸法

[表] 避難安全検証法による適用除外（令128条の6、令129条、令129条の2）

○：避難安全検証法により適用除外となる

項目	条	項	号	規定の概要	区画避難	階避難	全館避難
防火区画	令112	7	―	11階以上の100㎡区画	―	―	○
		11、12、13	―	竪穴区画	―	―	○
		18	―	異種用途区画	―	―	○
避難施設	令119	―	―	廊下の幅	―	○	○
	令120	―	―	直通階段までの歩行距離	―	○	○
	令123	1	1・6	屋内避難階段の耐火構造の壁・防火設備・出入口	―	―	○
		2	2	屋外避難階段の防火設備	―	―	○
		3	1・2	特別避難階段の付室の構造など	―	○	○
			3	特別避難階段の耐火構造の壁	―	―	○
			10・12	特別避難階段の付室に通ずる出入口の特定防火設備［※1］・付室などの床面積	―	○	○
	令124	1	1	物品販売業を営む店舗における避難階段等の幅	―	―	○
			2	物品販売業を営む店舗における避難階段への出口幅	―	○	○
屋外への出口	令125	1	―	屋外への出口までの歩行距離	―	―	○
		3	―	屋物品販売業を営む店舗における屋外への出口幅	―	―	○
排煙設備	令126の2	―	―	排煙設備の設置	○	○	○
	令126の3	―	―	排煙設備の構造	○	○	○
内装制限	令128の5	―	―	特殊建築物の内装制限（2、6、7項［※2］、および階段に係る規定を除く）	○	○	○

※1：屋内からバルコニー、または付室に通じる出入口に限る
※2：調理室・車庫・階段は対象外。自動式スプリンクラーと排煙設備による内装制限の除外規定あり

居室避難（B1）（令128条の6、令2国交告509号）

ステップ1：居室避難（火災室からの避難）の検証			
計測時間	内訳	計算時の検討項目	イメージ
居室外への 避難終了時間	❶避難開始するまでの時間 ＋ ❷出口までの歩行時間 ＋ ❸出口の通過時間	・在館者密度 ・室の大きさ ・歩行速度 ・有効出口幅 ・有効流動係数	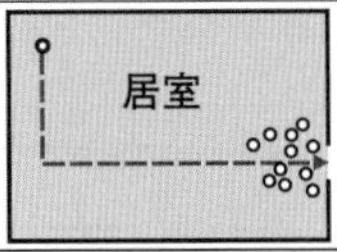
居室内の煙降下時間	煙やガスが避難上支障のある高さまで降下するのに要する時間	・可燃物量（積載、内装） ・室の大きさ ・煙等発生量 ・有効排煙量 ・防煙区画および 排煙効果係数	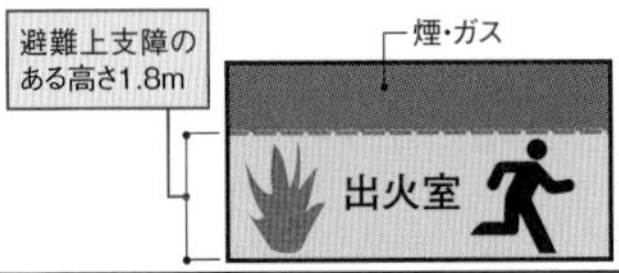

検証：居室外への避難終了時間≦居室の煙降下時間

↓

区画避難安全検証法（B1）（令128条の6、令2国交告509号）

ステップ2：区画避難（火災室を含む防火区画内からの避難）の検証			
計測時間	内訳	計算時の検討項目	イメージ
区画外への 避難終了時間	❶避難開始するまでの時間 ＋ ❷出口までの歩行時間 ＋ ❸出口の通過時間	・在館者密度 ・室の大きさ ・歩行速度 ・有効出口幅 ・有効流動係数	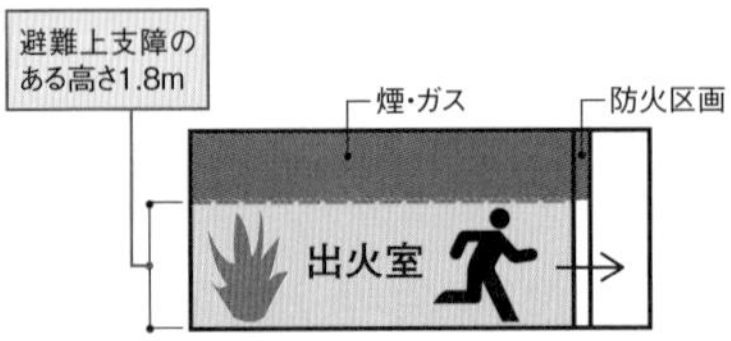
区画内の煙降下時間	煙やガスが避難上支障のある高さまで降下するのに要する時間	・可燃物量（積載、内装） ・室の大きさ ・煙等発生量 ・有効排煙量 ・防煙区画および 排煙効果係数	

検証：区画外への避難終了時間≦区画内の煙降下時間

階避難安全検証法（B1）（令129条、令2国交告510号）

ステップ2：階避難（出火階からの避難）の検証			
計測時間	内訳	計算時の検討項目	イメージ
直通階段への 避難終了時間	❶避難開始するまでの時間 ＋ ❷直通階段までの歩行時間 ＋ ❸階段への出口の通過時間	・在館者密度 ・室、廊下等の大きさ ・歩行速度 ・階段への出口幅 ・有効流動係数	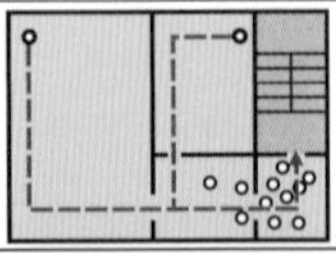
避難経路の煙降下時間	出火室から直通階段への出口を有する室に通じる経路ごとの各室で、次の時間を合計して最小値を求める。 ・煙やガスが限界煙層高さまで降下するのに要する時間	・可燃物量（積載、内装） ・室、廊下等の大きさ ・煙等発生量 ・区画の遮煙性能 ・有効排煙量 ・防煙区画および 排煙効果係数	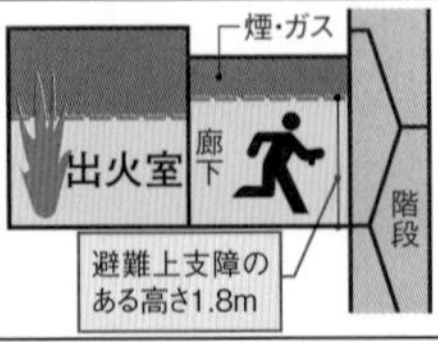

検証：階の避難終了時間≦階煙降下時間

全館避難安全検証法（B1）（令129条の2、令2国交告511号）

ステップ1：各階ごとに階避難安全検証法で検証

↓

ステップ2：全館避難（建築物全体からの避難）の検証

計測時間	内訳	計算時の検討項目	イメージ
地上または屋上広場への避難終了時間	❶避難開始するまでの時間 ＋ ❷地上の出口または屋上広場までの歩行時間 ＋ ❸地上への出口の通過時間	・在館者密度 ・室、廊下、階段等の大きさ ・歩行速度 ・屋外への出口幅 ・有効流動係数	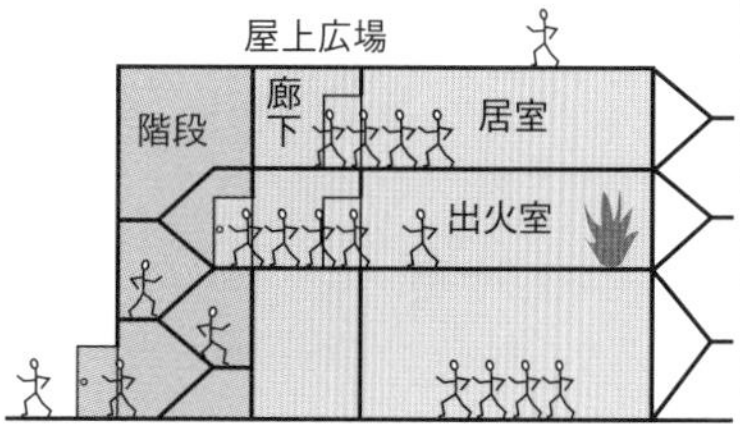
直通階段または他の階への煙流入時間	出火室から直通階段への出口を有する室、または竪穴に面する室に通じる経路ごとの各室で、次の時間を合計して最小値を求める。 ・煙やガスが限界煙層高さまで降下するのに要する時間	・可燃物量（積載、内装） ・室、廊下等の大きさ ・煙等発生量 ・区画の遮煙性能 ・有効排煙量 ・防煙区画および排煙効果係数	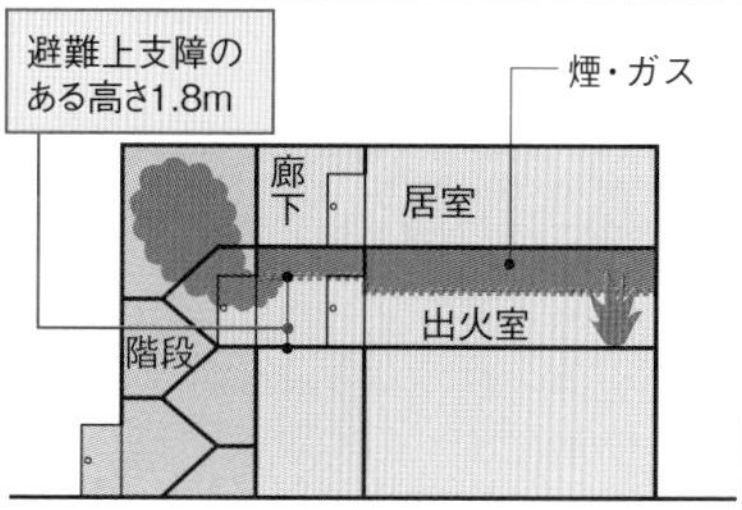

検証：全館の避難終了時間≦全館煙降下時間

階ごとの検証例

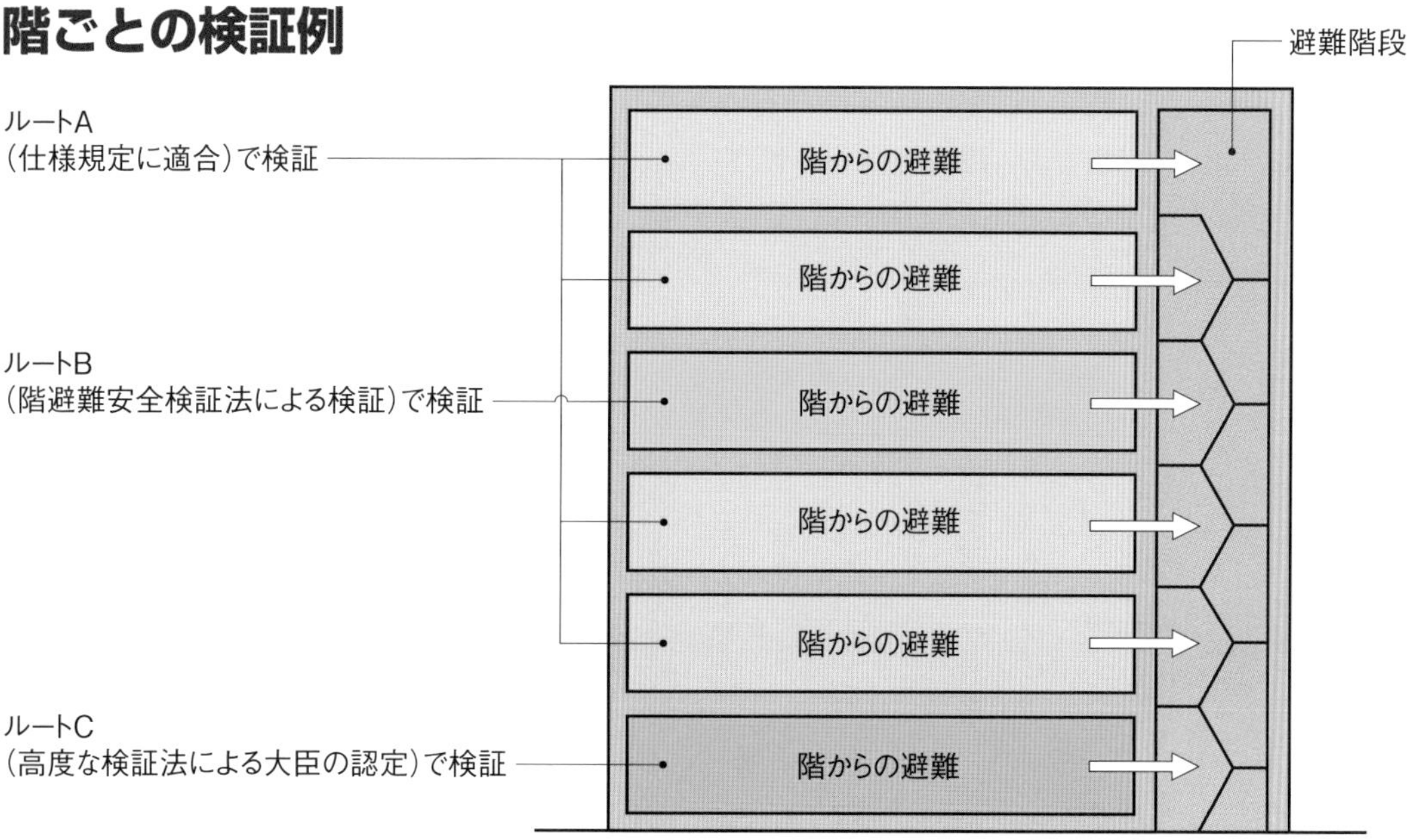

階ごとに避難安全性能を検証する場合は別ルートでの検証が可能

非常用エレベーター 099

31m超の建築物は設置が必要。ただし、床面積・階数制限・小区画化で緩和措置あり

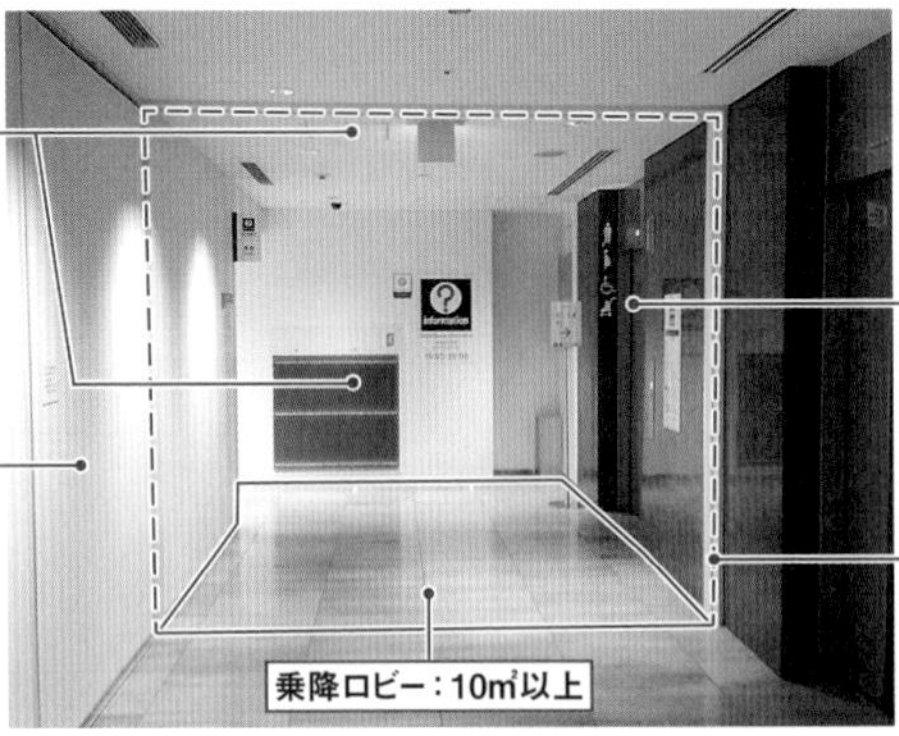

乗降ロビーは、特定防火設備と耐火構造の壁で囲み、10㎡以上とし、排煙設備と非常用照明等を設置する

非常用エレベーターの設置と構造

高さ31m超の建築物には、原則、火災時に消防隊が消火・救出作業に使用する**非常用エレベーター**を設置しなければならない（法34条2項）。

非常用エレベーターは停電時でも運転できるよう予備電源を設け、60m／分以上の定格速度が必要である。また、消火作業がしやすいように、扉が開いたまま昇降させる装置や、かごを呼び戻す装置を設け、避難階かその直上・直下階の乗降ロビーと中央管理室からそれらを操作できるようにしなければならない。

また、非常用エレベーターの設置台数は、31mを超える部分の階の最大の床面積によって決まる。

なお、高さ31m超の建築物であっても、31mを超える部分の階数制限と耐火構造による100㎡以内の小区画化で設置が緩和される。また、31mを超える部分の各階の合計床面積が500㎡以下の場合も緩和される。

乗降ロビーの構造

非常用エレベーターには、避難階を除いて、耐火構造の床・壁、遮煙性能をもった特定防火設備で区画された**乗降ロビー**が必要になる。乗降ロビーは、安全な区画であることが期待される。

そのため、内装を仕上げ下地とも不燃材とし、外部に面した2㎡以上の**自然排煙窓**か**機械排煙設備**、**予備電源をもつ照明設備**を設けなければならない。

また、円滑な消防活動のために、非常用エレベーター1基について10㎡以上の床面積を確保して、**屋内消火栓**、連結送水管の放水口などの**消防設備**を備える必要がある。

さらに、避難階では、非常用エレベーターの出入口（乗降ロビーがある場合はその出入口）から屋外への出口の1つまでの**歩行距離は30m以下**としなければならない。

乗降ロビーは避難階や構造上設置が難しい場合、その直上・直下階などでは設置が免除される（令129条の13の3）。

非常用エレベーターの基準と乗降ロビーの一般的構造
(法34条、令129条の13の2、129条の13の3、平成12建告1428号、平28国交告697号)

	基準の内容		
設置基準	高さ>31mの建築物		
緩和基準	高さ>31mの部分が次のいずれかに該当するとき	❶階段室・機械室・装飾塔・物見塔等	
		❷各階の床面積の合計≦500㎡	
		❸階数≦4、かつ主要構造部が耐火構造で、防火区画[※]≦100㎡	
		❹機械製作工場・不燃性物品保管倉庫等で、主要構造部が不燃材料	
エレベーターの必要台数	高さ>31mの階で最大の床面積:S	S≦1,500㎡	≧1台
		S>1,500㎡	3,000㎡以内を増すごとに上記に1台追加

※：耐火構造の床・壁、もしくは特定防火設備（常時閉鎖式、または随時閉鎖式で煙感知器もしくは熱煙複合式感知器連動自動閉鎖）、廊下に面する1㎡以内の防火設備

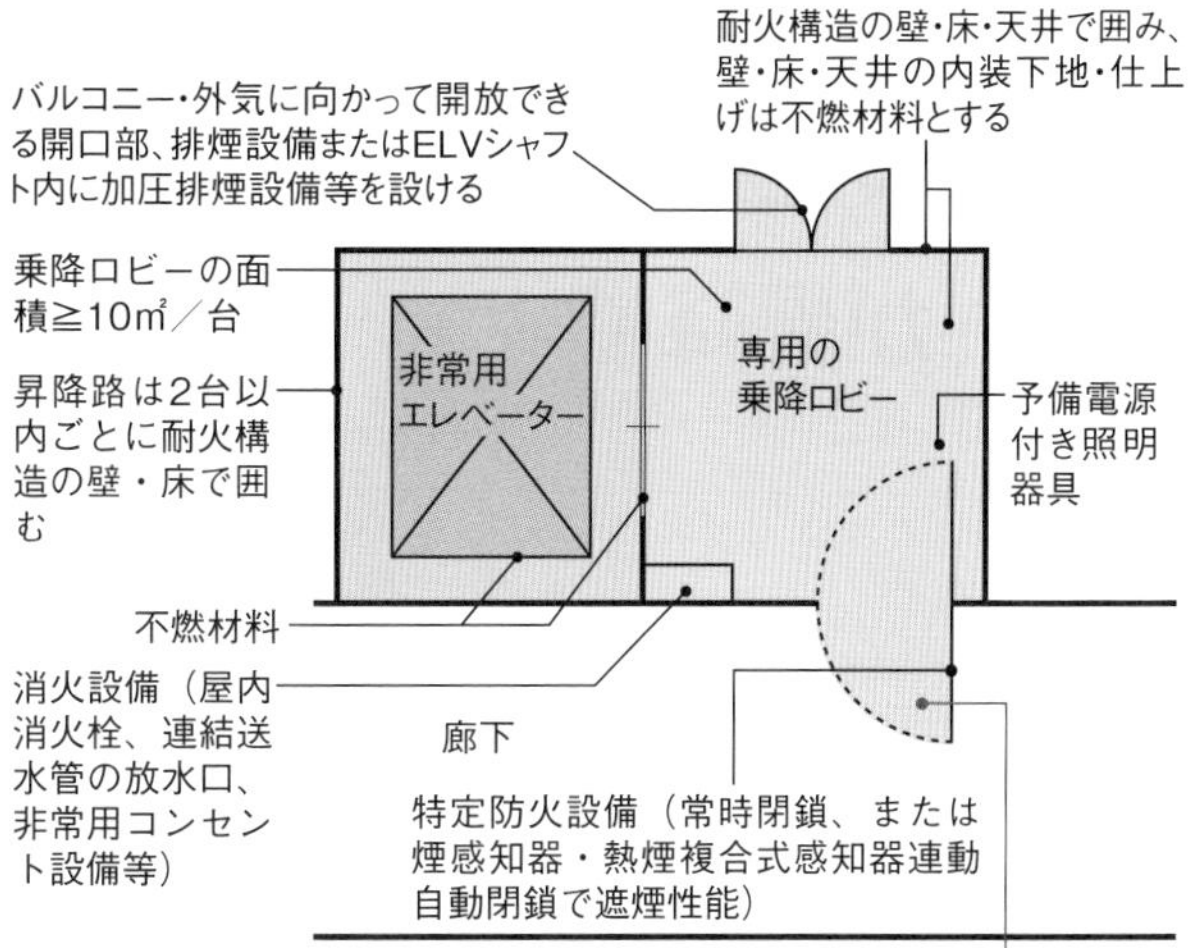
耐火構造の壁・床・天井で囲み、壁・床・天井の内装下地・仕上げは不燃材料とする
バルコニー・外気に向かって開放できる開口部、排煙設備またはELVシャフト内に加圧排煙設備等を設ける
乗降ロビーの面積≧10㎡／台
昇降路は2台以内ごとに耐火構造の壁・床で囲む
非常用エレベーター
専用の乗降ロビー
予備電源付き照明器具
不燃材料
消火設備（屋内消火栓、連結送水管の放水口、非常用コンセント設備等）
廊下
特定防火設備（常時閉鎖、または煙感知器・熱煙複合式感知器連動自動閉鎖で遮煙性能）

特別避難階段の付室を兼ねない乗降ロビーの出入口の戸は、消火・救助時の使用を考慮し、両方向に開くことが望ましい（『建築物の防火避難規定の解説』日本建築行政会議）

上記のほかにも、非常用エレベーターは、構造や設置方法などを、令129条の13の3にある規定に適合させなければならない

31m超部分の床面積と台数の関係

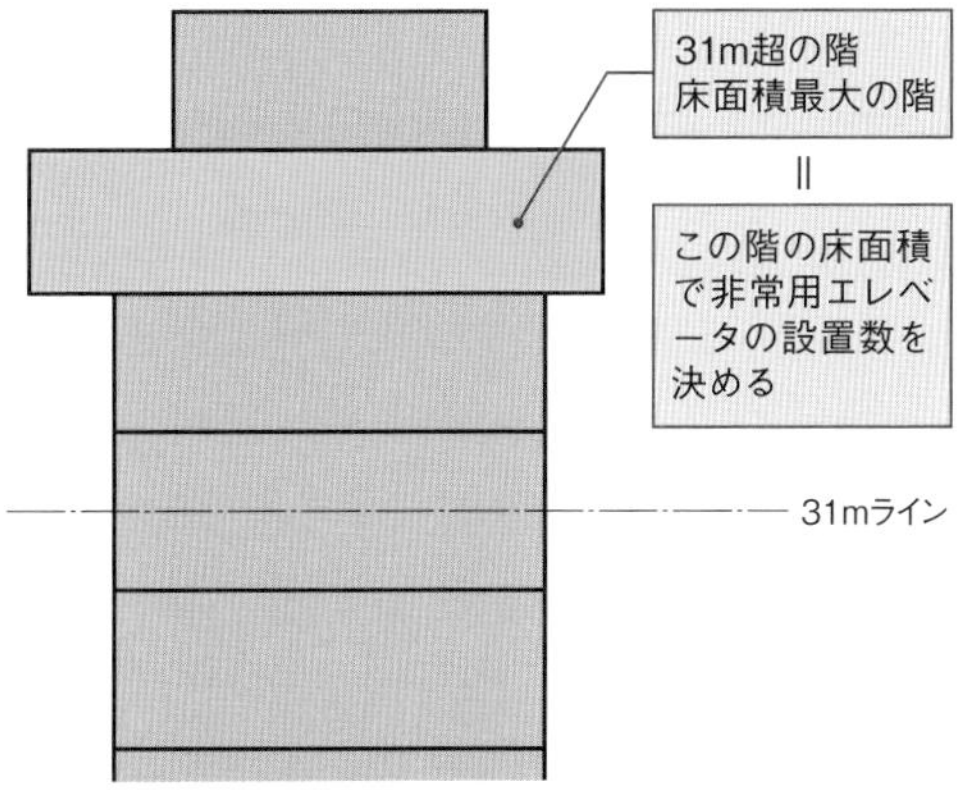
31m超の階
床面積最大の階
||
この階の床面積で非常用エレベータの設置数を決める
31mライン

31m超部分の床面積最大階の床面積 S(㎡)	台数
S≦1,500	1
1,500<S≦4,500	2
4,500<S≦7,500	3
7,500<S≦10,500	4

注：台数=(S−1,500)／3,000+1(小数点以下切り上げ)

高さ>31mの部分の取扱い

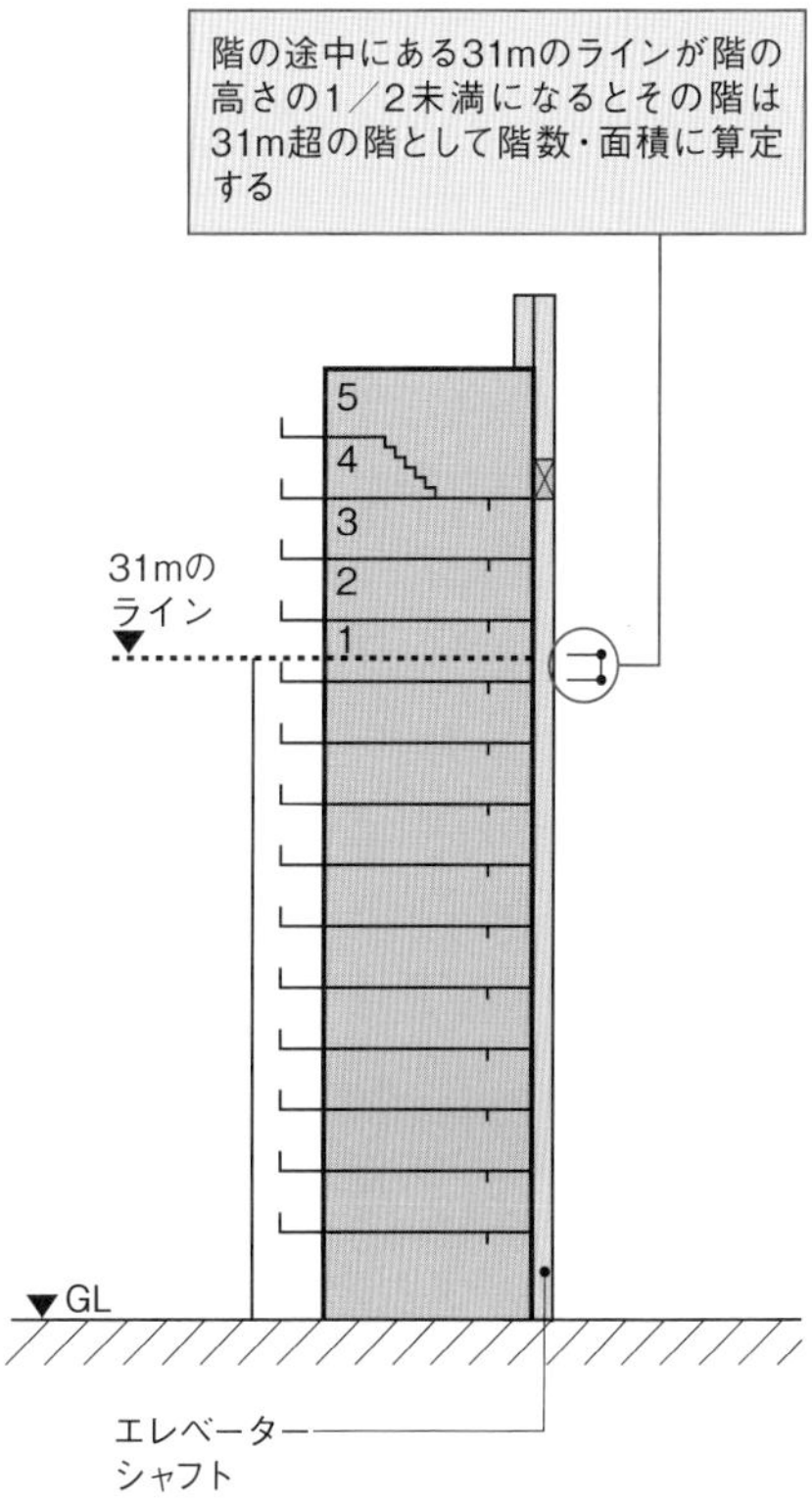
階の途中にある31mのラインが階の高さの1／2未満になるとその階は31m超の階として階数・面積に算定する
5
4
3
2
1
31mのライン
GL
エレベーターシャフト

昇降機 100

エレベーター、小荷物専用昇降機、エスカレーターが昇降機

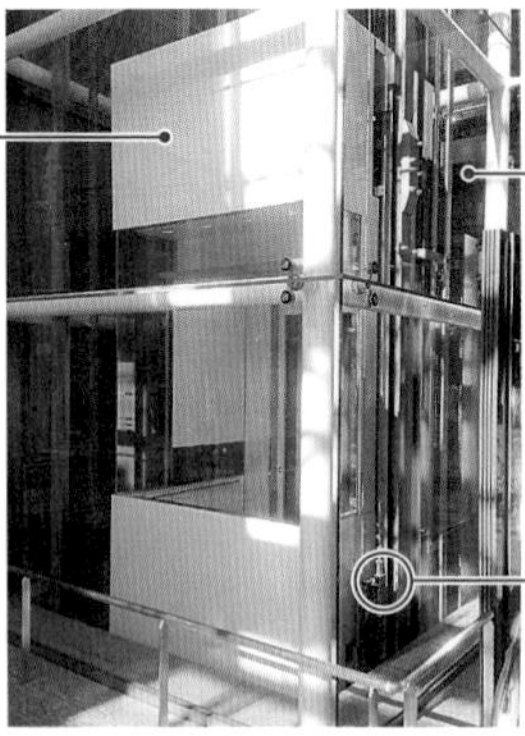

エレベーターは、かごを吊る主要な支持部分、かご、昇降路、駆動装置、制御器、安全装置などの規定がある

エレベーターの構造

建築基準法が構造を規定している昇降機には、**エレベーター、小荷物専用昇降機、エスカレーター**がある。

エレベーターは、主要な支持部分の構造が、次の基準に適合するかを確認する(令129条の4)。

①昇降で摩損、疲労破壊のおそれのある部分は、昇降時の衝撃などで、損傷を生じないこと

②①以外の部分は、昇降や安全装置の動作時に損傷を生じないこと

③地震時に釣合おもりの脱落防止や、震動に対して構造耐力上安全であること

このほかにも、昇降路の頂部やピット部に確保する距離や、かごに生じる垂直方向の加速度9.8m/S^2、水平方向の加速度5m/S^{2}をそれぞれ感知してかごを制止したり、昇降路の出入口がすべて閉じなければ昇降させない安全装置の規定がある(令129条の10)。

小荷物専用昇降機は、**水平投影面積**と**天井高**でエレベーターと区分される。小荷物専用昇降機の要件は、水平投影面積が1㎡以内で、かつ天井高が1.2m以下である。また昇降路の壁、囲い、出入戸は他の昇降機と同様、原則として難燃材料とする(令129条の13)。

エスカレーターの構造

エスカレーターは幅員を1.1m以下とし、手摺がつかみやすいように、踏段の端から手摺の中心までを25cm以下とする。踏段の積載荷重は、**踏段面の水平投影面積(㎡)に2千600N/㎡を乗じて算出**する。安全のために、人や物が踏段に挟まったときなどに、加速度1・25m/S^{2}を超えないような制動装置や、昇降停止装置を取り付ける。

勾配は、**30°以下**とし、50m以下の範囲内で勾配をもとに国土交通大臣が定めた速度以下としなければならない。また、地震の震動等によって、脱落するおそれのないように防止策を講じるか、大臣認定を受けたものとしなければならない(令129条の12)。

エレベーターの構造基準（令129条の3～129条の10）

機械室の天井高はかごの定格速度に応じた数値以上（令129条の9）

定格速度V（m／m）	天井高（m）
V≦60	2.0
60＜V≦150	2.2
150＜V≦210	2.5
210＜V	2.8

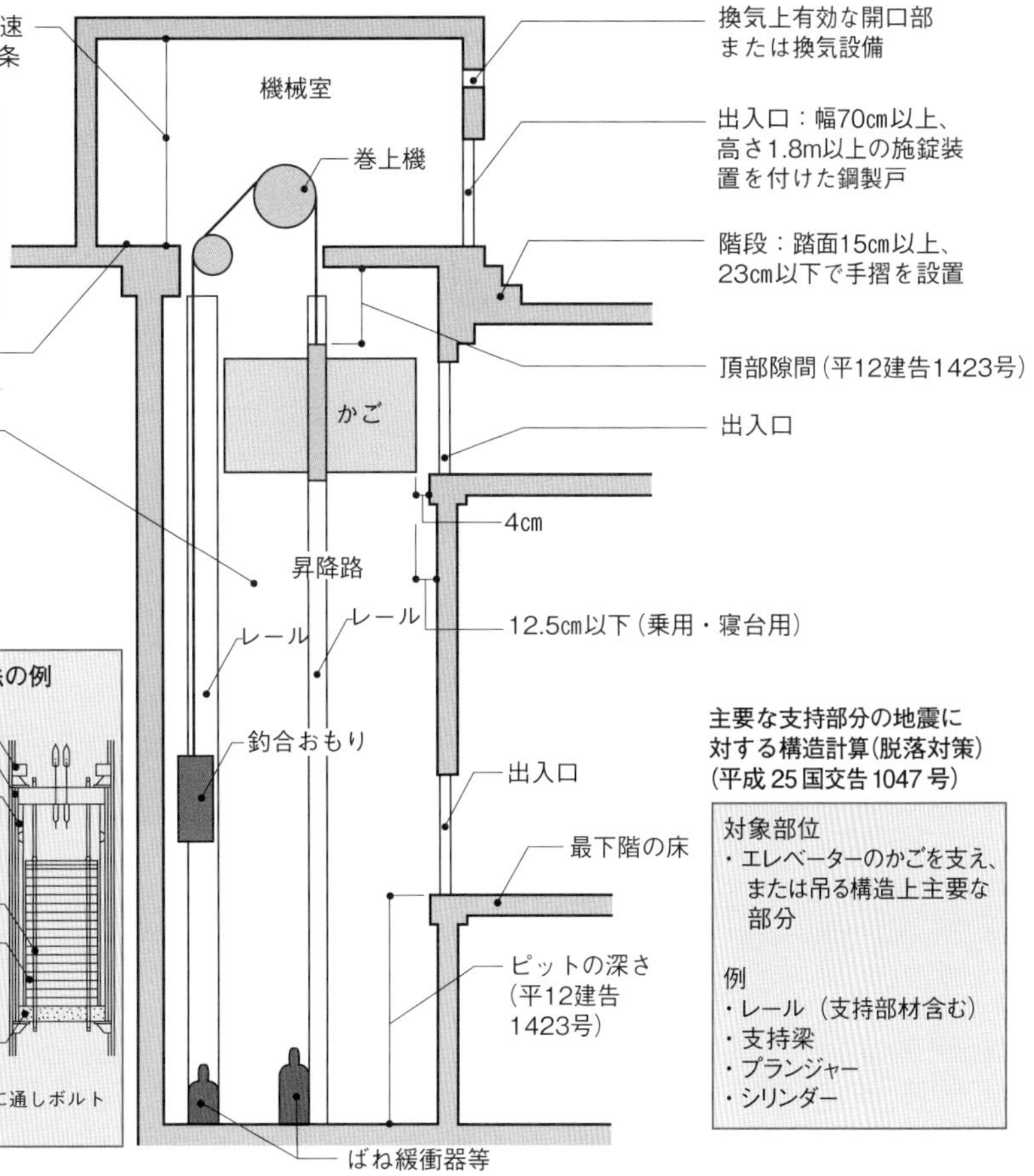
機械室の床面積は昇降路の水平投影面積の2倍以上
昇降路内は難燃材料でつくりレールブラケット等のエレベーター設備に必要なものを除き突出物を設けない（令129条の7）

釣合おもりの脱落防止
（平成25国交告1048号）

釣合おもりが脱落しない構造方法の例

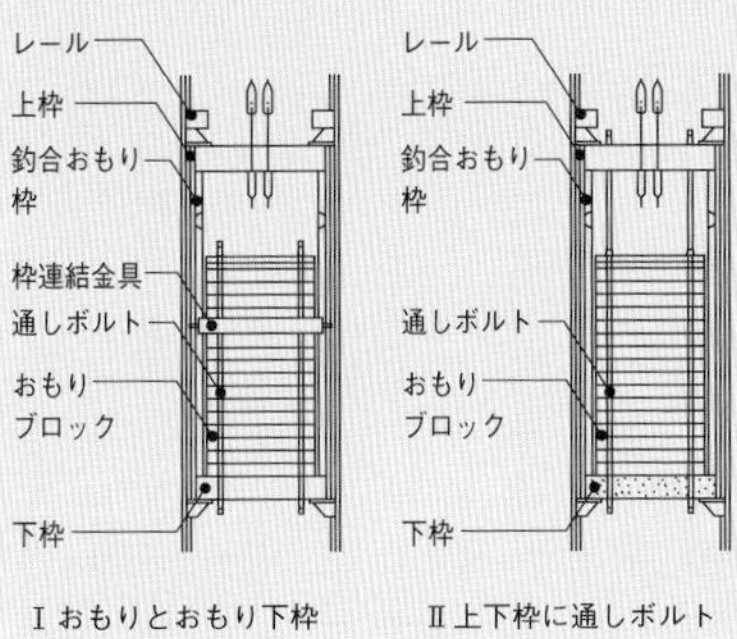

Ⅰ おもりとおもり下枠間に通しボルト付き　Ⅱ 上下枠に通しボルト付き

主要な支持部分の地震に対する構造計算（脱落対策）
（平成25国交告1047号）

対象部位
・エレベーターのかごを支え、または吊る構造上主要な部分

例
・レール（支持部材含む）
・支持梁
・プランジャー
・シリンダー

エスカレーターの構造基準（令129条の12）

❶立面図

勾配は定格速度で決まる

定格速度V（m／分）	勾配
V=50	8°以下
V=45	8°超 30°以下

（平12建告1417号）

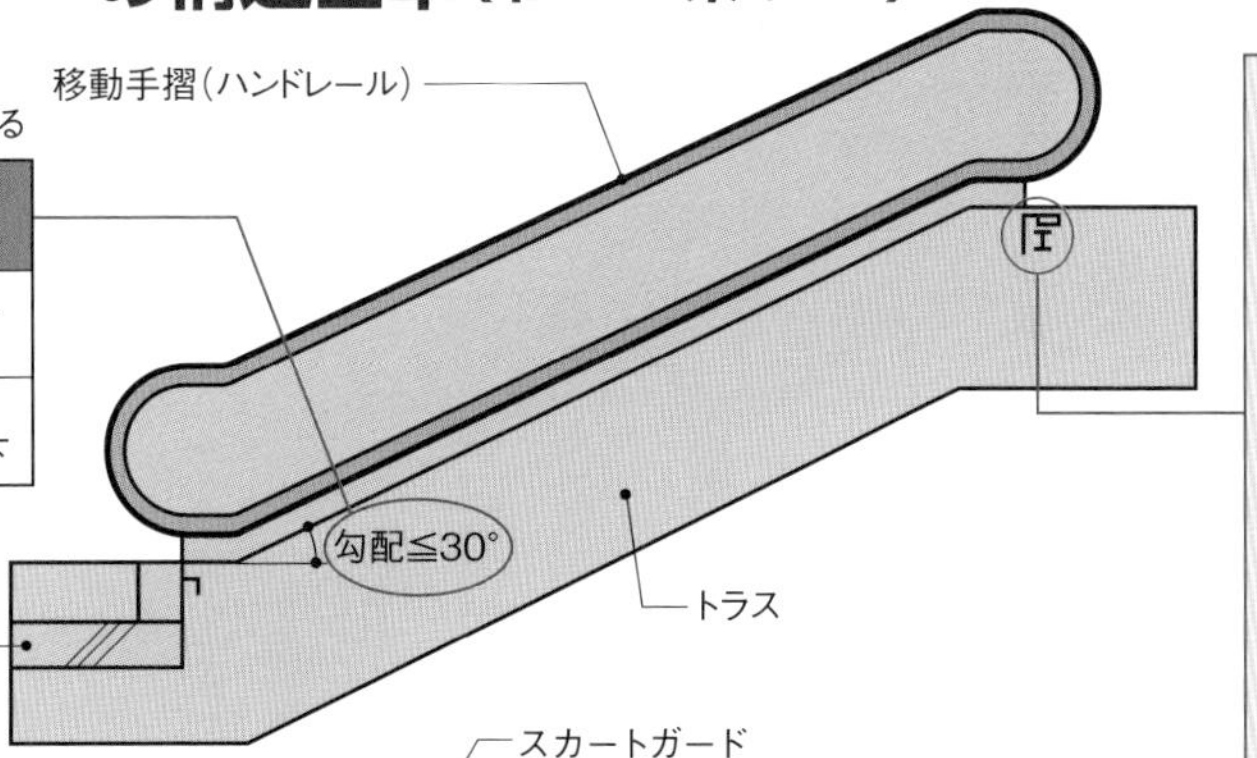

脱落防止対策
①端部に「十分なかかり代」（緩和20mm）「十分な隙間」の確保
②（①ができない場合）衝突時にトラス等が安全上支障となる変形が生じないことを構造計算で確認
③バックアップ措置
・下階床から支持柱
・鋼材、ワイヤーロープ等で支持
・上階梁からワイヤーロープで吊る等

❷平面図

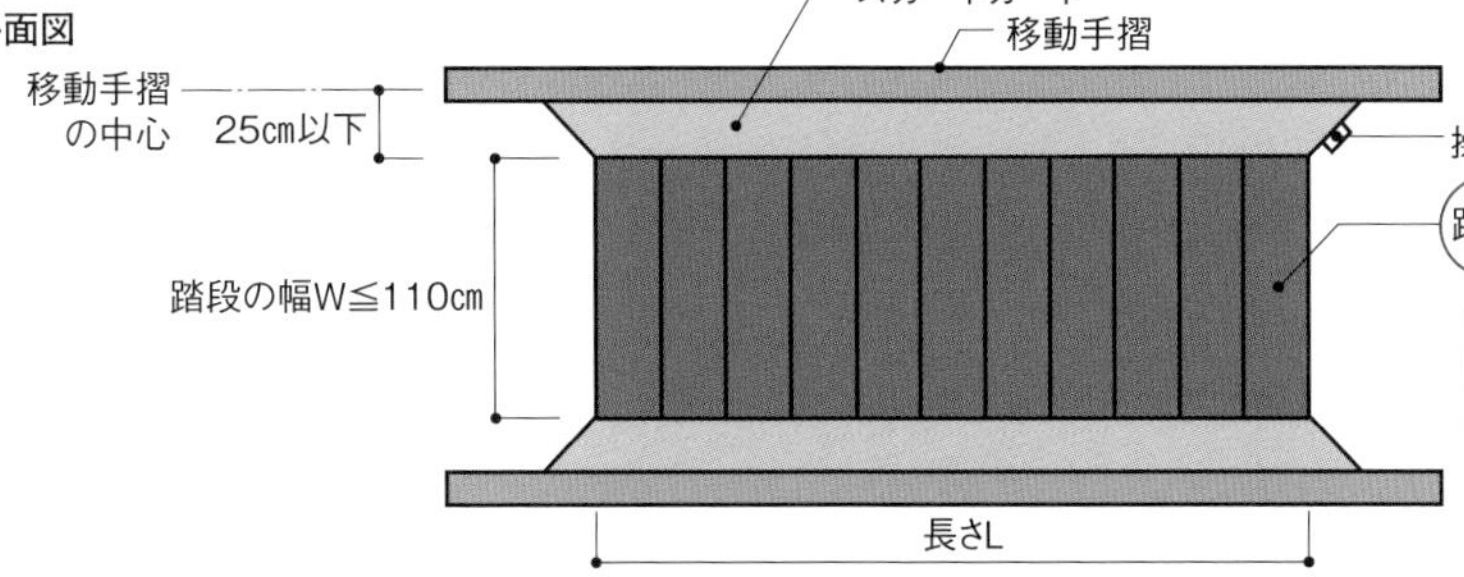

積載荷重（N）
=2,600（N／㎡）×W（m）×L（m）

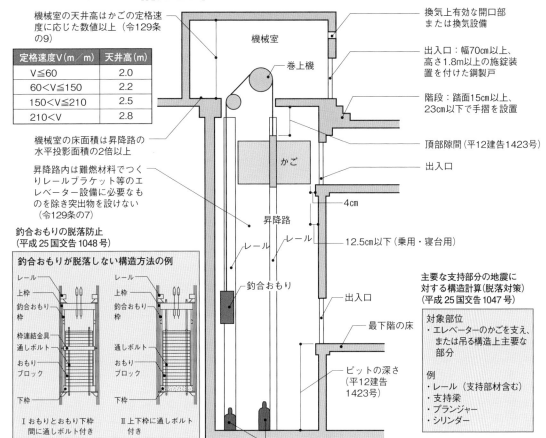

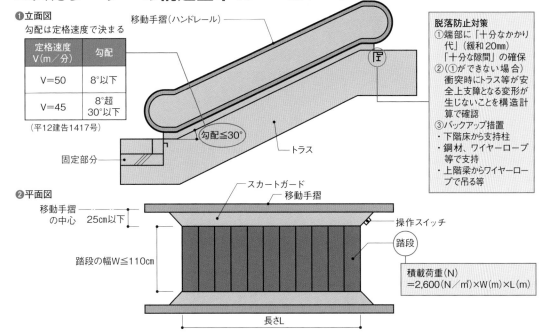

建築設備・避雷設備・煙突 101

避雷設備が必要になる「高さ20m」の算定には階段室や昇降機塔などの部分も含む

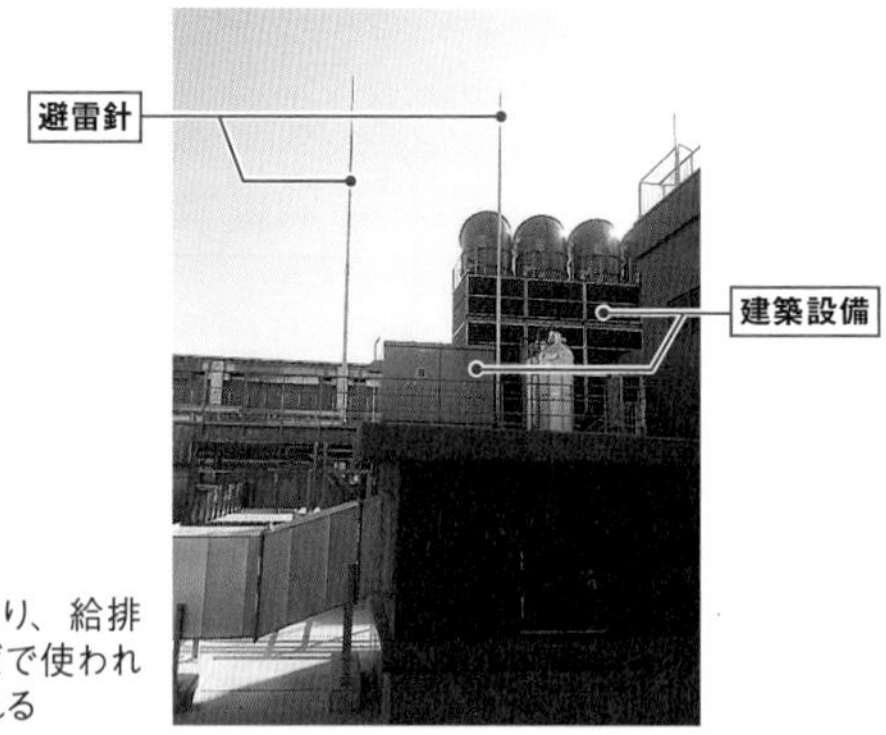

法2条の建築物の定義により、給排水、電気、換気、空調などで使われる建築設備も建築物に含まれる

建築設備の規定

建築物の定義には、**建築設備**が含まれ、設置方法や構造などが建築基準法に規定されている（法2条1号）。

たとえば給排水の配管や電気の配電管を建築物のコンクリートに埋設する際は、構造耐力上その位置に配慮し、腐食防止の措置をしなければならない。飲料水の**配管設備**は、独立配管としウォーターハンマー（水撃）を防止し、逆流しない機構とする。水槽や流しでは、水栓が水没しないよう、蛇口と水面に吐《と》水口《すいこう》空間《くうかん》を設ける。給水タンクはホコリなどが入らない構造とする。

排水設備には、臭気や逆流を避けるために排水トラップや通気管などを設け、公共下水道などに連結する。汚水に接する部分は周辺への衛生上の問題を起こさないように不浸透質の耐水材料でつくる（令129条の2の5）。

便所は、処理方法によって、**汲取り便所**と**水洗便所**に分かれる。汲取り便所は、便槽と井戸との距離の規定がある（令34条）。水洗便所には、浄化槽で処理をして下水に流すものと、直接下水道に放流するものがあるが、終末処理場をもつ下水道処理区域の場合、便所は下水道に直結させなければならない。また、屎尿浄化槽等は24時間以上満水試験を行い漏水しないことを確認する（令33条）。

ガス設備を共同住宅の3階以上の住戸に設ける場合は、ガス栓の構造、警報設備の位置などの安全対策の基準がある（昭56建告1099号）。

避雷設備・煙突の基準

高さ20m超（ペントハウスや高架水槽などの工作物部分含む）の建築物では、20m超の部分を雷撃から保護するように、**避雷針等**を設置する（法33条、令129条の14・129条の15）。

煙突に対しては、煙突口近くの気圧の差によって煙道内に風が逆流し、煙突からの伝熱で周囲の建築物の部分に火災が発生するのを防止するための規定がある（令115条）。

便所の基準（法31条、令28・29・31～35条）

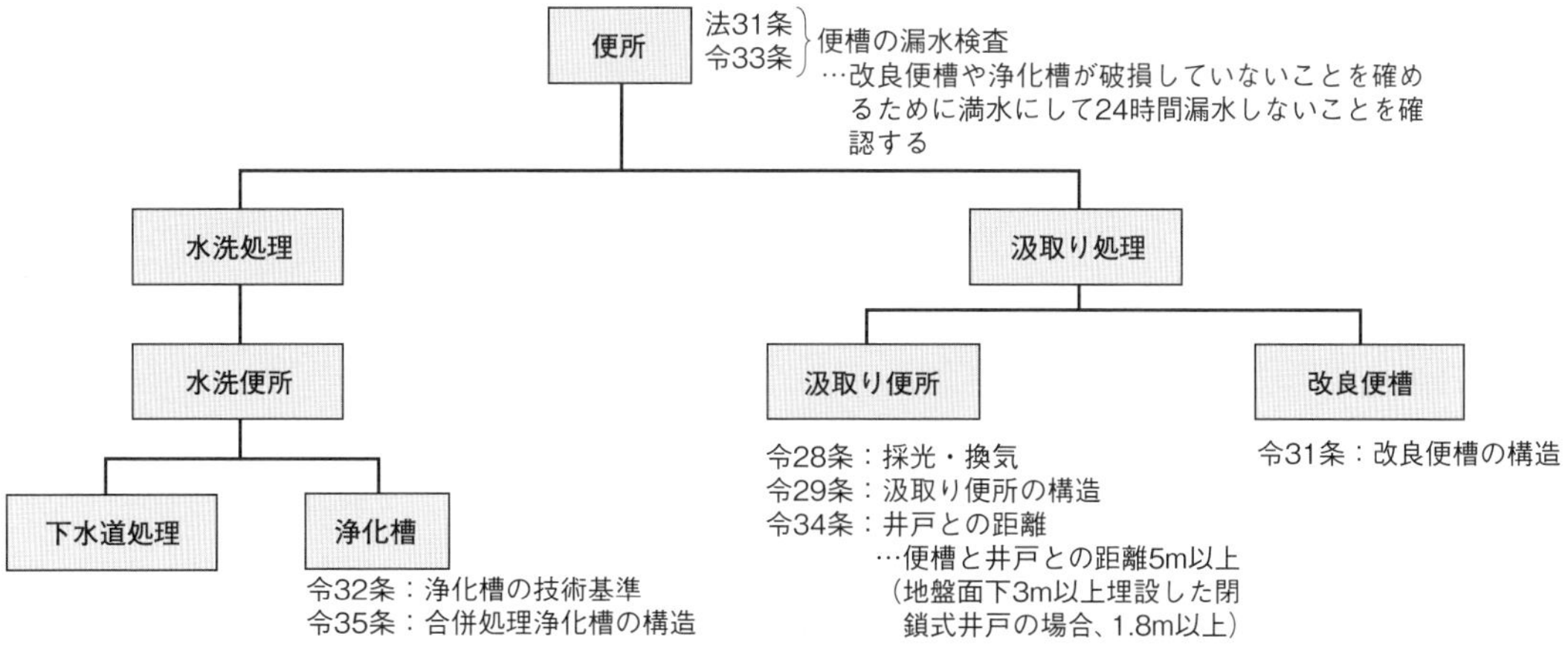

避雷針の基準（法33条、令129条の14・129条の15）

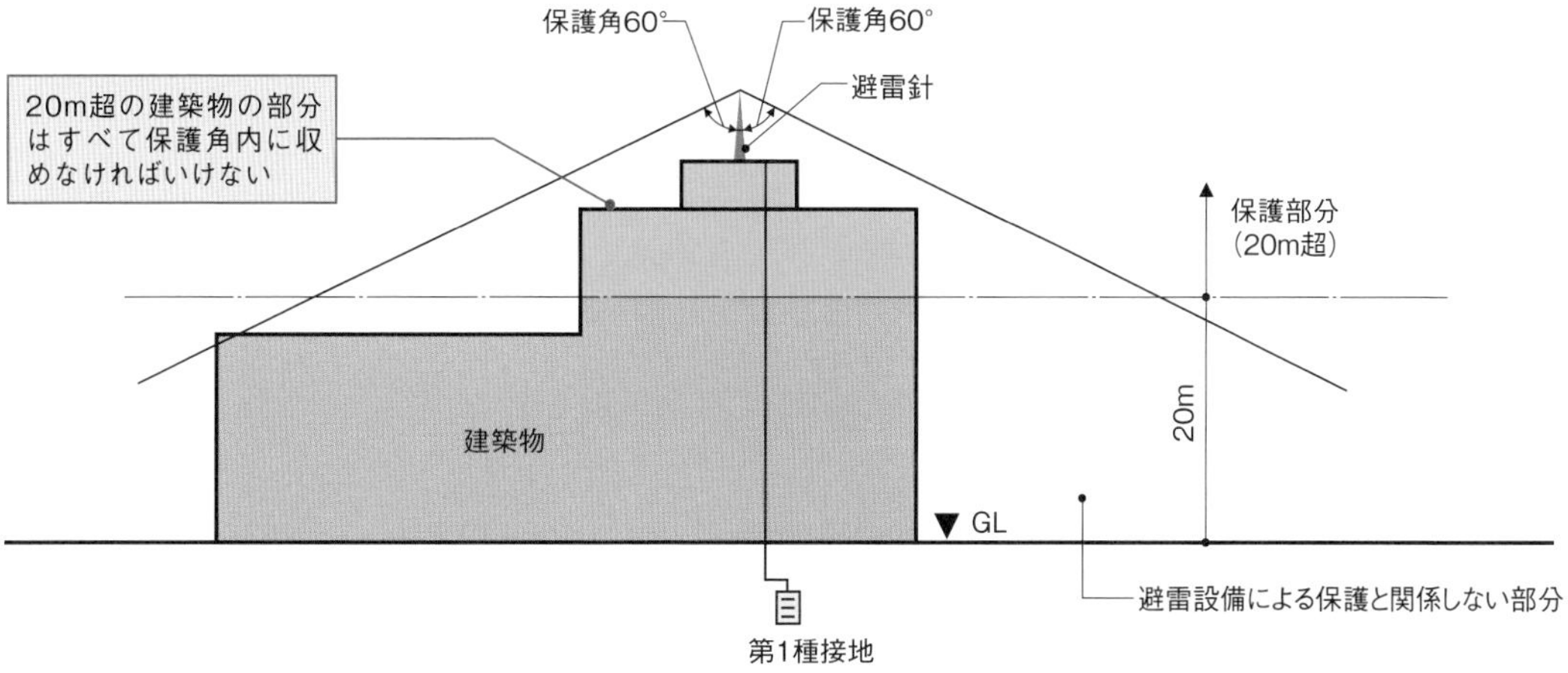

煙突の基準（令115条）

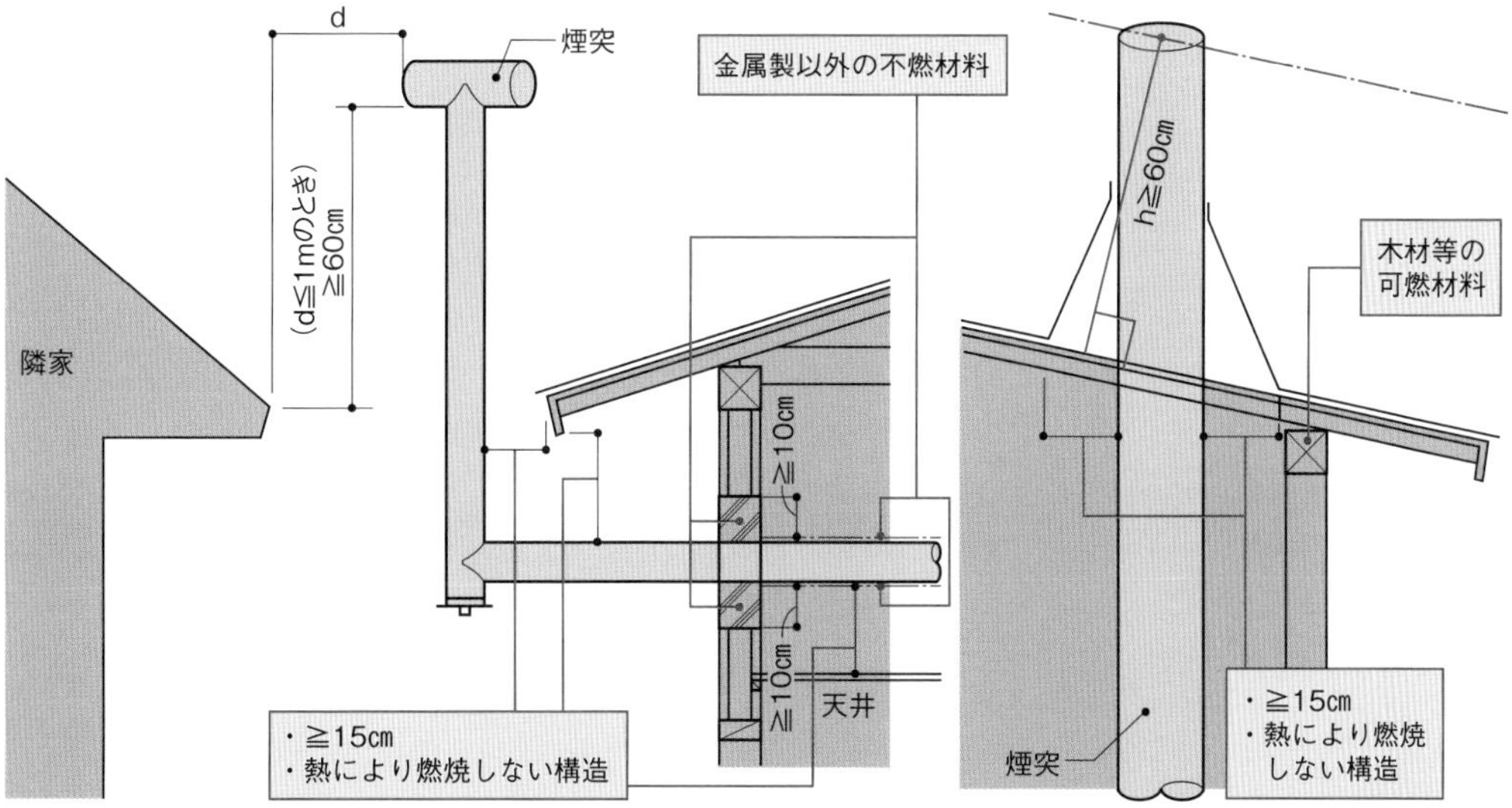

Column

避難上有効なバルコニーと屋外通路

建築基準法に規定なし

建築基準法では、令121条で一定規模の建築物に2以上の直通階段の設置を義務付けている。そのうえで、直通階段と同等の安全性をもつ手段として、屋外避難階段と、避難上有効なバルコニーか屋外通路とがあると規定している。

ただし、避難上有効なバルコニーや屋外通路については、建築基準法の中で具体的に構造規定を示していない。そのため、日本建築行政会議（JCBO）は、『建築物の防火避難規定の解説』で取扱い基準を作成して、それぞれについて、以下の図に示すような構造基準を定めている。

避難上有効なバルコニーの例

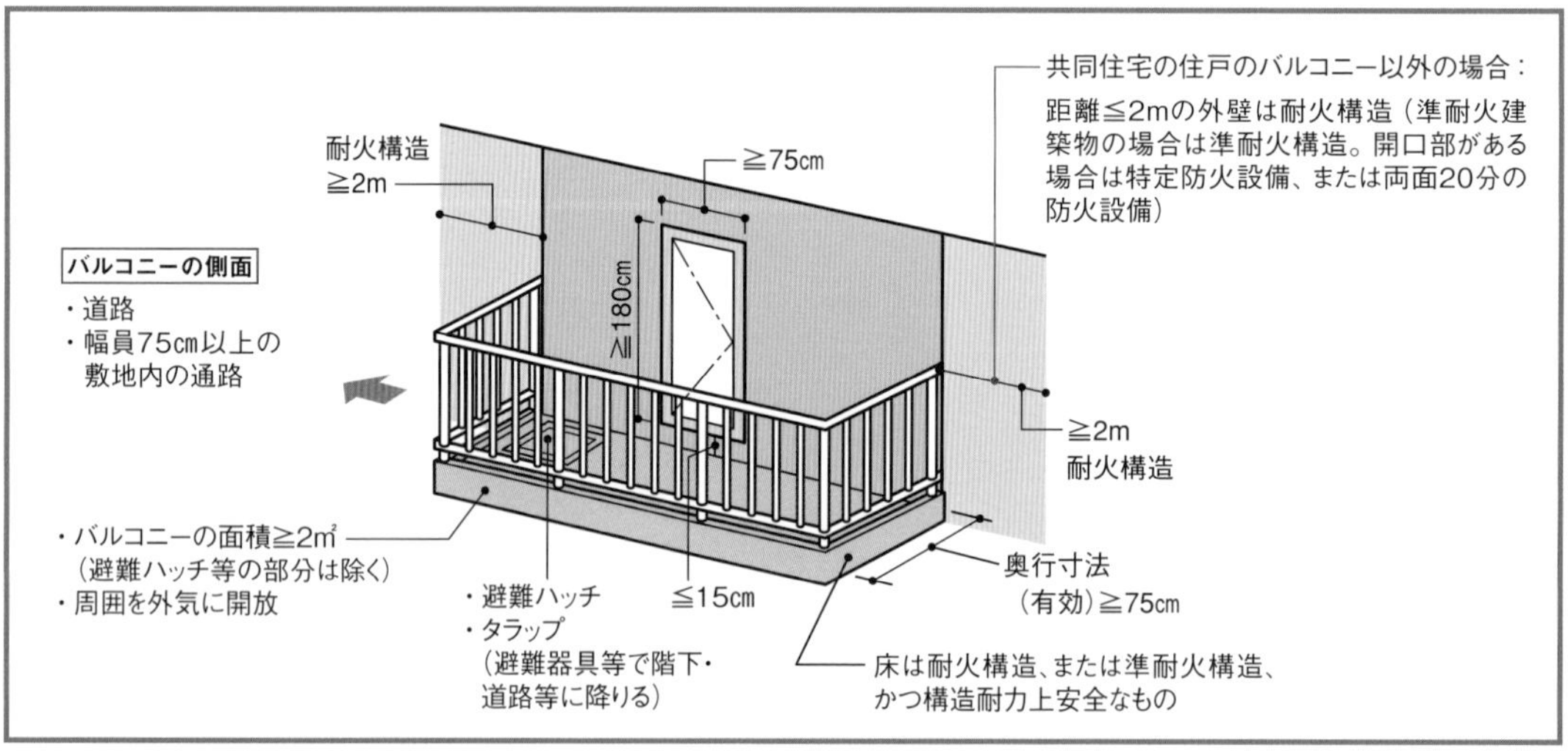

耐火構造
≧2m
≧75cm
≧180cm
共同住宅の住戸のバルコニー以外の場合：
距離≦2mの外壁は耐火構造（準耐火建築物の場合は準耐火構造。開口部がある場合は特定防火設備、または両面20分の防火設備）
バルコニーの側面
・道路
・幅員75cm以上の敷地内の通路
≧2m
耐火構造
・バルコニーの面積≧2㎡
（避難ハッチ等の部分は除く）
・周囲を外気に開放
・避難ハッチ
・タラップ
（避難器具等で階下・道路等に降りる）
≦15cm
奥行寸法
（有効）≧75cm
床は耐火構造、または準耐火構造、かつ構造耐力上安全なもの

屋外通路の例

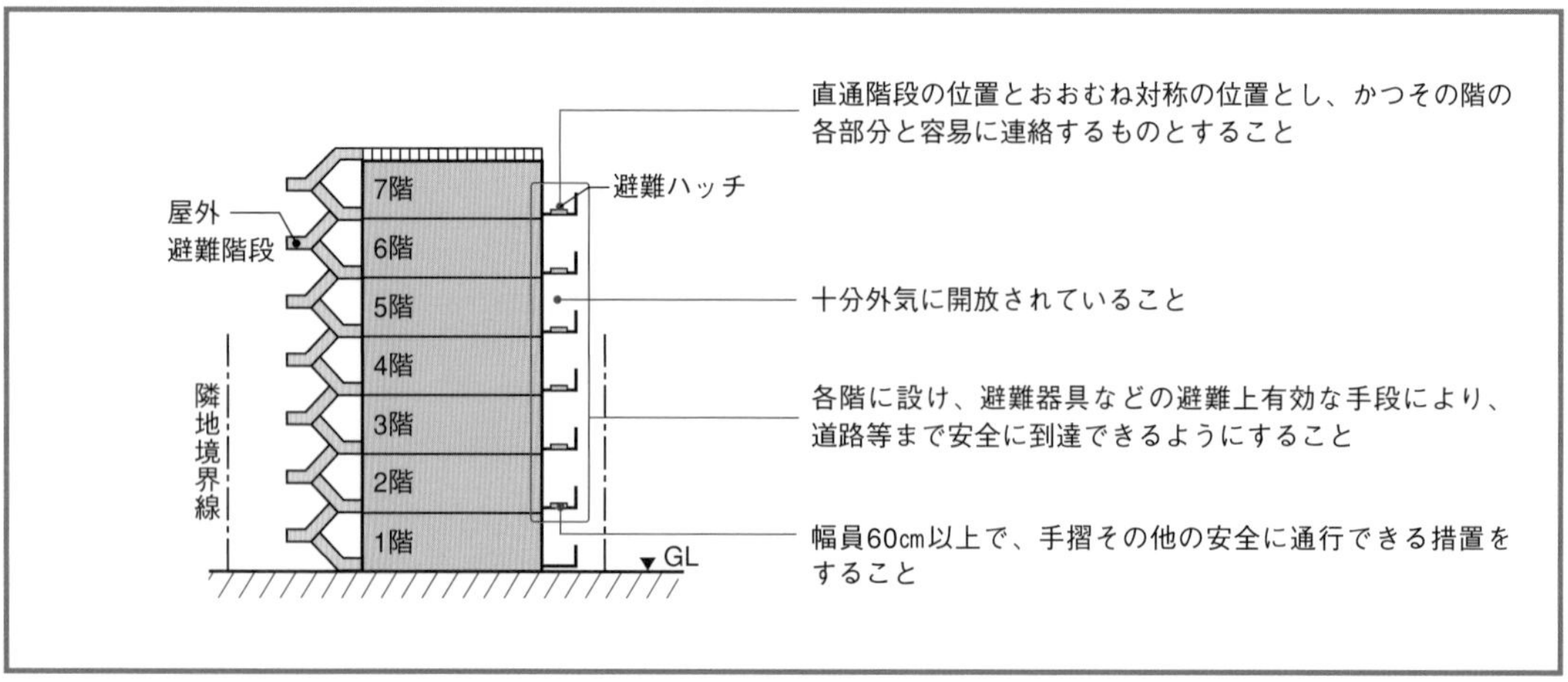

直通階段の位置とおおむね対称の位置とし、かつその階の各部分と容易に連絡するものとすること
屋外
避難階段
7階
6階
5階
4階
3階
2階
1階
避難ハッチ
十分外気に開放されていること
隣地境界線
各階に設け、避難器具などの避難上有効な手段により、道路等まで安全に到達できるようにすること
幅員60cm以上で、手摺その他の安全に通行できる措置をすること
GL

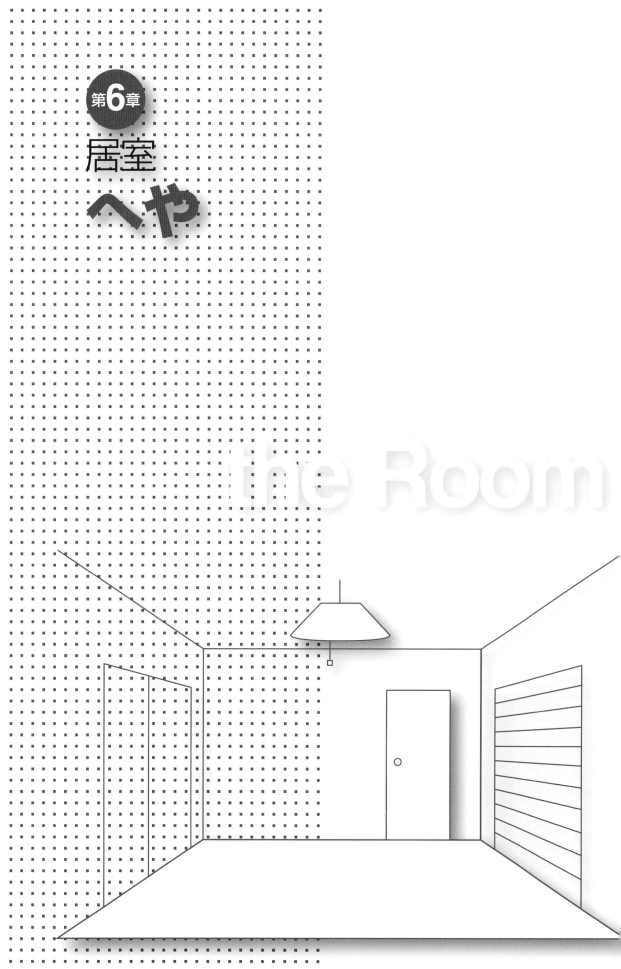

第6章

居室

へや

the Room

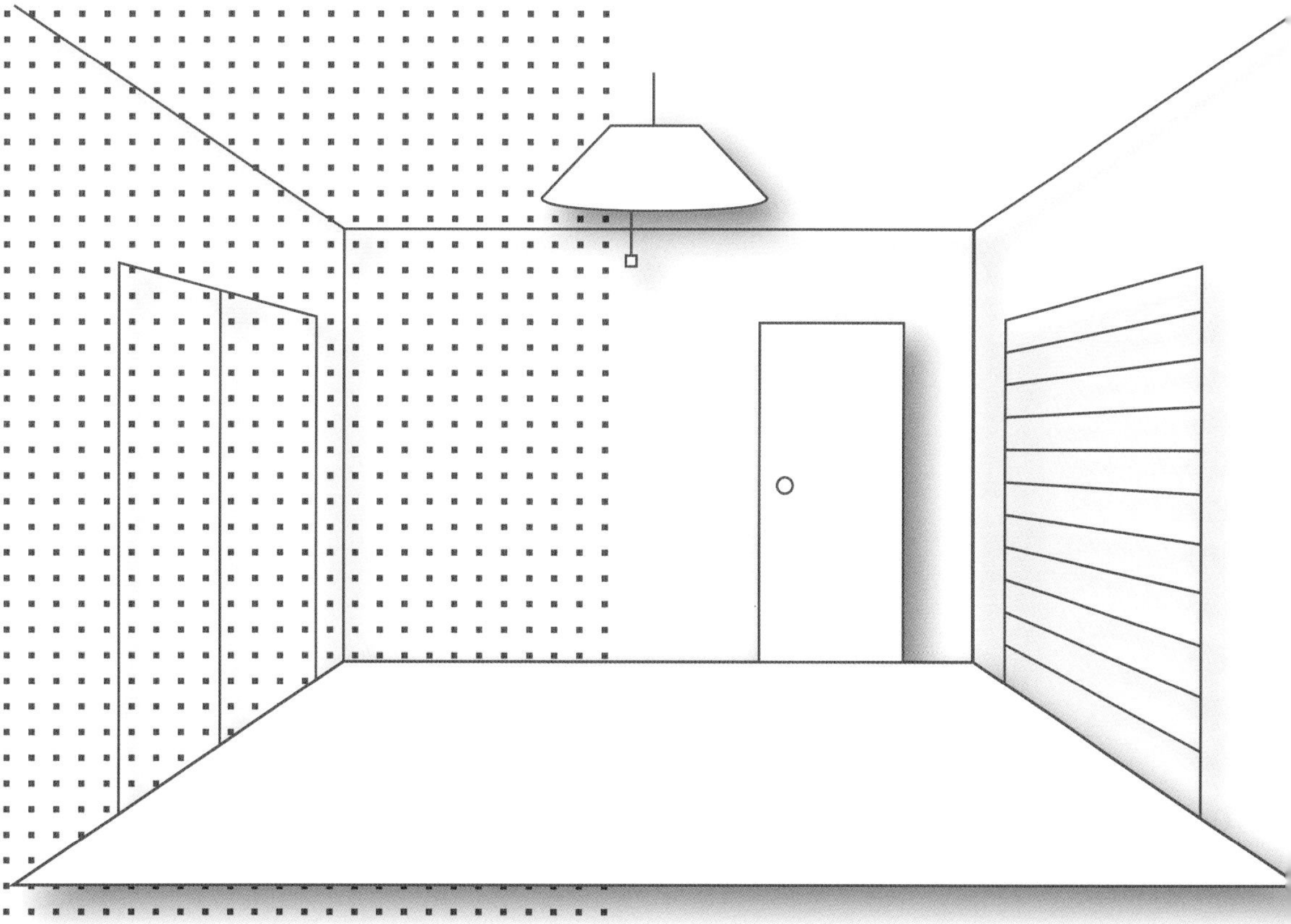

居室の天井高・床高

102

すべての居室で天井高は、2.1m以上が必要！部分的に異なる場合は、平均天井高

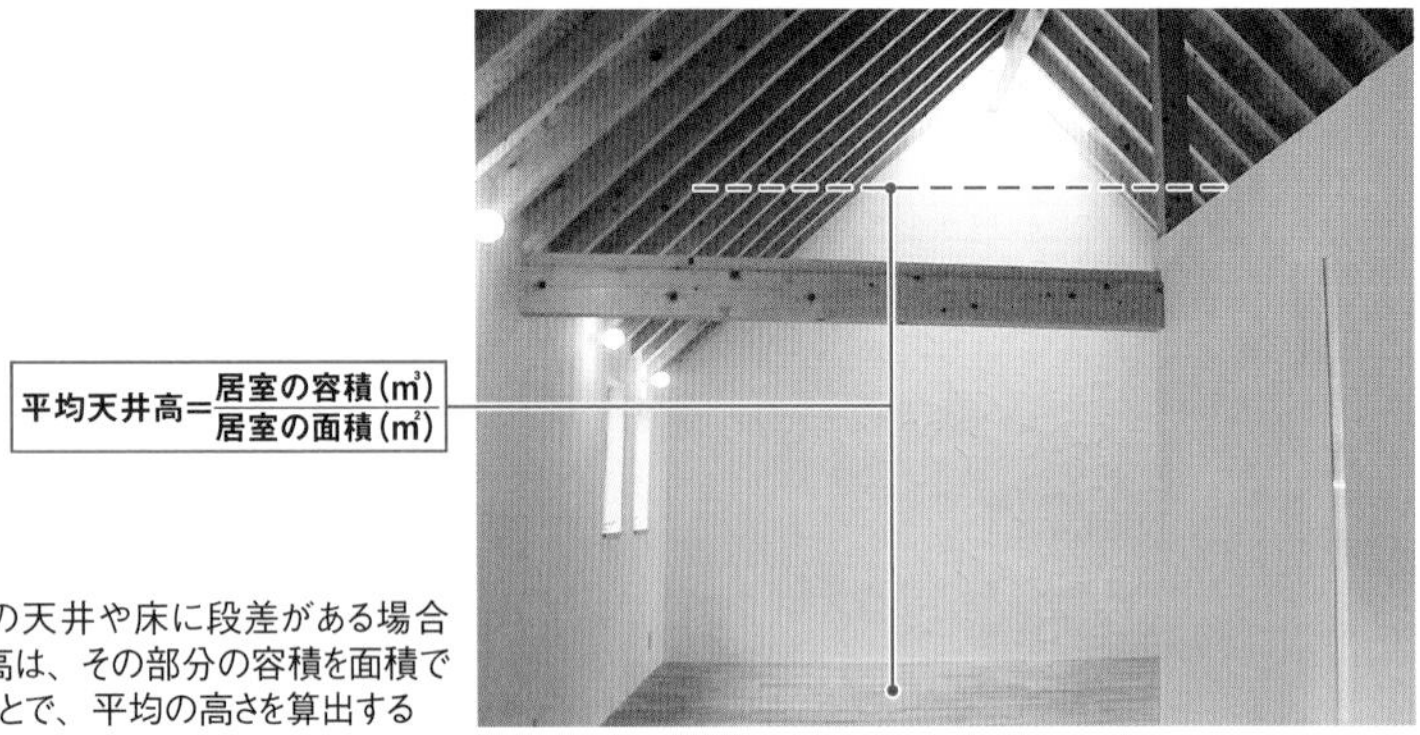
平均天井高＝居室の容積（㎥）／居室の面積（㎡）

居室内の天井や床に段差がある場合の天井高は、その部分の容積を面積で除することで、平均の高さを算出する

居室の天井高の規定

建築基準法では、人が長い時間過ごす部屋を「**居室**」、納戸や機械室などそれ以外を「**室**」として、区別している。居室と室では、**天井高**や**床高**の規定など、適用される建築基準法上の規定が異なる。

天井高とは、床面から天井までの高さのことである。すべての居室で、天井高を2.1m以上確保しなければならない。1つの居室で、天井高が部分的に異なる場合は、平均天井高を天井高とする。平均天井高は、居室の容積を居室の面積で除して求める（令21条）。

天井高は窓の採光面積の確保と関係し、居室環境を維持するうえで重要な規定である。

たとえば以前、学校の教室は、床面積が50㎡を超える場合、天井高を3m以上とする規定があった。高い位置から大きな窓を取り付けることで、奥まで均一な採光が確保されるからである。一方、現在でも教室の窓には、床面積の1／5以上の採光上有効な窓面積が必要になる（令19条）。

木造建築物の床高の規定

木造建築物の場合、居室には床高を45㎝以上確保するという制限がかかる。床高とは、直下の地面からその床の上面までの高さのことである。

この規定は、床の直下部分が土等の場合に、木造の床材料や居室に影響を及ぼすおそれのある湿度を防ぐことを目的にしている。そのため、床高の算定基準が、建物周囲の地面ではなく、床の直下の地面となっている。

このほか木造建築物の居室には、床下に湿気が溜まるのを防ぐために、床下部分に壁（基礎）の長さ5m以内に、300㎠以上の**換気孔**を設けなければならない。換気孔は、同等の効果がある土台と基礎の間に敷くパッキン部材などでも代用可能である。

また、床下にコンクリートなど防湿措置がある場合は、居室の床高さや換気孔の制限は適用されない（令22条）。

天井高・床高(令21・22条)

	適用対象	制限内容	高さの測り方	適用条項
居室の天井高	居室	天井高≧2.1m	❶居室の床面から測定 ❷1室で天井高が異なるときは、平均の高さによる	令21条

	適用対象	制限内容	免除条件	適用条項
居室の床高	最下階の居室の床が木造のもの	直下の地面から床の上面までの高さ≧45cm 外壁の床下部分には、壁の長さ≦5mごとに、面積≧300㎠の換気孔を設ける	床下にコンクリート・たたき、大臣が認定した防湿フィルムを施すなど、防湿上有効な措置を講じた場合	令22条

天井高の測り方

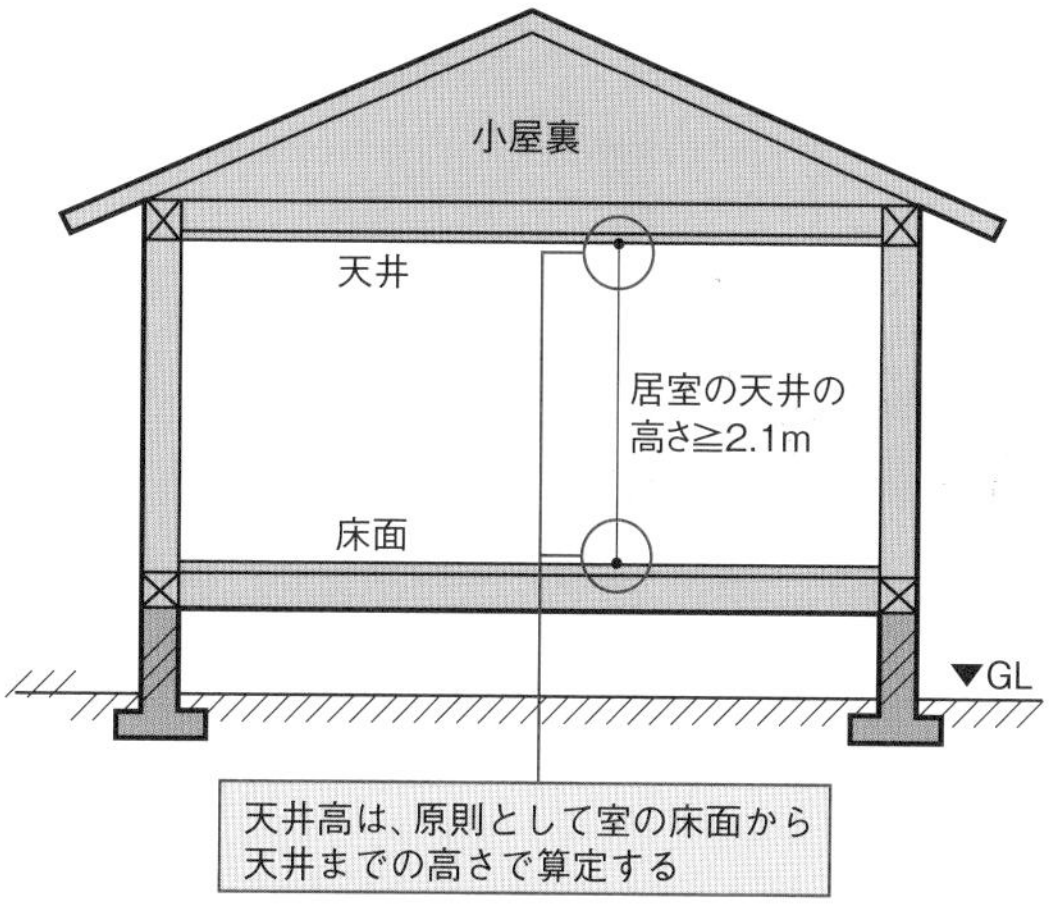

居室と室の例

居室	室
居間、食堂、台所、寝室、書斎、応接室、子供部屋、教室、職員室、理科室、体育室、事務室、会議室、作業室、売り場、病室、診察室、宿泊室、観覧席、集会所、調理室、休息室、控え室など	玄関、廊下、階段室、洗面室、浴室[※1]、脱衣室[※1]、更衣室、便所、給湯室、押入、納戸、倉庫[※2]、用具室、機械室[※2]、自動車車庫、リネン室など

※1：公衆浴場、旅館の浴場など、人が継続的に使用する場合は居室とみなされる
※2：人が常時いる場合は、居室とみなされる場合がある

居室の床高の測り方と免除条件(木造住宅)

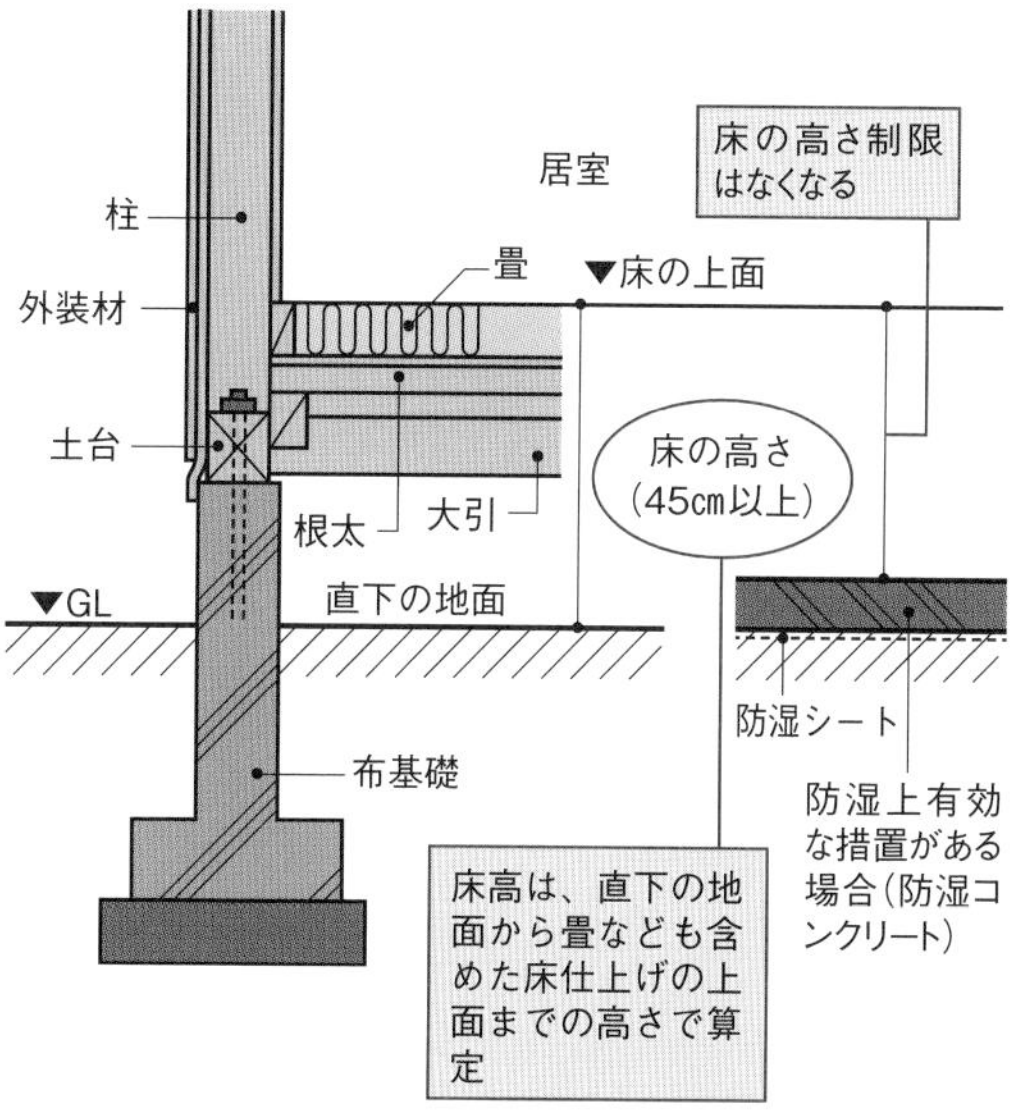

床下換気孔の仕様

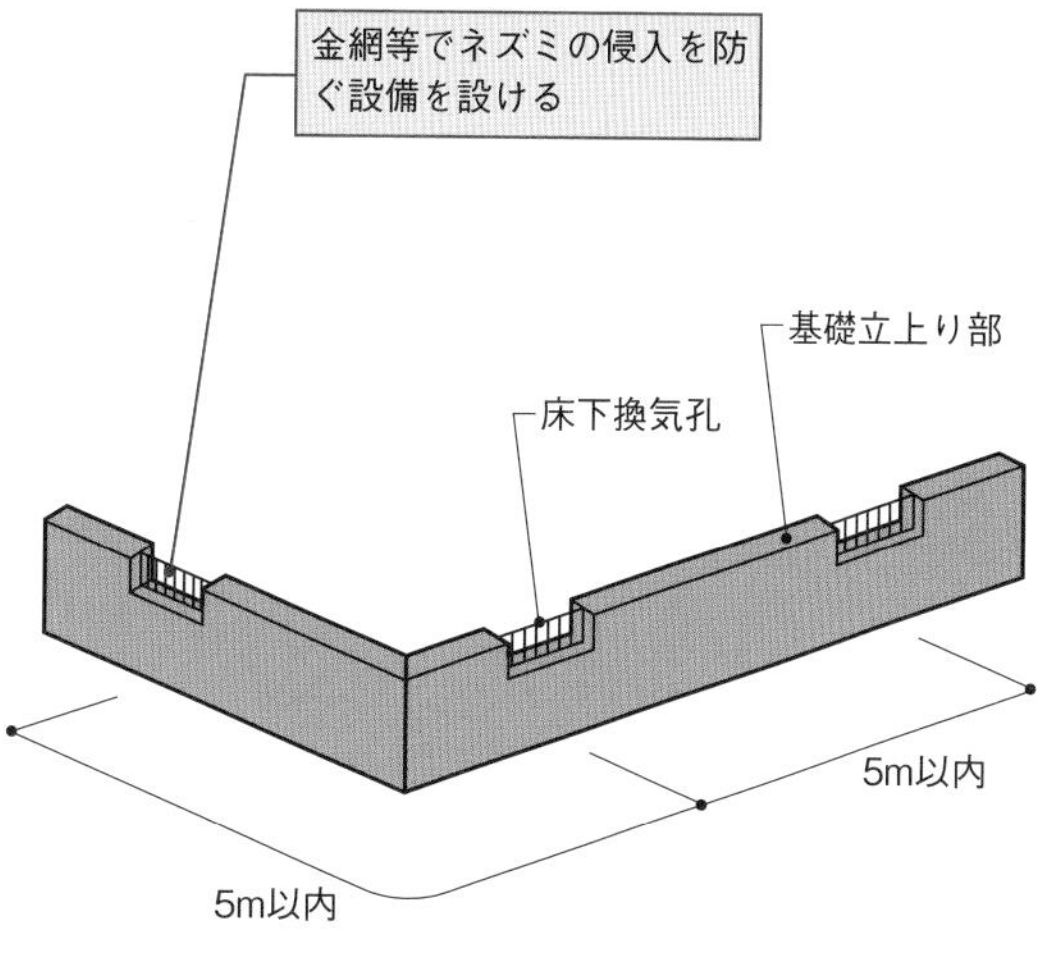

居室の採光

103

必要な採光窓の割合は、1／5、1／7、1／10。割合は居室の用途で異なる

住宅や病院、学校、児童福祉施設等の用途で、居室は床面積に対して、一定割合以上の外部に面した窓が必要

用途で違う採光窓の割合

建築基準法は、居室に**採光上必要な開口部面積**を定めている（法28条）。採光に必要な開口部面積を算出する際に床面積に乗じる割合は、建築物と居室の用途で異なる。

幼稚園、学校の教室や保育所の保育室では、床面積に乗じる割合が1／5以上と最も大きい。

住宅や共同住宅の居室、寄宿舎や下宿の寝室、病院や診療所の病室、児童福祉施設等の寝室では、その割合が1／7以上である。児童福祉施設の保育室、訓練室、日常生活に必要な居室は同様に1／7以上の割合が要求されるが、病院や診療所、児童福祉施設などの患者や入所者の談話室、娯楽室などの居室の割合は1／10以上でよい。

また、大学や専修学校の教室は高校までの学校の教室と異なり、1／10以上と規定されている（令19条）。

これらの用途の場合、各居室の床面積に、規定の割合を乗じ、必要採光面積を求め、それに応じて採光に有効な開口部の位置や形状を検討する。

採光上の無窓居室

その他の用途の建築物の居室でも、床面積の1／20以上の採光上有効な開口部が必要となる。たとえ窓があっても、この条件を満たさないと**採光上の無窓居室**（令116条の2）となり、避難規定や主要構造部、敷地と道路の関係などに厳しい規定がかかる［238頁参照］。

ただし、次のような居室は、適用除外として採光に有効な開口部を設けなくてよい（法28条、平成7年5月25日住指発153号）。

①地階または地下工作物（地下街等）に設ける居室
②温湿度調整を必要とする作業を行う作業室（大学、病院等の実験室、病院の手術室、調剤室等）
③用途上やむを得ない居室（住宅の音楽練習室、防音装置の必要のある居室、大学病院等で細菌やホコリの侵入を防ぐ必要のある居室）

有効採光の基本

$$\frac{A+B}{S}$$ ≧ 用途で決まる割合
（ex.住宅の居室1／7）

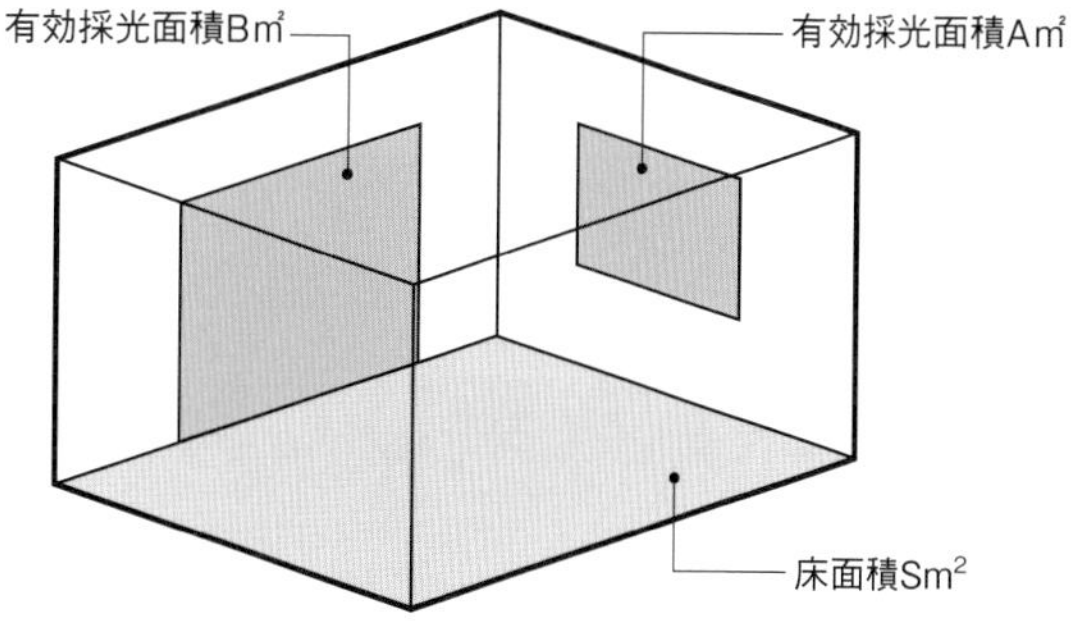

有効採光率（法28条、令19条、昭55建告1800号）

建築物の用途	居室の用途	割合	条件
住宅・共同住宅の居室	居室	1／7	居住のために使用されるもの
寄宿舎	寝室	1／7	―
	食堂	1／10	
下宿	宿泊室	1／7	―
病院・診療所	病室	1／7	―
	談話室・診察室	1／10	入院患者の談話、娯楽、その他これらに類する目的のために使用される居室も含む
児童福祉施設等	寝室	1／7	入所者が使用するものに限る
	保育室・訓練室	1／7	入所・通所者の保育、訓練、日常生活に必要な便宜の供与、その他これらに類する目的のために使用される居室も含む
	談話室・娯楽室	1／10	入所者の談話、娯楽、その他これらに類する目的のために使用される居室も含む
保育所	保育室	1／5	昭55建告1800号により1／7まで緩和あり
		1／7	❶床面において200lx以上の照度を確保することができる照明設備を設置した場合（昭55建告1800号） ❷窓その他の開口部で採光に有効な部分のうち、床面からの部分の面積が、その保育室の床面積の1／7以上であること（昭55建告1800号）
幼稚園・小学校・中学校・義務教育学校・高等学校・中等教育学校・幼保連携型認定こども園	教室	1／5	―
		1／7	❶床面において200lx以上の照明設備を設置した場合（昭55建告1800号） ❷窓その他の開口部で採光に有効な部分のうち、床面からの部分の面積が、その教室の床面積の1／7以上あること（昭55建告1800号）
		1／10	上記❶に加え、音楽教室、または視聴覚教室で令20条の2に適合する換気設備が設けられたもの（昭55建告1800号）（幼稚園は除く）
	事務室・職員室	1／10	―
上記以外の学校	教室	1／10	―

特殊条件1	地階もしくは地下工作物（地下街）に設ける居室、または温湿度調整を必要とする作業室［※1］、用途上やむを得ない居室［※2］は除く（法28条本文ただし書）
特殊条件2	襖、障子等の随時開放できるもので仕切られた2室は、1室とみなす（法28条4項）
特殊条件3	国土交通大臣が別に算定方法を定めた建築物の開口部については、その算定方法による（令20条1項ただし書、平15国交告303号）

※1：大学、病院等の実験室、研究室、調剤室等（平成7年5月25日住指発153号）
※2：住宅の音楽練習室・リスニングルーム等（平成7年5月25日住指発153号）

有効採光面積の算定 104

有効採光面積は、窓面積に用途地域ごとの採光補正係数を乗じて算定する

窓の採光は、窓から敷地境界線までの距離を、窓の中心からその最上部の屋根や庇までの高さで除した係数で算出

有効採光面積の算定

建築物の開口部があっても、隣地の建築物や敷地内の別の建築物の影響で光が入らないこともある。そのため、開口部の**有効採光面積**は、隣地境界線からの水平距離や開口部の直上部の状況を考慮して算定される。

有効採光面積の算定では、まず、隣地境界線や敷地内の建築物の部分から、当該建物の庇《ひさし》や窓までの水平距離Dを、当該建物直上部にある庇などから窓の中心までの垂直距離Hで除して**採光関係比率（D／H）**を求める。これを実際の窓などの開口部面積に乗じて求まる値が、有効採光面積である。

1つの居室に採光上、有効な開口部が2カ所以上ある場合は、有効採光面積を加算できる。また、開口部のある階の上部がセットバックしている場合は、その開口部の直上部の庇からの採光関係比率（D／H）と、上階最上部の庇と当該開口部の位置で算出した比率を比較し、小さいほうの値で**採光補正係数**を算出する。

採光補正係数の算定

開口部に乗じる採光補正係数は、住居系用途地域、工業系用途地域、商業系用途地域の用途地域ごとに算式が異なる［左頁表参照］。

特定行政庁が、建物の周囲の現況に応じて指定した特定の区域では、指定の算定方法により採光補正係数を算出することもできる。

採光補正係数の**最大値は3**で、それ以上となる場合も3とする。また、負の値になる場合は、0とする。

開口部が道に面する場合は、開放性があるので、算定値が1以下の場合であっても、採光補正係数は1としてよい。また、開口部から隣地境界線までの距離が住居系用途地域で7m、工業系用途地域で5m、商業系用途地域、用途地域の指定のない地域で4m以上離れている場合も、開放性があるとして、算定値が1未満の場合でも、採光補正係数を1とすることができる。

［表］採光補正係数（令20条）

<table>
<tr><td colspan="2">有効採光面積の算定式</td><td colspan="4">有効採光面積＝開口部の面積×採光補正係数（K）</td></tr>
<tr><td colspan="2">採光補正係数（K）の算定式</td><td>K＝（d／h）×a−b</td><td colspan="3">d：開口部の直上の庇等の先端から敷地境界線までの水平距離
h：開口部の直上の庇等の先端から開口部の中心までの垂直距離</td></tr>
<tr><td rowspan="4">算定式の数値</td><td>用途地域</td><td>係数 a</td><td>係数 b</td><td>D</td><td>適用条項（令20条）</td></tr>
<tr><td>住居系地域</td><td>6</td><td>1.4</td><td>7m</td><td>2項1号</td></tr>
<tr><td>工業系地域</td><td>8</td><td>1</td><td>5m</td><td>2項2号</td></tr>
<tr><td>商業系地域・無指定</td><td>10</td><td>1</td><td>4m</td><td>2項3号</td></tr>
<tr><td rowspan="7">算定式によらない採光補正係数（K）</td><td colspan="3">要件</td><td>Kの値</td><td>適用条項（令20条）</td></tr>
<tr><td colspan="2">開口部が道に面する場合</td><td>K<1</td><td>K=1</td><td rowspan="3">2項各号イ〜ハ</td></tr>
<tr><td colspan="2" rowspan="2">開口部が道に面しない場合</td><td>d≧D　かつ　K<1</td><td>K=1</td></tr>
<tr><td>d<D　かつ　K<0</td><td>K=0</td></tr>
<tr><td colspan="3">天窓がある場合</td><td>K×3</td><td rowspan="2">2項本文かっこ書</td></tr>
<tr><td colspan="3">外側に幅90cm以上の縁側（濡れ縁を除く）等がある開口部の場合</td><td>K×0.7</td></tr>
<tr><td colspan="3">K>3の場合</td><td>K=3</td><td>2項本文ただし書</td></tr>
</table>

緩和1：開口部が、道（都市計画区域内では法42条に規定する道路）に面する場合、道路境界線はその道の反対側の境界線とする（令20条2項1号本文かっこ書）

緩和2：公園等の空地または水面に面する場合、隣地境界線はその空地または水面の幅の1／2だけ隣地境界線の外側にある線とする（同）

採光関係比率（D／H）の算定例

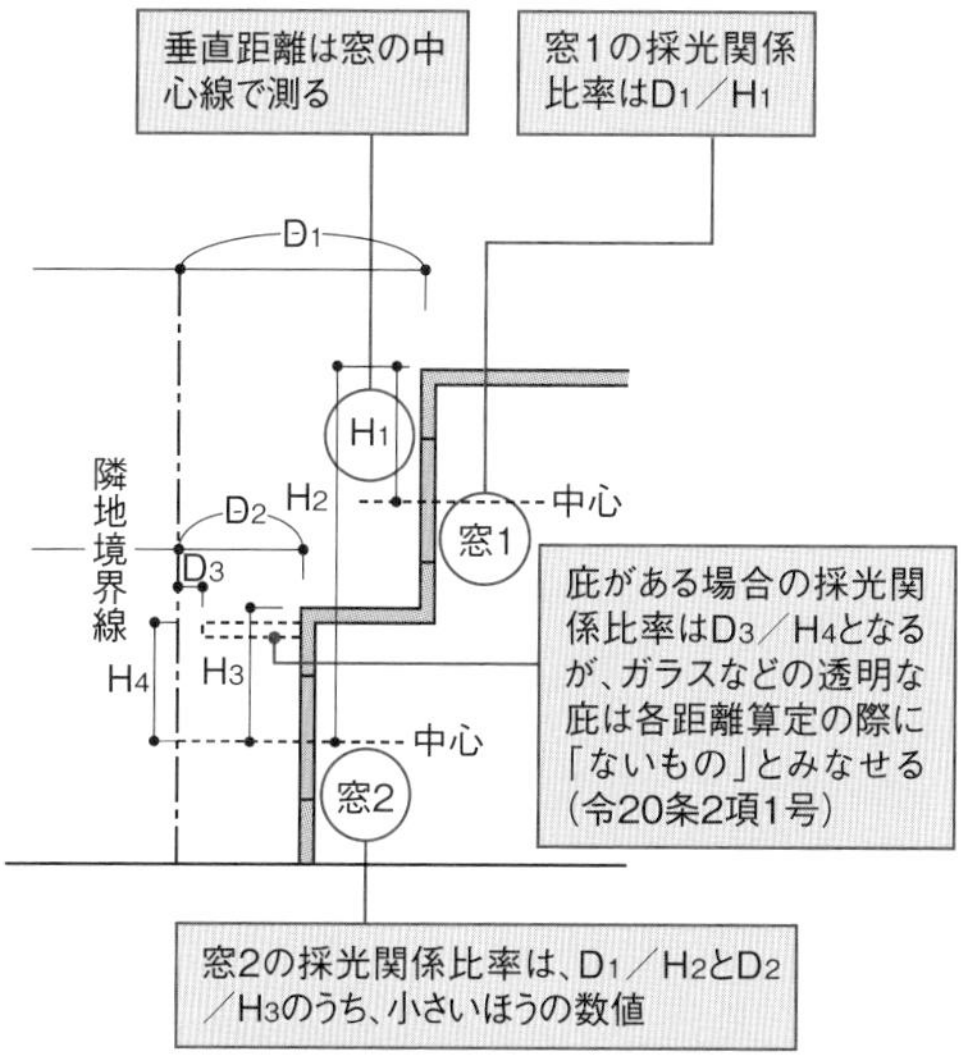
垂直距離は窓の中心線で測る
窓1の採光関係比率はD1／H1
D1
H1
H2
D2
D3
H3
H4
中心
窓1
中心
窓2
隣地境界線
庇がある場合の採光関係比率はD3／H4となるが、ガラスなどの透明な庇は各距離算定の際に「ないもの」とみなせる（令20条2項1号）
窓2の採光関係比率は、D1／H2とD2／H3のうち、小さいほうの数値

設定条件

- 用途地域＝住居系地域
- 採光補正系数算定式 $\frac{D}{H}\times 6-1.4$
- 窓1、窓2の面積＝3㎡
  $D_1=4$m　$H_1=2$m
  $D_2=2$m　$H_2=6$m
  $H_3=2.5$m

算定の手順

(1) 採光関係比率（D／H）を求める

窓1：$\frac{D_1}{H_1}=\frac{4}{2}=2$

窓2：$\frac{D_1}{H_2}=\frac{4}{6}\fallingdotseq 0.66$（最上部から）

$\frac{D_2}{H_3}=\frac{2}{2.5}=0.8$（真上部から）

∴小さいほうの0.66を採用

(2) 採光補正係数（K=［D／H］×a−b）を求める

窓1：2×6−1.4=10.6 ⇨ 3

窓2：0.66×6−1.4=2.56

(3) 有効採光面積を求める

窓1：3㎡×3=9㎡

窓2：3㎡×2.56=7.68㎡

居室の有効採光面積の緩和 105

半透明な庇は、ないものとして採光関係比率（D／H）を算出する

1つの居室で窓の採光面積が不足していても、建具で仕切られた2つの居室の場合、2室の合計窓面積で採光を検討できる

緩和の諸条件

1つの居室では有効採光面積が不足していても、その居室が襖《ふすま》や障子などの建具で仕切られた他の居室に続く場合は、**2つの居室を1つとみなして採光を検討できる**（法28条4項）。

また、次のような位置に開口部があるときも、有効採光面積［228頁参照］の緩和を受けることができる（令20条）。

①居室の外側に幅90cm以上の縁側がある場合、採光補正係数に0.7を乗じ、縁側の開口部を有効採光窓とできる。また、屋外に設けられる濡れ縁の場合はこの制限を受けない

②窓が道路に面する場合は、反対側の道路境界線、広場や川などの場合はその中心線までの水平距離で採光補正係数を算出できる

③開口部の上部の庇が半透明である場合、庇をないものとして水平距離を算出し、採光補正係数を算出できる

④天窓の場合は、採光補正係数を3倍にできる（最高数値3）

用途による緩和

建物や室の用途によっても、有効採光面積の緩和を受けることができる。

たとえば、幼稚園や学校の教室・保育室等では、床面に200lx以上の照度を確保されていれば、有効採光面積と床面積の割合を1／7以上とすることができる。

また、音楽教室や視聴覚教室で、同様の条件を満たし、かつ技術基準を満たした自然または機械換気設備があるものは、有効採光面積と床面積の割合を1／10以上とすることができる［227頁参照］（昭55建告1800号）。

商業・近隣商業地域内の住宅、共同住宅で、外壁に採光上有効な開口部をもつ居室に、開口のある内壁で別居室が隣接する場合、内壁開口部が当該居室床面積の1／7以上で、かつ外壁開口部が、2室の居室床面積で算出した採光条件を満たせば、当該内壁で仕切られた部屋の採光も有効とみなせる（平15国交告303号）。

襖で仕切られた2室の必要採光窓面積の算定例

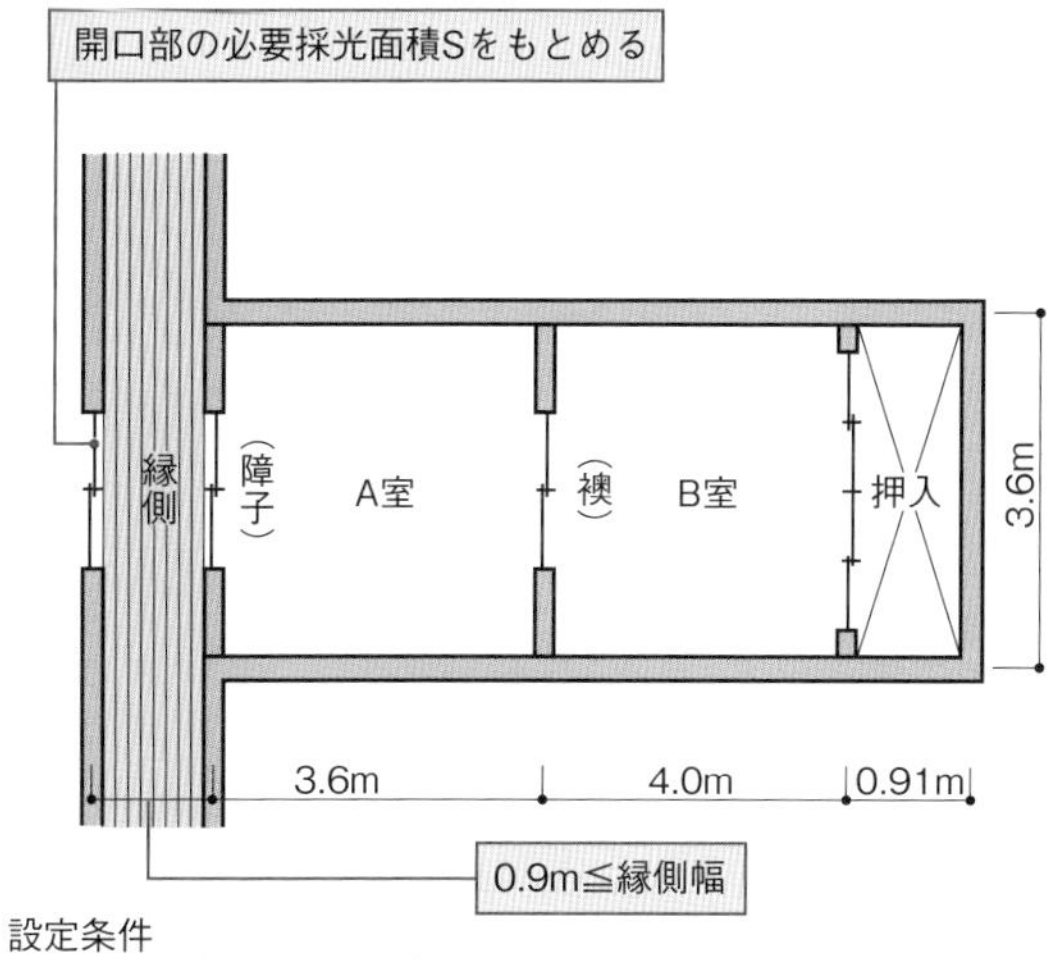

設定条件
・住居系用途地域内の住宅
・$\frac{H}{D}=\frac{3}{6}$ とする

算定の手順

(1) 居室の面積算定

$(3.6\times3.6+4.0\times3.6)\times1/7$
(A室の床面積　B室の床面積　住宅の係数)

$=3.91\text{m}^2$

(2) 開口部Sに乗じる採光補正系数（住居系用途地域）を算定式により求める

$\frac{D}{H}\times6-1.4=\frac{3}{6}\times6-1.4=1.6$

(3) 90cm以上縁側があるので、有効採光面積に0.7を乗じる

必要採光面積S（m^2）$\times1.6\times0.7=3.91\text{m}^2$（居室面積）

$S=\frac{3.91}{1.6\times0.7}\fallingdotseq3.50\text{m}^2$

採光を検討する開口部前面に道路・水面等がある場合

❶道路に面する場合

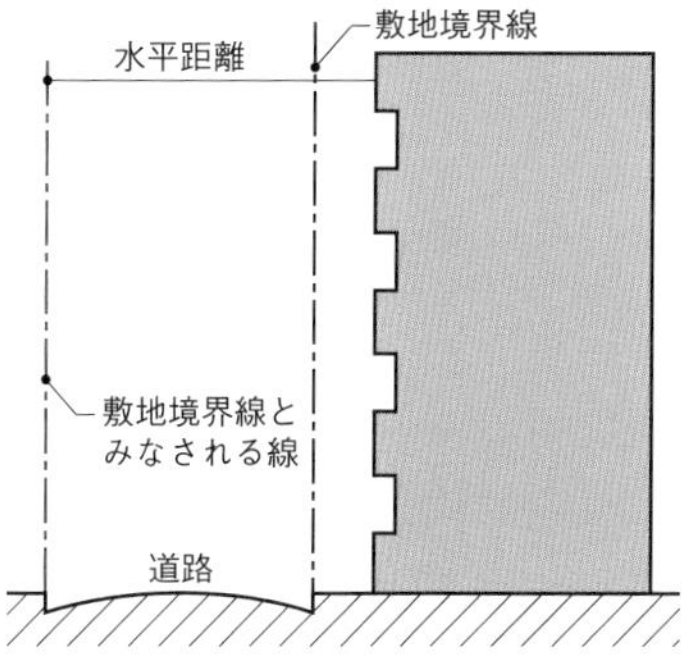

開口部が道路に面する場合、敷地境界線は道の反対側になる

❷水面・公園・広場等に面する場合

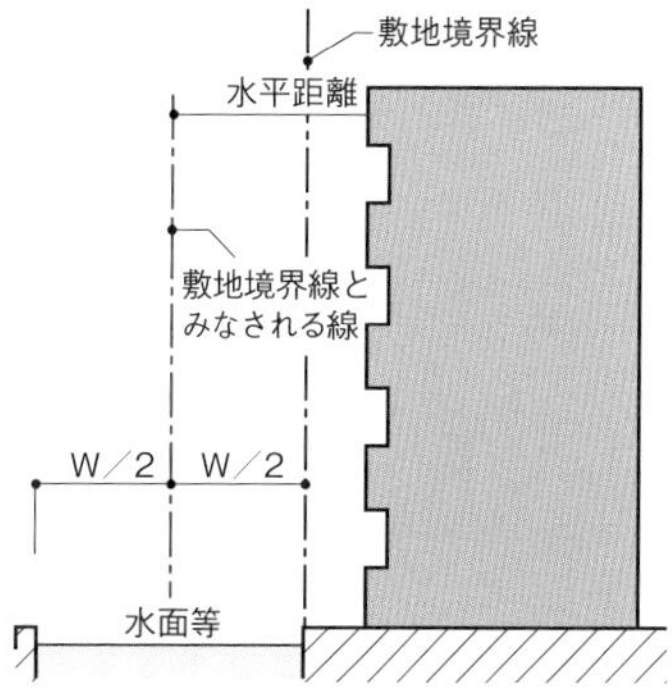

開口部が水面等に面する場合は、敷地境界線が水面等の幅員Wの半分（W／2）だけ外側にあるとみなされる

外部に開口部のない住宅居室の採光特例（平15国交告303号第3号）

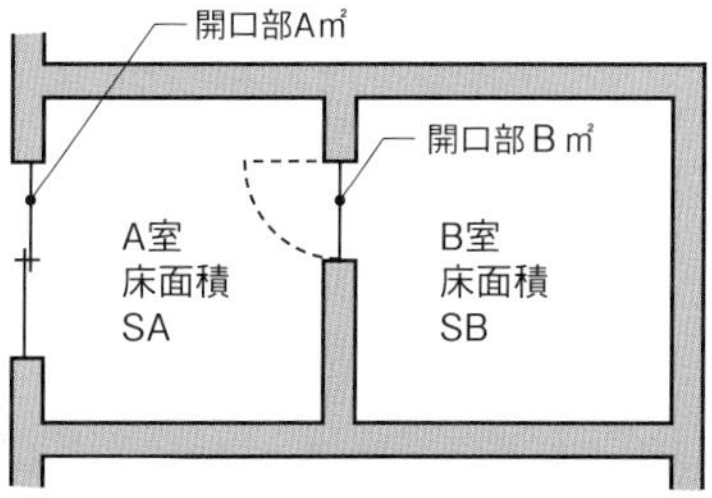

B室が採光上有効になる条件

❶商業地域か近隣商業地域
❷住宅か共同住宅の住戸
❸開口部A×採光補正係数≧$\frac{SA+SB}{7}$
かつ
開口部B≧$\frac{SB}{7}$

特定行政庁の認定による一体利用される複数居室の採光緩和例（平15国交告303号第2号）

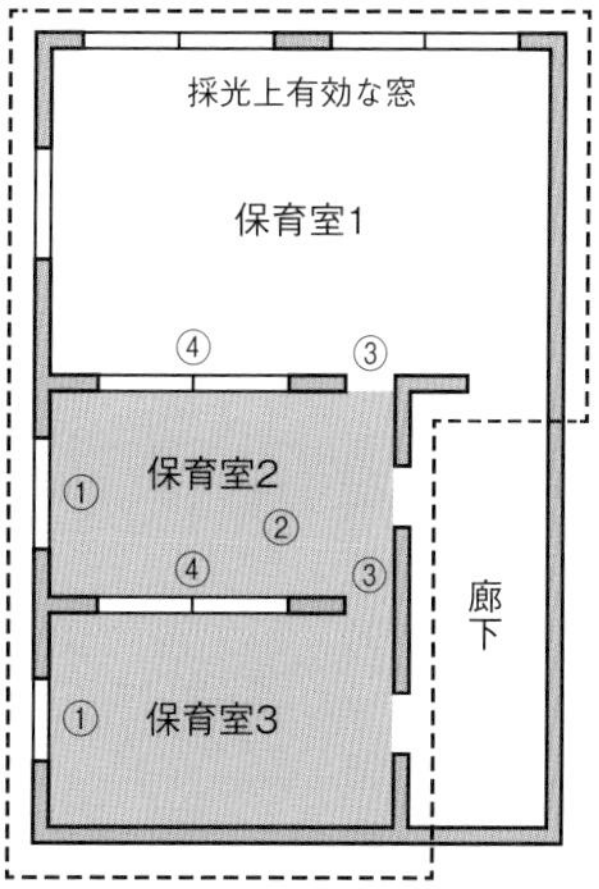

❶直接外気に接する窓等
❷照明装置
❸直接行き来できる出入口
❹特定居室の床面積×1／5以上かつ壁の見付け面積×1／2以上の開口部

：特定居室（採光に有効な部分の面積の合計が基準に満たない居室）

：一の居室として取り扱う複数居室

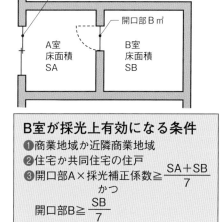

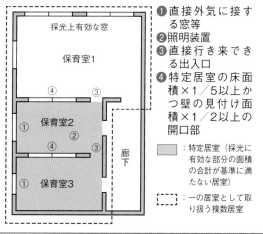

地階居室の技術的基準 106

地階では、居室は防湿措置、外壁・床は防水措置が必要

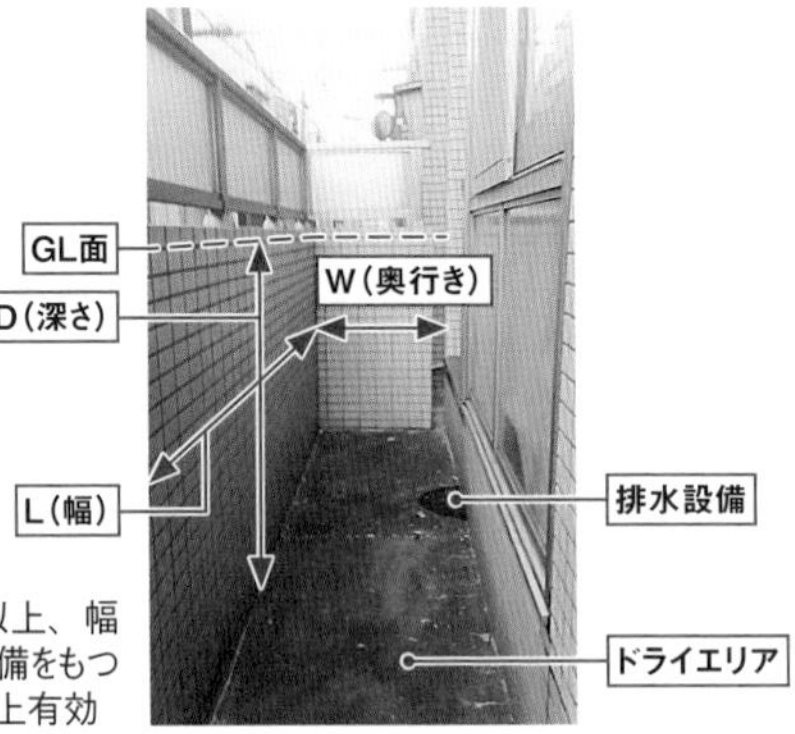

奥行きが1mかつ深さの40%以上、幅が2mかつ深さ以上で、排水設備をもつからぼりに面した開口部は換気上有効

防湿措置の基準

「**住宅の居室**」「**学校の教室**」「**病院の病室**」「**寄宿舎の寝室**」の４種類の居室を地階に設ける場合、健康・衛生上の観点から居室の防湿措置と、土に接する外壁・床などの防水措置が義務付けられている（法29条、令22条の２）。

居室の防湿措置は、次の(1)から(3)のいずれか１つ以上を採用する。

(1)からぼりの設置

からぼりは、一定の大きさの雨水排水設備を設けたものとする。からぼりに開口部が面している場合、自然換気に有効な開口部面積が、**居室の床面積の１／20以上**確保できれば、機械換気設備等は不要である（平12建告１４３０号）。

傾斜地の地階では、地面が自然換気に有効な開口部の下端より高い位置にない場合は、「からぼりを設置している」とみなせる。したがって、その開口部の自然換気に有効な部分の面積が、居室の床面積の１／20以上ならば、機械換気設備等は不要である。

(2)換気設備の設置

自然換気設備を設置する場合は、適正な位置に給気口と排気筒などを設ける（令20条の２）。機械換気設備を設置する場合は、規定の換気量を確保しなければならない。

(3)調湿設備の設置

調湿設備とは、配管設備と接続された除湿エアコンを指す。ただし、移動可能なものは認められない。

防水のための基準

地階の居室の床や外壁を防水する場合、外壁などの常水面以上の部分を耐水材料でつくり、かつ材料の接合部とコンクリートの打継ぎ部分に防水処置が必要となる。また、常水面以下は、次のいずれかの仕様とする。

①外壁・床・屋根に防水層を設ける

②土に接する外壁・床は２重構造などとし、空隙部には排水設備を設ける

③外壁、床、屋根の構造は、国土交通大臣認定のものとする

地階に居室等を設ける場合の技術的基準（令22条の2）

規制対象となる居室			住宅の居室、学校の教室、病院の病室、寄宿舎の寝室で地階に設けるもの	
居室の防湿措置	いずれか1つ以上	❶からぼりを設ける	❶上部を外気に開放させる	
			❷開口部を雨水の排水設備を設けたからぼりに面する場所に設ける	・W≧1m　かつ　W≧4／10D ・L≧2m　かつ　L≧D
		❷換気設備を設ける	開口部の有効換気面積A≧居室の床面積B×1／20とすれば換気設備不要	
		❸湿度を調整する設備を設ける		
	開口部の前面の敷地内にその開口部の下端よりも高い位置に地面がない場所に居室を設ける（傾斜地の場合）			
外壁・床の防水措置	外壁等の構造を令22条の2の基準に適合させる	❶直接土に接する外壁、床、屋根、またはこれらの部分[※1]	防水層（平建告1430号）の仕様 ・埋戻し工事中などに防水層が損傷を受けるおそれがある場合、亀裂、破断、その他の損傷を防止する保護層を設ける ・下地の種類、土圧、水圧の状況に応じ、割れ、隙間などが生じることの内容に、継目などで十分な重ね合わせなどの措置をとる	
		❷直接土に接する外壁・床	直接土に接する部分を耐水材料でつくり、かつ直接土に接する部分と居室に面する部分の間に居室内への浸水を防止するための空隙を設ける［※2］	
	大臣の認定を受けたもの			

W：居室外壁からその壁の面するからぼりの周壁までの水平距離
L：居室の壁に沿った水平方向の長さ
D：開口部の下端から地面までの高さ
※1：外壁等のうち、常水面以上の部分を耐水材料でつくり、かつ材料の接合部、コンクリートの打継ぎ部分に防水の措置をした場合は免除
※2：空隙に浸透した水を有効に排出するための設備が設けられているもの

地階居室の防湿措置（平12建告1430号）

❶からぼりを設ける場合

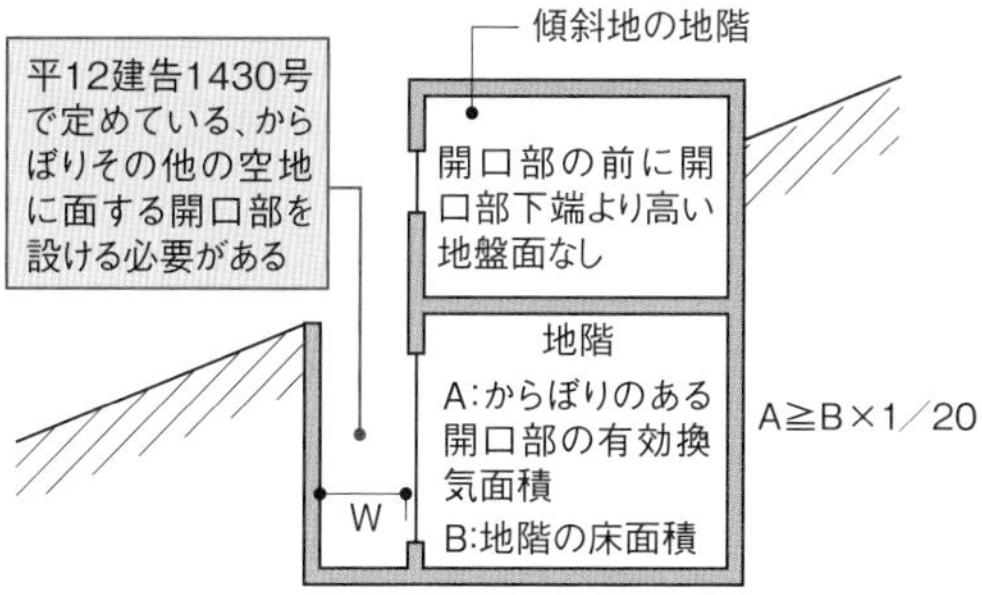
傾斜地の地階
平12建告1430号で定めている、からぼりその他の空地に面する開口部を設ける必要がある
開口部の前に開口部下端より高い地盤面なし
地階
A:からぼりのある開口部の有効換気面積
B:地階の床面積
A≧B×1／20
W

❷機械換気設備を設ける場合

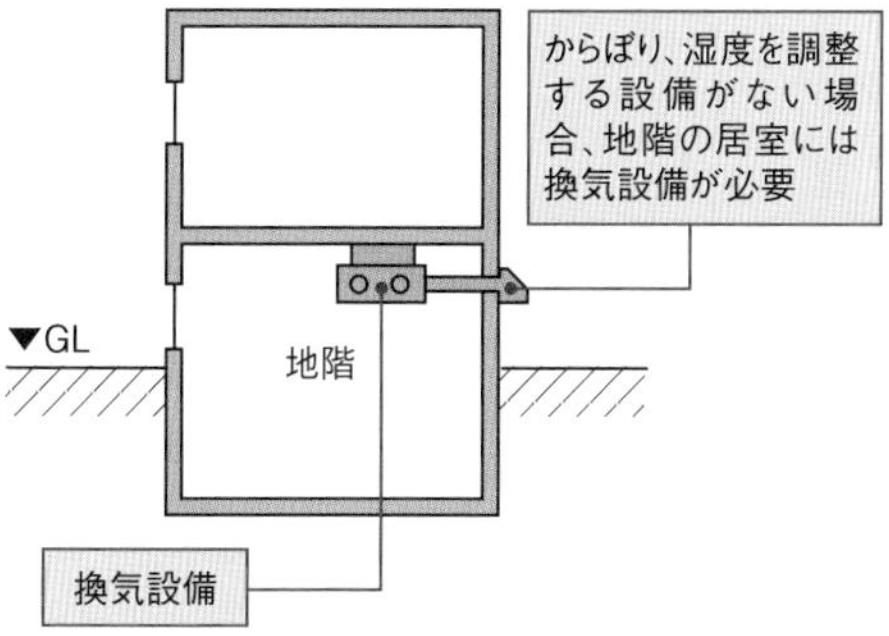
からぼり、湿度を調整する設備がない場合、地階の居室には換気設備が必要
▼GL
地階
換気設備

からぼりの構造（平12建告1430号）

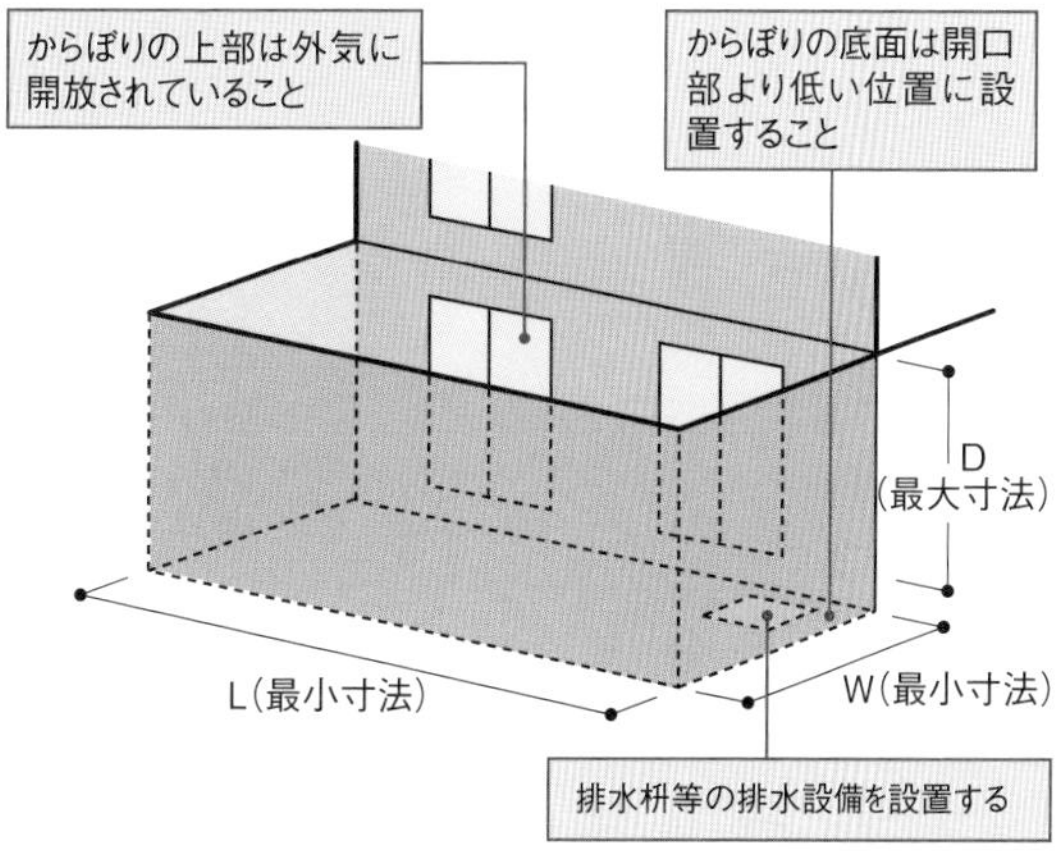
からぼりの上部は外気に開放されていること
からぼりの底面は開口部より低い位置に設置すること
D（最大寸法）
L（最小寸法）
W（最小寸法）
排水枡等の排水設備を設置する

■からぼりの寸法
D：開口部下端からのからぼり上端までの高さ
L：当該居室の壁に沿った水平方向の長さ
W：居室の外壁からからぼりの周壁までの水平距離
W≧1m　かつ　W≧4／10×D
L≧2m　かつ　L≧D

■有効換気面積
からぼりに面した開口部の有効換気面積≧居室の床面積×1／20

居室の換気

107

換気方法は、自然換気(開口部や気圧差を利用)、機械換気(換気扇など)、空調(中央管理方式)

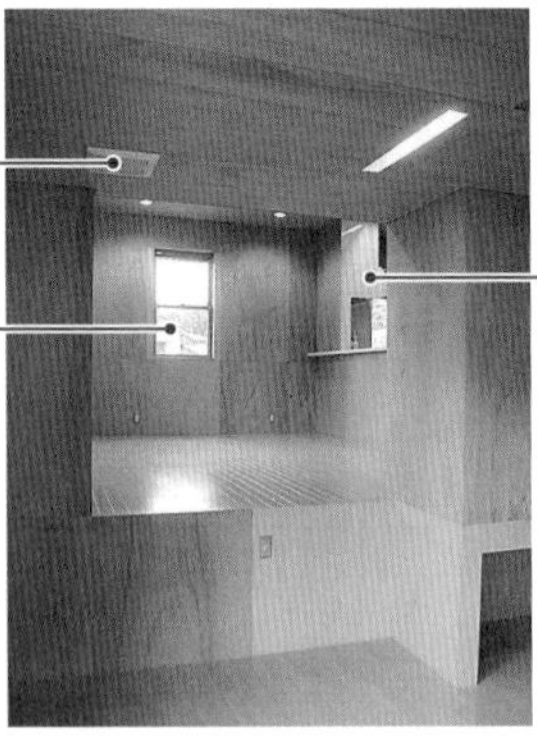

居室の換気は窓による自然換気と換気扇による機械換気で確保。火気使用室には燃焼器具のための換気設備が必要

開口部による換気

一般の居室は、居室の床面積の1／20以上の**自然換気**に有効な部分の面積をもつ開口部を必要とする。有効窓面積の算定方法は、開口部の形状によって異なる[左頁表参照]。また、採光と同様の「2室1室」の緩和がある[230頁参照](法28条2・4項)。

有効な面積を1／20以上確保できない居室は、換気上の無窓居室となる。

設備による換気

換気上の無窓居室となる場合、**自然換気設備**や、**機械換気設備**、**中央管理方式による空調設備**などの換気設備を設けなければならない。

自然換気設備とは、給気口と排気筒の気圧差で換気する方法をいう。給排気口の位置、排気筒の断面積や高さの関係が規定されている[左頁図参照]。

機械換気設備とは、換気扇等で給排気を行う設備のことである。給排気の方法で、第1～3種[※]に区分される。

中央管理方式の空調設備とは、人が活動することが想定される居室内空間で、空気中の炭酸ガスの含有率を約1千ppm以下、一酸化炭素を10ppm以下にそれぞれ保つ設備のことである。建物全体の空調を1カ所で行う方式で、国土交通大臣の認定が必要である。

劇場や映画館などの特殊建築物では、自然換気設備は認められず、機械換気設備か空調設備のいずれかとしなければならない(令20条の2)。

また、調理室、湯沸し室などの火気使用室で、換気設備を用いて換気をする場合、燃焼器具のための換気基準も検討しなければならない。

このような居室では、給気口を天井の1／2以下の高さで、排気口は天井から80cm以内に設けることが原則である(令20条の3)。また、換気扇などの有効換気量の算定式は、告示で定められている(昭45建告1826号)。

ただし、屋内に排気を出さない密閉式の燃焼器具を使用する場合は、一定条件のもとで緩和される。

※：区分は右記の通り。第1種：給気・換気とも機械。第2種：給気は機械、排気は自然。
第3種：給気は自然、排気は機械

[表] 開口部の形状による有効換気面積の考え方例

	はめ殺し	引違い	片引き	上げ下げ	ガラリ	回転	内倒し
窓の形式（例）		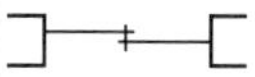			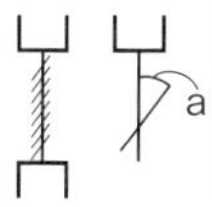	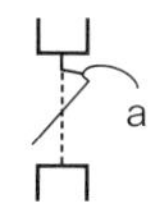	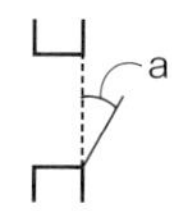
倍数	0	1／2	1／2	1／2	45°≦a≦90°のとき　So=S 0°＜a＜45° のとき　So=a／45°×S		

So：有効開口面積　S：開口部面積

換気設備の設置基準
（令20条の2・20条の3・129条の2の6、昭45建告1826号）

	適用基準	換気設備の設置	適用条項
換気設備の設置が必要となる要件	換気上の無窓居室 （有効換気面積 ＜居室の床面積×1／20）	自然換気設備	令20条の2 令129条の2の6 昭45建告1826号・1832号
		機械換気設備	
		中央管理方式の空調設備	
	火気使用室 ・燃焼器具の換気量 V≧40KQ V：換気量（㎥／h） K：理論ガス量（㎥） Q：燃焼消費量（kw・kg／時）	自然換気設備 ❶排気筒方式 ❷煙突方式 ❸換気フード付排気筒方式	令20条の3 昭45建告1826号
		機械換気設備 ❶換気扇等方式 ❷排気フード付換気扇等方式 ❸煙突＋換気扇等方式	
	劇場、映画館、演芸場、観覧場、公会堂、集会場、その他これらに類する建築物の居室	機械換気設備	令20条の2 令129条の2の6 昭45建告1826号・1832号
		中央管理方式の空調設備	
	緩和対象	**換気設備の設置**	**適用条項**
換気設備の設置が不要となる要件	住宅、または共同住宅の調理室	次の条件をすべて満たす場合は設置免除 ❶床面積合計≦100㎡ ❷発熱量合計≦12kW ❸換気上有効な開口部の面積≧調理室床面積×1／10　かつ　≧0.8㎡	令20条の3第1項2号
	上記以外のその他の室	次のいずれかを満たす場合は設置免除 ❶密閉式燃焼器具等[※]だけを設けている火気使用室 ❷発熱量合計≦6kW　かつ　換気上有効な開口部を設置した室	令20条の3第1項1号・3号

※：外気の取入れと廃ガスの排出を直接屋外で行う器具

[図] 自然換気設備の構造の例（換気設備による自然換気）

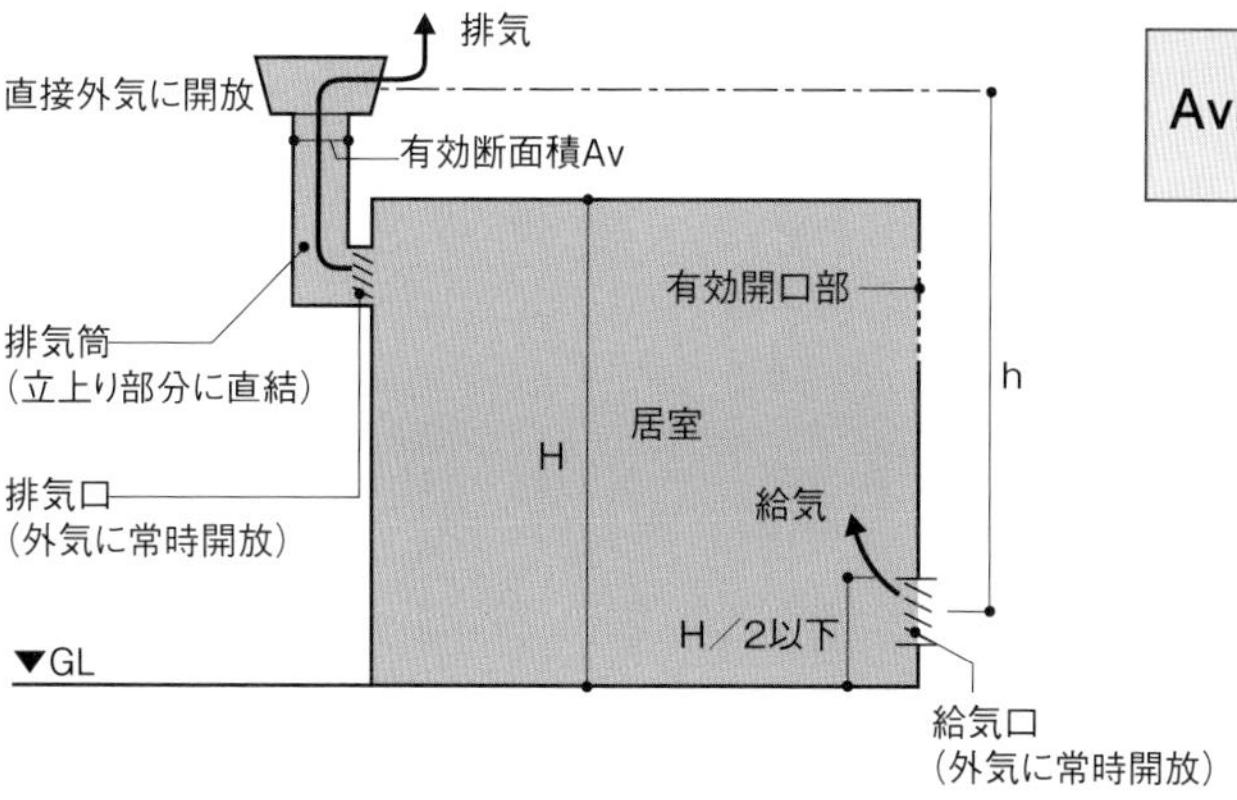

$$Av \geqq \frac{Af}{250\sqrt{h}} \quad かつ \quad \geqq 0.00785$$

Av（㎡）：　排気筒の有効断面積（㎡）
Af（㎡）：　居室の床面積（当該居室が換気上有効な窓などを有する場合、当該開口部の換気上有効な面積Avに20を乗じて得た面積を、当該居室床面積から減じた面積）
h（m）：　給気口の中心から排気筒の頂部（外気に開放された部分）の中心の高さ

注：給気口、および排気口ならびに排気筒の頂部には、雨水、ネズミ、虫、ホコリ、その他衛生上有害なものの侵入を防ぐための設備を設ける

シックハウス対策

108

家具などからの発散も想定し、居室には24時間機械換気が必要

シックハウス対策は、仕上げや下地に利用する建築材料による規制と、居室の24時間換気による規制がある

シックハウスに対する規制

建築基準法では、衛生上支障のある化学物質として、**クロルピリホス**と**ホルムアルデヒド**を指定し、その使用を規制している(令20条の5)。

クロルピリホスを添加した建築材料は、居室を有する建築物での使用が禁止されている(令20条の6)。

一方、ホルムアルデヒドを発散する建築材料は、発散量によって4種類に区分される。最も発散速度の早い第1種は居室に使用できない。第2・3種も居室の種類と換気回数に応じて、使用面積制限を受けるが、JISなどでF4☆《フォースター》の等級区分となる材料は規制対象外である(令20条の7)。また、建築物に使用されて5年以上経過すると、当該成分が空気中に発散するため規制の対象外となる。

室内だけでなく、天井裏等も規制対象となる。天井裏等は、下地材などを第3種材料とするか機械換気設備で天井裏等を負圧とする必要がある。ただし、天井裏等と居室の間に通気止め等の措置をした場合は、天井裏等を対象外とできる(平15国交告274号)。

一方、ホルムアルデヒドは造付け家具などからも発散されるため、原則、居室を有するすべての建築物に、24時間機械換気設備の設置が義務付けられている(令20条の8)。換気回数は、住宅等の居室では0.5回/時、それ以外は0.3回/時で、それ以上の能力をもつ換気設備を設置しなければならない。

アスベストに対する規制

建築基準法では、**アスベスト(石綿)**の使用も規制している(令20条の4)。アスベストは微細な繊維からなる天然鉱産物で、熱や摩擦などに強く、かつて建築資材としてよく用いられた。しかし、飛散したアスベストを吸入することで、肺がんなどの健康被害が生じたため、現在では製造・使用が禁止されており、国交大臣の認定材料以外で、アスベストを添加したり、あらかじめ添加した建築材料は使用できない。

シックハウス対策の概要

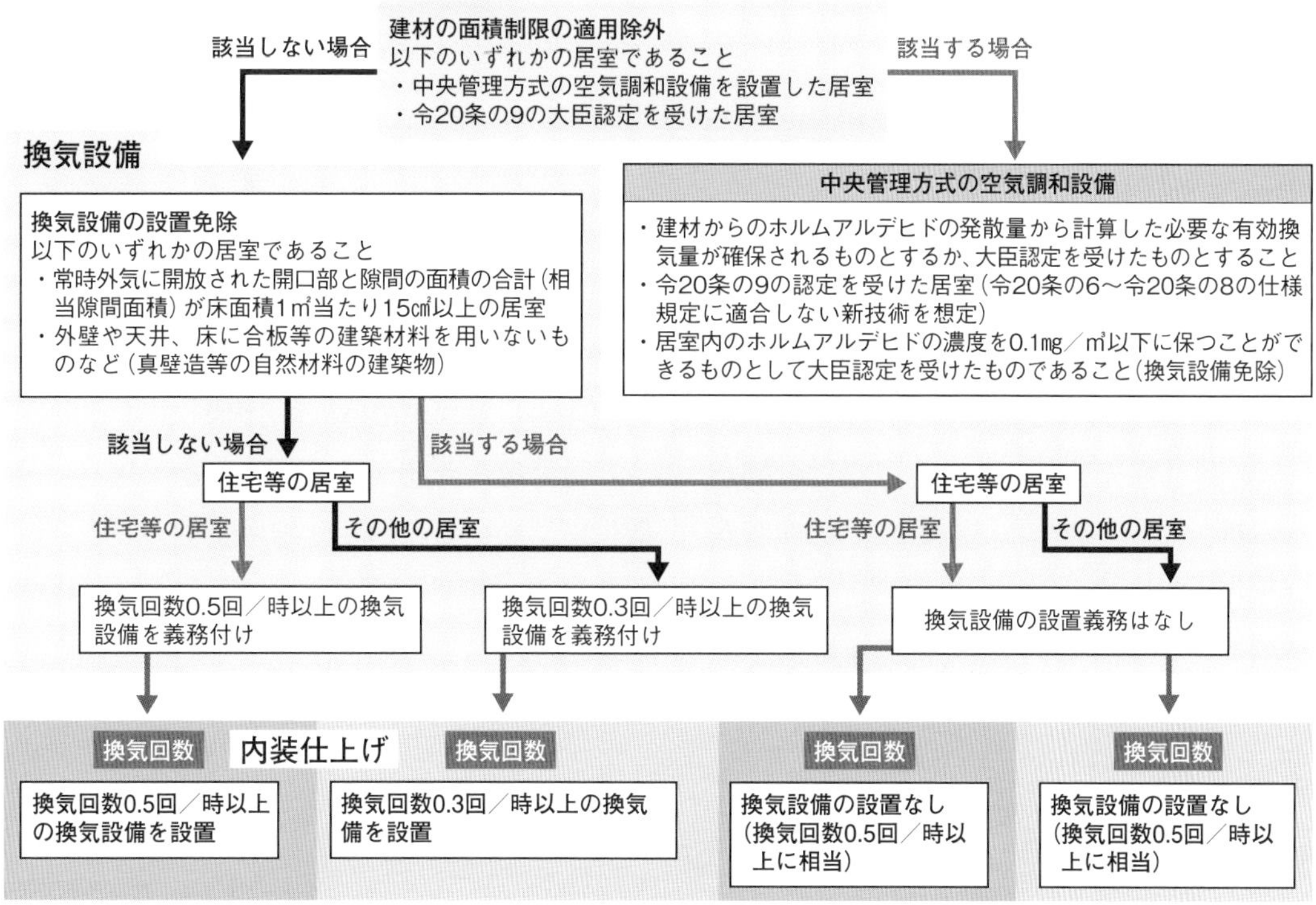

第2・3種ホルムアルデヒド発散建材の使用面積制限

第2・3種ホルムアルデヒド発散建材は、以下の式を満たすよう、使用面積の制限を受ける

$$N_2S_2 + N_3S_3 \leqq A$$

N_2：下記表
N_3：下記表
S_2：第2種ホルムアルデヒド発散建材の使用面積(㎡)
S_3：第3種ホルムアルデヒド発散建材の使用面積(㎡)
A：居室の床面積(㎡)

居室の種類	換気回数	N_2	N_3
住宅等の居室[※1]	0.7回/時以上[※2]	1.2	0.20
	0.5回/時以上0.7回/時未満[※2]	2.8	0.50
上記以外の居室	0.7回/時以上[※2]	0.88	0.15
	0.5回/時以上0.7回/時未満[※2]	1.4	0.25
	0.3回/時以上0.5回/時未満[※2]	3.0	0.50

※1：住宅の居室、下宿の宿泊室、寄宿舎の寝室、家具その他これに類する物品の販売業を営む店舗の売場
※2：表に示す換気回数の機械換気設備を設けた場合と同等以上の換気が確保されるものとして、国土交通大臣が定めた構造方法によるものか、認定を受けたものを含む

Column

無窓居室

無窓居室にかかる規制

窓などの開口部のある部屋でも、開口部の条件が一定の基準を満たさない場合は、建築基準法上の「無窓居室」となる。

「無窓」は、「採光」「換気」「排煙」の3つの観点から判断される。「採光上」と「換気上」の無窓居室はそれぞれに有効な開口部面積が、居室床面積の1／20未満の居室である。「排煙上の無窓居室」は、排煙に有効な開口部面積が居室床面積の1／50未満の居室を指す。

無窓居室があると、防火や避難、構造などの規定で制限が厳しくなり、より安全性を高めた代替措置が求められる[**下表**]。

たとえば採光上の無窓居室がある場合、避難に関する措置として非常用照明の設置義務が生じる。非常用照明をつけても、採光上の無窓居室になると直通階段までの歩行距離が短く制限される。

無窓居室の種類

種類	規定	無窓の条件	代替措置
採光上の無窓居室 （法35条、令116条の2）	非常用照明	採光に有効な開口部が居室床面積の1／20未満	非常用照明設備を無窓居室および避難経路に設置（令126条の4）
	直通階段	採光に有効な開口部が居室床面積の1／20未満	無窓居室から直通階段への歩行距離（30m以内）（令120条） 注：居室から直通階段までの距離の規制は、非常用照明をつけても緩和されない
換気上の無窓居室	換気設備 （法28条2項） （令20条の2）	換気に有効な開口部が居室床面積の1／20未満	自然換気設備、機械換気設備または空気調和設備を配置
排煙上の無窓居室 （法35条、令116条の2）	排煙設備 （令126条の2）	排煙に有効な開口部が居室床面積の1／50未満	排煙設備を設置（令126条の2）
進入経路上の無窓居室（法35条）	非常用の進入口 （令126条の6）	非常用の代替進入口 （令126条の6の2号）の設置なし	非常用進入口を設置
内装制限上の無窓居室	内装の制限 （法35条の2） （令128条の3の2）	以下の居室（天井高さ≦6m） ・排煙に有効な開口部が居室床面積の1／50未満（居室＞50㎡） ・告示やただし書の採光緩和を受けたもの（居室の用途に応じて1／5～1／10まで有効採光なし） ・温湿度調整を必要とする作業室など採光緩和を受けたもの（法28条1項ただし書）	無窓の居室と、そこから地上に通じる廊下や階段、その他通路の壁、天井の室内に面する部分の仕上げを準不燃材料にしなければならない（令128条の5）
構造制限上の無窓居室	主要構造部の耐火構造・不燃化 （法35条の3） （令111条）	・採光に有効な開口部が居室床面積の1／20未満 ・非常用の代替進入口（令126条の6の2号）の設置なし	無窓の居室を区画する主要構造部を耐火構造か不燃材とする（劇場、映画館、観覧場、集会室、自動火災報知設備を設置した建築物で、30㎡以内の就寝室以外の居室、または避難階、その直上階・直下階の屋外出口までの歩行距離が一定以内の居室［※］を除く）
敷地・道路に関する無窓居室	敷地と道路の関係 （法43条3項3号） （令144条の5）	採光に有効な開口部が居室床面積の1／20未満、かつ、排煙に有効な開口部が居室床面積の1／50未満（令116条の2）	無窓居室として、地方公共団体の条例で、前面道路の幅員、接道長さと道路の関係について、制限の対象となる場合がある

※：令2国交告249号

第7章

構造
こわれる

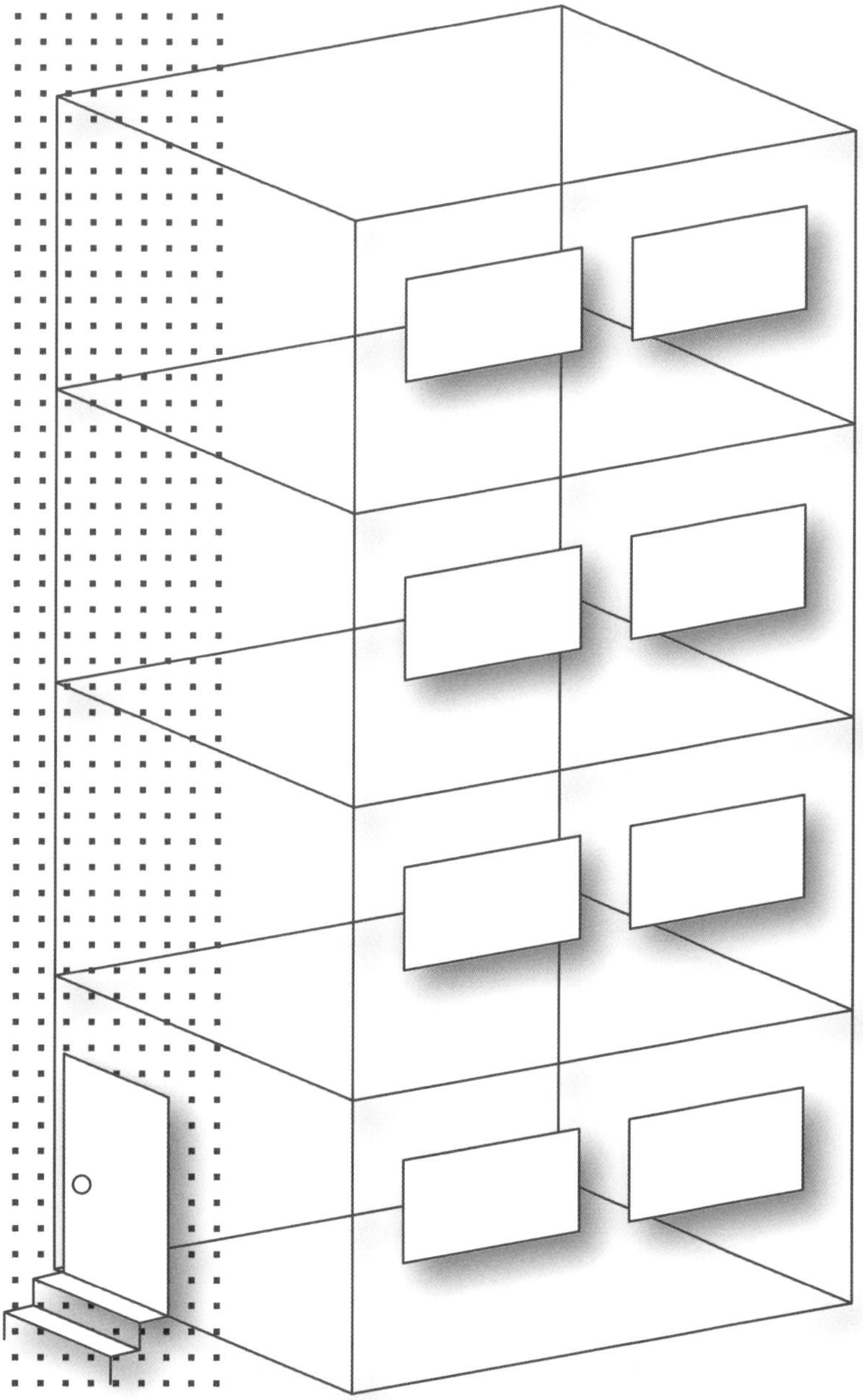

the Constructio

構造計算ルートと構造適判 109

「部材に生じる応力度が許容応力度以下」を確認するのは全ルート共通

確認申請の過程で、建築物は構造規模や計算ルートにより、構造計算適合性判定を第3者機関に求めることになる

構造計算ルートとは

建築基準法では、地震等で建築物が倒壊・崩壊しないよう、建築物の構造基準を定めている。建築物の規模に応じ、**仕様規定**と**構造計算規定**［左頁参照］の2つの基準を満たす必要がある。

そのため、まず構造耐力上主要な部材の許容応力度を求め、固定荷重や積載荷重、積雪や暴風、地震の外力を受けたときに、構造耐力上主要な部分に生じる応力度がそれ以下で、部材が変形や振動にも耐えられるかを確認する。併せて屋根葺き材や外装材の風圧に対する安全性を確認する。これを**1次設計**といい、1次設計で終われる構造計算を**ルート1**という。

大規模建築物では次に、地震が発生したときの建築物の損傷を想定して層間変形角を検討する。さらに剛性率、偏心率が基準値内かを確認するのが**ルート2**、割増係数を使い保有水平耐力が必要保有水平耐力以上であることを確認するのが**ルート3**である。

構造計算適合性判定

高さ20m超の鉄筋コンクリート造や、スパン6mを超える鉄骨造の建築物、また各構造で一定規模以上の建築物については、確認審査時に、**構造計算適合性判定結果通知書**が必要となる（法6条・6条の3）。

判定結果の通知書は、知事か指定構造計算適合性判定機関が、求められた日から14日以内に判定を実施し、建築主事等に交付する。一定の合理的な理由がある場合は期間をさらに最大35日まで延長できる。

大臣認定プログラムを使用するか、ルート1以外の計算方法で保有水平耐力を用いて構造計算した場合、建築物の規模によらず、構造適判が必要となる（法20条2・3号、令36条の2、平19国交告593号）。

なお、時刻歴応答解析で構造計算したものは、個別に性能評価を受けたうえで大臣認定を取得するため、構造適判は不要である。

構造計算のフロー

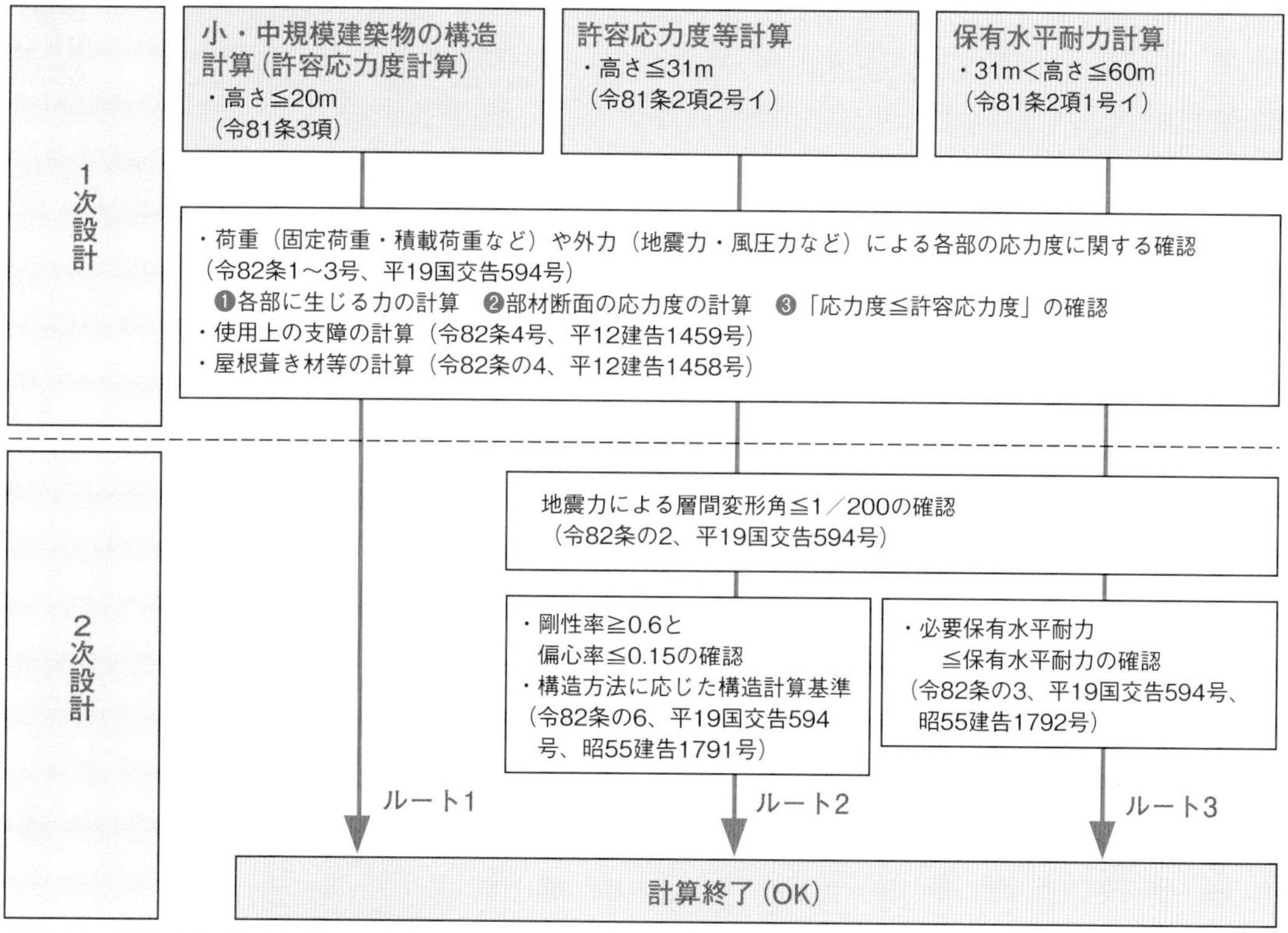

仕様規定：令第3章第2節～第7節の2に規定

構造計算適合性判定のフローと対象建築物例

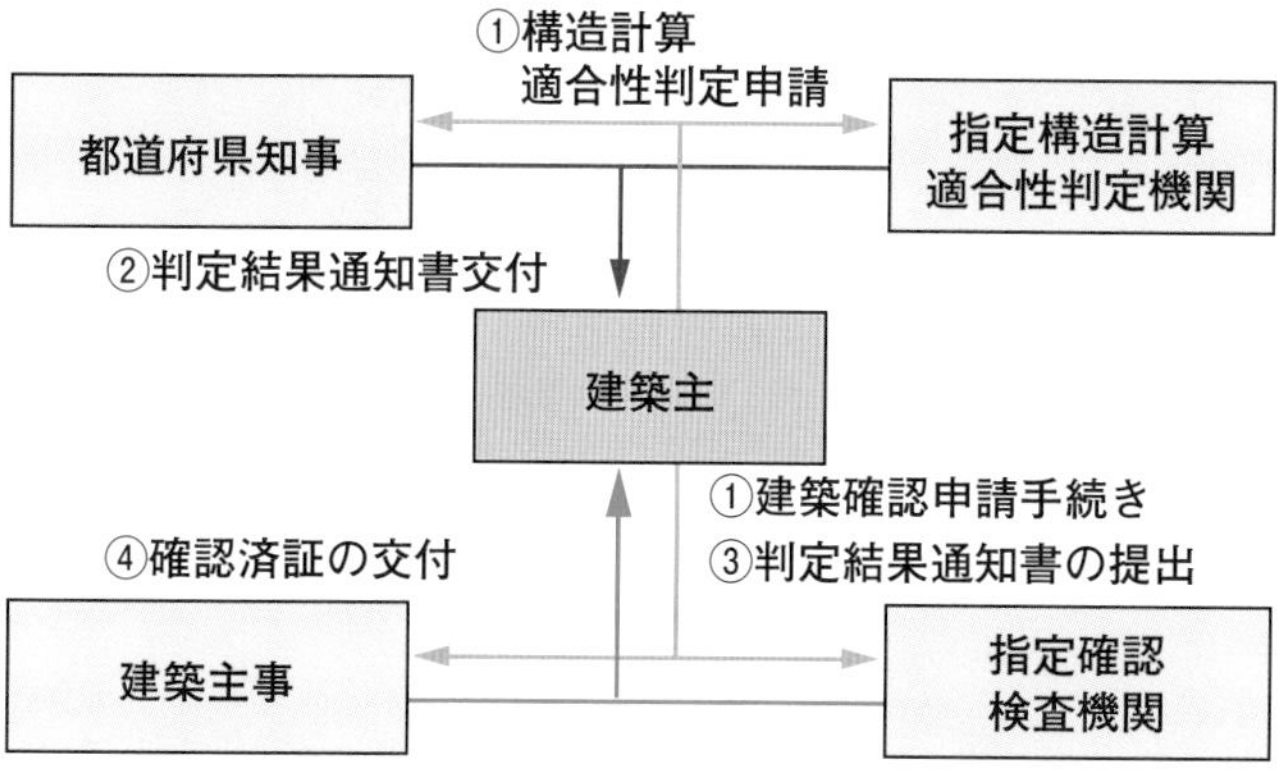

構造種別	必要条件
木造	高さ＞13m 軒高＞9m
鉄骨造	階数≧4 高さ＞13m 軒高＞9m　等
鉄筋コンクリート造 鉄骨鉄筋コンクリート造	高さ＞20m　等
組積造 補強コンクリート ブロック造	階数≧4

ルート2審査

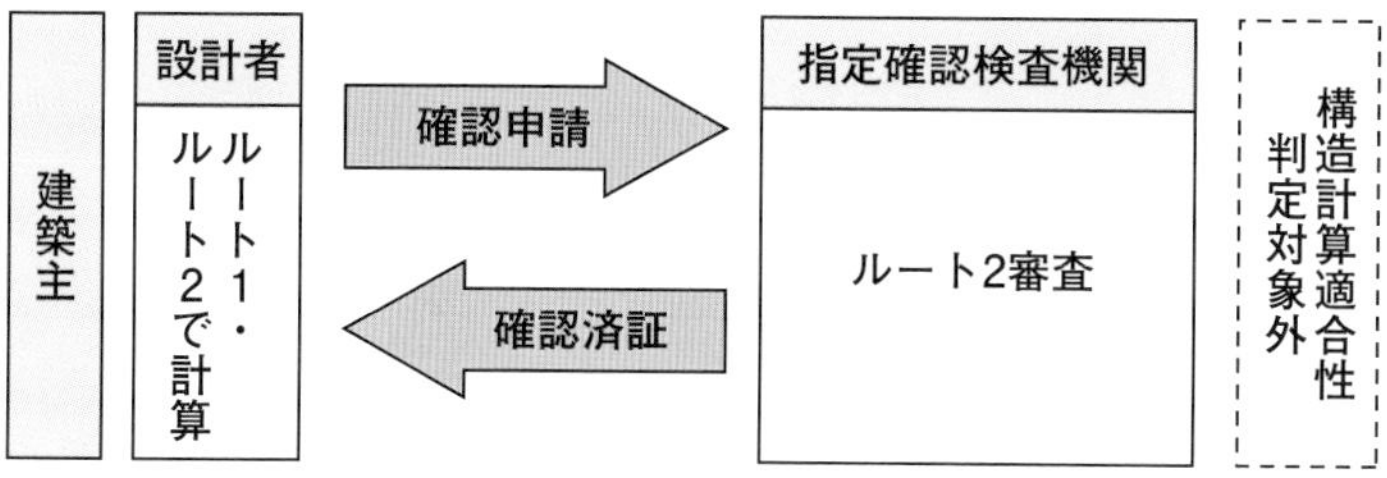

・高さ＞13m、軒高＞9mの建築物等をルート2で計算

・比較的容易に確認審査できる構造計算（許容応力度計算：ルート1および許容応力度等計算：ルート2）を、構造計算に関する高度の専門知識および技術を有する建築主事等が行う審査。ルート2審査は構造計算適合性判定の対象外

木造の構造基準

延べ面積 10㎡超の木造建築物か他の構造と併用する木造部分に適用

最下階の柱は土台や基礎に緊結する。また柱の寸法（小径）は屋根の重さや横架材間の距離が大きいほど太くする

木造の材料と軸組み

木造の構造規定は、大きく「**材料**」と「**軸組**」の規定に分けられる。

材料規定では、節や腐れ等の構造耐力上の欠点のない材料を使うよう定めている（令41条）。また、腐食やシロアリの被害を防ぐために、軸組の防腐・防虫・防蟻措置がある（令49条）。

軸組規定では、筋かいの構造（令45条）や例示の壁倍率で2方向の水平力に対して、壁量計算をして、軸組等の必要壁長を決める（令46条）。

柱が座《ざ》屈《くつ》を起こさないように、土台、梁等の横架材間の垂直距離に対し、柱小径を政令で規定された割合以上としたり、隅柱を通し柱としたりする規定がある（令43条）。また、最下階の柱の下部には土台を設けるか、基礎と鋼材のだぼ等で緊結し、一体としなければならない（令42条、平17国交告690号）。

このほか、横架材（梁）の欠損や、構造耐力上重要な継手・仕口の補強方法等の規定がある（令44・47条）。

柱の小径の倍率と横架材垂直距離（令43条）

柱 ＼ 建築物	梁間、または桁行方向の間隔が10m以上の柱、学校、保育所、劇場、映画館、演芸場、観覧場、公会堂、集会場、10㎡超の物品販売店と公衆浴場の柱		左記以外の柱	
	最上階・平屋	その他	最上階・平屋	その他
土蔵造等の重量が特に大きい建築物	1／22	1／20	1／25	1／22
軽い屋根（金属板、石板、石綿スレート等）の建築物	1／30	1／25	1／33	1／30
上記以外の建築物	1／25	1／22	1／30	1／28

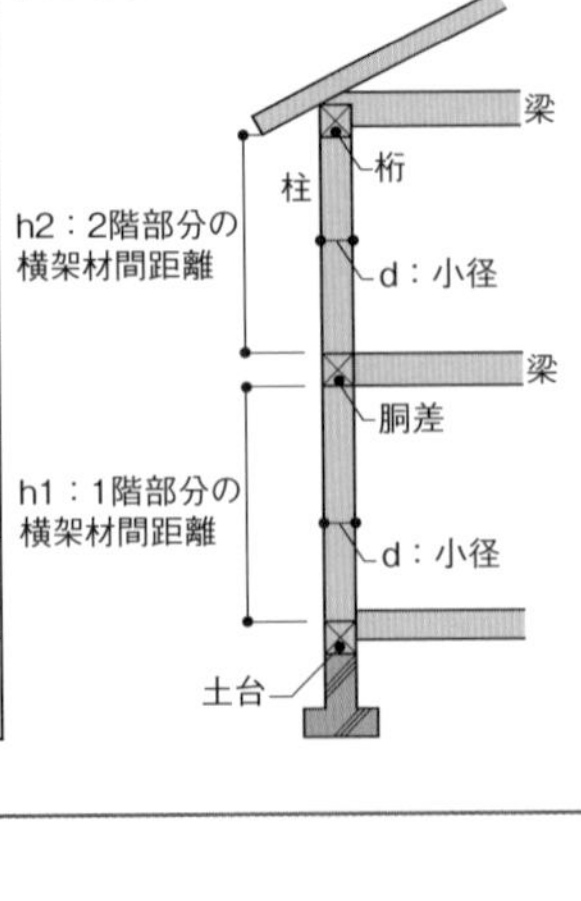

筋かい（圧縮）の例（令45条）

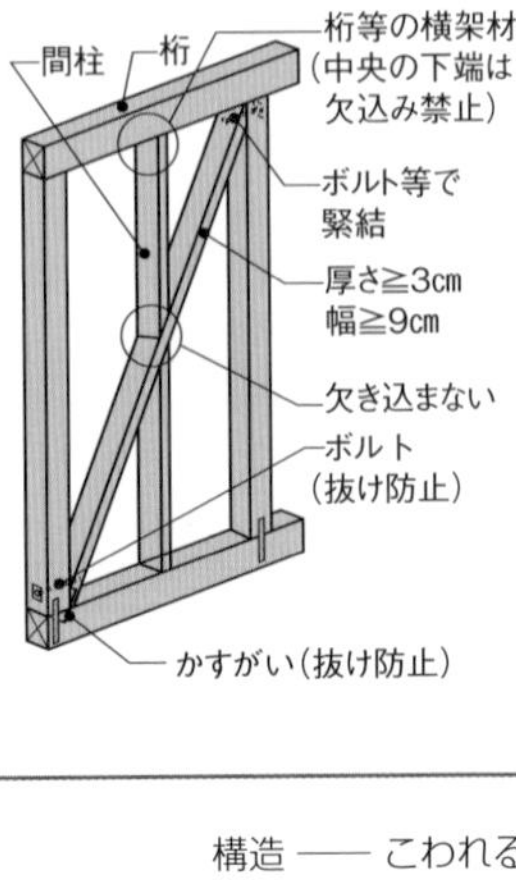

S造・RC造の構造基準 111

S造の柱の有効細長比は200以下。RC造の柱の小径は支点間距離の1／15以上

S造建築物には、材料、座屈、柱脚、接合部の仕様基準があり、地上3階建ての場合、柱に防火被覆が必要

S造の構造基準

S造の構造躯体に使われる鉄鋼（炭素鋼、ステンレス鋼、鋳鉄）は、引張力に強く、圧縮力に弱いという構造特性をもつ。建築基準法ではこの点を考慮して、構造規定が設けられている。

たとえば、柱等の圧縮材では、座屈《ざくつ》を防ぐため、有効細長比を柱では200以下、柱以外では250以下に収めなければならない（令64・65条）。

大きな応力がはたらく柱脚は、ピン接合を除き、アンカーボルトなどで基礎と緊結する（令66条、平12建告1456号）。また、鋼材の接合部は、ボルトや溶接、リベット、国交大臣認定の接合方法とする（令67条）。

一方、鉄鋼は火に弱い材料特性をもつ。そのため耐火・準耐火構造以外の地上3階以上の建築物で、国土交通大臣が火災で耐力が低下し建築物全体が倒壊のおそれがあると定めたものに関しては、柱に30分の防火被覆をしなければならない（令70条）。

RC造の構造基準

鉄筋コンクリート造は、主に引張力を鉄筋が、圧縮力をコンクリートがそれぞれ負担する。建築基準法では、「**鉄筋**」と「**コンクリート**」部分に分けて規定されている。

鉄筋に関しては、配筋やその接合部分の継手・定着方法、鉄筋量等が数値化されている。また、各部位（柱、床、梁、壁）の必要寸法、配筋の本数や間隔、断面積の割合などが決められている（令73条、令77～78条の2）。

コンクリートは、十分な圧縮耐力をもてるよう材料強度が規定されている。普通コンクリートでは、4週圧縮強度を12N／㎟（軽量骨材は9N／㎟）以上確保しなければならない（令74条）。

また、炭酸ガスでコンクリートのアルカリ性が中和すると、中の鉄筋がさびやすくなる。そのため中和の進行を抑えるように、鉄筋からコンクリート表面までの「**かぶり厚さ**」を部位ごとに制限している（令79条）。

S造のボルトの規定（令68条）

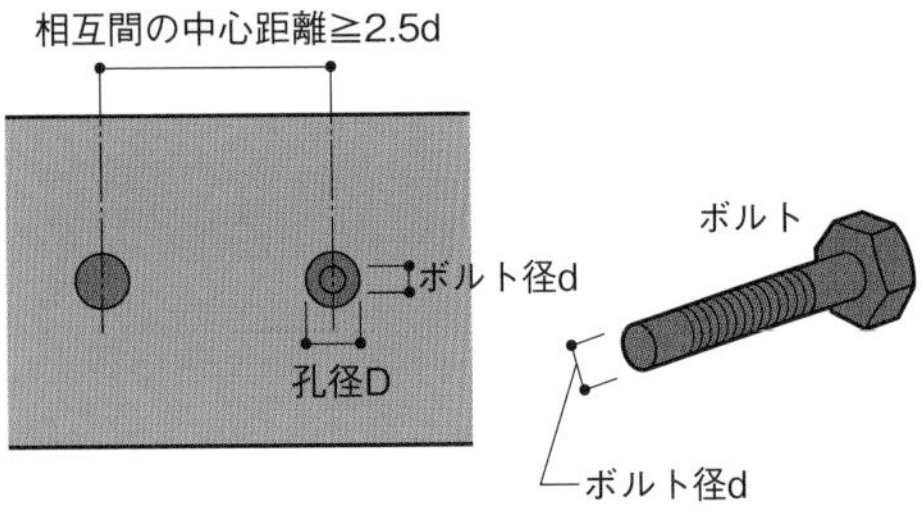

	高力ボルト		ボルト		リベット
径d（mm）	d≧27	d<27	d≧20	d<20	リベット孔に十分埋まるように打つ
孔径D（mm）	D≦d+3	D≦d+2	D≦d+1.5	D≦d+1	

RC造の鉄筋の規定（令73条2・4項、79条）

❶重ね継手と定着

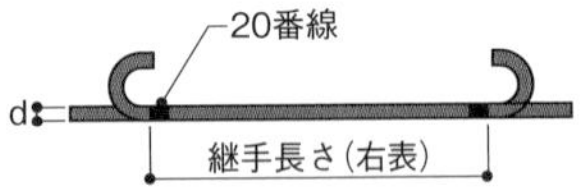

	項目	内容	適用条項
継手長さ	引張力の最も小さい部分	25d以上（軽量コンクリートは30d以上）	令73条2・4項
	そのほか	40d以上（軽量コンクリートは50d以上）	
かぶり厚	耐力壁以外の壁・床	2cm以上	令79条
	耐力壁・柱・梁	3cm以上	
	直接土に接する壁・柱・梁	4cm以上	
	布基礎の立上り部分	4cm以上	
	基礎（布基礎の立上り部分以外）	6cm以上（捨てコンクリート部分を除く）	

❷柱の構造

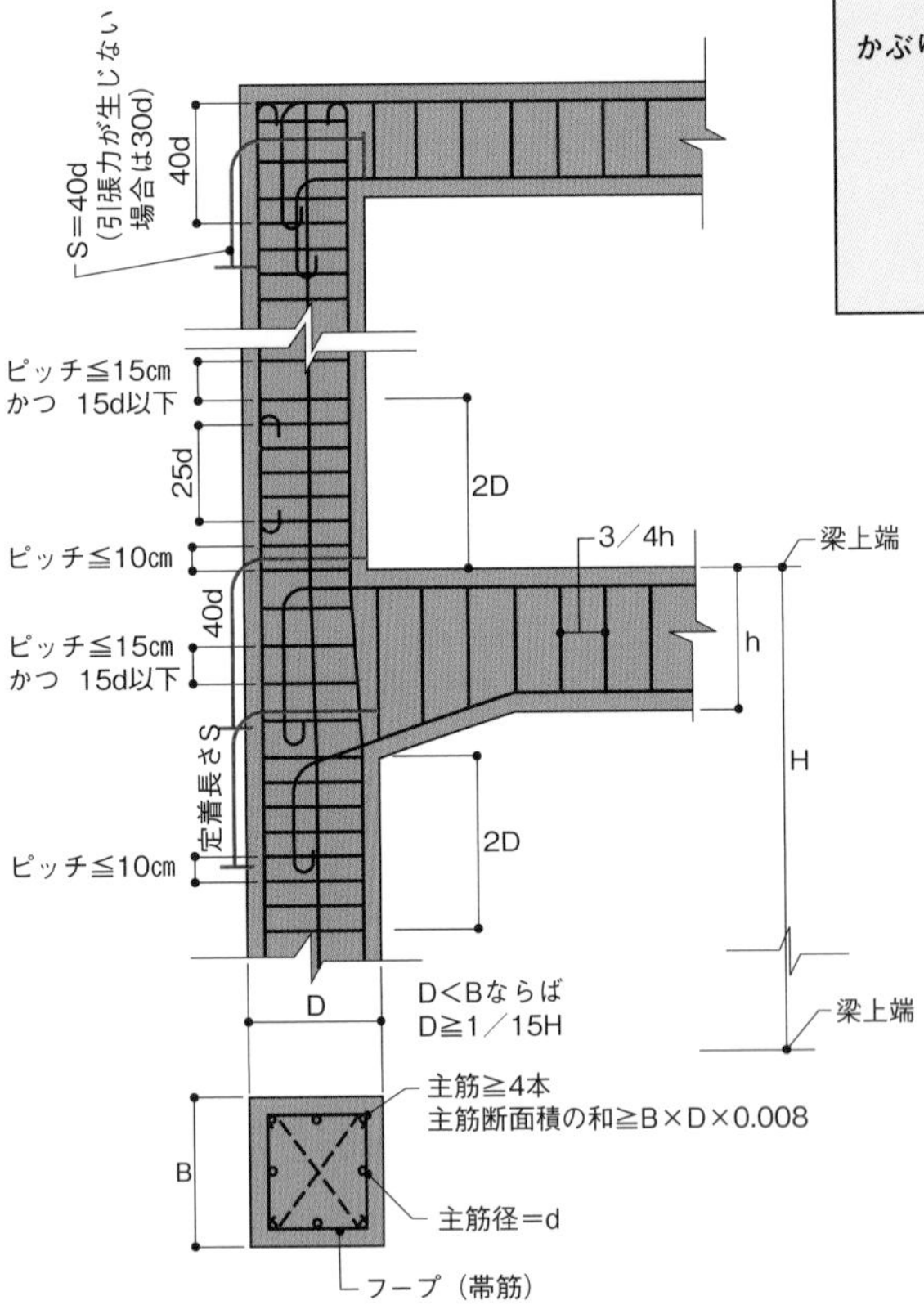

※：鉄筋の末端はカギ状に折り曲げてコンクリートから抜け出ないように定着させる

❸柱・床・梁のかぶり厚

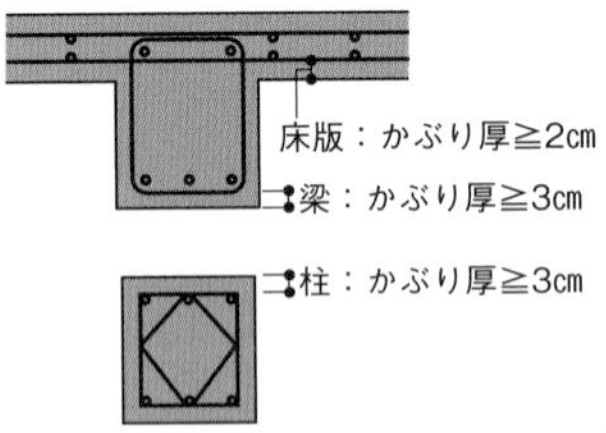

❹壁のかぶり厚

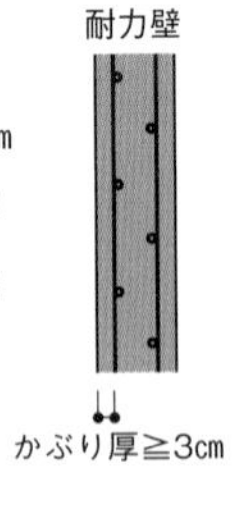

❺基礎のかぶり厚

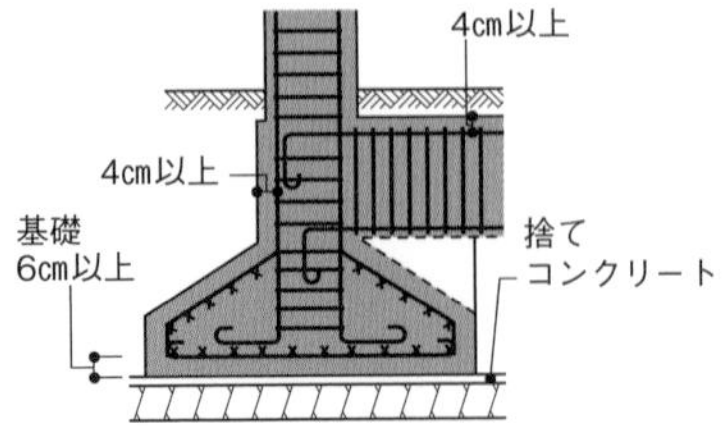

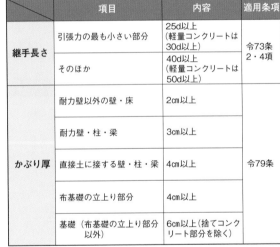

S造・RC造の構造基準（補足事項）

構造	項目	基準	適用条項
S造	接合	軒高≦9m、梁間≦13mの建築物（延べ面積≦3,000㎡）は、その接合でボルトが緩まないように、コンクリートへ埋め込むか、ナット部分を溶接するか、ナットの２重使用とするなどの有効な戻止めをする際に、ボルト接合が認められる	令67条
	斜材、壁等の配置	軸組、床組、小屋梁組には、形鋼、棒鋼、構造用ケーブルの斜材または鉄筋コンクリート造の壁、屋根版、床版を釣合いよく配置する。ただし、国土交通大臣が定める基準（昭62建告1899号）に従った構造計算によって構造耐力上安全が確かめられた場合は、この必要がない	令69条
RC造	コンクリートの材料	・骨材、水、混合材料には、鉄筋をさびさせたり、コンクリートの凝結・硬化を妨げたりするような酸、塩、有機物、泥土を含まないものとする ・骨材は、鉄筋相互間または鉄筋とせき板との間を容易に通る大きさであり、適当な粒度・粒形のもので、かつそのコンクリートに必要な強度、耐久性、耐火性のあるものとする	令72条
	コンクリートの強度	コンクリートは、4週圧縮強度が12N／㎟以上（軽量骨材を使用する場合は9N／㎟以上）とする。また、設計基準強度との関係において、国土交通大臣が定める基準に適合するものであること。4週圧縮強度を求める強度試験は、国土交通大臣の指定する日本工業規格（JIS A 1108、A 1107）による強度試験とする	令74条
	柱の構造	・柱の主筋≧4本とし、帯筋と緊結する ・帯筋径≧6㎜、間隔≦15㎝（柱に接着する壁や梁等の横架材から、上方・下方に柱の小径の2倍以内の距離にある部分は、10㎝以下）で、かつ最も細い主筋の径≦15倍とする ・帯筋比（柱の軸を含むコンクリートの断面の面積に対する帯筋の断面積の和の割合として国土交通大臣が定める方法［昭56建告1106号］により算出した数値）は0.2%以上とする ・柱の小径≧構造耐力上主要な支点間距離の1／15 ・主筋の断面積の和≧コンクリートの断面積の0.8%	令77条
	床版の構造	・床版の厚さ≧8㎝ かつ≧短辺方向の有効梁間長さ×1／40 ・最大曲げモーメントを受ける部分の引張り鉄筋の間隔は短辺方向≦20㎝、長辺方向≦30㎝で、かつ床版の厚さ≦3倍	令77条の2
	梁の構造	梁は複筋梁とし、あばら筋の間隔≦梁の丈3／4（臥梁の場合、30㎝以下）	令78条
	耐力壁	・厚さ≧12㎝、開口部周囲に径≧12㎜の補強筋を配置 ・径≧9㎜の鉄筋を縦横に間隔30㎝以下（複配筋として配置する場合は45㎝以下）、平屋建ての場合は35㎝以下（複配筋として配置する場合は50㎝以下）で配置。ただし、国土交通大臣が定める基準に従った構造計算（平13国交告1371号）で安全が確かめられた場合は、この必要はない ・壁式構造の耐力壁は、上記以外に長さ≧45㎝、かつ端部と隅角部に径≧12㎜の縦筋を配置。また、各階の耐力壁は頂部と脚部を当該耐力壁の厚さ以上の幅の壁梁（最下階の脚部では布基礎か基礎梁）に緊結する	令78条の2

組積造・補強CB造の構造基準 112

組石造平屋の臥《が》梁《りょう》は壁厚が壁高の1/10以上か壁長が5m以下なら不要

耐力を負担しない補強CB造の帳壁は、鉄筋で鉄骨造などの構造耐力上主要な部分に緊結しなければならない

組積造と補強CB造の構造規定

組積造(令51条)は、レンガ、石などを積んでつくられるが、地震に弱いため、「**壁長**」と「**開口部**」「**壁高と壁厚の関係**」「**壁頂部の臥《が》梁《りょう》**」の規定がある。

壁長は10m以下とし、その間に垂直方向の対隣壁か控壁を設ける。壁厚は、原則、壁高の1／15以上とする。開口部の幅の総計は、設ける壁長の半分以下で、階の全壁長の1／3以下とする。また、直上の開口部との垂直距離は60cm以上あける(令54・55・57条)。

一方、補強コンクリートブロック造は、その空洞部に鉄筋を配し、モルタル等を充填して組積する構造である(令62条の2)。

耐力壁の中心線で囲まれる部分の水平投影面積は60㎡以下とし、各階の梁・桁方向の壁量は、それぞれ15cm／㎡以上とする。壁頂には臥梁を設ける。その有効幅は20cm以上で、耐力壁の支点間距離の1／20以上とする、などの構造規定がある(令62条の4・62条5)。

組積造の壁規定(令54・55条)

壁長L	L≦10m	
壁厚d	L≦5mの場合	5m<L≦10mの場合
階数≧2	d≧30cm かつ d≧H／15	d≧40cm かつ d≧H／15
階数≧1	d≧20cm かつ d≧H／15	d≧30cm かつ d≧H／15

H：壁高さ

補強CB造の構造例(令62条の2～62条の8)

❶各部の構造

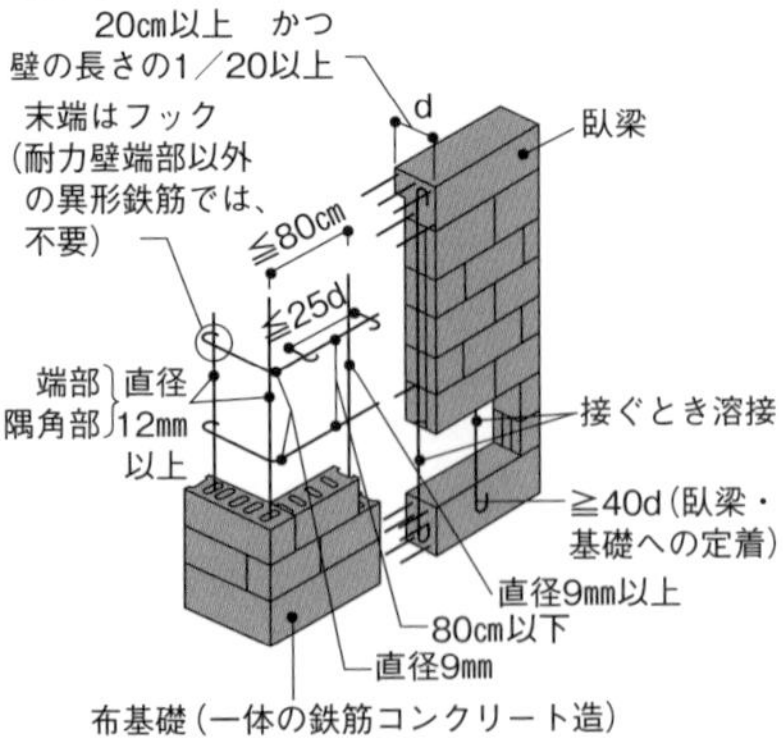

❷塀の構造

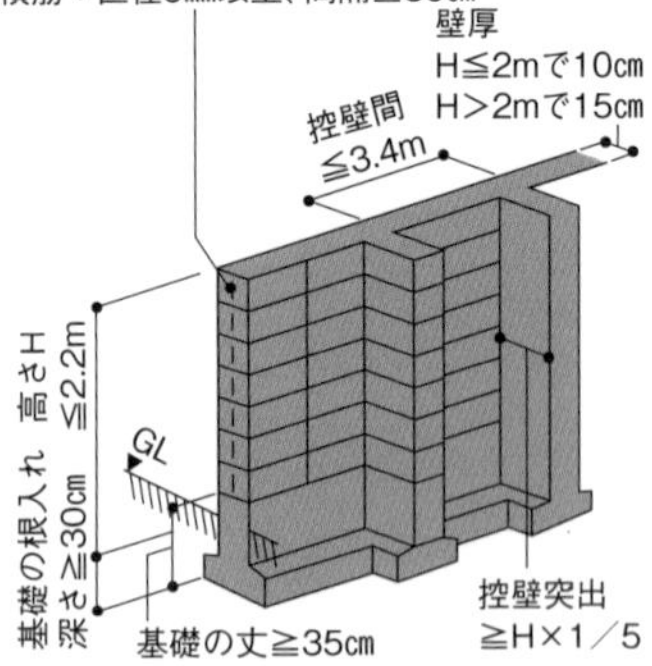

構造計算方法

113

許容応力度計算は１次設計。層間変形角、剛性率、偏心率計算、保有水平耐力計算は２次設計

構造ごとに、材料や品質、数値などを定めた仕様基準と、地震などに対して安全な構造計算の方法規定がある

高さ60m以下の構造計算は４つ

60m以下の建築物の構造計算方法は、「**許容応力度計算**」「**許容応力度等計算**」「**保有水平耐力計算**」「**限界耐力計算**」の４つである。

（1）許容応力度計算（ルート１）

固定・積載・積雪荷重、風圧力、地震力により、構造耐力上主要な部分の部材に生じる力で、その断面の長期・短期応力度を算出する。その数値が、それぞれ許容応力度以下で、変形・振動で構造部材に支障がないことを確認する（令81条３項、令82・83条）。

（2）許容応力度等計算（ルート２）

１次設計に続き、建築物の地上部分について地震力による層間変形角が１／200以内を確認する（令82条の２）。

さらに各階の水平方向の変形しにくさの指標である「**剛性率**」を0.6以上、ねじれ振動の生じやすさを表す「**偏心率**」は0・15以下とする（令82条の６）。

（3）保有水平耐力計算（ルート３）

１次設計、層間変形角の計算に続き、保有水平耐力（各階の耐力壁が負担する水平せん断力の和）を計算し、その数値が必要保有水平耐力以上であり、部分的な破損や塑性変形でも建築物が倒壊・崩壊しないことを確認する（令81条２項１号イ、令82条）。屋根葺き材なども構造計算する（令82条の４）。

（4）限界耐力計算

地盤を精査し、稀《まれ》な積雪、暴風、地震でも地上と地下で建築物が損傷・倒壊しないことを確かめる。さらに、極めて稀な地震の加速度で各階にはたらく水平力が、保有水平耐力以下となることを確認する（令82条の５）。限界耐力計算では、耐久性等関係規定のみ適合すればよい（令36条２項２号）。

高さ60m超は高度な計算が必要

高さ60m超の超高層建築物の安全性の確認は、「時刻歴応答解析」で行う（令81条１項）。時刻歴応答解析とは、地域ごとに異なる、地震時に刻々と変化する建築物の加速度や変形を数値に変えて安全性を確認する方法である。

構造計算方法（補足事項）

項目	基準	適用条項
許容応力度計算	長期の荷重は、固定荷重・積載荷重によって生じる力である。このほか、多雪区域では積雪荷重も考慮する。 短期の荷重は、積雪荷重・風圧力・地震力によって生じる力を、長期荷重に加算して求める。また、土圧・水圧・震動・衝撃の荷重は実情に応じて採用する	令81条3項
保有水平耐力計算	保有水平耐力は、各階の水平力に対して崩壊する限界耐力をいい、材料強度で計算する。また、必要保有水平耐力は、地震力によって各階に生じる水平力に、構造特性係数、形状特性係数を乗じて計算する。この検証により、建築物に部分的な破損が生じても建築物が倒壊・崩壊しないことが確認でき、大地震に対しても命の安全を守ることができる	令82条
限界耐力計算	計算の主な内容は以下のとおりである。 ❶積雪時・暴風時に建築物の構造耐力上主要な部分に生じる力を計算して、その部分の耐力を超えないことを確認する ❷地震による加速度によって建築物の地上部分の各階に作用する地震力と各階に生じる層間変位を計算し、損傷限界耐力を超えないこと、および層間変形角が1／200を超えないことを確認する ❸建築物の地下部分の各断面に生じる応力が短期許容応力を超えないことを確認する ❹地震による加速度によって建築物の各階に作用する地震力を計算し、その地震力が保有水平耐力を超えないことを確認する ❺屋根葺き材、外装材、屋外に面する帳壁が許容応力度等計算によって計算される風圧力・地震力その他の力に対して安全であることを確認する	令81条2項1号ロ、 令82条の5

耐久性関係規定

分類	内容	適用条件
原則	構造方法に関する技術基準	令36条
	構造計算の原則	令36条の3
	基礎の構造（支持力、耐力確保等、基礎構造に必要な性能基準）	令38条1項
	屋根葺き材・外装材の緊結（脱落しないことなどの性能基準）	令39条1項
品質	木材の品質（耐久性上必要な節、腐れ等、耐力上の欠点がないこと）	令41条
	コンクリートの材料	令72条
	コンクリートの強度	令74条
耐久性	構造耐力上主要な部分の腐食、腐朽等の防止措置	令37条
	耐久性のため基礎の木杭は常水面下とする	令38条6項
	外壁内部等の防腐措置、地面から１m以内の防虫・防蟻措置	令49条
	鉄筋のかぶり厚	令79条
	鉄骨のかぶり厚	令79条の3
施工性	打撃などの際の基礎杭の安全性	令38条5項
	コンクリートの養生	令75条
	型枠および支柱の除去の時期等	令76条
防火性	地上３階の建築物の柱の防火被覆	令70条

保有水平耐力

水平方向の力に対する耐力

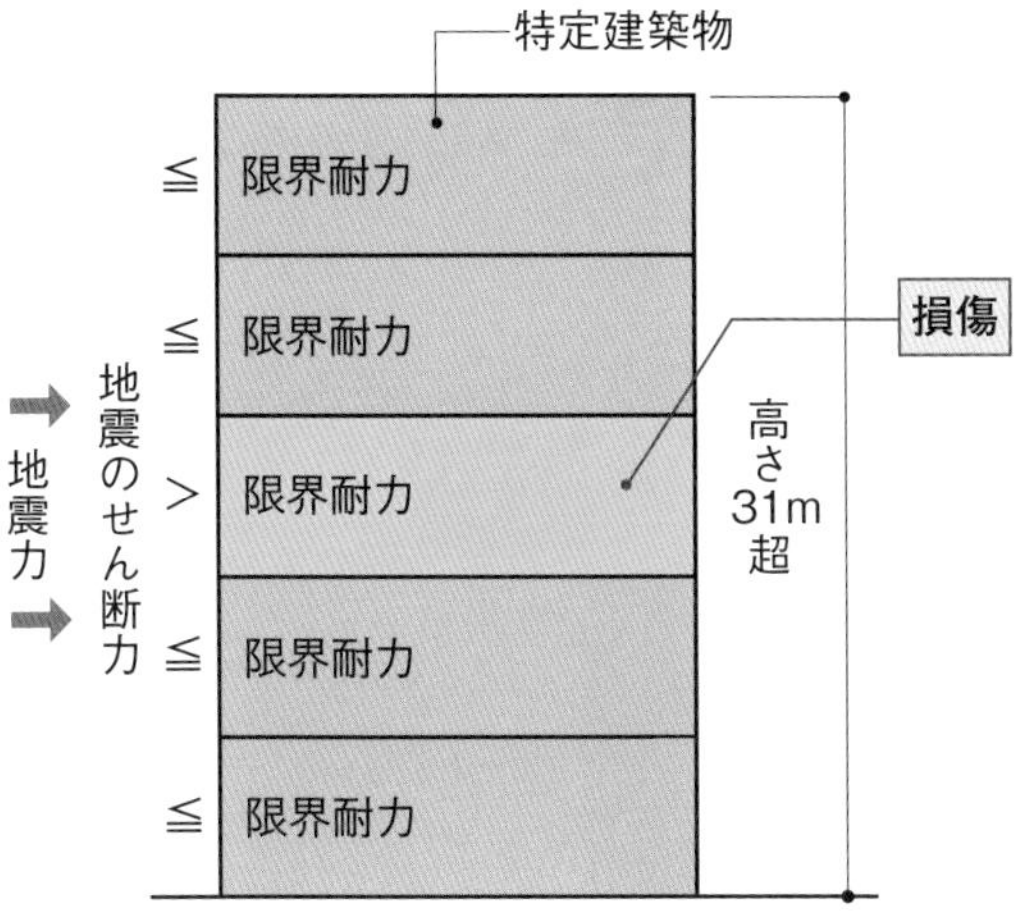

各階の必要保有水平耐力（限界耐力）が地震のせん断力を上回ることを確認する

層間変形角

水平方向のひずみ

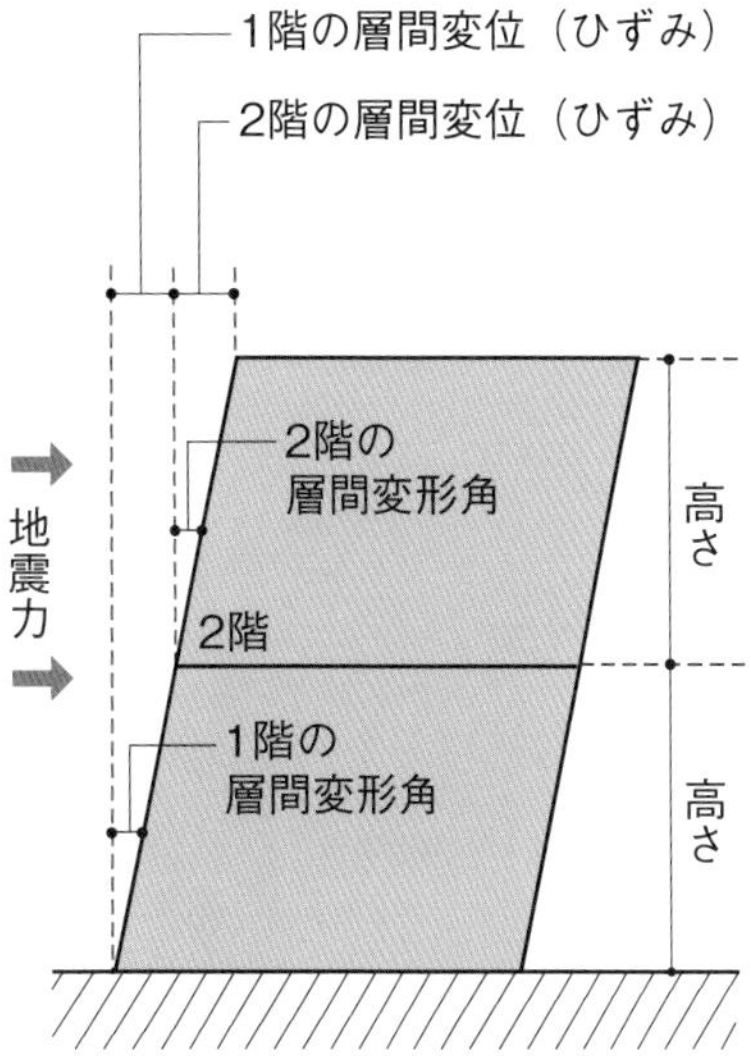

各階の高さと層間変位から層間変形角を計算する

偏心率

ねじれやすさの割合

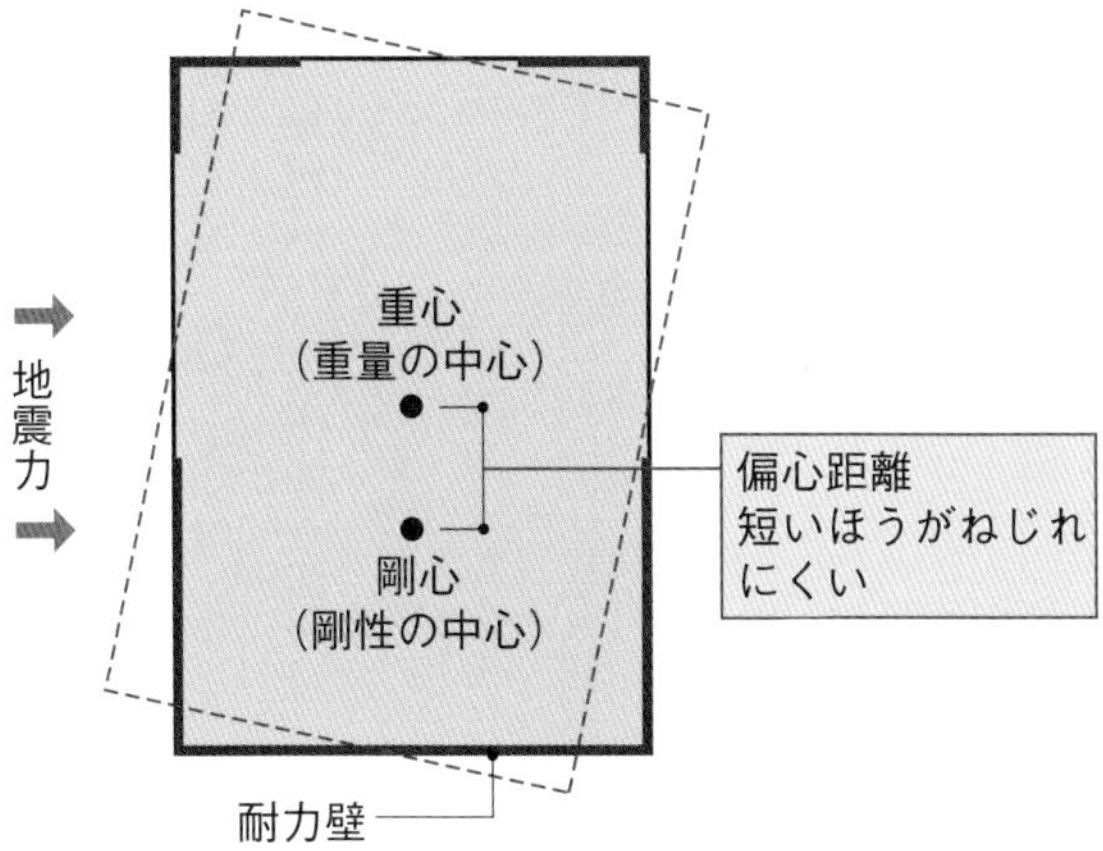

偏心距離と剛性の割合（弾力半径）から計算する

剛性率

建築物の強さ（剛性）の割合

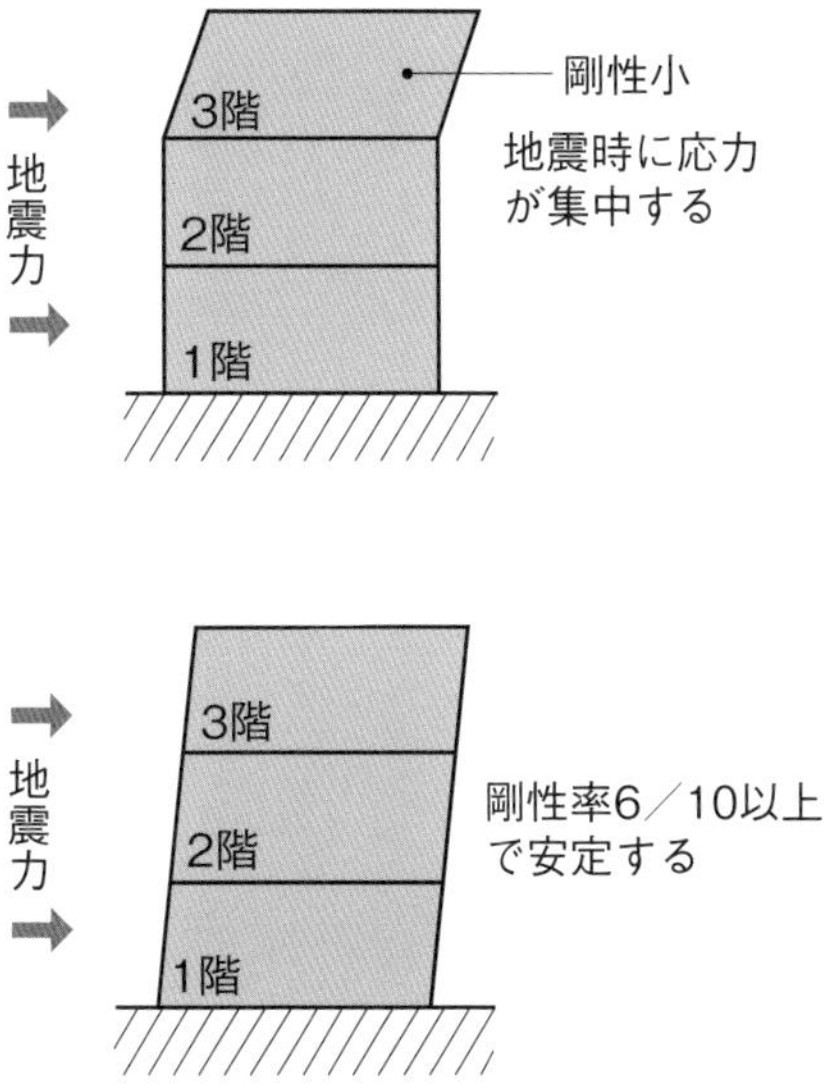

各階の剛性の割合を計算してバランスを検討する

荷重と外力

114

検討する主な荷重・外力は、固定・積載・積雪・風圧・地震の５つ

建築物の構造計算をする場合、固定荷重、積載荷重、積雪荷重、風圧力、地震力を外力として安全性を検討

荷重と外力の算出

1次設計で建築物の構造耐力上主要な部分に生じる応力の算出に使用する主な荷重と外力は、**「固定荷重」「積載荷重」「積雪荷重」「風圧力」「地震力」**である。それぞれ次のように算出方法が規定されている(令83条)。

(1)**固定荷重(G)**

屋根や軸組など、建築物自体の荷重(自重)のこと。建築物の各部分の実況に応じて算出するか、法に定められた数値を採用する(令84条)。

(2)**積載荷重(P)**

建築物内の物や人の荷重のこと。固定荷重同様、建築物の実況に応じて算出するか、法に定める数値を採用する(**法85条**)。法の規定値は、室の用途と構造計算の対象によって異なる。

(3)**積雪荷重(S)**

屋根に積もる雪の重量による荷重をいい、積雪単位荷重(20N/cm/㎡)に屋根の水平投影面積(㎡)と垂直積雪量(cm)を乗じて求める(令86条)。

屋根勾配が60°以下の場合は、勾配に応じて積雪荷重に屋根形状係数を乗じる。勾配60°超の場合は、積雪荷重は0にできる。

(4)**風圧力(W)**

建築物が受ける風の圧力で、速度圧に風力係数を乗じて求める(令87条)。

速度圧は、建築物の形状により国交大臣が定める方法で算出した数値と、各地域の風速の観測データにもとづき国交大臣が定めた風速から計算する。風を有効に遮る建築物や防風林などがある場合は速度圧を1/2にできる。

(5)**地震力(K)**

地震によって建築物の地上部分に作用する地震層せん断力は、地震層せん断係数に荷重(固定荷重+積載荷重)を乗じて求める(令88条)。

地震層せん断力を求めるときに必要な地震層せん断力係数は国交大臣が定めた数値か、国交大臣が定める方法で算出した数値に標準せん断力係数(0.2以上、保有水平耐力計算の場合は1.0以上)を乗じて求める。

建築物に作用する荷重と外力

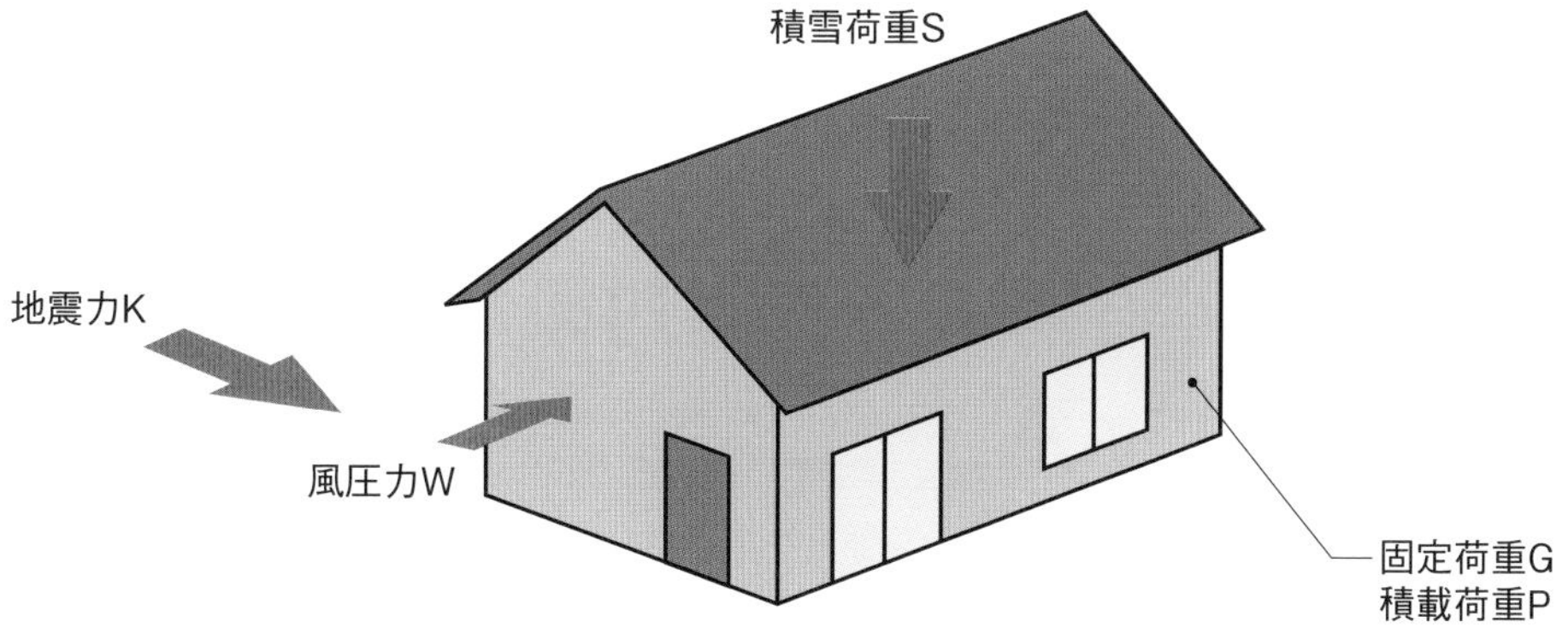

積雪荷重（N）＝ 積雪単位荷重（N／cm／㎡） × 屋根の水平投影面積（㎡）
× 垂直積雪量（cm）

風圧力（N）＝ 速度圧（N／㎡） × 風力係数 × 受圧面積（㎡）

速度圧＝0.6×E×V_0^2

E：当該建築物の屋根の高さ、および周辺の地域状況に応じて国土交通大臣が定める方法で算出した数値（平12建告1454号）

V_0：その地方の区分に応じ国土交通大臣が定める風速（m／s）（平12建告1454号）

地震層せん断力（N）＝ 地震層せん断係数 × 固定荷重＋積載荷重（N）

地震層せん断力係数＝Z×Rt×Ai×Co

Z、Rt、Ai：国土交通大臣が定める数値、または国土交通大臣が定める方法で算出した数値（昭55建告1793号）

Co：標準せん断力係数（0.2以上。保有水平耐力計算では1.0以上）

積載荷重表（令85条）

室の種類			積載荷重（N／㎡）		
			床	大梁・柱・基礎	地震力
❶	住宅の居室、住宅以外の建築物の寝室・病室		1,800	1,300	600
❷	事務室		2,900	1,800	800
❸	教室		2,300	2,100	1,100
❹	百貨店・店舗の売場		2,900	2,400	1,300
❺	劇場、映画館、演芸場、観覧場、公会堂、集会場等の建築物の客席・集会場	固定席	2,900	2,600	1,600
		その他	3,500	3,200	2,100
❻	自動車車庫、自動車通路		5,400	3,900	2,000
❼	廊下、玄関、階段		❸～❺に掲げる室に連絡するものは、❺の「その他」の数値を採用		
❽	屋上広場、バルコニー		❶の数値。ただし、学校と百貨店の用途に供する建築物は❹の数値を採用		

特定天井

高さ6m超で、200㎡超の吊り天井は、増改築時の既存建築物にも脱落対策が必要

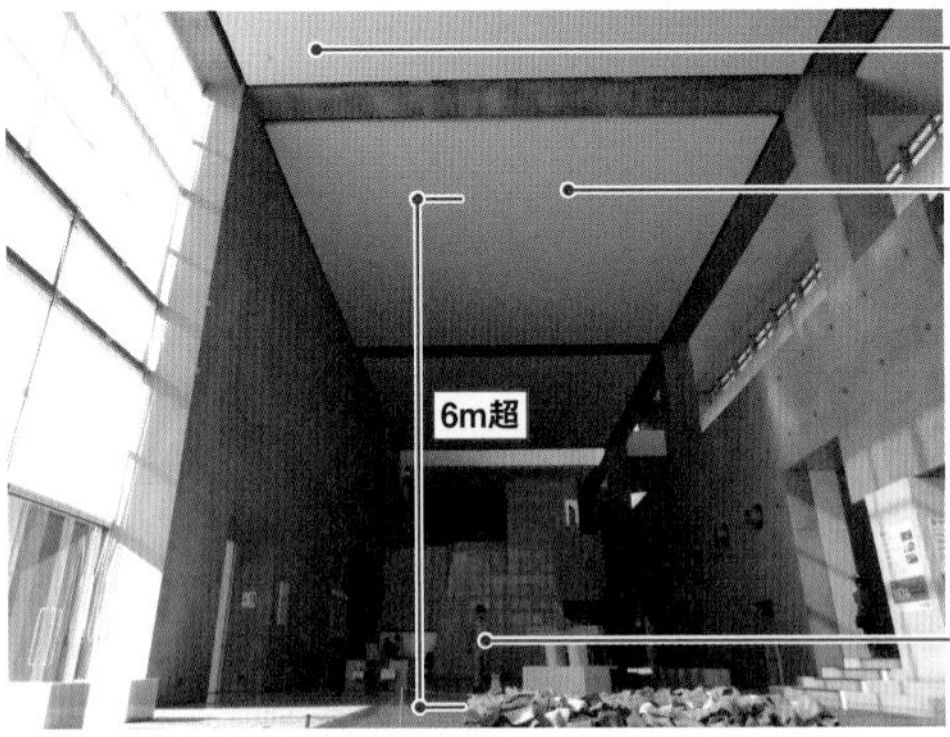

一定の条件を満たす吊り天井は、構造耐力上安全なものとしなければならない

特定天井

一定の規模以上で、脱落によって重大な危害を生ずるおそれのある天井は、構造耐力上安全なものとしなければならない（令39条）。対象となる条件は以下の5つで、特定天井と定義され、屋外の軒天井なども対象となる。

①吊り天井であること
②人が日常立ち入る場所にある
③高さが6mを超えるもの
④水平投影面積が200㎡を超えるもの
⑤質量が2kg／㎡を超えるもの（下地材・照明設備含む）

また、屋内プール等、腐食・腐朽が懸念される施設の特定天井も存在するため、構造計算で検証できない耐久性等関係規定も適用され、劣化防止措置も必要となる。

安全な構造方法

特定天井となる場合、地震で脱落しない仕様としなければならない。その方法には、①壁等の間に隙間を設ける仕様と②隙間なし仕様の技術基準と③天井の耐震性を構造計算で検証する方法がある（平25国交告771号）［左頁参照］。

①は、「吊り材の部分に斜め材をV字型にバランスよく配置して振れを抑制する」「壁と天井の間に隙間を設けて、天井材の損傷等を防止する」方法で、②は「天井面を周囲の壁等と接することで地震力を構造躯体に伝える」方法である。

既存建築物の特定天井

特定天井のある既存建築物に増改築や大規模な修繕・模様替えをする場合、新築時と同様の技術基準に適合させる以外の方法として、既存の特定天井の落下防止措置がある。

落下防止措置には、天井面の下部近くにネット等を張る方法と、天井面の上部で、ワイヤ等により天井に吊り補強をする方法がある。また、既存の特定天井にも、耐久性等関係規定の劣化防止措置（令39条4項）などは適用される。

共通仕様

(A) 天井の単位面積質量≦20kg／㎡
(B) 吊り材は1本／㎡以上を吊り合いよく配置
(C) 天井材はねじ・ボルト等で相互に緊結
(D) 支持構造部は十分な剛性および強度を有し、構造耐力上主要な部分に緊結（※一般的な折板屋根は不可）
(E) 吊り材はJIS規格の吊りボルト等を使用
(F) 天井面の段差不可

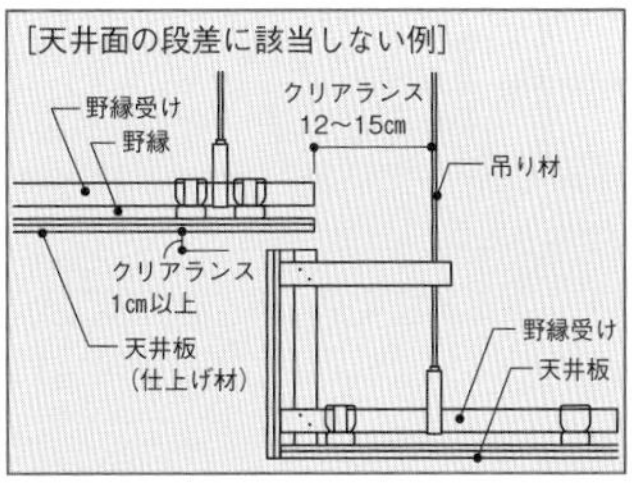

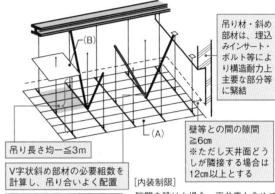

隙間なし天井基準（第3第3項）

吊り長さは1.5m（共振を有効に防止する補剛材を設けた場合は3m）以下とする

周囲の壁等との間に隙間を生じないようにし、地震力を壁等で負担する

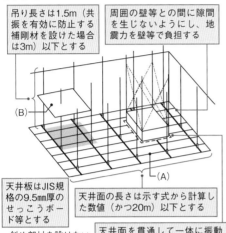

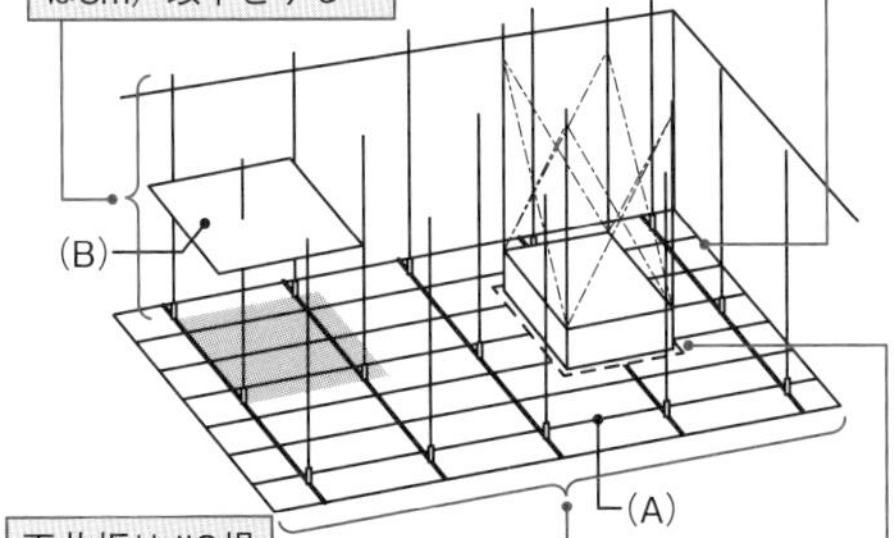

天井板はJIS規格の9.5mm厚のせっこうボード等とする

天井面の長さは示す式から計算した数値（かつ20m）以下とする

天井面を貫通して一体に振動しない部分との間に隙間を5cm（柱の場合2.5cm）以上設ける

・斜め部材を設けない
・屋外に面しない
・天井面は水平とする
・天井面の構成部材はJIS規格の天井下地材等とする

一般基準（第3第2項）(平25国交告771号)

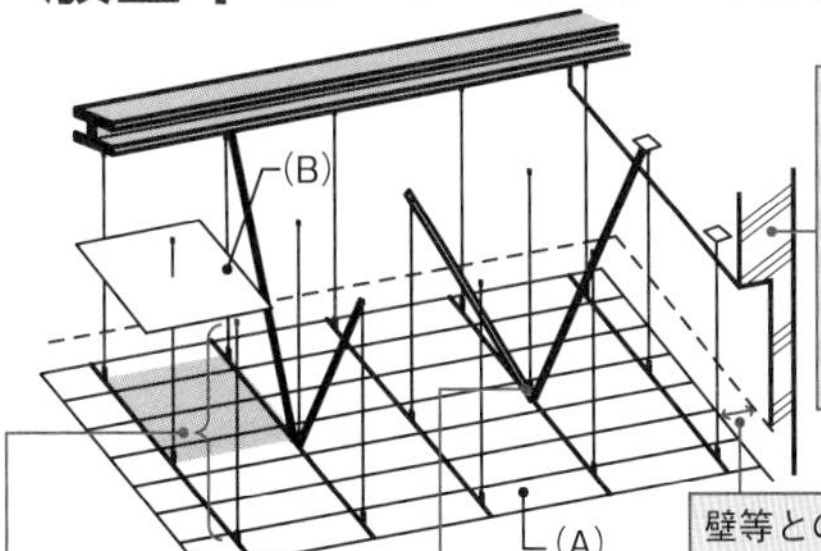

吊り材・斜め部材は、埋込みインサート・ボルト等により構造耐力上主要な部分等に緊結

吊り長さ均一≦3m

V字状斜め部材の必要組数を計算し、吊り合いよく配置

屋外に面する天井は風圧による風圧に注意

壁等との間の隙間≧6cm
※ただし天井面どうしが隣接する場合は12cm以上とする

[内装制限]
隙間を設けた場合、天井裏も含めて内装制限に適合させるか、隙間を不燃材で覆う必要がある

❶6m超の天井に梁または垂れ壁がある場合

高さ6m超の天井が梁・垂れ壁で分割されていても、特定天井の対象としては一続きの天井として扱う。ただし、梁・垂れ壁の水平投影面積は計上しない。

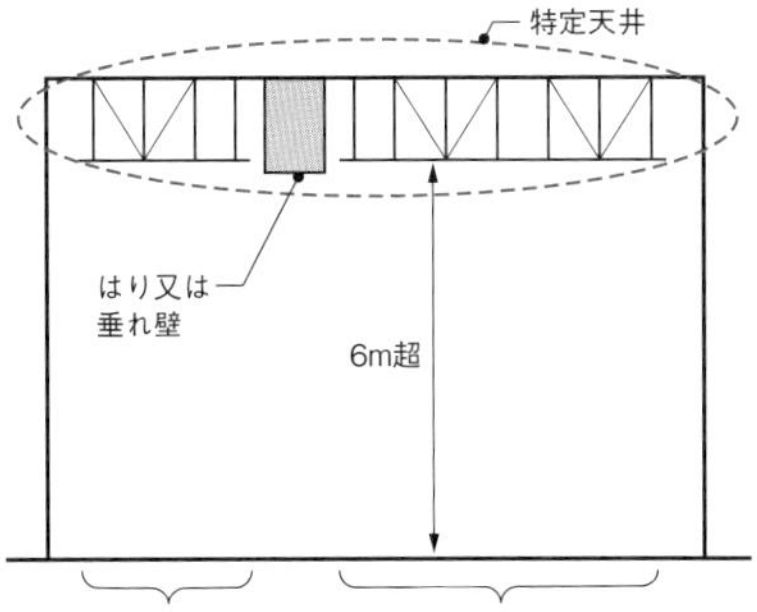

分割されている天井の面積（はり、照れ壁部分を除く）の合計が200㎡超

❷6m超の天井が間仕切壁で分割されている場合

特定天井には該当しない。ただし、間仕切壁が可動パーティション等容易に取り外し可能な構造である場合や、間仕切壁に日常的に人が出入りするための開口がある場合は、当該間仕切壁がない物として部屋の面積を計算する必要がある。

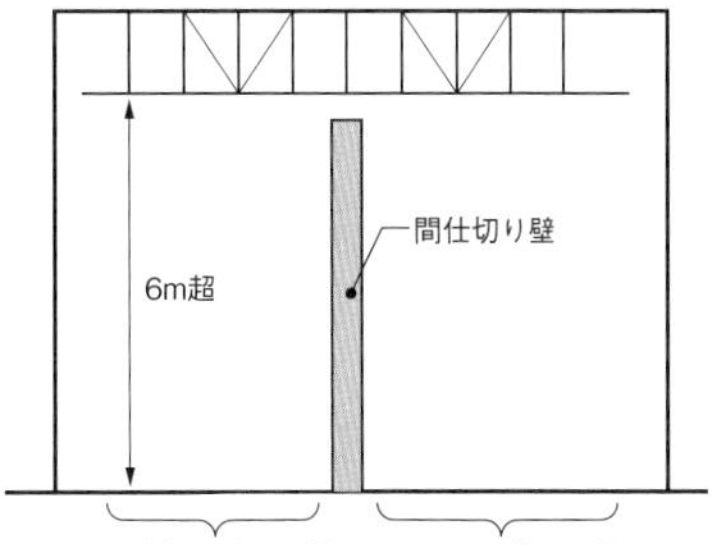

間仕切り壁で分割されている天井の面積
各々200㎡以下、合計200㎡超

❸6m超の部分が複数ある天井の場合

高さ6m超の部分がひとつの空間にあり、水平投影面積の合計が200㎡を超える場合は、特定天井の対象となる。ただし、高さ6m以下の部分の水平投影面積は計上しない。

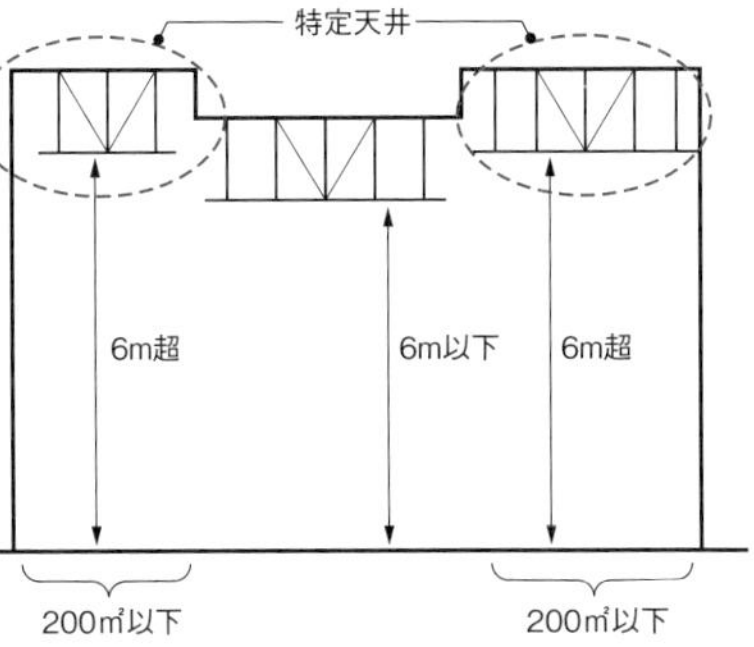

❹床に段差がある場合

高さ6m超の部分と6m以下の部分が一体の天井であれば、高さ6m以下の部分を含めて特定天井の対象となる。ただし、分割された高さ6m以下の部分の水平投影面積は計上しない。

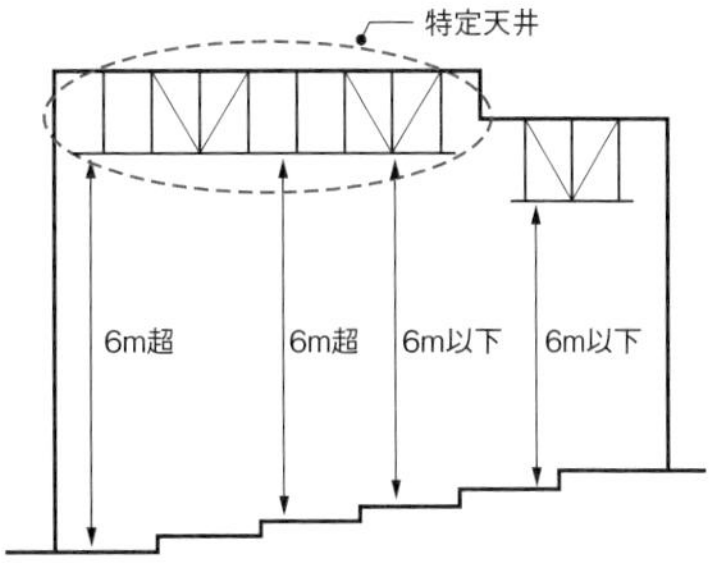

New Topics

フローチャートで分かる建築基準法適合状況調査の流れ

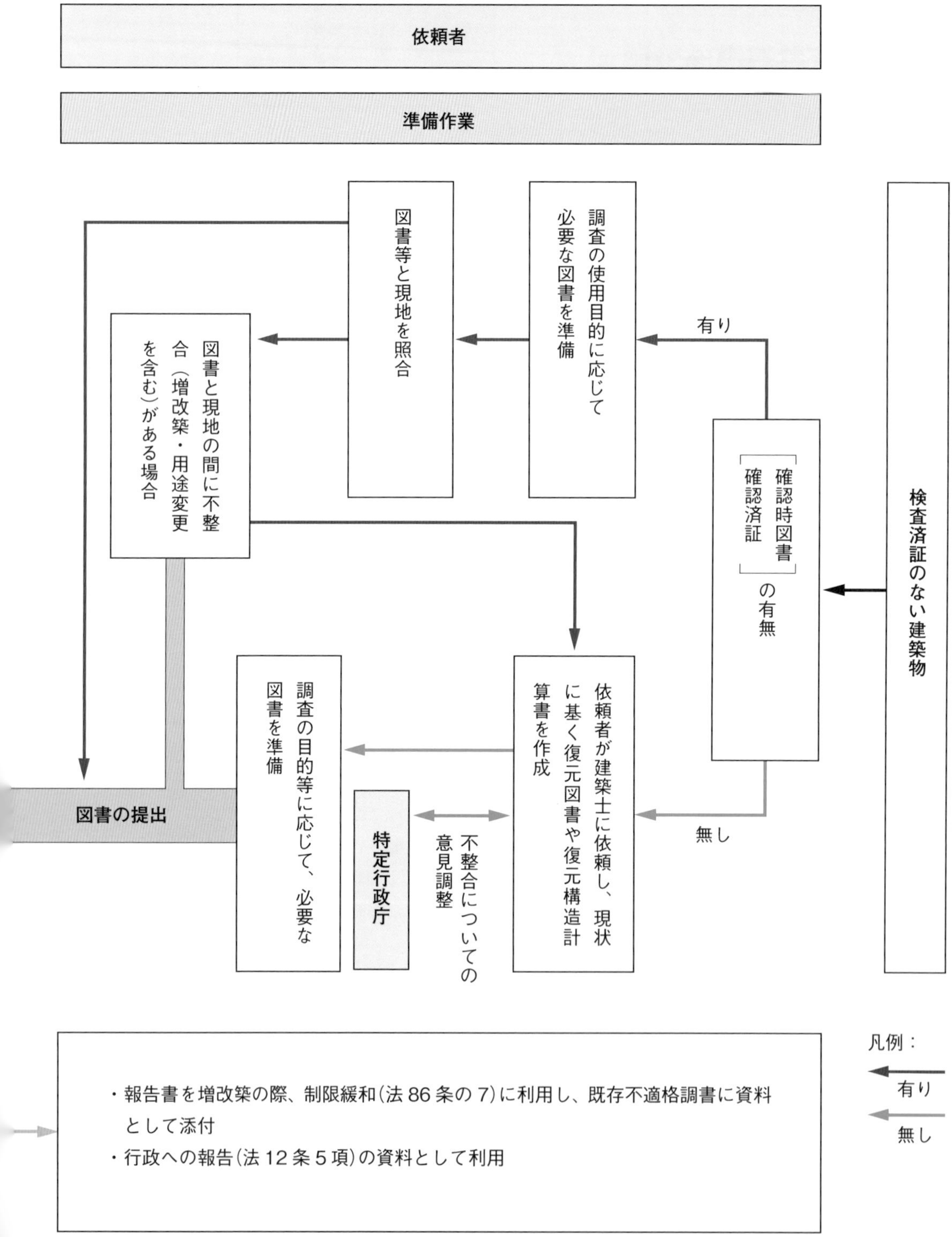
依頼者
準備作業
検査済証のない建築物
「確認時図書
確認済証」の有無
有り
調査の使用目的に応じて必要な図書を準備
図書等と現地を照合
図書と現地の間に不整合（増改築・用途変更を含む）がある場合
無し
依頼者が建築士に依頼し、現状に基く復元図書や復元構造計算書を作成
不整合についての意見調整
特定行政庁
調査の目的等に応じて、必要な図書を準備
図書の提出
・報告書を増改築の際、制限緩和（法86条の7）に利用し、既存不適格調書に資料として添付
・行政への報告（法12条5項）の資料として利用
凡例：
有り
無し

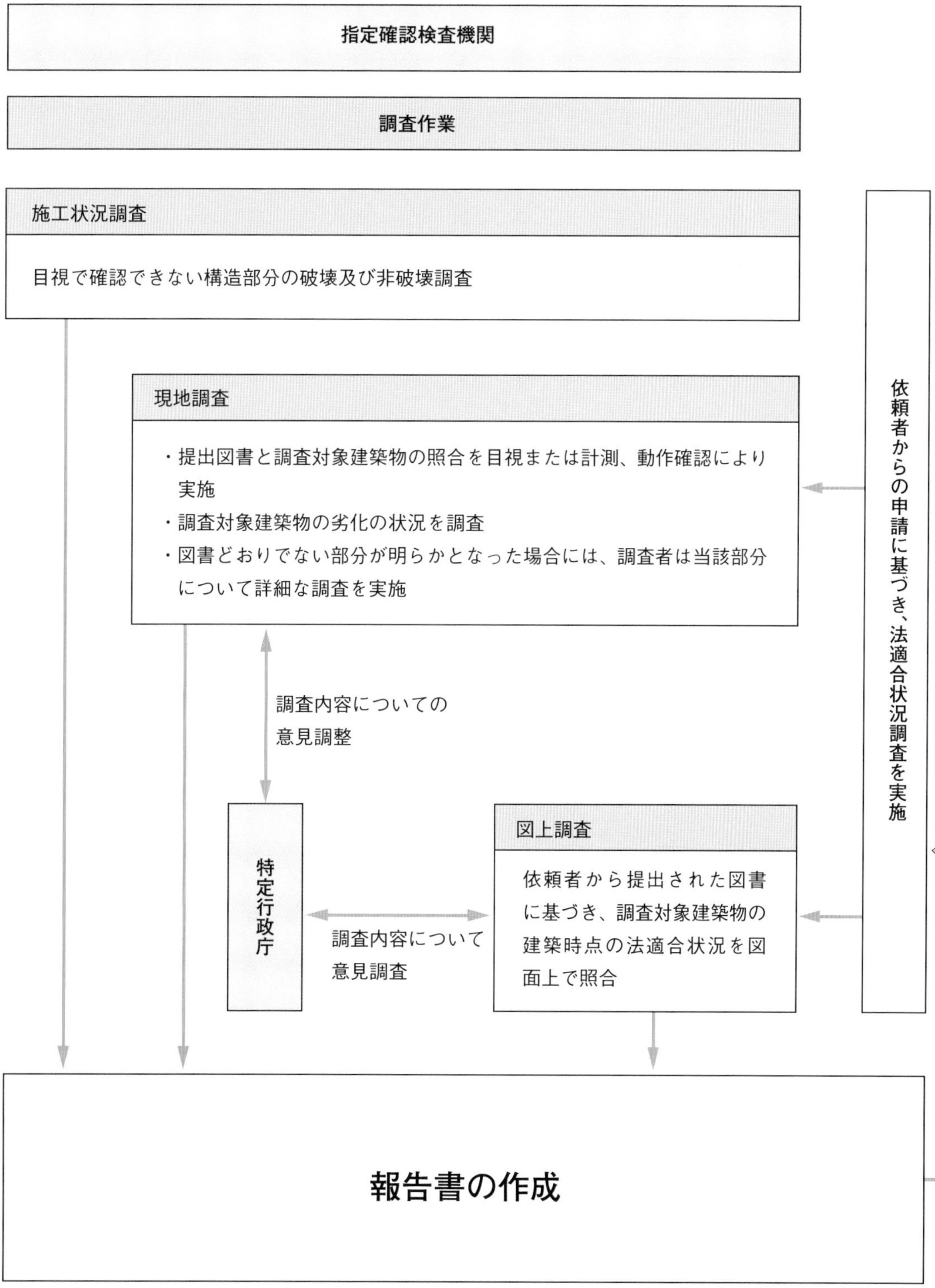
指定確認検査機関
調査作業
施工状況調査
目視で確認できない構造部分の破壊及び非破壊調査
現地調査
・提出図書と調査対象建築物の照合を目視または計測、動作確認により実施
・調査対象建築物の劣化の状況を調査
・図書どおりでない部分が明らかとなった場合には、調査者は当該部分について詳細な調査を実施
調査内容についての意見調整
特定行政庁
調査内容について意見調査
図上調査
依頼者から提出された図書に基づき、調査対象建築物の建築時点の法適合状況を図面上で照合
依頼者からの申請に基づき、法適合状況調査を実施
報告書の作成

地区・区域調査					事前協議等										建築工事							その他		
最低敷地面積の指定地域	壁面線の指定	緑化地域	用途地域・市街化区域・調整区域	駐車場整備地区等	中高層建築物条例	バリアフリー・福祉のまちづくり条例	都市計画法（開発等）			都市計画施設等の区域内に建築	消防法	電波伝搬障害防止法	フラット35申込み	港湾区域・臨港地区	確認申請	住宅瑕疵担保責任保険	住宅瑕疵担保責任保険	フラット35	中間検査	確認申請の各種変更手続き	完了検査	建築物省エネ法（届出・適合判定）	病院・旅館・公衆浴場・飲食店等開業	定期報告
最低限敷地面積の調査	敷地境界線からの距離、制限される高さ	敷地の緑化率の規則	法48条	駐車場法・駐車場条例	報告書提出時期と確認申請の期間確認	対象となる規模・用途か	敷地の広さに応じて計画が土地の「区画」・「形質」の変更にあたるかを調査			都市計画道路、公園等	無窓階の検討・防火対象物か	区域内での31m超の建築	融資および適合証明の手続き		工事着工前に確認済証取得	保険法人への申込み	保険法人による検査	適合証明検査機関による検査	特定工程時の検査機関等による検査（特定行政庁により異なる）	変更がある場合、事前に手続きが必要	工事完了から4日以内に完了検査申請	300㎡以上の建築物	施設の構造設備基準照合手続き	特殊建築物や建築設備が対象
●	●		●				●	●	●	●														
●	●		●	●	●		●	●	●						●				●	●	●	●		●[※3]
																							●	
		●																						
						●																		
											●													
													●		●	●	●	●	●	●	●			
													●											
														●										
												●												
敷地面積制限の許可（法53の2第1項）	法46条：壁面線超えの許可（法47条）	緑化計画の届出	用途地域外建築物の許可	駐車施設設置届	お知らせ看板・近隣説明・報告書の提出	事前協議	（開発許可工事のフロー）事前協議（法43条）↓（法29条許可）↓（開発工事）↓（検査済証）	開発工事に関連し建築する場合、建築制限解除の承認（法37条）	建築行為が都計法に適合していることの証明（施行規則60条）	都市計画法53条の許可	消防設備・危険物・防火管理	高層建築物等に係る届出	金融機関・検査機関	臨港地区内の工事の届出	検査済証交付後に使用開始可	地盤調査	基礎検査・軸組等の検査	中間検査・完了検査	基礎配筋／屋根工事／2階床施工段階等	計画変更・軽微変更・監理者変更届・施工者変更届等	完了検査申請書	工事着工21日前までに提出：3年ごとに維持保全の状況報告（住宅以外）	開設（営業）許可申請	※3 財団法人等の指定機関の場合あり

Column

事前調査

確認申請前の調査・手続き関係の基本リスト

調査および手続き項目		現地調査										地区・区域調査									
		既存建物の有無・敷地境界	測量	電気引き込み位置	地質調査	排水先	水道	道路調査（幅員、道路種別、認定状況等）	消防水利	がけ地	敷地権利関係等調査	農地	河川区域	景観地区・景観条例	宅地造成工事規制区域	風致地区	土地区画整理事業区域	地区計画等	高度地区	防火・準防火地域・法22条区域等	日影規制区域
内容等		既存建物解体工事	敷地面積の確定		スウェーデン式サンディング等			2項道路の場合、協議内容、日付、番号	消火栓等と防火対象物の距離	高低差2m（3m）	公図の確認			景観法・建築基準法68条			市街地開発事業（土地区画整理区域等）	用途規制、高さ制限、容積率等調査	絶対高さ・斜線制限		規制時間、測定面高さの調査
調査・事前相談部署	道路課							●													
	水道課						●														
	下水道課					●															
	都市計画課													●	●	●	●	●	●	●	
	建築指導課	●						● [※2]		●				●	●				●	●	●
	保健所					● [※1]															
	環境課	●																			
	緑地課																				
	福祉課																				
	農政課											●									
	河川課												●								
	消防・予防課								●												
	確認検査機関																				
	金融機関																				
	港湾局																				
	総務省																				
	法務局										●										
敷地や設計に応じて必要となる許可・届出・手続き等		建築物除却届	日影検討の場合、真北の測定	設計図に位置記入	住宅瑕疵担保責任保険と関係：必要に応じて地盤改良工事・土壌汚染対策	設計図に排水経路記入 ※1 浄化槽設置届（確認申請時）	設計図に管径・位置等記入	※2 接道がない場合：法43条許可・道路位置指定手続き	防火水槽等の設置の必要性	がけの安全性の検討	地目で道路・公共物と敷地との関係を確認	農地等の転用の許可（農地法4・5条）	河川占用等の許可／届出	事前協議のうえ、届出／認定	工事等の届出／2mの切土、1mの盛土等の場合許可	建築・宅地造成行為等の許可	都市計画法53条の許可	沿道地区計画、集落地区計画等：事前協議／計画の認定	真北方向からの形態制限等	地域による建築物の防火制限	日影制限緩和の許可（法56の2）

谷村広一（たにむらこういち）

建築基準適合判定資格者・一級建築士・住宅性能保証評価員
1953 年生まれ。'76 年東北大学工学部建築学科卒業、'79 年東京大学大学院研究生（建築計画学）。群馬県庁、前橋市立工業短期大学非常勤講師を経て、'97 年谷村広一建築デッサン室を開設。
現在、㈱東京建築検査機構（TBTC）取締役、千葉大学非常勤講師

世界で一番やさしい　建築基準法 2023-2024

2022 年 12 月 19 日　初版第 1 刷発行
2024 年　3 月 13 日　　　第 2 刷発行

著　者	谷村広一
発行者	三輪浩之
発行所	株式会社エクスナレッジ 〒 106-0032 東京都港区六本木 7-2-26 https://www.xknowledge.co.jp/

本書に関する問合せ先
●編集部　TEL：03-3403-1381（平日10：00～18：00　土日祝は電話受付なし）
FAX：03-3403-1345
MAIL：info@xknowledge.co.jp
●販売部　TEL：03-3403-1321（平日10：00～18：00　土日祝は電話受付なし）
FAX：03-3403-1829
・本書記事内容の不明な点に関する質問に限り、メール・FAXにて問合せを受け付けております。

落丁・乱丁本は販売部にてお取り替えします。